中国近现代稀见史料丛刊

【第十辑】

三十八国游记（下）

胡石青 著

张剑 徐雁平 彭国忠 主编

庄煦 周琪瑛 整理

本辑执行主编 张剑

凤凰出版社

三十八国游记下册

第十二 美国之三大城

A. 波士顿

（自民国十一年十一月二十日至十二月一日）

1. 参观哈佛大学晤赵元任博士
2. 乘观景车游览全市
3. 访哈大教授佛德谈社会及教育问题
4. 参观通用电机公司及太平洋棉业公司之工厂

十一月二十日

八时三分，应至波士顿，因火车误点，四十分始到，下车寓嘉来别墅（Copley Plaza），为此间有名之大旅馆，馆对面为公共图书馆。余出赴银行取钱，就便至图书馆参观，并阅报，出寻一餐馆名为法厅餐馆，因隔壁为一法厅也。余步至厅内，院中略一流览，图书馆与法厅建筑皆为环楼式，四面皆楼，中间为空院，上可见日光通空气，下可见土莳①花木，此种建筑，为中西美所未见者。

下午三时，波士顿《晨邮报》记者来访，略谈约二十分钟去。何德金君浙江人来访，张文涛之介绍也。方谈，《晨邮报》又来照一相片而去。

偕何君出寻房，因旅馆太贵不能久居也。

----

① 原文不清，疑为"莳"字。

晚何君约至中国街便餐,遇江苏胡君、安徽黄君字韵三同谈。餐后何君有事归,黄君送余回寓,谈至十二时方去。黄君深痛心于国力之不振,谓曾有一次在某校长宅内便谈,某君发议论谓英人完全管理印度,美国人完全管理中国,则世界和平之日近矣云云。彼闻之脑欲裂,此印象终身不能洗去之也。

十一月二十一日

与旅馆结账,每日房钱六元,一出一入取行李开房门皆有小费,又唤汽车移居新租之房,一日夜所用多至十余元,并未尝购一切物也。新寓在乾德列街(Chandler)八十八号,每星期租金七元,房东艾氏特(Estey),六十余之老处女也。

下午二时余,何君来偕至坎布里治(Canbridge①,即剑桥)城参观哈佛(Haward②)大学,时间甚短,仅观其建筑与图书馆及博物院而已。其气象较旧,大概东美大学毕业院较为注重,毕业院中人数亦多。西美文化尚未建立,学生但求毕业于大学,故毕业院之人数较少,且其毕业愿深造者,更有多数赴东方入毕业院,所以东方之毕业院更为发达也。其著名学者之充大学教授者,亦以在东方者为多,故文物上今日西美尚不足以与东美争衡也。

末又至一德国博物院参观,毕,何君送余回寓,候黄君不至,偕何君同出餐。

十一月二十二日

夜睡至十一小时之多,晨起补写日记,自在欧脱华后,友朋过从,日无虚夕,日记久未按日书写,今日始补至昨日,此项债务可为清结矣。

在陶朗图曾参观博物院,其中中国石造像、古瓷、古陶器甚多,尤以陶器为最。遇一坎籍妇人,自谓系初任坎拿大所任东方商务专员

---

① 此处应为 Cambridge,即剑桥。

② 此处应为 Harvard,即哈佛。

(Commercial Commissiona①)之女,曾随任至中国与日本,且颇研究东方古物。彼谓中国古陶器之出土者,此馆所收存在一半以上,余谓当然不包括中国在内,彼谓中国亦在内,未出土者不在内。盖中国并无大宗收藏,而欧美其他各博物馆所收者,亦不过一处数十件,至多百件而已。此馆所收者以千计,故可占全世界之半数以上也。余闻之汗颜,中国人不知保藏古物,实为一亡国气象,可耻可惧,补志之。

天晴,然甚冷,中餐后,赴公共图书馆,阅书片时归寓,何中流(即何德奎)在寓相候,稍谈同出晚餐。又遇昨日之胡博士正详,亦约之同餐,有安徽胡君学源,遇谈甚欢。

晚黄君韵三来谈,谓昨日讫未寻得此地也。十一时半乃去,余稍一阅书,已至十二时半寝。

十一月二十三日

预备作游坎有系统之短著,深恐又如对墨西哥,有预备之时,迄未见诸实行也。晚黄韵三及胡正详、陈君尚有其他某君同约晚餐,谈至八时半乃散,途中过电报局,为张文涛发一电,归后读书至十二时半寝。

十一月二十四日

上午自赴图书馆。

下午何中流来,约往观马司楚塞州(Massachusetts)政府公署,中亦有天井,且前后为二,如中国两进院则有二天井也。南欧建筑,自小亚西亚渐被,故与中国建筑或有相同之根据,惟中国作分配的发达,彼作积聚的发达,久而渐异矣。中国一切文明之发达俱为分配的,欧美俱为积聚的,不止建筑一种也。

晚何君约看电影,赴娄氏戏园(Loews Theatre)。娄氏专以戏园为营业,美国及坎拿大大城皆有其戏园,美国工人每星期必看电影数次,而娄氏成巨富矣。其他戏园,亦皆为富者所设,一园建筑之费,动

---

① 此处应为 Commissioner,即专员。

至数十万金，而订购新片尤须大资本，此非中下人家所可经营者也。大资本者之戏园分布各城，故能购最美观之电影，各城轮演。小资本家勉强集资成一戏园，而力量断不能购最美之电影，且电影以最新出者为上，小资本家又决不能购最新者，此美国戏园业所以渐为少数大资本家所垄断也。本日所观电影，为一法国小说家（novelist），因其女爱情不专，见钱则转移，其父为说一小说。乃一女子见男子有钱则转移其爱情，先爱一男爵之子，往访而遇其父，男爵方断弦，不知此女为其子所爱，思与求婚，先赠以宝珠一串，价值万金，女乃弃子而爱其父。后又遇其他一侯爵，视男爵更富，又兼爱侯爵。侯爵与男爵相姤，男爵设宴请侯爵，置毒欲杀之。有人暗移酒杯，男爵误以自杀，女乃嫁侯爵为夫人。此时又思及彼所真爱者，乃男爵之子，写信与私通，一面媚其夫立遗嘱，使己承其所有财产。后男爵子与侯爵因他事决斗，侯爵中要伤，医者云必即死。此时侯爵尚不知其妻与所决斗者私通也，嘱速唤其爱妻来。乃其妻先期已来，隐他处，见侯爵伤必死，乃与男爵子相抱接吻以庆侯爵之必死，并不来视其夫。侯爵睹之气愤几死，移置一古庙中，又函约其妻一来。妻约男爵子与俱，意在使其夫气愤早死也。男爵子失路后到，女先到，以为男爵子在，入则但见其夫，惊愕欲奔，其夫追得闭置一别室中，女惊欲死。少顷①男爵子至，见侯爵不见其妻，与之口角，出刃相加，侯爵以手炮铳杀之，力拖其尸，开门置女所闭置室中。女见所爱尸及其夫状，神魂震荡，心肝崩裂，被发翻目，状可惨可怖。此时观者俱以此为本戏正文矣。而小说家与其女忽出现，小说家犹作娓娓谈之状，女则偎②倚父身，涕泗并集矣，然自此改行专爱一人，不为金钱所移，得成佳偶。

　　余特记此事者，以为此段小说类中国果报案，谓善恶己身负责，或子孙负责，故果报在人事，其说转足动人。基督教断代为生，果报

---

　　①　原文作"倾"。
　　②　原文作"猥"。

不及子孙，而在本身者又专以灵魂上天堂入地狱了之，其不足动一般人，上帝福善祸淫之真信仰固宜。本日园中观者皆大感动，在国内时以谓美国普通程度皆高，岂知所谓高者，不过有百分之数十分能读其蟹行书耳，其普通知识似尚在中国农人伯仲之间也。

十一月二十五日

晨乘观景汽车（Sight Leeing Car①）出游，每人二元五角，车载十二人，自午前十时至下午一时乃归。此城在美国，可谓之第一有历史之城，凡美国人爱称之五月花船（May Flower）所载来者，多数在此城一带。美国独立之战，华盛顿在此城誓师，就全美军总司令职，今此地尚有古榆一株，相传谓华盛顿就职并誓师所也。南方地（South Square）有一街名波士波街，为此城最窄之街，其宽不过五六尺，且曲折不直，与中国汉口、九江之街道相似，马车仅容一辆，此地或为较古之街，亦不可知。又此地战时曾修炮台，即所以压迫英人退出波士顿者也。此地不远有保罗李维尔（Paul Revere）之故宅，室内简陋，用具多古拙，知彼物质文明大进步，近数十年之事实也。又不远有般克山（Bunker Hill），为当时战场，美将瓦伦（General Warren）战死于此，今有伟大之纪功碑，高二百二十尺，碑下为室，竖瓦伦像。又至海军港（Navy Yard），港地位甚广，可容多船。入大洋处两地股交抱，俨如门户，港内较远处有船，不知为何等船，较近处有灭鱼雷艇（deslrope②）二艘，可就近看，然不能知其作用。有旧铁甲船（iron side），名宪法者，亦泊岸，余等入船观看，周围有炮位，置大炮十余尊，均自炮眼中向外支置，炮眼上有小窗，可容远镜为瞄准之用也，此外亦无以异于他船。惟立船头览全港形势，使人增长雄心，不免慨念祖国之积弱也。其他所经乃州公署、署前公园、图书馆及哈佛大学之

---

① 此处应为 Sight Seeing Car。
② 此处疑为 destroyer，即驱逐舰。

博物馆,皆为所已见者。哈佛博物馆中因有德人所创制之玻璃[①]质模型花,甚精,波士顿人爱称之,自余视之,殊不及古物之有兴趣也。此大学在坎布里治,华盛顿榆树亦在坎布里治,今日乃未至树前一观,为一缺憾。

下午二时与黄韵三君预约访波士顿大学(Boston University)校长,余一时半始归,黄君已为余打电话二次矣。急以电话询彼,已出门,二次电询不能得,怅然。

晚赴中国街杏香楼用餐,冀可于其地遇黄君,因前二次俱在彼处遇彼也。至,遇胡博士正详。

十一月二十六日星期

晨起欲浴,无热水,求房东设法温之,仍不热,中止。余此次所寓之室,其优点有三:(一)街甚幽静,无电车;(二)第一层前房两窗外向,白日可得日光;(三)去繁盛处并不远,距图书馆尤近。其缺点有四:(一)无电灯,无热气管、燃煤[②]气灯及煤气小炉,光与热俱不足;(二)房东为一六十岁之老处女,无力洒扫,不甚洁净;(三)无热水不能浴,盖余虽能凉水浴,然非在暖室内或热水浴后不可也;(四)便所不洁,且在三层楼上,楼梯窄而无光线,上下不便。此间房舍,多左右相连,只前面或后面可开窗,故白日亦须灯。西美到处有电灯,尚不甚暗,此处中下人家,皆用煤气灯,且白日不肯燃,故黑暗异常也。总之大城中下等之生活,远不如中国乡村人之乐,其卫生亦不甚好也。

写前二日日记竟,已十二时余矣。故在游程中,如不辍日记课,几无时力可以作他种文也。

午出寻一自取餐馆中餐,餐后仍回寓稍翻阅书籍,草《坎拿大漫汗录》目序,此破题第一夜也。不知此后能赓续之否。

---

① 原文作"坡璃"。
② 原文作"灯"。

晚餐后,仍续前课,十一时就寝,辗转几不能成眠,用心过度也。

十一月二十七日

晨十时赴坎布里治。访哈佛大学社会科教授佛德(James Ford)君,途中遇何中流君来接余,何君接待余过周到,使受之者不安。

十一时同访佛德君,葛理尔君之介绍也。

余询以下列各问题:

问:美国婚姻问题,大概情形如何?

答:法律方面禁早婚,禁有遗传病者结婚,盖根据于优生学。然事实方面,迟婚与无病而不结婚者甚多。余对于迟婚亦不赞成,因女子生育以二十五六开始生育最好,故结婚之适宜年限,就生理上男子以二十五、女子以二十三最为适宜。女子三十岁以后结婚,与生育上甚不相宜也。

问:君对于生育节制问题(birth control),如何意见?

答:节制生育,对于有精神病(muble mind)者,或智识过浅者,赞成其节制。

问:由政府节制之乎? 由彼自身节制之乎?

答:所谓生育节制者,由自身节制也。

问:无智识者不知节制,亦不肯节制,而实行节制者,转在知识高者,将如之何?

答:在美国学者,并不甚提倡此事。

问:女子有高等知识者,第一不肯结婚,第二结婚后节制生育,而生育责任,乃由知识低之阶级负之,不适与优生学之原则相反乎? 君思此倾向是否于前途有危险?

答:诚然。此事当以教育方法挽救之,使知识高者知生育为社会上义务,当及时嫁人,多生子女;智识低者则教之生育节制,不可多生。但美国学者如此主张,然现在尚未[①]见有何种效果。女子三

---

① 原文作"末"。

十以后结婚者，往往不能生子，或只生一二子女，结果人口必致减少。因思希拉、罗马盛时亦或受此病症，高级人不肯生育，而生育多者皆为低级之人，故文明遂以衰歇。如美国倾向无可挽回，中国能保持使高级智识人仍负生育之责，或者将来文明中心，仍移至亚洲，亦不可知。然又恐中国教育进步后，未必不与美国为同一之现象。

问：君对于集中发达之大城，如何意见？

答：如极大之城，不见日光，不见天色，空气恶浊，行人拥挤，即于教育、卫生方面亦多不便，故从前主集中发达者，近来亦有主分散发达者。另外又有为分城运动（Auburbon① Movement）者、有为乡村运动（Village Movement）者，皆对于大城不满意，并求补救之法者也。

问：美国禁酒而尝遇有人醉于街上，工厂中禁吸烟，各工人皆生嚼烟叶，余以为此必有一种使之必饮酒必吸烟之原因，必其神经需要刺激性之物以刺激之，然否？

答：美国工人嚼烟叶，不自工厂禁烟始，美国人之爱酒，不因于禁酒，亦非作为提精神之用（余用"刺激"字为英文 stimulate，彼答之提神，系同用一字，或者余用字不当，亦不可知），各人害病由医生诊视之，其病各不相同，各国国民之有特别习惯亦然。

问：闻有人言美国精神病者，多由爱情上失意而然，此事能由统计上一查考乎？

答：统计上不能查考，或向医院中可查，然必须合多数医院平均方可。余以为得精神病之原因有三：第一遗传的，第二饮酒过度者，第三失意懊恼的。君所谓爱情上失意者，属第三种，然爱情失意者以外，尚有他种失意者也。

---

①　此处疑似 Suburban，即郊区的；城郊的。

余阅时表已十二时余，与辞，佛君又送余等至社会科图书馆，指一书橱云："此栏皆关于家族制度、婚姻问题之书，君对此问题有兴，可阅此栏之书。"余云："分科图书馆，亦公之于大众乎？"彼云："否，然君可随时来阅也。"

与佛君辞别，何君导余同往观华盛顿榆树。干已半枯，在两路中间，以木栏护之，前面有碑文云"在此树下华盛顿受任节制美国军队，一千七百七十五年"云云（Under this tree Washington took command of American army）。因忆前日乘观景车，曾过此地，因树在极近处，转不留心也。

与何君同赴一中国餐馆中餐，餐后同往马省工业科大学（Massachusetts Instituto of Technologe①）访司包佛（Spofford）教授，施嘉干所介绍。司君已去办公室，其秘书某夫人请其助手导余等参观民事工程科大学（Civil Engineering Department），此校分十五科，此其一科也，司君为此科教务长，故其助手导余等观此科。此校工程学在美国甚有名，余工科知识甚少，不足以详细考询，略观其大概而已。

又参观其图书馆，馆中有中国报，阅报片时，孙君又导余观扎理氏（Chales②）河，此河界波士顿、坎布理治之间。送余至电车，彼乃归。

晚赴图书馆阅书，九时归，出门天大雪，骤起乡心。前在坎拿大参观坎大铁路工厂之日，已见冰雪。连日晨出必见冰，余着薄绲衣一袭，中绲大衣一件而已，亦不甚觉冷也。

十一月二十八日

晨赴坎布里治马省工业大学，访司包佛教授。何中流君约会于途，与司君约谈，彼作函为通用电机公司。此公司在美国为第二电机

①　此处应为 Massachusetts Institute of Technology，即麻省理工学院。
②　此处应为 Charles，即查尔斯河。

公司,公司有二厂,今日往西林(West Lyun①)参观其一厂,可容一万二千人作工,面积合中国二方里有奇。余于电机智识太缺乏,不过观其规模之宏大而已。此外有足记者,一为其艺徒学校(Apprentice System),专收小学毕业及曾在中学者,授以实用智识技术,近来每年毕业者,几于全在彼厂中作工;二为与马省工业大学合办之电汽工程师专科(Cooperative Course in Electric Engineering),五年毕业,一班限定四十人,四十人又分为二部,尝轮替授课,或实习于工业大学及通用工厂之中,其进校程度与工业大学机器科同等,毕业授以硕士学位。闻此班之学生毕业,其学问经验在美国各工校毕业生中,可称最高云。专科董事部由大学与工厂合组之,有人专任其事。

参观毕,已五时,冰雪载地,极冷,约何君同赴中国街,用中国饭。

十一月二十九日

午,十二时半,偕何君乘火车赴落鸢市(Lawrence),参观太平洋棉业公司之工厂。下火车,彼有汽车来接,并派有职员喜考可(Hicock)君来招待,并晤其厂长、副厂长。厂分为三部:一曰纺纱部,二曰织部,三染印部。第一部有纺锭(spindle)十八万支。第二部有织机四千张,每机平均每星期出布八十二码。第三部又分为染色科、制板科、印花科。制板时先画花样,以花用照像机影至锌板上,可大可小,用笔描下,花样有若干色,则分制若干板,以若干次描之。再次置锌板于案上,高于案有机,机上有制成铜轴,轴上架有钢笔七支,连在一机,另一长管下连钢笔一支,作者手持长管之笔,向案上锌板之花纹照描,则上面七笔随之而动,铜轴上即由此端至彼端满刻为同式之花纹。铜轴先上有类于胶质之物,故铜易刻,刻成,以他种药水洗去胶质,花纹极清。将此轴安之印花机上,一面着色,一面印布。彼厂只有机五十张,可供十八万锭四千机所产之布印花之用,其神速可想见矣。

本日参观所得之观念颇觉明了,惟不及详记于日记可惜。

---

① 此处疑为 Lynn,即林恩市。

参观毕，又由汽车送余等至车站。

晚赵元任君约餐，赵君即前年请罗素讲演时任译事者，现在哈佛大学授汉文，前日曾往访之，赵君之夫人同在此，能作中国菜，食之甚美口也。

十一月三十日

今日耶稣教国家称之为谢圣节（Thanksgiving），余出至餐馆，一餐一元二角五分之多，盖今日餐馆皆售整餐，称之谓谢圣餐，餐品尚美。

下午赴街市步游，归。余之大箱，已由巴肥娄（Boffalo①）城寄来，晚赴中国街杏香楼吃叉烧面。此地菜品并不佳，而汤面尚有中国意味也。

晚何君中流又来，约看戏，至三家皆无座位，末至一家购票入，立半时始得座位。电影中有一女子，昼则魂附白人，夜则附一印度人，颇怪诞。又一故事，系男为女弃家业，女为男守节，三四年后乃团圆，家业亦未失。此二影皆最新之名剧，然皆东方之小说意味也。

今日为十一月末日，时光之速，使人可怖。

十二月一日

晨，检点行李，出门赴银行取钱，就便参观自然史博物院（Museum of Natural History）毕，赴车站购票，赴纽约。昨日衣箱已由巴肥娄寄来，今又须由火车转运所运至车站也。

下午三时上车，路旁河流多结冰，然并不觉冷，意者一年来日日行动劳苦，肤肉虽觉瘦减，体气实较前为壮也。五时天黑，所经地天气当较北边似温和，河水不见冰矣。九时至大中央车站（Grand Central）下车，寓苏门旅馆（Sherman Square），房小而租金大，经理人亦傲狠不类上等人，视在莽地澳皇后旅馆有天渊之别，彼处屋美大而价较廉，经理人待客亦有礼也。

---

① 此处疑为 Buffalo，即布法罗城。

晚在火车用饭，未饮茶。至旅馆安顿后，赴街上寻小馆饮茶，未着大衣，亦不觉冷。

B. 纽约

（自民国十一年十二月二日至民国十二年正月三日）

1. 参观美国第二大图书馆——公共图书馆
2. 参观哥伦比亚大学并晤杜威博士
3. 在哥校矿会讲演
4. 晤美国财政专家赛理格门教授
5. 与罗家伦、冯芝生谈宗教问题
6. 参观纽约大学
7. 圣诞节之本意与纽约之圣诞节情状
8. 参与美国哲学会在纽约年会
9. 与李善堂、冯淮西等守岁

十二月二日

晨略游观街上，旅馆附近皆最繁盛之街，然尚清洁，与芝家谷之下城圈全不相类。第一，因城内不准燃煤，皆用电力，而发电之厂则在数十里以外之故；第二，城内房虽高而街道甚宽；第三，市政办理较好，使余对大城之恶感减轻。

下午访同乡冯友兰君，不遇，因至公共图书馆参观，此为美国第二大图书馆也。东美公共图书馆，就所见者皆有一部为儿童阅书部，中小学生来阅书者，并不甚少。

晚至自然历史博物院，已闭门。余阅两种《游人便览》，皆言此院星期六、日晚开门，故晚餐后乃来，徒一往返而已。

十二月三日

晨,冯友兰君偕弟景兰来访。友兰字芝生,习哲学,其弟习矿科,兼地质学也。稍谈其弟先去,午偕冯君中餐,餐后参观博物院,自一时直至五时封门时始出。其中收藏美洲各国印度人古物或标本甚多,对于马亚石刻文字尤富,多出土于中美瓜特马拉(Guatemala)一带,为余前在墨西哥所未见者。余在墨时亦觉马亚文当时必以雕刻之精工为其文字美丽之一种,此间所见其雕刻有更美者,非数日之工不能成一字,亦其文字不传之一种原因也。又由北美各印度人之古物及衣服、用具、人型按地理接续陈列,直至渡比令海峡,仍接陈列东胡(Tungn①)等人之衣饰、用具及人型,其人型面骨格具无甚异,衣饰则渐变而近于中国式,此种收集与布置,可深赏佩,非深究人类学者不能也。

十二月四日②

偕冯君芝生略参观哥伦比亚大学,美国有名大学之一也。美国各大学,虽各有专长,就美国人之意见,则推哈佛(Haward③)及耶路(Yale)两大学为最,而就其学风之影响于中国人之思想者,恐以此校为第一矣。

下午二时,赴杜威博士讲室听讲,历一小时之久,讲毕,稍与谈,约期再见。

冯君为余觅其同楼之住室一间,移与同居,同乡秦缵略君及李君来谈,秦君为秦幼衡先生之第三子,在此习经济。

十二月四日

至大学参观矿科及地质博物馆,冯景兰君导余,且时加以说明。余意中国在外习地质者,所讲皆外国就其本国所调查者为多,即中国

---

①　此处应为 Tungus,即通古斯(人)。

②　原文作"十二月三日",据日记内容知为"十二月四日",今改。

③　此处应为 Harvard。

现在所用参考书,亦大概专言外国,由此观之,中国对于本国地质及动植物之切实调查,实不可缓之图也。

赴一银行持信用银折取款,彼不付,谓必须赴发行此折之大陆商业银行之连号汉奴华银行乃可。乘电车历半时乃至其地,取款时彼又向旧簿据中查号头,对签字,逾半小时乃付。此种繁难为余第一次所经,他城无有。闻人云,此城多作假票者,故银行家特别慎重。

晚秦君、李君及安徽汪君,与芝生昆仲先后来余室谈。其他诸君去后,芝生又出河南留美学生会所组织之教育委员会简章见示,盖专为调查大学办法,备河南省立大学之采择也。

十二月五日

访大学社会科教授欧克伯(Ocber)君,与秦缜略君偕往。余询以美国工人衣食之资、娱乐之所,似较他国为好,而各留心者皆谓美国工人痛苦,其原因何在? 又女子在商店作工者,其工资视男子殆低一倍有余,女子未嫁者之生活如何维持? 彼虽各有解答,然似有不愿以美国人之弱点,为外国人所知之意。余尚有其他较大之问题,亦不再向彼问。彼乃以中美亲善、日本外交政策等政客口头禅相敷衍,余亦漫与之谈,彼此形神似不甚属。余意此君不久或将向政治方面活动,亦不可知。

杜威约至其家茶会。人太多,拉杂牵谈而已。芝生有文评论梁漱溟《中西文化及其哲学》,登此间《哲学杂志》,以一编送余阅,并借余梁君中文原文对阅。原文太长,贪阅,夜迟睡。

十二月六日

起迟,仍续阅梁君原文。

下午天大雪,着中絮裹外衣,出餐,仍不甚觉冷,真体气增壮也。

晚徐定澜君来谈,夜仍阅梁君文。

十二月七日

笔坏,不能作日记,越数日购得写中国字之新笔,追忆补写,已多遗忘。本日所作之事,乃至丝毫不能记忆,由此推之,如出国不写日记,竟不知回国后,尚能记忆游历所得者否?

十二月八日

晚程志颐君约至矿会演说。此会为哥伦比亚大学中国习矿学生全体所组织,同乡冯景兰、李余庆、张金鉴皆在其内。晚在大学内讲舍开会,到三十余人,演说毕,有点心可吃。余演说大意如下:

一、报告黄河下流各省,如河南、山西、直隶、山东等煤业煤产现状,其进步速度,在工业改进之速度以上,现在将有供过于求之趋势,只以国内运输力不足,国外更无航业航权可言,故不能向世界各国之商场谋发展。

二、北数省煤量之富,已经证实。大江以南依个人之调查,煤亦甚富,其发现甚晚,且开采尚未大进步之原因:一因北方在数千年前,有烧山恶习,以致山上树木甚少,到处童山,石层外露,间有煤层亦外露,不必开采即可取拾者,此其易见之原因一。江南则满山葱茏,深林茂草,至不能见土,适与相反。又同此原因,北方林木不足,人民缺乏燃料,不能不谋得他项可燃烧之物以代柴木,因以造成开采较早之第二原因,江南情形亦与相反。又北方天冷,需煤甚多,故在海禁未开以前,亦有大规模之煤矿成立,而南方亦与之相反也。江南各省,浙江有煤而不盛,江西较盛,湖南更盛,余于云贵,未有调查,或更盛亦不可知。末言中国铁矿多寡,尚在不可臆[1]断之数,绝非如三十年前外人臆断之富,亦非如近来一二西人报告之少。然要之铁为立国必要之矿,只能留以自采,不能与外人共之,而铁之含藏量究竟如何,则甚望最近之将来,能有确实之调查云云。

十二月九日

偕芝生等同赴布鲁克林(Brooklyn)博物院参观。

十二月十日星期

午,矿会同人约中餐,席间论话甚畅。晚,同乡冯氏昆仲、秦缜

---

① 原文为"忆"。

略、张金鉴、李余庆诸君约餐，餐后同来余寓，谈甚久。

十二月十一日

偕秦缜略访大学教授赛理格门（Dr. Edwin Seligman）博士。余本拟与之谈财政上税法问题，秦君谓："彼亦喜谈社会问题，何妨先以询之？"余略举一二问题相询，彼疑余醉心社会主义，乃至余所询者，为公有问题，而彼乃就共产主义大下针砭。余又声明公有为先认人格下可有所有权，次乃依各物产实业之性质，分为应属公有或私有，应属公有者，仍应分为国有、省有及地方团体共有等种类。彼答对于各级政府，不信其经理实业能为人民增进幸福，只可给以消极事业。其积极方面之事业，应听人民自由经营，自由竞争，使优异者能展其材，钝劣者分沾其惠。公有事业，应以与公众生活较切而与实业发达关系较少者为限，如市有之电灯、自来水等。若交通机关关系实业太重，不能委之于肉食之政府人员，而航业由政府管理，尤为不可云云。按赛君在美国财政学界久负盛名。余在芝家谷时访问美国财政家，以谁为最有名？友人均推赛君为第一人。威迩逊惨战之成功，由于国会修改宪法通过所得税，而所得税能获通过，论者谓赛氏数十年主张之力为多，大概美国财政家与财政学者，半为其门人也。赛氏近又主张根本摇动国家税、地方税，就税源分类各自征收之原则。彼意在合全国税源，通盘筹划，其重要税源不能分属国家与地方之任何一方，而应总合征收，以若干成划为国税，若干成划为地方税。其说方兴，即有势力，将来或将实行，若然，则为中国之统征分解办法矣。中国人初读西文书，以此办法不合征税原理，必欲破坏之乃快，而美国乃以此为最新之学说，此大可一研究者也。

下午自游河干街，谒美前总统葛兰德（Grand[①]）墓，在赫森河（Hadson River[②]）东岸，建筑极雄伟，最下层有二棺，乃葛公及其夫

---

① 此处应为 Grant，即格兰特（美国前总统）。

② 此处应为 Hadson River，即哈德逊河。

人也。墓楼为南北向,墓后即墓北,有李文忠公鸿章手植树二株,周围护以铁栏。树北有碑,为中国前公使杨子儒通所书,大概为大清国大学士太子太傅一等伯爵李鸿章,为大美国前总统葛兰德将军种树于其墓旁,以为纪念云云。

十二月十二日

访大学教授纪丁氏(Faanklin H. Giddings[①]),谈约一小时,纪君为美国社会学者之泰斗,年六十余。新会梁任公著述,多引其说。

晚在逸仙楼独餐,遇安徽寿州孙多英君。彼前曾毕业美国,习矿,现供职龙烟铁矿公司,谈龙烟工程进行及停滞情形。

十二月十三日

访大学教授卜阿氏(Franz Boas),卜氏为美国人类学最有名者,然生平不著书,今其门人多蔚成学者,著作风行,仍各推尊卜氏。彼为此校人类学教授及教务长,接算已数十年矣,余与谈,询以美洲印度人之各问题,及与中国人种上之关系。

晚卜律尔博士(Dr. A. A. Brill)约餐,卜君为奥国人,十四岁来美,今已数十年,德、奥二国文字之心理学新作,历来多由卜君译出。其自著之心理书,亦蔚然为新心理学之一派。本日座客皆着餐服,余到美向少着餐服,仍以便服往,颇觉失礼,道歉而已。座客皆本城官商,见东方人数不鲜矣,惟阅名片上有中原煤矿公司董事长、前众议院议员等头衔,以为必与日常所见之洗衣工人、杂碎铺厨夫不同,争以中国风俗礼尚生活种种问题见询,余答复几于应接不暇。迨餐后半时许,余谈力已倦,诸客及主人谈兴益浓,且因余谈引起一客发一大问题:谓美国近自诩为世界最文明之国家,而纽约城更为美第一名城,然不过改造天然生活为完全之人为生活而已,此人为生活即美国百余年经营之结果,而吾人所自豪者,究竟此结果为人类加增若干快乐?抑或减少快乐而代之以痛苦云云。卜君反对其说,谓美国人平

---

① 此处应为 Franklin H. Giddings,即吉丁斯。

均不如中国人之快乐,多数学者曾考查中国者,与胡君所言大致相同,大概可无问题,惟人类进化,本不专以所得快乐多少为标准。生活程度低者,往往所得快乐转多,一以快乐为生活,一以竞争为生活[1],前者竞争少而不进步,后者快乐少而进步。某君又谓:若谓竞争,吾不知他国如何?他城亦不具论,专以纽约论,六百万人中殆有三百万永久不能得竞争之机会,所谓自由竞争之真意,完全丧失。卜君谓自由竞争之权,并未丧失,人人仍有平等机会。两人争持极烈,迄未解决。至十时余先兴辞去,不知其辩论究作何结果也。

十二月十四日

同乡张人鉴[2]君约中餐,餐后大雪,冒雪同往观自由神像(Statue of Liberty),像在城南海中孤岛上,距岸约数英里,天晴可在岸上观之,雪中不能也,乘船半小时乃达。像甚伟大,高二十丈左右,下有台,高与相等,台内外皆有梯可登。神像以铜为之,中空以铁架支之,绕架为梯,可盘旋直登,至像顶,像帽上四面开窗,晴时可望纽约全城,并远眺海面。惜今日雪势太大,但见茫茫无际,水陆一色,天地若连,真成一琼瑶世界矣。回忆在国内时,亦颇好游,然未尝有雪中登高之举也。盘梯之下一段,本有升降机,因冬日游人少停开,而盘梯又地窄蹬高,易使人倦,余上下若无事,张君颇惊异。张君为友人张伯昂之子,视余如老辈,然余常与少年同行,美国人多以余为二三十岁人也。

晚余为张君饯行,彼一二日即归国也。并约王近信、罗家伦、冯芝生数君同餐。餐后谈中国宗教问题,彼等有以中国为古无宗教者,

---

① 　原文作"注活"。

② 　据徐友春主编《民国人物大辞典》(增订本),此张人鉴与前文之"张金鉴"均为河南人。张人鉴生于1897年,1918年赴美,入矿务大学,后入哥伦比亚大学研究院,1923年归国;张金鉴生于1901年,1931年方赴美,入斯坦福大学政治学系,故胡石青此时所遇之同乡当仅有张人鉴一人。

余以为有。盖称天而治,政教合一,天子为之为首长,故祭义祀典,在学术上、政治上均占重要地位。五经中所记载,关于祭祀者极多,不能谓中国古无宗教。余意中国近世以来,世俗称孔子、老子与佛为儒释三教[①],佛既来自印度,非中国所本有,而孔子、老子是否宗教,久已引起学者争论,近日主张孔老非宗教者尤多。此中国无宗教之说所由来,余意则觉除儒释道三者以外,中国古时仍有宗教在也。王近信君以谓朋友聚谈,每可有所得,较独修为有益,思组织一谈话会,每星期一次,未有结果。

餐毕,冯、王二君同来余寓,山东刘振东君字铎山,先由冯君约定,亦今晚来访,同谈中国将来。诸君对前途,亦抱有大希望,余更乐观。余尝谓美人近日颇有白美洲之说,英人尤以澳洲无他种人之势力,自诩为白澳洲,余以谓地球迟早总当黄色也。

十二月十五日

与秦缜略君同出,遇山东学生赵畸,字太侔,至其寓谈。彼专习戏剧文学,初谈时并不肯遽以相告,余误以为普通文学,彼似以余年长,恐不赞成其所学者,后知之,余与谈甚感兴趣。

十二月十六日

王近信、刘铎山约中餐,冯君与焉,连日发谈兴,常滔滔不已,不知为人所厌否?

晚卜律尔博士约谈,其夫人亦出相陪,十一时归。

十二月十七日星期

与冯芝生、李善堂、汪彦深及浙江俞君同餐,餐后同至余室谈。秦缜略、程志颐等亦来谈,余室甚小,常有人满之患也。

十二月十八日

访司垂提(Street)君,彼为纽约之银行界人,然见面亦以中国人所得快乐多少问题相询。盖美国人现在公共方面,日谋所以扩张娱

---

① 据文意此处当为“儒释道三教”,原文疑脱“道”字。

乐之设备。个人方面，往往以一部分之收入，专从事娱乐生活，而所得快乐殊少，故致有心者多发生"物质文明之进步，是否能增加人类之幸福，与生活之真意义，是否为快乐抑为物质上之享用"各问题，均不相谋而发生也。

十二月十九日

访中国领事张君，忘其名字，余恐有人为余转信至彼处，故不能不一往也。

晚与冯芝生同访包德君（Porter），同赴辛保斐芝博士家。辛君俄国人，充哥伦比亚大学教授多年，专购中国古画，余等特往观之。彼收藏甚富，真赝混杂，而赝品较多，但彼收集注重唐宋兼元明，间有真者，即为希世之珍矣。其中最旧者，为吴道子画像一轴，王右丞雪景一轴，不敢判其为真，而作品则极精到。欧洲名画家某见之，以手自拍其额曰"余虚掷三十年光阴"云云，盖某君五十余岁，习画已三十年矣。至十二时已倦，尚未罄其所有，乃谢之而归。

十二月二十日

赴图书馆，阅中国报，遇郭任远君，郭君前在白克里加省大学，本学期来此。

晚与冯淮西即芝生之弟同餐，餐后赴旧书铺购书，至三家，书尚多，且价亦廉，余购《优生学》《巴拿马运河纪要》及《一千九百十九年之俄罗斯》三书。归阅《一千九百十九年之俄罗斯》一书，其描写平民戏园一段，谓戏园仍收戏资，且售票者预期将票交小贩，加价转售，若正式向戏园购票，则云已售完矣，著者以倍价得一票入观。园为前俄所建，内部失修，装潢多已剥蚀，而戏中角色，若非在台上，几不能认其演剧者，盖敝衣垢面与台下人相同也。所谓平民艺术，不过名目好听而已。

十二月二十一日

郭任远君约餐。

十二月二十二日

约李铎山、赵太侔等同餐，餐后至余寓谈。

十二月二十三日

偕芝生往参观纽约大学，所谓纽约本部者本为一岛，名蛮哈吞（Manhatan①），近来所谓大纽约者，乃长岛（Long Island）之一部分，大陆上一小部分。纽约大学在大陆上，故渡一长桥乃到，此处名为在城限内，实则已成乡间，道旁森林与住室相间，如天然之园林，过桥步行，约二英里至校。校规模不大，而建筑颇精，且下临大河，环以乔木，对岸山色，层峦竞秀，渐远渐高，天然景物，实较哥校地位为优也。藏书楼式，与哥校相仿，而收藏较少。绕藏书楼为景贤廊（Hall of Fame），长可百步，曲折回环，下临清流。廊有短壁，每段中砌石坊，刻美国已故名人姓名于上，附以短史，或其人之名言世所称道者，每方刻一人。全廊先分若干部，如政治家、军人、科学家、法律家、美术家等等。今尚有多数石方，空未刻字，以待后来之贤者。参观后，仍步行至桥边，过河归。

十二月二十四日星期

北京大学同学会公宴，亦约余加入，餐间请余演说，大致谓：中国之文明及国民性，多偏于时间之延长一方面，而忽于空间之扩张，故在世界民族中，有最长之历史及文明。而人民居全世界四分之一，现在只领有全世界十三分之一之土地，因而有人满之患，非人满之为患，乃地蹙之足忧也。此后应保我时间性之优点，而同时采取空间性，以谋在地面上之发展云云。

晚程志颐君约餐。今晚为耶稣生前一日，美国人视为大节，遍街加灯结彩，光耀夺目，男女相偕，或男友女友各自结伙，在街上游行者极多，如中国小儿女过旧历之年者，社会气象，为之一新。人民心理上为之一快，故街上磨肩接股之人，皆面堆春色。或云此为主观的，

----

① 　此处应为 Manhattan，即曼哈顿岛。

不知各人皆有主观的感想觉他人之乐,则客观的社会,即呈真实的快乐景象矣。余意时间之为物,能使人快,而久无变更,亦最能使人烦闷痛苦。中国时令上有种种佳节,将时间划为段落,予以变换,无形中付社会以新兴趣,增加其活动力不少。近来少年往往谓此等节气,无所取意,必欲一一废除之,吾不知废除之后,将代以耶稣教之节令乎?则其取义又安所在?若使长年闷闷而无节令以界之,以新其耳目,则减少人民之快乐,而易之以痛苦,不知若干矣!耶稣教之远祖为摩西,其创教即以建国,凡不从其教者,即不臣其国,族戮之无遗,故一切犹太系之宗教,比之东方宗教,俱为单调无味。即以耶稣生日而论,其本身之兴趣亦殊简单,其惟一助兴之物,即为耶稣生日树,或以真树枝为之,或以真树为之,或以小枝或纸制之小树为之,大者高可数丈,小者不过尺许,或插之瓶中,或立之案上,或植门外,或树之于公园衙署,仅此一树,仍无甚兴趣,故满树枝上遍缀果品纸花等玩具,颇类中国北部过旧年,以竹立院中,谓之为摇钱树者,至此此树乃渐有兴趣,少年儿女尤喜之。至其所以如此点缀之原因,则不但非本于耶稣教义,且与之相反,彼谓树上之物,皆为可老司神(Santa Clous①)馈送儿童者。可老司者,罗马古代之神,大概源于巴庚教(Paganism),相传有童子过年无果品,夜梦可老司神来给以果品,置之其袜中悬树上,童子喜甚,醒乃知其为梦,启袜视之,盈盈皆果品,此以果品缀树所由来也,然与耶稣生日毫不相关。又相传可老氏神皓须童颜,着红色长衣,此邦一近耶稣生日节,各家生意告白往往借重此老,遍处图形张帖,而写其告白于下,可以知其在社会心理上之势力矣。然其科学家未尝以此为迷信而必欲废除之,其宗教家未尝以此为异教稗谈而设法排斥之,盖社会多一种兴趣,则人生多一种快活,减一种兴趣,即添许多烦闷。中国社会兴趣,近二十年来,几于为号称维新者所破坏无遗,社会心理之烦闷苦恼,大半原此,若今日而

---

① 　此处应为 Santa Claus,即圣诞老人。

仍不知所以保存之或增长之,社会且有崩毁之虞。科学为实用之物,在社会兴趣上供献殊少,人类生活于实用外,需要兴趣,今日言社会改造者所不可不知也!

十二月二十五日

今日为耶稣生日,然街市并不及昨日之热闹,余约友数人共餐,冯芝生云:"余承认君约而往餐,但不承认耶稣生日。"众付之一笑。

十二月二十六日

自耶稣生前二日各学校给年假,故日来学生无课,芝生偕余游番家兰(Vancartlandt Park①)公园。园有古室,即番家兰之故宅,园地亦彼所捐,故以其名名之。园后傍小山,余等登至最高后,积雪未消,远山半白,海风徐来,古树乔木摇枯枝应之,四顾苍茫,有澄清寰海之意! 须臾风渐紧,寒气压人,乃盘旋下。此山并不高,久不登山,即此亦饶有清趣。

十二月二十七日

偕秦缜略至下城尽处,步行渡布鲁克林桥(Brooklyn Bridge)。此桥通布鲁克林,故名,为世界有名建筑之一。过岸为长岛之一部,本为独立之城,近加入为大纽约市之一部分。过桥不远,至眺望公园(Prospect Park),园内有天然湖山,古木杂花,丛生夹道,人工布置,亦无板呆扫兴之处,余颇乐之,至暮色催客,远灯引人,始寻路出园。回下城,至中国街中华公所,约梅哲之君同餐于自由楼。餐后梅君导余至一陈姓杂货店中,梅君谓余云:"陈、胡二姓,来此者以百计,所住皆距此不远,其生活所需,皆购于此铺中,盖彼自中国起身时,即与此铺发生关系,若无此铺,则乡下不识字之人,如何敢渡重洋向外国谋生活耶,故族姓之组织,与华侨出洋之关系颇大也。"别陈君,偕秦君同归。

---

①　此处应为 Van Cortlandt Park,即范科特兰公园。

十二月二十八日

中国学生无课，多过从者，闲谈消长昼，亦不能知所作何事。

十二月二十九日

下午秦君约余赴喜卜烛戏园（Hipdrome①）观剧。园间可容二万人，所演以结队跳舞为多，有日本队、俄罗斯队、夏威夷队等等共八队，每队皆四十八人，跳舞时佐以音乐，更有种种布景，以电光为之，河山现于坐中，风雨起乎俄顷，为其最优盛处。至其音乐演唱，无弦外之音，无言外之意，作者既三鼓而竭，观者更一览无余。中国戏剧，在场面上人太杂，布景太简陋，是大短处，至演唱做工，真有余音绕梁之妙，使人堪作十日思。各有长短，在观者各遂所好，各有所取而已。

又本月二十七、八、九三日，美国哲学会在此地开会，余今昨两日皆往听，昨日听三小时，今日一小时。美国现在哲学界仍大致分二派，一为新惟实主义（New Realism），一为实用主义（Pragmatism），然后者实可名之谓新经验主义（New Experientalism②）也。其开会之方法：各人以其未出版之著稿，自读一过，他人有疑问或不满意之点，随意发问，无剧烈之辩论。全美哲学家大都聚于一室，亦盛会也。杜威博士亦在内，彼所讲者为"存在"（existence），大意仍言存在以经验为范围，此实用派之主要原则，亦经验派之旧议论也。余不能知其异点所在，向冯君芝生询之，久之得一结论，谓经验派以阐明存在以经验为范围之原则，而人处于能经验之地位，实用派以存在既以经验为范围，而人应向前求经验，以扩大存在之范围，大体仍旧，不过增加其活动力耳。芝生云："君得其意矣。"

十二月三十日

今日学生会开新年会，在哥校一讲室内，余被邀往看。有某女士弹外国琴，某君奏中国乐，某君唱中国戏，某君唱外国戏，余觉四人之

①　此处疑为 Hippodrome，即竞技场。
②　此处应为 New Experimentalism，即新经验主义。

中,唱外国歌及奏中国乐者佳。此日为化装会,多有极奇怪之装饰者。讲台旁有二柱,悬一联云:"九天日月开昌运,万里风云起壮图。"为邓石如先生之孙公子所书,现留学此地,书为篆体,此在外国所罕见者。此事又引起余之旧思想:世界文字,能联语逐字针对者,惟中国文,此亦特有之美也。余过年不用春联已数年,实大误,归国后当改之,冯君芝生亦与余同意见。

十二月三十一日

晚李善堂、冯淮西、汪元起、陈伟儒、余君、唐君,数人约共守岁,各出资五角,购食品佐谈,至十二时至街上游观。彩电耀日,行人如鲫,有男女同行者,有数男子或数女子同行者,狂走之中,杂以欢呼,如中国童子之过旧年。小街人甚少,因大街之人逾多,则小街逾少也。遇一酒醉者,据路狂语且呼,余等急走避之。至一时陈君兴未尽,思赴下城,余亦欲观下城年景,乃同乘公共汽车,经第五街直至华盛顿方(Washington Square),此间人渐少,因夜过深也。此地有最大之耶稣生日树一株,高十数丈,在彩灯电光万道中,见翠枝碧叶,系五光十色之果品纸光玻璃花,随夜光电光相明灭,闻人云:"此树俟过年后,三二日方去之。"盖此间自耶稣生日之前一日起,至过年之次一日止,如中国自除夕起,至元宵日之十数日,为全年之休息日,可以少作工多享快乐。余等坐车之上层,无棚无厢,眺览毫无障碍。同车大多为成对之男女相偎并坐,有时相抱,乃至两面四腕紧抱密接。街中来往同式之公共汽车甚多,两车相近,则车中人彼此互相扰,或大声呵之,或以长笛向之猛吹,凡二人紧抱者,他车中人必以长笛作丑声聏之,同车者则彼此不相犯也。第五街为此城有名美丽之街,房屋不甚高,工程宏壮精巧,在夜色电光中,其雕檐刻壁上之人物花草,犹能表现其精美。游人乘楼车,士女麋比,或谐笑,或细语,或静默,软轮轧地无声,向如画之城市飞行,亦人间小游仙也。余等自西部一百二十五街登车,仍回至原地下车,来回历二百余街口之多,若步行则不能胜,亦无此时间也,归寓已二时半矣。

民国十一年之光阴，匆匆在美洲过尽，余总觉时间所过者太快太多，而余游历所得则太迟太少也，怅然卧寝。

自十二月七日以来之日记，皆补写，或有遗忘错落处，补及之。

民国十二年正月元日星期一

晨兴甚迟，因夜来睡太迟也。余到美国已两次度新年矣，皆晨起甚迟，不但余然，中国学生亦大都为然，仍不但中国人也，美国人今晨起更迟，其原因皆为除夕欢乐过度，往往至二三时，乃至三四时始就寝也。回忆少时在国内乡间过元旦时，未黎明即起，万家爆竹，俱自茫茫夜色中大放声响，稍迟则祭天矣，祭祖矣。院中烛光与明灭晓星相掩映，未几天色渐曙，各家均启门，少壮者争先赴族邻长辈家中拜年，往来如梭，须臾拜年之事毕。各村社祠庙中人渐多，陈乐器奏之，洪鼓巨锣，通通镗镗，一年来勤苦之农民，寂寞之乡村，至是乃有勃勃之生气。在外国过年，则自晨至午，各处寂无人气，正可高枕安眠，若忘其身在世界第一大城，并若忘其为元旦者。余觉中国人民为爱静的，国民静极思动，至元旦乃一现动之景象。美国人民为爱动的，国民动极思静，至元旦乃一现静之景象。在国内梦想和平，反对国家主义，旅外国经年，总觉白人各国之国家主义，视战前不但未减，且增倍不止，世界仍以国家民族为竞争单位。纯欲以静制动为生存之方法，未必其适于现世纪也，他日归国，拟诸事不全持静观态度，先记于日记中，以自鞭策。

陈世贞君来，共约二冯及陈汝珍三君中餐，餐后余购水果回寓，与诸君餐之，以助谈兴。重游河干街，罗家伦君适来，在河干与同乡数人共撮影，并撮葛兰德墓及李鸿章树各一影，日光微而海风大，不知能晒出否？

晚，李余庆君字善堂、陈汝珍君字伟儒来谈，寝迟。

正月二日

陈伟儒君约二冯及余同餐，决定明日与陈君同赴华盛顿，下午收拾行李。

晚刘振东君字铎山约余晚餐,餐后又至彼寓谈,至十时乃归。

今晚刘君无他客,专为与余谈也。因谓中国现有各杂志,皆可谓时代思想表现之一种产物,然未有能举中国通盘筹划为具体之政策者,颇思归国后从事于此业。刘君亦怂恿之,不知将来能实行否?

归寓,安徽汪允超君、浙君、俞君及程祖颐君及同乡李善堂君、冯氏昆仲皆来送行,谈至十二时半乃散。

C. 华盛顿

(自民国十二年正月三日至四月十五日)

1. 参观喀比图——名教堂与议院
2. 美国第一图书馆——华盛顿议会图书馆
3. 登华盛顿纪念塔
4. 美国人自杀之原因
5. 参观白宫
6. 参观安灵屯国坟
7. 参观邮政部
8. 欧拍拉与中国昆弋
9. 草《人类主义》第一编
10. 参观华盛顿坟宅
11. 美国众议院旁听
12. 参观标准局
13. 赴宝提模城参观约翰赫金大学——校长系古德诺君
14. 《人类主义》第二编完竣
15. 赴华盛顿纸厂参观
16. 乘火车赴南美

正月三日

晨起,续整理行李。此为每次启行时最困繁之事。事毕,出门寻转运公司,向火车站转运。

秦缜略君不知余今日起程,往与辞行,非拘拘于礼节,思与之一面也。彼已往上课,未得晤面,怅然!

午偕陈伟儒君同餐,餐后呼汽车,赴潘西番尼车站(Pennsylvania Station),时一时二十分,至二时方到,路上行四十分钟,因沿途汽车拥挤之故。余在此城皆乘电车,但知电车之苦,以为上等人皆乘汽车,来往必痛快。今日乘汽车赴火车站上车,乃知乘汽车更烦闷,因各车填街磨毂,动转多碍,何时可到车站,时间上毫无把握。余等下车后,先签行李票,甫上车而轮转车行,若再迟二分钟,则误车矣。因交通便利而城市乃益发达,而发达过度,有时交通几失其灵便,凡事皆贵适中,吾于市政亦云然。火车出站渐入地下,穿赫森河流之下而行,约里余,乃复出地面。地洞中车行气压过重,迫入耳孔中,若不能胜,以两手掩耳,可减痛苦。

途间经新吉尔塞(New Jersey)、潘西番尼(Pennsylvania)、马利兰(Maryland)各省之界,至七时二十五分至华盛顿,所经市镇以费娄德斐(Phylodephia①)为最大,余无甚足数。间过村落,木屋泥路,参差隐现于疏林衰草之间,或有小溪环流,坡陀起伏。居纽约一月未出城远游,此种天然风景,久不领略,即飚车飞过,略一凝注,亦觉心境为之清旷也。

下火车后,唤汽车赴一旅馆,名圣哲母氏(St. James),每日房金二元,此最廉之价也。晚陈君欲用中国餐,至一馆名北京茶园(Peking Tea Garden),陈君点南乳笋干肉,伺者为黑人,持菜单入,少顷②出,持一纸片,上书"南乳欠奉"四字。陈君不解,盖此又为日本

---

①　此处应为 Philadelphia,即费城。
②　原文作"倾"。

人冒充之中国馆，"南乳欠奉"四字，日本人之中国文也。

正月四日

晨，偕陈君赴街上略走，陈君往访留学生监督严君，余转赴白宫外，略视其规模，旋赴宫旁小街，欲租一房，取其近议会图书馆，可以随时往阅书也，然迄不可得。附近小街，街路平洁，而人家则龃龉，房屋建筑亦殊苟简。盖此处为政治中心，经济并不发达也。

在旅馆餐堂中餐，味不美而价昂，陈君归同出。先参观植物园，空地甚大，惟少林木，中为温室，多赤道下植物，有竹一小丛，亦植其中。竹非热带产，在中国与松柏共称"岁寒三友"，移此邦乃莳之温室中，然干高将二丈，粗亦径寸，在此邦为仅见。岂竹入拜金之国，易其冰雪之姿，为喜炎恶凉也。园之西偏，竖一高铜像，跨骏马甚壮伟，旁有二像，每像各四五人，皆骑怒马，或各挽来复枪，或共扶巨炮，作剧战之状，此美国立国之精神也。彼久向东方宣传，谓美为爱和平之国，试观其侵墨西哥四州之地而不返，威迫古巴国，借其海港为海军根据地，无衅而吞并夏威夷群岛，占据斐律宾群岛，此数事者，视日本之对中国有以异乎？然日本之于东三省也，借口日俄之战，曰得之于俄。其于青岛也，借口于加入欧战，曰得之于德。若美国之于上述四国，则初无所借口，而悍然无所顾忌，以武力占领之矣。中国而欢迎美国之势力东渐欤？少安毋躁①，斐律宾相隔一衣带水，彼固日夜筹所以飞渡之矣。

出植物园，过一路，即为联邦政府所在，其室以白室筑之，故余上午误以为白宫也。美俗称都城及政府所在之建筑物，统曰喀②比图，如在他处所称之美国喀比图（Caprtal③）为华盛顿城，而在华盛顿城

---

①　原文作"燥"。

②　原文作"喀"，以下统改。

③　此处应为 Capital，即首都，首府。

所称之喀比图（Caprtal①），则政府所在之建筑也。以都城与宫府名称相混，有时固觉不便，然中国则以政府与政府所在之建筑物，混用一名称，如云国务院，有时其意为政府，有时其意为政府所在之建筑物，亦觉不便也。且美国所谓喀比图者，在各州中，则州参议院、州议院及州行政部之州长，各部均概括其中。华盛顿之喀比图，则只有参议院、众议院、大理院三院，而行政部则另外独立。中国现在之事实上及一般人之观念上，皆以行政部为政府，而以国会为另外独立之机关，故初至美国都城，望见矗立全城中心之喀比图，气象万千，必疑谓此白宫也。总统代表国家，必高拱其中，继知所谓白宫，另在他处，必疑为国务院必在喀比图之中，以行政部与立法部对峙。迨身游其中，乃自笑一误再误也。

　　喀比图坐落全城最高地点，坐西面东，全建筑可分三部：第一中部为美国开国时由费城移都时所建，上有圆顶，高十丈余，顶上有自由神像，高可二丈，室之本身亦高十余丈，合计约近三十丈。左右二部于一千八百五十一年决定增修，历六年左部告成，众议院移入。又二年，全体告竣，参议院移入。原建筑中部较大，然当时工料较廉，用费二百六十余万美金，左右二部各四百余万，合计在一千一百万元以上。余等自西门入，先参观下层，可记者名贤堂（Statue Hall），中为美国名人石像及铜像，一望而识者，仅华盛顿、林肯二人。华盛顿像以铜为之，着军服，视他像为小。第二层左为众议院，时正开会，余等入男旁听席。旁听席约分三种：一为持券席（Card Gallery），持有入席券者方能入；二女席；三男席。余等旁听约二十分钟之久，议员在场者，余查其人数三次，第一次七十余人，第二、三次皆九十左右，始终未尝到百人，而议事如常进行，并不停止讨论也。场中只女议员一人，年约四十岁。发言者某君未登演坛，在议员席空地作沉痛之演说，有时左右走动，且走且说，时而面向议长，时而面向议员，较中国

----

　　①　此处应为 Capital，即首都，首府。

之露天演说，更觉自由，不似中国议会发言时，鹄立演坛，作极庄重之态度也。有时议员互相细语，议长击案以示警告之意，再不止，且击且为请维持秩序之宣告，而私语者仍如故。其议场与中国之众议院大致相似，惟光线全由天窗中进，天光不足，助之以电灯，亦自天窗中来，故自然光与电光，不甚有分别也。议员休息室皆与议场密接，意者表决之时，可随时请议员来场也。出众议院旁听席，又赴参议院旁听，守门者嘱余等将照相机置门外。凡旁听者，其席次由守者指告，坐未久，有一纸片相互传观，上书旁听者对于议员发言，不得有赞否之表示云云。参院室之外表与众院相同，内部则略异，因人数少，议场较小也，其出席人数不过十余人，而旁听者甚多，席为之满。闻此处议会重大问题，常继续讨论至许多次，不急遽表决也。四时各办公至皆停止，亦停止参观，余等出。然议事尚未停，意者如有旁听券，或可继续听至散会时也。

出喀比图，赴议会图书馆（Library of Congress），此为美国第一图书馆，收藏最富，规模亦甚大，闻在全世界为第三四，其最大者，必在英、德、法各国也。建筑所占面积，约近十英亩，合中国六十亩之谱，作横方形。正面向西与议会之正门斜对，周围有角楼四，前面正中有大门一，中有高顶正厅，四角楼之间，连以长厢。正厅之前后左右以长厢通于左右厢及大门与后厢，故建筑内四隅有四院。若在西美，则必将四院加顶为室，以扩室内之容积也。周围全分为二层，惟正厅为一层，作公共读书室之用，其上面向内，周围有走廊，参观者只可以入走廊，而不可入读书室，恐扰人读书也。余登走廊，下视见读书者甚少，因此读书室甚大而坐位亦大，故只容二百一十左右人。若纽约、波士顿、芝家谷之公共图书馆，坐位皆以千计。须知此处为全美最大之图书馆，并非其中有最大之读书室也。又在上下二层周围略观，其特别收藏部有中国旧书，内有《太平天国诏书》一册，《太平天国三字经》一册。书藏玻璃柜中，只可见首页，二书皆言天父六日间造天地山海人物云云，益证明洪秀全之为天主教。余前岁在国内游庐山时，见金山古寺，悉为洪杨焚烧一空，游西湖时，亦见有数寺为洪杨所烧，至今尚未完全修复。吾辈不必佞佛，而此种名胜，实足助社会各方面之兴趣，予人类精神上之助益甚多，付之一炬，而代之以干枯无味之天父，佐之以造天造地之简单神话，宜其为大江以南之士夫所不容，群起而仆之。满洲在当时，无扑灭洪杨之力，而中国人自扑灭之，其中盖有原因焉。

出图书馆至一中国馆，名美南楼者，用晚餐，馆甚小而有中国式之水饺，食之甚美。

正月五日

访留学生监督严南樟君，谈甚久，彼约在远东楼晚餐，餐后同往观电影。

下午赴使馆访秘书朱佛定君谈，彼先毕业北京大学法科，后留学法国，余曾与同学一学期，然毫不能记忆也。又便访代办使事容揆君，梁任公《新大陆游记》曾称之，故余记其名。彼谓已在美国五十年，今已六十五岁，曾代办使事，至十余次云云。

严南樟代余租一房间，每日美金一元，在喀老拉马街（Kalorama Road）二千零一十四号。门前有枫树败叶，犹繁枝头，惟失去腥红色，易以蕉叶白色，窗旁有杂树，间以松柏，视在纽约所居之室甚适，且室内有书案、书架、手灯。地虽狭小，尚便于读书写字也，今日移入。

正月六日

访朱佛定，在使馆晚餐。餐后参观使馆各室，建筑尚不恶劣，伍廷芳博士任内所建，今垂二十年矣。八时归寓，见案头有曹理卿鸣銮君留字，谓晚十时仍来访。乃候至十时，彼来谈至十二时半乃去。

正月七日

星期，晨曹理卿来约，同陈君至远东楼中餐，餐后往观美术馆。登华盛顿纪念塔，高五百余尺，以白石为之，作方椎形，矗地直立，四面为平面，四隅为直角，自底至顶，无檐无柱无雕无饰。除最下进人处无门,除顶上向外望处无窗,除高之一观念外,余无可观,亦无可记。游客之所以多者,即在至最高处可以俯瞰全城耳。今日天阴且有微雾,至最上层窗外为淡灰色,一无可见,非堕五里雾中,乃升五里雾中也。少候,天气略清,下望可见平地及行人,人望之觉甚小,此塔不及纽约吴尔我司楼之高,因彼四面皆高房,此则四面空阔,转觉此地之高为可怖也。余等乘电机上下,机之周围为梯,下楼层壁上有各处所赠之纪念碑,有一方为中国字,未得详视,再登拟步上抄阅之。下后往观国家博物院,未得全观。回寓少坐,陈君回巴肥娄,余送至电车,回。又午前偕陈、曹二君曾观石河公园,景颇好,惜冬天觉减色,其中有动物园,畜有斐洲大猴及人猴二种,为前所未见,其状亦极谲异。

晚自赴一餐馆用餐,餐后读书,至十一时寝。

又在石河公园动物园中,并见有一貘(tapir),鼻较猪为长,较象为短,神亦有介于二者之间处,惟身体较灵便耳,补记之。

正月八日

补写日记及读书。

天气忽极冷,室内暖气管热力不足,时觉手足冷也,夜睡甚迟。

正月九日

竟日读书,晚曹理卿君来谈。

正月十日

朱佛定君及使馆秘书谢君同来访,未遇,晚赴使馆访朱君,谈甚久。余谓美国自杀者如此之多,何故?彼谓:生活艰难之故。余谓诚然,但若仅此一原因,则中国人岂不应自杀者更多耶?美国平均每年十万人中,必有二十人左右自杀,去年最少,总数尚有一万六千左右,中国虽无统计,然决不能如美国比例数目之高。互谈结果,觉人生之兴趣,除衣食男女以外,尚有其他种种,故生活艰难亦设法勉强生活。美国新造之国家,历史甚短、遗习较少、生活简单,除衣食男女外,兴趣甚少。娱乐场中皆商业性质,须以金钱相易,男女交往,尤须多金,故其不得意于男女，或力不足卖欢，则自觉毫无生趣，自杀之机即动，固不必俟饥寒相侵也。美国人生方法，所得快乐之多寡，可以其自杀者之多寡推定之，盖人非至苦恼万分，断不肯于自杀也。又美国杀人之案，每年每十万人中，亦有九人十人之谱，再合为汽车所轧死者，每年每十万人中十人左右，其总数为每十万人中四十人。美国平均年寿不甚短，以四十年为一世，每十万人中每四十年应有一千六百人死于非命，即千人有十六人不得其死，亦其人生上一大问题也。谈至十一时，方归。

正月十一日

着手草《游美感想》，适手边有其节令表，因先草《美国节令》一章未竣，其节目约举如下：一、时间之段落与人类对时间之观念，二、时间观念与人生，三、美国之节令，四、中国人眼中之美国新年与耶稣生日，五、耶稣生日及新年与华盛顿生日及独立纪念日之比较，六、时间的美与中国节令的回忆。余以节令之含有遗习之丰富兴趣者，谓之为"时间的美"，自谓创见，不知与他人究有雷同者否？

正月十二日

续草宗教章，曾记王述勤语余云："在外交部办教皇加冕公文中，教皇之尊号，极为难译，因其名称，即为平常所不甚用，而字典中亦但注其为掌理宗教之义云云。于是译者乃层床架阁，译为大主教，大主教殊觉不便云云。"余略考其宗教制度，盖摩西、穆哈默得德皆创教建国，保罗、彼得等，乃重兴教政（Hierarchy），教政既为一种宗教政治，职务既繁，名称亦夥，其后教政虽衰，而教皇仍袭领其旧有名称。中国社会教化，与彼教隔绝，以其所理为宗教之事者，皆字之曰主教，宜其重复至不能读也。余所译亦多重复，志于左：

> 神圣教皇，罗马主教，代耶稣基督行事，圣彼得后任，使徒亲王，世界无上祭正，西方教主，意大利国教冢宰，领罗马省大主教，兼京畿总监，统治圣罗马教人世一切邦政。

此种尊号,视前清之慈禧太后者,更为繁复也。

由美国来中国传教者,几于皆为新教徒,吾辈在中国亦觉美国人皆为信新教者。以纽约论,新教徒之各派共五十五万五千六百四十一人,旧教徒一百五十四万五千五百六十二人,新教徒只占四分之一,又犹太人之生而为犹太教徒者,亦占一百五十万人。合此三教计算,犹太占百分之四十二,旧教占百分之四十三,新教只占百分之十五,其他尚有二百万人,或为不信教者,或为新自外国来,尚未加入教堂者,然大多为儿童,尚未受洗,不入统计者。

赴下城寻银行取钱,就便参观白宫。其建筑并不大,尚为华盛顿时所规画,左为财政部,美国财政部与国库共一名。右为国务院并外交部及军务部、海军部。美国从前军事共一部,故名军务部,后分设海军部,而陆军仍沿旧称,且其军务部之权限甚大,即沿海防务,亦仍归军务部,而不归海军部也。

白宫本名白房(White House),当开国之初,诸事草创从质,其房白色,即名之曰白房而已,非如旧国有宫殿邸第各种称谓也。中国文译之曰白宫,故余亦以白宫名之。在城之偏西北处,座南面北,其背后隔行政公园(Executive Ground),即为华盛顿纪念塔。建筑共三层,上层及中层之西部,为总统居住及办公之地,不准任便参观,中层东部及下层可任意入。门口有守卫告以应循之道路,余自下层入,先参观用品纪念室,中有马的孙(Madison)之盘、葛兰德之瓶、林肯之碗等物。余视各橱,未寻见华盛顿之遗物,为之歉然。出此室至一普通坐客室,亦不过如中上人家之客室而已。由此出,升中层,为一大厅,即中层之东部全体,然南北各二大窗,即可使全室不燃电灯。东西壁上安高镜数面,近壁处略置几椅,中间全空如一跳舞室,然视普通旅馆之跳舞室则远不如也。回至下层,由东部出,接连为长廊十数间,中设置如温室,藏畏寒花草若干种,隔窗向南望为一大空园,颇多嘉树。近房处略有棚架栏栅等布置,洁净有条而已,不能云富丽庄严也。出东便门,即至街,对面为财政部。余又绕前面至西面,经西面至后面，始知东西南即左右后三面皆有铁栏护之，不能入苑中也。

至军务部，问能入参观否？云自午前十时至下午二时，可入观，现逾时矣云云。又赴可可兰美术馆（Corcoran Gallery of Arto①）参观，既入，始知前曾偕曹、陈二君来观，彼索费二角五，谓今日为有费日，盖美国许多博物院、美术馆之类，每星期中常有二三日收费也。余重观一过，觉其名画有可记者。看画必先看题目，乃能知其妙处所在。有一名画为一少年村女，着布衣，坐村边石板上，两手抱一膝，面向婆娑古树发痴，前时看时，草草未经意，今日阅其题目为"午梦"（Midst Day Dream），且为悬赏征文之首作，乃觉其画用意之妙。笨手于此等题，或画实行睡卧之图，则板而不灵矣。又有"海光"（Light of the Ocean）、"春宵"（Mary② Night）、"人面火光"（The Open Fire）等题目，作品俱佳。

正月十三日

读美国各种统计表，至脑中遍处皆成数目字，如少时学下围棋，觉墙壁幕帐上，皆有棋子也。

晚曹理卿来谈，约其便餐于远东楼。

正月十四日星期

下午，曹理卿来，同访严南璋③，约之同餐，餐毕严君约看电影。

正月十五日

仍读各种统计表，余游美国一年，自问凡交际、游观、读书、阅书，无不随时留心，欲知美国社会之真际。然此种观察推测，是否与客观的真实有相合处，尚不可知。现在抱干枯无味之统计表，伏案细嚼，欲借以自证，大概相合处甚多，乃余苦工中所得之乐趣也。若使余为支薪水专校统计表，而不知其相互关系者，则此种苦工非所能堪。

————————

① 此处应为 Art。

② 此处应为 Marry，即结婚。

③ 上文作"樟"。

友人桑德博士（Dr. Kenneth J. Sounder）前以所著《释迦佛传》（*Gatama*① *Buddha*）相赠，迄未读也。偶阅之，中考释迦生地种族颇详，谓释迦即沙基阿（Sokya②），此种有时附庸其邻邦口沙拉（Kosala），口沙拉族有多王，释迦之父所谓净梵王（Raja Suddho Dana）者。此王字（Raja）为贵族通称，独立国王则称马哈王（Maha Raja），要之为武人阶级也。沙基阿意即强梁，亦为武人阶级之佐证。其种居须弥山下，东邻落喜尼（Rohini），西南界阿奇拉发地（Achiravadi），今名拉波地（Ropti③），近尼泊尔（Nepal），人种与塔来种（Tari）相近，乃黄种非白种也云云。其生地为龙比尼花园（Garden of Lumbini），释迦卒三百余年，印度皇帝阿沙家（Asoka）为立碑纪之，文云异人诞生之处（Here the ecalted④ one was born）。按桑君住印度十年余，专研究佛学，其说或为可信。

正月十六日

赴议会图书馆，其中阅书者不过二十人左右。余自查书目，得一种教会书，照章程自署明姓名及书名、著者之名、书号数，及在图书馆现在所之坐号数于取书单上，请管理人代取，候至五十分钟之久（由四时五十五分至五时四十五分），迄未将书送来，盖照章程书明坐号，彼自送书交至此坐也。余前后三次至其办事桌催问，而代余取书之人迄未回，且见其告白上有"难寻之书，须候十五分钟"云云。余已候至三倍法定时间之上，乃就他一办事人询之，为之说明书名及书号数，彼为余取之，费时不过四五分钟也，而前为余取书之人，迄未见面，亦不知其何往也？

阅所借之书，枯干无味，与书目上所注者绝不同。余前闻被之书

---

① 此处应为 Gautama，即乔答摩（释迦牟尼的俗姓）。

② 此处应为 Sakya，即斯基泰人。

③ 此处疑为 Rapti，即拉布蒂。

④ 此处应为 exalted，即高尚的；尊贵的。

目上所注之评语,皆为有名学者所审定,兹乃知为管理书人自由填写,有爱多写者,多寡无定,评骘任便,毫无价值也。

阅毕,赴楼之最上层购餐,餐毕又在楼中观其壁画及刻工,多精美绝伦。

数闻人言,此馆为两美第一,其建筑之伟大,装置之精工,收藏之宏富,管理之完善,俱为他馆所不及云云。今两度请教,使人生"枫落吴江冷"之感!余之评论如下:

建筑伟大,装置如雕刻、绘画等精工,吾无间然,但对于读书室,亦只为装饰品之一,未免富于装饰而贫于实用。室居馆全部之正中,上为兜幕式,自设案读书之地平上至幕顶,高逾十丈。幕外例为圆形,内为八角形,每边皆云石为柱,雕刻可拟鬼工。边为三层,而柱式不同,下层按连各藏书室,上层直承幕顶,高出于各室之上,中层为旁观廊,即余第一次参观所在者也。以如此伟丽之室,而平面之面积殊小,设读书座仅二百左右,岂不可笑?又圆室作读书室不方便,读书者环坐,办事人及地位居正中,更不方便,因书在四周,去管理处太远也。哥伦比亚大学及纽约大学之图书馆,皆仿此建筑,此魔力使然,非确有研究也。

至其管理,殊无完善之可言,视波士顿城立图书馆远不如。他处多有普通书,自为一格,阅书者随时可取,贵重书更为一处,此馆则否。他处阅统计表专为一室,有专人理之,此处则否。取书之办事人不与藏书室接连,大为不便。以上各点,皆可批评者,至其取书之迟,当系偶然,然大可笑矣。

至于收藏,余未至藏书室参观,未敢乱言。经费既多,收藏自可富也。

吾国如能筹备建设大规模之图书馆,自应多加调查,勿专仿一二处办理也。

晚归见桌上有字,知今日严南璋请晚餐,视表已九时余,如此健忘,对朋友失礼且失信,可愧!急往道歉,其室中已无人矣。

正月十七日

下午访严南璋,道歉且致谢。晚留彼处餐,餐后往观电影,人极拥挤,购票立过道中,候至半小时乃能入座,然电影为新本杰作,表英国十字军东征时事,写英王里扎尔(Richard)之勇武爱将,写约翰亲王(Prince John)之奸险贪淫,写大将韩廷敦(Huntington)之善战与多情,及大侠洛宾侯(Robin Hood)之豪纵。英雄中杂以儿女,淋漓尽致。谱此戏者,为影戏大王斐尔班克(Fairbank),彼自饰洛宾侯。美国影片余所见者,此为杰出之作矣!

正月十八日

上午,仍读统计表,下午赴下城购书纸等物。

晚阅《美国个人主义》(*American Individualism*),著者为胡发(Herbert Hoover),书极短,盖纯粹之资本主义也。中分六章,除首末二章为绪论结论外,余为哲学的、精神的、经济的、政治的,分别说美国个人主义欧洲不同之点。余以一晚之时力读前四章,可为余读英文最神速之一次,其要诀则生字不查,以意会之而已。此书全为资本主义辩护,然亦有其精到处,如云:"美国并非私产神圣主义,故酒商因禁令之损失,国家毫未给以赔偿。"又云:"美国经济界为民主实业,其主要为首领选择,其选择之标准为能力、品行与聪明,具此三者,则经济管理权,天然流入其手中,既不须武力劫夺,亦不必如政治运动也。"又谓:"竞争自由,机会平等,乃资本家专制之武装之钥,故经济界之英雄,皆起自平地,即政治界亦然,现任总统、副总统及阁员共十二人,其中九人,毫未承受父母遗产,其中八人,曾作劳力工人。"又谓:"美国人之资本,非以供一己及家族之享用,专以供公同生产及分配,故为互爱兼自利之道。"又谓:"旧个人主义因身及子,为美国所不取,华盛顿、美的生等,毫未得有国家对于其后嗣之荣利,而后来英雄仍一一起自平地。"其最精到之语,则谓"美国现在经济制度之超越,非其着花机关,乃个人主义之结果"数语,此数语余盖久言之。所不同者,彼以个人掌理极大之生产机关为互助兼自利之道,纯就物质方面着眼;若自精神方面着眼,一人运智,万人劳力,一人管理其结果,万人俱为之机械。人类之于智力,为程度上之差异,非根本上之有无,一人独逞其智力,使万人之智力俱搁置于无用,此精神上一种大痛苦也。又政治于人民生活,究为间接,经济则直接中之最密切者,且政治属于消极性质者多,经济则全属积极者,故政治之原则应人共为谋,而经济则必须留有人自为谋之余地,自谋其生,即所谓生活之实现。使大多人之生活完全管理于他人之手,此精神上之又一种痛苦也。中国人近来一方面极端反对资本主义,一方面又竭力主张个人主义,资本主义既非另有所为主义,而为个人主义之结果,自种因而号称为反对结果者,宁非可笑? 盖以产业为生之经济状况之下,决不能全行个人主义,故个人主义之下,不能不趋于职业为生,因之养成资本家与劳动家之阶级。就现在论,工商业渐发达之中国,如何使其能发达,而不蹈美国之覆辙,此亟当研究者也。

正月十九日

读美国历史,英法殖民时代之战争,此美国历史家认之为与独立战争有相同之价值者也。所可注意者:英国殖民地仅在大西洋沿岸中部,法国殖民地则自坎拿大之劳兰司河(Laurence①)经昂太流(Ontario)湖、欧海欧平原(Ohio Valley)及密西比河,出墨西哥湾,沿途遍筑炮塞,且印度人又乐为之用,其统将又善战能守,各方面俱占优势。其结果所以完全失败者,即英国所殖之民已在一百万以上,而法国只有六万至八万之殖民也。法总督知人少不足以图存,屡次竭力向政府请提倡移民,而欧陆尔时无过剩人口,母国足以生活,都不愿涉远洋至异域,而法殖民地乃完全失败。中国欲殖民北满、西藏、新疆亦非内地有过剩人口不可,今人口已过剩,所欠者交通与移民组织耳,迟早总可成功,若并过剩人口而无之,则彼数地者,迟早必有他人所攫得也。

---

① 此处应为 Lawrence,即圣劳伦斯(河)。

晚曹理卿约看戏。戏之原委，为一犹太人之子，与一埃尔兰人之女结婚，犹太教与天主教素为仇，两翁又各爱干涉其子女，情节颇有趣也。看毕，乘严南璋车归，又同至彼寓谈，回归已一时半矣。太晚，宜自戒！

正月二十日

同寓有中国学生某君来谈，忘其姓名。

续读《个人主义》，全书告竣。余到美国读书有首有尾，于二三日读一编者，此尚为第一次。

其第五章为政治，亦有精到处，谓："民治主义者，仅为个人主义所发明之机械，以进行其社会组织之必要的政治工作之计画也。"又谓"民治主义发生滋荣，全由于个人主义自身之中，并无其他，又产业集中以后，与政治之关系益切，诚不免有一部分管理他多数人妨害其个性发展之地。防止之惟一方法，在限止政府权限绝对不得干涉经济事务，一切经济事务之国有主义，皆为必当反对者，此即个人主义与社会主义根本不同之点。欧洲社会主义者，欲以少数人掌理政治而置经济于其下，实为大误"云云。又谓"美国无生而具有阶级者，教育之享受，事业之企图，皆处于平等机会，排政治势力于经济之外，即为永久机会平均之保障"云云。其末章谓："美国所需要不在另外觅路，而在循路向前，其祖先三百年前弃欧洲来时，已觅得此发展个性之路也。"又谓："世界有前进无后退之理，一时之向黑暗处进行，呈退化之象者，皆为误谬理想、误谬哲学所陷引。"又谓"人类对于科学世界，方涉其边，未窥其奥"云云，皆足鼓少年人之勇气。其对于社会哲学，最反对者为社会主义及批评主义，谓其只有破坏性而无建设性也。其评论政治与塞理门博士之意见，多相同处。

晚，翻阅《美国现代史》，言战时有功各人，其中亦有胡佛，与《美国之个人主义》一书之著者姓名俱相同。彼在战时管理全美粮食之调查分配及转输，直至大战之终，不但国内及前敌美军无缺乏食料之时，而协约国亦大得美国之接济，胡氏之功甚伟云云。疑二人为一人,容当问之他人。

晚向房东言,为备热水先热浴,后再冷水浴,其快。

正月二十一日星期

曹理卿君来,约同往观安灵屯国坟(Anlington National Cemelery①)。先乘电车至乔治堂,此镇为此处旧城,在国都未建时即有之,后改今名,亦以华盛顿得名,以华之名为乔治也。现此城亦并入国都之中,曹君即寓此城。电车尽处为大河,即包头马河(Potomac River)也。河旧桥不壮观,今新建大桥,用款在二百万美金以上。余等经新桥步行过河,即入番几尼亚(Virginia),对岸为一小镇,多黑人,闻其市长亦为黑人,在美国为少有。以十分钱购来回票,赴国坟,坟基甚大,广长各十余里,大概建在南北战争以后,其基地为李将军(Robert E. Lee)故宅。前曾为开国总统华盛顿所居,盖本为华盛顿妻前夫之产业,为其继嗣(即其妻与时前夫所生者)所承袭。"故华虽居之,然非其产,后又为其继孙女所承袭"。李将军者即其继孙女之婿,南北战时,此室与战争不无关系,后此地归北军之手。战终,因葬南北阵亡将士兵丁其中,继乃以法律定为国坟。李将军死后,其嗣人要求偿还,政府以其多年未纳税之理由抵拒,后由大理院判由政府补价若干,作为收买,相传为十五万美金。余检查游历指南书,则为二万三千美金,若论时价所值,则在千万以上矣。坟内有李将军住室,伟大壮丽,此殖民时代旧物,非李所建也。各次战争,死者多葬此,兵丁与将官各分部分,将则无排列,有大小,其墓棺多壮丽。兵则以同式小碑,宽数寸,高尺许,排列成行。曹理卿云:战死之兵,死后仍须排队。其语虽谑,可令人深思! 又可记者,为名贤祠(Temple of Fame),乃一圆亭,周围可镌名人姓名于其上,以为后人所景仰。又有无名冢(Hemorial② of 2111 Unknown Dead),专以纪念战时失名

---

①　此处应为 Arlington National Cemetery,即阿灵顿国家公墓。
②　此处应为 Memorial,即纪念碑。

阵亡兵丁，冢作极大方形。京中阔人来游者，往往为此无名群鬼馈一花圈，其有名之墓，非亲友无以花圈为礼者。又有安斐场（Anphi Theatre①），为每年总统祷祝亡兵时之演说场。旧有者规模较小，欧战以后，又成一新者，规模甚大，全以大理石为之，周围成一圆廊，中为露天演说厅，背后为一巨室与廊相接。使中国有如此建筑，必将绕廊各柱，遍刻挽联挽歌。又有一处，为南方亡将死兵所葬之处，中矗立一女像，闻为南方女子募资所建，建此像有一女子团体，余忘其名矣。

观毕，已下午一时，偕曹君至天主教大学（Catholic University），略周览，至曹君寓中餐。

晚，偕曹君至美南楼，用中国餐，餐品甚不佳，餐后步行街头，至市政厅公园，坐谈。自昨日天气忽暖，新雨初霁，碧天如洗，园中丛树，冬来叶脱，不碍天色，电灯光闪闪由四面射入，依稀可辨人面。游览终日，稍静，亦生乐想。九时归寓，略翻书，寝。

又余询胡佛为如何人？曹君谓即现任商部总长，前曾在中国开滦②煤矿公司数年，且近来尚欲企下届总统者也。

正月二十二日

上午与同寓吴君谈经济制度，约之中餐，又遇暹罗使馆馆员，得巴发第（K. Debavadi）及卜恩那（Bunnay）二者少谈。暹罗与安南邻，而安南完全为中国文化，暹罗则偏于印度也。

晚，曹理卿来，同访赵月潭，即清华学生监督，十一时归寝。

正月二十三日

读统计表。

正月二十四日

赴议会图书馆，欲观中国书，先访其馆长，彼给以券，乃可入中国

---

①　此处应为 Amphitheatre，即圆形剧场；露天剧场。

②　原文不清，疑为"滦"字。

部。此部管理员为一黑人可拉陶君（B. dranstrong Clagtor），颇勤恳，彼乐有中国人往参观或读书，可借以习中国文也。遇董光忠君，字孝先，湖北人，在美学考古学。馆中中国书颇富，余翻《安南国志》《吉林通志》《汉西域各国考证》及《台湾府志》《苗防要览》各书。台土人呼父为耶妈或阿兼，呼母为摆奄或儿喇，祖父曰麻箕，祖母曰雾雾，与旧大陆之呼父巴巴，呼母为妈妈者，全然不同。美国印度人语言多种，其称父母亦各异，前在坎属至伊罗瓜村（Iraquais①）考察，彼呼父为拉家尼亚（Raka-nia），母为伊西当阿（Isidon-a）。总之，与旧大陆不连之处，或皇古未与中国、印度、小亚西亚通者，其称父母截然各异。凡与此三处文化相通者，大致相同。苗人中有呼父为阿巴，母为阿米，祖为阿谱，祖母为阿孟，此亦与中国称法相似，谱孟者乃巴米重读而转者也，古音读母为米，见《音学五书》。

与董君同出餐，餐毕，曹理卿亦来，助余查书。彼查二书，余查三书，为《圣水福音》（*Aquarian Gospel*）、《美国印度人生活》（*American Indian Life*），及《美国印度人》（*The American Indian*），皆不能得。非其收藏之不富，即其目录之编辑多误漏也。中国参观此馆者，震惊于其建筑之宏壮美丽，因而交称其收藏之富、管理之善，今知人言之不可尽信也。

正月二十五日

读统计书，美国普通工价战后由每星期二十八元降至二十元左右，农产每年收入之价，由二百四十九万万降至一百二十三万万，因出口货减少，而农产品大落价，工资亦降低也。经济进步愈高之国家，其国内之生活之受影响于国外者益大，于此益信！

晚独往黑人电影园看电影，此城电车内黑白不分坐，而戏馆、饭馆、旅馆则皆分也。余意在观黑人戏馆而不在影戏，坐中皆黑人，而售票者为白人，影片仍为白人所造，更无可论矣。

---

① 此处应为 Iroquois，即易洛魁（北美印第安人）。

正月二十六日

仍读统计表,晚餐时,严南璋约同餐。餐后阅中国报,宪法审议会所通过之《国权地方制度》二章,原文余甚满意。将归,遇朱佛定来,乃续谈至一点四十分乃归。

正月二十七日

午清理前月余日记,以备寄归,下午曹理卿来电话,约往看华盛顿墓,其友人张、蔡二君偕余同至车站相会,适天阴欲雨,乃止。与曹君往参观邮政部,美国铁路电报归商办,故无交通部。邮政独立为部,与他部等,建筑约分七层,邮政总监(Postmaster General)居第五层,其组织总监以外,设副总监四人,下设十余科,总监自领数科,余由四副分领之,故此部所谓副总监,乃类中国所谓司长、处长之地位。另外有副总律师(assistant chief orlaney①)、总稽核、总视察,俱隶于总监之下,而超然于各科之外。另外仍有一部分直领于总监,设事务长(chief clerk)长之。余今日参观,即由其事务长莫馁(W. M. Monney)君招待,极为诚恳,送余大本印刷物多种。美国邮政办理甚善,然每年国家须支出大宗之补助金,而不能得利。邮务分为:(一) 纯正邮务,(二) 邮务储蓄,(三) 邮务汇兑,后二种与普通银行所办大致相同,惟数目多为零星者,此纯为方便贫民起见,意不在取利,至其邮费亦甚廉,此其不能得利之大原因也。一九二一年,彼邮务收入为四万五千一百三十万元,汇兑收入为九百零六十余万元,储蓄收入为三百一十二万余元,总计为四万八千三百四十九万余元,其总支出则为六万二千零九十九万余元,入不敷出,相差至一万五千七百五十一万余元。一九二二年邮务收入为四万七千一百一十余万元,汇兑收入为九百五十余万元,储蓄收入为四百一十余万元,总计为四万八千四百八十五万余元,比前年增加二千余万元,其支出为五万四千五百六十余万元,视前年减少七千余万元,故入不敷出之数,仅为六千零

---

① 此处疑为 attorney,即律师。

七十余万元。以彼国邮务如此之发达,而邮部赔累如此之巨,意者或将疑其管修之未善。余意不然,盖其根本政策有以致之。余尝言美国铁路为奖奢便富政策,盖其铁路纯归商有,视为公司利益计也。友人在坎拿大实习铁路者,询公司人何以不设二三等车? 答曰:"生活程度平等,故车不必多分等。"又问亦多有贫人力不能坐高价之车,如有二三等,于彼等之生活,实多方便。答云"彼等在近处作工,乘街车(即电车)足矣,公司对于二三等车,不易得利,无专为彼等备车,供其游览社交之用之理也,彼如有必要,自然亦乘同价之车"云云。至美国邮政公有,则颇有顾及贫人之计划,近来竭力扩充乡村邮政,现为乡村所开专邮,有四万四千一百八十六路,可与六百四十六万五千余家,即二千九百七十四万二千人口之通信方便,此大概便于贫民为多,与铁路之政策相反者也。

出邮政部赴国家博物院参观,余在北美洲参观博物太多,觉其与他处相同。惟其古物中,有巴比伦古竿(织布所用),则与中国现在乡下所用者,完全相同,其神味尤为相合,大小尺寸亦等,惟彼未注明得自何地,为一憾事也。

正月二十八日

曹理卿来,同出至美南楼吃中国包子。下午赴议会图书馆阅中国书,遇广东谢君。晚曹君约同餐,谢君约看电影。

月来稍觉疲,今日星期,拟不阅书,然在图书馆,仍不免稍浏览也。《方言》谓北燕朝鲜之间称豕曰豭,音与家近,今蒙古人称豕曰家、咳;又谓楚人称知曰党,或曰晓,今楚北音仍如此。知古今音虽有变迁,然亦有数千年无大变者。

又《四夷纪》,称肃慎所分部分,某部东临海(今俄属西北里亚沿海州),其地古时即沾中国文化最多云云。前在纽约国家博物院,见其人种收集部有东胡人模型,在俄属沿海州东北接连比令海住者,其人像全与内地中国人相同,尤与奉天、直隶、山东三省之人神似,长身长鼻,颧不甚高,面不甚平,此亦中国人比于蒙古人之异点。至美州人则较近于纯粹蒙古人,此说如可成立,则满洲人本为关内中国人之最近同种也。

正月二十九日

午前读美国历史,午后读统计表。

清华留学监督处张君来访,彼前清曾在西藏供职驻藏大臣署内约二年,革命时逃归,言藏人室内无桌案,衣无裤,食无箸,以手代之。尔时中国驻藏兵在一万以上,如非因革命兵变,藏人固未易外向也。拉萨去大吉岭尚二十站,中国如能早统一,自成都西自修铁路,能至昭通(即江达),则去拉萨较大吉岭为近,然后藏事乃可收拾。但未知统一究在何时耳?

正月三十日

上午读美国史,下午赴图书馆,与谢宝潮君同赴行政研究所,访韦罗贝君,彼于民国三四年曾充中国政府顾问,与谈行政组织,此为彼近数年所专研究者也。

余意美国外交政策,对远东以防中日联合为惟一宗旨。故有对于日方面接洽,而日以攻抵中国人为事者,亦有与中国人接洽,专以攻抵日本人为事者。余近来颇不喜美国人见中国人骂日本人,因彼等多非真正学人如罗素、杜威,真知中国者也。见中国人骂日本人,见日本人则又骂中国人。又余前日购烟卷,其铺中一老人,见余着皮大衣,极恭敬,迨告以余为中国人,乃即变其轻薄之态度云中国人亦有富者乎? 美国人畏日人而轻中国人,逐处可见,以日人之曾数杀白人也。中国人如无在战场上战胜白人之日,迟早决不足以自立,国内学者,闭目不向外看,徒知稗贩陈说,所补甚少。然余在国内,其闭目不向外看更胜,并且陈说亦不能稗贩。归国内当警告国人,放眼向世界一观之,先记于此。

晚约谢君及董孝先君在亚洲楼餐,谈至十时乃归。又阅《美国史》一卷寝。

正月三十一日

上午，换着晨礼服，思赴国务部访友人，久读书便觉懒见生人，迟迟不出门，仍读美国历史。下午访赵月潭君及其同事张君，余扣门时，出应者为一北京女仆，操纯粹之京话，由耳鼓震入神经，其感触颇奇妙而难于形容，盖不闻京话一年又三月矣。初出国第一站至高丽京城，中国领事馆内有北京男仆，继此则不复见北京人矣。与赵君谈及美国人畏日本人而轻中国人，彼亦有同样感受，谓中国人非自振不可。如张家口、通州二案，通州案罪在兵，张家口案罪不在兵，美人实自取之，此间美外交当局，请公使确查肇事原因，如确系察区禁现洋出口，美人不受制止，则即不愿严追，然在中国之美国外交官之意，则以谓不论如何，不能开华人轻视外国人之端。夫中外皆人也，不论法律而蛮使人重视之，宁有是理？

自赵君处归，作信致拧沙及佩青，并杜荫南等。

晚查美国历年选举表。彼选众议员，以人民数能选一人之处为一区，此就选举上论自较方便，惟小党则不易当选。如伊利诺州有议员二十五人，大约共和党可得十四五人，民主党可得七八人，社会党及农工党共可得二三人，此就票额数言之。然彼分为二十五区投票，开票每区以最多数为当选，结果有十九区俱以共和党之候补人得票为最多数，当选十九人，六区为民主党所得，不但农工小党不能得一人，即社会党在伊省尚称发达，亦不得一人。余分查其二十五区票数，社会党共得三万四千九百七十八票，其他当选之人有只二万余票者。若合为一区，则社会党必可得一人，若联合农工则有二人之望，然彼不采大选举区制度，故社会党苦心经营若干年，尝不易在国会得一议席，岂不可怜。

二月一日

时光之速使人惊心。上午在寓读书，中餐时又遇暹罗卜恩那君（Bunnay），谓今日欧文博士（Dr. Owen）在国民戏园讲说暹罗之佛教。欧君在暹年甚多，彼一妻二女，妻及长女皆死，然其妻尝能与之作灵魂的通信,至今不绝云云。余以其说甚怪,思往听之,因已与董孝先君约下午同看戏,彼在图书馆候,及至图书馆,彼等已去,乃独往听欧博士之演说。大致先由学理上认灵魂界之存在,末又举其妻及其女死后之事实多种证明之。彼为英国人,似系来此邦游历者。

二月二日

原与张君约今日游华盛顿坟,天阴欲雨中止。在严南璋处阅中国报,见上海人反对宪法草案上军费不得过全预算百分之二十五,谓为限度太高,必须改为百分之二十云云。归寓查美国明年预算军费,居全预算中百分之若干,第一次计算法,与第二次计算,其所得之结果,相差至一倍有半,宁非怪谲。兹分列如下:

第一次计算

岁出总数	二八三五七四六二三四元
陆军费数	三一六八二六〇〇〇元
海军费数	三二一〇二一〇〇〇元
军费共数	六三七八二六〇〇〇元
其他政费数	二二九七八九九二三四元
军费与其他政费比例	二三四与七六六

第二次计算

岁出总数	二八三五七四六二三四元
债款付息用数	九五〇〇〇〇〇〇〇元
纯粹政费	一八八五七四六二三四元
海陆军共数	六三七八二六〇〇〇元
军事善后局	四五一五七三〇〇〇元
军费及善后费共数	一〇八九四〇〇〇〇〇元
其他政费	七九六三四六二三四元
军费与其他政费比例	五八与四二

此一九二四年之预算也。一九二三年之预算与二三年之决算,

与此无大悬殊。其军费之多实可惊人，惟军事善后局之用费，是否全用之军事，尚待考察。

二月三日

天仍欲雨，赴华坟之行仍不果。与严南璋族第某君谈，谓美国报纸载中国事内阁改组等等，俱在第二叶；前有中国某女子愿出嫁逃去，则各报俱载之第一叶。彼谓此种记载，次序颇失轻重。余谓此全视阅报者之心理，美国社会多数人，对于外国政府之更迭，绝无人留心，惟婚姻生有纠葛，社会一般人乐道之。彼谓即美国各事报上视为重要者，亦为结婚、离婚、抢劫、杀人等项，因阅报者只爱阅此等事也。余于此有二种感，一可以此推测美国社会之心理，二可就此推测美国新闻学所研究之目的物。盖美国新闻纯为营业性质，决不负文化上责任也。美国社会意识极浅薄，故其人不爱听社会主义，而资本家乃可长霸实业界也。

二月四日星期

弃统计表不读，清理前在墨京所补国内旧草。下午，朱佛定电约赴使馆谈，曹理卿及董孝先、谢宝瀚诸君均在彼处作中国麻雀之戏，邀余加入，谢以不能。赴朱君室谈，彼剪存报纸内载一黑人名吞尼司（Tennis），死后葬阿赞尼（Athunny）。彼前后娶妻七人，末次已九十三岁矣，共生子女四十八人，孙男女二百三十六人，曾孙男女四百四十四人。其孙曾辈见彼时尝误报辈数以乱之，彼具能辨别也。其子女尚有甚幼者，将来仍可生育；其孙之二百余人，并不能为确数。至其曾孙将来究可增至若干，殊难限量，惜老人已死，不获目睹矣。

晚约暹罗人卜恩那（Bunnay）及塞巴发地（Sebavadi）二君，在远东楼同餐。暹罗语之数目字，大概与广东相同，称父母为巴妈，而妈音较中国读法为长，其他事物不同者多。二君皆信佛教，谓彼国殆全为佛教，耶教势力甚小。彼等对余甚亲，因中国人未有与彼等来往者。

二月五日

补国内旧草二千余字,赴银行取钱若干。

二月六日

仍补旧草二千余字,竟日未出门,天气忽冷,晚大雪深至数寸。

二月七日

补旧草二千余字,间有杂入近来思想者,因现草原理为理论的,理论在思想上新旧最易混杂也。

晚闻芝家谷欧拍拉公司(Chicago Opera Co.)来此演唱,今日为第三日,明日即去,乃独往看戏。欧拍拉为欧洲最高尚之戏,尝有人比之中国之昆弋。演者着古代衣冠,以歌代言,以乐协歌,比中国一切戏少"说白"一种,此外大致相同。美国社会中等人不能解此,而欧洲人以此为高,美国人亦只得以此为高。全国只纽约、芝家谷二三城中有之,且只冬天有,夏日则停也。戏公司大都赖各富人津助,专恃普通营业不能独立。此处为全国首都,如永无此戏,殊不足黼黻此新民国之升平,故每年约外埠戏公司来演数日。本晚所演之戏为《雪娥传》(Story of Snow Maiden),雪娥(Snow Maiden)父为冬王(King of Winter),母为春妃(Sprung① Fairy)。娥具皓魄玉肌,冰霜精神,多愁善病,视浮生为幻梦,其父母知其不堪炎夏之烈日与人世所谓爱情,乃携而避地于山林。有靼鞑商人(Tarlar② merchant)遇之,一见倾心,惟其他牧郎村女破坏纠缠之,使二人不得近。娥奔林旁湖边,独唱爱与死其抉择之歌,其母与众花嫔由湖现,告以即归家勿停留可得谐,群花齐发歌赞之。彼归途遇靼鞑商人,又同遇是处察汗(Tsar),为之玉成张乐贺之。二人初尝新乐,不复知人间更有何事,而清冷天气浮云忽散,透出骄阳,雪娥正与靼鞑商人相抱,忽形神俱消,裙履委地如蛇脱,真所谓香消玉灭也。商人大悲痛,投湖殉之,察

---

①　此处应为 Spring。

②　此处疑为 Tartar,即鞑靼人。

汗改庆贺之乐为惋悼祝祈之乐,剧终。其旦脚歌音与尝唱者,尚无大别,须生则有类中国之高腔。服装皆长衣,周围为绣花边,大类东方式。王着杏黄团花袍,惟视中国之黄袍较短耳。美国音乐多尖锐之音,多折旋少圆转,本日乐亦多圆转,以与歌喉相应,为出国以来所仅见之剧、仅闻之乐。欧美音乐,具近代精神,为特别之组织,与中国乐性质大异,未易比较。至其戏则如今日所观,可比之于中国昆弋、皮簧之间。然须知中国之乡村戏剧与城市间,除服装有精粗之别,其本体上无甚远别。然中国乡下人皆能解戏且爱看,美国人只能看赛腿与谐耍,以名城如华盛顿,演三日中国村农所能听之戏,而观者并不能满场,就其普通人论,其知识之复杂远不如中国农人也。

二月八日

草旧稿二千字,晚严南璋之堂弟来访,并约往参观天主教大学商科,彼在此科授汉文也,参观后已八时。美国商科之在城市中者,夜课为多,商人可于夜间上课也。同参观者尚有留学监督处新聘职员艾君,晚约之同餐。

二月九日

草旧稿三千字。

二月十日

草旧稿一千余字,下午曹理卿来,同出,拟赴华盛顿坟参观,售票者谓时已过,乃往参观司密氏博物院(Smithsonian Institute)。中列有中国前清时代男女人像,缠足极小,其形可丑。出院赴影戏馆,影片亦不佳,同晚餐,餐后来余寓,十二时乃去。

二月十一日星期

晨起浴,自赴街步游至一极小之馆中餐。

下午严南璋来访,同出,乘彼车绕石河公园等处一转,耳目为之一新。晚与南璋同赴使馆餐,餐品较餐馆所治为美也。餐后至哥伦布影戏馆,戏片甚佳。归又至使馆谈,一时乃归。

二月十二日

起较迟,着手草旧稿第三章,约千余字。

二月十三日

思本星期草成二章,第一编即可竣事,努力草五千字,倦甚。

二月十四日

草千余字,晚严君来访,与同寓艾君同在余室谈。严君为耶稣教徒,余询耶稣教之人生观,彼答极长,其末谓《旧约·创世纪》等书不知出自何人之手,且未必出自一人,非耶稣教所重。耶稣为处女所生,其说亦出常理,彼所信者不过崇拜其人格。彼当时不过为中下级人执木匠业,彼自身以外,只有同志十二人,且有一人叛去,而其宗教成功之大,使人崇拜云云。彼又言礼拜七日,及其他神话,多来自巴比伦。西历纪元四百年前,巴比伦重兴,即喀尔丁帝国,尔时希伯来人在巴比伦者甚多,故其旧有传说,多得之彼处也云云。余乃与谈历史,不复言宗教矣。严君爱谈,至一点一刻乃去。

二月十五日

草旧稿二千余字,晚又来一戴济君,字如楫,为专研究油业者。昨日与谈,约之今晚同餐,餐后归寓。曹理卿来,知今日阴历除夕,余思购水果等物,以风太大,夜气严寒沁骨,不愿再出,托房东由电话着果铺送若干佐谈资,至十时散。

二月十六日

本日为旧历元旦,夜多思,睡熟甚迟,天明忽沉睡,故起迟甚。下午访严南璋稍谈,又访朱佛定,晚在使馆餐,餐后又与朱君谈,十时乃归。今日不作事,竟日休息。

二月十七日

续旧草约二千字,戴君来此谈多,则作正事少。

二月十八日星期

为张仲鲁、冯芝生作信各一封。

二月十九日

续旧草约四千字。

二月二十日

续旧草三千余字。

二月二十一日

续旧草一千余字,第一编告竣。本思上星期竣之,因遇阴历年,且多谈,故迟至今日。此编分为四章,列其节目如次:

第一编　原理

　第一章　人类之进化及其目的

　　第一节　人类之定义

　　第二节　生命作用之意义

　　第三节　生命之进化

　　第四节　人类进化之目的

　第二章　形成社会之各基础

　　第一节　社会者何物

　　第二节　与人类生命发生相关之各基础

　　第三节　为维持生命之存在及安全之基础

　　第四节　为增进生命价值之基础

　第三章　现有社会制度之供献与罪恶

　　第一节　国家主义下之国家制度

　　第二节　资本主义下之经济制度

　　第三节　国家资本主义下之教会

　第四章　改造之原则

　　第一节　改造之必要

　　第二节　改造之可能

　　第三节　改造之标准

　　第四节　改造之原则

此一编共四章十五节,每节各有细目,长者至四千字,短者仅千余字,共计三万六千字之谱。自正式着手起,除星期节令不计,以十四日成之,每日平均二千五百字之谱。然文字草率,殊不美观也。

晚休息,赴严南璋处,阅中国报。

曹理卿来电话,谓明日放假,思同游华盛顿墓及其坟宅,余欣然诺之,因前二次皆往游不果也。

二月二十二日

为华盛顿生日,晨八时起,候曹理卿未至,取黄山谷诗集读之,朗吟其次苏长公韵中"黄州逐客未赐环,江南江北饱看山"之句,不觉眉飞色舞,非羡古人,乃自幸有遍看海外名山之福也。

曹理卿偕往游梵农山(Mant Vernon[①]),即华盛顿坟宅所在,距城十五英里,车票来回价八角。途经亚列山大城,亦最古之城也,其墙多红,建筑有古意。十一时余至梵农山,下车已在山脚,山并不高,以人得名耳。进门每人券资二角五,入门后先向西南行,右望皆森林,以枫树为多,落叶满山,惜色皆淡白矣。左傍短墙,因地势为之,不甚高,下叠石为路,约数百武,折转东南,望见楼宇。左右短墙相抱如拱门,门内正中为广场之草地,冬来不甚绿。东南行,路左右相对,作仙人葫芦状,环绕数百步至楼宇处。正房连顶为三层,东南与西北皆开正门,正房傍有二室,如中国之两厢,一为厨室,一为办公室;再前又二房,一为家丁室,一为园丁室;又二房,一为马车室,一为木工室;再两傍,一为庄稼室,一为纺织室。与园丁及办公室相连之一面,即东北面,为花园,与厨房及家丁室等相连之一面为果蔬园,两园相对,其中间即广草地,环之以仙人葫芦状之平沙路,为余等进门时所经者。花园之外面距火车道不甚远,即余等来时之路。果园之外为森林,穿林有路,接包头马河之船坞,坞为此宅之私有。由正房向东南面为包头马河,对岸亦陂坨起伏,山光水色,均于庭堂内领略之。余等先观其厨室,室内用吊锅,只能作简单餐品也。次观正室,下层

---

①　此处应为 Mount Vernon,即弗农山庄。

为客厅二,家餐室一,读书室一,其中书籍有为华盛顿自记名于其上者。又有旎丽小姐(Miss Neelie Custis)音乐室一,旎丽为华盛顿夫人与前夫之女,姓克司提氏,华盛顿最爱之。其第二层为华盛顿寝室、旎丽寝室、来客寝室、拉法叶提(Lafayette)寝室,此君为法国贵族,而有平民思想,美国独立之战,彼对于华盛顿多所襄助,后曾回国尽力于革命事业,为华盛顿第一好友。三层上又有华夫人寝室,华盛顿卒于其寝室后,其夫人遂闭其室不用,而移于第三层之一室,室仅一窗,可以望华盛顿之墓也。各室尚多有当时遗物,使人览之辄想像华盛顿之雄风。此地本为约翰·华盛顿(John Washington)与他人合伙购置,共为五千英亩,合中国三万亩有余,华分得二千五百英亩,传于劳栾司·华盛顿(Laurence Washington),又传于乔治·华盛顿(Geoge Washington①),即吾人所言之华盛顿,乔治与劳栾司为异母兄弟也。此正房为劳栾司所创修,乔治又扩充之,其名梵农山为劳栾司所命。乔治华盛顿袭业后,逐渐扩充其地,至晚年合前得八千英亩,合中国五万亩,彼退任后,居此莳木督耕,以终天年。宅内外古树皆彼所植,其客拉法叶提时出心理助之,美国园林之有布置见心思者,此为第一。游客往往以其室宇不甚高,近代陈设品较少,不能得其美之所在,殊负华老经营苦心也。出正房,在河岸略眺览,又转至厨室,接续观其车马室、庄稼室,犹见华老当时所乘之车在。由此下山可观华墓,墓有新旧二,旧者为原葬后,即华夫人楼窗内所可见者也。华氏于西历一七九九年死,葬于此,一八〇二年其夫人死,合葬。至一八三十年改葬新墓,新墓亦不甚大,视纽约赫森河畔之葛兰德墓,直小巫大巫也。墓旁绕以古木,古木中竖以纪念碑,使谒者苍凉悲壮,深怀古之感,则较葛墓之仅一伟大之楼亭为优异矣。观后,沿山路直下至船坞,坞有船亭,建筑甚美丽,坞两傍岸修石堤障之,名曰哈哈墙(haha wall)。岸上垂柳成行,长条几拂水面,天然画图也。

---

① 此处应为 George Washington,即乔治·华盛顿。

惜严冬无叶，十分嫋娜几减九分矣。由船坞沿其他一路至短墙相抱之门，再入观其花园，所莳长青矮树，满园迴环作花纹，此树耐老，今犹茂盛如昔时也。花园与果园相对，各作楸叶形，形尖向西北，花园叶尖尽处为小室，名曰家塾，盖计画旆丽有子女读书其内。果蔬园尽处与家塾相对之室，为子种室，一以树人，一以树木，以中国人眼光观之，不免以其无子女为憾也。华老于一七九七年第二届总统任满，谢绝当选，至一七九九年十二月十四日卒，差半月未得入十九世纪，此产传于其妻。又二年半其妻亦卒，其妻有孙男女四人，分承此产。虽非华氏子孙，而为爱妻之子孙，华几视之与己之子孙等，彼等亦多袭华盛顿为姓。其中承此故宅者，为卜诗罗·华盛顿（Bushrad Washington①），再传约翰·奥吉司坦·华盛顿（John Augnstins Washington②），再传为少约翰·奥·华盛顿（John A. Washington Gr.），思以此宅售诸政府，永久保存为纪念，时有孔宁含女士（Miss Aun P. Cunningham③），热心此事，奔走募款，并组织梵农山妇女协会专理此事，遂以二十四万美金购此故宅，并附地二百零二英亩，后又续购三十余亩，合成二百三十七亩半，为现在妇女协会所管有，惜其宅内器具多失旧观。妇女协会之组织，会长一人，副会长每州一人，分任搜集之责。此会成立于一八五三年，经五年之募化，至一八五八年，乃购有此宅，距华盛顿死已五十九年矣，今此产完全为此协会所掌理。出花园后，至外面有餐馆，用中餐毕，已二时半，候车久不开，三时半开车，余等至亚烈山大城下车，一因余欲观此旧城，二因此城今日为华盛顿生日特开游行会也。下车见其街名皆用王后、王子、公主、皇家公爵、公夫人等名词，此美国所仅见者。相传此城在殖民时代忠于英王室，故用此等名词名其街，然今日他城皆无甚举动，此城

---

①　此处应为 Bushrod Washington，即布什罗德·华盛顿。

②　此处疑为 John Augustine Washington，即约翰·奥古斯汀·华盛顿。

③　此处应为 Miss Ann P. Cunningham，即安·帕梅拉·坎宁汉。

独开游行会,则又可谓之为特忠于华盛顿矣。下车仅游二三街,见其游行有音乐队四五,有军队,有救火会,军队并排机关枪、野战炮等以壮观瞻。虽无特异之物,而人山人海,填街塞巷,殊热闹,以视去岁在白克里时所见者迥然不同。复上车回华盛顿①,今日车上特别人多,不但不易得坐,即立脚之处亦不易得也。回城后询之城中如何情形,闻仅有阔人至纪念塔一凭吊而已。街市上除插图旗外,如平日。

曹君协来余寓,晚艾君约同餐,餐后又谈,十时曹君去。余购《梵农山纪事》一册,略阅之,知其正室不远,尚有一消夏亭(按即船亭),背山面河,建筑为多角亭式而甚大,惜日间未往观。

二月二十三日

晨起,补前数日日记,并略校再前日记,寄回国,自一月十二日为一册,为第一号,一月二十日至三十一日,为第二号。此后依次记之。

着手②整理旧草第二编,原在墨京所草三章未竣,略为修补,成千余字。每着手思草有体系之作,脑中必先为思想整理,最好整理后一气呵成,否则第二次仍旧须费心也。

二月二十四日

续旧草仅千字,因第二编各章,须就思想内重加整理也。

二月二十五日星期

午前续草约千字,第二编第三章竣,约艾仙舟、严慰萱至亚洲楼同餐。餐后至议会图书馆,阅《四夷志》等书,谢宝潮君及其他林、陈、钱三君同来。议会图书馆中中国部,几于全为中国人所预备,因美国人大都不能阅中国书也,余等不但可于此读书,且可纵谈。晚谢君约同餐。林君福建人,习农科,将回国任其本省事,特来此参观农部。彼对于美国政教、学术及人心均绝对倾服,现在法令禁酒,彼不信美国人有饮酒者。余云,余数数遇之。彼大惊异,不甚信。余等在亚洲

---

① 原文误作"华顿顿"。

② 原文误作"于"。

楼晚餐,餐毕将出,其他座中人先出,醉态可掬,几至倾倒,彼大惊谓
果有醉者耶?此楼为中国人所开,不售酒,醉者盖来时已醉也。

餐毕,与谢、钱二君同赴使馆。馆员谢君询余麻雀二字何由得
名,余谢不知。彼谓美政府专利局电询,因麻雀贩卖公司现自行制
造,用中国字麻雀二字为商标,请求专利,故专利局电询二字来由云
云。又谓现金山冈坡公司及纽约又一公司,已与麻雀贩卖公司涉讼,
盖谓二公司亦贩卖麻雀,不承认此公司可以专利,故此案至今尚未解
决。余记去岁在墨西哥时,金山友人致余函云,金山美国人正开麻雀
大会,登报请各处赴会云云。美国人之爱饮博,恐较中国人更甚。

二月二十六日

得国内兑款来,念中国如此之穷,余又非直接能生产者,屡次由
国内索款来向外国用去,虽非公款,要为中国人所生产,若在外国仅
游览山水风景,白白用之,殊无以对友人对国人也。

续旧草二千余字。

二月二十七日

续旧草三千余字,第二编第四章完。

二月二十八日

赴国务部远东局访局长劳可华(Lockhard)君,彼病未到局,其
秘书为余介绍蒲尔金(Purkine)君。蒲君曾在中国十四年,历充长
沙、汉口、上海等处领事,略解中国语,与许秋帆君极熟。彼谈时忽谓
中国政象日益紊,每下愈况,可叹,余漫诺之。彼又谓继此恐无挽回
之法,君谓将奈之何。余急答曰,此时中国政象,余亦深以为不满,与
君所见者同。至谓将来仍向下走,余决定其不然,余可就历史上及现
在情形为君言之。就历史上,中国盖屡次分裂,但中国自爱其文化,
全体人民,皆有统一之心理,不久必趋于合,直至今日,此种心理如
故。故云南兵入四川,必曰谋统一;广东建政府,必曰谋统一。如唐
继尧主张云南自建新国于中华民国以外,或孙中山主张南中国与北
中国分立,则不待北军之去,必为人民所弃矣,此中国迟早之必统一

者也。现在政象，诚然不佳，然国会复开后，宪法进行，成绩尚好。此事关系甚大，外国人多不甚留心，余断定将来由此宪法，中国必收统一之效。彼又问军人如此跋扈，如何能统一？余谓中国事往往事前不能猜到，中国从前统计最疏，今日之统计仍不可靠，故各处实在情形，在纸面文章以外，其自身变化，不易猜准，余亦不能猜准也。彼次又问黄郛为何如人，余曰中国现任外交总长也。又问君知其从前为何如人乎？余曰学者也，彼之中将官衔似系革命时得来，十二年前，余在北京曾晤之，时彼为一报馆记者，文字甚佳，二年前彼著有《战后之世界》一书云云。彼乃不复问，大概欧美人之久在东方者，对中国皆有彼之一种不正确的观察，换言之，乃东交民巷之传染病，余故为郑重言之，恐其染有此流行症也。彼局长大约明日可来，余去。

草旧稿二千余字。

赴李格银行(Rigs Natim Bank①)，取兑款，即存至该处。

三月一日

每逢改月，心辄动，惊时光之太迅也。余久以现行之阳历，为未开化人所创之历，今其国强仍沿用之，他国袭之，最为无谓。试问二月以何故而只有二十八日，以与上月较差三日之多，经济实为不便。余租此房言明住不满一月每日一元，满一月二十八元五角，住长则减价也。然前一月为减价，本月则为加价矣。中国历兼阴阳，月以纪阴，岁以纪阳，故以立春日为岁首，每二节令为一月，平分三百六十五日又四分之一为十二月。其法先定四柱，即冬至、夏至、春分、秋分也，再划四界，最科学、最文学、最美丽之历法。自耶稣教入中国后，谓未开化人多用阴历，中国用阴历，亦为其半开化之一证，中国人乃毫无自信力，竟不辨己之历为何物，而冒然欲弃之，深可哀矣。

赴远东局访劳可华君，稍谈，彼为余作二函，一介绍参议院员师

---

① 此处疑为 Riggs National Bank，即美国里格斯国民银行。

拔德(Morris Shepard)，一介绍众议院议员卜洛客(Engene Elock①)
君，余又访蒲尔金君，稍谈。

三月二日

夜有梦，醒为诗纪之，并录寄冯芝生，以梦与彼有关也。诗云：

　　昨夜梦中同射犬，诘朝飞函报子知。有人读梦穷心理（同寓
艾君险舟），兹梦无心理更奇。我云联想梦之原，睡不能思想可
联。上穷碧落下黄泉，九天绵绵九地连。我故田间人，啬事宿所
亲。梦里遂初赋，欢洽动比邻。忽忆少小事，年华又重新。中表
偕我嬉，化身忽为君。当面立老农，未言意已通。示我新置物，
竹鞭如青葱。鞭长十四节，将台高处策群雄，风驰电掣走俄顷，
顾身仍在蔽庐中。君去我言送，迎门来瘦狗。我惊无以御，君有
鞭在手。化作没羽矢，一发中其口。犬去主客心未定，闭门上拴
拴不劲。千军万马声相送，鼙鼓雷霆门前动。橛枪中原纪纲紊，
私兵官匪无从问。惠然顾我我岂敢，折身轻步谋宵遁。回头急
遽呼芝生，启眸忽见客窗明。斗室冷冷夜清清，耳鸣如闻远
鸡声。

中餐后，赴国会访众议员卜洛客君。彼正开会，自议场携余至议
员家属旁听室中，谈约二十分钟。有议案表决，彼回席，其表决法由
秘书官按州呼名，彼呼者即表示其赞否，由秘书记之。然其如何表示
法，余在旁听上尚不甚了了也，凡已被呼名表示其赞否后，即又他去。
故其表决时，仍有来有去，始终在议场中者不过百余人也。众院四百
五十五人，座位较多，议员不定座次，到会者自由随时择座。数座之
间有一长案，上有纸笔等物，各议员均可就案作书。议长席旁时有坐
地童子，今日乃知其为伺役，在场中来往送案件也。旁听又十余分
钟，赴参议院访师拔德君，彼导余略观各室，后导余至总统室，室并不
大，上面之画甚美，已七十年矣。彼指中间之桌云，自林肯时用此桌，

---

①　原文不清，疑为 Elock。

至现在未移换。又指中间一小椅，谓此总统签字所坐之椅，请君一坐，余谢之。彼固请，且抚余肩云，君先坐此座，预贺他日为中国总统。余笑领之，稍坐即起，同赴议员家属旁听席，又少谈，彼回席，因明日闭会，故议案甚多也。此间惯例，尽闭会日无论尚有若干应议之案，一定议完，往往闭会日直开会通宵达旦乃止。开会之次日，总统赴议院，凡应总统签字之件，即时签字。若用正式公文，移至行政部签字，万一此一二日总统意外身死，于执行上甚不方便也。美国阁员并不出席，参议院只闭会须总统签字耳。稍坐片刻，回寓。

续旧草，仅数百字，觉章节次叙，前后失调，思改订，甚费心，至晚乃定，然倦甚，乃知较大文章，真不易作，前后关连之处太多也。

三月三日

续旧稿二千余字。下午严南樟电约往谈，并晚餐，餐后同看电影毕，又赴彼处，一时半始归。寝时觉不畅，此后不可再寝迟。

三月四日星期

偕严南樟、严慰萱、曹理卿同赴美南楼，欲用中国点心，彼处例于星期日有中国点心，今日独无，乃赴北京茶园中餐。餐后同赴石河公园，此为第三次矣。园甚大，讫未游遍也。天气连日大暖，游人如鲫，惜柳眼未开，花信尚稽，未免寂寞游兴耳。以如此大之公园，除路旁有向左向右赴某街之揭示与动物栏口某鸟某兽之名词外，耳目不能与文字为因缘，与中国园林雅俗迥判也。美国之无文化与横行复音字之浅薄无深致，惟于此等处最易见之。晚南樟约赴华盛顿公园旅馆晚餐，一菜一汤，每人二元余美金，可谓昂矣。然所食之鸽鸡，谓系二物杂交所生，味美而嫩，鸽美而太瘦，鸡肥而稍浊，二者合种，两美具二难并矣。餐后赴一极小之戏园看电影，即去岁大雪倾屋压伤坐客之处也。园小而影甚佳。

三月五日

续旧草二千余字。近来写时渐觉吃力，一因连日写神已疲，二因现在每一下笔，必须将已写之数章在脑中重想一过，或至须略加翻阅也。有时过疲，则略读《十八家诗抄》，借以休息。

三月六日

续旧草只一千字之谱，有俄国人某告余哥伦布影戏馆，有中国女子所作影片，甚美。

三月七日

续旧草一千字之谱。下午朱佛定及谢君（使馆秘书）同来访，谓驻墨①西哥中国公使王述勤君继会来此，约共往访之，至则彼已出门。余偕朱君同至影戏馆看中国女子所作之影戏。为一广东富女子，其花园临海，女在园见一人为海水冲淹，呼人救出之，为一美国少年，被救出后，谢而去。女子忆而爱之，尝往园中海滨，冀得复遇，果然，因相爱结婚。其女伴多诽之，谓美国人不过暂时与合耳，勿为所绐，女子不信，亦不顾也。后美男得其父电须归，女约一同至美，男亦乐之。晚其他美人为男言，白人配中国人只可为一时戏乐耳，何能以之为妻。为之造一假电，借尼女子同行，男纳之。归家，女新制美国式衣着而谓之曰，着此至美国如何？男不语，继以假电阻②其行。男去，女生一子，数函男，讫不得覆，时为女伴所揶揄，女坚信男不负心，不顾也。逾二年，仆人忽报男来，女整妆迎之，男乃不认之为妻，且云现与新娶之妻同来，此后不能如从前之为密友也。女痛几绝，知无可如何，姑忍之。男又为之介绍其美国新娶之妻，女以宾礼待彼夫妻。少顷女之子奔来，发黄而目睛黑，一望知为黄白合种，男子若弗视者。美女子疑而叩之，女隐不以告，其后美国女背其夫与女谈，尽得其情。女举其子授美女云，此阿伦（Allen，男子小名）一滴血，余为养之，且保其名，今以授子，转告亚伦，知余未负彼而已。美女携子去，女追望痛绝，至不能见，云，只此一点心事未了，今了矣。转身由花园至海滨，春潮方涨，乃奔投碧波中，百年长恨，随此永久不止之海潮朝朝暮

---

①　原文误作"美"。

②　原文误作"租"。

暮以无穷矣。此片作者为一广东女子，貌不过中上，而作工尚好，座客为之满，女子有下泪者。

晚与严慰萱同餐，便中再访王述勤，仍未归。

三月八日

得王述勤函，已于晨车赴纽约矣。

续旧草千余字。

晚谢君来谈，艾君亦在，就美国社会上及普通心理上，研究人类心理对于虚荣心，确为一种要求。

三月九日

续旧草千余字，晚曹理卿来谈，十时半始去。

三月十日

续旧草千余字。

下午，曹理卿来同赴标准局（Bureau of Standard）参观，仅参观纸业、棉业二部分。所谓标准者，于长短、轻重、多寡外更考求其密度、坚度等。凡美国制造品，依类分科，皆定其标准。其中多小机器，状类模型，实则具体而微能完全生作用也。盖其所审定之度数，或根据于原料，或根据于制造方法也。其纸中有一种为茅草所制，颇坚，惟色不甚白耳，稻草蔗渣所造则更次也。茅草彼名为辣浪草（la lang grass）。又美国现所种之棉丝有长至二寸余者，亦间有不及一寸者，然以一寸余者为多，其中率大概一寸二分之谱。

昨日读《山谷集·和任夫人悟道》有句云："烦恼林中即是禅，更向何门觅重悟。"盖深知道者，补志之。

三月十一日星期

偕艾险舟至亚洲楼中餐，赴议会图书馆阅中国书，翻《书经》一遍。《舜典》首二十八字，有谓系后人所加者，因某书引此，自"乃命以位"四字与《尧典》衔接也。由此推之，不但大禹、皋陶等谟其开首为后来追加，即《尧典》开首之曰"若稽古帝尧"数句，亦当为后史所加，或为孔子册书所加。因《尧典》与《虞书》，为当时史官所记，不应有曰

"若稽古"字样也。前与某君谈及二典为最古之著作,彼颇致疑,即举"稽古"二字证为系较后之著作,非当时史官所记。若认定开首数句均为后来所加,则一无疑难矣。

以《书经》与耶稣教《旧约》对读,实有文野之判,不可胜举。《书经》所记之足为吾古文明及政治哲学之污点者,只甘扈誓词有"不用命""孥戮"字样。又翻阅《易经》乾、坤二卦,及系词"乾道变化,各正性命,保合大和,乃利贞"数语,释迦所不能道、所未曾思及,故发大愿力以灭除无明,此中国哲学与印度哲学之分水岭,非仅为孔、释二人之异同也。

同乡万绪君,今日晚车来华府,与余同寓,晚偕曹理卿共餐。万君习森林科,由此赴南方林场中实习也。

三月十二日

草千余字之谱,第二编第六章完。

三月十三日

草千余字,约万君同餐。

三月十四日

晨七时半起,候谢宝潮君来,同赴宝提模城(Baltimore)参观约翰赫金大学(John Hapins University[①])。此城为马利兰州之都,大学则私立也,政治、医科特有名。八时三刻,自华京乘火车至十时余到,来回票价只二元也。此城有人口七十余万,而规模不甚大,亦不甚富,以南州所来烟叶为商业大宗,以制衣为工业大宗。小工业甚多,故街市建筑以小规模者为多。大学分三部分,机械科与经济哲学科在一处,为一部分,居城之北,即余今日所参观者。晤韦罗贝博士(Dr. W. W. Willoughby)兄弟,皆曾在中国充顾问者。其室之书分为二部分,一为与中国问题无关者,一为关系中国事者。彼兄弟为双生,前所晤为较瘦之一,今日晤其二,较瘦者有课,乃专与较胖者谈。

---

① 此处应为 Johns Hopkins University,即美国约翰斯霍普金斯大学。

彼多询中国事，余均答之。一为说中国文明之不可断，故无论有如何之外侮而不能亡；二说中国国民性之不能分，故无论有如何之内乱，迟早必统一；三说中国语文渐趋一致，二十年来之进步极速。谈一时半。

又古德诺博士为此校校长，即七年前在中国充顾问，谓中国不宜于共和政体者。余昔意其人必为美国流氓学者，近乃知彼在美国甚有名，在宪法学上几于首屈一指，曾任全美政治学会会长。与谈不甚久，固蔼然一学者，当日不知究以何因而为不近情、不合理之言论，殊不能解，亦不便问之。

在各科讲室及机械科工厂略观，末至藏书阁。旧同学顾博文、顾鼎秋等之胞弟顾德铭君，字稚香，初来此留学，约与晤。彼固约至其寓，饮中国茶，又约晚餐，谈甚畅。中餐在校内俱乐部用餐，晚归，已十一时矣。

三月十五日

晨起，甚晚，仍约万君中餐，下午彼赴南州林场，余送彼至电车而还。

今日仅补写前数日日记，恐不能再草旧稿，近来神常倦，何也？

三月十六日

续旧草二千余字，晚访朱佛定于使馆，谈至十时半归，彼约在街散步片时。

三月十七日

续旧草千余字，晚曹理卿来谈，示余中州大学来函，规模已具，发达可期，甚喜。严慰萱来访，以所作《胡大歌七十八韵》录示。胡大沪音读[①]如糊涂，以喻混沌未凿，且以自况。余以其人聪颖不类所云，又以胡为余姓，乃为和章调之。彼谈及二时乃去，余倦甚，同寓艾君更倦也。

---

　①　原文作"独"。

三月十八日星期

《和胡大歌》如下。原诗太长，不具录。

胡大惯与世相弃，抛乡离井走异域。吞炭断发变音容，人前不道真姓字。何来骚人浪吟咏，乃取吾名为儿戏。王郎诗争谢公墩，或以东山鸣其志。我潜九渊久不起，耻说飞升能霖雨。倘忽往还成莫逆，浑沌日凿仍不死。劝君勿以我自况，请丰六翮效鸿举。四日南风天初长（慰萱拟四月归国），长风万里送翱翔。豪杰方逐中原鹿，志士莫亡歧路羊。归欤东渡黄海旁，金璧万钟恣君量。不然摸壁徒徬徨，云龙风虎总异乡，达者自达狂自狂。

阅东坡诗《韩干牧马图》有云"碧眼胡儿手足鲜，岁时翦刷供帝闲"，此碧眼鲜手足之胡儿，乃白人非蒙古人也。白人开化较晚，条顿更迟，故其族古有混入蒙古种者。春秋时白狄即此种，但为其最开化者耳。又《题李思训长江绝岛图》云：峨峨两烟鬟，晚镜开新妆，舟中贾客莫漫狂，小姑前年嫁彭郎云云。此为曾涤生戏彭雪岑"彭郎夺得小姑回"所自出，然亦巧矣。

余向以煤为古志载所少见，曾记某君（似系吴梅村）咏徐中山有句云"诏许西山开煤冶"[①]，意以为煤入诗之始，不知东坡诗中已数见矣。有《咏石炭》一首引云：彭城旧无石炭，元丰元年十二月，始遣人访获于州之西南，白土镇之北，冶铁作兵，犀利胜常云。然则安徽煤矿，东坡实为发见者。

与曹理卿约同赴美南楼，用中国点心，并由余邀严南璋，严又电约朱、谢二君，至太晚，曹理卿亦去，且该店今日仍无中国点心，乃改赴亚洲楼。餐后同赴石河公园作半日之游，晚在使馆餐。

三月十九日

得张仲鲁寄来河南留学生住址，为王镇五作一信，又见丁宝玺名下注为通许人，余向未闻此名，乃为函问其何村人。

---

①　此处应为"西山诏许开煤冶"，出自吴伟业《芦洲行》。

日来神总倦，艾君语余云，就心理上如用心攻一事，太倦非休息不可，否则欲多作事，乃费时多而效率转减。艾君同班二十余人，皆为研究心理预备博士学位者。其研究方法预拟多题，每一题二人，各作文一篇，于一定日期公开宣读，以听大众讨论。艾君所作为《梦与心理》，现此期已满，将举行考试，教授令研究生投票就二十余篇内选定六篇。此次考试，即以此六篇文章为所考之物，艾君文被选。盖中国学生凡用功者，其成绩皆在中率以上也。

草第二编七章已竣。

三月二十日

着手草第八章，中有表式，预用草纸预画之。连日大风，曹理卿来谈，谓天文家言，此风已至大西洋矣。现又有大风自阿拉司家（Alaska）来，至星期五可到此地，比此次更烈也。

三月二十一日

续画表。又前数日同严南璋同观戏，戏内演作电影情形，甚有趣。作电影与作戏之大分别，在作戏时原来排演之人皆不能出场，故艺员之动作表面上皆为自动的。作电影则另有一监督，全本之好坏皆彼负责，一切艺员均受彼指挥，彼坐于制电影之摄影机下，唤某人出则某人出，云如何作则如何作。其发言皆为命令式，至重要关节处，则厉声顿足，扬手作势，为连续不断之严重命令，且有时加以呵责诟骂之词。闻其对于有名之艺员，出词较有斟酌，严厉则一也。其状如中国御牛马车行淤泥中，御者扬鞭作势，连声吆喝不断之情形，极堪喷饭，补记之。

三月二十二日

续画图表。天气极暖，南风甚大。余念天文家测定前数日之有大风自西北向来（阿拉司加），必为寒风。今日先有热风由东南来（大西洋），向西北去，则此寒热二风必相遇于距此稍北之处，而变雨或雪。明白此间必不能如所测而有大风，惟必因北方有雪雨，而天气变凉。此为余之推测，姑记以觇其验否。

三月二十三日

续草第八章。

天阴有雨，而不甚大，天气亦不甚凉。自赴石河公园，步行游转。此石河水甚小，而河身甚深，至此地极宽，故可因河为园也。两岸高下不侔，成绵连之山势。石隙多泻水处，淙淙有声，真城市之山林也。河岸分支皆有小桥，或石或木，可容行人。至过车之桥较大，然视最高处连贯两岸之百万桥（Millan Dollars Bridge[①]），则小巫见大[②]巫矣。余在园内，凡三渡桥，二登高，数穿丛树中。松柏等树，均转其苍褐之色为深翠，水边垂柳，已吐嫩碧，迎风荡漾，余寓此城盖已由冬而春矣，为之慨然。

此园之胜处，全在天然，所加人工，不过马路数条而已。其旁岸岩石有成天然之洞壑者，颇具幽奇之意。而主其事者，圈木畜狗熊其中，焚琴煮鹤，使人兴阻。全园中除某路通某处，不准毁伤花木，男厕、女厕等告谕外，无字迹。某桥梁洞壑等，亦无各别之名称。新国家内人生兴趣之简单，此其一端也。

三月二十四日

续旧草，今日又寒，窗外见冰矣。

下午有潘君来访，同出餐，艾君作主，餐后又至潘君寓，谈，十一时方归，又至使馆少坐。

与潘君谈，大概关于进化及种性等问题。彼借余《文明初步》一书（*Early Civilization*，A. A. Goldenweiser），又阅数叶方寝，已二时半矣。

三月二十五日星期

赴美南楼用中国点心，同餐者艾君、曹君、谢宝潮君兄弟、朱君佛定、陈达君、清华监督处蔡君。餐后，赴议会图书馆，又转赴植物园照

---

① 此处应为 Million Dollars Bridge。
② 原文作"小"。

像，又同赴浦沱马公园，观林肯庙。庙为希腊式，然与中国式无大异也。作长方形，内可分为三大间，后及左右三面皆为纯墙，无窗，前面左右二间，有墙，中间无之。墙周围为廊，有柱三十六，室内上方左右作二巨梁式，承以八柱。正中间近后墙处，一巨石案，上塑林肯石像，极伟大。再上横额题云"缅怀林肯，辑止内乱，维持统一，功德在人心，与庙貌共此千古"(In the temple as in the people's heart for the manory[①] of Lincoln who saved the Union of United State during the civil war)，英文意思大概如此，余记不甚清楚矣。本日步行约二十余里，晚至使馆餐，餐后又与谢氏昆仲谈至十一时乃归。又读《文明初步》一书，约一时。闻东北各城，连日均大雪，纽约城扫雪雇工由一小时洋一元至一元半，全城扫竣，需款五百余万元云，此阿拉司加所来寒风之结果也。

三月二十六日

竟日未写旧稿，神仍倦，因两夜均睡太迟也。

严慰萱电约来谈，余谢之，因倦甚也。读《文明初步》一书，载澳洲土人结婚制度甚详，其社会组织几于除管理结婚外毫无作用，其用具石刀甚多，而弓箭则绝无，此可为考古人种相互关系之一助。

在书肆购《国民》(The Nation)及《落日》(Sunset)杂志两种。《落日》中载加州七十年前，土人二十万，能农、能工、能制作、能美术，除土人外有教堂三十余处，一切建筑之事，衣食所需，全由土人供给。彼等拥有极大地产，于一八五二年与之定约，令将多数地产交与白人，下余九百余万英亩作为印度人保留自供生活之用。签约以后，土人已将其他地土全数交与白人，白人反侵彼等土地，结果土人所得，不过约中所许者百分之一二。此后白人渐多，乃将土人生活之源，即河流截断，改流他处，土人之生机遂绝，且时有围袭印人村庄之举。去岁春日，又有白人强牵牛马之举，后乘夜包围其村，破晓入村，执印

---

① 此处疑为 memory。

人全杀之,男子尚有逃脱者,妇女儿童无一免者,天明荷馘而归。数之约一百三十具之谱,此村遂归灭绝,此事见于监督土人事务长(superior tendant① of Indian affairs)毕尔君(Edward F. Beale)之正式报告。此种情形数见不鲜,故今日加省只余土人一万六千矣。余意当时白人在加州者甚少,深以土人太多为虑,故阴定此剪灭之计,使人民暗行之,成为风气。今土人虽少,白人虽多,而此风气不能改也,可叹。

十八街有一日本杂货店,与其主人谈,颇知道理,视中国在此间之工人程度甚高。

三月二十七日

夜睡甚安,起甚迟。

补写前数日日记。前同寓之戴君汝楫,自费城重来,仍同寓,又谈及美国经济问题,谓晤各厂工人及中级人,询以美国人何以每日皆形忙碌之状,大概皆答以不过为少数人多赚得利益而已,所到之厂不同,所问之人不同,而答语则大都相仿云。余与谈及凌迟黑人事(凌迟,lynch译音,以其意亦稍近也。凌迟之法,以黑人悬高树,着洋油其身,燃火烧之至尽),彼谓曾在某工厂中实习,傍有二人,谈凌迟黑人时,白人环观,皆鼓掌呼喝以为乐,此二人谈之犹眉飞色舞也。

谈《文明初步》一书。晚严慰萱又约往谈,至十一时半乃归。又读书二小时,睡时已二时矣。觉不适,此后宜早睡。

三月二十八日

晨十时起,仍续读《文明初步》,其前三卷言北美土人三种:一、埃士克模(Eskimo),自阿拉司加经坎拿大北部至纽访兰格林兰等处,皆为此种所居。二、为喀因吉特(Kingit②)及哈伊大(Haida),美国人种学家称之为西北种,自华盛顿州及坎属英哥布多为此种所

---

① 此处应为 superintendent,即主管;警司。

② 此处应为 Tlingit,即特林吉特人。

居。温高华岛及左右亦各为此种所居也。三、伊鲁瓜(Iroquaian[①]),由美国东北部及坎属东南部,从前皆此种人所居,余在坎曾往观。一伊鲁瓜城在美则否。盖在美国内者,为盎格鲁撒森人屠杀殆尽也。坎东旧为法属,今乃多操法语者。法人人种界限,向不如英人之甚。伊鲁瓜之文明最显著者,为绣花。政治组织极有趣,彼旧分五种,有世袭酋长五十家,此五十家分掌五十小部,各有女酋长统一之。政府以五十人代表之,则全为男子,每一部一人,由女酋长就其直系子孙选派,女子不得充任,代表亦称酋长。又另有武酋长,独立于男女酋长之外。男酋任职之权,由女酋操之,即其废立之权,亦操诸女酋,如不尽其职,经女酋三次警告而不悛者,女酋偕武酋往废之。然男酋五十人之合意,其权则超于女酋之权之上,行政组织可为极奇。其经济方面,女子任耕织,男子只任渔猎建筑,其家族纯为女系。

埃士克模,全以渔业自养。其造鱼叉(Harpoon)之法极精,叉尖及叉身内有机括,连以极细极坚之皮线,能以一人之力捕鲸,可为精绝。其造弓之法以兽角或鱼骨为之,分为三节,以皮线遍缠之。弓身正中着手处微向内凹,两端微向外张,简言之,与中国上等弓之造法完全相同也。中国名弓矢造自息慎,亦称肃慎,当今北满地,且东北延长三千余里,已近白令海峡,则与埃克模所居甚近矣,或者太古有相模仿者乎。

三月二十九日

续读《文明初步》中斐洲乌甘达国(Uganda),其国分二十州,各州有酋长,如诸侯,各自世袭。国王亦世袭,如天子,全为牧猎生活。各州酋长对国王,有应例之供献,且须值班住京。其他文化甚低,惟道路特整,由各州都至国都之路,国王责州酋长修之,一律宽四码,约中国十二尺。国都之路一律宽二十码,合中国六丈,国王责居民修之。余意无论何种民族,非有较大规模之中央政府,其文化断不有进

---

① 此处应为 Iroquoian,即易洛魁族印第安人。

步之建设。此邦可称之文明，只一路政，非有强固之国王，无由得此。

三月三十日

读《文明初步》澳洲，及后面所列各家之学说，多有所偏。晚艾险舟、严慰萱二君为余饯行，余行期实尚未定也。

三月三十一日

续草《人类主义》第二编第八章。

四月一日星期

闻刘振东君自纽约来，下午彼至图书馆，拟往与一晤。同艾君中餐，餐后先访潘君，又同至图书馆。刘君尚未至，余转赴严南璋处，未遇。谢宝田君约乘车出游，先至石河公园，又至城内绕行一时许，归城又经泡图马公园，晚在使馆餐。

四月二日

续草《人类主义》，仅数百字。

晚约刘铎东、艾险舟、潘君餐，严南璋亦往，餐后谈至十时，乃归，又稍阅书寝。

四月三日

上午稍写日记，下餐后遇一美国人，名葛洛克（Crocke），谈其家庭事。彼有二子，一媳，二孙，同居共业，此为余到美二年所仅见。其父为法国人，母为德国人。

晚严南璋约餐，同座有清华监督赵月潭君，及刘振东君、蔡君，并约有曹君理卿，彼未得来。餐毕，刘君偕来余寓，谈至十一时去，彼明日还纽约也。

四月四日

《人类主义》第二编第八章竣事。第一编三万余字，第二编五万余字，合计八九万字矣。第三编欲缓草，将筹备他游矣。第二编纲目略举如下。

第一章　人类之组织所采之原则

一　有组织主义

此编所述,举国内十年来泛滥无归之空想包举靡遗矣。濒出国时,曾略拟有其实行之方法,预备作为第三编者,此后尚不知有无余暇补草之。

四月五日

赴旧书铺购《人类学》(Ethnology)数种。

晚谢君宝田约在使馆餐,餐后谈甚晚,归。

四月六日

赴美国捷运公司(American Express Co.),探商购买船票,但余之路线尚未定,又购新书数种。

晚赵月潭约看戏,在克氏戏馆(Kielh),即威尔逊每星期必往看戏之所也。戏为杂耍(vondeuille①)，戏中忽出二人，着极旧之彩色短衣，面涂灰，俯首弯腰，发辫由肩向前垂下，两足向地乱蹅，状极可丑，而名之曰中国跳舞，此种情形，屡遇之，使人不快。

四月七日

赴华盛顿纸厂参观，即曹君作工之所也。纸厂并不甚大，其长处在原料皆归自造。造法甚简便，用机器将木料切为小片，置水中以药品融解，去其胶，即变为纯粹之纤维质，即作纸之原料也。其余与前在日本所参观大致相同。日本在库叶岛有数厂，专造纸料，运至其国纸厂造纸。中国纸厂既不能兼造纸料，又无专造纸料之厂，故原料必须取给于日本，此纸业所以尚未发达。造纸非难事，只须有人材与原料耳。

同参观者，为同寓戴君及清华监督处蔡君、张君，参观时即由曹君引导，并指示一切，观毕由蔡君约余同餐。

下午赴泡沱马公园观樱花，此花在万株以上，详数已忘，由日本国家奉赠，遍植泡沱马公园河滨湖畔。前星期尚未开，今日已怒放，花状如海棠而繁密过之。色稍类碧桃，惜叶尚未展，万树如锦簇雪团，倒影入湖水，真华京胜景也。

本日星期六，男女工完者多相偕倘佯于碧水青莎之旁，玉人银花，互相辉映，美国男女之乐，惟此等地方所得最多。张君固约今晚同看戏，以倦谢之。

四月八日星期

与曹理卿同赴美南楼，用中国点心，严慰萱亦来同餐，餐后至留学生监督处，因昨日严南璋电话相约也。稍谈偕朱佛定、谢宝田诸君，又赴泡沱马公园。今日人极多，环路十余英里，汽车前后左右接毂磨辐无隙地。幸行人与骑马者，皆有他路，行车之路，亦分划路线，有去无来。此园路线，皆成环形，故过车循环而行，断不至拥塞不能

---

①　此处应为 vaudeville，即杂耍。

行也。余等乘严君之车，由严君自开，误入外环，环大路远而花少，然不能改线或转回也，直至环尽，沿湖始见樱花。天忽阴，雨势甚大，乃急归，凡不乘车之红男绿女，大都为雨水所洗矣。好在毛呢衣服，不至汗损，余谓呢衣视绸衣，其优点亦只此耳。此时乃大觉汽车之可贵，美国男子无汽车者，不易得女子同行，此亦甚重大原因。本日见有乘马车者，车夫皆着礼服，此间汽车为通常人所共乘，乘马车者转为特别阔人。归后稍饮茶，朱君兴不尽，且天气又转晴，五时余又乘车同往。雨后花光，倍觉清妍，夕阳将落，半作霞色，穿花影射入芳草，使人意欲醉。此时乃忽动异乡之感，念中国正当清明，如此时在国约友出踏青者，虽无此等美丽之公园，而乡间风味亦自饶清兴。又念及日本此时为樱花节，华盛顿樱花盛开时，游人如此之盛，不啻举日本之樱花节亦移植于美国矣。中国何以无丝毫之物，足以动美国之观听者？

又昨日与张君重登华盛顿纪念塔，未登时，立塔前有日本人二，后来，向余次第脱帽行大鞠躬礼，余还礼，而不知其用意所在。至塔上余与之言，彼乃淡然，盖必前时误认余为日本外交官也。可笑，补记之。

晚在使馆餐，谈至十时归。

四月九日

赴美国捷运公司定船车票，票分三段，第一段本月十四日内由华京经佛老利达省至西钥半岛，换船至古巴京城，十六日可到。第二段本月二十一日由古京阿瓦那（Havana）乘土劳阿船（Toloa）赴巴拿马运河口可利司图埠（Cristahal①），二十四日晨可到。第三段由巴拿马京城，二十六日乘圣鲁易船，至智利国发舶瑞索（Valparaiso），大约五月九日可到。先后定洋一百元，一二日即可得票，余南美之行，至此时乃决定无疑矣。又赴书店购书二三种，归。所草《人类主义》

----

① 此处应为 Cristobal，即克里斯托瓦尔（巴拿马北部港市）。

初草第一第二两编，尚多未自行校正点句者，欲尽赴古巴前校竣寄归，又形忙碌①矣。

　　晚，潘君约餐，餐后又稍谈，遇谢君宝潮。潘君谓中国某杂志载外人安的森（Anderson）在河南渑池县掘得中国古代石器多种，余以中国石器尚少发见，此为创闻，乃赴图书馆寻此报阅之。其报为北京大学所出，发见者为安的森博士，助之者为袁复礼君，发见地为渑池县，时民国十年冬。物为石镰、石凿、石圆、石矢、石斧，又骨针、骨圆、骨珠，又陶鼎、陶鬲、陶瓮、陶碗，陶器为黑地红花，此石器为后新石器时代（Encolithic②）。本杂志载有《祆教考》，按祆教为波斯一带之教，其教主为苏鲁阿司特（Zorooster③），为中国古书所曾译。近读茂利司（Morris）《阿利安人种》（Aragan④ Race）一书，为波斯苏鲁阿司特教之经名阿吠司陀（Avesta），其文字名森得（Zend），与梵文甚近，同为安利安之古文字云云。又按此考所述，祆为胡天，为波斯称天之意，其音各注者所用之反切虽不甚同，大概皆读若显或罕。中国古音亦有称天为显之一时代，而乾卦之乾为天显显音之间音。今新疆等处称天山为祈连山，祈连又为乾音之引而长者，若波斯等处之文字称天为显，实足为东西文化相关之一证，惜无机会以确考之耳。

四月十日

　　竟日校《人类主义》，仍觉倦。

　　晚张君约看戏，彼不自往而请赵月潭陪余。戏为趣剧，无深意，座中又散下星期之戏单，名曰《苏彝河之东》。观其单中摄影，又多中国人，拖长辫者。美国人之对中国人，普通言之实无丝毫平等之意，不过其妒他国在中国之权利耳。

――――――――――――

① 　原文作"禄"。

② 　此处疑似 Eneolithic，即红铜时代。

③ 　此处应为 Zoroaster，即琐罗亚斯德，古代波斯国国教拜火教之祖。

④ 　此处应为 Aryan，即雅利安人。

四月十一日

仍校前稿未竣,赴捷运公司取车船票,付清票价,共三百六十一元二角五,可为昂矣。

购小望远镜一,为旅行之用,又赴书店购书二种。

戴君汝楫,今日起程回国,送至电车,返。彼来时余已言将去,今彼已事毕归国,而余尚未起程也。

四月十一日

校《人类主义》竞。

晚谢宝潮君约餐于亚洲楼,曹理卿及其兄谢宝田君同在,餐后稍谈归寓。

四月十二日

检点行李,并校从前日记,以备寄归。

四月十三日

朱佛定君约中餐,同餐者赵月潭、严南璋、谢宝田三君。

下午赴银行,将存款兑至古巴,并赴远东局,与局长劳克哈君及科长博金氏辞行,劳君在病院未晤,与博君稍谈别。又购新衣箱一支,因在芝家谷所购者不能装衣服也。

晚谢宝田君又约餐,餐后谈至九时半归,曹君理卿偕来,预备续检行李,严慰萱君在寓相候,谈至十一时半,曹君先去,亦未得助余收拾行李,严君至一时乃去。朋友厚意相送,心实感之,然实倦甚,且妨①碍收拾衣物也。

四月十四日

午前继续取拾行李。《人类主义》第一编共四章,第二编八章,中之前五章,已校竣,订本寄归国,交傅佩青设法付印。

赴赵月潭处及严南璋处辞行,少坐即归。不用书籍数十本,唤转运公司来人代为装箱,托曹君寄回中国,一面先将赴南美之衣箱,交

---

① 原文作“防”。

捷运公司运赴车站，余物自带。

下午曹理卿来助，二时唤汽车来上火车，严君以车偕朱、谢二君同来送余上火车，至车站，将衣箱换票后，已将开车。赵月潭君偕其秘书张君、蔡君亦来送行，谢宝潮君亦来，均在站候，余各与握别，火车将开，实不及谈话矣。聚散离合，送残几许光阴，余寓华京匆匆一百日，今日与此城及此城之友人一一告别矣。

下午三时十五分车开，时烟雨一城，连阡楼宇，半在迷离中。近来寒燠不定，故树叶尚未大放，不能与画阁雕廊掩映也。

出城车向东南行，似趋大西洋海岸去。沿途林木与荒原相杂，属番几尼州（Uerginia①），知此州农事未大进步也。傍晚抵瑞迟莽城，为番州州都，车站四围为房屋所环绕，不能向外瞻望，且雨势未止，站中人亦不甚多也。

夜九时半寝，车中已撤去暖管，而天气实寒。华盛顿一带天气变幻无常，或比之于波谲云诡之人情世态。现在去夏令不过二十日，而早春之树嫩叶尚未大展，普通林木，疏枝翘翘，仍一片冬景也。惟日本移来之樱花，则应时怒放，以点缀此名城，宁不可怪？

睡后，觉冷，且车摇荡过甚，余所乘过之睡车，包中国、日本在内，以此次司机之坏为最甚。夜睡甚不安，北加拉林那（N. Colerina②）全在夜中过矣，天明即起。

四月十五日

晨起，六时，启窗见沿路林木嫩叶初展，不复见枯枝，觉眼帘一新。路傍偶有村落，类农人。村傍春禾已高可二三寸，绿叶掩陇，行直如线，垂眸都是生意。以余之主观论之，农人应视工人为乐，而美国农人之工人化者，则绝不愿复为农，此必有其理由在也。

余入盥漱室时，二黑人车役，尚据客人所坐之座互语，盖初起，不

---

① 此处应为 Virginia，即弗吉尼亚州。

② 此处应为 N. Carolina，即北卡罗来纳州。

料客人亦有起者。

九时许，客人全起，两面车窗尽启，盈眸尽是森林，绿阴夹道，蔚然深秀，车行之摇荡若之矣。沿途村镇甚稀，偶有居人，以木板为屋，矮小类高丽式，大半为黑人之作工者所居。此时车行，已由南加拉林那州入乔基阿州（Georgia）矣。道傍见木场二三处，皆在森林中以机器伐木解板，且可解截为各种制器建屋之材料，其尺寸都有一定，购者不须再施刀锯矣。厂中堆存木料甚多，场面纵横铁路约二十线左右，有通至各机器傍者，有接各堆料所者，有穿入深林中不能望见其所通之处者，大约必为运所伐之木至机器傍施工者，车行渐远不复能见。余竟不问厂主姓名，而参观一伐木厂。

道旁弃置之树木甚多，大皆径尺一二寸之谱，此认为不能施工者，皆弃置任其腐朽，如有人专检此种弃木制成小料，亦为一小财东矣。然而森林公司虽弃之，任其腐朽不能用，决不任贫人检去利用，以争其销路。美国以原料充裕、机械发达之故，浪暴原料之处甚多，此其一端也。

乔基阿农林园蓺俱甚发达，现有森林一千五百万英亩，合中国一百万顷，即一万万亩也。大半为黄松，一九一八年出板五万一千五百万方尺，其三万五千万为黄松。农业，产棉居全美百分之十四分又半，除德可沙产棉居全美百分之二十七以外，此州为最。棉田五百余万英亩，合中国三千余万亩。一九一九年产棉一百六十七万八千七百余包（bales），价值二万九千七百六十四万，棉子七十三万六千吨，价值五千五百二十六万。其中七十一万六千五万吨榨油三千一百五十一万六千加伦，价值四千三百三十五万，棉子饼价值二千一百一十六万，棉子壳值二百三十八万八千，棉壳细毛十万又五百余包，值二百二十四万，此可见美国农业规模之大。棉壳细毛尚可于榨油时取下，值洋数百万元，又可见制造之精。然此州农事在黑人手中百分之四十分，黑人亦未可轻视矣。

尤有可注意者，此州学种花生大成功。一九一九年种二十万零二千英亩,产花生五万零五万桶,价值一千二百四十二万三千元美金。此物为中国北数省出产销美国之大宗,美国自种者既已成功,对中国又不免生影响矣。

中餐后天气渐暖,傍晚入佛老利大州(Florida),过哲克森菲尔(Jacksouviele①),道傍时见棕榈等树,高可数丈,已成热带气候矣。过一二小城,浓林蔽空,繁茵铺地,街上道路穿行其中,真有绿天碧海之观,惜夜色苍茫不及详观,而房宇疏落如晨星,知其居人并不甚多也。

棕林海岸(Palm Beach)为此州惟一名地,美国富人以此为冬日之天堂,风景之美为全国之冠。购照片观之,使人回忆檀香山不止,惜不能下车一视。夜九时半寝,不甚冷,较安。

四月十六日

六时起,赴盥漱室已有二三人在焉。盖今日九时至西钥岛换船,故行人均早起也。

车窗全开,和风拂面,不寒不暖。行人告余云,华盛顿生日时,此处过夏天,现在又回复温和气候矣。华盛顿生日在二月前,而此处甚热,沿海地带之寒暖,常出于地带南北及时令正轨以外,此海水之关系也。

车向西南行,此处为一地股,地股将尽,成一锐角斜伸,坐车中可左右见海面,奇观也。须臾地股尽,其余势作一抛物线,向西南成无数小岛,现在修铁路由地股贯连群岛。各岛皆繁棕榈,及其他丛树杂花,俨如丝绳系彩球向碧海抛掷者。尤奇者他处海岛,游其中者不复见为岛,特心知之耳。此处各岛之小,皆可在车中两面见海,乃真岛行之大观矣。各群名为诸钥(Keys),有名柏钥者,有名刀钥者,有名长钥者,不必备举。此抛物线伸入海中约二百余华里,已渐成自东而

---

① 此处应为 Jacksonville,即杰克逊维尔(美国佛罗里达州东北部港市)。

西矣。此处一岛名西钥(Ney[①] West)，为铁路终点，车到此约九时，余询问何处有银行可以美金易古巴金。有人告余云，古巴与美金相同，无须易也。及登船，船上有守门者，遍询客人为美国人否，非美国人者，无护照不能登船也。古巴与美国海程只七小时，黑人均来往较自由，而中国则不能比于黑人也。余有护照，登船尚无何种纠葛，然亦使人生不快之感矣。此处为美东南部尽处，登舟以后，遂与北美洲大陆告别。

---

① 　此处应为 Key West，即基韦斯特。

第十三　南美汗漫录

（自民国十二年四月十六日起至
六月十七日止共六十二日）

弁　言

　　《南美汗漫录》为此次国外游记之一部分，所游计古巴、巴拿马、秘鲁、智利、阿根廷、乌鲁乖、巴西七国。古巴地属西印度群岛，巴拿马地正当中美，其余各国俱在南美。括上述各地及墨西哥在内，现在通行名为拉丁美洲，以其在中文不习见，且余于墨西哥别有游记，故此篇姑以南美为名。此段游程，起自美国东南部之佛老利达州西钥岛登船，地当北纬二十四度三十分，由此南行，穿西印度群岛，渡巴拿马运河，沿南美洲之太平洋东岩，至智利之发怕来索（Valparaisa①）登陆，已至南纬三十一度。由此横断南美洲东行，至阿根廷之佳气城（Buanas Aires②），在南纬三十四度二十分，再乘船沿大西洋之西岸东北行，至巴西之波南浦口埠（Pernenbuco③），地当南纬七度二十分，船乃离岸向欧洲直趋，计水陆共行约二万四千里之谱，历时自四月十六日起至六月十七日止共六十二日。其中乘舟者约二十五日，乘车者约七八日，在城镇中游览者不过三十日，凡历七国京都，大小二十余城镇，余暇无多，故叙录极草率。内容分为三部：第一，日记，各国自为段落，居全录之最大部分；第二，调查，附于各国日记之后；

---

①　此处应为 Valparaíso（西班牙语），即瓦尔帕莱索（智利中西部港市）。
②　此处应为 Buenos Aires（西班牙语），即布宜诺斯艾利斯。
③　此处应为 Pernambuco（葡萄牙语），即伯南布哥。

第三,漫论,居全录最后部分,寥寥短言,借作结束而已。日记为随时所书,调查随时为之,书于大西洋阿浪沙(Arlanza)舟中。漫论殆完全为大西洋中之产物,欲下笔草调查,先弁其首。时民国十二年六月十九日,舟行赤道下北纬二度九分,西经三十度三十八分,距南美六百六十九海里,距欧洲约二千四百海里。

甲　古巴国

1. 华侨在古巴之情形
2. 参观国立监狱
3. 赴商会欢迎会并致词
4. 赴马丹沙省游白亚魔洞
5. 游山内海势花园
6. 古巴概况

四月十六日

自美洲东南部佛老利大洲最南西钥岛登船,此处海水波光,与他处所见者皆不同。已往所见大概可分为四色:一、黄色,如中国黄海中及夏威夷本岛沿岸之水色也;二、浅碧色,各处距岸不甚远之海水多为此色;三、深蓝色,太平洋中多此色,英文所以常有蓝海之称也;四、深黑色,太平洋惟最深之处现此色。此四者皆普通也。寓檀香山时,在华奇奇海岸(Waikiki Beach)见海水浅碧,其距岸里许之处,忽现深碧、淡黄、淡碧三色,环岸如长虹,初以为日色所现,迨浮云蔽日后仍如此,乃觉其奇。此处则三色以外,更杂以淡墨灰白之色,不啻彩虹万道,错落水面。而又有玳瑁天色之黑白云花环绕回抱以相掩映,使人叹为奇观。船开碰向西行,约一时许,海光渐变深色,极靓艳,蔚蓝无际,上望青苍,转觉其黯淡失色,不足与海若争美斗妍也。

十二时半,中餐由船中备,不另付资,食品甚美。余以为不类美国厨役,呼伺者问,彼张目四望,无美国人在旁,乃云西班牙厨役。余谓适间汝何先四顾而后告余,彼谓美国人不但无好厨役,亦并不知何种餐品为可口,故欧洲厨役高手不入美国,次手入美国后,技亦更退也。余笑以为知言。餐后,船已转向南行矣,东望有物在海面上,不类船,以远镜望之,乃飞艇也,先去水面不甚高,渐高行亦渐速,盖由美直趋古巴者,一小时可到,可谓速矣。

本日无风,波平浪静,万里如镜,下午三时半,已望见古巴海岸矣。四时半进阿瓦纳港,阿瓦纳即古巴京城。医生验病,不过乘客由彼面前一过,并无繁累之处。尚未验余护照,此间章总领事守默字锐庭,现代理公使已来接余,因得免验护照。自他门径偕章君至验行李处,关员尚照例验,余云余有外交护照,彼云彼未接到上官命令。章君谓古巴例,中国人来此有外交护照者,须先期知照外交部转行海关,乃免验。章君因未知余所持为何种护照,故昨日只[1]知会外交部有某君今日登岸,而未言为外交人员也。出海关后,唤车由章君导余至一美国所开之旅馆,谓每日房价美金十元,房内无浴所者六元,乃改至一西班牙人所开之旅馆,每日只二元,而住室高大,觉甚适也。

晚,章锐庭君约餐于中国餐馆亚洲楼,其陈设为纯粹之中国式,餐品甚美,为华盛顿所未曾有。考其原因,盖此间华侨在商业上颇占优势,除美国商人及西班牙商人以外,即为华商。饮食为人所必需,而精美之食品,欧人称之为一种美术,惟富人乃能奖励以助其进步,本城中国餐品之美,亦足以代表此间华侨在商业上之地[2]位也。同餐者,有林君衡南,福建人,亦使馆中人员。餐后,偕至各中国市面游览,营业局面有甚大者。此间无唐人街之称,然华人总爱聚族而居,

---

① 原文作"纸"。
② 原文作"他"。

可以自成社会，自为风气。其好处在无异地外国之感，且个人行为，俱入社会意识范围，为公众共鉴察；其坏处，则画地自封，总不能输入外人之新思想，且尤易以不卫生之故为外人所轻视，乃至借为排华之口实。去岁，全美医学会在此地开会，有人主张改进及保持两美洲卫生之状况，必须摈斥不洁净、不卫生之人如中国人者，不准居住两美地界，赞成之者甚多。故中国人于卫生方面，此后为在世界上争名誉与地位计，亦不能不切实改良也。又赴中国戏园略观，时正演唱，余等未进内，闻此为纯正之广东戏，绝无新式杂入。戏园壁上，满贴中国字之告白。又至一书铺，新书甚少，正经旧书则绝无之，而鄙俚剧本甚多。章君语余云：观此可以知此间华侨之程度，余现正劝彼等组织学校，或者直接可以培养学童，间接亦可以改进一般华侨之知识。余甚赞成其议。余对此事，所发感想有二：

一、欧美各国关于商业之学术知识，皆以专门大学之人才研究之。此间之华侨以如此之程度而与之竞争，将来能否保持现在商业上之地位，实为一疑问。

二、中国人以如此之未尝学问之程度，白手起家，能致巨富，今且能使华人在此邦商务居于第三之地位，若中国对于国际贸易稍有政策，各高级学校能造成实用之商业人才，再能保持其旧有之优点，则在世界商场必应有吾华人相当地位也。

出商业地点至中央公园(Parque Central)，园多棕树，高可数丈，此热带之景象也。路旁树下遍置长椅，游人随时可以坐憩。晚餐时有雨，故现在游人甚少，实则雨后新晴，循电光散步绿荫碧莎间，心境更觉爽清，惟座上沾霖，不能坐耳。园之对面，为中央戏园，规模之宏大与雕饰之美丽，美国史家称之为世界第五，华盛顿之戏园与比较，则小巫见大巫矣。由中央公园及戏园之间，向海面一带为草原(prado)，译音为普拉豆，由城中直通至海滨。草原为其名，实则千章之木交枝于上，杂花五色相映于下，人行处以三合土为平光之长路，见草之处甚少也。至海滨，岸上筑一大亭，为每星期六及星期日黄昏时演乐娱众之所,亭外置长椅以千计,备听者坐也。演乐每一座收美金五分。由亭再趋海面,下岸为海水浴之地矣。

　　由此循海滨向左转,沿岸修堤长十数里,堤边筑短墙,内为行人便道,宽可丈许,再内则为车道,闻每日斜阳西下时,士女云游,人山人海,肩相摩毂相接也。此时天色已晚,游人绝少,只余三人循岸左行,时新雨初霁,海面和风拂面徐来,清凉沁心,绝不觉为热带也。行约华里四五里,路转向左迎面为一方场,场中塑像连下像基高十余丈,最高处一人骑马矗立,像基四角更有石像四,基下有横石碑,刻字电光隐约可辨,似为某年法律之纪念。章君云最高处一像为马赛武将军(General Maseo),古巴革命时,统黑人数千力战阵亡,马将军亦为黑人。离此地重入街市,唤汽车归寓,此间汽车价廉,短时之乘车,不过三四角也。

四月十七日

　　晨七时半起,夜睡甚安。此旅馆房为西班牙式,普通室内高一丈三四尺之谱,门窗高均丈许,地板上以彩色磁砖铺之,后墙上之窗较小,下距地板约七尺余,举手企足所不能及,窗内左右系一绳,牵此可启闭窗门也。前窗下上高丈许,窗帘甚短,以彩布为之,系于窗之中部,下垂去地一尺余,去上面横木尚四五尺,故上下均通风也。余室内无浴池,须赴公共浴所,一人一室,室外有人服役,竟日守浴所不去,类中国澡堂之伺役,此美国或旅馆所无也。最下层开长窗,大门向街,内面为柜台,外面即客人用餐之所。房之中间露天,如中国之天井,名曰巴的欧(Patio),上以玻璃天棚罩之,四围为盆景,鲜红嫩绿,耀目亦生快感。

　　上午在寓写日记,欲俟余大衣箱由海关取来后易衣再出门,经理人得电话,谓余箱未得同船来,非明日不能取归也。余向不用早餐,见他人所用餐品,色香都觉可羡,唤一汤一果。汤味殊美,在美、墨坎、三国便饭之上。

　　中餐后,章君以使馆车来,与林君偕同出游,先游城内各街,至一小山上,参观国立监狱,次至使馆小坐,又出城至乡间俱乐部,六时半乃归。

　　国立监狱有典狱长一人,下分二部:一为管理部,一为守卫部。有队长三人,卫兵一百二十五人,内共犯人二千二百人。狱长不能英文,仅一握手,由其总会计嘉来德君(Callet)招待指导,谓此狱旧为西班牙军营,据城之高处,四围皆炮台。嘉君指余周览,据此可俯瞰全城,实形胜之地也。炮台下,今犹堆存旧式炮弹无数,大者略小于斗,小者远大于卵,累累置地,徒供游览者发吊古之感耳。

　　罪人居住之所分为五种:一曰普通囚室,每室五十人,中置一囚长,由典狱长就有品行者派充,最有趣者,其囚长在西文与大总统同一名字,即旧译本所称为伯理玺天德(preceeteut①)者;二曰特别囚室,每室五人,以优待有身分之罪人;三曰医室,罪人之有病者居之;四曰工作室,又分有木工、金工、小手工、皮工各部分;五曰浴室,众人沐浴之期甚勤,故无甚气味;另外又有图书室,众人愿读书者,每日可读二小时。嘉君导余等遍览各室,各普通囚室中人皆起立肃静无一语。至医室,见病人在床上卧,与外面之医院相同,然有状不甚类有病者。有一罪人,见余等入室,坐起与嘉君握手稍谈。嘉君云此为一有名之律师,犯罪入狱者。又前日获一巨匪,距被获前不久时曾虏某富人勒赎,得五万美金方释之。此匪在古巴名冠一时,各报尝称载之,余等思一见其人,嘉君导至普通囚室,提之出,状类法国人,身材方正,不甚高,年三十余,面红白色,头发微脱,貌文雅而体态安闲,自狱门出时微笑,立余等前,绝不类凶顽者,尤不类现在之囚犯,虽着囚衣,而气宇乃大异于众。嘉君语余云,彼之乡邻共称彼善,其貌亦不类恶人。余此时慨然,不知中外大盗何以俱能博世人之称誉,抑果英雄之遗在草莽,因而流为绿林者流耶? 又或英雄与盗贼本来是一非二耶? 余又忆余三年前正在狱中,今乃于海天万里外,参观此岛国之监狱。此间犯人制品皆出售,余乃购笔管一、手杖一以作纪念。

―――――――

　　①　此处疑为 presidente(西班牙语),即总统。

　　狱院中多植花木,不观囚室不知其为狱也。狱之正门甚高阔,铁栏重关。余等来时,先启第一层门;余等入,急闭之,然后再启第二层门,出时亦如此。狱门外仍环有高墙炮台,西班牙时代旧物也。汽车上下须盘绕而升,以其地址甚高也。

　　使馆在非大多(Verlado①)街,此一街皆为住宅,且皆为新式建筑。室前后多有空地,莳以花木,街之两旁,亦皆为花木,大半美洲各国住宅之街皆如此。此间气候温和,花木特茂美耳。

　　乡间俱乐部(country club)本为美国人所创,今各国人皆有,与美国之乾维持司(Chevy Chase)俱乐部、墨京之大学俱乐部相仿。凡外交官入会者,只收年费,不收入会费。刁公使作谦及章领事均系会员,故章君可约余等领茶其中,地址在马利亚诺(Mariano)海岸,此地名译意当为圣母舟。俱乐部之建筑,外面似嫌草率,室内甚精美,中有各种球室及音乐室、图书室、饮酒室。室前为极广大之敞廊,廊下置桌椅甚多,廊外则古木、杂花、碧草环绕之。俱乐部外一面临海,去此不远则为海浴俱乐部;一面为俱乐部公园,园之布置甚精美,规模虽不甚大,而回环周折,观者觉有不尽之意。此公园为私家所经营,盖此一带之地产强半在美国人之手。此间公园道路特别注意,欲招徕住户,成为市镇则地价可涨也。

　　来回路线所经有可记者,一为阿满大来新城公园及道路经营特美,而居民甚少,此一带为政府所经营,欧战时糖价甚昂,政府之收入亦多,故有余力以经营此,其公园有一名为日本公园者,略有东方意味,未入观;一为克里司土伯哥朗公坟(Cristobal Colon Cemetary②),坟周围有花墙,大门建筑甚伟丽,不亚于美京阿灵屯国家公坟,隔墙见坟内矗立之石像及纪念碑甚多也。

　　晚余约章君、林君在巴黎饭馆便餐,在旧城中,即昔日在城墙内

---

　　①　此处应为 Vedado(西班牙语),即维达多(古巴哈瓦那城市社区)。

　　②　此处应为 Cementerio de Cristóbal Colón(西班牙语),即科隆公墓。

之市面也。街市甚窄,然商务甚盛、餐品可口,餐后在街上散步。林君云,此处市面类中国。余云,惜商店招牌非中国字。往观之,一为友诚社,一为万宝昌,皆此间极大之华商,此为其支店,然每月房租即合美金八百元,其规面可想见矣。十时归寓,浴寝。

四月十八日

上午,仍在寓写日观,衣箱已来,改易绸裤、薄绒上衣,在旅馆中餐,尚可口。

下午一时半,中国商会开茶话会欢迎余,昨谢之不得,届时往,在座为会董十余人,及章领事、林副领事及使馆秘书陈君。诸商董对余情致甚殷厚,而语言隔阂,甚不方便,彼等间有稍通普通话者,然不足以为谈话之用也。会长王君请书记张君梅初代致欢迎词,余并不能十分了解。余照例致答词,由陈君译为粤语,然陈君为广东人,对于余言,似不能十分清楚;各侨商对于彼之言语,亦有不尽了解者。中国语言之不统一,困难之处甚多也。演说后,入席用茶点,点心为纯粹之中国式,甚美口,茶亦佳,四点平散会。

陈君及林君又导余出游,然路线所经,与昨日无大异,惟至日本花园下车,入内遍游。此地有一种黄色石,状如中国所称太湖石,颇玲珑,园内道路、桥梁、台阶皆以此种石嵌之。中有东方式之方亭,檐题中国体之字,不成文理,且有不成字者。但以园论,确有东方意味。花木之绚艳,则中国北部所未见也。

晚,陈君约餐于太平湖酒楼。同餐者除领使馆人员外,尚有报馆主笔三人,一姓陈、一姓关、一姓司徒。餐品如中国燕菜鱼翅皆有,而鱼之烹调特美,十时余乃散。林君谓华商欲余之答词写出大意登之报端,余允之。十一时归寓,补写余答词,大意未竣,倦寝。

四月十九日

晨起,浴,补草余演说竣,其词如下:

汝麟漫游来至古巴,得与此间侨胞、商界同人聚于一堂,不胜欣幸之至,欢迎二字,万不敢当。然甚愿与诸君子晤谈,得悉此间一切情形，所以承诸君子雅召，不敢推辞，今将鄙人对于此间侨胞所发之感想，略为奉述。

第一，对于现在华商在此情形，极为快慰。查欧美各国，对于国际贸易视之极重，学校列有专科、政府定为政策，所以彼之商业，就商人本身论，多有专门商业学问。就政府一方面论，皆挟国力以事保护、以资推广。华商则在国内既未尝得有相当学校以学习商业之智识，而国家又以积弱之故，保护之力，实有未充。而我侨胞之经营商业者，在各处均取得相当之地位，在古巴尤称发达，于此可以证明我华人实具经营商业之确实能力与天才。又案拉丁美洲各国，其社会之组织，似乎上有欧美式之大资本家，下多智识较低之贫民，而中级人民不免缺少，此实其社会组织之缺点。我华人加入一部分于其中，经营各种中等商业，天然为彼之社会中之中坚，以补其缺陷。故华人在此经商，就华人一方面言之，事业易于发达；就彼国一方面言之，社会增其调协，实为两利之道，于此可以庆幸我华人已觅得最适当之地点与机会。上述二点，为鄙人对于此间侨胞所极快慰者。

第二，对于华商将来抱有无穷之希望。就消极方面言之，现在发达之状况，实我侨胞之才力与精神所换得，并非坐分他人之利。而其他野心国家，忌妒华商之发达，现在乘机灌输古巴人以排华之思想，不免可虑。所以我华人应从外交方面舆论方面着手，使古巴人知华商事业，直接助其社会之调协，间接增其实业之发达，庶可以免除误会，不至为其他野心国家所利用。又彼等倡排华之论者，往往谓华人不能洁净，于公共卫生有妨碍，此后我侨胞对此，似宜更加注意，所谓有则改之，无则加勉，以免为他人所借口，此点为鄙人对于我侨商保持现在发达之状况之希望。就积极方面言之，我华人既具有经商之天才，拉丁美洲又为吾华商适宜之地方，此后华人来古巴者，应持改工为商之主张，有资本者自行营业，无资本者或息借他人之资本，或供职于他人之商店，把拉丁美洲之商业当作一条直路，一直向前走去，前途必有更大之事业。又现在世界商业日发达，关于商业之学问

亦日发达,故各国以商战,实以学战。中国重家族,所谓家族主义之
精义何在? 即希望后代之发达,更甚于本身之发达也。故此后应使
吾辈子弟,一面在家族中承受吾人华人勤俭之特长,一面更应使其在
高等教育中得有商业专门之学问,则吾华人再一代在此间之商业,必
更能超过于现在状况之上。此二点为鄙人对于侨胞将来商业更发达
之希望。

现闻章总领事正与诸君共同筹商拟创办华侨学校,鄙人对于此
事极为佩慰。如学校成立,所有第一年内应用之中文教科书籍等,鄙
人拟在国内自行筹款捐助,以仰副诸君子兴学之热心,并以酬今日欢
迎之盛意。

八时半赴领馆。今日与章君、林君约同赴马丹沙省
(Matanzas),游白亚魔洞(Cuevas de Bellamar),使馆洋员嘉君偕往。
先自海滨渡海湾至他岸,地名家撒布兰大(Casa Blanta①),意言白
室,改乘火车,先至海势总厂(Hersky Central)参观。

此厂乃此间较大糖厂,为美潘省海势君所独有,然其名则为海势
公司。美国人办实业,爱用公司之名,而不爱他人分有其股票,如佛
德汽车公司,现为世界第一大车厂,全数股本为亨利佛德(Henry
Ford)一人所独有也。约十时至,由嘉君先向其厂中说明,乃偕至制
造厂中,以次参观。此厂不为甚大,每日可制甘蔗三千吨之糖,出糖
之多寡,视蔗之好坏也。余观糖厂,此为第六次,无大异于从前,其为
从前所未记入日记者,略记如下:

一、蔗渣与蔗汁分开后,经三四次之高压轧挤,已成干柴,即送
入锅炉室,用以代煤。

二、蔗柴烧后,灰甚多,可以水冲滤入池以作碱,所余者,仍可作
他种化学品。

三、蔗汁结晶成糖,其余为苦水,为中国所称为卤水者,可用以

___

① 此处应为 Casablanca(西班牙语),哈瓦那小镇名。

制化学药品。

又此厂建筑，上下约六七层，最上一层不作制造之用，参观者多以登高眺远为乐，且多题名于柱作纪念者。适此厂总工程师某君亦登此，余询此层高度，彼云一百二十五尺，旁立之烟突二百尺，高此约八分之三。在此层，可望见海面并二海湾，某一名为日光湾（Sunlight Beach），海水作光灿之色，如长虹，附厂数里内，皆为海势君之私有。最近者经营街市，较远者有邱壑泉石，经营园林，再远而地势平衍者，乃皆为蔗田。在楼上俯瞰一切，市面虽不甚大，齐整如棋局，乔棕丛蕉，与一切古木杂花掩护楼宇。四面山势不甚高，而王棕（royal pilm①）高六七丈乃至十丈，遍覆岩谷，绿荫婆娑中时见红屋，亦人世胜境。游此邦，时时使余回忆檀香山，以其风景相似也。旅檀杂句，有"十丈芭蕉三丈叶，绿阴深处隐红楼"②一联，亦可为此地写照。

下楼后至海势旅馆用餐，同时有四女子亦用餐，餐室有音乐，彼四女子不得男子与之跳舞，乃彼此相互抱舞。其中有二人与余由美国同舟来，屡与余语，余疑其非上等人，少与之谈，使馆洋员嘉君谓观彼举动乃上流社会人，不可过冷淡之。

餐后，赴山内海势花园游览。园深处有巨泉，出洞口汇为小湖，糖厂改其湖为蓄水池，设机通厂内，即此厂水源所由来也。洞以木板周围覆之以防汗浊。水下流涧环成小河，河岸大树下置长椅若干，坐憩若忘人间。此间所见花不甚多，略记数种如下：

一、王棕及凤尾棕、芭蕉等，皆极高大。

二、马樱花，叶大如槐，花丝长径寸，角肥如皂角，色亦较中国者为艳，其最大者一株，余量其干周围二十八尺之谱。

三、紫萝，状如藤萝，着紫花，大如酒杯，鲜丽幽艳，此花檀香山、

---

① 此处应为 palm，即棕榈树。

② 此联《檀香山最近观察谈》作"十丈芭蕉三丈叶，绿荫深处露红楼"。

墨西哥均有之,余在檀时付以此名,此邦名之为法国将军花(译意忘其音矣)。

四、芙萝花,余在檀香山付以此名,此邦名之曰太平花,谓为太平洋之种也。叶大如桑,花大如蜀葵,腥红耀目,使人意为之醉。

五、红叶树,檀香山名为铁树,此间分为数种,名目各异,其最红者一种,似记为葛丝麻,全树皆作朱红色,与芙萝花同艳。

六、仙人葛,为仙人掌类,粗如大指,蔓生山谷,无叶,着红、黄、紫、白各色花,余付以此名。

七、芙蓉柳,极类中国柳树,长条袅娜,迎风欲舞,上着红色花,鲜妍如五月榴,余付以此名。

以外之树,或不甚注意,忘其形状者,或有为中国所惯见者,如怪花竹、小叶杨等等。此园天然之美及花木之茂异妍丽,皆使人流连不忍去,惜置之于无人之乡矣。

下乡二时半,再乘车至马丹沙省城,换汽车至白亚麻洞,至约四时。洞外树甚多,尤大者为马樱花三株,并列洞口。口上建室,有人管理,购票乃能入。洞内路之不易行者,加以人工之梯,或铁或木,各处皆有电灯,故照耀可详观。洞深上下不过二三十丈,横深约中国三里之谱。高下纵横曲折宽狭状极不一,有高四五丈者,有高仅四尺余,须屈身以行者,更有深缝无底,以铁栏之以防危险者,其最深处仍为平斜可入之洞,以无电灯不敢进。全洞十分之八,皆雪白色,余则微赭。因地位太多,不尽有名称,且其名亦不能尽记,略述之如下。凡旧有名称为余所记者,注英文或西班牙文于下,其余则余所付之名也。

一、庙,此为原有之名,即进口之一大洞,高三四丈,地位亦宽阔,向内行可分为二路,余为易名曰雪宫(Snow Palace),同行西人及乡导皆赞成。

二、印度廊,高不及雪宫,而大过之,中空,左右较高如廊,顶石有冰溜下垂及地,如水晶柱。所谓冰溜者,以其天然之状言之,实已结晶，为半透光之石体矣。

三、美人浴池（American Ladyi① Bathe），地位不甚大，高丈许，宽长三五丈不等，右旁有池，护以矮冰溜，有泉注入，深可尺许，有美国少女游此，谓欲浴于此，因此得名。

四、圣保罗教堂，以其似此洲之某教堂也。此类之名称甚多，余不能备记。

五、玉鹅宝座（Swan Throne），在一洞之正中，一大冰溜自顶石下注，及底石偏向一面注，成一鹅身形，上段之冰柱如鹅颈，下段为鹅身，又如巨椅，故此得名。

六、雷峰积雪，由顶岩石乳下滴，凝结日高，成一锐塔，此为其大者，另有小者无数，互相衔接，如半山古寺，楼宇连阡与孤塔相映，雪后俱作白色者，原名亦某某塔，余忘之，乃补以此名。

七、飞琼树，冰溜细小，粗不及指，斜袅横拖，周围密垂，手摘可得，锵然为碎玉之音。洞主禁人摘之，地下碎落者甚多，亦禁人携出，余付乡导美金五角，密嘱其代余取少许，得留作纪念。原名余多不记，然亦不能遍记其地而付以新名，总之冰檐玉柱、琪花瑶草、玻璃屏、水晶案无一不出自天成。贝阙琼宫，无以方其明洁；鬼斧神斤，不足喻其精巧。同行有美国人，谓美国之魔迷洞，视此直不能名为洞，然余在美国熟听人誉称魔迷，惜以未游为憾，今游此可自慰矣。

出洞已四时半。与守洞者谈，谓此洞为中国人胡司图（译音）所发见。彼在斫木，斧堕地失去，披榛分草，下见一穴，穷之愈深，遂发见此洞。今此洞不属于胡君，亦不属于公家，而属于省城之某商人，号称为麻业大王者。胡君寿甚长，近百岁，以五年前穷而死，而此洞今日乃为无价胜地，千万金不能购也。

乘汽车回至省城，时五时许，须候至七时余乃有归京之火车。游其中央公园，布置颇美丽。大概拉丁美洲任何国，凡有公园之地，皆

---

① 此处应为 Lady，即女士。

有极美丽之石像。美术与科学不同,非积世累代,其发达之程度不能高。罗马之美术,就雕刻论,高于中国者甚多,故拉丁各国之美术,其渊源实有所来也。园中小学生甚多,皆下课在此游,对余等甚亲,称以巴伊沙讷(paizano①),意言同乡,握手与余等戏,别时若不忍者。

又与章君同游各街,见其省立专门学校建筑整丽,未得参观。各住宅之街多为旧式建筑,后面为寝室,旁为书房及厨房。最外临街,为客厅。向街之窗,通檐到地,高自一丈至一丈五尺不等。窗外满护以铁栏,栏工多甚精美。隔窗可备见其窗内陈设,惟不能出入耳。

七时乘车归,至阿瓦纳,已九时余矣。在领馆中用餐,归晚寝。

四月二十日

起较迟,略作日记,下午又与林君赴银行取款,又自往换船票,以未带护照不能换,中国在西洋之不方便如此。盖舟车服役之人,对中国人俱有考查之权也。

赴欧比士铺街(Obispo),购纪念画册数本,晚仍在领馆餐,章、林二君为余饯行也。

四月二十一日

晨起,方六时,检点行装,将大箱交转运公司运至脱鲁阿(Toloa)船上,此船属美国联果公司(United Fruit Co.)。至八时余别旅馆,雇汽车,携随身行李二件,先至联果公司,其办事人为古巴人,甚不逊,得票后已九时矣。又将转运公司所给之行李执照向船头换票,以便向船上接收。脱鲁阿此时已不在岸头泊,先登一小船,俟至十时二十分,小船开向湾中,转登大船。初开船,在湾中行极缓,尚有未登船之客,乘小汽船赶船,赶及则由浮梯登大船,而系小船于梯下。送客人亦登大船,如是三四次,浮梯下系之小船成队矣。将出港,送客人下小船,浮梯上悬,各小船群回城去。彼邦人及异国之白人,其上下船自由如此,使人生如何感想。

---

①　此处应为 paisano,即同胞;伙伴。

一　古巴之短史

古巴为西印度群岛中最大之岛，面积四一六三四英方里，地居大西洋西岸，当北美洲墨西哥海湾出大洋通欧洲之门户，故历史家尝名之为北美锁钥。耶历一千四百九十二年，哥伦布航海抵此，彼未尝绕岛一周，即西行至美洲大陆，又未尝横过美洲一瞻太平洋，故彼终身不知古巴之为岛，并不知美洲别为一大陆，与欧洲不相连属。彼盖误以彼所到各地为印度，此美洲土人所以至今仍被印度人之名也。然欧人到此者，彼为最先，欧人不忘其冒险远航之功，群誉之为发现新大陆。中国古代与此洲本有交通，似不应认哥伦布为发见者。耶历一千五百十一年，西班牙人始在此殖民，历经命此岛以新名，然俱未能通行，故仍用土人旧有之名。史载古巴一语，在西印度语中，为油瓶之意。本岛旧有居民，史家估计之数相差甚多，大概由二十万至一百万不等。西班牙人来此者，尚不甚多，非资土人为奴隶允农工之役，不能坐享厚利。印度人各种，大都具特立性质，不甘为奴，非洲黑人乃惯为之，贩奴之业，由此大兴。西人既运大批黑奴来古巴，以资鞭策，遂渐族屠印人，不过二十年左右，所谓由二十万至一百万之数之旧主人，已被搜戮无一存者。同时黑奴则逐渐增至四十万之谱，当时土人之文化如何，久无从考，惟就古巴为油瓶之意考之，则其用具必已达陶器时代，饮食必已至食油程度，固非甚蛮野之种族也。惟其政教必不甚发达，故未尝有较大之古建筑发见，足以供好古者及人文学家之考证耳。

西班牙全盛时代，几于席卷两美。迩时英法在美洲所占之土地不过全境十分之一，其在美洲之势力愈大，古巴之地位在军事上、交通上亦愈为重要，海陆重军常集中于此。故耶历一千八百年以后，各属地纷纷独立，而古巴仍屈服于专横之总督以下不稍动者，又垂百年。

耶历十九世纪之末，美国之北美门罗主义已大告成功，思雄飞于北美以外。古巴一岛，密接北美，当新旧两大陆之冲要，且沿岸天然港宜于海军，美人尝称为甲于世界者。西班牙仍留此不去，以保存余势于两美，卧榻之下，他人酣睡，杨奇儿（Yankee）断不能甘。西班牙垂败民族纵无能为，而欧洲方强之族之窥觊此岛者，正自不乏，先发者制人，遂由政府密派多人，暗助古巴人抗西班牙谋独立，时机一熟，一面调动海军，一面致西班牙政府必不能认可之最后通牒。耶历一千八百九十八年五月间，美西战争突然爆发，如疾雷不及掩耳，不旬月间，古巴与菲律宾两半球、两大陆、两大洋间无独有偶之两冲要岛国，足以为海陆之咽喉、交通之锁钥者，乃同时由西班牙拱送于杨奇儿之手。一方面海军余威，扫地以尽；一方面海军荣名，噪于全球。欧洲各强，诇不羡而诟之而噤口无声，战胜之威，一至于此。同年十二月一日，两国有巴黎调约，相互承认古巴之独立，古巴竟由此得独立。读史者至此，殆多笑两大之鹬蚌相持，此岛民乃收渔人之利矣。

二　古巴之人口

现在之古巴国，于本岛外更括柏岛在内，共四四一六四英方里之面积。依耶历一千九百十九年之正式调查，有二八九八九〇五之人口，现在号称三百万，外国生者约居百分之一十，其余殆多数为杂种，成分无从统计，姑就皮色分之，较白姑名以白种者，确黑应名以黑种者，与介乎二者之间，正名定分为杂种者，约各居百分之三十。此所谓杂种，乃完全黑白相杂之母拉豆（mulato①），绝无欧印相杂之麦司的索（mezteso②）在内。独立之役，美人不过助以胆气金钱，乃至枪械为止，陆上古巴、西班牙父子喋血之战，仍岛民自为之。黑人为双料奴隶，鉴于墨西哥独立，印度人之恢复自由，血战尤力。黑将军马赛武之铜像，高插碧空，几为阿瓦纳名城唯一之纪念建筑物，盖有由来，故美国通行之白人、有色人等名词，用以歧视黑人者，在此邦绝未尝闻。盖法律上人种虽完全平等，而黑白人旧有之凭借与经验相悬

---

①　此处应为 mulatto，即黑白混血儿。
②　此处应为 mestizo，即混血儿。

太多，故政治上、经济上各种重要地位，殆完全在白人手中也。

三　古巴之经济

所谓经济权，不但全在白人之手，且多在客民之手，拉杂分述如左：

甲　铁路。全国约三千英里之谱，各私家自用之路亦在内，各铁路公司略记如下：

一　古巴铁路公司（The Cuban Railroad Co.）

总办公处：美国纽约（52. William St. N. Y. C.）

资本总数：美金二五八〇〇〇〇〇元

路线共长：英里六百五十八里半

二　阿瓦纳联合铁路货仓公司（简云联合公司〔United Rail-ways of Havana and Regla Warehouse Ltd.〕）

总办公处：英国伦敦（9 New Brand St. London E. C. 2）

资本数：未详

路线共长：英里一千二百一十里

一九二〇年度共乘二九九三一六一人。

以上二公司之路线，已占全国路线十分之六矣。

三　古巴中央铁路公司（The Cuban Central Railways Ltd.）

总办公处：英国伦敦（同联合公司）

资本数：未详

路线共长：英里三百六十二里

每日平均乘客四千七百三十六人，以三六五乘之，一年乘客数为一七二八六四〇人。此路自一千九百二十一年起，归联合公司管理。

四　马连奴及阿瓦纳铁路公司（Mariano Havana Railway Co.）

五　阿瓦纳终点铁路（The Havana Terminal Railroad）

六　马丹沙终点铁路(The Matanzas Termind[①] Railroad)

七　阿瓦纳西面铁路(The Western Railroad of Havana Ltd.)

此四路,里数、资本数俱未详,现皆归联合公司管理。除其他工厂私有之路不计外,此邦铁路尽于此矣。此国法律,在营业上无本国人、外国人之分,统计上亦不辨其附于何国。究竟古巴国铁路属于何国,观其总办公处所在,必能知之。

乙　航业。此邦河流皆不足通航,而岛为东西长形,沿岸港湾,随处可以停泊。航业可分为二种如下:

一　国际航业,其发达之速,极可惊人。当西班牙时代,他国航业多受限制,独立之后,就其地位上言之,当然为长足之进步。航业本为海上事业,不易就公司计算,兹就一九一八年进出口之船支计之:

进口共数	五八四九艘
美国船	二八三二艘
英国船	九三九艘
瑙威船	五六三艘
其他国共	一五一五艘

就上表观之,可以知此邦船业重心之在何[②]国矣。

此邦海港皆好,京城所在地之阿瓦纳港,尤为商业中心。一九二十年前六个月之内,计此港共有进口二千八百九十八艘之多,两美海港以百计,纽约以外,以此港进口船数之多为第一。此港码头修筑,上下货及人,已称方便,近来更议改进,集资二千五百万美

———————————

①　此处应为 termial,即终点站。

②　原文作"可"。

金,全作改良港工之用,其公司业已成立进行。若问此资本集自何国,将来港工主权操自何人,为余调查所未及,请参观前段进口船数表,思之可矣。

　　二　本岛船业,有船六百七十支,由阿瓦纳绕行全岛各港,无甚大者,此船大多数属于古巴纳维拉公司(Empresa Naviera de Cuba. S. A.)。此公司在古巴京城,闻其股东大多数属于西班牙人,盖承袭旧时之势力也。

　　丙　银行。此邦银行,共八家,如下:

　　一　纽约国民市银行(National City Bank of New York)

　　总行:美国纽约城

　　资本及积存利:美金一〇九一一五四二〇元

　　二　美洲通商公司(American Trading Co.)

　　此名为公司,实银行也。

　　总行:美国纽约

　　资本优先股:美金五〇〇〇〇〇〇元

　　普通股:七五〇〇〇〇〇元

　　共股本:一二五〇〇〇〇〇元

　　已支者:八〇六一三三〇元

　　三　美洲外国银行公司(American Toreign① Banking Co.)

　　总行:纽约美国

　　资本:美金五〇〇〇〇〇〇元

　　此公司为美、坎各银行所合组,资本并未实交,然其势力则方兴,将来必发达,余现所用之信用函,即由此家购兑。

　　以上三家可皆谓之美国银行,因美洲外国银行公司之合组者只一家为坎拿大银行也。

---

　　①　此处应为 Foreign,即外国的。

四　坎拿大商银行（The Canadian Bank of Counierce①）

总行：坎拿大陶朗都（Toronto. Canada）

资本：坎拿大金一五〇〇〇〇〇元

公积金：一五〇〇〇〇〇元

二共：三〇〇〇〇〇〇元

按坎拿大币制，采自美国，其本位与兑价皆相同。

五　坎拿大皇家银行（Royal Bank of Canada）

总行：坎拿大满都澳（Montreal. Canada）

资本：坎金二五〇〇〇〇〇元

已交者：二〇二四五〇〇〇元

六　纳华司高堤银行（The Bank of Nova）

总行：坎拿大纳华司高堤

资本：坎金九七〇〇〇〇〇元

以上三家，皆纯粹之英属坎拿大之银行，设分行于此邦者。

七　彼得父子银行（Gomez Mena Pedro Y Hijo）

总行：古巴京城

资本数：未详

此行成立垂四十年，约为此岛最先设立之银行，原名不为银行，亦不为公司，但云"彼得父子"，盖旧式之西班牙银行也。独立后，改隶古巴籍，然从前惟一之金融机关，今降而居银行最低级者。

八　商业银行

总行：古巴京城

资本：古巴金一〇〇〇〇〇〇元

公积金：二五〇〇〇〇元

此行设立于一九一九年，盖欧战时，古巴人附美英人后之略发小财者所组织也，今已营业三年矣。古巴独立之后，国际贸易飞增

---

① 此处疑似 commerce，即贸易；商业。

至十倍之多。古巴人在金融界所得之地位，只此而已。

　　丁　实业。农、工、商本有可分之界线，在古巴则三者联为一气，不易分划，故以实业概之。

　　第一，糖业。此邦糖业已一百五十年，世人常以糖价之高低为此岛经济盛衰之标准。现在各糖厂之蔗田，统计称为一百三十七万七千英亩，当中国九百万亩，即九万顷之谱，百分之八十五属于美国商人，其产糖之量，列举如下：

　　　　一九二〇至二一会计年度

　　　　出口额　　　　四九二五六三〇五〇五磅

　　　　价值　　　　　三七八二〇九三八六元

　　　　一九二一至二二会计年度

　　　　出口额　　　　七七二〇二五五二三七磅

以上出口额内百分之九十八分皆运入美国。

　　就二表比较之，后年度较前年出口额增加二七九四六二四七三二磅之多，而其价值减少至六八九〇七九六元，可以见糖价之跌落矣。

　　糖业附产，以糖酒及火酒为大宗。一九二〇年产糖酒二六四八五四〇加伦，火酒三八四四〇〇〇加伦。而出口市面跌落，几至不能成交，则完全受美国禁酒之影响。然此种产品，仍以运至美国者为最多，不过易明运为暗输耳。

　　此邦糖业，皆为大规模之经营。各大公司皆拥田数百顷或至千顷以上，自辟蔗园，自建糖厂，自修私用铁路，乃至自有轮船，自有口岸，径自运赴美国。余所参观之海势糖厂（见日记），其经营即如此，所谓农、工、商联成一贯者此也。美国有三属岛：一檀香山、二菲律宾、三泡大李口（Porta Rico①），皆为糖国，古巴名为独立，实则泡大李口之变相耳。余初怪世界糖国，何以半属美国，继乃知其大规模之经营，凡地近热带者，殆皆可以使之变为糖国。又美国人之爱食糖，其必需性质等于米面油盐，其奢侈销耗甚于脂粉烟酒，此又其到处造糖国之一原因。

第二，烟叶。此业之在古巴，仅次于糖耳。每年产额之价约在四千万、五千万之间。一九二〇年，烟厂之制造品，价值二三七三九六六元。一九二一年，烟叶出口至美国者，一八二九二五二一磅，价值二二二七八八四〇元。一九二二年，二一四〇一一五九磅，价值二〇五七八〇〇九元。同年雪茄出口赴美国者，大约四百万元。

此邦以天气热、地土肥之故，所产之烟，香味重而刺激②性大，无特别嗜好者多不爱之，美国人则爱之甚于所谓番几尼烟叶（Verginia③）。余在美时，见工人一言哈瓦纳（Havana）之音，口涎欲流，初不知何故，至此邦，乃知哈瓦纳即阿瓦纳，此邦京城之名④。烟公司以此名其烟卷也。

余在阿瓦纳，曾参观一雪茄制造厂，工人近千，每用手作工，此事于古巴大利，多用工人，本地人可以多得工价。忘写入日记，于此补及之。

第三，矿业。全岛分六省，在最东者，名东方省（Oriente），富铁、铜等矿。铁矿完全操自美国人之手，每年以矿在六十万吨运赴美国。铜矿方着手开采，未详。一九一九年出口矿产为一〇六四七〇〇〇元之价值。

---

① 此处应为 Puerto Rico，即波多黎各（在西印度群岛）。
② 原文作"击"。
③ 此处应为 Virginia，即弗吉尼亚州。
④ 原文误作"京之城名"。

第四，林业。岛内今尚有一千五百万英亩之森林，且皆坚木佳料。

第五，牧业。近来牧业渐发达，一九一九年有牲畜四百零六万头，西部畜场渐少，乃渐移东部。

第六，其他各业，果业、蜜业近亦有出口，货多时，蜜可出口每年四百万元之价值。各类棉业初筹备，而未发达。

按规模大之各种实业，大资本者如成立于前，小资本者永无发生存在之希望。糖矿各业，及前所述之铁路、银行、轮船各业，殆永远成为外国人之实业，本邦人即不必梦想及此。较后所列之各业，规模较小、发达较迟，如本邦而能急起直追者，或能在经济界分外国人片席之地，否则古巴直英美之属地耳。

今再考其进出口货之总额，及美国对其他各国之比例，如下：

进口货

	一九一九年	一九二〇年
美国	二七二一九二九四六元	三二一六二七四四九元
西班牙	一五九一一一九八元	一九八二四五一二元
英国三岛	八七四六五〇五元	一三六〇七二八八元
法国	九九〇五七一九元	一三〇二四二八八元
德国	一九七四九九元	九二四三七七元
美洲其他各国	二七二五七六三七元	二二八三三五二四元
欧洲其他各国	三〇五九九八九元	五三八九八五四元
其余各国	二〇五七六五二二元	二八〇〇七八七六元
总计	三五七五七六五二二元	四二三二二九一六八元

出口货

美国	四三九六三三九三六元	六二四一四八〇三四元

英国	八二五二一三二八元	一二六四五一五一一元
法国	二三〇四一八七八元	二六五八四四三二元
西班牙	八二四三三二八元	一〇八六〇七七六元
德国	一〇四二元	未详
美洲其他各国	一〇九一二六〇二元	二三八三七一四三元
欧洲其他各国	六六三六二五四元	一九一〇九六〇八元
其余各国	一九〇九九八七元	六一四六八三七元
总计	五七二九一〇三七三元	八三七一八三三四一元

就上表观之，一九一九年出口货价值多于进口货为二一五三三三八五一元，一九二〇年出口货价值超过进口货四一三九四四一七三元，两年合计为六二九二七八〇二四元[①]。普通例，出口货价额超过进口货者，谓为国富增加，古巴以不满三百万人口之小国家，其二年内之国富增加，为六万二千九百二十七万八千零二十四元美金之巨，其现在富率之增高，不知达如何程度矣。而入其国境考之，其人民之穷困，乃远在中国人之上，试问每年数万万之国富增加，皆入于何国人之手耶？由此观之，知无限制之外资输入，其危险实甚。

热带国家对于天然生产力，即农林方面之生产力，较之温带超过二三倍至六七倍不止。故工商业之国家，对于热带地方之领土或势力范围，在所必争。观右所述，可知英国在此邦之事业，首在铁路，次之即在多得其原料，以供制造耳。

美国在此邦处于创造之地位，又壤地接近，故对于销用货物，时存独占市场之心。其政府对于各种货出口来古巴者，均较普通税额为百分之二十之减轻，并设法使古巴亦减轻其入口税。观右表此国

之出口货赴美国者,居百分之八十,进口货来自美国者,其比例与之相等。至于英国出口货赴彼者,居分数百分之十四五,而进口货来自彼者,不足百分之五,可知对于此处销场,英固不与美争,亦万不能争也。

四　古巴之政治

欲述此邦政治,当先述其统治权。古巴之得脱离西班牙也,以西美之战争,而其对于美国得独立者,由于巴黎和约欧洲各强殆不能认古巴之由西班牙划割于美国也。其后美古又有条约,大意有四:一、古巴永不加入于任何妨碍其独立之联合内;二、美国保留其对古巴干涉之权,并负责任维持其政府,俾足以保障一切人之生命财产与自由;三、古巴应许美国在其境内选用适宜之海港为海军驻所及煤站;四、古巴政府对于卫生行政应提出确定计划,使美国满意施行之。此乃节译大意,此四条者,实古巴统治权所由产生。一九〇六年美国曾使行其干涉权,至一九〇九年为止,美国驻兵,亦于是年撤退。最奇者,吾人觉前述条约,出于当事者所订立,未必为多数人所满意,而古巴人乃于一九〇一年制宪法时,加入为其一部分。阅者疑古巴人为愚乎? 不知檀香山及泡大李口皆以无此保障,由美国派往之人设法计诱威迫投票,自决认为美国属地矣。新总统选举法,美国不满意于古巴之总统选举法,由少将葛劳德(Major General Enoch H. Croveder)负责,使之改正。所谓新总统选举法者,其草案实出于葛劳德之意见,于一九一九年八月通过成立。大将军全功告竣,凯旋回国。一九二〇年十一月一日改选总统,人民公意不承认此外国代制之宪典,全岛骚然;而一九二一年,葛将军重派来古巴,其名目则曰美总统韦尔逊君个人代表,其实际之责任,则弹压风潮,维持新选举法所产生包办之总统,使有效也。其结果,同年五月二十日所称谓所当选之总统萨雅氏(Dr. Afredo Zayas[①])者安然就职。古巴人群称萨氏

---

① 此处应为 Dr. Alfredo Zayas(西班牙语),即阿尔弗雷多·萨亚斯。

为葛将军怀中之产儿,葛氏既成包办总统之大业,仍据此不去,监督国会改制各种法律,一九二二年改派为美国驻古巴大使。外交团私评,谓美政府竟派葛君为大使,未免太不为古巴政府颜面留余地,而不知此暗中乃古巴所哀泣以求者。盖大使在国际公法上有正当之地位,纵干涉内政,不妨暗中行事,不然则以异国高等军官驻此国首都中,颐指元首、奴视议员,更将置古巴之独立于何地。或称葛将军为古巴太上总统,余觉太上总统贵而无位、高而无民,究有亢龙有悔之嫌,因为易一新名,称曰太上统治权之行使者。

五　古巴之财政

古巴宪法中,有不得多借外债之规定,与美国之条约,亦具此条文,盖深防美国强借以多债也。一九二〇①年其内债为三八六六二一〇〇元,外债为六五九二三〇〇〇元。其一九二二年之预算列有适当之国债付还本息的款,其原案如下:

岁入部

一	海关税	三九〇〇〇〇〇〇元
二	口岸税	一六五〇〇〇〇元
三	领事税	一七五〇〇〇〇元
四	邮电税	二二五〇〇〇〇元
五	内地税	一八五五〇〇〇〇元
六	彩票税	四三〇〇〇〇〇元
七	债务税	四五〇〇〇〇〇元
共计		七二〇〇〇〇〇〇元

岁出部

---

① 原文误作"〇一九二"。

一　国债本息	八六二三六五一元
二　立法费	二一七八〇六〇元
三　行政费	三二一六六七一元
四　外交费	一二七五二〇四元
五　司法费	二五九二八〇元
六　内务费	六六三九六二四元
七　公共工程	四〇五九二二五元
八　财务费	四九八三八〇二元
九　公共卫生	五三一七九六六元
十　海陆军	一二二四七三八六元
十一　教育费	九五二九七一七元
十二　其他	二〇〇六二〇元
共计	五八五三一二〇六元
出入抵存	一三四六八七九四元

由前表观之，古巴财政之状况殊佳，然古巴海关税实为各国之最轻者。就一九二〇年论，其进出口货额总价值在一二六〇〇〇〇〇〇元以上，若通科以值百抽十，当得一二六〇〇〇〇〇元以上，超过现预算岁出二倍以上。然其对于美国之进出口货，往往借口免税，乃至订为不合情理之法律以自行制限，此诚在可解不可解之间也。

六　古巴之币制

沿西班牙之旧，以墨西哥式之白素（Peso，即中国所流行之鹰洋）为本位，现自行制造，一元以上用金分为二十元、十元、五元、四元、二元、一元六种。用银者分为一元、四角、二角、一角四种。用铌者分为五分、二分、一分三种。现共制有金币二三七八六五六〇元，银币八四三一一四〇元,铌币一四四九五六〇元。其国不发纸币,而通行美国纸币,故至今能维持其币之价格与美金为同数之兑换。前各表所列即古巴金之数目,亦即美金数目也。

七　古巴之教育

京城大学,创立于耶历一千五百二十一年,当时课程如何不得而考,然固一大学也。吾政府治新疆数十年,绝未尝计及教育,视西班牙有愧色多矣。

现分为三院,一美术科学院,二医学院,三法律院,另外有博言学(Philology)、雄办学(Declaration)二科之讲座。此外尚有各种专门学科,近来英文之专门学校尤多,此其高等教育之大概也。国民教育,创始一八九九年,其时尚未成立正式政府,而教育大纲先行决定,此事不能不叹服此岛国人民之特识。此后即继续发达,美国人爱称其诸事助古巴成立,独此一事,美国尚未暇来助,古巴人能自为之,亦美国人之遗憾耶?普通教育分为二级,一曰初等,一曰中等。政府所立之学校已遍及于一切城乡,各自治区又自有学务局以补助之。一九一八年官立学校中有学生三十三万四千六百七十一人,其学校为三千三百一十五所,教员六千一百五十一人。幼稚园现已各处分别兴办。一九一九年又添设新校二百二十三所,各省中又各有高等学校。二十年之一小岛国,其发达亦可谓速矣。

八　古巴之特性

凡一民族能建立一国家于世界,必有其国民之特性,持此说以求之古巴人,殊不易得。勉强求之:一、其国民之种族界限甚轻,但愿居此者,都为古巴国民,不问其皮现何色、种属何族;二、但愿古巴境内事业发达,名义上在古巴政府以下,并不问其实权实利之谁属;三、承西班牙之遗习,略有美术观念,又染美国风气,嗜酒肉、爱戏乐,故公共建设则竭自治之岁入以求美丽,私人方面但求能得相当职业,举其工薪所入悉数销耗于酒食戏乐之中。循上述三特点以进行,其实业虽发达,必永久掌于外国人之手;其教育虽进步,不过养成能工作善销耗永久不变之无产阶级之良民；其高等者，受英文之教育，能在美国营业机关内得一位置，更目空一切，较轹群众，余曾数遇之矣。友人语余云，君操英语，尚不至大受此辈揶揄也。然排华论调皆发生于此辈中，其原因果何在耶？

乙　巴拿马

1. 由哥朗登岸入巴拿马
2. 游巴拿马京城
3. 参观巴京古城
4. 购草帽三作纪念
5. 穿巴拿马运河并观各段之妙用
6. 巴拿马概况

四月二十一日

下午二时，乘脱鲁阿船出古巴国阿瓦纳港，循岛向西行，仍在墨西哥湾中，故风平浪静。古巴岛之西端去墨西哥东南部之尤家荡州（Yucatan）及英属盎大拉司（Bretish Hondros[①]）不过一百海里。此间名为尤家荡峡（Channel of Yucatan），船行此峡，可望见加斗哥角（Cape of Catoche），出峡为亚利伯海矣（Aribbean Sea[②]）。海中有岛名哲母加（Jamaica），亦西印度群岛之一，属英国，与英属盎大拉司不远，故此海犹称为英国势力所及。去冬美国众院议员某君倡言英国如无力清偿美债，可以割地交还，即首指出此海及其两岸之地。美国

---

① 此处应为 British Honduras，即英属洪都拉斯。
② 此处应为 Caribbean Sea，即加勒比海。

人之视两美大陆，殆皆如卧榻之不能容他酣睡也。

本日登船意在休息，仅为友人作三四信，晚十时寝。有古巴律师亨[1]利喜尔博士（Dr. Henry Hill）误入余室，寝余床，余未怪之，彼后乃与余甚好。

四月二十二日

晨七时起，携日记本入写字室补写日记。甫数行，觉头晕，出视海面。见远浪皆现白头，知本日船不甚稳，是以晕也。

竟日在舱面游走或静坐，与同船者谈。餐堂内余独坐一桌，伺役西班牙人，甚勤慎。识喜尔博士后，彼又为余介绍一秘鲁国教堂神父。昨日彼二人移与余同桌，食时不寂寞。今日候喜尔君不至，后知其晕船甚剧，不能起也。

四月二十三日

仍觉微晕，不呕亦不愈，总觉精神不清爽也。游行船面，见浪不成纹，故涌翻虽不甚高，而船行之震荡力甚大且不规则，故乘客最易晕。中餐时，至饭厅者甚少。

得巴拿马中国使馆来电，谓下岸事已妥派刘副领事来船相接，余昨日有电致之也。刘系译音，不为刘必为卢。

昨在舱面与乘客聚谈，多问余中国情形，余一一答之。后一老者，谓彼子曾在中国十年，住福建、上海、芜湖、武昌、长沙各教堂，后在湖北圣哲母大学（Sent[2] James College）为教员，八年前死。彼子谓中国人爱吸鸦片、爱缠小足、最不洁净、遍地乞丐、今已改变乎？彼言时有陶母森君（Thomson）乱之，彼非言不可，彼固诚挚之老年人，非有意戏弄中国人者，特其子为教士，乃专介绍中国之不名誉事于其国，故彼所得之印象如此也。余一一诚恳答之。

---

① 原文作"享"。

② 此处应为 Saint。

四月二十四日

晨,早起,备下船,乃前日闻本日九时下船,今日则变为十一时,盖浪不规则,船行较缓也。

八时见岸,为南美洲北部哥伦布国之海岸,未至中美,先见南美之岸,盖南美之最北部,伸至北纬十三度,巴拿马运河口则在北纬九度也。

十一时,船将到岸,移民局检查员先登船,余出电文及护照示之,谓中国使馆派来人接。彼谓船停,君可即下岸。近岸,见岸上立一中国人,意必刘君,即举手相招,彼脱帽应之。船停余下,行李免验,偕刘君登岸,始问其中国姓为刘或为卢,彼笑答云吕也。吕君安徽人,名彦深,字伯远,驻此前后七年矣。

下船先觅旅馆,吕君导余至华盛顿旅馆。局面高阔,一面临海,其余三面环以王棕芭蕉及高干大叶艳色之木本花树。余室二百一十九号,在二层楼,面海,有巨窗一,侧面一小窗,可由此通一平台。此间惟向外出入之门名曰门,如壁之通光者,其式虽为门,其名则仍为窗也。

在寓稍息,赴巴拿马代理公司(Panama Agent Co.)换正式船票,由此至智利,船名圣鲁易(Sante Luisa①)。换票后,问明明日下午六时三十分须上船,时间甚促,今日即须赴巴京,否则明日早去暮归,必误上船时期矣。

吕君导余游街市,下船及换票之所,均在可利司脱浦(Cristobal),为运河大西洋岸之海口。与此口紧接之城,名曰哥朗(Colon),为巴拿马国哥朗省之都城。在可利司脱浦略游览,此处无生意,仅见公共建筑耳。入哥朗界内,见华人之生意甚多,就便至一中国小餐馆中餐,地甚不洁,以黑人服役。餐后,继续观哥朗市面,此城为巴拿国第二大城,人口尚不足三万,街市不甚洁,然视中国则远胜。惟街上来往之人物以乌黑之斐洲人为多,蔽衣垢面,使人生厌,无鞋者亦可成为一阶级。广东人赤足拖鞋之习大为此邦人所师承,故于有鞋、无

---

① 此处应为 Saint Louis,即圣路易斯。

鞋二阶级外，更有特立之拖鞋阶级，大街中不甚多，小街到处可见，黑人、白人及杂种均有此种习惯，中国人转少。盖热带之气候不同，着鞋则鞋生热，赤足则地更热，故养成此种蛮习也。

吕君导余至一中国店内，房甚大，周围门均未启，为余介绍李斐礼君。吕君谓李君为此城惟一大商，其父前被拟为名誉领事，未果行。现在市面不佳，暂停营业，在街市上见中国店铺甚多。二时半回旅馆休息并浴，四时乘火车赴巴京。车价二元余，加价五角可乘厅车(Parlor. Car)，四面为满窗，坐椅可自由转动，以便视览路景。车傍运河东岸行，经运河各闸，并渡三四桥，穿一山洞，至巴京，运河岸上风景可略览其大概矣。六时余下车，径赴使馆。

使馆在白亚维司达(Bella Vista)，意言美景。此地为巴京新辟之住宅区域，街道尚有未竣工者，然风景甚佳，名副其实。中国驻巴公使，由驻古巴公使兼署，故此间使事由总领事史霭士代办。晤史君谈此邦事，谓其腐败甚于中国官吏，多可笑者。晚在此间餐。使馆旧有厨役，因嗜酒遣归，吕君携眷来，今晚之餐即吕君夫人所烹调，闻平日如此，可谓俭矣。然中国人不爱用西餐，西厨又决不能作中餐，此亦不得已之一法也。

餐后，史君唤汽车偕余出游，先往观巴京古城，余意夜间出城或不甚便。出城后，海风由西向东，拂面徐徐，如服清凉散。本日大约为阴历初十左右，新月半弦，林木山水，仿佛可辨。马路平直，向西南去，两旁古木高干大叶，如瞰行人，时有碧流穿桥向海岸注出，淙淙有声。须臾望见电光，道旁先现一方台形之古建筑，亦不知当日之为室为庙为亭台也。史君云，此为古城遗迹之一，再前有更大者。车近电光，汽笛作响，迎面楼阁中忽起音乐声和之，见前面有大楼室二座，东西对峙，相隔数百步，中间有小建筑若干，乐声先发于西方楼房，盖楼上下为酒店及跳舞场，闻车声，则奏乐和之，乃欢迎车中人往饮酒跳舞也。距东方楼房不远处，为一最古之高塔，当日为天主教堂之一部分，城被焚后，教堂亦废，其他较低之建筑，颓倾殆尽，独此塔历三百年,岿然独存,真可谓鲁殿灵光矣。余等往古塔处,经过东方楼房,房内乐声又作,亦欢迎入饮之意。现在天气不甚热,故来者甚少,且时亦太早。天较热时,十时后,两店中人为之满,至二三时乃回城也。余等披短树寻石磴行近古塔,绕旁道入其内,共四层,高可八九丈,建筑甚坚。惟今日上顶及栅板皆倾落无遗,只余一塔身,其附连之房屋,尚有数壁接于塔基而已。史君谓巴政府俟财政充裕,拟加补缀,永作国家纪念也。按此地旧为巴拿马城,二百五十年前英国海盗亨利莫根(Henry Morgan)率众扰西班牙属境,由此城登岸,尽毁之,西班牙人乃改建新城,即现在之巴京也,其后莫根则以此为英廷赐爵士。观古塔后,在两树之间略盘桓,西南可望海面,谓系旧巴拿马湾,临海建城,必有海湾,乃可泊船避风也。此时天弄暝色,海送远潮,孤塔高耸,万木森森。番楼电光,与天际淡月相掩映;苍茫万感,有歌哭无端之意。乘车寻原路返,史君谓留心路旁有古桥,亦三百年前古建筑也。须臾,车经其地,桥颇高大,只一洞,左右古木抱合,知其废亦久矣。史君云,桥颇类中国式。余云,西班牙之旧式房宇车辆,几无不与中国相类者。

回城后,史君又嘱车绕行城中可观之处:一、总统府,新建者,并不甚大;二、国务院,与其国家戏园相毗连;三、巴拿马省公署,与城之市政厅共一建筑;盖此处国、省及城,皆以巴拿马为名也。去巴城至宝卜阿城(Balboa),属运河带内,所观者一运河总督府办公室,建半山中,前面缘山为陛,约九九八十一重矣。堂高帘远,不减帝阙之尊严。山前陛下,左右为各小办公室或其他用室。毗连直前约里许,中间为数十丈宽之通衢,左右行车,正中则莳花木。总督住宅,更在总办公室之后面山上。此种建筑,巍巍峨峨,气象万千,以视巴拿马国之总统府、总督府则不可同年语矣。又过天鹅里旅馆(Hotel Tiuvli),建筑亦极伟丽,盖与华盛顿旅馆同为运河管理部所分设于运河两端,以待客商者也。最后至一俱乐部,与巴西之乡间俱乐部同一性质,建筑临海,长风吸人,在此饮果水一瓶。史君又代余觅中央旅馆寓之。美洲例，不带行李之客人先付房价，余入馆即付之，以免其向史君询问。史君又送余入寝室，启窗正对中央公园，当窗坐少谈，史君去，已十二时半矣，寝。

四月二十五日

晨起，启窗，见中央公园棕树高数丈，绿荫袭人，着红紫花之杂木，高枝大叶，交柯互映，旷然神怡。

出旅馆，在街市中游览极小之街，黑白人杂居者多。所谓白人者，亦半系西班牙与印度人杂种也。黑人多能英语，彼等来自哲母加岛者甚多，该岛属英，通行英语。大概语言改变之速，以黑人为最，不但无能操其斐洲土语者，即西班牙或墨西哥之地割与美国者，他种人均尚保留其旧有语言，黑人则不及一代全操英语矣。在书店购纪念册备寄回，唤马车重游运河界内，见安康城（Ancon）之安康医院，其规模视天鹅里旅馆更雄阔，而花木亦更茂美。又至城内各建筑处，乃赴领事馆，在中央公园附近少坐，史君导余至美洲外国银行购信用折（Letter of Credit）。史君本意，偕余至国务院一访其当局，适某总长父死，外交总长等来送灵至中央公园旁之教堂中，在公园休息，史君即介绍与谈，并介绍哥郎省省长。大概社交上，遇总长、省长等人与谈，不应用通用之请教贵姓一语，然余未记其姓名也。谈后，往购草帽三顶，一自用，余二寄归。此物为此邦惟一有名之物，则实其原质非草，乃一种蕉树之叶，产于哥伦布（Colonbia①）、埃瓜多（Eguador②）、秘鲁各邦。作此帽之工人，大都为红印度人，其通行之巴拿马草帽一语，除帽之一字确实外，余四字皆误用也。

史君又约在某中国餐馆中餐，十二时急遽唤车赴车站还哥朗，因再一次车须晚八时方可到，已误上船时间也。史、吕二君送余至车站，去开车只二分钟矣。余登车，车行，史、吕二君乃去。来回在火车

---

① 此处疑为 Colombia（西班牙语），即哥伦比亚，而非哥伦布。

② 此处应为 Ecuador（西班牙语），即厄瓜多尔。

上及在街上皆遇同船来此之人，彼能呼余为胡君，余殊不能记彼等之姓也。

二时回至华盛顿旅馆，先询开船确期，谓今晚七时注册登船，明晨天明启碇，余知不至误船，乃回室内少息并浴。余室有浴池，且系海水，房金六元美金，仅博昨今两快浴耳。

四时半，唤汽车自赴邮局送寄回之纪念册，并赴第九码头，持原有行李票换票运至圣鲁易船。换毕，步行游览可利司脱浦各街，均花木茂美，且清洁异常。入哥朗，花木仍多，清洁则差矣。见一衣店内坐一头缠白布之印度人，彼坐最向里，不似作生意者，无从与语。街上日本生意甚少，然间有日本货。六时归寓，携随身行李上船，在第六码头，先在码头重换票，即可在船上收物矣。脚夫持余随身行李导余上船，余带船票及护照在身边以备船员查验，此定例也，对华人特严，此次无人过问。上船后，见伺役多中国人，余询明未开船前，随时可上下，乃重往街上用餐。见一东方货店中有人持报纸阅看，不类欧洲文字，其人则似意大利人，与之语，询其所阅之报纸系何国文字？答云，印度。余云此梵文乎？彼云，非也，即现在之印度文。乃知其为印度人。其肆中皆印度人，望之皆类南欧洲人，与谈，颇知世局。此处有印度百人之谱，商店共十五家，皆贩卖印度、中国、日本三国之货，亦间有波斯货，但甚少。彼谓印度近来渐知重商业，出洋经商者日多。余问每商店须本若干，彼谓在此间有美金数千元、店伙二三人，即可开一店也。

至一中国餐馆用餐，嘱其用鸡蛋炒面，彼谓只有鸡炒，不能用蛋炒，付高价亦不肯。余谓余牙痛不能食鸡，岂此并不能相助耶？彼不甚理，及饭成持来，又问余究为中国人日本人，余云已言之矣。彼云，不相信。余出护照示之，其人通文意，阅毕大喜且道歉，并大声以广东话告其店内他伙云，果是中国人，且是国会议员。此时彼知余牙不能食硬物，又为补炒软面，另以纸书二句云，我你同是一家人，不能同讲中国话，可恨云云。又自书其姓名，为陈发章，余授以名片一枚，彼持之更喜云，胡、陈更是一家，继乃深言中国不能早统一，如何能图富强云云。中国侨商皆甚爱国，余遇此种情形甚多也。又至一中国商店，字号为咏隆，店伙黄忠，能以通话，谓曾在直隶多年，随张燕谋在唐山、天津等处，张去职，彼乃出洋。与谈此间华侨情形，彼甚熟，由之得确实消息甚多。其店伙又有彭炽者，年不过十七八岁，操流利之英语及西班牙语，自谓三年前独身出洋，自坎拿大登岸经美国由纽约再搭船来此地，尔时彼不过十四五岁，今每月可得美洋近百金之谱，将来亦可为此间之商业家。中国内地太缺乏远行之企业心，视此儿真当愧愤。

　　九时回船，仍无人查问，出国以来，登船之自由以此次为最。余室为二十六号，宽长每华尺九尺见方，前面有小窗，对面置二床，中间仍有空地宽四五尺。对面处为一衣橱，橱面为一大镜，高可六尺，下及地，地下铺一中国地毡，四六尺见方。此室虽有二床，然只余一人，余所乘各船，所得之舱位，亦以此为最合适。惟此船只三千吨，置之太平洋中，曾一叶之不如，未免可怖耳。中国伺役，询知余为中国人，极形亲近喜慰之状，惟言语不甚通耳。

　　四月二十六日

　　晨六时起，方盥漱，船已启行，乃急上舱观看，凡观运河者，非乘船通过一次，不能见各闸运用之方法，兹分述如下。

　　第一段：海平线。自可利司脱浦离岸，经来孟湾（Lemon Bay①）至嘉通坝（Gatim Dam②），约七英里。

　　第二段：嘉通坝。长十英里半，高一百一十五尺，下宽二百五十尺，上宽一百尺，坝内水比坝外（即海平）高八十五尺。坝之中部有二门，一为泻水门（Spillway），每一秒钟可泻水十五万四千立方尺。一

---

①　此处应为 Limon Bay，即利蒙湾。
②　此处应为 Gatun Dam，即加通坝。

为闸,闸共三道,每道有水门二重,船至第一道闸,开闸两岸上有电骡(electrio① mules)牵船②入内,外一门即闭。此时由第二闸泻出之水,不能外流,约十五分钟之久,第一闸内水增高二十八尺余(即八十五尺之三分之一),与第二闸内之水相平,第二闸之外门遂开,电骡拖船入第二闸内,第二闸之外门遂闭。闭后由第三闸内泻出之水,不能外流,至与第三闸内水平时,第三闸之外门开,船被拖入第三闸外,门闭,由坝内泻出之水横升渐至两平时,第三闸之内门开,船驶入闸内,即为嘉通湖矣。船过闸三道,需时不过一点钟之谱。全闸均分左右二门,备进口、出口之船同时并行也。

第三段:嘉通湖(Gatun Lake)。本系垎古来司河流域(Rio Chagres)低原。运河工师以海平运道为不可能,故筑坝蓄水成湖以资船行,而两面近海处设闸以升降进出之。湖内四面青山回抱,中有小岛数四,俱有长棕茂花丰草灌木交映左右,天然风物之美,使人赞叹不置。湖内船行甚速,一小时许入垎古来河,约有二十英里之谱。船行处,下面皆人工所凿,而两岸对峙之双峰,皆自然景物也。

第四段:为古来卜拉断崖(Culebra Cut)运河工程。以此段为最大,盖由垎古来司河南岸各山取直向太平洋凿通也。此段长约七八英里,船行较缓。两岸断壁,随后可见斧凿痕。诸山中以古来卜拉最高,故以此为名。近来美政府改名为革拉德断崖(Gaillard Cut),以纪念革拉德大尉之功,然普通仍用旧名也。

第五段:美拉夫楼湖(Meroflores Lake③)。此湖甚小,长不过一二英里,内接断崖,以拍都拉米古尼闸(Pedra Mignel Lack④)通之,外接海平线,以美拉夫楼闸通之。内闸只一道闸,两面水平相差三十

---

① 此处应为 electric,即电的。
② 原文作"般"。
③ 此处应为 Miraflores Lake,即米拉弗洛雷斯湖。
④ 此处应为 Pedro Miguel Locks,即佩德罗米格尔水闸。

尺,外闸为二道闸,内外水平相差五十五尺,合计即嘉通湖与海面水平之差度也。船行出闸与进闸,其方法全同,仅变易其内外之方向耳。

第六段:为临太平洋之海平线。由美拉夫楼闸直趋海面,其运道全为人工,惟水面与海平耳。

出运道后,船停于对港外诸岛之洋面上,约十二时左右过运河,应须时间,向来谓自七时至十时不等,今日所须不过五六小时也。

船停傍晚始开,另有小船自岸上运来食物原料,船员及乘客途中之食品,皆取给于此。本日风平浪净,余在舟中补写日记,与在上岸无异。船初开时,先向西面驶去,岸上景物及岸外诸岛渐隐于视线以外,余与巴拿马之短聚,亦以告终。

一 巴拿马之名词

吾人泛言巴拿马一词,有时其界限不明,有时其意义互异,今分析如下:

(一)巴拿马为一国家之名称,如云吾国有驻巴拿马国之公使是也。

(二)巴拿马为一运河之名称,如余言此次由大西洋渡巴拿马至太平洋是也。

(三)巴拿马为美国有统治权之一地域,如云巴拿马运河界(Panama Canal Zone)是也。

(四)巴拿马为巴拿马国中之一省之名称,如云巴拿马省长是也。

(五)巴拿马为一城市之名,如云由哥朗乘火车至巴拿马是也。

先知此一名词,有上述不同之界限,则阅一切关于巴拿马之书,不至有误会意义之处矣。

二 巴拿马国述略

巴拿马,地正当南北美二洲接连之处,为一海腰,且多高山,又当赤道下北纬九度左右,天气极热,如非因其厄大西洋、太平洋之交通要道,此地在世界殆不居重要之地位。耶历一千五百零二年,白氏的大（R. G. de Bestidas①）航海至此，为欧洲来此地之第一人，哥伦布乃落后一着，此后西班牙时有来者，然只至大西洋附近，此宽数十英里之地腰，乃阅十年无一人至彼岸。一五一三年，巴卜阿（V. N. de Balboa）始至太平洋岸，见其水平不波，名以今名，自此乃渐知两美另为一世界。次年西班牙派官来，未能设治，为印度人所拒也。一五九七年，西班牙筑垒于白由埠（Porto Bello②），根据渐固。一八二一年哥伦布国对西班牙宣告独立，此地为哥国国土之一部分。哥政府与法国公司立约，开巴拿马运河，约立二十年，而河工未成，美人欲夺之，派人来此指嗾工人对哥伦布独立，由美国保护之，以夺回法人权利，付之美国为交换条件。美国著述家大书特书曰：一九〇三年十一月三日巴拿马国正式对哥伦布国宣告独立，同月十三日，美国政府正式承认之，自此世界地图之颜色上，遂多一新国家，杨奇儿真世界今日之造物主也。

一九〇四年二月二十三日，美政府正式批准美巴条约。其条约之商订在何时未及调查，条约内容大致如下：

（一）美国有权在巴拿马地腰修筑一运河，由河线左右各伸出宽五英里为界。其两端终点之城，如附连巴拿马之巴卜阿城，及附连哥朗之可利司脱浦城，又两面海湾内有关防务之各岛均附在内。界内立法、行政、警务、卫生，美政府有全权管理之。巴拿马城及哥朗城仍留归巴拿马国，但美政府有超越权，以管理其卫生及防疫事项。

（二）由哥朗至巴拿马二城之间之铁路，四十七英里，完全由美政府管有及管理。

（三）美政府付巴拿马政府以美金一千万元，立约九年以后并年交二十五万元于巴政府，以为酬报。

---

① 此处应为 R. G. de Bastidas（Rodrigo de Bastidas 西班牙语），即罗德里戈·德·巴斯蒂达斯。

② 此处应为 Porto Belo（西班牙语），即波托韦洛。

另外有巴拿马之独立,由美国政府担保之规定,不记其与此为一约或另约也。

此后又有一约,其大意为巴政府承认美政府对于此运河之建筑管理卫生及防御上,得有权使用巴拿马国任何地带之土地及其他产业云云。不知者以为巴拿马运河当然属之于巴拿马国家,实际上则巴拿马国家乃转附属于运河,岂非滑稽?

巴拿马现分为八省,面积共三二三八〇英方里,人口依一九二〇年之统计,为四〇一四二八之数,本年则估计为四十五万。盖就其面积平均计算,每方英里只有十四人,各国移民来者大有隙地可容也。境内有人居住之处尚不满四分之一,居民可分新籍旧籍。旧籍完全为欧印杂种之麦司堤索及纯血印度人;新籍则大都为黑人,间有黑白杂种之母拉豆。最近移来之白人,尚大都为外国籍也。

此地土壤极肥,雨量又足,沿太平洋各地,每年得雨量九十英寸,故无论高山平原低地,皆繁树木,宜耕畜,不须人力灌溉。其温度在两洋沿岸大约八十度(华氏表),白人不甚耐热,群称为酷暑,实则并不甚难堪也。内地高原气候尤好,平均不及华氏七十度,但大都为印人及准印度之杂人所居,近来渐有白人入内考察地质,购置产业者。

三　巴拿马实业

此邦旧时几无实业可言,天然物产,供人民天然销用而已。兹列前数年进口货物表如下:

年份	出口货价值(磅)	进口货价值(磅)	比较(磅)
一九一六	一一三五四〇六	一八九六三六五	七六〇九五八
一九一七	一一五九六二四	一九〇一六八四	七二四〇六〇
一九一八	五九七八四六	一六一二七一三	一〇一四八六七
一九一九	七七四六四五	二三五一九三四	一五七七二八九
一九二〇	七二八〇九〇	三四一八四五四	二六九〇三六〇

右表由英人书中摘出，以磅为单位。原书注明每美金四元，折合一磅，附注。

右表出口货，并不增出，进口增加之度极速。至一九二十年，进口货之超过出口货者几至五倍，此殆世界各国贸易表上所未经见者。照普通解说，则生产力不进而销费力进也，然不能生产而只能销费，则所销费之物，以何物为代价以易之？英金二百七十万磅，合美金一千零八十万元左右，此数之金钱何由来？今研究如下：

第一，运河开支每年六百余万元。虽其在事人员必需品由美国运来者，不列入进口货，而其工价及琐屑用款流入巴拿马人之手者，总在百万以上。

第二，运河来往船支，每年二千余艘。船上乘客，大都下船游览，平均每船下岸游览之客人以百人计算，每人游览费以二十元计算，一九二十年之来往船，共二千四百七十八艘，客人之游览费，总数约近五百万元矣。

除上述以外，其漏卮之数，仍在四百万元以上，果何所取给？

第一，典卖价。美国教育之精神，在造成多数人能工作善销费，方能与其经济制度之要义相调协。此邦人之习惯与之相反，盖以不工作少销费为原则也。近来沾染美化，一方仿效美国人之善销费，以改进生活状态；一方面仍保守其不工作之习惯，以节省气力，其势不能不以旧有之物业易金钱。且巴拿马今已名为一国家，美国人又自称为文明，常欲避豪抢强夺之名，则占据他人之物业时，亦乐得以些微金钱易之，以钳土人之口，而掩世界各国之耳目。近来林场也，牧场也，田园也，美国已件件着手经营。三万二千余英方里之膏腴，度今日尚未完全移转于杨奇儿之手。此邦人之维新美化者，大约仍可继续其不工作善销费之美乐生活三五年以至七八年之久。继此以后，巴拿马之出产品出口者，必可渐增至远超过于进口货数目以上，一如今日之古巴者，请悬吾言以验之。

第二，外国实业开办费。既以金钱易得大规模之土地，其经营所需之机械用具及房屋建筑所需之物品,大都须由外国购入,而海关上即列入于进口货之数目下矣。

四　巴拿马之政治

政治事业,多数人不甚能过问,少数之淡色杂种,互相争权以升官为发财之径途而已。欲得总统者,须先向美国各有势力方面媚乞诣求。现任总统保拉司(Belisario Porras)于一九一八年曾任总统,卸职后求为驻美公使,其子充驻纽约总领事。美国政治及经济两方面之重要人物由贤乔梓双方进行,遂于一九二〇年继续当选,外交界均誉之曰能。盖此邦亦有宪法,宪法禁总统连任,而距改选十八阅月以前抛离政权者不在此限。保氏即利用此条文,一面出使美国,一面仍进制朝政,于宪法既不抵触,而近水楼台,向阳花木,进行更为顺利,真识时善治之杰哉。

五　巴拿马之华侨

此邦华侨,号称五千,美国著作家或称之为四千五百。作工者少,中下级之商业半数以上操于华人之手。惟华商所销之货,则大半为美国货,次之为日本货。东方货之销行此地最多者,为雨伞、拖鞋、浴衣等等,与其气候有关也。此国经济权全在美国人手,银行三家,其二家为美国银行,余一为此邦国家银行,资本不足一百万也。总之,此处经济,美国人不屑开小店,本地人之能力不能开小店,而一方面多供给,一方面善销费,天然必须另有一阶级人作中小营业以衔接于美国人、本地人之间,华商所以应时而兴也。

古巴华商与此地情形有同处,其原因亦相同。惟欧战时,美国在古巴之事业已成功,故出口货多,工价增高,华人之商店因之蜂起,皆利市数十倍。此邦进化较晚,华商之数目虽多,其富力不能及古巴也。

六　运河短史

法国子爵列塞波氏(Ferdinand de Lesseps)凿苏彝氏河成功后,法国人多有思寻他一地腰,更凿第二运河者。某君(偶忘其名)少年喜事,独身赴哥伦布国,与其政府订立巴拿马地腰允法国人出资开凿运河,以十年为工成之期。成约后,持之返国,谒列塞波氏,遂组织公司,提议开工,时一千八百八十年也。法政府赞助尤力,在法京招集科学大会,以定运河关于工程之计画。各国与会之工程家一百余人,多有不敢发言以静待结果者。一八八一年元旦,列氏自往行亲工礼,时各工程师之计划各种主张不同,以有闸计议者居大多数,列氏狃于苏彝氏之成功,毅然独断,取海平计画。实则列氏始为一落魄之贵族,现为一志得意满之勋爵,虽以苏彝氏之成功享大名于世界,其工程知识始终有限,且年近八旬,精力亦有所不及。开工十年,第一次所募之资本用尽,而河工尚毫无眉目。继之以政府之赞助,改良管理,续集资本,又十年而工程仍无端倪。此时法政府又派有工程经验之专员切实考查,谓海平计划实绝路之不可通,即有闸计划,亦非再有十万万以上之佛郎不能竣工。法人上下,至此已气馁。美国欲乘势转购其权利,而思扩张其他势力于运河名目之下,其特别注意者,为海陆军之要害。此地乃完全独立国哥伦布之境土,断难甘心,故宁再延长法国合同之期限,而不认其能转让于美国。此时目空一切之英雄罗斯福,正为美国总统,方谋沟通两大洋之本国海军势力,又思得一陆军常驻地于中南美之间,以资控制,而嗾巴拿马人独立之事以起。此议罗大总统宸衷独断,时参议院议员某君曾正式质问,以美国元首暗助他国内乱,是否有损美国之名誉,罗斯福置之不理,进行如故。一九〇三年十一月三日,此事乃完全成功,而巴拿马运河界一语,近来相沿习用,均列于檀香山、菲律宾之次,地图亦为之变色。

　　美巴之条约既定,国会通过预算,所有运河开筑及管理一切用费由美国国库支出,设运河总督,督理一切事务,直接由陆军部管辖。鉴于法国人之失败,乃断然取有闸计划,又阅十年而竣工,正式通航盖在一九一四年。计用去款美金三万七千五百万元,其中有付法国购价者四千万元,付巴拿马政府者一千万元,为军事设备者约三四千万元,实用于工程费不过二万万余元耳。法国人而能坚忍不拔,未尝不能成之,乃以用去将近二万万元之工程,以四千万元售出之,良可惜矣。然美国必欲取之，法国之力，固不足以守之，以失败而售出，或亦不幸中之幸耳。

七　运河通后之航业

今列自一九一五年以后，由运河来往之船数表于下：

年份	船只数	船吨数（吨）	载货①吨数（吨）	通过费（元）
一九一五	一○七五	三七九二五七二	四八八八四五四	四三四三三八三
一九一六	七五八	二八九六一六二	三○九四一一四	二三九九八三○
一九一七	一八○三	五七九八五五七	七○五八五六三	五六三一七三一
一九一八	二○六九	六五四七○七三	七五三二○三一	六二六四七六五
一九一九	二○二四	六一二四九九○	六九一六六二一	六一五六一一八
一九二○	二四七八	八五四六○四四	九三七四四九九	八四九三○八二
一九二一	二八九二	一一四一五八七六	一一五九九三四	一一二六一九一九
一九二二	二七三六	一一四一七四五九	一○八八四九一○	一一一九七八三二

由上表观，八年以来，其进步将及三倍，所收通过费由四百余万元增至一千一百余万元。其收费办法，美国与其他各国之船一律办理。其原因，此运河未由美国接修以来，英美本有协约，如在两美之间凿运河者，两国共同承揽。一九○四年，美巴之条约成，竟置英国于事外。迨后协商结果，更订新约，言美国承认运河成后，关于商业各国来往船支，应征以同等之税率。盖从英国之要求也。英国当时

---

① 原文误作"贷"。

何以为如此之要求,其原因有二:

一、英国自承认美国独立及英美二次战争后,遇美国坚持之事,必竭力退让,和平了结,此事特其一端,此英人之最聪明处。

二、当运河工程时代,英国人之眼光,以为他国船只与美国征同等之税,其结果仍系英美权利平分,因他国航业,不能与英美争也。

今再列第二表如下:

年份	美国船数	英国船数	他国船数	共数
一九一五	四五九	四六五	一五一	一〇七五
一九一六	二三一	三五八	一八七	七五八
一九一七	四〇四	七八〇	六一九	一八〇三
一九一八	五六七	七〇二	八〇〇	二〇六九
一九一九	七八四	七〇七	六三三	二〇二四
一九二〇	一一二九	七五三	五九六	二四七八
一九二一	一二一〇	九七二	七一〇	二八九二
一九二二	一〇九五	九三五	七〇六	二七三六

由此表观之,知运河通航之第一年,英国船占其百分之四十四,居第一;美国占百分之四十三,居第二;其他各国只共占百分之十三耳。近四五年来,美国既超过于英国数目之上,其他各国亦逐年进步,竟分占全数百分之二十五六,英国所得,不过百分之三十二三矣。

所谓其余各国者,究竟为何国? 其比例数如何? 请再观下表,乃一九二二年之详数:

国别	船支数	船吨数	载货吨数	纳通过费数
美国	一〇九五	四九七一五〇九	四九五〇五一九	四八六七四九五
英国	九三五	三七九五五二六	三三二九八六一	三七二八〇〇七

日本	一八九	八七二四六六	一〇四四五一五	九五三九四九
瑙威	一一三	三八五〇〇七	四〇八二六八	三七四八七〇
荷兰	六六	二九三四二八	二九〇五七三	二六〇一三八
丹麦	五三	二二七四七三	二七二七七九	二二二一四六
法国	五一	一九〇一七一	一三九四六三	二一六四七五
德国	三七	一一二二八九三	一二一八八八	一二〇〇八七
智利	五三	一五〇三九八	四九一八二	一一五七五七
瑞典	三五	一二四四四六	一四一四四八	一〇五九三九
秘鲁	九〇	一六一九三〇	六四三七〇	一〇三〇三五
意大利	二〇	七三三九三	三八八三一	七五五一一
西班牙	九	二七二六四	二三七〇一	三二七一二
希腊	五	一八六一八	一一九五六	一九二九三

其他墨西哥、巴拿马、波大里家（Porta Rica①）三国尚有十六艘小船来往，未计算入表。

一、日本虽在英美以下，而远在其他各国之上。彼之国际地位确居第三，盖随处可以表见。中国人应自勉，国际地位，自有真分量，非虚骄可以争得之，更非谄媚可以求得之也。

二、北欧三国，以刻苦勤俭为立国精神，绝不受现世流行之奖奢经济说之欺骗。其近十余年来之进步，亦随处可以表见。（瑙威、瑞典、丹麦为北欧三国）

三、南欧各国之航业比较上大为衰落。

四、南美之航业完全操于外洲人之手。

---

① 此处疑为 Puerto Rico，即波多黎各。

八　美国与此运河之关系

就前段各表观之,美国之来往船支,虽居第一位,而纳费与各国相同,其特别利益何在? 创办费用至三万七千余万元之多,现在之常年费又每年六百余万元,仅每年所收千万元之通过费,岂足偿其本息? 盖美国不以此为简单经济上之施设,而认为雄飞世界之一种军事计划。用款完全支自国库,管理直接操自陆军部,沿运河两岸及两端海面岛上遍筑炮台,驻重兵,嘉通湖内亦时有兵舰停泊。中国人认美国为真爱和平之民族欤,曷一观其设施。

四月二十七日

天清气朗,虽在大洋中,并不觉有风波;虽在赤道中,亦并不感暑热。然乘客多易白衣,余亦着山东绸衣应时令也。船员督工人在船头舱面以木架番皮构泳水池,高约五尺余,宽倍之,长三倍之,备乘客为海水浴也。

正午,船抵北纬四度三十九分,西经八十度二十四分,方向南偏西十一度半。自开碇共驶十九小时四十九分,行二百七十英里,每小时速率十三英里八分。

下午略觉热,然并不甚。乘客年幼者先后在泳水池泳浴,力劝余同泳,辞以明日。

四月二十八日

夜,盖单被,天将明,微觉凉。晨起,知海面有风,船略摇动不甚,立舱面,见远浪皆白头,并不减于亚利伯海。所不同者,彼处浪纹互相冲绕,此处浪花疏阔,浪纹有条理。大凡浪花疏而纹有条理,虽甚汹①涌,人在船中无甚苦,反之则否。

下午,见埃瓜多(Equador②)之岸。岸上山势重叠,惟树木甚少。询之船员,谓船离岸只二十英里,惟不停泊耳。

---

①　原文作"凶"。

②　此处应为 Ecuador(西班牙语),即厄瓜多尔。

正午，船抵南纬零度三十四分，西经八十一度四分，连时差在内共驶二十四小时三分钟，行三百零六英里。方向南偏西八度，每小时速率十二里八分，视昨日较缓，因风势较大也。

余此时已至赤道之南，须北向瞻日矣。赤道南与赤道北寒暑易时，今正晚秋，惟距赤道近处天气暖尚不甚觉耳。

乘客同谈者有三人，为秘鲁人，二能英语，一英语不能达意，略解广东语，亦不能达意。彼谓中国人在秘鲁者数约二万，在城市者，营干货杂货业及餐馆、洗衣馆；在乡间者，经营棉业、蔗业，颇有自营田园者。彼又谓中国人能受苦、能省钱故能致富。秘鲁人爱饮酒、爱跳舞，不爱作工，故不能与中国人竞争，所以现在有排华之举。余谓中国国内尚有隙地，此后续来秘鲁与否，无甚相关，故对于秘鲁排华不甚注意。惟为贵国计，应求经济独立之道。中国人纵尽去，秘鲁商业是否又落于他人之手？彼等三人均谓必然。余又谓美国工界人亦多如秘鲁，彼有大资本家，故工钱又全数流转于资本家之手，国富并不外溢，且能向外国澎涨。秘鲁既非资本国，不学中国人之勤俭，而学美国人之奢侈，经济终不能独立，今日排华之举，徒为美国人作傀儡耳。三人皆默然。

晚，渐有凉意，新秋来矣。睡至半夜冷，加盖毛绒乃回暖。

四月二十九日

改着薄呢衣。舱头泳水池撤去，时令已过也。乘海轮南北航行，气候改变之速如此。

同船有苏格兰人贝爱君（William Baird），爱与余谈，并为介绍其同乡马可米兰君（Eogham Macmillan），其名敖罕（Eogham）为基尔种之名，彼并能操基尔语，略询以数字，与英文全异也。

正午，船抵南纬五度四十四分，西经八十一度二十四分，共驶二十四小时十分钟，行二百九十四里。每小时速率十二英里二分，仍以风大行迟，方向时变。

此时余已至赤道南千余里矣。下午，又见海岸，已为秘鲁界。山势甚高,色杂赭白,少树木,距船不过二三十英里,大约为阿古哈地角(Pt. Aguja)。

有一美国少年,有时杂与余及秘鲁人谈,询余以极荒唐可笑之问题,如谓中国全国男子,每人皆置妾,女子每十分邮票换一个,辫子上有神等等,不值一答,余逐条答之,而呵以无常识。彼乃向秘鲁人云,此皆教士所告余者。

大凡中国人在美洲,不与群众交谈则已,否则必被问以无情可笑之问题,皆为教士所传贩。教士之谤中国,盖成一种风气。推彼所以如此之原因,不外二语:无教会在中国,则中国无异于禽兽;无教士来救济,则中国人必皆为饿莩。借此以大兴教会事业于中国,因以自植其势力,自固其地位而已。

有解特来夫君夫妇亦爱同余谈。彼等赴秘鲁,解君就教会所立之学堂中历史教员,解夫人询余中国宗教家情形,余具告之。彼谓余等亦非真信耶稣教,惟幼时俱随父母入教耳。

四月三十日

晨抵秘鲁界之土喜由埠(Teujillo①),船停埠外,以小船载客上下,此埠为此国出草帽最多之处,然其名亦为巴拿马也。轮船上下货之脚夫,在各埠就地取材,船停即先以小船载脚夫二三十上船卸货。此皆秘鲁北部土人,色多暗赤,与中国农人无大异,大概皆麦司体叟(Mztizo②),西班牙与美洲土人之杂种也,然土人之血较多。上船时,见其着鞋者不过三分之二。研究人种学者,足趾亦颇可注意。白人及斐洲之高鼻黑人,其颧鼻及头部各骨相似,其足趾亦相似,大致趾长,小趾去大指之差甚远。此处脚夫之赤足者,其足趾③皆较齐,小趾去大趾不甚远也。

---

① 此处应为 Trujillo(西班牙语),即特鲁希略(秘鲁港市)。

② 此处应为 Mestizo,即混血儿(尤指拉丁民族与印第安族的)。

③ 原文作"跡"。

　　船在此停约三四小时,有一二客人下岸,上船者较多,下货更多。秘鲁医生亦如欧美例,上船验病,有病者不准登岸。其医生方面高颧,一望而知其身上土人血极多,余就与略谈,彼能略通英语也。

　　十一时船开行,新登船乘客十余人,以秘鲁人为多,面色多黄红等色。下午餐后,与新乘客有交谈者,其中有一人数就余谈,后询知彼名艾尔模(Elmor Carlos),现充政府沙保区矿政监督(Salpo Daiegado de Miuas①)。其父曾充中国公使,驻北京多年,亦为矿师,服务政府多年。其祖父百年前,由英国来助秘鲁革命,身经二十七战,有功于独立。其伯祖与克莱武同时,曾充印度总督。彼家中尝说其祖父轶事,谓秘鲁革命之机会已到时,即不加思虑,弃家来南美云云。由此一家观之,十八世纪英国之精神可见一斑。盖一方面遍觅弱国以图占领,一方面则助西班牙属地独立,以分其势。十九世纪英国之雄飞,盖有自来也。

　　艾君毕业于美国米索利省立矿业学校(Rolla Missouri School of Mines),科学颇精,为余谈通用电业公司所发明之照相取声法,甚精详。其法以电机承受光线并声浪,而以二极细之电流,分通于二照片,一留影,一留声。留声者,与普通留声机不同。盖彼以胶片取声,以钢针刺片发声,故声僵而不真确;此以照片取声,以电射片发声,故声柔而确切。且发声时同时以二电灯射二照片,一片现活动电影,一片发声与之相应,与对语无异,且其法甚简单也,现只用为电话之用。又有人现正研究以口写字之法,即一面以电筒承受口音之声浪,一面使其声浪之振动率之差别,成为差别之字母,则不劳写或挞字,而语言之表示,自然现为文字之表示也。现在尚未成功,然不久必可成功云云。

---

①　此处应为 Minas(西班牙语),即矿山。

丙　秘鲁

五月一日

　　晨起,船已泊开罗(Callao)岸外,此城临海,为秘京利马(Lima)之门户,然有口岸而无港,且临岸水不深,不能泊大船也。船停后,即由岸上送来脚夫多人,起卸货物,人声噪杂,起重机声、货与船相撞声更觉震耳动心。八时许秘鲁医生上船验病,极郑重,每人皆有问话或看护照,延半时乃竣事。余回室检点备登岸,因船停此约须一日余也。有秘鲁军官及弁目二人来余室相询,然言语不通,余呼室役之能西班语者询彼来意,谓:奉政府命,派船接余下岸,因巴拿马史代办为余电驻秘鲁代办,故秘政府知余今日到岸也。下船后,送余自嘉窑省长公署,有招待询余何往,并谓最好今日小寓此,因五月一日劳动节,一切铁路工人、汽车夫等俱停工,故今日交通断绝也。末乃电中国使馆罗代使,借得私人汽车偕陈秘书来接余至利马。罗代办字仪元,曾充驻英代办,调此地将二年矣。使馆在改进街(Avenida del Progreso),余即借寓馆内,罗代办夫人为海军老辈魏瀚君之女,中英文俱好,亦同出招待。罗君体气弱,现有病寓居山上,因得电知余来,昨日乃下山回馆,余睹其病体支离,过事惊动,心甚不安。在使馆中餐,餐后,罗夫妇偕余同乘汽车游唐人市。在家朋街(Calle Capon①)一带,

---

① 此处应为 Calle Capón(西班牙语),利马唐人街名。

生意局面上尚繁盛,惟今日劳动节,恐工人有暴动,故今日多未开门。工人与华商为难,情理上颇不可解,谓同业相竞争,华人在此为商不为工;谓系劳动者与资本家为仇耶? 大资本家皆英美人,中国皆普通商店。此种无意识之举动,必有暗持其柄者! 从唐人市又至总统府及中央公园、天主堂等处略一观,回使馆。罗君同乘车经烈古亚(Leguia Avenida①)街,至烈武鲁等街(Leuro Mirof Iores)。烈古亚街长在中国十里以上,为极新式之街,即中有蒲拉道(Plado②),即草原莳植花木,左右分二车道,平行,再左右乃为行人便道也。此街动工十年尚未竣,已数改其名,烈古亚者今总统之名,以之名此街,尚不知继任总统更改之否? 由此街直通烈武鲁等街,彼处为新式住房,多英美人及秘鲁人之留学生居之,使馆秘书冯君亦寓此地。至冯君家少坐,又偕冯君同乘车至巴兰西等海岸(Barrance and Chorrilles)。此处岸上遍植花木,岸下可为海水浴,近京胜地也。智利凡临海处皆无树,此处乃以人工栽种者。在岸上散步片时,又回冯君寓用茶,冯君夫人为澳洲华侨某君(即在上海开永安公司者)之女,不能操中国语,亦同出招待。适德国公使大赤罗登侯爵(Baron H. P. Von Humbledt Dachroeden)来访,即同饮茶。彼一人步行来此,年五十余岁,一和蔼老者,不类公使,更不类侯爵。闻彼为帝国时代老外交人员,不知在欧战前其态度亦如此否? 用茶后,德公使去,罗君固请为竹城之戏,余实未能,然因罗君抱病下山招待,不忍过负其意,乃学为之。晚仍回使馆餐,罗君备中国盛宴,更有法国美酒,今晚大饱微醉,尽一夕之欢。十一时乃寝。

五月二日

晨起唤车自赴各街游览,其公园公共建筑及商务繁盛之各街,略一览其梗概,并照数像片。惟询问多店,思购秘鲁人所出产或制造之物以作纪念,竟不可得。盖市上一切制造品,几于全自欧美贩来也。

---

①　此处应为 Leguía Avenida(西班牙语),莱基亚大道。
②　此处疑为 Prado,即林荫大道。

至秘鲁伦敦银行(Banco de Perny Londres①)取款少许,遇中国人古君与余谈此间排华情形甚久。十一时归使馆,仍与罗君谈此间政治情形,颇多可笑者。

中餐后稍停,罗君夫妇偕馆员陈君送余至开罗,时尚早,余又与陈君在街稍游览。四时半仍由政府派小船送余至大船,罗君夫妇及陈君亦送至船上,道别而去。

此次余方疑秘鲁排华风潮正烈,不易登岸,乃彼政府转以有排华风潮,而对中国游历人员招待特别周到。昨日政府派警察保护使馆,下午又加派数人以保护余,此种情形,殊觉不便且可笑,然亦其政府外交之手段也。此间排华自去岁十二月始剧烈,其外面全出于议会,然其政府亦未必绝不与闻,不过因条约拘束不能正式向中国公使表示耳。

晚七时开船,觉有风浪,且天气骤冷,着中呢衣,觉不能支矣。

五月三日

晨至比士口(Pisco)停泊。出至舱头看下载,海水奇臭可怪!有动物浮沉海面,下身为海绵数支丛合,下垂水中,上有圆形如头亦如伞,状类西瓜,色红黄,分条自中心平行,分至四面,时出时没,似有知觉。问之船员,名为哲哩鱼(jelly fish),然实海绵类,非鱼类也。

十一时开船,风更大。下午觉不适,出视海面,见波浪汹涌而无紊理,船颠簸不甚而颤动有力,知必晕船。将晚餐,呕少许,仍入餐室餐。餐后,行舱面上,着大衣,尚不甚暖,直初冬天气矣!

五月四日

十时船停毛银杜(Mollendo),秘鲁南方口岸也。有铁路可通古司寇城(Cusco)及保利维亚(Balivia②)国,然口岸甚小。十二时余独行下船,上岸乘一小汽船,未至岸,机坏不能行,再修理乃至岸,且此

---

① 此处疑为 Banco del Perú y Londres(西班牙语),即秘鲁和伦敦银行。
② 此处应为 Bolivia,即玻利维亚。

地风浪亦甚大。小船颠簸，忽上忽下，浪头时高于舟数尺，可怖也。此城甚小，街中路皆以沙铺之，四围山上绝无草木。街上人大都垢面蔽衣，杂种与印度人相半，白人绝无仅有。至一中国铺，与中国人谈，一姓彭，一姓朱，初以余为日本人，继知为中国人，颇亲。此间有中国人四十余，铺约二十家，每铺自一人至三人不等。一人之铺，出则锁门，然亦能作生意，且利息甚厚也。排华风潮，只利马满城风雨耳，此间并无任何举动，惟偶见中国报载有此项新闻耳。与彼等谈半广半官之话，彼此略可解意。彼等言及中国航业公司岭南船，本月二十日到嘉窑，喜形于色。此为由中国独立组织之船公司第一次有船到南美，甚望其勿蹈邮船公司之覆辙也。

出中国铺后，又稍游街上，至大旅馆（Gran① Hotel）中餐，餐品不美，然自秘鲁风味也。餐后觅小铺，购邮政照片数张，书三张，自赴邮政局寄至中国。回船小汽船，因浪大，在大船旁停后，仍上下簸荡，上船极费力。此埠中国人虽只四十余，娶西妇者十余人，生子皆不能作中国语，再代而后，将不自知其身有中国血矣！明日船可抵智利界。

一、秘鲁概略

秘鲁地居南美州印嘉（Inca）帝国之大部分。印嘉承安康（Ancon）之后，文化灿然，其势力括南美大陆之半，建筑与服用，去当时之亚欧相差不甚远。西班牙人毕沙鲁（Fransico Pizarro②）于耶历一五二六年始至此，继由西班牙遣兵据其海口，与印嘉国血战历七年，始服之，弃旧都古司寇（Cusco）而建新都于里马（Lima）。殖民时代，盖常以里马为此全州总督府，一八二一年随各属地对西班牙独立。此后与邻国北之哥伦布、东之巴里维亚（Bolivia）、南之智利为疆域分划，时战时和，近数年渐趋于平静，而纠葛仍多未了者，此其建国之大概也。

人口号称五百万，数不甚确，纯血白人不过十分之一，印嘉氏之

---

①　此处疑为 Grand，即壮丽的；宏大的。

②　此处应为 Francisco Pizarro（西班牙语），即弗朗西斯科·皮萨罗。

裔及其他印度人犹占百分之六十分,其余则皆麦司提索也。

二、宗教及教育

秘鲁宪法上保障信教自由,而天主教教产极富,名为国有,由大主教掌管之。大主教据首都里马,其下有主教十三人,分治全国教务,故大主教之地位与总统同其尊荣,而稳固过之。他教殊少发展之余地。

国民教育法律上施行强迫,而全国只二千小学校,十九万六千学生,知其学年内之儿童未入学校者尚多。全国行政分为十八区,每区有高等学校一所,学生约共五千人。京都设有大学,并有矿务及工程专科。古司寇为印嘉京,今仍一大都会,故亦有大学,纯血印度人多有在此大学得博士者。他日此国印度人复兴,必以此校学者为中心。

三、财政与交通

国家收入以食盐专卖为大宗,近来海关收入较多,内地各种税亦成大宗。一九二二年之预算,以美金计之如下:

岁入部	岁出部
三五九八八一〇八元	三五九六六九一九元

纸片上出入亦可相抵,然实际上收入短少、支出加多、官员欠俸、军警欠饷之事,中国不能独擅其美也!国内一切税收,自一九一三年全数改由商人组织公司承办征收,国家依法监督之,尚较中国之主张囫囵包办者为好。大半太旧式之国家对于财政总易寻相同之蹊路。五十年前政府锐意注意交通,然皆借款兴修。一八八六年积欠外债本息至英金五千五百二十万磅有奇,英人声言秘鲁财政已破产,非债权者自行设法不可,遂倡议组织债权者团体管理秘鲁财政。一八九〇年成立秘鲁总公司(Perwvian① Corporation)于伦敦,承接秘鲁一

---

① 此处应为 Peruvian,即秘鲁的。

切外债,同时秘鲁政府以一定物权交总公司管理,其条约大致如下:

一、秘鲁所有之国有铁路:

(一)秘鲁中央铁路公司(The Central Railway of Pern① Ltd)包括两支线在内。

(二)秘鲁南方铁路公司(The Southern Railway of Pern② Ltd),包括古司寇线在内。

(三)瓜齐及拉巴氏铁路巴大与比乌拉铁路公司(Guaqui and La Paz Railway Paita and Piura Railway Ltd)

(四)土鲁希由铁路公司(Trujillo Railway Ltd)

(五)巴家司马由及瓜大鲁北铁路公司(Pacasmayo and Guatalope Railway Ltd),包括支线在内。

(六)秦卜特铁路公司(Chinpate③ Railway Ltd)

干支各线共一千七百英里,全数由秘政府让于总公司管理。

二、啼啼喀喀湖(Titicaca Lake)之航权,及秘鲁国有船支,完全让于总公司管理。

三、沿铁路岸,所有电线、电话线,完全让于总公司管理。

四、秘鲁海岸所有之海鸟粪(Guavo④)每年约二百万吨至三百万吨,完全归总公司专有,并专运出口。

五、秘政府每年应再付总公司英金八万磅,以嘉窑(Gallo⑤)口岸海关税为抵押。

六、总公司接收前项让与权后,所有秘政府一八六九年、一八七〇年及一八七二年借入之外债,一切本息均移转由总公司负责或清偿。

---

① ② 此处应为 Peru,即秘鲁。

③ 此处疑为 Chimbote,即钦博特(秘鲁港市)。

④ 此处应为 Guano,即海鸟粪。

⑤ 此处应为 Callao(西班牙语),即卡亚俄(秘鲁海港)。

　　七、前项让与权以六十六年为限,限满由总公司交还秘政府,在让与期内总公司有改组各公司及抵押之惟一完全权。

　　区区五千余万英磅,乃将全国之交通权与数十年所经营之交通机关轻轻断送于外国人,岂果出于万不得已耶? 抑当事者有所利而为之耶? 然要之以内乱无已、财政紊乱为其总原因。吾调查此事,使吾悬念中国现状不止!

　　一九〇七年,此约又延长。十七年内容小节上,略与秘鲁以权利,并于延长期内,以从前旧有路线每年所得纯益金百分之五十交秘政府。此合同成立,总公司有权筑新路三百英里,期满后亦无条件交还秘鲁。其合同完满之期,在一九六三年,距现在尚有四十年,"河清难俟①",不知此四十年更有何种变化也。秘鲁交通事业已大半入英人之手,一九二一年五月,政府又将全国邮政及通南美太平洋沿岸已成之海底电线及无线电,已成之电台约二十处,及其他国有八千英里之电线,三千英里之电话线悉数让交英国马哥尼无线电公司(Marconis Wireless Telgruph Co. ②)管理,以二十五年为限,限内公司有独一全权改组及管理之,而秘鲁之一切交通权,至此断送无遗矣! 乃至其京城之电车总公司亦在伦敦,主权何属,又不问可知。

四、秘鲁之实业及对外贸易

　　全国地分三带:一曰海岸带,终年无雨,而东面安的司山上所来河流甚多,可资灌溉,其土壤望之为白沙,溉以水则生长禾木均畅茂,故此带内近来颇有农业;二曰高山带,全在安的司山上,气候较寒,树产极富;三曰低山带,在安的司山之东,为世界第一大河阿马森(Amazan③)之上流,距入海之口已五千里以上,尚能通轮船,此一带

---

　　①　原文误作"河清观俟","河清难俟"出自《左传·襄公八年》,比喻需要的时间太长,难以等到。

　　②　此处应为 Marconi's Wireless Telegraph Co. ,即马可尼无线电报公司。

　　③　此处应为 Amazon,即亚马逊。

树胶等出产甚富,皆经阿马森由巴西国出口。

此国交通既为外国人所掌,则大实业当然不免为外人所把持。如矿山,如新兴之面粉公司、棉线公司,均不免有外资撑持之。然数百万之印度人散处全国乡野间,皆非不劳而食者,且勤苦耐劳,最不易为外人所同化。秘鲁之真正生产者只有此辈,农牧、林果、树胶、手工各业,彼等亦占有相当势力。秘鲁出口货之大宗,皆印度人之精血所易者也。请观进出口货价表:

年份	出口(千元)	进口(千元)	比较(千元)
一九一六	一六五四一一	八六八三二	七八三七九
一九一七	一八六四三四	一三五〇二九	五一四〇五
一九一八	一九九七二六	九七〇五一	一〇二六七五
一九一九	二六八九九四	一二二〇三八	一四六九五六
一九二〇	四九六四四二	二二〇五五〇	二七五八九二

至此须补明其币制。一元名为叟尔(Sol),其意为曰每元分为百分,元为银币,此旧制也。维新后改金本位,每十元名叟夫林(Sovereign①),意为主权,每叟夫林约合英金一磅,美金四元有奇。每叟尔即每元,约合美金四角有奇,合中国元八角左右。表系由英籍、美籍分别得来,有用磅计者,有用美金计者,皆改折为秘鲁元,以清眉目,以千元为单位。

观左表可见其出口超过进口数目之大,且其出口货每年递增之度亦甚速,然其出口货为大公司所生产者殊占少数。可知此邦经济虽不能大发展,而终必能独立,以其人民之不类巴拿与古巴二国也。其进口货所来之国如下:

---

①　此处应为 Sovereign,即金镑。

年份	美国	英国	日本	法国	意大利	德国
一九一六	五一一六六	一四九六三	八五五	一九六三	二三七二	一二五
一九一七	八七九二七	一九三四七	一二九四	二二五三	二四八七	四一
一九一八	五二六八七	一五六六四	二七三〇	一三四四	一三八四	四
一九一九	七五四六七	一六四五九	三一六九	一五三〇	一一一六	一

此表仍以一千元为单位，由此表可见英国之势力虽在国内交通，而国际贸易仍以美为第一位。又日本在一九一六年进口货尚远在法、意之下，至一九一八年遂超过法、意各一倍，一九一九，日则二倍于法，三倍于意，其国际地位之得出于法、意之上随处可见。最后试一览德国行下之数目，未免为战败国寒心。

五、政治

秘鲁政治，大都承西班牙总督时代官僚之遗习。改革以来，形势虽有变易，其精神仍衣钵相传，人人以从政为利薮。失意者无从得利，则暗图革命，故其政治常少稳固时期。独立百年以来，凡历总统四十人，此足以豪于全世界各共和国者。推其致此原因：（一）由于人种者。国民中既十分之八九为印度人及杂人，即应自认为印度国家，公政权于多数国民。而少数下流白人，视政治为其专利品，所谓历次革命者，不过此少数人①之内讧，此仆彼起，与大多数国民无与焉，与政治之改良更无与焉，此一原因也。（二）由于建都地点者。政治最稳固之国家，建都地点毫无关系；下此者，都城必足以为其国家之中心所在。争政权者据都城即足以号令全国，平定以后，政府之行为国民亦足以监督之。此邦人民十之七八皆在内地，里马之交通虽便，而附近之人口较少，少数以政治为业之白人，据此地自为战争，其影响既不盛及于全国，其行为亦得逃多数人之监视，欲求清明，如

---

①　原文作"少人数"。

何其能？此又一原因也。

　　行政区域：中央政府之下分十八区、三独立省，各区又共分为一百十一省，各省共为八百七十三县。以区辖省，以省辖县，独立省皆直隶中央，嘉窑即直隶省之一也。

　　一九二○年，又制成簇新之宪法，至参议院议员五十七人，每区三人，独立省各一人，众议院议员一百二十八人，总统一人，副总统二人，由公民直接选举，五年一任，任满非过五年后不得再被选。现任总统刘古牙氏（Angusto Leguia[1]），十年前曾任总统，号称亲英，于一九一九年第二次当选，人极聪明，外联强援，内结军心，故反对之者虽多而终无恙排华之风潮。盖在野者反对当局之媚外政策，故以排外为旗帜，他国不敢排，乃择国弱地远者排之，中国人真冤哉！

　　墨西哥政治渐入平静矣，其始也白人自相革命，继则白人革白人之命，而结杂人为援；终则杂人革白人之命，而结印度人为援。印度人渐出而问政，而革命之潮息，此盖经数阶级焉。秘鲁之政治，始终回旋于第一阶级之中而不进，故革命无已时。吾望其当道者更倒行逆施，反对者必铤[2]而走险，最终之革命，必致结多数之印度人为同调。印度之有学识者，皆得与于政治社会，然后所谓政府者乃确受国民多数之委托，其行为必受国民多数之监督，政治有轨道可循，革命之风潮自息，而国权乃可徐谋收回矣。

丁　智利

　　1. 由阿利加入智利境，并游大纳城
　　2. 游伊淇克

---

①　此处应为 Augusto Leguía（西班牙语），即奥古斯托·莱基亚·萨尔塞多。
②　原文作"挺"。

3. 由法帕来索登岸

4. 到智京城三调阁

5. 登圣路斜山

6. 参观国立博物院

7. 赴高辛牛公园观马衣铺战地远景园

8. 劝酒恶习今人可畏

9. 参观国立大学

10. 由安第士城离智利

五月五日

　　船泊阿利加（Arica），此处旧为秘鲁界，秘鲁、智利之战，为智利所占领，数十年秘鲁尚未承认。距此四十英里，有城名大纳（Tacna），现为智利最北之境。同船苏格兰人马克党那（Macdonald）及雪文二君约同往，八时乘小船下岸，九时一刻乘有轨汽车，十一时至大纳。南美沿太平洋岸山皆白色或赭色，无树木，地质亦为白粗沙，非肥土也。车行四十英里，见树仅三次，一为阿利加城边所新栽，二为途中车站旁所载，三即大纳城附郭。然蔚然深秀成佳林，且有古木，盖西班牙时代所树也。途中白沙百余里，日光下射，隔数里便作水色。此间有路局招待人，专招待旅人，与余等同车，屡诳余等谓前有湖水，至最后近大纳时，一湖涌现，碧波平岸，佳木欣欣环绕之。彼云：只此一为真湖耳。名水鸟湖，以多枭雁也。抵城乃知又为所诳，相与大笑。下车先晤其铁路局局长，谈云此城在安第士山（Andes）麓下，旧为大陆中部向西交通要道，时西班牙设有驿官，常畜骡五百头，亚马（Lama）羊二千头，专备转运。时居民五万，今只余八千矣。在此地参观其营房操场，常驻兵二千人，专防秘鲁也。又游秘鲁公坟，建筑美丽，其中墓碑上建石像，雕工之美，为美国亚灵吞国坟诸墓所不及。盖当时此为秘鲁南疆重镇，其历史上英雄多葬于此，今归智利保管,乃类一博物院,又类一最有价值之战利品陈列馆,宜秘鲁人四十年不忘此恨也。又参观城立医院,室宇不壮丽而雅洁,花木茂美,海碧(Hybiscus[①])及芙萝、紫萝等花尤多,鲜艳夺目。各街公共建筑有较宏大者,其余皆简单陋小且多甚旧者,然到处洁净。其铁路局长谓在智利全国中,此为最卫生城市之一,盖以此也。

此城人多杂种,印度人亦时可见于街中。招待员翁文君(Roberto Unvin)亦为路局职员,颇娴雅,惟嗜酒耳。导余等至一处中餐,现为旅馆,昔日之军事善后局也。餐品甚美,三君皆留心古迹,对印嘉(Inca)帝国旧闻颇能传述。翁君谓古司寇城某博士,印嘉人,曾著文谓秘鲁人四百万,其中二百万为印嘉氏之子孙,其他印度人亦约一百万,各等杂种约八九十万,白人与轻色杂种之自号白人者,合计不过十万。言民治主义,则印度人占极大多数;言历史系统,此地本为印嘉旧国,何以此十万之外来少数人乃能垄断政权,文极痛切。近来印度人之能文者,时有此种论文发表。惟彼辈无武力,只可托诸空谈耳。余闻之慨然。余旅美洲经年,此次乃失去机会,不能至古司寇一吊印嘉氏之墟,殊为可惜。餐后,又乘马车环游各小公园及大街,三时回车站,乘原车回亚利加,又在城中游观。此城南傍一绝岩,断处已入海,西班牙语称之为摩洛(Morro)。秘鲁之战,以此地之战为最末,亦为最剧。秘鲁总司令歼于摩洛半麓中,智利人为建一小塔志之。

下午五时回船,七时船开行。此次船自巴拿马开行,前三日不能见岸,故每日船员公布前一日行程及本午船在地点之经纬度,此航海惯例。入秘鲁海岸线后,每日见岸,且几于每日有停泊之点,船员即不公布行程矣。

五月六日

晨六时,船停于伊淇克(Iquique)口外,七时余唤小舟上岸略游

---

① 此处疑为 Hibiscus,即木槿。

览。自雇一马车，每小时智利币十元，合中国钱二元五角。有同行者
某君，代余退之，导余另至一地，雇一新式汽车，每小时亦为智币十
元。彼为船公司驻此城之职员，故虽不相识，亦代招待也。余绕城半
周，乃寻得中国商店。询以此间商业情形，彼告以大概，又谓此城有
唐人公馆三间，嘱余往视。唐人公馆三间，即中国会馆三处也。彼告
车夫余乃至一公馆，三层楼房，前后规模甚大，惟今日星期，扣门无应
者。又至又一公馆，其中有人，款余以茶点，略谈，彼固留余多坐，可
约他会员相见。余以九时船开，急回岸。二中国人候于岸，谓得使馆
来电，知君乘圣路易船来智利，七时上船相访，君下岸云云。乃约之
同上船，来者一为孙思普君，年五十余，顾而长，童颜苍须，为此间荣
昌泰店东，乃中国会馆总理；一为甘俊贤君，年不过三十，极精明，现
正学英语，言谈颇有条理。近来所见侨商，以此二人之仪表为最，其
衣服及举动，皆为高等社会者。此城有中国人一千五六百之谱，什九
皆商，以杂货店为多。孙君之店，每月售钱约智币三十五万元，得利
约一分二厘，全年可得利益智币五十万元之谱。彼娶西妇，生子女六
人，皆不能操中国语。本月岭南船来智，彼已商允令其妻携子女全数
回中国，使子女入中国学校，下一代仍可为中国人，彼仍留此间经营
商务也。与谈中国人在智利情形甚多。船十二时方开，二君开船前
回岸。

下午稍有风潮，仍可写字。连日多与同船者闲谈，以与英国商人
司葛脱、苏格兰工程师白尔德及马可当诺诸君谈时为多。

五月七日

船停安图法加司大（Antofacasta[①]），有中国侨民李想君上船，接
余登岸。商会会长欧阳君以车来接，余同乘车在城中略观大概，询以
此间侨胞情形。此城大约有四五百人，营业以杂货、肉铺、面铺为多。
欧阳君有制面粉及面食之厂，并有大杂货店，彼导余遍观，其妻乃华

---

　①　此处应为 Antofagasta，即安托法加斯塔。

父德母，生于秘鲁者。其妻弟今为其面厂经理，乃皆自认母系，谓系西人。欧阳君有子女四人，皆不能华语。又至中国会馆参观，馆附设于国民党内，党所则侨商共①同捐钱所购置也。下午三时回船，七时船始开行。夜浪大，睡不能安。

五月八日

浪更大。船摇动甚剧，余晕且吐，惟总强行支持，仍在舱面行动也。

五月九日

船本定今日到法帕来索（Valparaiso），余即可登岸。因连日浪大行迟，只抵考垦浦（Coquinpo②），余未登岸。自十二时停四小时又开行，风更大，浪更汹，且船头南风自冰洋送来，迎面飒飒，舱面已不胜寒。入室内晕更甚，卧床，床作怪动。筛箩旋动，簸扬抖攲，航行之苦，以此次为最甚。夜不能眠。

五月十日

天清朗有日光而风浪如故，着大衣在舱面略行动。十一时船抵法埠泊岸，医生先登船察验。南美各国，多无移民考查员，医生有看护照兼拒绝上岸之权。约一时，乃验完。登岸后，寓皇家旅馆（Royal Hotel）。此邦并无皇室，以此字之尊美，因取以为名耳。旅馆完全为西班牙式，甚雅洁。每日房饭资智币三十元，约合中国币八元之谱。室内有浴所，伺役勤谨，随呼随至，与美国较异。美国旅馆经理及助手大都皆男子，餐役男女都有，清理住室大都为女子。此地则经理及助手、司账、司库等职皆女子，其餐役、伺役则皆男子也。餐品甚美口，美国人有同餐者不嗜之。岂西班牙人与中国人口味相近耶！

下午二时，偕美国人布朗君（A. P. Brown）赴地方公园（Parque

---

① 原文作"公"。

② 此处应为 Coquimbo（西班牙语），即科金博。

Municipal)、维多利亚公园(Plaza Victoria)及其他公园游览,皆修整美丽,此拉丁民族之特长也。游人不甚多,布君谓现在天气较寒,游人亦少;天气暖时,每日下午四时后,园内游人如鲫。红男绿女,在此间跳舞,夜深方散。惟女子出门,其母必随之,此与美国所大不同者。又至苏脱马优公园(Sotomayor Plaza),对面为法帕来索省行政院(Polacio① de la Intendencia),其建筑较美国者觉美丽生动。盖美西南部各州新建筑之州公署及市政厅等,几于千篇一律也。在各园游后,又唤马车至一山上之公园,忘其名,似系蒲拉牙安察公园(Plaza Playa Ancha)。山上多马尾松、刺柏、樟木等,而松柏尤盛。马车盘旋上至高原,又为一平原,树多如故。斩木为隙地,海军学校、市立中学校在其上,另外有各种运动场,有二场内有学生正练踢足球。余等下车游览片时返寓。

晚餐后,余又独步至一大街,街中有长空地,莳花木,其布置极精丽纤巧。至此街尽处有一古建筑物,类法国之凯旋门式,上有题字,乃殖民时代旧物。九时余归寓。

有中国人梁安、黎朝、羌兴三君来访。梁君为会馆会长,黎君为会计,羌君自英国来,似系水手。余近略解粤语,可与黎、梁二君谈,羌君之英语尚不如余之粤语也。此城有中国人百余,生意皆不甚大。十一时三君去。

五月十一日

晨起,赴街上略观览,至书铺购风景册一本。归寓,付账检行李自送至车站,寄至智利京城。又自雇汽车至维纳城(Vina②),先绕此城半周,沿海滨北上,风景极绚丽。盖沿秘鲁及智利北境海岸上皆无树,此地古木丛林遮空蔽日,自觉别一天地。至维纳觉街市更洁净,

---

① 此处应为 Palacio(西班牙语),即殿堂。
② 此处疑为 Viña del Mar(西班牙语),即比尼亚德尔马。

建筑更整齐，花树之茂盛，与美国罗三吉尔（Losangele①）等城相同。盖法埠为商业口岸，此城则富室豪族之所居也。其车站在万绿丛中，左右俱为伟丽之室宇。绕站围以花墙，疏丽静雅，此种车站为生平所未见。余将手携行李置存站中，至站之对面法兰西旅馆（Erance② Hotel）用中餐。馆内院宇雅洁，餐品亦美。餐金五元，约中国币一元四角之谱。

下午一时登车。车沿北行，渐斜入山，又渐东折登山，穿山洞五，已至山上，渐折向东南行。智利国位于太平洋西岸，为安地士山（Andes）之西麓，分为多峰，大都向西南奔海。每两峰间，必为一狭长小平原，可耕之地，只此而已。其国境南北长至二千六百英里，近中国八千里矣。东西平均宽不过九十英里，约合中国二百七十里之谱。而山脉又皆南北行，可以知其平原之狭小矣。车由山上向东南渐低行，又入一小平原，即智利京城所在也。未到京，红日已向西北山下沉，山上积雪，此时倒映斜阳，作鲜红色，晶莹③透澈，此景又为生平所未见，亦非拙笔所能写也。

下午六时，抵智京三调阁（Santiago）。天已黄昏，车站形势不能详辨。余不能操西班语，但知嘈杂纷扰之人似为接客者。余即呼云：沙佛亚（Savoya）。有红帽脚夫，即将余之手携行李二件自东窗接下。余急下车，已失行李所在。沙佛亚者，此城第一之旅馆也，生客多寓此，不至受欺。余遍觅站中，即不能得余之行李所在，亦不见有沙佛亚旅馆之人，及出站门，则沙佛亚之接客持余行李相候。彼代呼汽车至旅馆，房金智金十六元，饭资在外。少休即晚餐，餐厅甚大，餐时奏音乐三次，乐音颇雅，餐品亦丰美，餐金十元。餐后与荷兰人罗得甘（Rotgan）同赴三调阁戏园（Teatro Santiago）观剧。此园所演之戏向

---

① 此处应为 Los Angeles，即洛杉矶。
② 此处应为 France。
③ 原文作"晶营"。

分三种：一为乐府（opera），译音为欧拍拉，有唱无白，全本皆以音乐和之，此为欧洲雅乐，英美所不多见，余在美只听一次也；二曰半乐府（operada①），译音为欧拍拉，大半唱半白，如中国通行之戏；三曰沙苏爱拉（zarznela②），即有乐趣剧（musical camedy③）。今日所演为半乐府，布景不及美国，艺员姿色亦较美国为次，惟歌唱则美听，戏之作法，与中国无甚异。十一时半戏完。

五月十二日

晨略在街上游览，独往登圣路斜山（Cerro de Santa Lucia④），居城之正中，南北长三百迈当，东西半之，高出于海面六百三十七迈当。正门在德里斜大桥（Avenida Las Delicias），以白石为台，上有殿阁亭廊。蹭蹬上升，绕阶石栏，雕刻叠砌，皆堂皇明丽。旁有车路，可盘旋上升，车路口左右，二断壁峙立，高数丈，相距不过二丈远，天然之门户也，其上各有铜像一，更增庄严。车经正门处，上为飞桥，长数丈，宽丈余，桥上白石雕栏掩映左右。车行其下，桥上人俯瞰之，有云端俯览下界之感想。其余更有便道，多自绝壁上凿峭阶上升，以铁栏杆护之，并无危险。山上有宽道、有狭道、有石路、有砖路亦有土路，曲折高下，一度登临，不能记忆。每行不远，必有亭台、楼阁、泉石、廊榭。面东一广台，中立圣鲁斜之石像，此山之所以得名也。台皆就山势斜度较小处，叠石补之以成，其上面或铺白石，或铺花砖。周围之栏，亦有石、有砖、有铁、有木不同，皆精巧。有台若干，不能记忆，其楼阁亦不能知何名。惟西北一三层小楼，左右护以矮房，辅以钟塔，名为某教室。塔旁高处，凿石壁为小台，上立一教士石像，着东方衣服，宽袍薄带，外披行衫，衫缘上宽五六寸，为绣花状。山南有小洞，

---

① 　此处应为 operetta，即轻歌剧。
② 　此处应为 zarzuela，即说唱剧。
③ 　此处应为 comedy，即喜剧。
④ 　此处应为 Cerro Santa Lucía（西班牙语），即圣卢西亚山。

洞有泉，不甚大。门际叠乱石阻之，故洞内成一水池。池中有石童子像一，蝉头鱼像二，伏于童子二足之旁。其他有较大之泉而无洞，储水作数小池，有桥梁互通，间闻林际有淙淙声，亦不知泉自何来。山之最高处，为突兀之桀石，攀铁梯上升，其上有一方亭（Kiosk），坐亭内可周围瞰全城也。城四面皆山，而东西两岭特峻，自北南奔，高逾万尺，积雪冬夏不消，瑶色琼光，都奔赴眼底。北面一山，形如日本之富士山，虽不峻伟，恰位于其他峻伟者之间，亦饶别趣。南方山景较逊。城位于四山之中，乃为平坦之小原，故街市毫无高下之分，即鲁斜山脚下，亦与全城在一水平线上也。此山树木极盛，除亭台楼榭涌现林际外，即道路亦隐于丛碧簇绿之中。树备寒、温、热三带之种，以棕、梠、松、柏、乔樟、垂柳为多，其他如冬青、柳、仙人葛、海碧、宝相等花木亦繁，且多不知名者。现值冬初，衰柳晚枫，霜叶红黄，挂枝铺地，使人生时序变更之感，而棕梠等树，大叶浓阴，仍与夏景无别也。山上游人今日不甚多，有散步者，有坐平台长椅上读书者。余自便道攀缘上，自正门下，又转至车路峙立两峭壁处出山。历三四小时之久，觉此山无美不备，凿不伤朴，生平所见城市间之山林，此为绝步，其他无可以与此比拟者。

正午回旅馆中餐。有中国商人赖海珊君，潮州人，来访，已久候，即留之同餐。赖君曾到山东、天津、汉口等处，在南洋数年，在英国三年，到智利已十六年矣。娶西妇生子女，然对国内来人则极亲。闻余将到，乃日日向大旅馆中探询，故相遇也。餐后三时，同赴中国使馆，访欧阳代办，名庚。欧阳君亦为中国第一次留美学生，清同治末年到美留学，光绪初年即作外交官，今四十年矣，然精神甚好。其夫人亦出招待，年较彼甚轻，能北京语。馆员伍君善焜，湖南人，曾久住北京，现患风湿不能行动，然颇能谈。晚在使馆餐，餐后赖君送余归。

五月十三日

星期，晨写日记。下午赖君偕一直隶永清县人刘君来访。刘君当欧战时充华工英文翻译，在法数年，后乘船至美国，未得登岸，转船来此。稍谈，欧阳代办偕其夫人来访。稍谈，同往高辛牛公园（Parque Gosinio），乘汽车略一周览，至国立博物院（Museo Nasional①），收藏不甚富，有一二古代大哺乳动物全骨，可贵。本州土人之物，仅有织物、刻木、石像等等，无古代文字也。院长莫来罗（Moriero）为赖海珊之内兄，闻余等来参观，特来招待。出院后，至尹高君之铺中，彼约茶会也。尹君业杂货店，并售中国货，欲用中国餐，多须由此地购原料也。

五月十四日

上午写日记。下午与赖、刘二君同赴高辛牛公园（Parque Gosino）观马衣铺战地远景园（Panarama de la Batalla de Maipu②）。园为一圆形建筑，一面修有大门，由此售票。入门拾级内升，无光，约十数级后渐见光。进至中央，为一圆形平台，径可五六丈。台下周围饰为战地，衰草白沙，死者相枕籍。较远处有河流，车马方渡桥，桥下一面死者伏尸河中，水色作微红，一面尚有兵士以手掬水饮也。河之彼岸，一方为西班牙军，一方为智利、阿根廷独立联军。西班牙兵败退，向其大本营溃奔。营房栉比，望之不能尽，联军则自他方面二山间来陆续追逐。山色甚远，亦弥望无际。上视则天光自高层之环窗进来，始知周围壁上皆为图画，与台下周围所饰之战地景物接连。环窗中光线皆自对面高处来，故图画皆如实物。北美常有以此法饰鸟类之天然生活者，且皆为博物院之一小部分。此园独开生面，亦杰作矣。观后，步行游高辛牛公园，绕一湖环行。湖周围布景之雅丽精巧，为北美所未见。湖旁花木又备具多种，如鲁斜山上所见，使人神境清凉。坐长椅上不忍去，流连至暮，欧阳代办约餐之时间已到，乃由园中乘电车往。同餐者除赖、刘、尹三君以外，尚有中国会馆会长黄君，

---

　①　此处应为 Nacional（西班牙语），即国家。

　②　此处应为 Panorama de la Batalla de Maipú（西班牙语），即迈普战地全景图。

留学生张君,乃主人夫妇一侄一妻妹,餐后十一时乃归。

五月十五日

晨偕刘君再至博物院。又见其有埃及古墓中之僵尸,有数部皮肤尚完全。人类学家谓五千年来,人类体格并无显著之变动者,皆自此种僵尸及骨架考验而知也。导余者为高池李次君(B. Gotzchlich),彼父为德国人,彼充律师兼博物院职员及某校教员,赠余博物院年报一大册,莫院长又赠余其院内所有著作,余再谢而去。高君送余至寓,约余至一饮馆用酒,余即便邀其至旅馆中餐。餐后彼导参观国立图书馆(Bibliodeca① Nacional)、大理院(Curte② Suprema)、国会(Congreso Nacional)。图书馆可记者,彼殖民时之文卷,保存未失,今悉存图书馆。馆员持数卷示余,谓三百年前之西班牙文与今大别,非治古文者不能读也。又示余当时殖民官长所签之字,谓与现在签法相同。藏书分西、法、英、德各种文字,无东方书,惟有白人关于日本之著作数种,彼即指为东方书也。大理院建筑甚美丽,中间有院,上覆以玻璃罩。国会分为参议院(Camara de Senadores③)、众议院(Camara de Diputaros④),每年以六、七、八、九各月为开会之期。现在院中无人,仅由其事务长导观国会藏书及房室耳。

晚赖海珊君约餐于其旅馆中,彼以此为业也。坐客除其内兄妻妹外,余亦多智利人及西班人。有为律师者,有为新闻记者。《国民报》(Lanacion⑤)及《时报》(Las Tiempas⑥)三家记者,注意向余询新闻,而语言不通。刘君之西班牙文亦不足译余之谈话,乃大吃力

---

① 此处应为 Biblioteca(西班牙语),即图书馆。

② 此处应为 Corte(西班牙语),即法院。

③ 此处应为 Cámara de Senadores(西班牙语),即参议院。

④ 此处应为 Cámara de Diputados(西班牙语),即众议院。

⑤ 此处应为 La Nación(西班牙语),即《国民报》。

⑥ 此处应为 Los Tiempos(西班牙语),即《时报》。

矣。赖君兼营酒馆,饭前先以法国来之上品酒数次劝客,先由仆人进,次主人进,次主妇,又次主人之子,又次主人之亲眷,皆以铜盘承杯立客前劝饮,不饮或饮不干杯,则立不去。未入餐室,酒已十杯矣。客焉得不醉?餐时餐案又满置瓶,使人望之生畏。餐后,男女大呼其跳舞。余今日惫甚。赖君娶智利妇,其亲眷皆智利人。或云,此种宴会乃真拉丁习惯也。一餐费时至数小时之久,且主人劝酒立面前,客坚不取饮则不恭,取饮不能尽,残杯置盘中,少倾,则尽倾弃而易以新者。此种习惯在主人谓非此不足以将敬,而费时伤财,且足以疲神,余实畏之。十一时半归。

五月十六日

访高池来次君,彼导余参观国立大学校(University Nocional[①])。建筑距各衙署甚近,其中办事人亦类官员,寻一通英语者不可得。全校三千学生,习法律者一百余人,以其可以作官作律师也。其中会议室、演说厅装潢特美,会议室中满悬智利著作家之遗像。演说厅不甚大,而上有旁厅廊(Galacia[②])三层,檐柱栏杆,雕饰甚美。于此大学中,可见现在之拉丁美洲人重美术,不甚重科学也。出国立大学又往参观天主教大学(Universided Catolica[③]),建筑已十年,尚未竣工,故外面尚未见其美丽。入内由其校长某君招待,嗣其理科教务长邬大度君(Carlos Hurtado Salas)来导,彼毕业美国纽约哥伦布大学,导余参观一切。此校现分为法、商、理、建筑、机械五科,另有算学一科,明后年更筹设医科。校内整洁,校具及实验设备亦完备,图书室管理亦得方。各教员及学生尚多在实习室中者,学生见来宾皆脱帽致敬。校内有一礼拜堂,建筑及装饰绘图极美,尚未竣工。校后空地甚广,有球场等设备,且有花园。此校虽小,余甚觉其并具南北美

---

①　此处应为 Universidad Nacional(西班牙语),即国立大学。

②　此处应为 Galería(西班牙语),即旁听席。

③　此处应为 Universidad Católica(西班牙语),即天主教大学。

之长,其职教员皆精神奕奕①,且勤逊。现有学生一千余人,以习工程者为多。其经费皆取之于教会基金(Fandacion Catolica②),学生全不纳费。余参观毕,称谢并赞美其优点。邬君谓知敝校之精神所在者,君为第一人矣。与高君别后,与赖、刘二君重游圣鲁斜山。自东面便道登,在平台上坐半小时。至全城电灯尽明,乃自正面下。又偕赴一戏园,观说白剧(drama),座客殊少。至八时,赴中国会馆,尹高君约餐也。除代使夫妇及会长及连日所晤之中国人外,尚有此邦人男女数人。有郭铁魂者,貌类此地人,能中国语。彼父习经商此地,母为此邦人,后随父归中国读书八年,习小楷,今皆无用。彼以自写中国名片给余,字迹为馆阁体,尚劲秀。今彼为一法国公司之职员。本日坐客约三十,餐前后男女大跳舞。会馆为自建之室,宽敞③可容多人跳舞也。欧阳夫人不喜此,女客而不跳舞者,只彼一人,中国女子亦实只彼一人也。十一时余归,彼半醉之红绿男女仍在酣舞中。

五月十七日

晨写日记,未出。下午袁发君字炳章,请至其家饮茶。其妻亦智利人,举动类曾受教育者,言谈亦有秩序。然袁君以亲老思归国,其妻亦愿至中国也。

晚中华会会馆开茶会,请余。到者数十人,除中国人之外国妻以外,尚有女子四人,皆与中国人为友而来与会跳舞者。茶后请余演说,余不能粤语,即席略写数语,请他人读之。欧阳代办及国民党支部长郑君皆有较长演说,余归寓已十二时半矣。

五月十八日

赴维亚娄加捷通公司(Expreso Villalowga)购赴阿根廷车票,明

---

① 原文作"弈"。

② 此处应为 Fundación Católica(西班牙语),即天主教基金会。

③ 原文作"厂"。

日有通车,惟今日须将行李交公司,明日方能随车运往。每人准带行李五十格路(Kilos),逾数加价。余一面赴银行取钱,一面购车票,一面仍须归寓收拾行李。盖购车船票运行李之法,不但各国不同,一国内各城亦不尽同。美国大致上车一两小时之前,将行李交与转运公司,彼给与一票,至车站再自行换票(recheck)一次,行李即随人车走,下车便可向车站取也。在法帕来索,则行李自行送往车站,写票交价付运,与车票毫无关系。此城则交行李须在前一日,与他处均异也。

下午二时,行李已交公司,赴使馆与欧阳代办夫妇辞行,彼留用晚餐。

五月十九日

七时起,作信二三封,寄秘鲁及中国。九时第三次游鲁斜山。下山后,乃知其临山一带长厅,其内皆系山下石洞之外面。洞口石皆玲珑峭拔,此山又多一景。余前二次来游均不知也。

十时赴捷通公司补钱,取行李票。十时半欧阳代办来偕余至外交部答谢,因昨日使馆接外交部文,谓已知照法帕来索岸招待登岸云云。实则彼文到时,余已登岸数日矣。至外交部晤其总长伊司克多君(Luis Izquierdo),略谈。彼谓二十二年前,曾至上海及香港,并询余现在上海情形。出部回寓,余又唤汽车与欧阳君同登克利司脱拔(Cristobol①)山,此即余第一次登鲁斜山所望见北方峻拔之峰,似日本富士山者也。马路盘旋二周,始近绝顶,下视全城街市如棋局,楼宇如蜂房,树木如丰草,居城中央之鲁斜山,直如拳石耳。下车处旁有餐馆,步行向上数百步至最高处,以距石为台,上塑一处女像(La-vugin②),处女即耶稣教之圣母马利亚也。像高十余丈,而塑工美

---

① 此处应为 Cristóbal(西班牙语),即 Cerro San Cristóbal 圣克里斯托瓦尔山。

② 此处应为 La Virgen(西班牙语),即圣母。

丽。像旁有小室数间,有售水果者,购食少许。下山径赴使馆,因欧阳夫人坚约今日在使馆吃面条也。彼曾寓北京四五年,今日所作之炸酱面,有北京风味。餐毕,赖海珊君以汽车送余及欧阳代办先至旅馆,携取随身行李。刘君维桢亦来,同至车站,尹高君亦来送。下午三时五十分车行,欧阳代办及刘、尹二君回城,赖君送余同至安第士城(Los Andes)。安第士城为智利东境,逼近安第山下。由三调阁至此,共三小时,先向西北行,仍经埃埃(Llay Llay)然后转而东行,乃由西山转至东山矣,宽轨路至此尽。窄轨上山,夜间不能驶行,故须在此住宿。赖君以余不知须在此住,故特送余来,晚寓南美旅馆(Hotel Snd Americano①)。同车来寓此者,百二十余人,而旅馆柜上只一人司登号,且柜在室内,隔一小圆窗与客人言语。在大门下守候一小时,乃得房间,一房三床,除余与赖君二人外,又有一少年智利人。

　　餐后,赖君导余在街上游览。其新建大街宽十四丈,亦中莳花木,两旁行车马,再两旁行人,再两旁则街尽为室宇矣。又至一公园,修筑特美丽,凤尾草高径丈,新橘正熟,满悬枝头,映电光更觉妍秀。园中多以矮木短草接连种植,成各种花纹,有高二尺余者,有高仅二三寸者。其他悬池喷水,塑像插空,亦应有尽有。以山僻小城而美丽至此,令人可怪。游二小时,觉寒,归寓寝。

五月二十日

　　五时余即起,七时开车,车先驶入旅馆,乘客登车即转出东行。赖君与余作别,回三调阁。此君极忠诚,而对北方人尤亲,余寓智京数日,彼无日不访,且常为余备车,所耗不赀,余心甚感之。车东行,沿途仍多树木,而柳树特美,以条长径丈且密也。路旁居民为农为牧者均有,皆小规模自劳自养者。路转折渐高,大山横列,积雪在目前,

---

① 此处应为 Hotel Sud Americano(西班牙语),即南美旅馆。

望之生高寒之想。阿根廷（Argentine①）有关员查验行李，知已入阿国境矣。

戊　阿根廷

1. 越安第士山入阿根廷，乘窄轨火车至漫佗②沙城换轨
2. 漫游佳气城
3. 在动物园看麒③麟
4. 阿京建筑优美
5. 阿根廷独立纪念日之盛况——可谓三马丁之大祭日
6. 参观议院
7. 赴拉波拉他参观博物院——古代大动物之收集称世界第一
8. 赴哥朗戏园看乐府剧
9. 参观国立农业大学校
10. 游北公坟及西公坟

五月二十日

由智利境乘火车入阿根廷境，正当安第士山（Los Andes）之巅。偏北处有高二万尺以上者，此地仅高一万三千尺之谱。然较泰山已高三倍有余矣。自智利安第士城起至阿根廷漫佗沙城（Mendoza）止，铁路为特别窄轨，车亦较小，专为行山路也。路有时倾斜度甚大，

---

① 此处应为 Argentina（西班牙语），即阿根廷。
② 原文作"坨"，从下文。
③ 原文误作"骐"。

且随山势盘旋,东西南北初无定向。此处山势极奇,任如何盘绕,总须凿洞,经洞若干,乃至高处。今日天气本清朗,至一处忽见云,车入洞又出洞,漫山弥谷,如烟如雾,至车窗外不能见一物。又过一洞,云渐少,乃知前所行两洞之间云特多,或今日特多也,余名其地曰迷云岭。再东行,山势虽南趋,而面北处皆为断崖,极峻,且崖之最高北向有洞,洞若干深,无人能登,亦无人能入。相距不远,二洞皆北向。余为名之曰斗姥宫,其断崖石势之雄兀,与前游美国大谷(Grand Can-yan①)时所见相似。再前行,石渐变红色,车屡入木洞。余疑不知何故,继忽见山头突有红砂下流,滚滚倾泻,不计斗石。俯瞰山下,砂积如儿山,乃知木洞所在,皆上有流砂。砂赭赤色,流时映日作金光,亦奇观,但不甚飞扬,因石性重也,此地余名之曰流砂峰。此峰以西,向上望见雪,向下望亦见雪,因山极高也。山下有泉,澎湃东奔,浪色与雪争白。此峰以东,铁路渐与河流相平,地势渐低,而寒气转增,河流两岸皆冰。道旁石壁上多小泉,随出随结为冰溜。铁路两旁,时见有西班牙殖民时代之古道,亦宽坦,能行大车。由此以东山上渐有植物。前在大谷曾见有木贼树,此处更多。再东则全山皆有草,衰白如襄,如在春夏间,当如物衣也。晚七时至漫佗沙城,换宽轨火车,睡车与京汉路所用者同式。夜间悬起,则为上下二床也,日间使上床下垂如长椅矣。此城形势甚大,车停不甚久,未敢出游。九时开车,余就寝。

五月二十一日

晨起,车窗上多积砂,因近山处有砂坡也。再东为莽荡平原,极目不见边际。就沿途所见,地皆膏腴,开垦者不过十之一,作牧场者不过十之二。此地少湖而多水鸟,或者由大泽成为平原,尚不甚久,白鹤任意飞翔,落牧场中,与群牛对立。知雅俗之判,词人强为分别,鸟兽主观上绝不自知也。下午三四时后近海口,地之已垦者较多,林

---

① 　此处应为 Canyon,即峡谷。

木亦渐茂美。晚七时,抵阿京佳气城(Buenos Aires),译音当为布安诺司阿列司,以其太赘,故仿太平洋(Pacific)好望角(Cape of Good Hope)之例,译此名。下车有中国商人黄景恂字伯信、李玉堂字裕华、叶香岩诸君招待。先赴巴黎旅馆,无房,又至一处,仍无房,末于马哲司替克旅馆(Majestic Hotel)得一室极小。因本月二十五日为此国起义纪念日,各省人多来京庆祝及参观,故大小旅馆人皆为之满。入旅馆少息,黄、李诸君去,余住室小,价亦廉,连餐共每日阿币十二元,约合中国币八九元之谱。餐堂甚堂皇,现此家为第二等旅馆,十年前为第一家,一九一十年,此邦独立百年纪念会,以此旅馆为招待国宾之所。餐后自出街上散步,至罗列阿公园(Plaza de Rorea①)。园不甚大,而四周皆峻丽之大建筑,园中之布置及造像特美。穿过园即为国会(Congreso Nacional),建筑形势与美国相仿,其兜幕(dame②)缩小而翼放大,配合适宜。余绕行一周,见其后面又加修三部分,尚未竣工,亦中间圆而左右方。观毕觉冷,仍步行归寓。国会坐落在马由大街(Avenida de Mayo)之东端,马由意言五月,以纪念一八一十年五月二十五日之革命也。其东端为红宫(Casa Rosada),即总统府,与国会相对。红宫之前,为五月公园(Plaza de Mayo),亦如国会前之罗烈阿公园也。余寓在五月街中间,去国会甚近。返寓寝。

五月二十二日

晨浴,李玉堂君来访,并导余赴车站取行李,关员谓未得政府知会,照例查验,如欲不查,须以护照给彼,持向政府请示云云。余出钥开箱,彼不详看也。取行李后,持信用函向阿根廷国家银行取款,彼查案二十分钟,谓彼行与发此函之美国国外银行(Farign Banking

---

① 此处应为 Plaza de Lorea(西班牙语),国会东面之公园。

② 此处应为 dome,即穹顶;圆屋顶。

Carperation of United States[1]已解除关系,嘱改向他银行取款。乘此时间,李君导余略观此行之规模,其建筑所占面积甚大而不甚高,中有庭院,可通光线。各部分之办公处大都不须电灯,此在大城中所未见者。改赴北美英国银行取款。取后,李君导余参观拉博伦萨(La Prenza[2])报馆,在五月街,建筑宏大而美丽,或称之为南美第一报,其告白占篇幅大者,每月须费三千元。李君之公司所登告白之篇幅约宽三寸,长二寸,每日一百八十元。总计每月所收告白费九十万元,其规模可想见矣。赴李君之公司,其名为李叶公司(Li lp Compania),盖与叶姓所合设也。其分店在五月大街之一十字口,房虽小而地位甚好,每月租金三千元。其本店兼住室,则每月一千五百元也。李君留中餐,由其夫人主庖政。其夫人生于秘鲁,不甚解华语。餐后,访黄伯信于其公司,名宏利公司,谈此间商情,片时归。

　　此间中国商业只前述二家,所售货品以中国、日本之丝绸、绣货、磁器为大宗,浴衣、睡衣、童玩等次之,其中销售最多者为日本素绸及仿制山东绸,而中国之山东绸转不能多销,以购置转运俱不方便而价格又高也。

　　晚自赴五月公园散步。

五月二十三日

　　上午赴衢邸旅馆(Avenida Palocia Hotel),访欧司古博士(Dr. Wilfred Horgood)。彼为美国芝家谷斐尔博物院之动物采搜员,前日同车来,余途中无零钱,向彼假二十元,今日往还之,且谢之。彼导余步行至国立博物院,今日未开门。

　　下午写日记。赴英文书店购书数种。

---

　　①　此处疑为 Foreign Banking Corporation of United States,即美国国外银行公司。

　　②　此处应为 La Prensa(西班牙语),即新闻报。

五月二十四日

晨李玉堂君来约同游。先乘马车,游各美丽住宅之街。其建筑之宏大、局面之堂皇、雕刻装潢①之精巧均堪惊赞。次至巴列茂(Palermo)一带,先游二月三日公园。风景特美,花木、桥梁、台榭俱胜,而罗萨花园布置尤幽艳名贵。罗萨(Rosa)者,西语花名,或译之为玫瑰,实则中国所谓月季。宝相、玫瑰及近来所称为洋月季及月季牡丹者,欧美皆统名之为罗萨也。次游动物园,有麒麟一,其状颇奇趣,后二腿高约五尺,前二腿高约七尺,身长不过四尺,而头长则倍之,其头下垂,可及地上,伸则连身腿高约一丈五尺左右。色灰黄,头部微黑,两角长不过四寸,且平头无尖,不能触物,惟具神情殊奇骏。其他物多曾见者。美国动物园最爱聚各种大兽于一大室,分槛畜之,其气味极重,观者不能多停;此处则分室而畜,其室之建筑与地位皆精心布置,有美意,且无臭气,为美国所不能及。此城为平原,此园内有奇石自地兀起,且玲珑峻拔,高约四五丈,其四周则仍平地也。观毕归。

下午赴各处书店思购本国统计书,不得,购其他书及本京风景图等。

五月大街无地面电车,地底电车车道建筑得法,在地面上毫不闻震荡之声。街正中为精美之高杆,上擎华丽之电灯,各灯杆之中间可停车。两傍为车马行道,再两旁人行道。中路之宽,亦不过七八丈。两岸人行之道,余度之,每边宽二丈二尺。再两旁为市房,高者七八层,低者三四层,且最高有逾十层者。但其上三四层皆缩小,大都为此建筑之装潢品也。其建筑特美之点,可分为三层:第一,比例匀称。房大者,檐必宽,门窗亦必大。美国往往有高二三十丈之房,上分层平列三尺宽四五尺高之小窗,以十百计,上檐之宽,不过尺许,乃至数寸,使人望之生不快之感;此处则高十丈之房,必有宽五尺以上之檐二三层,每两檐之间,必有一高大门窗楷柱其间。第二,配合生动。

---

①　原文作"演"。

如七层之房多饰为三层,二层共一大门,其小窗则仍为二层,而上层窗多半圆形者,下层必作正方形,合之成一壶形,故望之特别生动。第三,刻塑精工。宽檐大窗,如无美丽装饰亦觉笨重。此间凡宽檐,其下或塑数美人像承之,或雕他种垂花,门窗之两旁刻塑尤美。最高一层之檐亦多有角楼,楼之装饰更精巧绝伦。此种建筑,殆为此城通行者,非专此一街有之也。人行之道上,沿边植树,惜余来当冬日,有数种树已落叶,减其美丽耳。

下午,在寓补写日记。晚在大街上饮茶,此间咖啡馆甚多,亦售茶。各家门外皆有茶桌,行人可就街上据桌呼茶或咖啡饮之。其市政管理好,故街上无纤尘也。

晚在街上及五月公园步游。明日为独立纪念日,今晚人已奔走若狂,五月大街汽车均停驶,观者盈衢。实则各街除特加各种电灯于门窗及街市之栏杆外,他并无异于平日也。五月公园中,满陈乐器,预备明日奏演,有大镜、大锣等物。锣视中国所用者尤大,边上涂作黑色,与中国所制完全相同。此物必为南欧洲之所沿用,美国未有也。十时后,街上人仍拥挤,余归寓寝。

五月二十五日

此国国庆旧例,总统阅兵,军队列队游行。本任总统德阿维亚博士(Dr. Warcelo T. de Teuear[①])提倡民治,本日停止阅兵,各级各等社会均可自由组织列队游行。黄、李二君今日约余餐于某饭店楼上,其地为红宫至三马丁(San Martin[②])公园必经之道。凡游行者,均必由红宫趋三马丁公园,吾辈可在楼上遍观一切也。

午前在旅馆门口观游行。第一队为本地印度人乘两辆牛车,上圈卷筒式之席棚,状如中国轿车棚,而前后无屏障,实则此种车棚北

---

① 此处应为 Marcelo Torcuato de Alvear,即马克西莫·马尔塞洛·托尔夸托·德·阿尔维亚尔·帕切科,1922—1928 年阿根廷总统。

② 此处应为 San Martín(西班牙语),即圣马丁。

数省乡间均用之也；次则杂种人乘高轮马车；次白人（所谓近白人者）
驾各种汽车、拖车等。拖车一连二辆至四辆不等，满载各种出品，然
此类实为美国之制造品，其车上所载者，始为本国产也。沿街欢呼之
声如雷震耳，可想见此新造之国家，其国民之志满意得。惟被迫而乘
牛车之印度人，环街任人指观，此时不知作何感想？

中餐时及餐后在餐楼上所见者：

一　为总统及各高级行政官为一队，步行由红宫至三马丁铜像
前，进生花四盆，行敬礼。

二　为天主教堂内职员，以棹拥花圈，仗各种旌旗，列队至三马
丁石像前，进花圈，并祝祷。

三　为海陆军军官弁兵，结队至三马丁像前行敬礼。

四　为各学校学生及女生、男生分队与三马丁像前致敬并演说。

五　为其他团体或由各省来者。

其游行之次序前后互异，前之所列乃任意所书也。总之，凡列队
游行者，必至三马丁石像前，必有所供献，必有祝祷或演说词。然则
所谓国庆者，实可谓之三马丁之大祭日也。

三马丁者，阿根廷开国元勋号称为文武兼资者也。其受国人崇
拜，可谓至矣。

余昨晚游街上，有一种感想：谓此城如此之美，而人民之衣饰殊
不美。今日见其军服及各学生制服衣帽皆有彩色饰品，游行时皆仗
彩色高旌，亦颇具美意。傍晚，余偕李君等至三马丁公园，见石像前
满堆花圈，学生之演说者尚未完，有一少年演说之态度及声音，悲悲
苍凉。西班牙语，重音皆在每字之后一二音，于演说时最足表现演者
之精神。惜余不能解，所可解者，惟国民性（Nocioniladad[①]）一词，往
复数述不已耳。

---

①　此处应为 Nacionalidad（西班牙语），即国籍。

晚自赴大街戏园（Teatro de Avenida）听戏。所演者为短乐府（opereda①）说白与朗唱相杂，与中国戏格局大致相同，惟白与唱相衔接时少叫板一句为不同耳。

五月二十六日

上午赴国际捷通公司（Expreso Internacional）购船票，未定议。

下午黄伯信偕其友人众议院秘书某君（忘其名）来访，并约同参观国会。国会为两院制，参议院议员每省二人，由省议会选举之；京都二人，市民共选之。全国十省，合京都共议员三十人，任期九年，每三年改选三分之一。众议院议员由人民直接选举，每选民三万三千人得举议员一人。现有议员一百二十人，任期四年，连举得连任，每二年改选一半。具有本国公民资格四年以上者，得选为议员，但必须居住于所代表之省分二年以上，或生于该省者。正式会期自五月一日至九月三十日，不须招集，遇必要得延长。临时会由大总统招集之。两院议员年俸一万八千元。院内布置及装潢名贵堂皇，远在美国以上。然非有介绍，不能参观，不似美国之公共机关，大都可自由参观也。此国政党约有七八，以急进党（Radical）及社会党（Cosialist②）为最大，现任总统德阿维亚博士即属于急进党也。此邦议会制度之特别处，在众议员亦为分年改选之法，虽为罕见，似有可取处。参观后，步行归寓。晚在街上饮茶，此地天气较凉，而屋无火炉及汽管，与智利同。前已受寒，每日至茶馆饮热红茶一壶，身上微汗，觉愈。

五月二十七日

星期，黄伯信君早来，约晚九时赴欧拍拉戏园（Teatro Opera③）观剧，余允之。

---

① 此处应为 operetta，即轻歌剧。

② 此处应为 Socialist，即社会主义者。

③ 此处应为 Teatro Ópera（西班牙语），即歌剧院。

昨日有叶咏涛君来访,未遇。彼自书中国字名片,字体工秀,不类此间侨民,今日又来晤谈。彼能英语,自中国来不久,今供职于一极大之巴西咖啡馆中。此馆在本城即有分店二十余家,彼在总店司账,盖即李叶公司之关系人,今彼此生有纠葛者。

下午一时自赴宪法车站(Estacion Constitusion①)购票,乘火车赴拉波拉他(La Plata),此为佳气省之都会。余赴此城之目的,因此城之博物院在此邦首屈一指。其对于灭种古代大动物之收集,或称之为世界第一。余下车后,径雇车赴博物院。院在十里广场千章森林中,建筑伟大。然参观时可不用电灯,此一点与美国所最不同者。盖美国新式建筑在大城繁盛处者,因阳光不足,不能不用电灯,而小城及不甚繁盛之处,亦恃有电灯,竟不顾及光线也。此院所见,余最盛兴趣者如下:

一　古代大爬虫骨架一具。长九十余尺,身长不过二十尺,颈长约三十尺,尾长则四十余尺。尤奇者,四腿直立,高可丈许,爬虫立腿为第一次创见。

二　介壳类古动物。其壳浑圆隆起,直径可六七尺。为数极多。

三　一古动物腿骨二支,与前述立腿爬虫之腿相似,陈列于之同地,高倍之,惜不能见其全骨也。

四　古物部。陈殖民时刻塑神像甚多,皆美,皆东方衣冠。一耶稣相完全为中国古代衣冠,惟颈有一领,与中国现时之软领相同,可怪。

观后,在广场茂荫中略游,又在街上略游。观此城有国立大学,仅过其门,未入参观。此城自佳气城规定为专有之国都后始创建,其前则完全为荒原茂林。各街建筑不甚高,而街上乔木乃高出市房之上,另为一种风景。英人游此者,称之为销魂城(Enchanting City),言其美丽幽胜也。五时乘火车返。

① 此处应为 Estación Constitución(西班牙语),即宪法车站。

九时黄伯信君偕其一子二女同来,偕赴欧拍拉戏园。园甚壮丽,所演者非欧拍拉,而发德维尔(vanville①),即中国所谓杂耍,创于法国,盛于美国。今日演者全为法国人,结队跳舞,有俄国舞、印度舞、日本舞等,坐客似最欢迎后二者。然实皆法国舞,惟衣饰不同耳。每队人数之多,不如纽约城喜博祝母园(Hippodrome),而名贵或过之,因法国之面貌衣饰在西洋常首屈一指也。余等坐第一层楼正厅之正中,即墨西哥国家戏园中之总统位。余询黄君何以包此特别厢? 彼云此园绣花东方衣饰,皆归彼承办,与有交情,今日由园主送厢,并不付资也。十一时戏中休息,余等去,因黄君夫人卧病,余亦不便久观累黄君相陪也。

五月二十八日

赴各书店购此国统计册未得。下午一时参观国立博物院,院甚小,无可记者。三时,参观人文博物院(Museo Eetnografico②),访德本尼德博士(Dr. Salvador debenedetti)。美国《现史》杂志(*Current History*)四月号载博士发见人类头骨于地质第三期层中,盖与灭种大爬虫同时者,故余特访之。晤谈后,彼此大失望。盖考验结果所发见者,乃类人头之石,而非化石动物也。彼所以示余,与院中所存头骨状态丝毫无异,而乃完全为顽石,可怪。德君又为介绍殷伯阳尼博士(Dr. J. Imbelloni),为此院人类学主任,导余遍观于人类学之搜辑。有南美安康(Ancon)时代(约四千年前)之古织物,精细如中国之鲁山绸。更有纺线锭,与中国所用者无异;墨西哥之捻线锭亦类中国。其物极简单,或可偶合;此为纺线锭,制甚复杂,不易偶合矣。锭之中间,尚有带锭轮(河南名为锭群儿,用以绊弦,弦动轮转,可以纺线)者,彼不知锭轮如何用法,误以为与墨西哥之捻线锭同用,余为详解之。上述各物,为殷君亲赴古司寇一带所采集。余游南美不至古

①　此处应为 vaudeville,即杂耍。
②　此处应为 Museo Etnográfico(西班牙语),即民族博物馆。

司寇，直玩费时日也。拉波拉他博物院中之大动物骨架，殷君一一为余写其名字，余谢之而归。追写日记时，将前纸失去，可惜。

至美术馆。今日未开门，余前后来三次，皆不值开放之时间，此远不如美国之制度者。

船票已定，船名烈维斗娄（Revittorio），惟彼要求余之护照再请巴西外交官签字一次。

每日照例散步街上，倦则在树荫下饮茶。

晚拟赴哥朗戏园（Teatro Calon）看乐府剧，即欧拉伯。李玉堂来访，余约之同往观。艺员主要人物皆意大利人，间有西班牙人，本地人作配角者。此班角色，号称欧美第一，冬季在欧洲及北美，夏季来南美，亦适行冬令也。戏园环楼分七层，余等所购之票乃在第六层，听者极众。在上数层者，坐则听不甚清，皆立起伏栏倾听。全场肃静，每一阙终，掌声雷鸣不止。回忆在华盛顿时，芝家谷欧拍拉公司来演，余曾一观其情形，殆完全相异也。剧之最要角色，一为女高音，即正旦；二为男低音，即正生，在昆曲则为净；三副女高音，即贴旦；四男高音，即小生；其次为副男低音等，乃如中国之杂末也。戏角配合与中国殆相同，小生与旦角同为高音，即中国所谓尖腔，尤吻合。观毕，余之兴未尽，然剧中情节余并不解也。

此戏园规模极大，建筑费二千万元。此园成后，旧有之欧拍拉戏园遂变为演他戏之所矣。对面为大理院，建筑伟雄尊严，用费至四千万元之多。近闻又有以五千万元改建总统府之议，不知何日实行？在街上散步归。

五月二十九日

晨赴巴西大使馆，请为签护照，余不识之，亦无人介绍。彼尚未起，余坐客厅中，由用役持至楼上签之。彼室所陈多中国瓷器，签后，交船票公司。下午得票，票价由佳气至巴西京城，一百四十七元，船属意大利公司，以有外交护照，为减价百分之十五，仅一百二十五元也。外交人员乘船减价，此例本不通行，此次忽蒙此公司优待，甚奇。

晚拟赴哥朗戏园观欧拍拉，即乐府剧。李玉堂适来，乃约之同往。此班艺员，主要角色为意大利，次之为法国人，再次为西班牙人，至此邦人，只作普通配角。各主要人自成一团体，号称欧美第一等者，任在何国，俱非永久组织。每年冬季则在意大利、巴黎二处，马多利（Madrid）亦偶一至。

此数日日记系补写，观欧拍拉乃今日事，误书入昨日，以致重出，姑两存之。

五月三十日

午前收检行装。午后李玉堂君云，得有农部总长介绍函，导余参观农业大学校。校在城外，乘电车往。其重要职员均不在校，由庶务员导余等参观。校址甚大，与试验场合在一地，建筑不甚壮丽。所参观之事项如下：

一　化学实验。一教师及学生一班，正在实验室。

二　动物剖解。一教师、二助手、十数学生在剖解室中。剖解者为羊及小牛等，每学生所剖解之部分不同。其教师及助手并导余等至剖解标本模型室，详为指导，惜余所能了解者甚少。

三　气候测验所。有雨量测验器、空气温度测验器、地内温度测量器、光力测量器、风力测量器、空气湿度测量器等。一助手遍试其作用，详为解说。器并不甚复杂，而精确，云皆购自德国。各器测量之用法，大都皆有电针在时分秒度纸上，自报度分秒数目，真精制也。其室有一测量器，为日本某博士所发明，据云精而适用，惜余不能了解，且并忘记发明者之姓名矣。

四　养鸡所。备各国鸡种，每种各为一栏，一雄十数雌不等，亦有中国种，皆肥大可爱。只助手一人理此事务，然助手以鸡为其生命，对之生乐趣，终日守之不去，为余等指导时，犹现眉飞色舞之状。

五　牛乳制造所。亦以助手司其事。

此校名为国立，国库只给经费三四万元。其出产品每年可售二三万元，学费四五万元，合计全年只用十余万也。此邦以农牧立国，而其国立农校经费之少如此，宁不出人意料之外，或者因言语隔阂有误会处也。

归留李君同餐。餐后赴黄伯信处辞行，略谈归寝。

前数日李君导余游动物园时，并游北公坟、西公坟。补记如下：

北公坟（Cementorio Nord[①]）在城市高地，三面为街市，一面为公园。其中墓已满，四周有围墙，以为之界。大门建筑伟壮，坟内划分街道，如城市，惟较狭。各墓之上，俱建较小楼阁台亭等，以极细白云石雕天神或仙女像守之，自一至四五不等，雕工俱精巧。每墓皆有墓碑，或横或高，嵌壁上，或立壁傍，或立室内。有夫妻共一墓者，有一家数墓在一处者，则墓碑题为某人及其家属云云。名门大族多爱全家各代葬一处。正门内第一段墓地，即现任总统之前数代墓地也。此坟号称为贵族坟，富贵者亦竞在此觅葬地。坟例占地一方迈当，价五千元。一墓之地，最少亦须十方迈当左右，价须五万元，合中国币四万元之谱。多者占地至百余方，非数十万金不办。游此坟者但见其建筑之美丽，雕刻之精工，地面修砌之整洁，花木之茂美，完全忘其为坟。回忆华盛顿之阿灵吞公坟，直荒陵野冢耳。最后探首向一室内，见一十字木架，上塑一黄色僵尸，四肢钉于架上，周身无衣，腰间仅一布掩阴处，七窍及四肢钉处皆血痕，状可丑可怖，余脑生极不快之感。曾记幼时，在城隍庙见所塑吊死鬼像，脑中印一可丑可怖之痕迹，数十年洗涮不能去。今日所见者，较吊死鬼更丑百倍，不知塑此者具何情感？

西公坟（Cemeptorio Oete[②]）在城外，面积极大。进门之一部分亦为富贵者之墓，街道建筑雕刻花木，与北公坟无甚异。街道较宽，建筑亦有较彼处大者。然葬此者，终不如葬彼足以表示贵显，惜彼处亦无隙地矣。此部分可再分为三部分述于下：

① 此处应为 Cementerio Norte（西班牙语），即北方公墓。
② 此处应为 Cementerio Oeste（西班牙语），即西方公墓。

甲　公共葬地。每人所占地方有一定大小，无论富贵贫贱，依其宗教所规定，死后均须先葬此地五年。墓碑之大小与墓之建筑，及有无石像与石像刻工之精粗，则为其人生前之事业与其子孙在社会上之地位与荣辱所由判也。葬此者，每年纳费四元，五年之费共二十元，一次交纳。满五年后，必须迁移。

乙　堆骨架。初葬五年期满，富贵者期前均在特别区以重金购地，预建新阡。及期，行改葬礼，俨然大典。亲朋交好，俱助执绋，原棺不动，纳新墓中，至此葬事可云告终。虽非如中国帝王家所谓万年吉地，俨然如中国普通人所谓亡人入土为安者。以自己之父母，葬于自己所购之地中，永无惊动骨骸之时矣。无巨万金钱以购地者，期满再纳费二十元，开棺将尸身拆散，仅将全身骨骸纳入方二尺许之小棺内，送入堆骨架。架极长，绕围墙皆是。每格方一迈当，置骨一具外以木板盖之，仍可题亡人之姓名于其上。每五年期满，续纳二十元，可常在架上堆存，于盖板上留一姓字。余初观以为墙作方格，乃其装饰品，继乃知其中累累皆白骨也。

丙　焚骨炉。炉之建筑甚伟大，前为一正方厅，厅后为炉，炉内分格，其上有一高十余丈之烟突。焚骨分为二种，如次：

（一）焚骨礼葬。凡初葬期满，其家属愿行火葬，或报告无力交费者，及堆骨架上满五年声明无力续交费者，均将其骨改置一器中，上记姓名，连器分置炉内小格中焚之。焚后将骨灰贮小瓶内，仍标姓字，交其家属承领。惟焚时应否纳费，与承领后如何处置，余未得问清楚。闻焚骨为耶教正式葬礼，因人多不愿其父母骨骸付之一炬，故富贵者皆以重金购葬地。中人之家能有年纳四元之力者，亦往往以小棺堆骨架上，再再纳费，延迟焚期。盖焚尸乃耶教承袭古代之葬礼，纳费堆存者，捐缓宗教葬礼也；在公坟内以重金购地营私坟者，捐免宗教礼葬也；若径自营私墓，则为其习惯所不许。

（二）焚骨乱葬。凡初葬期满，或骨堆架上已满五年，无人负交费之责，亦无人报告不能交费之情形者，均开棺将各棺之骨混掷炉中合焚之,抛灰海中,于是千万人之葬事乃合并作一结束。

余数闻友人称赞西人葬法之美良,故此次参观,特留心补记如上。

五月三十一日

晨起,黄伯信父子及李玉堂兄弟均来送行。李君赠以香水及果食,黄君赠以鲜花一束,送余至船上。余室在最上层,一人独居,且有二窗外向。黄、李二君少坐去。船九时开,船上餐品亦可食。晚五时许忽起大雾,不能行。余船左右尚停其他船二只相近,在大雾中,灯火能相望也。早眠。阿根廷之游,于此告终。

己　乌鲁圭京都之游

六月一日

晨起,船已停泊孟德维斗岸(Montevideo)。夜间何时雾散,何时船行,俱在梦中也。孟德维斗为乌鲁圭(Urugnay①)京都,与阿根廷京城斜隔一海湾,如无风浪,只七小时之水程。且乌国对于来客登岸无甚苛例,居阿京者,往往星期六夜船来乌京,次日夜船归阿。余询船员船何时开,云:九时半。视时表为八时二十五分,他客均不敢下船游览,余独行下船,雇汽车一小时,城中各要地略一周览。至书店中,购本地风景片若干。一小时之汽车,历地甚多,大都不知名,所知者,独立公园(Parque Independencia)、巴西大街(Avenida Bruzil②)、自治局(Intendencia Municipal),又经商务繁盛各窄街及海滨新辟之各街。宽宅高楼,为阔人所居者。归码头时,九时二十分,尚有十分余时。上船取照像机,在码头照像数张,乃重上船,开行。回船者多羡余能利用时间,余自觉以极短之时间,不谙本地语言,未带本地钱

---

①　此处应为 Uruguay,即乌拉圭。

②　此处应为 Avenida Brasil(西班牙语),即巴西大街。

币,漫然下船独游,亦未免太大胆也。

此城大致与佳气相仿,而局面较小,建筑不及其美,管理亦不及其洁净。余之感想则有三种:第一,下船时既无移民局员故意为难,亦无医生多方挑剔,自由登岸,自由上船,为出游以来第一次之大自在。使世界各国内政俱修明,卫生俱得法,废去一切移民验病各苛例,岂不大快? 第二,余购风景册时,无乌国货币,以阿币托书店人向兑换店易之,五十元阿币,仅得乌币二十一圆余。余询以何少? 彼谓此邦货币兑换价格,向来与美国币不甚相差。余觉此无名小国,乃能整理其财政及金融,保持其国币价格如此之高,殊觉可异。可知诸事俱在自为耳。第三,在阿不甚见有黑人,几将黑人之状貌忘之。入此城间见有黑色人来往,此邦排斥有色人种之恶习,定不似他国之甚也。在船中所识者,为智利大学教授阿吉瑞博士夫妇(Dr. Agnirrie)、乌鲁圭人柴佳(F. Checa)君夫妇、美国商人朱恩氏夫妇(Jones)、智利驻美使馆秘书寇恩君(Cohen)、三多民谷(San Domingo[①])国全美会议秘书桑车司君(Sanchez),并有不记姓名者甚多,并不寂寞。晚船长访余等谈,一六十岁老者,诚恳和蔼。余为谈甘英西行及大秦王安顿致汉哀帝书,及马哥波罗寓中国事,谓:“中国与欧洲交通,实以意国为最早。”彼二十年前曾一至香港,今犹不忘,此次彼深恨不得余同船至意大利也。

六月二日

夜来船摇动,起觉稍晕,不能赴餐室。下午更甚,然仍勉强向舱头散步。见浪文繁乱无条理,此乘客所以多晕也。本日呕数次,极惫。

---

①　此处应为 Santo Domingo(西班牙语),即圣多明各。

庚　巴西

六月三日

风浪较小，浪纹仍无条理，余晕减轻，可强支入餐室。

夜九时余，望见岸上电光，心神较爽，十一时船停港内，此地为巴西南境，地名三道市（Santos），巴南第一良港也。船停约二十分钟，有巴西医生及关员先后上船检查登岸之客人及行李。余不愿久乘船，且欲一游巴南，乃与船员商由此地下岸。此国例，登岸者必须有最近种痘之凭证，否则种后乃能登岸。美国有此例，然不施于有外交护照者。此岸视此颇重，余不愿就船上种痘，亦无种过凭证，最后得变通登岸。有巴拉圭（Paraguay）人三德尔君（F. Sander）夫妇与余善，同寓罗提赛利旅馆（Hotel Rottisserei Sportsman），旅馆人满，深夜不便更寻他家，余与他一客同寓一室，床褥亦不甚好。

六月四日

晨起启窗，对面山色青到眼底，窗下隔路为一公园，高树低花，娇红嫩绿,中藏有轩亭及塑像等,神极爽畅。拉丁式之城邑,无论新旧大小,最繁盛处必有公园,此其结构①之特色也。赴街上游览,先至书店购风景片,次至电报局向巴京中国使馆发电,请其代余向船上收行李。因余由此登岸,并未将行李全带下也。又次至他一公园稍息,园有小流,自山上注下,以人工为池沼,回环互通。树多类热带植物,高干大叶,故上视则繁荫蔽空,其下殊疏落,可为小亭、短桥、雕像种种布置,更有高五六丈、干围数尺之巨树,满缀红紫鲜花于掌大之丛叶中,使人望之意醉。距此园不远,山势甚峻,山上万绿中时露红白色之新楼。天上耶? 人间耶? 其中所居者,仙人耶? 凡夫耶? 余此时之感觉为真耶? 为幻耶? 俱莫能辨。坐池傍雕栏长凳上略憩,见园中游人有行者,有坐者,有独立者,有互语者,人不甚多,衣履大概不甚整齐,且间有垢面赤足者,以如此人物,徜徉于如此境地之中,究竟彼辈领略若干佳趣否,及其领略时之心境如何,为急应知之问题,惜未易研究耳。又向繁盛处游数街,归寓,与三德尔君夫妇同餐。餐后三君偕余乘汽车又遍游全城各街,其夫人因晕船初愈,未能偕。城居三道市海港内一半岛上,港之外门,左右皆山,两峰对峙,形势甚胜。山之余势,又在海中左右,各成小岛若干。大陆上之山势层峦叠嶂,更雄峻。三面环海,四面皆山,局势虽不大,亦一极好之海上城市也。余照有风景片数张,并有自余室中向山上及公园由窗中所照者,作为纪念。

下午四时半赴三宝罗城(San Paulo②)。由城内车站上车,出城后,车渐向高处行。一小时余,约升至二三千尺以上。在三道市本为热带,天气着单衣不觉冷,山上则飒飒有凉意矣。路工建筑极好,倾斜度小时,与平地铁路无异;倾斜度大时,即有极大钢丝绳牵列车上升,绳下有滑车承之,不致着地。路线直时,滑车轮向上直承路线;如

---

① 原文作"结特"。

② 此处应为 São Paulo(葡萄牙语),即圣保罗。

向右曲转,则滑车加多,滑车轮俱偏向左;路线向左,则滑车轮偏向右。故绳常随路作曲线进行,构造之巧,为向来所未闻。山上车站规模甚大,且路多系双轨,上下之车极多,所穿山洞亦多。双轨道桥及道旁石壁建筑尤坚实伟大,使余惊羡不止。沿途风景尤美,山势既伟峻,花木更茂密,似江南而多棕蕉,类檀香山而多竹及梧桐。余上山时,天气朗晴,万里无云;至山上,则烟云四布,另为一世界矣。车行茂林高冈上,见更上隐隐有楼阁影,余有灵深疑有南朝寺,四百楼台烟雨中之句。又行半小时许,路渐低,天气又转为晴明,惜残阳已没,道旁风景,皆在隐约模糊之中。至下午六时半,抵三宝罗。下车雇汽车仍寓罗提赛利旅馆,名称虽同,此处之规模则极大也。

晚餐甚佳,餐后自赴街上游览。至一公园,其地势类华盛顿之石河公园(Rock Reack Park[①]),而构造特美。由低处向两岸上行,其环路及阶石,俱有殿陛意。岸上之建筑,又伟大名贵、美丽精巧,周围又多热带茂美娇艳之花木掩映之。余乘电光独步其中,竟不知身在何处,时在何纪矣。徜徉至十时余,归寝。

六月五日

晨起,先游各繁盛街市,至书肆购风景片,次乘汽车周视全城大概,又次至市政厅等公共建筑等处。最繁盛之街,名为十一月十五大街,亦所以纪念其革命之日也,系旧街所改造,故不甚直,然不甚阔。其公共建筑多在安南家华公园(Anhangahua[②])旁,盖即余昨所见者,与余寓仅隔一街一桥耳。

此城新发达,故新建之街甚多。旧街正在改造中,时露有改造时新旧不配合之痕迹。余数来往街上,见人人皆安闲自在,无急促之意。街多咖啡馆,而饮者大都为男子。酒馆及影戏园均不甚多,街上来往者亦大都为男子。岂此城之女子,皆常守家庭中耶?

---

① 此处应为 Rock Creek Park,即岩溪公园。
② 此处应为 Anhangabáu(葡萄牙语),圣保罗市中心之广场名。

午十二时,赴鲁氏车站(Estacoo^① de Luz)购票。其中无通英语者,此邦通行之葡萄牙文,余一字不解,几不能得票。后遇一通英语之购票者,为余通译,乃得本日下午七时半列车之睡车票。下午仍在城游览,晚餐后,七时十分钟赴车站上车。余票为第九号车第十二号床,上车则有一人持与余号数相同之票,已先占其床矣。幸其人通英语,与之磋商,同往质问售票者,乃将彼号床票改为十四。彼谓此路管理极坏,常有此种情形,有一次男女二不相识之人,所持之号数相同,开车后,始知之,实趣谈也。

又本日购票后至鲁氏花园(Jardim de Luz)游览。园内叠石成山,引水为湖,高木大叶,明花艳蕊。余流连不忍去,几误餐时。补志之。

六月六日

夜间车摇动极剧,眠不安。天明七时半抵巴西京城,城名 Rio de Janeiro,译意为正月河,译音为里欧染尼娄,简言里欧,意即河也。下车寓阿番尼达旅馆(Avenida Hotel),阿番尼达意言大街,因此街为白河大街(Avenida Rio Branco),故旅馆用此名。由车站至此街,其第一引人注意之事,即大街上之边道除种花木外,皆以黑白二色碎石铺砌为各种花纹,树干周以圆形铁篦护之,铁篦之外黑白石砌为花纹环绕之。此外则花纹整碎不等,有小作蝴蝶形者,有长至十数丈全边道作玳瑁纹者。房宇之建筑在大街旁者,其美丽与佳气城相埒。安寓后,请旅馆电中国使馆,约时往访。余先往街上游览,并购照片。午回寓,中餐间,夏公使挺斋名诒霆来访,餐后稍谈,偕赴使馆。途经博览会场及滨海大街,其公共建筑略见数处,不在阿根廷之下,而远出于两美其他各国之上。街道之美丽,与天然风景之胜,则又远非阿京所能及也。使馆在桑克列孟提路(Rua Sclemente^②),花木之胜,甲于

---

① 此处应为 Estação(葡萄牙语),即车站。

② 此处应为 Rua São Clemente(葡萄牙语),现为中国驻里约热内卢总领事馆所在地。

他街,对面为雄峻兀起之高山,茂林如翠屏,时露巨石,俯瞰楼宇,殆人间仙境也。

使馆室宇亦伟阔壮丽,两美各中国使馆亦以此处为最好。在使馆饮中国茶,与馆员童君、刘君相晤。余之行李已经夏君派人取出,又由刘君送余携行李回寓。晚留刘君同餐,餐后又同往游博览会。此会开幕将一年,本月之终即停止,余来犹得一观。今日天晚,仅观英国馆。陈设之物不甚多,其中有一山上铁路模型,即前日余由三道市赴三宝罗所经者。余乘车经其上,仅能见其牵车巨缆及滑车轮之布设。今观模型,可兼及地下工程,盖凡有巨缆及滑车时,路下工程不减上面也。房之建筑,外面为西房式,内有庭院走廊,完全为东方式。其他各国,仅在外观其建筑之形式。瑞士者:为小木屋,如浮家泛宅,雅而不美。日本者:为东方之宫殿式,以木为之,工程太苟简。墨西哥者:屋大而窗小,正面满雕花纹人物,其余地方饰以黯淡之色,三分美丽,七分朴野,完全为神秘的意味。美国者:大壁高窗,宽檐圆瓦,左右皆取对偶,中部似亦有院庭,高仅二层,局面宏阔,配合匀停,朴素而不野,彼名之为殖民时代式。若然,则今日美国之建筑为进步或退步,成一问题矣。葡萄牙、意大利各馆,皆伟大而美丽,彼为其侨民及一切经济关系,故特别铺陈。阿根廷者:亦伟大亦美洁,此新兴国家处处争局面也。法国者:似不在比国之上。瑙威者:尚可观。捷克司拉夫亦有专馆,且竭力经营,方取得国家资格,故不能不遇事自求表现,如生意家之贴广告也。出会,又在海滨公园略憩,回寓。

六月七日

上午略出游,下午夏公使来,以汽车偕余游馒头山(Pao d. Assucar[①])、马缰湖(Lagoa Badrigo de Fretas[②])、滨海大街(Avenida Beira

---

① 此处应为 Pāo de Açúcar(葡萄牙语),即面包山。

② 此处应为 Lagoa Rodrigo de Freitas(葡萄牙语),即罗德里戈·弗雷塔斯潟湖。

Mar)、大西洋大街(Avenida Atlantica①)，并至一大咖啡馆略饮酒，因天气稍寒也。傍晚又乘车观电灯，此城灯光之美，游人称为欧美所未有，滨海各街之灯尤为市政府所刻意经营者。晚归餐，餐后阅此城之介绍书，即中国所谓游人须知也。

六月八日

童君来导余游高高华斗山(Corcovado)，先乘汽车至高司美维流车站(Estacao Cosme Velluo②)，改火车上山。火车下，中间有齿轮，铁路两轨之间有梯轨。车之中轮，每齿恰对楼轨一洞，故倾斜度虽大，而车行极稳。全路共长一万二千四百四十一尺，山高二千一百九十八尺。路行倾斜度最小者为八度，最大者为三十度。自平地至顶，中有二站，第一日西维司脱(Syluestre③)，以其渡西维司脱谷得名，桥工大而美观，此站距平地高七百七十尺有奇；第二站巴尼拉司(Paineiras)，高一千五百二十五尺，此站有旅馆及饭店，余等午前登山，至此下车用餐。此处步行之道可入山，余等行四里余，遇有人迎面来，询以至彼端有若干远？云十八克鲁米突。乃不敢前进，返而用餐。餐后上车，遇与余同船来者数人，皆待余极亲。至山顶停数十分钟，下至西维司脱站，余等又下车，因此地有电车，可通城内。余思改途，多见风景也。此地有咖啡馆，余等唤茶饮之。由电车盘旋下至城内，天色已暮，约五时左右矣。此山之美处：第一，在热带树木茂美；第二，山势兀峻，多壁立之处；第三，热带下多无竹，此处葡人由中国移植，往往有夹道竹荫；第四，在城市之中，随路线之曲折，时见碧城中栉比之楼台；第五，此山临海，高处可见无边之河洋及滨岸兀起之岛屿；第六，此处天气清朗，阴晴可划清界限，阴处之白云由半山涌起，如棉如絮，密盖山谷，晴处上至碧落，下至绿野，无纤尘屏隔，俯瞰

---

① 此处应为 Avenida Atlântica(葡萄牙语)，即大西洋大道。
② 此处应为 Estação Cosme Velho(葡萄牙语)，车站名。
③ 此处应为 Silvestre(葡萄牙语)，地名。

城市,历历如画。天下不乏名山水、佳城市,然大概为截然之二境,此处合而一之,所以胜也。

晚,夏公使约餐于嘉客俱乐部(Jochy Club),谢之不得。餐品如常,而地位异常名贵。此为本城第一俱乐部,非最上级人不能入会,非会员不能在中宴客,各国公使皆为名誉会员。餐毕又在街上散步,至十时天雨,各归。

六月九日

上午写日记,下午访夏公使,请其向葡国使馆为余签办护照,并访其二女公子。晚,余自往看电影。

六月十日

星期,夏公使约同游彼得镇(Petropolis①)。镇在内地,去此城约一百克娄迈当,即中国二百里。九时四十分,同往乘火车。先为平线,约百余里,换齿轮机车上山,行数十里又换平线,行一二十里达一城,四面皆高山,城之中间,亦为峻峰,惟各街市沿谷修建,皆平坦。谷皆有河,故每街之道皆为双衢,正中为河流,岸上为树。沿街宅房,皆前门临河,后门临山,亦有房在半山中者。花木之盛,甲于他处,且多竹与梧桐。峻岩上之古树,干高均六七丈,枝叶苍翠,而干作白色。以山岩之倾斜度太大,故绿荫能覆山石,而不能掩高数丈之树干,此奇景也。富有之家,有编丛竹为室、为巷、为门、为墙者,清幽雅洁,为他城所无。本午,荷兰公使宴各国公使,夏君一面仍须作客,由童、刘二君陪余餐,今日之游,本不重在餐也。餐后,夏君亦散局,乘马车在此城回环二三周,一因此城之美,久看不厌;二因火车五时开,有此余时,不妨多盘桓②也。此地③建城,为一德国人所发明。王政时代,彼得第二曾于此建行宫,今改为学堂,古木高冷,森森万株,犹带有尊严

---

① 此处应为 Petrópolis(葡萄牙语),即彼得罗波利斯。

② 原文误作"桓盘"。

③ 原文误作"他"。

气象。现总统亦有避暑处于此,名玄河宫(Palacia de Sio Negro[①]),建筑虽新,却无雄伟气也。五时十分乘车返,至城已七时余矣。途中有二三小村,儿童见车来,则旁立狂呼,众口同声,各村之呼法同而声则异,若山中人未曾见过火车者。然此地今为入内地通衢,每日火车数次,而狂呼者不已。尤可怪者,道旁居民皆欧洲种,狂呼之儿童,皮肤雪白,发毛金黄,见之动人爱怜,其举动乃完全无意识。十余岁色貌虽仍前,然不学不工,面上即现游民气习,望之生厌矣。葡人来此,驱山上之印度人而居之。此地冬日不寒,夏日不热,高树浓荫可以蔽日光,天然果品可以充饥,居此者遂退化为太古之民,故其顽惰无知若此。有信白人为天然之优种者,请其来此山村一观之。回城后,与诸君别。餐后,自赴一戏馆听戏,为说白剧(drama),觉其不甚动人。

六月十一日

本日为此邦纪念日之一。总统举行大阅,各军队均先后绕白河大街。余在旅馆楼上看甚清楚,其军队气象不甚严肃。观者极众,途为之塞。

晚又赴赛会,观美国、阿根廷、墨西哥各国之馆。美国可称之为科学馆,除各种模型及卫生图画外,其余所陈列者太专门,观者不能得兴趣。巴拿马运河模型,占其陈列品之最大部位,亦最有价值者。阿根廷所陈列,以建筑之摄影为最多,装潢亦最精,因其城市公共建筑特美也,其拉波拉他河(Rio La Prata[②])之水底模型极精细,可以见其测量之精,所占部位殆与巴拿马运河模型相埒,其农产品甚富。墨西哥馆新出产品无甚价值,其土人之陶器,有极精美者,望之动人,为余在墨时所未得见。其他绣皮镂金花边等等,俱极美丽精巧,此皆土人之出产品也。更有土人所着之大草帽、大毡帽,制法精巧,望之亦雅观,今杂人均着之,惟自号十成白人者,不甚爱之。馆内所陈列

---

① 此处应为 Palácio de Rio Negro(葡萄牙语),即黑河宫。

② 此处应为 Río La Plata(西班牙语),即拉普拉塔河。

者甚多。现世界各国各种之人，其所戴之冠与欧洲式不同，而敢向国际赛会陈列以自表扬者，只一墨西哥耳。岂不可叹。

上述各馆开幕，皆将一年。惟葡萄牙商馆前日始开幕，一因其建筑规模过大，需时较久；二因商人自办出品，聚资建馆，事权不一，进行迟缓也。其馆建筑不但堂皇，而且精美，室内所陈出品，除刻金品及绣金之中古衣饰外，不甚精美。然此种衣饰虽美，今震于北欧强国之势力，即文身之服饰，亦不敢不弃己之文美，以效他人之简野。则此种美观者，亦不过适成为赛会之陈列品耳。最奇者，葡国于馆内亦公然敢分殖民为一部，其中陈列，有中国之木器、瓷器、绣花等，间有中国字画及学堂学生成绩品。更有神主二个，其题式如下：

大汉显考全泰郑公之神位
妣徐氏安人之神位
世代源流远
彭门堂上历代祖先
宗枝弈叶长

呜呼，澳门为明朝赐地，只属私产，前清外交家承认其有主权，遗祸未已，试问我神明华胄，如不甘心作他人之殖民地奴隶耶，应有以善其后矣。游后归寓。

六月十二日

午前赴银行取钱，赴船票公司定船，拟即赴欧。赴国家图书馆（Bibliotheca Nacional①）参观，其建筑之宏丽，与美国议会图书馆相埒。收藏甚富，有可记者：（一）为彼得第二部分，此部最有价值。此国王政时代，三代皆自欧洲购书运此，以宏体制而壮观瞻。末王彼得

---

①　此处应为 Biblioteca Nacional（葡萄牙语），即国家图书馆。

第二又为文学之士,游欧之时,御书房之收藏全让归民国政府。今此等书特为一部分,上悬彼得遗像,人民对之并无恶感。(二)为古钞本部,有十三世纪写本耶教经典,其最工者,字小如蚁迹,中年人亦非用镜不能了然,此无价之古董也。此部之贵重品,亦皆为当时御书房故物。(三)政典部。即自殖民时代起,各时期之案卷。(四)为镂刻部,此由美术中独立一部,皆意大利有名古刻铜板之印像,其精美等于现在用照像所制之铜板。罗马之美术,今日之意大利人犹能衍其嫡传也。其余各部大致如他图书馆,惟阅书者殊少,此与美国情形大异,南美学术之不振,此一端也。此建筑之一部分,今为众院所借用,因众议院改修,今在工程中也。导余参观者能英语,名伯林客(Bassins Berlink),为余解释极殷恳。下午赴国家博物院参观,因时间太短,未正式访其职员,仅自行观览,匆匆一周而已。南美博物院殆均有灭种之大动物,此处之可记而较特别者三点:一印度人之长弓大箭,弓靶长五六尺,箭亦四尺余;二印度人之未开化有贯耳贯鼻贯颔之风,贯后以术使其孔日大,有缘薄细如小绳,而孔大如巨钱者;三王政时代之銮舆,陈大门以内。博物院在城外一极大之公园中,有泉石竹木,风景幽胜。小湖内有人荡舟,安闲之态,使时间匆促之游客羡慕不已。游共和公园,在城之正中,湖山、桥梁、亭榭布置俱美丽而大方,花木之茂美更不待言,而周围以铸花铁栏杆护之,此南美公园之特色也。

赴使馆辞行,并取护照,因余拟在葡萄牙登岸,由中国使馆送葡大使签字也。

晚夏公使来访,余留之晚餐,谈至十时乃去。

六月十三日

晨早起,检点行李,并略书日记。船票已购得,系英国皇邮船运公司(Rayal① Mail Steamer Packet Co.)阿浪沙号(Arlanza)之头等

---

① 此处应为 Royal,即皇家的。

位,用去巴西钱三百三十万元,此数目实骇人听闻。然每一餐辄四五千元,住旅馆每日房餐合计总须二三万元。除船票不计外,余在此邦已游三城,住九日,乘火车千余里,购书籍照片若干种,用去一百余万元,合中国钱向不及三百元。故生产费之低廉,以中国币计之,此邦实为第一。然其本国则苦①于生活费之飞涨,用度较艰,盖币值跌落也。

余今日收拾行装甚速,而旅馆中为余贴船票,上下转运以至送轮船则极慢。至此等处,乃感旅行南美,不如北美之方便,余时则觉南美伺役之恭谨勤恳为便也。余到船上,已下午一时四十分钟,船二点即开,夏公使、童用九均来送行。船将开,彼等下船去。此船甚大,乘客多,送客者尤多。船上下之嘈杂声,至对面谈话不能相闻。送别下泪者亦不少,然不及在阿根廷上船时之多,因此船英籍,其乘客多英国侨民也。

二时正,船开碇。此如画之城市,渐去渐远。船驶行出港,港口之形势及余势成为岛屿,罗列港外者皆奔过眼底,片刻已退出视线以外矣。餐品不甚好,晚餐后乘客在舱面男女跳舞。余观约半小时,赴写字室写信。十一时寝。

六月十四日

晨起甚早,在舱面散步。午前乘客在舱面行走者较少,夜动者昼必静也。

正午船抵南纬十九度四十分,西经三十九度二十二分。自昨下午二时开船,共行三百三十三海里。距巴一亚埠(Bahia)四百一十七海里。

下午略补日记,晚仍观跳舞。有十二三岁女郎,他人强挽之跳者,未终局,羞容满面而止。

---

　　① 原文作"若"。

六月十五日

正午船抵南纬十三度四十三分,西经三十八度三十四分,共行三百六十九海里,距巴一亚四十八海里矣。

下午三时,船停巴一亚埠海面。乘客下船者约四十人,皆由小船上岸。人多声杂,诸事无从探听,遂自行下岸,见满街黑人居十分之八九。此城依山滨海,海岸平地极狭,故山上之建筑极多。余以语言不通之故,未敢雇车上山,仅步游山下数街、二三小公园。街市较大者,边道亦以黑白石砌花,惟不甚洁净耳。寻书铺购风景册未得,购明信片若干。至一咖啡馆饮果水一杯。六时回码头,正虑雇船不易得,适有同舟乘客某君,自雇一小船上大船,余得分乘之,甚便,至船尚未误用晚餐也。巴一亚为巴西历史上名城,与里欧并称,今则判若霄壤,不能并语矣。

晚十时,船又开行。十一时寝。

六月十六日

晨起写日记,读陆放翁诗。

正午,船抵南纬十一度五分三十秒,西经三十六度二十六分。盖沿南美洲东岸向东北行,北多东少也。昨夜至今午共十四小时,行一百八十四海里。距波南浦口(Pernambuco)二百一十二海里。

布拉嘉君(L. H. Braga)葡萄牙人,其妻巴西人,喜与余谈,其妻不通英语。布君言及澳门,思往一游,余心动不乐,强自忍抑,谈如常。

晚上又组织游艺会(Asscosiation[①] of Sports),余捐英金一磅,心中有吝意。

晚乘客跳舞如前日。余观半小时,归室寝,将入梦,犹闻舞场中乐音袅袅也。

---

① 此处应为 Association,即协会。

六月十七日

晨七时起，船已停波南浦口岸前。八时，余乘小船上岸。此地人懒，岸头汽车尚未上市，极难雇。步行数街，各汽车夫知有船停岸，争赴码头抢好生意，唤之不甚理，间有理者，每小时索巴西币一百千，平常多十二千一小时，至多者不过二十千也。八时半，得一车，以一小时之时力遍游全城。葡萄牙旧式建筑甚多，与西班牙式相同，住房家家有墙有门，墙内屋外为大院，以莳花木。市房四围为房，中必有小院，如中国所谓天井者。新式之建筑多壮丽，街旧者较狭，新者多双衢。城内有二河，皆通航，小轮与帆泊岸旁者甚多，以巨桥五六通各岸为一气，桥工亦坚美。街内公园及住宅内多有高棕大蕉及其他热带花木。近河岸者，景尤美，与前日所游之巴一亚较，此城实美。且各街均甚清洁，知其市政管理甚好也。黑人亦甚多，普通人黑白不甚有种界。游毕，欲将所余巴西钱票易为葡币，并购纪念册，今日星期，银行及各书店均不开门，在一小店购饮料并明信片若干。因前日在巴一亚不通语言，大窘，在船略习之，今日能作简单之言词矣。九时三刻回岸，仍乘原船回大船，共费巴西钱十千，所雇之车一小时二十千，另给以五千赏钱，彼称谢不置。船停后，有土人上岸售物者，余购印度人以果壳所刻之玩具及巴西山木手杖若干作纪念。十一时船开。

正午船抵南纬八度一分三十秒，西经三十四度四十六分，共行二百二十海里。离波南浦口只行八海里也，距马德拉岛（Madeira）二千六百五十海里，为再一次停泊之处，非七八日不能达也。马德拉距葡萄牙甚近，应划入欧洲界内。余虽于本月十三日乘船离巴西京城，然船沿海岛东北行，仍在南美地带内。此次离岸直向欧洲驶行，与南美乃真告别，而美洲之游行亦于此完全告终。自明日起，余之日记即作游欧行程之起首矣。

第十四　由南美赴欧洲在大西洋舟中

1. 行赤道下并不觉热
2. 在船中在草《南美汗漫录》
3. 船抵马德拉岛入葡萄牙境

六月十八日

夜有梦,因昨晚与英人司咄肯(Strncken)谈甚久。一、彼问中国人已多解欧洲文字,何以至今尚不废去象形字? 二、言及德国,彼谓英德已渐趋亲密,因二国为最近同种,法国究系异种也。三、彼询余拳匪乱之原因,及此后是否仍有此种危险? 谈时甚久,余之感触甚多,因有梦。梦他卉尽着花,说是莲,然并不甚似。余谓此莲久不花矣,以余故,今年花特盛。此时忽觉每莲皆代表一民族,乃续言每莲皆应为之置嗣,无使灭绝。时有英友在侧,似即司咄肯,谓印度莲应灭种,不能为之置嗣。余觉其人可怖,不敢与争辩。此时又觉余表姊罗娟素女士在侧,抚印度莲低吟云:"不管他种灭族亡,年年清明且奠他一杯酒浆……(中忘),想家家儿女都羡作姑娘(吾乡惟较贵显家女郎有此称),那知作姑娘的更哀哀的想,指白云说是帝乡。"其音哀怨,不敢卒听。此时将醒,觉是梦,又转想姑缓醒,听其下更吟何辞,然亦醒矣。窗外怒风抟水,惊浪抨船,声汹涌可怖,绝不类梦中吟声。急起披衣,有物随衣坠地,格格作声,开电灯视之,则昨日在巴西波南浦口城时,就船上所购红印度人之果壳雕花盒。所雕之花皆着色,粉红淡绿,幽艳可怜,有东方画意,此梦中代表民族之莲花所由幻也。游欧行程之第一日,乃开始于记梦,殆类编小说,可笑。

晨九时许海面现一岛,极奇峻可爱,检图知为拍南渡岛(Pernando Norouho①)。午十二时船抵南纬三度八分,西经三十二度十八分,距欧洲附近之马德拉岛(Madeira)二千三百二十一海里,昨日只行三百二十九海里也。

是晚仍有跳舞。

六月十九日

整理南美日记,付以名曰《南美汗漫录》,并草弁言约五六百字。

正午船抵北纬二度八分,西经三十度三十六分,共行三百三十二海里。昨夜二时,正抵赤道,已在梦中过矣。今日已回北半球。

本日船上称为阿烈山大日(Alexendra② Day)。晚餐时,即席售阿烈山大玫瑰花,由乘客中少女貌美者艳装分售,有不愿购花,致未食水果及咖啡即离席去者,然餐后仍在舱面分售不已。

六月二十日

草南美调查各事项,附于日记之后,成古巴略史、铁路、航业三段,约三千字,觉倦。

正午船抵北纬七度四十三分,西经二十八度三十八分,共行三百五十五海里,距马德拉岛一千六百三十四海里。

晨起时有雨,闻此带现为雨季,凡船过此,均遇雨也。

晚女士游舞,其兴甚酣。

船上有日本人一,乃白人之仆。白人对之主仆界限甚严,仆人不能入餐厅。彼爱与余谈,余不便拒之,然恐西人误认,盖已有误余为日本人,误彼为中国人者。自今日起,中餐必着晨礼服,晚餐必着晚礼服,且此为英国船,英国人餐时必着礼服。南美人有半生未着礼

---

①　此处应为 Fernando de Noronha(葡萄牙语),即费尔南多·迪诺罗尼亚群岛。

②　此处疑为 Alexander,即亚历山大。

服,因乘英国船,特购置礼服者。

六月二十一日

晨兴尚未六时,已大明,盖入北半球,又为夏天,故日甚长。初登船晨七时方明。

正午船抵北纬十三度十七分,西经二十六度五十二分,共行三百五十海里,正距马德拉岛一千二百八十五海里。

上下午草南美调查事项,古巴之实业约二千余字,觉倦。

晚看化装跳舞(fanay① dress dance),此为游艺会中题目之一。凡为化妆者,必须先时为之,餐时化装入餐厅,众鼓掌欢迎之。化装者约二十余人,以装美洲印度人者为多,此不约而同者。跳舞时先分为三班:第一班女子临时化装者(dress on boord②),第二班女子装服预制者(dress brought on boord③),第三班男子临时化装。每班列队,由船役一人持铜铃摇之,领班鱼贯入场,遍行于观者之前。每人身上,皆书号数。预制化装者黑号,临时者红号。观者每人一票,任意书号数投之。每班中只书一人,一票共投三人,以得票最多之三人,每班各一人为得奖。除装印度人以外,有装乞丐者,有装夏威夷人者,有装犹太人者,皆无甚精巧处,一女子化装为卖果贫女,尚有情趣。一童子以浴巾为衣,以擦身之圆海绵为帽,以其他浴时用品为佩,其号数之前,另有字一行云:入浴次序依下列号数。此装最见心思。投票结果,以饰印度人披皮褥作衣,遍身涂红土,头安假发者得彩。

六月二十二日

起迟。连日行赤道下,并不觉热,初以为夏令,日偏④北陆也。今日已至北纬十余度,午前着薄呢衣行舱面,迎面海风仍有凉意,不

---

①　此处应为 fancy,fancy dress 即化装舞会所穿着的服装。

②③　此处应为 board,on board 即在船上。

④　原文作"编"。

知何故。正午船抵北纬十八度三十六分,西经二十四度三十七分,共行三百四十五海里,距马德拉岛九百三十九里。

南美调查,上下午共书二千余字,古巴已完,续草巴拿马,已觉船上时间有限,恐自欧上岸时,此编不能竣事也。

六月二十三日

正午船抵北纬二十三度四十五分,西经二十二度二分,共行三百四十一海里,去马德拉尚有五百九十八海里,已距欧洲近,去美洲远矣。

上下午草巴拿马调查已竣,本日书三千余字,倦。

六月二十四日

连日晨起浴,浴室中亦系海水,浴后觉快。

正午船抵北纬二十八度四十六分,西经十八度五十一分。共行三百四十六里。去马德拉岛余二百五十二里,大约明晨可到。

昨阅美国《文汇》杂志(*Liberary Dygestion*①),载墨西哥教育总长华康塞鲁博士(Dr. Tose. Vasconcelos②)前于巴西百年纪念开会时演说:有印板时代已过去,吾人所需在创造,不在仿效;须知吾人之民种,与欧洲大不相同,一切设施,断不容再仍前抄袭;本洲印度人决非退化人种,其进步时甚稳健,随处可以察见云云。此文附载有博士照片,乃白血较多之麦司提索,而其演说之语气,绝不自冒白种,可敬。

草秘鲁调查竣。每晚辄坐吸烟室休息,或与乘客谈。

---

① 此处疑为 *Literary Digestion*,即《文学摘要》。
② 此处应为 Dr. José. Vasconcelos(西班牙语),即何塞·巴斯孔塞洛斯。

第十五　葡萄牙

六月二十五日

　　晨抵马德拉岛。岛距欧尚五百海里之谱,属葡萄牙,面积不甚大而险峻。船停港口,岸上照例有小船来登舟,并无医生验病,或因无乘客离船也。九时许,有爱士蒲兰德饭店来船上招待乘客上岸游览。船、车、饭费均在内,英金一磅半,愿游者付资,彼给以五联票。下大船由小船上岸,此段此次不用票,上岸后或乘牛拖车(bollock car①),或乘汽车至上山电车站。余等此次乘汽车穿数街,街道甚狭,好在车少行转,亦无拥挤也。上山电车,亦系梯轨齿轮,历三站而至爱士蒲兰德饭店所在。岛无平地而土壤肥饶,且当夏令,遍山青翠,美丽有类檀香山处,亦有赤道花木,而以大陆树木为多。岛人有种麦者,现

---

　　① 此处应为 bullock cart,即牛车。

正熟,山较高处尚未熟。其农事甚幼稚,种法殆蒙古人所谓漫撒子者。余以暮春时赴南美,又过秋冬,总觉不快,至此又逢夏初气候,风物亦与气候相应,精神为之畅爽。电车共行四十分钟下车,此地即为终站。另有人行之路,尚可环绕上升并他往。在饭店前平台上可俯见全城,城名风厦(Funchal),南面风厦湾,北负峻山,即现在所登者,风景极盛。湾之东西由海直上为高岩,形势亦险要。在饭店旁略周览,寻径登更高之山,得一路,有泉自上沿路旁石砌小沟向下奔流。余意由此上可探泉索源,或有瀑布,众客无从余者,仅一阿根廷少年奔随余行。约二十分钟,彼疲欲返,余强之登。又十余分钟,彼真不可支持,乃相偕下山,盖始终见泉未见源也。

饭店旁,有小店售风景册者,购册二、明信片九。寻坐,书各信片寄中国亲友,告我行踪。十二时中餐,有音乐。餐客强半为同船者,有数南美洲人,言音乐甚美,视船上者不可同日语。余问故,彼谓船上者特乱作响声耳。余不解音乐,但知每一阕,掌声雷鸣也。

余餐时最感兴趣者,案上盘中有果品四种:一杏子,二樱桃,三枇杷,四香蕉。香蕉为南美最多之果不奇,其他三者,为在南美所未见,且极似中国种。北美虽有杏与樱桃,大半属变种矣。故尚未至旧大陆,已有去中国渐近之感想。餐后,乘人拖车下山,路以碎石砌成,作圆棱台阶,便人行且便拖车下行也。拖车无轮,以二长平木作底,车上为一巨椅,可容三人,椅与车连,极稳固。车周围作短栏,以木为之,镶以铁,其内以柳条编为花纹。行时,二人拖之,以二坚绳系二底木之前端,路之倾斜度小时,牵车使前行;倾斜度大时,牵车使缓下;路曲折时,两绳一紧一驰,使之转弯①。路两旁多人家,有贫者,亦有高厦大屋,傍山势作极大平台,周围古木丛花抱之,望之如楼居之神仙者。沿途乞丐甚多,余留心察之,过客操英语者,男子不给以钱,女子爱给。童子操西葡二国语者,男女均给以钱,乐意给年老者。更有

---

① 原文作"湾"。

变相之丐者,即卖花之童男女也,以花枝或花束向车中掷之,乘车者可随意掷以钱,不愿者,即掷还其花。余购盂兰花一枝,叶长八寸许,花瓣长五寸,色香俱佳,付以英金六本士,约合中国钱二角余也。

下车后,停车于一售土物之店门,其售品为珊瑚品花边绣花柳条椅具等及风景册也。余又购风景片二册,以巴西币易此国币,当时不及核算,吃亏至四万余元之谱,言之骇人听闻,合中国钱约四元余也。

有操英语之本地人,愿导余游,又乘牛拖车遍游城内各街。见鱼市售鱼肉者,持巨刀割售,其整鱼长五六尺,圆身滚肥,每头重约四五百斤。又至公园、戏馆、桥街各等处,车价万元,合中国一元。上船时,给导游以万五千圆,彼欢谢不置。未至德、俄,先在此国尝用卢布、马克购物之风味矣。

牛拖车分二种:一种运物,极简单,以二长木用小横木四五横联之即为车身,前端极狭,以铁纽联一长木,向前伸即为车辕,辕端有横木以两牛驾之;一种坐人,以二长木数横木作成,前后长方形为车身,四角立柱,其上有棚为车盖,四柱之间前后左右安板高低不等为车箱,箱中前后对面安二大椅以备坐人。车制虽极简单,而上棚美丽,两椅舒坦,乘之甚有趣而无苦,惟牛行太迟耳。御者必须二人:一在旁赶牛,一在前领牛。遇街头转弯时,牛前之人,趋前数步,以视有无汽车。此种车之大短处,在时间与人力太不经济。闻此邦人极懒,其时间与人力往往抛置不惜,此一端也。此外尚有骡拖车,与牛拖车相同,余未乘;又有二人独杠轿[①],上山时所用,余亦未乘也。此岛之车,尚未进化至有轮时代,而汽车忽自外国飞来,乃逾级而进。然除汽车外,仍无有轮之车也。

上船后,有土人上船售土物者尚未去。以二万元购碎珊瑚一串,豆制小软盒二枚。

大船左右有土人驾小船狂呼,掷小银币入海,则跃入拾出,百不

① 原文作“桥”。

失一。余由美国西钥岛上船时,亦有此类人,然只二人,一黑人一杂人,此地则皆白人也。每船二三人不等,童子居多数,余数之,船之一面共小船十三只,约三十人,他面不知若干,合计总在五十人以上。然港内尚有他船停泊,则业此者,合之数应在百人以上。其人民之不务正业,于此可见一斑。又下山时,见小女子年八九岁,衣服整洁,背系书包,似自学校初出者,见余等过,亦混群丐中乞钱,不以为羞。盖家庭教育不良,使儿童养成劣根性矣。

三时五十分,鸣号催来船访友及售物者下船。正四时开碇,至五时^①始将此岛过完。岛之余势作一二极小之岛峭立海中,甚有致。此岛东西偏长形,如楸叶,共面积三百一十四方英里,人口依一九一九年之调查,十六万九千七百七十八人。以风厦镇为治地,镇之人口依同年调查二万四千六百八十七人,称为葡萄牙第三名城。城内人多解英语者,英币尤通行。或言此岛不啻英地船赴南美之避风地,其岛之营业,全恃英船客人上岸之交易。或云葡人自英夺寄卜拉他峡(Gibraltar)以后,深虑其图此岛,故事英惟谨,资其利用,以免其用武力掠取,殆皆熟悉此间情形者之言。

本日停止草南美调查,明日又须预备下岸,南美调查恐又将搁笔。作较长之记述,如此其难。晚天气甚凉,何故?

六月二十六日

晨起觉凉,为热水浴。昨日所购之盂兰花插室中,时有幽香。

草昨日游记。

正午船抵北纬三十五度五十分,西经十二度四十九分,共行二百八十五海里。距葡京里斯本(Lisboa)二百四十八海里,知马德拉岛距欧洲最近之口岸为五百三十三海里也。

与葡人烈鲁君(Raul Lello)夫妇谈中国文字甚久,彼等不甚知中国文字为何物,彼姑问之,余必详答之也。

---

① 原文误作"峙"。

下午停止草南美调查课。初拟在船草竣，课未过半，而时已尽，作事之难有始终如此。上陆后，日日有游程，日日有日记课，恐不易补草关于南美之事矣。晚与英人李君谈，彼识巴森君，托余至伦敦见巴君为彼致意。

六月二十七日

晨醒甚早。夜来微有风浪，船行不如从前之稳。起六时半，检点行装。此舟为余海上之家者半个月，检装若有别意。余室在上数第三层，非甚好之地位，然甚宽大，本有下床二、上床一，只余一人，撤去上床，其二下床，一睡一置书籍用品。写字时先在室内检齐应需书籍、抄本、纸张等，携之赴吸烟室中写字桌上为之，室内则床满书籍也。现在一一纳之箱中，俨如搬家。八时行装已齐，赴餐室稍用茶，分别开小账。此邦并无医生上船验病，有关员及口岸管理人验照及行李，下船者并不甚少。九时许，中国使馆馆员高君、王君来船招待，下船已十时余矣。船不能径泊码头，船公司用小船送客人及行李上岸，上岸后即为海关。久候行李不至，先携小衣箱一件，与高、王二君入城觅旅馆。此间旅馆各有接客人，大都能操英、法语。高君爱询彼以房价，致两家接客人相争口角。余等雇车至欧罗巴旅馆（Hotel de L Europe①），高君云美国公使初来时即寓此。然并不甚大，临窗房只余一，且室内旧客今日下午上阿浪沙船方去。余等先至室内一视，见衣箱上置书一本，有中国字，近视之为《华英文义津逮》六字之题签。在另室中少坐，偕高、王二君赴使馆。吾国在此设有代办使事者，公使由驻西班牙公使兼任，代办李君世中在山避暑未归。高君约中餐于一法国餐馆，餐后，李代办由山上已归，又赴使馆访李君，谈至傍晚回寓，天尚未昏，阅表已七时余。盖北半球正当夏令，日正长也。旅馆房饭合计每日九十元，葡币本名米勒司（Milrs②），意言千钱，若

---

① 此处疑为 Hôtel de L'Europe（法语），即欧洲酒店。

② 此处疑为 Milreis，葡萄牙旧货币单位。

照此计,则为九万钱,价可谓昂矣,合中国币约九元左右。餐品尚好,住室亦宽大,窗临公园,浴后披衣当风对窗,俯瞰园中游人来往坐立,心境畅爽。衣箱中有英文关于委内瑞拉(Venezuela)之书,取而读之,十一时寝。

六月二十八日

夜睡甚安,晨兴步行数街。小街有女人售水果蔬菜,载筐于头,游行叫卖,其声音类中国旧式城中之叫卖者,惟多卷舌音"R"耳。此城滨海依山,高下不等,车上大都有搬楔,以防下坡时轮转过速,此与中国旧式车行山路者同用一法也。至一小公园,地势甚高,一面壁立,下面即为海平之低地,乃临海市面。在园上俯瞰人烟,远观海波及船只,意兴悠然。又至一擦鞋铺擦鞋,坐高椅上,彼跪地俯足擦之。他国公园中,间有跪地为人擦鞋者,以他人立彼必跪,乃能及人之足;此在室中,他人据高座伸足凳上,彼无跪之必要,此或其习惯欤?擦毕,见他人给以钱五角即旧钱五百,余亦如数给之,合中国钱五分,美国钱二分五。然美国大城街中擦鞋者一角,室内大部一角五,视此间六倍,此二国生活程度及生活费大约比例之一斑也。

下午李代办及馆员高省吾乘车同来,约余游城内。先至美术博物馆,进门有中国大瓷瓶七件。至内所陈殆皆画品,有十五世纪旧画甚多。余不解画,但看画中人物之衣饰,大都长袍左右开衩①,多类东方衣制,亦有类中国画中之蒙古衣饰者,知近代之欧洲服制,乃完全北欧未甚开化者之蛮俗也。次至动物园,园在城外,万木森森可爱。陈兽不甚多,而有可记者:一为猴,大都为斐洲产,猴在室内,夫妇同居生小猴,夫妇共养之。初见大猴一对为夫妇,小猴二,一较大,约生岁许;一初生,大约为兄弟。二大猴为最小猴捉虱,较大者助之。少顷公猴释手,母猴抱最小者哺以乳,较大者蹲膝下抚小者腿,宛如父子兄弟也。又一处父猴与儿猴戏,母猴卧地作招手式,儿猴弃父就

---

① 原文作"差"。

母,为其捉背上虱。余怪何猴身虱之多也,细视之,并非虱,盖猴已知爱洁净,而毛内最易藏尘芥,故吹毛求之,以尖爪检去之,此遂成其惟一之工课。此园畜猴甚多,其大者乃较野,不知何故?寓美京时,同寓艾沧舟为余言,美国心理学家实验之结果,慈性及爱子女心出于本能,子女之爱父母,人与兽俱无此本能,美国之伦理,实基于此点。彼不赞成此说,谓子女之爱父母,亦出于本能云云。余尔时尚谓子爱父母,或不出于本能,惟人类进化,久为超越于本能生活以上之阶级,不必专根据本能以建伦理之基础。今观各猴,恐子女爱父母不出于本能一语,尚须再加考求也。又观一极大海兽,余在美数观之而忘其名。身类牛而大腿短,类猪,口极宽而牙不整齐,故食物甚艰难。然总以不得详观其齿为憾。此园饲海兽者见余等至,呼海兽之名令来,兽即自水中奔出,立饲者旁,任余等立前观之。饲者云:张口,彼即张口;云:向上,彼即向上;云:张大,即竭力张大;少顷云:去,则奔还水中。此兽能如此之驯,为他国所未见也。观毕,以二元五角付饲者,彼大谢不置。余等绕行观毕,另至一处,有售茶点者,桌置树荫下。另一亭,亭内数人奏音乐,万绿丛中,辟一小跳舞场,上以绿荫为幕,下以三合土为场,如中国北京所作之溜冰场,惟四围无栏杆。各面树下饮茶者随地可入舞场,有男女同来同舞者,亦有临时凑合者。余等[1]购果水饮之,且观跳舞乐二阕,出园各归寓。

晚李君约在使馆餐。馆无中国厨役,仍西餐也。李君数强余饮酒,此国酒亦佳,饮太多,谈亦多。李君曾供职俄使馆数年,俄革命时犹在彼,为言旧俄佚闻、新俄趣史甚多,归已一时半矣。

六月二十九日

晨,高、王二君来,导余游茫得司道利(Montrestoril[2])一带。先乘车至一火车站,火车沿海岸西行,岸上坡坨起伏,村郭人烟,都在山

---

① 原文作"能"。

② 此处应为 Monte Estoril(葡萄牙语),即埃斯托里尔山。

半。对岸为一半岛，势向北张，内有海湾，外为大洋，与此岸成一海峡，为里司本河入海之门户。峡尽，则见大洋汪洋无际矣。再西行至一处，树木特茂美，余等下车亦近埃司道利，有温泉在焉。山势不甚高，而三面环抱，苍松翠柏，弥漫山麓。正中为小平原，如釜底，辟为花园，莳凤尾棕及其他艳花，小河通其中。园之三面皆有建筑，随山势向后渐高。前面，左右建出、进二大门，同式，高可三四丈，相距约数十丈也。门内面左右同式者为市房，已竣工，尚无商店开市。再内南面一大建筑为旅馆，再西为温泉宫。宫高不及旅馆，而气象雄伟，与美丽则过之。内部尚未竣工，然亦可浴矣。以此方太真之华清池，不知华贵谁胜，但比之我国京北之汤山别宫，则远过之，此外建筑尚少未竣。此地全为私家所经营以自娱，且为营业也。本日高君偕夫人同来，由此步行至再前一站，觅一餐馆中餐，高君作主。餐后，又步行而北，沿海岸行。岸渐向西趋，回环成一海湾，为渔船进口之门户。此邦渔业较盛，故此口岸亦与其经济界甚有关也。海湾尽处，地形成一半岛，弯入海中。上建炮台，数百年前旧物，以形势论之，今日仍据要害。但葡为弱国，不与外国备战，亦不必务国防，故台上无军备，仅一无线电台耳。余等登其最高处，可左右览岸上山林城镇，前对大洋，胸襟为扩。极目向东，里司本亦在望中。下炮台沿岸回车站，岸下一带俱为海水浴所，沙面张布伞或布帐，伞下备独浴者浴后休息，帐中则男女共浴者之卧沙休息所也。车站附近始名曼德司道利，意言埃司道利山，以其地较高也。归里斯本后已七时，余约高君夫妇及王君餐于嘉来第（Garett）餐馆。

六月三十日

高、王二君导赴新塔（Cintra①）。山甚峻拔，傍山有镇，亦以山为名。山下有王宫，译音曰来娃（Polacio Real②），最后为前太后马利亚

---

① 此处应为 Sintra（葡萄牙语），即新特拉市。

② 此处应为 Palácio Real（葡萄牙语），即皇宫。

所居，故或以马利亚名之，为九百年前故物。余等下车，李代办在站相候，彼现租屋避暑于此也。同游来娃宫，建筑并不甚大，惟对面山境殊美耳。高三四层，整斜相间，每层中间有短廊，廊俱临街，可以远眺，可以俯瞰，与中国所谓深宫者迥殊。宫内稍有旧物，不真名贵；院内有院，不甚大。下层向院处为喷水浴室，宽长约三四丈，壁皆以小瓷砖为之。砖有小孔，孔通水管，机关一转，满室砖孔俱有水疾射如骤雨，亦奇制也。观毕，李君约中餐于某餐馆，餐毕，雇马车上山。山之上部为白纳宫（Palacio de Pena①），宫据山巅，抱山为环路上升。入宫禁范围，路之两岸皆有墙，山之树木异常佳胜，左右隔重墙，繁枝密叶，仍抱合为绿荫以覆路。将至绝顶，守者以车马进门费一元（Escato②），至宫门下车，入内每人游览费各一元。宫门外凿小沟以吊桥通之。门纯以石筑之，上为弧壁，且进且高且转，进约十余丈，高约三丈，已转向至宫内矣。宫分新旧两部，一为八百年前所修，一为四百年前所修，然壁接楹连，已合为一。守者先导余等观旧部，错落分四五层，每层室俱不高，惟全宫无木瓦等，每层上皆为弧壁，以白石砌成者，所砌皆成花纹。此种建筑，科学及美术上俱有价值。次游新部，每层较高，一觇见宫装潢较名贵，余殊简质，所陈古物亦不过在历史上有相当之价值。窗多以雕花玻璃为之，有一窗雕一人，甚雄伟，戎装跪一膝，张目上视。导者云此王子约翰第六（Oom Joao VI③）赴巴西时之像，拜别君父，有依依恋阙之意。王子入巴西，造成对岸数十年之王国。导者为一老人，观毕出，彼云已居此宫垂四十年，曾伺服先皇，革命时嗣君由此宫出奔，盖目睹之。言时已出室门，彼指宫周各炮台云：此坚固可守，革命军已逼近而守军无斗意，嗣君不能不走。又向西面指云：彼即大海嗣君出宫直奔海岸，由小船转大船以走英

---

① 此处应为 Palácio da Pena（葡萄牙语），即佩纳宫。
② 此处应为 Escudo（葡萄牙语），即葡萄牙一个货币单位。
③ 此处应为 Dom João VI（葡萄牙语），即若昂六世。

国。君等所参观之寝室，御榻旁置四烛，二未燃，二仅燃寸许，此君后最后一夜睡时所燃。走时仓卒出，此后永未睹此宫云云。白发宫人，泣涕说天宝事，今日乃亲遇之。出宫后至本宫木产博物馆，又后至一英国人孟赛拉底私邸。全宅以白石为之，雕工甚精。宅分多室，所藏书多华贵古本，尤多中国瓷器，并有古玉多件，不可计以价。李、高二君均谓此室所列各物，价值在白纳宫之上。此英人每年冬来此避寒，夏日酌准游人参观。宅院占半山坡，名花古木，更不胜记矣。下山后本拟至李君寓，天晚作罢，归至京城，八时余矣。

七月一日

星期，午前略写日记，未竣。下午自赴街上游览。此城高下相间，建筑亦多华贵。携照像机，思照风俗片若干，此间风俗最现异彩者：第一，为卖鱼女，头蒙以布，老年者多黑色，少年用彩色，且多有绣花。布上头顶置一自制柔质圆圈，亦少年者有彩色或绣花，老年者素地或有用少年所用过已旧者。圈上荷大编筐，或圆或长，置鱼其中。每晨鱼市中人以千百计，皆女子，皆首荷鱼筐，身着长裙，赤足无袜鞋。此种装束，自然丑者愈形其丑，亦有长身亭亭，筐置头上，不加手扶，挺身疾步，腰肢转增袅娜者，盖妍①媸与妆饰本为二事也。下午市散，中年以上之妇女，大都早归家，十余岁之女郎仍多荷筐游售者。余遇于途中，商照其像，不应而走；又遇其他二人，思取机镜照之，彼以裙自掩其面，乃止。第二为两轮旧车，以二牛驾辕端横木，缓行街市，余亦未得拍照，怅然归。晚高君约至马可西母(Maxim)俱乐部看跳舞。男女不论相识否，皆可临时约舞。有女子不能得男子者，则二女抱舞。舞场周围皆棹椅，观者、舞者皆自择一棹，呼酒或其他饮料饮之。二女抱舞者，每舞至有男无女或男多女少座前，辄以眉目送情。余等观至十二时半去，闻大盛在一时左右也。

---

① 原文误作"研"。

七月二日

赴使馆托为余护照签字,并转请西班牙公使签字。在街上游观,觅得此邦各州名胜及建筑照像册购之。

下午购车票于华贡里公司。

七月三日

上午高君来导余再游街市,照像数片,不知能显出否?

下午赴使馆取护照。李代办自新塔归,晚李君偕使馆外国雇员来访,并约看葡国戏,亦为杂耍(vaudeville)。其结队跳舞,女子多着布鞋,衣饰精美,亦远逊他国。其长处:戏有主要剧本,以杂耍作配合,如中国之武戏自有戏之原委,以挞乱台演各种武技为一种配合也。主剧布景能速变为其长处,台上自动机甚多也,有时只加一幔,艺员由此部走至彼部,即为另一地方,虽苟简,实方便。其他各国以布景胜者,往往全剧只布三景,剧之原委,悉于此三幕中补叙,以衬托①之笔写之。文章品格,固为上乘,而普通社会往往不欢迎也。一时始散。

七月四日

晨七时起收拾行李,开账,嘱旅馆之上站人(porter)将行李送上车,并代购行李票。自乘电车赴使馆,约同高君往参观城内有名之某故宫(余忘其名)。此宫本不开放,因使馆托外交部介绍,故可往观。至则寂无一人,询之宫旁兵丁,云十一时后方有人来,此时门扃无钥云云。宫之外部,并不甚壮丽,有颓败处亦未加修理,若有意点缀此故宫之"故"字者。闻欧洲有古银器二套,后无能仿者,今一存巴黎某故宫,一存此宫,故此宫乃以银器得名。又最近尚有一事与此宫有关系,葡国旧日教会之权极大,国内不动产为教会所把持者极多。革命之后,清查教产充公,禁人民为僧尼,此其多数政治家所主张。彼等以反对其教会专横之故,对外国掌国人员亦少好感,而此国与教皇又

---

①　原文作"拖"。

素有外交关系,彼此互派公使。前数月驻此国教皇公使升授宗伯主教(cardinal bishop),应由教皇为之加冠,教皇不自为之,以正式国书请葡总统代为执行,即在此宫中。事后大为政党所反对,酿成政潮,今内阁犹在摇动中也。本日午前十一时四十分余所乘之火车开行,势不能久候,乃往观附近大教堂,其建筑之伟大,视三次所见之王宫数倍。室内高龛大柱,皆有神斤鬼斧之雕工,与在墨西哥所见者同其精美,而伟大过之。历代帝王棺皆以大理石为之,在此堂中,棺座棺顶为伟丽之雕刻,最上雕王冠,此外凡葡国名人棺木都存此。有一巨室,左右存二棺:一为占领巴西之贾伯拉尔(Pedro Cllres Calral①),一为在印度劫夺土地之贾马(Vasco do Gama②)。棺之伟大与美丽,不减帝王。棺上无王冠,以雕像代之。至十一时尚未观完,以时促,急赴车站,李代办亦来站相送,并为余向西班公使索得海关优待信。车开,李、高二君始去。余前日购得全国名胜录十册,各城之教堂皆雄丽,而其他风景及街市照片可查见其人民极穷困之凋弊现象。余观此事有二种感想如下:

第一,此邦为耶稣教国家。耶稣教以前无甚历史可言,耶稣教以后,其发强盛光荣之历史,无不与耶稣教有密切之关系,故今所观之教堂,直其国庙也。入其庙中,虽异国人非耶教人如余者亦肃然起敬,想见十六世纪时其国势之强胜及其民族开疆拓土之精神,觉至今日葡萄牙犹为一可贵民族,具不可犯之威严。

第二,此教堂之伟丽名贵,为所过各国所罕见。而此城穷人之多,与其穷之程度之高,亦远过于其他各国。教会事业,与平民生计适成反比例,乃觉葡国革命,不但为政治的,且为宗教的,其原因固有由来。

———————

① 此处应为 Pedro Álvares Cabral(葡萄牙语),即佩德罗·阿尔瓦雷斯·卡布拉尔。

② 此处应为 Vasco da Gama(葡萄牙语),即瓦斯科·达·伽马。

至此忽思及中国现在亦有耶稣教，且有醉心西化之人主张中国耶稣教化者（Christianization of China），又为感想如下：

第一，耶稣教与吾国历史有何关系，炎黄夏商开辟东亚大陆，统一万国政教，蔚成东方文明，此与耶稣教有何关系？次之，秦皇废全国之封建，为今日欧洲所未能全行，汉武经营西域三十六国，全括今日之中亚西亚，更推之吾族之蒙古曾囊括欧亚，建全世界空前之大国，又与耶稣教有何关系？直至近代，耶稣教始入吾国历史范围，义和拳之乱，自有其他原因，而耶稣教会之干涉司法、欺压平民、毁诋前圣，是否为此乱之重要原因？至今日而四万万之赔款，犹重累吾民。中国国势削弱，亦自有其他重要原因，而各国之分占吾口岸，区划吾领土为其势力范围，是否开始于德人之强占青岛胶州？德人之进行步骤，是否先由教会与平民开衅，以为借口之资？数吾国四十年来，割地纳款丧师辱国之历史，殆大多数与耶稣教有关系焉。然则对于耶稣教之感想，吾国人与彼耶稣教国家之人，是否当然处于不相同地位，愿贤达者一思之。

第二，中国普通观念，宗教当然超然于政治经济以外。然略考耶稣教之历史，则每至一国，把持政权，劫没私产，诱迫平民为信徒，驱养信徒如奴隶。故其结果，人民益贫，而教会与教会相关之贵族巨室则益富。南欧与中南美所见者大都如此，不过有对于宗教已革命者及未革命者之别耳。北欧曾经单独之宗教革命，故教会罪恶无南欧之甚，专就彼教论，新教诚旧教之良药。中国本非耶稣国家，旧者旧非所欢迎，新者亦无所用之。

第三，中国人有倡耶稣救国论者，谓现在政教隳敝，人民精神无所托，必以耶稣教救之。此贤者之论，非政客式之教民所能言。罗马将衰时，耶稣教曾一度自号为救亡之药，而结果罗马实亡于耶稣教，全欧政权俱为所把持。自称"Papa"之教主，遂擅至尊之号以统治各国元首，先铲除罗马法制，继又燔灭希腊哲典，欧洲民族历史上之二明星，悉为所灭，以造成数百年之黑暗时代。岂中国人有羡于此耶？

国已弱自强之,国将亡自救之,断无毁灭国性作异教之螟蛉足以救亡者,愿国人深省。

第四,国人昧于耶稣教之历史及性质,必将执现在事实以疑吾说,余先就其历史及变迁略释之。耶稣教者以自身势力为主体,善变力行,常能利用潮流消灭他种势力,以自扩张其势力者。今分其全教为数段:第一,对犹太教革命欲承袭摩西所创教国之势力,未能成功。第二,罗马衰亡,分其政权,势力遂大,其后酿成欧洲之政教分立及宗教革命。以上二段,为其独立时代。第三,与南欧之强盗式殖民家合作,以征服中南美。既以政权让王族及武人,乃大没收民财,以树经济上之势力。墨西哥当时全国财产四分之三皆属于教会,他国稍次之。第四,与北美之资本家合作,以造成美国畸形发达之经济制度,近更向全世界各方进行。以上二段,为其与他势合作时代。此后彼更将变如何之态度,以扩张其势力,仍视世界潮流为断。要之,与强者合作以劫夺弱者,朋分其利益以自殖其势力,则未易遽变。有时潮流过急,使彼转舵不及,如今日之俄国,则为例外。倘能与以相当之时间,社会主义共产制度,但能有益其势力之保存或扩张,彼固未必不能与之通力合作也。

已游十二国,除日本外,余皆耶稣教国家。其历史、政治、经济状况,随处皆与宗教有关,感触异常繁复,因便略及之。

车开先过一山洞,曲折东北行,见田间耕人不甚多,地多荒芜者。此国田仅辟四分之一,盖民惰也。凡热带下生产过易,或土地为其特殊阶级所把持,人民耕作为他人作嫁者,俱养成怠惰之恶习也。

午餐一西班牙人葡币用尽,与余同餐。余付饭餐,伺者少找余十元,余数出追索之。餐后西班牙人还余钱,少给余二三元之谱,余作为不知者,三元只合中国钱三角也。

下午六时,入西班牙境,以有使馆优待函,行李免验。欧洲各国仅有外交护照,仍验行李也。在一车站停车,站上居民多来站上,入两列车分停之中间站台上游走,以女子、小儿为多,衣履多整洁,初余不知彼为作何事者,彼等多爱向余招呼,余亦应之。询之他人,知此站容衣履整洁者来参观行客,行客中余最特别,故多爱招呼余也。车行,群儿都向余招手道别,余乐之。

车有卧床,每室上下二人,余同室者为一德国人,能英语,谈甚多。彼问中国文甚难言否? 余漫应之。彼又询余识中国字否? 余因已与久谈,不便责其无常识,乃答云:言之可愧。葡国人民仅有百分之二十五分识字者,中国亦不过百分之三十。余差幸为此百分之三十中之一人。彼又问然则中国尚自保守其旧有之文字耶? 余应之。又问何以不改为拼音文字? 余云:此亦一问题,余不能答。告君二事实:第一,梵文入中国不在拉丁文行于北欧洲之后,北欧简直承受拉丁文字,中国则大事翻译所有梵文经典尽译之,今日世界佛典之完全无如中国文者,而仍通梵文者几于无有。但西藏、新疆、蒙古、满洲尔时之人不通中国文,皆取法梵文制拼音文字。今满人多通中文,故满文已完全消灭。蒙人之蒙文,已消灭一半,此一事实也。日本古无文字,曾专习中文,与其语言不能尽合,唐时僧人依梵文法为之制拼音字母,自此以字母行音兼写中国字于内。今日本工商科学在世界占如何地位,人所共知,全国人民识字者百分之九十八分,就所谓世界科学所谓普及教育者言之,宜以删除中国字专用拼音字母为便矣,而彼邦学者,讨论经年,卒否决之,此又一事实也。彼至此乃大惊异曰:世界竟有如此有魔力之古文字。呆目拤舌不止。末乃论及西班牙文之美以声音圆转整齐,不成音之仆音夹杂其中者较少,英文反之,是以不美。彼谓德文不成音之仆音更多,故亦不美。余云:法文之所以较西班牙称更美者,一固卷舌音软滑流转,二因不成音之仆音在字尾者全不念出,在字中间者大部简直删去也。西班牙文卷舌音较重浊,故稍差。中国语每字一音,每音乃一主音一仆音所合成,绝无不成音之仆音夹杂其间,故声音之美,为他国所无。文字之形式,随处与六千年历史之文物声明及历史人物之德行事业及佳话轶事有关系,故其意味之丰富高深,更较声音为上。可云中国文字过于美丽,使好之者怠于他业则可，不能疑中国文字为不美也。今中国留美学生在二千人以上，平均成绩在美国学生以上，盖美国学生课余以跳舞看戏为娱乐，学业不专；中国学生以英文学科学，课余偶浏览中国书用代娱乐，求学较专，是以成绩好也。中国文字之内容所缺乏者科学，今后能以译佛典之精神译科学，他日当可成为世界惟一之丰美适用文字。余此论已屡向外国人言之，仅此次记及之。

晚九时寝，游葡之日记以完。

第十六　西班牙

（自民国十二年七月五日至七月十六日）

七月五日

　　晨五时起，由车窗外观，遍地皆已收未收之麦田。正收者用镰刈之，积堆仍以麦代绳束之。其碾场及扬场之法，与中国北部相类。所用木掀，与中国北部所用者相类之程度，恐尚在南省所用者以上。其犁地之具较异而拙。住房多为三间一门二窗者，如非先知此为西班牙，当疑为中国境内也。七时半至京城马德里（Madril①），踌躇未下车，有使馆秘书李君来招待，宫邸旅馆有汽车接客，遂寓之。公使刘崇杰字子楷，有病，约下午赴馆晚餐。行李收到后，偕李君先至街上

---

①　此处应为 Madrid（西班牙语），即马德里。

略游览，觉此城气象光昌博大，建筑美丽中有名贵气，惟马路间有不甚平者，不失为名邦大都之规模也。大街上亦多有树，店前树阴下亦多售茶水者，就一处坐饮，觉清爽。回寓即留李君同餐。

下午六时余赴使馆，刘君出晤。彼病齿尚未全愈，然可谈。询以中国情形，亦莫得真情。然谈西班牙现在因摩洛哥（Maroco①）问题引动政潮，各党连合与武人抗，颇有兴趣也。彼有中国厨役，餐品适口，炸酱面与在北京所食者同，大饱之。同座有刘君夫人，秘书宋、李二君。晚十一时归寓。

七月六日

赴街寻书店，购全国风景及建筑册，得精印巨本，为之狂喜。葛兰纳大（Grenada②）省之亚拉伯建筑，其伟丽非思工所可喻，且对偶式中有庭院（padio③）之建筑，多在该省附近，乃知西班牙之建筑在欧洲俱特殊色彩者，其来源乃在亚阿伯。亚阿伯在亚斐之间，为埃及及尼罗河流域及巴比伦美素波他米亚平原之连锁地带，其关于此二大古文明源流甚大，然其派则完全为东方式也。

下午在街遇李君志吾，谓约余同寓，其房东甚和蔼，而房饭亦好。余偕至一观，允次日移与同寓。

晚赴使馆与刘公使送行。连日来使馆，来时乘马车，归时步行，沿自由大街归（Gran Avenrla de Liberdad④）。街宽，余步之为一百一十二步，在一百当以⑤上，约中国尺三十丈也。左右双衢，中为波拉多（Prado，即草原兼路径之意），中莳大树丛花，仍分左右二道，双衢之再左右仍为边道。大树荫下不远，必有桌椅售饮料，雕栏长凳

---

① 此处应为 Morocco，即摩洛哥。

② 此处疑为 Granada（西班牙语），即格拉纳达。

③ 此处应为 patio（西班牙语），即庭院。

④ 此处疑为 Gran Avenida de la Libertad（西班牙语），即自由大道。

⑤ 原文作"一"。

则随处有之。余所经各国城市中以此街为最宽。

七月七日

晨起收检行李。十一时李君来,余开账,移与同寓。

新寓内,床帐棹椅皆精美,且有三室:一寝室,一坐室,一书房。中餐餐品亦美。余在旅馆中房钱每日三十元,用餐每次十元,日以五十五元计,合中国钱十五六元之谱,直与美国大旅馆同其昂贵。此间每日房饭共十五元,合中国钱四元余也。

下午赴书铺购书纸。

七月八日

星期,上午补写日记。下午约李君及宋椒林夫妇同游芭尔杜宫(Palacio Paldo①),在城外三十里许。渡马德里河(Rio de Madrid②),水流甚小。此城只有此水,其天然缺陷也。芭尔杜宫外观毫不壮丽,不过一较大之平板不灵之古建筑耳。中有庭院,以方石满铺地,无花木。守者以钥启门,导入室内,乃见其名贵。室只二层,下层较低,似专为下人所居。宫大致面东,正面无阶,余等自西南隅巨阶绕登第二层即入室内。第一室为守卫住所,再进,各室连贯回绕约二十余室,仍至原处下楼。此宫之可贵处,第一各室全以棉锦(takiceria③)名画满饰墙壁,幅帧虽有大小直横不同,以饰满为止。某室内门上一小横幅直不过三四尺,宽不过五六尺,绣一猎者卧地,二犬守之。美国某富人游此,愿出二百万美金购此小幅,商之守者,莫之敢应。其他大幅横直多数丈见方者,价值之巨,不可方拟。棉锦制法全用手工,先以名画作蓝本,其大小、颜色及光线之配合,悉准原画,不差分毫,视中国旧时之绣花,其精美远过之矣。全宫之一室壁饰,不用棉锦,盖前王亚尔丰索十二(Alfonso XII)薨于此室,其后不欲见原

① 此处应为 Palacio Real de El Pardo(西班牙语),即埃尔巴尔多王宫。

② 此处应为 Río de Madrid(西班牙语),即马德里河。

③ 此处应为 tapicería(西班牙语),即挂毯;地毯。

饰，乃悉撤去，改以他饰作为诵经之所，以超度前王早升天国。前王
死已三十三年，未尝一日辍。此国王室自有教堂、自有僧尼，在此诵
经者皆王室之僧也。第二，全宫一切装潢陈设及建造原料，无一非本
国之物，只一球房，其球台经前王购自法国。第三，各室顶棚俱有画
且皆美，仰面视之如空中更有世界，直不辨为屋顶，有时画人物于上，
饰余隙为天色，飘飘若仙子之凌空也。第四，有一巨制时钟，连架高
丈许，上弦一次走一年，且钟点不错。此宫①与在葡萄牙所参观之白
纳宫相反，彼外华丽而内朴素也。出宫至对面一小公园，无甚可观，
就乡间小茶馆买饮。归途过白低西山(Cuesta del Perdicis)，其地有
俱乐部，有林园为贵豪之家夜宴撤后携姬歌舞之所，来此者大都在夜
十二时以后。余等白昼驱车过此，惟见高楼寂寞、重门扃闭耳。又转
车至他处，经四条街(Guadro Caminos②)回城，此处为最近新辟街
市，在城郊之间，道路尚未竣工。建筑之丑如美国，有高房两座，各十
余层，方窦氏之小窗，直排并列于壁上，极类放大之鸟笼兽槛。车夫
忽告余等云：此二座为吾京中最高之新式房。若自喜其有一部分之
美化者。余心滋痛，南欧既自弃其美丽衣饰以效北欧之简野矣，若更
弃建筑之雄丽名贵，以学美国之长宽高大，讵不下乔入幽耶？

入城，先过赛马场(hipodrowo③)。场椭圆形，规模甚大，门亦伟
丽，惟周围道路多土。次至王宫，宫址方正，数院相连，内有庭院，内
外亦遍开巨窗。既非④如中国式之四不得见人烟，亦非若美国式之
上不能见天日，气局又宏阔开展，盖犹有大国之风也，惜未得入内一
观耳。宫之对面为东方园(Plaza Oriente⑤)，园椭圆形，周围塑历朝

①　原文作"钟"。
②　此处应为 Cuatro Caminos(西班牙语)，即四大街。
③　此处应为 hipódromo(西班牙语)，即赛马场。
④　原文作"饮"。
⑤　此处应为 Plaza de Oriente(西班牙语)，即东方广场。

王像,高大如生人,塑工亦精美,惟间有剥损者,此宫创始于十五世纪,至十八世纪更修之。过三佛朗西司寇(San Fransisco①)教堂,亦壮丽,仅一回绕,未入观也。其余绕行街市,见国家银行、邮政总局、参众两院各大建筑以邮政局为最大最美,直在王宫以上矣。并穿马德里公园一过,七八时始返寓。

晚餐餐品颇美口,盖李君时告房东以中国烹调大意,彼能督女仆或自入厨治之,果有中国菜味,可怪。

七月九日

竟日补写日记,傍晚出购物。

晚宋椒林君约餐于使馆,为纯粹之中国家常菜,甚适口。菜为馆役西班牙人所作,宁不可怪?彼夫妇共役于此垂四十年,白发苍苍,犹恋此不去。每任新公使到,甫下车,彼必先以中国小菜及稀饭饷之,未有不惊奇者。今日所食者,四碟四碗一汤,汤为其新学做者,略有福建味,以现任公使福建人也。余品类京苏菜,而类北京之江苏人家常饭为多。余自美国赴古巴时,登船第一餐,能辨为非美国人所做,询知为西班牙厨役。由今证之,西班牙人固确能烹调者。餐后谈至十一时归。李君订有《新闻报》,携归寓中阅之。一时方寝。

七月十日

午前购物,下午略阅观于西班牙书籍,匆匆一日,不知所作何事?

前日晚李君导余观夜花园,园名良憩(Buen Retiro),实即为马德里公园之一部。其中有杂耍,有电影,有跳舞。舞分台上舞与室内舞二种:台上者,所以娱客;室内者客所以自娱也。然客中实杂有以跳舞为业之女子甚多,借自娱之名以娱客,舞毕随客出入各旅馆者比比,惟皆下驷耳。高贵者只作台上舞,故高身价,非豪贵与巨富莫敢问津。台上闭幕,室内始开场。余等至室内开场即归寓,已一时半

---

① 　此处应为 San Francisco(西班牙语),即圣弗朗西斯科(圣弗朗西斯科皇家圣殿)。

矣。连日屡遇李君友某墨西哥人,通英语,略以小问题询之。又此间屡见以休息(Retiro)字名园名宅者,良憩即为其一,此字英文亦有之,且惯用,然美国人无以此名物,自表其意者。盖美国人惟不肯休息,是以其富强甲于世界;亦因不能息休,息休则烦苦,故自杀者与害精神病者之多亦甲于世界。一切习性无绝对的好坏,大都类此。西班牙人能工作亦能休息,其生产力不富,而不生产之人亦无多,就大概观察之,殆多数有安居乐业之象,然百年以来积弱甚矣。补记如左。

七月十一日

晨七时起,预备赴爱氏高利亚(Escorial)。李志吾亦同起,偕往。至车站,知赴此处之车九时半始开,因在车站附近游观,见一带枫林,望不见边,其大者数株,周可丈余,枝叶仍畅茂。过林至一长街,路不甚好,路旁一小院,院有正房三间,一门二窗。门悬苇帘,临街为短墙,敞门居中,一中年妇女立房门外,完全与中国中下人家相同。摄一影不知能洗出否。九时余回车站,有该处旅馆之招待人愿导余等去,中餐及游观各费俱由彼包办。彼能英语,与余尤便。十一时余下车,先往观教堂之上廊(Galario①),因餐后堂内诵经,廊上即禁止行人。廊上有自动音乐机二具,大者高窗各二丈许,敝不能用。一千八百七年西法之战,法军占领此地,机为所毁,此机由德国名厂所造,不易修补,西王亦不愿修补,欲留之作战败纪念也。廊多刻像,甚美。末导余至一处,观一白理石精雕之耶稣刑死像,余观此生不美之感,急出。所过各走廊,甚多廊壁都有历史画,大如生人,廊外为庭院,多正方或长方形,故各室窗内皆可得自然光也。十二时半,归旅馆中餐,餐品尚好。餐后重往观,至三时半始毕,因雨回旅馆少息。此宫为西班牙皇帝斐律伯第二(Felipe Secondo)所建,于一五六三年四月二十三日行抛石礼,至一千五百八十四年九月十三日全宫告成,历二

---

① 此处疑为 Galería(西班牙语),即画廊。

十一年有半。此宫修建之原因，一为前皇查理第五（Carlos Quinto，即第一）遗嘱注重皇室寝陵，今皇必欲成其志。二因一五五七年西法之战，西军得胜，惟为战事必要上，曾毁废圣劳兰（San Laurence）教堂，故战胜之后，发愿建一修道院（mouastiry①）。此处通称为皇宫，内容实分三部：一皇宫；二皇陵，西班牙语名为班得昂（pantheon②），本为罗马时万圣殿之称；三教堂及修道院。其最有特异兴趣者如下：

　　皇陵在教堂及修道院之地下，深数丈。隧③道纵横贯通，皆以白色理石为之，陵寝可分为四部：一、帝太后部，惟皇帝及皇帝之母得葬于此。此部为八方形，一面为正门，七面为葬所。棺俱以白理石为之，细洁似玉，光可鉴人。此室亦全为理石，惟不及棺石之美耳。二、皇后部，凡帝妻无子或有子而未承大位者葬于此，西班牙皇帝不尽一后，如斐律伯第二，即有四妻也。三、皇子女部，凡皇帝之子女，皆葬此，子妇与婿附焉。四、幼殇部，皇室夭折子女专葬于此。各部分中室棺道阶，俱以理石为之，俱有美丽精巧之雕刻。论者谓伟大稍逊于埃及古帝陵，而精巧则远过之。

　　斐律伯第二寝室及办公室。余室皆局面阔大，陈设珍丽，此二室殊平淡，灰砖铺地，白垩涂墙，床帐几案，一如普通人所用。此翁当西班牙内部统一之后，受父禅，承大位，自一五五六年起至一五九八年止，四十二年柄神圣大权，后十四年皆发施政令于此宫内。当时西班牙军力震于全球，近领葡萄牙全国、荷兰及比利时全国、西西利全岛、意大利国一部，远征服全斐洲，南北美洲已发现各地及附近中国之斐律宾群岛，所谓日光永照之帝国（the empire upon which the sun never set④）一语，西班牙实先英人适用之。手造此帝国之人，其寝室

---

①　此处应为 monastery，即修道院。

②　此处应为 panteón（西班牙语），即万神殿。

③　原文作"随"。

④　此处应为 sets。

治事之所乃简朴如此,英雄之气量当然有不同于常人。其办公案几椅今仍保其原状,更有一木椅,白板所成,中以麻线绳为软心,置于案傍。此为彼搁腿者,因彼有腿病也。此椅制作之简率,即中国小康之家亦不肯以之置诸客室,而威震全球之雄主,乃以之置于一日万几之御座旁,宁不可怪!

其他各室之装潢陈列可分五种:(一)雕塑;(二)壁衣;(三)画壁,大都为历史及风俗画;(四)磁器,亦多精品。上述四种,余实不足评其美之价值,无从记述,惟(五)顶蓬上之天女御风图,实为绝技。仰目凝视,直觉其飘飘上升,转瞬又觉其盈盈下降,实则彼固未动也。

雨后,导者以车送余等至车站,途经太子宫,亦名小宫。下车略观,局面甚小,而结构精巧,陈设美丽,亦饶别趣。

五时余登车,至京下车,又乘他车归寓,已八时矣。

七月十二日

往观人文博物院(Muslo Etnographical①),历数街始得之。前后门俱重扃,不知何故。归途观国家图书馆(Biblioteca Nacional),阅书者较南美各国为多,且多未成年者。余特别参观古写本部,(Manuscripture),此部收藏,乃较两美各图书馆为富。

参观近代美术馆(Muslo de Arte Madelino②),其中殆全为油画,中国人称之为新油画院。

参观古物博物院(Museo Archaeological③),时间已过,略为观览而已。

下午赴镂金铺,持余在巴西所购之木杖,令为镶一杖柄作纪念。彼有作成杖柄,一日即可镶成也。

---

① 此处疑为 Museo Etnográfico(西班牙语),即民族博物馆。
② 此处疑为 Museo de Arte Moderno(西班牙语),即近代美术馆。
③ 此处疑为 Museo Arqueológico(西班牙语),即考古博物馆。

七月十三日

晨起八时,赴雕画博物院(Museo de Escultura Y Pintura)。院之建筑甚伟丽,其中雕品不及画品之多,中国人多称之为油画院。所陈各品,大概可分本国及外国,外国以意大利、法国为多,本国又按时代及派别分部,如格列古(Greco)及贾亚(Gaya①)即为两派,皆其极著名之人。此院所陈者,以贾亚作品为多。余参观所留心者:(一)为其古画或近人所画之古代画,其衣冠多类东方式,类蒙古者亦不少。(二)其古代风俗画多不着衣履,全家合居。欧洲美术发达在其他文化以前,裸体画之研究,益远在不着衣履以前。(三)有一部为兽战图,莽荡大野,山泽林木相间,各种野兽,凶斗其中。有恃体力者、有恃爪牙者、有力弱遁者、有毕命强敌之下血肉狼藉者,此各图谓为欧战写真,未尝不可,但此画甚古,其寓意未必如此。欧人开化最晚,人兽同居时之遗习,或多为美术家所保存,以为张本者乎?

重观古物院最可记者:(一)为斐尼西亚人(Phinicion②)在此邦建立商国时运来之东方铁器。刀枪铲镰各件,与中国乡村间之旧物完全相同。此为二千二百年前物,则中国铁器甫至小亚细亚未久也。(二)为西班牙古陶人,在二千五百年前,大都完全裸体;二千四百年前至二千二百年前者,多裸体被薄织物为饰,体态甚娴美可观矣。此陶人可见亚洲文明初入欧洲之痕迹,盖赤体游猎之人,初与远商交通,以皮毛等物易布纱,不解制衣,乃囫囵被之体上,即为御寒之用,且为美观之品。欧人此风直自远古保存至今日,其所以能保存如此之久者,则因南欧最重美术,其衣饰之美与雕画之美,常互相拟摹,互为因果也。(三)为阿拉伯式之建筑模型,在一大院中,虽为模本而每格皆具一斑,以之与余所购之影本相印合,则观念上较为明了也。

---

① 此处疑为 Goya(西班牙语),即西班牙画家戈雅。
② 此处应为 Phoenician,即腓尼基人。

　　下午持使馆中外宾参观券,偕李志吾同赴参议院旁听。坐外交官席,距演台甚近,且此层较议厅仅高数尺,不啻在议场中也。同式二室俱为外宾席,其余之旁听席高一层。议厅为前后长方形,后为议长席,最后为国王、皇后席,并设二座,为他国所未见。最前为正门,由正门至议长席前为宽道,无席。门内左右二短栏,雕饰极美,而栏上横搁一长金棍,装潢名贵。棍外门内二守者,着盘金赤色衣,下有战裙,类中国演剧时所着。上下衣皆金边,宽三寸许,帽亦赤色金边,望之有奇趣。听一时许,赴使馆约与西班牙某君相会也,至彼乃爽约。

七月十四日

　　午前乘车复游城内,并参观一二教堂。购车票,预备赴法。

　　下午六时,赴使馆晤爱尔丰素(Elfonso)君,彼为此间报界要人。余询基波司(Gypoy①)人在此国之情形及其乐舞之来源及比士加亚(Bisgaya②)人情形。彼谓后者完全为白人,爱耕作、性和平,惟其言语与其他白人完全不同;前者来原不能知,惟飘荡为生,甚为一切人所嫌恶云云。余曾闻此种人音乐一次,曾购有其舞装摄,乐音哀怨,舞影宛转,东方味极重。余意此种人乃宗教战争惨戮之孑遗,无家可归,故移地以求生活;无地敢久居,故演成飘泊习惯。余初移居之夕,适有二人,一竹箫一丝弦,静夜唱和街中,凄楚宛转,闻之销魂,故疑其为基波司,询之果然。欲一究其历史,爱君乃亦未之知也。晚归。

七月十五日

　　晨八时,偕李君赴多来都(Toledo)省城,下午九时归。此城为西班牙旧京,建筑俱为阿拉式。可记者甚多,略举如下:

　　一　太阳门(Purte de Sol③)。为亚阿伯人所筑营门之一,类中

---

①　此处应为 Gypsy,即吉卜赛人。

②　此处疑为 Bisaya,即米沙鄢。

③　此处应为 Puerta del Sol(西班牙语),即太阳门。

国之城门,惟上刻上圆下方中类印文之石,颇类今日所谓国徽者。

二　阿拉伯王宫,今为陆军学堂。一正两陪,合前门及左右房为巨大之四合房。庭院极宽阔,分上下两层,上覆东方式之瓦。闻中经兵燹后补修,为西班牙王宫。

三　亚拉伯庙二座:一为四庭田字式,一为长方式。檐柱俱为东方式,雕工极美。

四　葛来古(Grego[①])故宅。葛君为前二世纪著名画家,今其故宅公家收为博物院,专藏彼之画品,并将其所居之室恢复原状,供入观览。房亦为小四合式,窗门檐柱,均如中国物,余观之不忍去。

五　大教堂(catodral[②])。此为此城惟一无二高狄克式(Gottic[③])之建筑,规模之大为在两美所未见。论者谓此堂所代表之精神已随斐理波第二以俱去,过此之后,一切建筑纯粹恢复阿拉伯旧式,而国民之精神则两者全未保全,以成今日奄奄无生气之民族。此言虽刻薄,却有几分似处也。

堂内圣座、经座俱极伟丽。圣席中格上下七龛,俱塑耶稣及其母之像。左右约共十余格,每格上下五龛六龛不等。每龛塑像数目亦多少不同,俱精巧珍丽。经座正面正中一龛为主教之位,左右各八龛,左右两对面各二十八龛。除正中一龛外,其余七十二龛俱分上下二层,可容僧人一百四十四人同时诵经。每龛上下俱为木雕人物鸟兽花木之像,名贵而含有神秘意味。

前后来此堂二次,先来观建筑,后来听诵经。僧众被彩色水田衣,与释家相似。声音尤与梵音相同,此时直觉在中国名刹中听经也。或告余云此为拉丁正音,不知确否。听时余亦就外面便座上坐。有伺者奔来示余等起立,见屏门开处,小僧排队出,年皆十四五,着彩

---

①　此处应为 Greco,即埃尔·格列柯(El Greco)。

②　此处应为 catedral(西班牙语),即大教堂。

③　此处应为 Gothic,即哥特式。

衣,提烛光彩灯者四对,提燃烛檀香盒者四对,左右鱼贯行,导一五十余岁之僧人,着宽金边之绿色水田衣及帽缓步肃行。后仍有数对持不知名之仪仗左右随之。先绕行圣座进香烛,面正龛则一屈膝;次绕行经座内,至正面未入经龛,仅向对面圣座正龛行膜拜礼。礼毕绕出,仍入屏门,从者俱入,门又阖,余等亦去[①]。

　　六　三迁堂,亦一教堂,余忘其名,姑以此名之。初为耶稣教堂,回教来后改修为回教堂,回教灭后又改为耶稣教堂,一堂而三易其主名。外壁上悬铁锁脚镣手扣数十具,望之可怖,此宗教战争时所以待异教堂徒者。导者指刑具云:此物回教曾以之施于耶教徒者。余询云:耶教胜后亦以此施之回教徒否? 彼云不知。

　　七　火车站。此新建筑也,然顶柱门窗仍全为阿拉伯式,门为卍字之格,尤类中国者。西班牙有产美人之称,询之知者,谓均在南部。今日所见者多长面大眼,弧颐,色雪白,经骄阳越显红白,盖身多阿拉伯血,非纯粹之欧种,贫家女子多如此也。

七月十六日

　　晨五时半起,收检行李,至七时毕李君亦起。房东为备牛奶咖啡,余早晨向不用早餐,今日用少许。开房账,应付一百四十元之谱,余付以一百五十元,房东忽大痛。余因房主人自主庖政,两女仆仅供洒扫奔走之役,故于赏女仆外,特及房东,初不料其如此之伤心。盖彼父为此间富人,彼嫁一贫军官,今夫死自营生活,致受人怜,是以痛。余去时车去,彼仍由窗伸首外望,作送别式。其人多情爱名,尝以自苦。车由宋椒临君代雇,使馆仆人偕之同来,此车内可以坐人,外可以着行李也。至车站,宋君亦来候多时。此间铁路章程,一等乘客每人得携行李三十启罗,逾数者补费,手提行李不在其内。余之大箱至九十九启罗之重,应补纳六十九启罗之费,每启罗一元五角,补费在百元以上,几与一等座票价相埒矣。入站约八时半之谱,九时开

――――――――――

　　① 原文作“云”。

车。宋、李二君珍重道别，车行后各以手巾相招，至不能见为止。余与马德里告别。

十一时余至塞高维亚（Secovia①），为此邦京北名城。下午一时，在车上用餐，餐价五元，用咖啡加五角，用酒再加。三时半抵布沟市（Borgos②），城有大教堂（catedral），有名，亦为高狄格式（Gothica③）。出京至塞高维亚一带，山势不平，土壤瘠薄。至此城一带，高原农业渐盛，此间节令较迟，正在麦忙中。六时至维多利亚城（Victoria④），山势渐高，空气渐润，层峦叠嶂，俱有苍翠之草木掩护之，种麦亦甚富。此后山洞甚多，山洞工程亦佳。但车行山洞中过久，精神总觉不爽也。七时余至碧鸭森（Biasain⑤），此间房式渐变，大小建筑无复有巴的欧（天井）矣。然小房之上顶，仍为亚阿伯式，换言之，即极类中国之瓦房也。沿途见村镇颇多，道路平坦，能行汽车。九时余至安达亚（Hendaya），为西法两国之界域，有税关，路可通两国，界安一铁门。车停，脚夫将行李搬至税关，关员验护照，查行李。余先示以护照，行李免验，遂入法国界内。

---

① 此处应为 Segovia（西班牙语），即塞哥维亚。

② 此处应为 Burgos（西班牙语），即布尔戈斯。

③ 此处应为 Gothic，即哥特式。

④ 此处应为 Vitoria（西班牙语），即维多利亚–加斯泰斯（Vitoria-Gasteiz）。

⑤ 此处疑为 Beasain（西班牙语），即贝阿萨因。

第十七 法兰西

（自民国十二年七月十六日至
八月二十二日止共三十六日）

1. 由昂达业入法境
2. 在鲁氏圣约翰停一宿
3. 赴巴黎途中所见法国自耕农之情况
4. 同范静生先生参观法国国立专门学校及番尔赛宫
5. 登艾斐尔塔游大凯旋门
6. 同范静生先生参观法国武库并谒拿皇墓
7. 同范静生先生往赛维尔参观国立磁厂
8. 游蜡人院
9. 参观法国上下议院
10. 游巴黎第一大教堂——看欧洲最大之钟
11. 游古律尼博物院
12. 赴战地游览
13. 观丰丹布鲁腊宫
14. 由巴黎至嘉来海岸离法赴英

七月十六日

晚九时半由西班牙之安达亚（Aendaya①）过国界入法兰西之昂

---

① 此处应为 Hendaya（西班牙语），即昂代伊。

达业(Aendaye①)，实为一城。西法言语异音，文字亦异形矣。过界后见法国时表已十点半，盖一以马德里之子午线为标准时，一以巴黎为标准时也。换车后不久，车开行，十一时至鲁氏圣约翰，法音曰三商德吕氏(St. Jean de Luz)，西音曰三桓德鲁氏(San Juan de Luz)。商(Jean)与桓(Juan)皆约翰之变音，然其音尚美听。英文之约翰(John)，或译以为觉恩，然实只一音，若读"姜"字而缩口屈舌垂额以发音，则略似之。读此字时，不但其音难听，其状亦可丑，惟中文所译之约翰，与拉丁原文(Johan②)之音较近，且亦美听也。中国之语音，其声音最美，文字之通一性最强，惜在国内时不自知也，至音读之不尽统一，今应尽力谋同一之方可矣。刘子楷遣仆人来接余下车，寓某旅馆，忘其名，仓卒就寝，因甚倦也。

七月十七日

晨起开窗，见对面有花园，宝相花(西人混称为玫瑰花)丛开，类美国西南部罗三吉尔(Los Angeles)风景。他种树木亦畅茂，宜此地避暑者之多也。十一时刘子楷来访，偕出，略周览街市，至海滨，即至其寓中餐。餐后阅中国报，三四时子楷再导游海滨。此处为一海湾，湾为大半圆形，类十二三日之月。沿岸筑长堤，堤下白沙浅水，游人之海水浴所也；堤上矮墙长凳，游人散步或坐休之所也。湾口西岸相对，正中有一极小之岛，闻为前数年人力所筑，未筑时大西洋高浪直冲入湾，潮势过猛，诸多危险；今则洋面潮浪为小岛所障，乃成一极好之海浴港。欧美人处处惯以人力胜天，然中国人应师其长也。晚仍在子楷寓餐，十一时归寓寝。

七月十八日

晨六时半起，开账，唤马车赴车站。余所购为自马德里至巴黎之通票，沿途可下车，故不须再购票也。车行甚速，此路南段名南线

---

① 此处应为 Hendaye(法语)，即昂代伊。

② 此处疑为 Iohannes(拉丁文)。

(Midi)，北段名俄列昂线（Orlean①），两线相接处须换车一次。下午六时许至俄列昂城。至此余对法生一种感想：当英法在北美洲殖民时，所谓新英格兰者，不过滨大西洋一小段；所谓新法兰西者，乃由现在之坎拿大东部正南直至西哥湾。英以大西洋某口岸名曰新纽克，法以墨西哥湾密司西卑河口岸名曰新俄列昂。法人殖民地所占之地位及其经营成绩皆在英人以上。英人数十年移民至一百万以上，法国所移不过六七万人。殖民战争，法国陆军连战皆捷，卒以少人之故，弃全部殖民地于英。今则新约克即纽约，已成世界第一城，而新俄列昂，亦归美人版图，即纽俄连（New Orlean②）。俄连与俄列昂读音甚异，而写法相同，故睹站台上之大字，为法国在美洲殖民之往事感伤，更为法国前途人口不发达忧虑。世界今日犹多隙地，惟人多而国强者能取而居之。法国国强而人少，今百法求增加人口而无效；我国人多而国弱，乃不知务强国之道，而思减少人口，大愚不灵，莫此为甚。

　　法国天气较寒，仍在收麦中。午前所见，其农耕状况与西班牙无大异；午后所见，收麦渐用牛马所拖之刈割器。犁地之具亦较新式，然大都小农田地，片段纵横，长短不一，与中国无大别。田陇间可见草，其农人锄耰，殆不如中国之勤。其耕种多父子夫妇共同合作者，知其国乡村间人与人之相关系尤甚密切。就西南一带论，村镇居民或较多于城市。村镇内小房仍多亚拉伯式，家家有院墙，有通车门、畜牛马，与美国所见之村镇绝异矣。美国西部农事上用马者极少，用牛者绝无；此间则机器犁与农用汽车竟日未得一见，虽不敢云无，即有亦不甚多也。此间人善造小林，村边、路旁、田塍、河岸皆植树，以杨柳、枫为多，其他不知名。火车站所存及车上所运之木料，亦多小林之出产，品料不甚大，视美国之径若干寸以下之林木，已折或因用

---

①　此处应为 Orléans（法语），即奥尔良。
②　此处应为 Orleans，New Orleans 即新奥尔良。

地伐去禁用而废置以待其朽腐者，情形绝不同矣。亚拉伯式之小房以砖瓦及较小之木料成之，故遍地不缺原料且宜于农村人民之生活。直至近巴黎处，此等房屋始绝迹。农人所用车辆与中国比，大部分皆不如中国之坚固精致，其长处只有二点：（一）高低长短无定制，故牛马或驴可视其力之大小以造车，视中国造车者所谓某处长七尺七某处宽二尺六某处高一尺五等等皆有定规不准变动者，极为方便；（二）车身之重量较小，而车轮着地之面积较宽，其每方寸之压力，视中国者必轻至数倍，故入田不致下陷，平常亦不伤马路。中国今竞言修汽车道路，而不知普通车之必须先改良，又不知其最应先改者，只上述之二点。两美经济状况与亚欧均异，中国若欲处处效法美国，此颠痫也。

晚九时半车停计多塞（Oai dorsay①）车站，下车寓多塞宫旅馆（Pala dorsay Hotel②），以其与车站相连也。

七月十九日

晨起因闻范静生君在此寓某旅馆，往访已迁寓，乃先赴通济隆（Thawos③ Cook Son Co.）持信用函取钱若干，次赴使馆，仅秘书李峻君一人在馆，知公使及他员多在暑假未来。使馆秘书朱世全君今日陪范静生参观国立专门农业学校，下午往看番尔赛（Versaille④）皇宫。余计与彼等偕游较合适，径赴农业学校，适遇彼等，乃同参观。此国与两美各国较不同，凡国立各机关，非有介绍不能参观，范君已由馆托政府介绍也。现放暑假，校中学生无多，遇教员三四人，范君多询以某科实验自某学年始等问题。其研究院中只能容研究者二人，有一年长教授主其事，此君于农学乐此不疲，惟有学术上重要问

---

① 此处疑为 Quai d'Orsay（法语），即奥赛码头。

② 此处疑为 Palais d'Orsay Hôtel（法语），即奥赛宫旅馆。

③ 此处应为 Thomas，Thomas Cook & Son Co. 即通济隆旅游公司。

④ 此处应为 Versailles（法语），即凡尔赛宫。

题他处不能解决者，乃入此院研究。参观约近二小时，毕，出，同中餐，下午同赴番尔赛。范[1]君得有介绍书，因先参观此间国立园艺专门学校（Ecole Nationale D Horticulture[2]），校为路易十四之御园旧址，共和后改建此校。校内有其园丁石像，必以其有功于此园也。导余等者为其某科教长，每参观一科，必另有一主任教师为余等解释，较参观农校时所得之观念为清晰。大概此校分为花果瓜蔬等科，又分别研究其变种、病理、害虫及接种、早熟等学理及实验。花类教授赛维司都君（Sevestre）谓颜色之改变有若干种，可以用化学制成之水灌溉以改变之者。绣球（hortensia）之颜色，今尚未发明有药品可以改变之，故现在所用变色之法，全系改换土壤，然原有之色有可互变，有不可互变者，如白色与蓝色不可变，而红色与蓝色则可互变。余询以培以异种之土壤，至四五代后其颜色之分别益显，若再下一代改用相同之土壤，能否使二种之颜色恢复，仍为同色？彼云一代不能，至二三代后，则其色渐相近矣云云。由此言之，由环境所得之变异，确有能传至次代者。余意由同种变异较易，因稍有所异便不同矣；由异[3]变同较难，异之性相一分不减，即有一分不同，此种性之不同所由来也。参观后赴番尔赛宫参观，巴黎和会签字之所，为一极大议厅，乃法国两院会合选举总统之所在。导者殷殷言和会时某国代表在某座位签字，与会各强国列举殆遍。此厅为现世史中极大之纪念物，因欧洲许多新国家皆自此会议中取得国家资格也，惟中国在此厅只有不签字之历史耳。此厅为宫之极小一部分，出此处赴他部观博物院。因时已逾下午五时，闭门，仅在宫外周览。宫分三殿，正殿

---

　　① 原文误作"苑"。
　　② 此处应为 l'École nationale d'horticulture（法语），即法国国家园艺学院。
　　③ 原文作"易"。

(chutean①)为路易十三所修，并不甚大，时有猎宫之称，仅为游猎憩息之便殿也。路易十四时修左右二翼，右翼长三百九十四尺，左翼与之称，自此规模始大。路易十五、路易十八两代，又各于翼殿前接修陪殿(pavilion)，继长增高，遂觉气象万千矣。中庭饰以大于真人之雄伟造像，益形庄严，正中为路易十四之立马远瞩铜像，左陪殿仍有一建筑，忘其名。再前为雕铁宫槛，槛有巨门，余等由是出。再前为丁字路，左右两衢由宫门向南北分驰，正中一路东向，其直如矢，望眼不尽，与宫之正殿相对。丁字之两直角内，又有二相对相同之建筑，不知何名？或帝政时代之朝房乎。此宫曾为正式王居，路易十四死于此，路易十五生死俱在此。耶历一七八三年九月英国承认美国共和独立之条约在此宫签字。一七八九年路易十六在此为革命军擒去。一七九五改为兵工厂。一八一五普法之战为普军所占领。拿破仑败后，王政复活，路易十八、查理第十、路易斐礼波三代皆于此宫施行政令。拿破仑第三革命成功仍居此，一八五五年于此宫会英女皇维多利亚，商决欧洲时局。一八七一年又为德意志所占领，正月十八日，普王威廉第一来此宫宣告就德意志联邦皇帝之职。德军退后，法人以此为政府驻所，总统狄尔(M. Thiers)居焉，直至一八八〇年为止。中华民国八年，即耶历一九一九，欧战后之和会又于此宫开会，六月二十八日在此宫签字。此法国一国之宫也，其君王生于此，死于此，受国民处分于此，其革命成功于此，其复辟成功亦于此。其共和政府建立无不与此，宜也；而世界最早之共和国为其母国所承认也于此，异矣。赫赫之德意志联邦震铄世人耳目，其成立于此，其被分割亦于此。前后三十八年间，维廉父子二人，一于此就联邦大皇帝之任，一于此受各国会议之处分，德人之与维廉帝有关系者，游此宫不知感想如何也。

宫之后面为番尔赛御园。其一部为橘园，有橘三百种。最老者

---

① 此处应为 château(法语)，即城堡。

种于一四二〇年,今已五百零一岁矣。园之布置阔大而美丽,余等在园中略休息。去时乘火车,归改乘电车至城,已八时余矣。在余寓中共餐,餐后又偕游各街,归寝已十二时矣。

七月二十日

午前补写日记。正午赴街上游览,就便中餐。餐后购书一二种,纪念册若干。归寓稍习法文,无师不能自通也。

晚自向各街游览,睡迟。

七月二十一日

晨起写日记,下午访范静生君不遇。访刘文岛君,字尘苏,湖北人,夫妇共留学于此,询以此国留学界情形及法国现在经济状况。晚自过皇桥(Pont Royal)至赛因河(Seine),在鲁敷宫(Palais du Louvre)、小凯旋门一带散步。男女游者甚众,少年男子有结队至各石像前狂歌者;有男女偕行相挽相抱者;有在公园石凳上闲谈或密语者;亦有独立凝注,似有所待者;亦有疾行不暇择路,似有急事者。至皇宫之西各街,多咖啡馆,大路两岸,皆小棹轻椅,坐而饮者不可以数计。余亦择一座,呼咖啡饮之。咖啡壶轻小,瓷不甚精,上有铜盖,玻璃杯置于瓷碟中,碟上有数目码,书明咖啡价。如饮茶酒或他种饮料价目不同者,其碟上之数亦不同也。十一时半归寝,鲁敷宫规模之大,使人可惊。

七月二十二日

星期,夜睡甚畅,九时始起。

午前略写日记,下午循赛因河下流步行,过偕和桥(Ponte de Condorde①),南岸为众议院,北岸为埃及塔。塔方形,高十数丈,上为埃及字,周围为广场,四角有塑像,像座高丈余,像身相称,气象万千也。此塔为拿皇征埃及时携归作纪念,竖立于此者。再循河下至亚烈山大桥,两岸四角建四方柱,高近十丈,上铸立马天使像四尊,包

---

① 此处应为 Pont de la Concorde(法语),即协和桥。

以黄金,庄严色像。此桥于某年由俄皇来巴黎行奠石礼,每岸两柱下各塑一天女坐像,代表俄法永久和睦之意。河北岸大路旁有对立二宫,西名大宫,东名小宫。大宫门悬一横额曰:法国体育游艺联合恳亲会（Federation Gymastique et Sportive des Patronages de France①）,禁游人入内。再上至安法利桥（Invalide Ponte de②）,渡桥倦,一临街小咖啡店饮汽水。饮毕,再步行沿河西南逾数街至艾斐尔塔（Tour d'Eifel③）,全体以铁质构成,故亦有铁塔之名（Tour de Fer）,在法文中,此二名声音极相近,故普通多有不知其为二名者。塔由艾斐尔君（A. G. Eifel④）为一八八九年巴黎赛会所造,至一九〇九年归为市有。塔基面积一百一十二码,共高九百八十四尺即三百迈当。共分三层,其构造法全仿桥梁工厂及近代房屋之内在铁架,故只以铁板裁为条段,用螺丝钉纵横直斜互相接连以积至极高,再于每层之铁板上用木建室,重量甚小。世界有名建筑,大都非数十年不能竣工,此世界最高之建筑,以二年之时力成之,可称神速,以其取径甚捷也。今日天气晚,仅售票至第二层,购票后乘电梯径升至第二层,高三百七十六尺,比开封之铁塔顶上已高七丈余矣,周览全城,都可俯瞰。盖巴黎普通建筑最高者不过十余丈,分为七八层而已。附近塔为一公园,法国人最爱将公园内草地辟径,划界莳花,使成纹理,予游者以精丽之美感。自塔上下瞰,则真如锦毯铺地也。塔在赛因河东南岸,隔公园正对陆军学校（Ecole Militaire⑤）,隔河正对多嘉德罗

---

①　此处应为 Fédération Gymnastique et Sportive des Patronages de France,即法国体操和体育赞助联合会。

②　此处应为 Pont des Invalides(法语),即荣军院桥。

③　此处应为 Tour Eiffel(法语),即埃菲尔铁塔。

④　此处应为 Eiffel(法语),即埃菲尔(Alexandre Gustave Eiffel)。

⑤　此处应为 École Militaire(法语),即军事学校。

宫(Palais dv Drogadero①)，由此渡河之桥名伊那(Pont Diena②)。余渡桥至西北岸，绕宫略流览。宫今为博物院，因时晚已闭门。余穿宫过另一街，在一餐馆之街座少息并用餐，餐毕，又步行至凯旋门(Oac de Freinuphe③)。巴黎之凯旋门不一，以此门之建筑为最伟大精丽，而地位亦特重。东向直趋，约五六里为鲁武宫(Palais Louvre)，此一段以局势言，殆如北京之正阳大街，盖皇宫前如矢之王道也。环此门共有路十二道，皆辐辏于此点，故又名聚星门(Arc De L'doile④)。中国人往往称为大凯旋门，以别于其他。门式如中国之照壁，高一百六十尺，宽一百四十六尺，厚七十二尺，中为一弧形巨门，左右两面亦为门通之。此门为拿破仑第三敕建，以纪念拿破仑第一之战功，历路易十八至路易斐理波，共三代始成之。论者至谓法国皇政再造后三世数十年，其真实之建树只有此门而已。门四面上下数层，俱为雕像，雄武伟丽，气象万千，大都为拿皇全盛时征国克都及主盟坛坫之纪念。法国民族重情感，尚豪侠，故其历史战争出于逞雄之观念较争利之观念为重。现在全国体育游艺联合会正为暑假运动，今日到处皆有学生列队张乐游行，其声壮烈，若将赴敌蹈死者。法国今日教育精神最注重者乃在此点，欧陆之空气依然杀机弥漫也。步行竟日，唤车归寓。游生地有人相导固便，然独游亦别有兴趣。

七月二十三日

上午赴使馆阅中国报纸，已至黄陂出京时，首都中秩序荡然，为之愤慨。遇交通部部员关衍麟君，为同关庆麟君之弟，同出餐。餐后访范静生君，同游安法利邸，即武库(Invalide⑤)，其下库及周围廊下

———————

① 此处应为 Palais du Trocadéro(法语)，即特罗卡德罗宫。
② 此处应为 Pont d'léna(法语)，即耶拿桥。
③ 此处应为 Arc de Triomphe(法语)，即凯旋门。
④ 此处应为 Arc de l'étoile(法语)，即星形广场。
⑤ 此处应为 Invalides(法语)，即荣军院。

陈新旧武器甚多。大概可分为二部：一为本国军器，战后不用，存为纪念者；一为战利品，向他国夺得陈作纪念者。闻其上层有在中国所得清帝御用宝剑，今日未开门，余等未得见也。此院旧亦为宫，其正殿之下层为拿破仑墓。墓居殿之正中，去地平深丈余，状如圆井，径约二尺余。墓周有阑，俯阑下视，可见金棺。棺居墓正中，四周仍多余地，光暗辨不甚清，仍有堆置之花圈。此必景慕英雄，岁时所献也。殿高伟，上有斗幕，左右两翼状如陪殿，陪殿向前折转直伸，成二巨廊。再前为一倒坐之殿，实即正门。因余等自后门入，转觉其为后殿也。此宫布置颇有东方意，惟斗幕为西方式耳。宫共占三十一英亩，合中国二百亩。斗幕高三百四十尺，高于开封铁塔十分之一。周围墙以花冈石为之，饰以大理石，上有十二巨窗，明丽高华。此宫修于路易十四，拿皇遗嘱今铭其上，云：

> 吾最爱之法国人民，赛因河畔；
> 息吾遗灰于其正中，实惟素愿。

Je desire que mes cendres reposent Sur les bords de Ia seine.

Au Milien de ce penple francais que J'ai tant aime. ①

拿皇②最后之败，流死于爱列巴岛（I led Elpe③）至一八四〇年始由亲王傅安维（Prince de Uoinvill④）将其遗骸迎归，择此殿为万年吉地。宫前苑（facade）路宽六百尺，直奔赛因河。英灵有知，可瞑目矣。

---

① 此处应为 Je désire que mes cendres reposent sur les bords de la Seine. Au milieu de ce peuple Français que j'ai tant aimé.（法语）

② 原文作"丽"。

③ 此处应为 Île d'Elbe（法语），即厄尔巴岛。

④ 此处应为 Prince de Joinville（法语），即儒安维尔亲王。

谒拿皇陵后，观佛朗西司根教堂。又赴法式展览会（Palais gant de Trance①），多美术品，以照像置电匣内，如见真物。其中有二事足记：（一）法属斐洲人在其中售土货，并有妇女织地毡，其骨格确与白人相近；（二）有一室为面制历史人物风景，路易十四时之跳舞，尚系男女分跳，或牵手为之，男女合环②相抱之跳舞，乃最近之文明。余数闻此说。兹室所制，皆历史上事实，或有可信价值。观毕饮茶其中，出雇汽车驰游布龙尼树园（Bois de Baulogue③），又转经凯旋门，绕观总统府。归寓少息，偕朱君完初同餐。餐毕往观剧，园以新排之剧名曰：春娘春兴图（Le revue des folies bergere）。第一幕，布景为村边夜景，有村女十数纳凉树林中。初披薄纱，玉肌约隐，继现全身，一丝不挂。惟夜色苍茫，不可细辨。忽而轻薄男子，群来调笑；忽而鲁莽巡警，假作干涉。群女走避，电光至此忽明，照耀如画，则大树拖枝上，玉体横陈，十分春色，无丝毫屏障遮拦，观者大鼓掌。第二幕，布景如一教堂，揭幕时，有裸体塑像若干，乃以真人代之。第三幕，为另一事实，揭幕时为一种残刑，以赤身男女横拖倒挂，以待其死，欧洲古多此风，而此剧乃加恶名于中国，可恶。要之，彼之主旨在演裸体戏，题目无关重要也。此剧前后无非裸体跳舞及表露二事，他无情节，惟其技则甚美。此巴黎惟一之名剧，他国皆不得睹也。

七月二十四日

上午偕范君往赛维尔（Sevre④）参观国立磁厂（Manufacture Nationale de Sevre⑤）。此地本为旧时御窑，制多精品。其工人男女俱有，但须娴熟，不须学也。工师须相当程度方能学，三年毕业，盖自为一专门学校矣。彼分为模型、化学、绘画三科。余观时所得，则得分

---

① 此处疑为 France，即法国。

② 原文作"壤"。

③ 此处应为 Bois de Boulogne(法语)，即布洛涅森林。

④⑤ 此处应为 Sèvres(法语)，即塞弗尔。

为四层:第一调泥;第二制模或制器,盖大者须模,小者多以手径制也;第三上釉与绘画;第四装窑与火候。导余等者为其科长,谓他磁法国俱精,继霁红一项,无论如何不能及中国,且相差甚远。后又导至博物院中,有中国霁红磁若干件,指曰:法国无论如何仿之,终不能似,不知何故。

正午,至某处,交通部员刘君约餐。餐后偕余等同赴卞古镇(Billancourt)参观列瑙(Renoult①)汽车厂,有工二万二千之谱,法国最大之汽车厂也,中国工人及勤工学生作工其中者三百余人。此厂所出汽车尚好,而工作组织远不如佛德,故其汽车价亦断不如佛之廉也。余等参观时遇中国学生,得与之谈,此厂待中国人甚优,惟工价较美国大低,每小时自二佛朗至三四佛朗不等。每日作工八小时,可得工资二十元或较多,合中国钱二元余,以之糊口则有余,以之求学则不足,故华工来此或多乐不思归者,勤工俭学生则苦状现于外矣。

参观毕,乘船归巴黎,直至余旅馆门前始下船。

七月二十五日

刘尘苏来访,余前托其购法国统计书已得,略谈,同访范静生,同中餐。餐后,偕刘君赴各书铺购《法国历史》及《罗马史》《欧洲中世纪史》,归。每日傍晚辄独步渡赛因河桥,穿多里来公园(Jardin de Tuilerie②,译意为砖厂公园)向各街散步,倦则择咖啡馆之街座,任意唤饮。满街行人,多迁步缓行,于车马喧声中,时可闻男女笑语,而独行独坐如余者,亦不乏人。动者自动,静者自静,观久亦动静俱忘矣。

七月二十六日

勤工女学生李淏,南阳属人,来访,陈其苦况,余允向开封方面为函助之。戴明辅来访,约同出游,遇一安南人于门与余言,操半官音,可解。余心动,增无限感触。戴君导余再游布龙尼树园,汽车绕园一

---

① 此处应为 Renault(法语),即雷诺(汽车)。
② 此处应为 Jardin des Tuileries(法语),即杜乐丽花园。

周，至一处停，此为咖啡馆兼跳舞场，场分室内及露天二种，余等择露天场旁茶座唤饮。然此时跳舞者，俱在室内，舞影隔窗，可仿佛辨之。乐音袅袅，随风入耳，更觉□□[1]也。晚餐后，往访范君，且送行，彼明日赴瑞士也。同坐有褚君重行，字民谊，浙江人，旅此十余年矣。

七月二十七日

赴使馆，戴君约于万花酒楼中餐，室宇尚美。餐后同游蜡人院（Musee Grevin[2]），院门不甚大，陈蜡人甚富。其陈列可分为四部：（一）宗教部。自耶稣初生以至死于十字架，皆依旧福音传内所载而制，未必与当时真事实相合。惟所制人物及古代乡村状况，如室宇之狭小、人畜之共居、种种装饰动作，宛然太古历史图也。（二）历史部。凡法国史事重大者，多择要制模型，以拿破仑时代者为多。一面为其全盛时，高据雄宫号令全欧之模型，弈弈如生；一面为其流死爱列巴（Ile d'Elpe[3]）岛时之状，斗室残灯，寒榻偃卧，面色如金黄，两颐微缩，二目深陷，门外二甲士守之。闻此室内一切器具，皆爱列巴当时原物，经法政府索归者。一代英雄成逝水，不觉如冷水浇背也。（三）现世部。英前相乔治、现相斑诺劳，法前总统克列孟索、将军福煦霞飞及现统米列兰（A. Milrand[4]）、总理斑加来（M. R. Pamcare[5]）皆在内。俄之列宁、杜兰斯基，意大利之米索利里，土尔基之国民军首领克马巴沙（Muslafa Kemal Pasha[6]，即战胜希腊吓倒英国乔治内阁者），现世纪怪杰蜂生，独恨不能聚之一堂或拘之于一狱，此院能

---

[1]　此处原文缺二字。

[2]　此处应为 Musée Grévin（法语），即巴黎格雷万蜡像馆。

[3]　此处应为 Île d'Elbe（法语），即厄尔巴岛。

[4]　此处应为 Millerand（法语），即 Alexandre Millerand 亚历山大·埃蒂耶纳·米勒兰。

[5]　此处应为 Raymond Poincaré（法语），即雷蒙·普恩加莱。

[6]　此处应为 Mustafa Kemal Atatürk Pasha（土耳其语），即穆斯塔法·凯末尔·阿塔图尔克帕夏。

之,可谓补天石矣。(四)点缀部。人无定名,置无定所,或俯栏下窥,或据椅斜坐,或在转角作避路式,或在门旁作张语问人式,或向蜡人作参观式。初入者往往误蜡人为真人,殆后又致误真人为蜡人。游者如凝神注视时,必有其他游人立观,至见其动,始发见为真人,真妙趣横生矣。另有二小部:(一)为古代极残暴之肉刑。赤体倒悬者及赤身置之虎豹槛中,听其破胸裂肢而食者,一面仍使其亲戚自槛外观之,惨状不忍终视,不知其当属何部。(二)并列三囚室,左右二囚人,一为因奸谋杀本夫后又肢解之妇女;一为一人诱奸十一女人,皆杀之以劫其财,更焚尸以灭迹者;中一人则为有征服世界之雄心,功败垂成之德国前皇威廉第二。法国人观此者皆指为活地狱,德人若来观,不知感想如何?

观毕,戴君因事去。余独往观欧拍拉戏园。此法国第一国家戏园,他国公认为世界第一者。规模之大,如阿根廷之葛朗戏园,而精美雄伟则远过之。葛朗之建筑费为阿币二千万元,依现在汇价合中国一千六百万元。此园之建筑费不知若干。墨西哥之国家戏园告竣后,将驾此园而上之。宜乎糜款二千余万元,费时二十余年,至今日而工程甫半也。

七月二十八日

晨起赴领事馆访林君菘祝,送余至法人拉麦尔女士处习法文,每日一小时。

同乡赵振洲来访,未遇。使馆秘书李君显章来访,导余参观上下议院及鲁商伯博物院及鲁商伯公园。可记者如下:

一众议院(Champre des Deputes①),在谐和桥(Pont de Comcorde②)南岸,隔桥与埃及塔相对。院之建筑本名卜邦宫(Palais Bourbon),一七二二年开始建筑,为女公爵卜邦(Duchesse de Bour-

---

① 此处应为 Chambre des députés(法语),即众议院。
② 此处应为 Pont de la Concorde(法语),即协和桥。

bon)之邸。其后为恭德亲王(Prince de conde①)所居,重修费靡至二十万佛朗。至拿皇第一,又敕修特别伟丽之门檐(portique),俾足与对岸之埃及塔辉映,以壮观瞻。议厅为通常之圆形,左面为共产党席(Conmanist②),次为急进党席(Radical),右面为王党席(Royalist),中间大部俱为共和党(Republicon③)席。实则该共和派分党甚多,并非一团体也。法国政治为共④和政体,经济为私产制度,而能容共产党与王党各树旗帜,号召党员,选出代表,并峙于议席左右,此一异事也。旅美时,考查选政历史,其最近三次总统之选举票数:

一九二〇年

哈定　　一六一二五二〇〇票

考可司　　九一四七三五三票

其余共得　一四〇〇〇〇〇票

一九一六年

威尔逊　　九一二九六〇六票

休士　　八五三八二二一票

其余共得　　八二〇〇〇〇票

一九一二年

威尔逊　　六二八六二一四票

塔虎脱　　三四八三九二二票

罗司福　　四一二六〇二〇票

其余共得　一二〇〇〇〇〇票

一九二〇年,选民五千五六百万之谱,一九一六年五千万之谱,一九一二年四千七八百万之谱。其投票人数,总不及全数之半,或不

---

① 此处应为 Prince de Condé(法语),即孔代亲王。

② 此处应为 Communist,即共产党。

③ 此处应为 Republican,即共和党。

④ 原文缺"共"字。

及三分之一。以最文明之美国,而放弃选举权者如此之多,此一异事也。吾于上二事于美见参政权为宪法所付予,使行与放弃则选民有绝对之自由,无人能强之,更无人能代之,此美国之所以有真选举也。于法见共和政治之下,人民有绝对之主张自由,无论宗旨如何差异,任何有势者及多数党不能加以大逆不道、破坏秩序等罪状,干涉其运动选举及投票之自由,此法国选举之所以有真民意也。共和政体千绪万端,而以有真选举、有真民意为最要之二点。中国政治偏忽于此二者,此政治之所以难入常轨也。

此院建筑之真价值,据称为拉伯堂(Salon de la Paix)宝座亭(Sallede Trone①)。壁墙顶棚为范南(Hwrace Vernet②)及戴拉夸(Delacroix)等名人所画。另一长厅,全为历史画,出于名家易谟(Heim)之手。导者遍示余等,余但能知拉丁民族之画壁俱美,画顶棚尤称绝技,至此处之美何以异于他处,或胜于此处,则非所能辨。

参议院(Senate)在鲁森伯宫(Palais du Luxembourg),宫建于一六一五年,第一次革命前,尚为王居。革命时以之作国狱,拿皇帝业成,以此为参议院。宫之气派规模,远过于卜邦宫。殿阁四抱,中为广庭,有东方宫观式。所看如画壁、画顶及壁衣(tapis)无异他处,顶棚之雕塑人物特名贵美丽,几于不可方物。议厅亦远较众议院为美。

鲁森伯博物院,陈油画雕刻品,或简称为油画院。刻画多精美,宗教画亦多,不如马德里油画院之甚。余与画术及欧洲画史绝无研究,但觉美丽名贵耳。至现世画中,有若干帧,谓为写真则不似;为写意,则其意不可得,于花木则着怪色,于人物则图异形,其美处殆全不能知。至裸体画,旧有名作,于私处或着他景掩之,或不甚露,即露亦玉皁圆净,不着色相。近画则于私处着赭色(brown),乱之以墨,狐裘蒙茸,可丑可怖。或云此写真也,诚然,何以于身之他部,转不

---

① 此处疑为 Salle du Trône(法语),即宝座大厅。

② 此处应为 Horace Vernet(法语),即贺拉斯·弗内特。

类真?

　　鲁森伯公园与宫相连,旧为宫之附苑,今开放与公众。拉丁民族于布置园景能整能散,能板能活,于伟大中见精巧,于规矩中生变化,其妙处如此,其详不能遍记也。

　　晚与李君同餐。餐后至某公园内某戏园中观剧,十二时归。

七月二十九日

　　星期。同乡学生赵振洲、苏福第来访。使馆中戴明辅、林筱崧亦先后来。余约四君同餐,餐后同游瑙脱达母(Notre Dame),译音为"吾等之妇",乃此间第一大教堂也。赛因河中流有岛名西德(Cite①),译意为"城岛",位于全城中心,史家或称过尔种(Gaul),最初栖止此岛,实为此城所由建。大教堂建于此岛,第一次约在耶历第四世纪,至一一六三年成为大教堂(cathodral②),此后屡加重修,最后一次在第二帝政时代。堂正面,上为二方塔,建于十三世纪,高约二百尺;下为正门,分中左右三门,皆雕石为之,功极精美;左右有雕像,约各一百二十人,正中更多。内面中部圣座(nave)高一百一十尺,堂顶高一百四十五尺,中部有巨柱七十五,上部另有小柱一百零八。上部大窗有三,皆外方中圆,圆径四十二尺,中嵌五色玻璃成人物花纹,为十三世纪旧物,可为希世珍矣。圣座之窗有六个,其玻璃为十五世纪物,余皆近代者。圣座及经座(choir)俱有三十七龛(chopels③)。全堂坐满容二万人,各龛塑像极多,跪地祷求者纵横都是,谓耶稣教不拜偶像,此妄语也。右方塔上有巨钟,重十三吨,每吨一千六百八十斤,共合二万二千六百四十斤,此为欧洲最大之钟,今日未得上塔一观,不知他日尚暇及此否? 归途游植物园。

　　回寓有安南人范文牒来谈。彼前清历在中国,中法之战,彼尚从

---

　　①　此处应为 Cité(法语),即西堤岛。

　　②　此处应为 cathedral,即大教堂。

　　③　此处应为 chapels,即小礼拜堂。

军得八品功牌,今乃服役于法国人。彼名片仍用拼音印八品二字,不但以为荣,不愿忘中国也。前岁安南王来法游历,法政府以女乐等事招待之,甚殷厚,后不快而去。余询以此事,彼云:前王曾流斐洲,今王念及往事,不愿再留此,然王子今仍羁此。余询能一往访否? 云:不知,法政府派人服役,不知容接见中国人否。末谓彼安南无独立之力,惟望中国强耳。余喟然。

七月三十日

晨起习法文。下午赴书店,略购关于法国历史等书。晚独赴欧拍拉(L. Opera①)戏园。至欧拍拉则乃演一种哑戏(sevestre),亦有情趣。

七月三十一日

午前习法文。赵、苏二君约餐,餐后看法国电影。

八月一日、八月二日

专习法文。余购有以英文解法文之文法一册,拟一星期毕此书也。

八月三日

晨,同乡勤工学生连子和来访,未得多谈,余已到法文上课之时间,约其十二时半在寓门相候。今日为余上课之末一日,自十一时至一时乃毕。余习法文在考文字变迁之迹,自量不能读法文书,故匆匆即辍。归寓候连君已不能得,又作函约之。下午仍读法文文法书。

八月四日

上午读《欧洲中世纪史》,下午访刘文岛谈。晚约连子和餐,询以勤工学生状况。

八月五日

星期。连子和又来,同往铁塔,此次至最高一层。塔共三层,第一、二两层为同一之电梯,可直达或分层上下。由第二层至第三层,

---

①　此处疑为 L'Opéra(法语),即歌剧院。

计高五百二十九尺。电梯分二段,中间须换车一次乃能至顶。俯瞰全城,俱在眼底。平时赴各公共建筑所参观,只能见侧面及内面,立塔上可见平面,殆无异乘飞艇矣。第三层中有数室,为售各种纪念品者,四廊俱有玻璃护之。余等绕观一周,见一小门旁题字云:由此至第四层。颇愕异。入门拾级上升为平台,俯台栏下视,更觉高旷爽塈,毫无障碍。塔本三层,每层又自为上下层。此所登即第三层之上层,标云第四层,故使登者错愕耳。此层亦有售纪念品者,余购邮片数张,以手持书之,寄回国。此层有邮局,即以此塔为名。游人由此发明片者极多,邮箱为之满。下后仍渡桥至对岸小餐馆,在街座用餐。餐后同观人文博物馆(Musee D'Etnographie①),中亦有东胡人,注明居亚利亚之东,状与在美国所见者同。傍晚各归。

八月六日

日记积压未书竟日,补写不过二三千字。作书之钝,日甚一日,奈何!

八月七日

晨未起,有客扣门,为同乡勤工学生郭须静。郭君毕业于天津法政学校,历在国内作事,发愤来此求学,可嘉!彼专研究园艺学,颇有心得。余约之中餐,在中国馆,馆小而食品适口,此处专为招揽学生生意,故价亦甚廉也。餐时遇湖南杨君卓新谈,餐后同游鲁森伯公园,又至杨君寓,谈至傍晚乃归。旧有谈癖,迄未能改,何故?晚函约王治焘君,明日中餐时在中国饭馆相会。

八月八日

晨写日记,午赴中国饭馆与王治焘君相会。彼毕业北京译学馆及分科大学,来此五年余矣,习经济。餐后同观古律尼博物院,院不甚大,所存殆皆罗马时代古物,故此院亦名罗马宫。内分上下二层,下层十四室,上层十二室,存有古物,号称一万件。最名贵者为十六

---

① 此处应为 Musée D'Ethnographie(法语),即民族志博物馆。

世纪之壁衣（tapis），高二丈许，宽四五六丈不等，花纹人物，大如生人，明丽中含古香古色，洵希世珍品，惟初望之，不及现制之精美耳。一为东方陶器及西班牙之亚阿伯陶器，观此见东西文明古代相互关系；一罗马祭站，号称巴黎最古之物。下层之旁更低处，为罗马初征服过尔时所建宫殿之一部分，为当时之浴室，此亦为法京最古之建筑物。此外各物俱有特别宝贵处，惜不能遍记。闻人言此处存有罗马时代之私刑具，为男子出征时施之于女人，以防其私人者，余未寻得也。

八月九日

晨写日记。将午，王治焘、林炳琛二君先后来谈。林君约中餐于万花楼，餐后王君去，与林君偕游布拉尼树园。先由林中踏荒，继沿湖至一渡口买船，渡至湖心岛。岛上有饮餐馆，座俱在绿树荫中，择坐唤饮。今日为余到巴黎第一热天，于此间纳凉小憩，良得。直至骄阳渐低始出林，在岛上环游。岛为人工所成，一大一小，饮餐馆在大岛上，渡一小板至小岛，继仍由原桥原渡口，出湖登岸。行里许至绿荫深处，寻地坐谈。直至八时半，夕阳已没，暑威尽敛，四围暝色渐逼，出林乘电车，仍至万花楼。余约林君晚餐，餐后，彼导余至某处观跳舞，舞场之名已忘之。入场券男子每人六佛朗，女子四佛朗。跳舞者流品不齐，有上等人家、中等人家，亦有下等人混入，且有母女同来者。有斐洲黑人二三，与白女合跳，众不以为怪，此邦种界不如他国之严也。且观且谈，至十二时半，舞众渐散，余等亦各归。舞场可容数百人，场外有花园，亦可坐人，园中电光略暗，愿密语者，多出场坐园中也。

八月十日

昨夜睡迟，觉神疲，十时后始起，浴后即出餐。下午补写日记。傍晚赴使馆，晚仍书日记。入法以后之日记，今日始补竣。拟此后日记不得间断,不知能实行否①。

八月十一日

午前读罗马及西班牙史少许。赴中国饭店中餐,遇王治焘及黄君同餐,各自付账。餐后,赴通济隆(T. Cook & Son Co.)。今日星期,停止办公,因便购书三种:一为克尔提博士(Joho S. Kaltie Le D.)著之《政治年鉴(一九二三)》,一为德前皇维廉第二所著之《比较历史》(Comparative History),一为伯锐(W. J. Perry)所著《日之子孙》(Children of the Sun)。归寓翻阅《比较历史》,其体裁完全类《春秋》:第一,编年记事;第二,分国汇列,并及月日;第三,标书大纲,不及细目;第四,一事关于欧洲全局者,列为公共(General),不属于一国之下;第五,据事真书,不加议论,有每事只三五字乃至二三字者。始自耶历一八八七年正月柏林会议,终于一九一四年八月英国向德国致最后通牒,无一字之论断及叙跋。前后二十八年间,欧洲各国之纵横捭阖,互联互防,前盟后背之鬼蜮现象,和盘托出,即各国及美日于此时期内在世界夺地劫国之兽行盗举,并彼父子自身所作者,亦毫不讳饰,尽实发露。读此书如秦镜照妖,眉发毕现,至晚几忘出餐。英人读此书者,亦誉之为最高史笔(the highest historico② significance),为最超越,作者在此段最大历史剧中,心理及精神行动之一种表现(as a revelution③ of the psychology and mental processes of the most prominent actor in the greatest drama of history)。此书非德皇不能作,非已失败后,亦不肯作也。

餐后,读《日之子孙》一书,十二时始寝。

八月十二日

夜寝不足解乏,然仍读书。到法以后,游暇则以书自娱,不免劳

---

① 原文作"吾",疑误。

② 此处应为 historical,即历史的。

③ 此处应为 revelation,即揭露;发现。

顿。下午觉牙痛。重往鲁敷宫(Palais de souvre①)观博物院,观及波斯、叙利亚各部分,见埃及古织物有极细而精者。又有第五代所塑之像一具,平面高颧,身涂微赭,类中国农人颜色。此宫建筑之美,博物院收藏之富,匆匆游观,不足以尽之也。晚不敢读书,赴街上游观。坐大街饮茶,有游女来扰,余以不通法文谢之,彼等固能操流转之英语、西班牙语也。十一时归寓。

八月十三日

夜睡觉头晕,晨起愈,仍读《日之子孙》一书,关于印度古文化者甚多,略摘如下:

印度人种,大概可分为五(此与婆罗门所分四阶级不同):

甲、在南部及锡兰岛一种林中生活之人(Tungle②Tribe),今日仍存;

乙、在最北部缅甸及喜马拉雅山之居民,为纯粹之蒙古人(下列丙、丁二种,是否蒙古人待考);

丙、操"奥士创乃新"(Austronesion③)语者,就其语根考之,与下列丁种咄维甸(Dravidian)之言语确为古代之同种或同文化者;

戊、阿利安(Aryan)种,最为后来,即骨格与北欧白人相同者也。

据吠陀(Veda)所载,阿利安初来时,与阿苏拉人(Asuras)历为剧烈之战争。前世纪大东方学者马克思密列(Max Muller)尚误以阿苏拉为无文化之人民。近来发见确实证据渐多,始知阿苏拉之文明当时远高于阿利安人之上。阿苏拉者,咄维甸之王族也(见班达嘉〔Bhandarkar〕),印度魔技(magic)及天文学,阿利安人皆学之于此种人。

再就此书所列图上考之,丙种在北部由缅甸向正南分为一支,伸

---

① 此处应为 Palais du Louvre(法语),即卢浮宫。

② 此处应为 Jungle,即丛林。

③ 此处应为 Austronesian,即南岛语族。

至马来半岛，其人或名为"蒙"（Mon），在半岛之上，或名为"貊巳"（Mergui），在槟榔屿不远；一支西南远伸入印度中部，其人或名为"氓达"（Munda），或名为"羌"（Khond），或名为"冈"（Gond）。丁种则完全蔓延印度南部，凡此两种人所居之地，俱发现有极古已废之铁矿、金矿、铜矿，其旧俗奉已死之帝王为神。邦哲波者（Pansap①）之古鲁县（Kulu② District）沘（Beas）、康（Kons）二水之间，古代文明遗物甚多，皆此地居民祖先之遗迹，且可证明其为氓达种。此外古文明之建筑物为阿利安人未到以前所有者甚，不能备摘。

按此书意在记明世界文明大都由埃及传播，然于美洲古文明，则案而不断。其搜罗考据可称详实，于中国则始终未敢论列，所论及者仅南洋一带，凡有金矿处，俱有中国人耳。鄙意印度与中国土地接壤，古代文明必有相关之处，且氓达（Munda 译音）种逼近云南，所居之地必有古代金铜铁废矿且甚多。中国金属，苗民用之最早，所谓蚩尤据黎山之金以为兵者，苗、氓、蒙、蛮音可互通。然则其古代文明，与中国当不无相当之关系矣。余系狱时，窃思及此事，苦于中国书籍中无从索证，今读此书大快慰，容再搜求他书证之。

读书竟日，思购牙痛药，竟忘出门，晚牙仍痛。

八月十四日

午前书日记。午赴中国馆中餐，遇湖北王治焘③君、湖南杨卓新君，与之谈欧洲跳舞流派，余对此事毫无所知，故特询之。在鲁森伯公园谈，至晚乃归。

晚刘尘苏夫妇偕四川杨君中瑚来访。杨君于欧洲军事情形甚熟。刘君夫妇先去，杨君十二时半始去。余牙又作痛。

---

① 此处疑为 Punjab，即印度旁遮普邦。
② 此处疑为 Kullu，即库尔卢。
③ 原文作"王治熹"，从上文。

八月十五日

午前写日记。下午赴街，欲购牙痛药，各家均未开市。末在一美国人之药店购得，询知今日为法国宗教上休息日。

读《日之子孙》，南洋一带古王族及贵族有称为秦(Chin)者，有称为泰①山(Taishan)者，有称为天国人(Tenguian)者。秦及泰②山皆言去自云南(Gun Nan)，天国人在菲律宾，据言其祖宗来自天国(the people lived in the sky but connected with their own aacestors③)，此上事实当然足证此一带之古文明来自中国。作者大约不解中文，以致不知天国人(Tingnian)用西班牙拼音法与中国文音义俱合，乃罗列之，欲与印度寻直接之关系。于此可知此类学问研究之难。

又按前段所言魔技，系有英文(magio④)并译音义，佛典中大概称为通术。外道只有天眼通、天耳通、神足通、他心通等等，惟佛有漏尽通。末一为释迦所自证，前者皆婆罗门所旧有，今知乃氓达人所旧有。中国亦有此种通术，与印度所有者颇多相类也，又及。

八月十六日

午前写日记。下午出，赴通济隆购战地游览券，包车票、中餐及乡导各费均在内共一百四十佛朗之谱。

八月十七日

七时起，赴东车站，有通济隆之招待人在，言本日铁路有特别情形，须绕他线行，恐到时较迟。八时半开车，先向正东至爱伯芮(Esdernag⑤)，再折北至莱安镇(Bhcim⑥)，已下午一时二十分矣。此地为法东北部名城，距地图比例尺，去巴黎一百二十余法里，铁路线为

---

① ②　原文作"秦"，疑误。

③　此处应为 ancestors，即先祖。

④　此处应为 Magic，即魔术。

⑤　此处疑为 Esternay(法语)，即埃斯泰尔奈。

⑥　此处应为 Reims(法语)，即兰斯。

一百五十法里。余等今日绕路来此,约行一百八十法里矣。入战线已一百余里,此城以外所经各地,并未见十分劫痕。下车先中餐,餐后乘大汽车,容二十人,今日同车者十八人,绕观街市,次至一大教堂(Cathodral de Pheim①)下车,又次仍乘车绕观,继出城。分记如下:

一、大教堂。此堂与巴黎之吾夫人之建筑完全同式,伟大亦略近,建于一七三四年,美丽无伦,雕塑之像尤多。战后上顶俱毁于弹火,雕像及檐柱雕饰十损七八。吾辈未得见战场伏尸,而此堂内断背折股破胸碎脑之石像,不啻为之标本。白人妇女睹残像,有下泪者。现在修复中,据称非一九三十年不能成功。

二、市政厅。式极美丽,据称为纯粹之文艺复兴式,此类建筑法国并不甚多。此厅完全毁于炮火。

三、罗马门(Arc de Rome)。为法国最古建筑之一,乃罗马时代所建者,殆全颓废,原石亦多崩裂,能否复修,殊不可知。

四、各重要市房。有数大街,一无完全者,颓废为墟者十之七八。人民就废墟之小部,棚板支石,在其中居住,或就其外售食品屑物及饮料者,到处皆有。

现在私人建筑,渐有着手兴复者。回复旧观,尚不知须若干年。市政厅移地办公,似一时不易恢复旧观,惟大教堂之工程进行甚速,其中巨石柱上之硕大弧门十余,已砌就过半矣。车入乡间,蔓草灌木,触目皆是,农业亦未恢复,因人口减少太多之故。行十余法里至一处,名为兴登堡战线(Hindenbourg Line②)。废垒犹存,约分三种如下:

一、铁线四门丁战房。以铁线四门丁为之,厚可三四尺。门厚二尺许,以铁轴转动之。全战房高可丈许,入地者三分之二,远处不能望见。战时出外,休时入内,每隔数丈远必有一房,盖以此代帐棚,

---

① 此处应为 Cathédrale de Reims(法语),即兰斯大教堂。

② 此处应为 Hindenburg Line,即兴登堡防线。

即大炮弹亦不能伤也。

二、铁棚战沟。下掘六七尺深之沟，土堆前面，上棚铁板制成之棚，前高后低，战休俱于其中。

三、铁网战棚。以矮木无数，立植地面，上覆铁网棚。如何作用，未得询真，今遗棚犹遍野也。

此外尚有数村，全毁于炮火，无片瓦完存。战后其人民多转徙他处，亦有搭木棚，掘地穴，圈泥棚栖身者。触目伤心。

按莱安为法国古名城之一，巴黎下殆首屈一指矣，最古时为苟尔比利时之都城（coqitar of Caur Belgium①）。罗马大将凯萨征服苟尔，又扩而大之，时在耶历纪元五十年前，直至纪元二九九年，殆为北部法国教育中心。故四〇〇年，此地即建大教堂，此后屡圮屡修，至最后乃成为与巴黎之吾夫人媲美之建筑。

耶历四〇六年，匈奴曾占领此城。匈奴非信耶教者，尔时教堂并未毁。曾记某君所著地理书，谓由东亚通西欧有二带：一名森林带，即寒带地；二为草地带，与森林带密接，在其南乃蒙古游牧之场。北带内遍地有草，即遍地皆彼之家，东西远近，非彼等所知也。蒙古人来西，实不自此次始，故法国方体低鼻之人甚多，殆皆杂有蒙古血者。

晚归火车仍绕道，十时半始到。途中所经各村房屋绝无阿拉伯式，与南部大异。农人收麦仍未完，法国人之迟缓，随处可见。

八月十八日

晨起，略写日记，赴中国餐馆中餐。下午至使馆访沈贵②基君，并阅中国报。在餐馆时，与王治焘君及广东罗君谈甚久。

八月十九日

检点自巴西以后游程中所购书籍等，备寄归。

---

①　此处应为 capital of Gaul Belgium，即高卢比利时首都。

②　原文不清，疑为"贵"字。该人暂时查阅不到。

八月二十日

上午出取钱,购赴英通票。下午将检齐书分为二十二包,每包一启罗五百格拉至八百不等,合中国七斤之谱。法国邮政寄书籍不得过两启罗也。交邮局,挂号寄归。

八月二十一日

搭雷孟会康公司(Roymont Whikouoj Co.)公车,往观丰丹布鲁腊宫(Chatean Do Fantamelleon①)。十时在彼公司门口登车,十二时半到。路经巴利宋(Bargan②),观大画家弥勒(Millet)故宅。房甚简陋,然彼死已数十年,犹能保持原状。画案上陈以未成之画稿,其绝笔也。彼生于前世纪之初,曾居巴黎,后移此地,室陈有彼其他作品。彼生平不能存钱,有子女九人,生活常艰窘,身后尤萧条。现此宅归公家保管,余购其作品之影本二三小叶,借作纪念。

十二时半至丰丹布鲁附近,先至一餐馆中餐。餐品极美,小碟八种,正餐之龙虾长七寸,色作珊瑚红,腹有子,大如巨黍,色更鲜妍③而价甚廉。院多花木,宝相满覆墙壁。高树荫下更张彩布棚,乃吾等餐堂也。棚旁张彩布巨伞五六,每伞覆一桌,亦为餐所。餐后先至一大树林中,林深不知若干,乔木耸翠,高翳天日。约行十余里,有古油木二株,一已倾地半朽,一犹孤立,半边未死,枝叶甚茂。就已颓者考其年轮,七百年故物也。由原道返,出林至猎宫。宫高伟不及鲁敷,一正两厢,佐以别院,有显明处,有深密处,布局总觉可喜。内部雕塑绘画及壁毡,各处大致相同。此处有一二室木制顶棚及地板特精美。此处为欧洲史上最大纪念者:拿皇最后战败,流放爱列巴岛时,在此宫中,别其生存将士,并与所爱之某夫人作最后之接吻;为宗教上最大之纪念者:拿皇占意大利时,曾掳教皇,幽之此宫若干年。教皇所

---

①　此处应为 Château de Fontainebleau(法语),即枫丹白露宫。

②　此处应为 Barbizon(法语),即巴尔比宗(小镇)。

③　原文作"研"。

用之一切衣物,今仍保存陈列。拿皇返骨法国后,葬于安法利宫;其流死时用具,今在蜡人院中;其黑呢宽缘便帽一顶存此宫,与万宝庄严之冕琉同置一玻璃箱中。宫之别室,有中国博物院,门外置石狮二,运自中国者,意其中必多英法联军入北京时之劫品,惜不开门,未能入观。宫旁林泉亦幽胜。观毕,返巴黎。此地在巴黎南六十五法里,途经多村。

晚独往观欧拍拉剧于高美科(Opera Comique①)。座极满,然远不及在阿根廷所观者。

八月二十二日

晨起,收检行李,十二时上车离巴黎。途经战地,劫痕如新,法国恢复之能力似稍弱。三时半至嘉来海岸,下车,有人验护照,只问有无,并不验看。由此下船渡海峡即至英国矣。

---

① 此处应为 Opéra Comique(法语),即喜歌剧院。

第十八　英吉利

（自民国十二年八月二十二日起至
十月二十日止共五十九日）

1. 由巴黎抵伦敦不过半日

2. 乘通济隆公车游城内——保罗大教堂、白塔、行业公厅、伦敦博物院、国家画院

3. 大英博物院——世界第一大收藏

4. 参观牛津大学

5. 参观伦敦大学、科学博物院及德国公园

6. 访罗素先生

7. 赴博学电影园，观英国旅行团在西藏旅行记

8. 参观国会及亚北

9. 游温塞

10. 赴孟谦司德游览

11. 赴爱丁堡参观大学及皇家医院

12. 赴葛拉司古参观大学、美术馆、嘉西主大教堂

13. 由葛拉司古仍回伦敦

14. 参观伦敦学城

15. 参观剑桥大学

16. 赴烈士屯参观邦来制造厂

17. 帝国经济会议之一斑

18. 英国失业保险办法

19. 英国概观

八月二十二日

渡英国海峡，自杜费（Dover）上岸。所乘为皇邮公司（Ragal[①] Mail Co.）之船，不分头、二等，浑座，且人多座少，乘客多倚壁立者。船开后，风浪甚恶，舱之最上面尽为浪花溅湿。余又晕吐，有吐甚于[②]余者。凡海峡大都浪汹，不止此一处。上船后先经移民局员验护照，次至海关验行李。关员问带有烟卷、酒、香水、照像机、古董各种物否？余箱未开视，而逐种询问如他客也。过海关仍上火车，渡海峡约共费时一小时二十分钟，验照过关约须半小时余。上车开行，时已下午六时，八时抵伦敦，已可谓速矣。

途中见英国农事，与法国无大别，园艺较多，地势崎岖。入伦敦东南隅，行约数里，尽为同式极小之二三层楼房，大约俱为工人所居千家一律之房，虽伟大亦易生厌，若狭小居之者更苦。余意凡聚多数人于同处，而予以同式之住所，且陷彼等于努力不能变更其生活状态者，其地即谓之监狱。余游世界第一大城，而先留一监狱之印象于脑，殊可厌！

下车呼脚夫（parter[③]）携取小件行李，同时并取去大行李，由脚夫代呼汽车载之。英国与法国汽车，前面俱信定制，能载重大行李，且价目按行程有数目表照付，并不加价，此较美国方便处。车站名维多利亚，即以前女皇之名为名也。余寓博兰旅馆，车行经过各街，整洁可观，使余略洗去从前观念。旅馆予余以最小之房间，床外无余地，不足以容行李；又改一较大者，室内无冷热水管，电灯光不足，晚亦不能读书写字。餐后浴寝，餐品不美而价值昂，使余回忆法国。

八月二十三日

夜寒，起开箱取自带棉被加盖之。晨八时有人扣门，起视，女伺

---

① 此处应为 Royal，即皇家的。

② 原文作"与"。

③ 此处应为 porter，即脚夫。

持洋铁壶送热水,备洗面也。此种旅馆为余出国以来所未常见,不意于世界第一大城见之。

略写日记,赴使馆访朱代使兆莘,字鼎新,京师大学之同班友也。谈一小时许,赴通济隆取款,并购城内游观券,明日先游城门。

午,朱鼎新约中餐于中国楼,有豆腐可餐。餐后,余寻书铺购书,在街上略行,各街不甚宽,室亦不美观也。

八月二十四日

晨赴通济隆,乘公车游城内,适大雨。午前所观者为圣保罗大教堂(St Pauls' Cathedral①)、行业公厅(Guild Hall)及白塔(White Tower)、武器库(Armoury)。下午所观者为伦敦博物院(London Museum)及国家画院(National Picture Galary②)。另经帝国研究院(Superial③ Institute),未入内。可记者如下:

一、保罗大教堂。建筑亦伟大,下层为军人国葬之所。最伟丽之二墓:一海军名将乃利孙;一为陆军名将惠灵吞,即战败拿破仑并擒获之者。在中国服役之戈登亦葬其内。所谓葬者,仅举行仪式,实则石棺仍置台上,并不瘗入地内也。

二、白塔。为极古之建筑,周围多炮台,乃旧日之营垒。各室连接,室顶仍多炮台,如中国河南、直隶之交,乡村富人所修之有炮台楼房,惟此局面特大耳。所陈各物,以各国军器及甲胄为多,不能遍记,将欲记者列下:

一欧洲弩。彼名为十字弓(crossbow),彼用于十四五世纪,中国则用秦汉时,在彼千余年前也。

二为二百年前日本国王赠英王之日本式甲胄。

三为美国古代站笼,以铁为之,下面有左右各二三小圈以装

---

① 此处应为 Saint Paul's Cathedral,即圣保罗大教堂。

② 此处应为 Gallery,即美术馆;画廊。

③ 此处应为 Imperial ,即帝国的。

腿,中有大圈以装腰,上更有装腕、装头者,装入笼后丝毫不能转动。此刑用以示众,装入者至死乃止。

三、行业公厅。为一有名之旧建筑,伦敦市长初被选就职之日,照例在此厅宴众。但此所谓伦敦,专指中央商业区域而言,如东南部之工人区,其选民当然不能来此间投票也。

四、伦敦博物院。此院异彩在所陈皆有伦敦之物,自石器时代以至现在,以至大之城而能搜得本地石器时代旧石器,实不易得。其有趣者,此间古时禁妇人多言,有一种刑具,专以处多言妇人,大致类前述之站笼,他部较简单,而装头之处,有一铁舌向内。用刑时,以此舌装入妇人之口,残忍已极! 入欧以后,博物院中屡屡见其古代刑具及模型,皆奇惨。千余年前,欧北之文化如此,或云欧人古蛮野,自耶稣教流入始渐改。若然,则耶稣教特适宜于生番耳,岂不可笑?

五、国家画院。陈品不及法西两国作品,似亦不及其精。前后见中年妇人甚多,皆陈画具正作仿本,似英人之习美术者甚不少,何其作品之不甚美耶?

本日作乡导之人颇上等,有美国人向余言,此人知识学术俱不坏,何以作此职业? 余云:英国失业者太多,不能如美国谋生之易也。观毕,余自乘公共电车归。

八月二十五日

访朱鼎新,托签护照。彼为余介绍馆员陈秩之、徐石定、傅小峰、曹春生诸君。中餐仍同赴中国楼吃豆腐。今日星期六,下午不办公。餐后回使馆,谈至晚,仍同餐,餐后约余看戏。余观英国戏第一次,不敢下评论也。

八月二十六日

晨,曹春生来访,同赴白佛里村(Byfled)访罗仪元夫妇。乡下风景颇明丽。罗君自秘鲁辞职来英暂住也,所租室有球场,他友均挞球,余不能。与罗君等闲谈,并散步园中,自向枝头摘食鲜果。园花以宝相为最多,果以苹果为最多。盘桓竟日,晚十时五十分返,至伦敦已十二时矣。英国以乡村生活有名,亦不过如此,然视伦敦,则天渊之别矣。

八月二十七日

上午,赴使馆访诸馆员,并至杏花楼同餐,餐味同中国楼,价亦廉。

下午赴大英博物院(British Museum),诸书称为世界第一大收藏,余竭一晚之时力,仅观巴比伦、亚叙利亚二部及藏书楼之波斯画。二部收藏之富,果为所见各博物院所未有,的称大观。波斯画完全为东方意味,殆与中国画无别,汉唐以来,中国文化西渐,此其一证。

出博物院,见对面多旧书画店,购得《祆教文化》(*Zoroastrian Civilization*)一书及《天方波斯突厥画册》(*Peintures de Maunscrits*[①] *Arabes persans et Turcs*)一本,印片六十余叶,附以法文说明。翻阅天方及突厥画意,以余辈视之,介乎东西之间。波斯则直捷为中国画,惟题款为波斯字耳。得此二书狂喜,至餐馆且餐且阅。餐毕回寓,读《祆教文化》,言阿利安人初到此地时之情形,与《日之子孙》一书言阿利安人初到印度时大致相同,且言彼辈来自极北,望日南行。又相传其古代为洪冰(Icy Deluge)所冲泛,最后乃南徙云云,与余所推想,又完全相同。惟彼书言阿利安人来时,与本地之魔鬼(demon)、怪物(monster)相战,卒得领有此地。彼曾因鬼而发明以石取火之法,又由鬼学七种语文,此事俱为第一王夷马(Yima)所作。夷马晚以所领土三部分给三子,长子居西部,管理塞母种(Semitic);次子居东部,管理吐蕃种(Duranian[②]);少子居中部,管理本种云云。余按巴比伦古文明为索母(Sumer)人由东方带来,索母现已证明为吐番(欧籍中东方学者称蒙古人之总称)。波斯较巴比伦略偏东,阿

---

①　此处应为 manuscrits(法语),即手稿,即 *Peintures de Manuscrits Arabes Persans et Turcs*(法语)。

②　此处应为 Turanian,即图兰人。

利安人自北来又较晚,此时波斯本种为吐番即吾种无异。故夷马以领土分给三子,可以如上所述。其所谓魔鬼者,即吐番人,故能从之学一切文明。吐番前时由东向西至巴比伦,既携有文明以教阿喀丁人(Akkadian),此地之吐番当然本有文明也。读此书前数十页,已得知吾族古代在亚西亚之情形如许,则索母西去之事,不至孤悬无证,而阿利亚人由大北以至印度之路径亦明。且书内明言夷马创分人为四阶级:第一为祝者(Priests),第二为军士(Wariors[①]),第三为农人(Farmers),第四为工人(Artisan),此与印度之四阶级相合,即为其所由来。余又疑波斯之阿吠司陀(Avesta)与印度之吠陀有关系,盖阿为发音声,可有可无;司无主音,急读则无声。波斯之阿吠司陀,必为印度之吠陀[②]所自出,无疑也。

得快书读,忘倦,一时始寝。

八月二十八日

访英人马可尼尔(Mac Niel)。候罗仪元同至牛津参观茂利氏(Moris[③])汽车厂,午并偕茂君同餐,下午观牛津大学。暑假无人,仅纵览其建筑耳,古色斑斓可爱。其门有极低者,英人以此校之古夸于世界,决不至拆去。闻北大之旧建筑,有一部分拆去,易以美国奇丑之建筑,不知确否。下午五时回伦敦,与罗君同至利昂(Lyons)茶园饮茶,亦有游女入座,招引生客。禁公娼而纵游娼,此果何理由者?与罗君别后,又至一书店购书。

晚朱鼎新约餐,餐后同看戏。戏名《一切妇人所知》(What Every Woman Knows),作品及演者俱好,十一时半散。

---

① 此处应为 Warriors,即战士。

② 原文误作"味陀"。

③ 此处疑为 Morris,即莫里斯,Morris Garages(莫里斯车行)为名爵汽车前身。

八月二十九日

午前读书，下午访吉尔氏博士（Dr. Leonal Giles①）。彼为博物院东方部长，通中文，现在读关于仙家各书。彼为余介绍读书券，入此间图书馆读书，取阅包尔氏（C. G. Ball②）所著之《中国文与索母文》（*Chinese and Sumerian*）一书。

八月三十日

午前读书，午后赴博物院。

晚，罗仪元约餐于白佛里，夜十二时始归。

八月三十一日

连得新书甚多，晨读至暮，不觉倦也。晚访朱鼎新送行，彼明日赴瑞士日内瓦（Geneva）也，便约之同餐。

九月初一日

午前读书，午后赴博物院观斐亚洲全部，又购《古埃及史》一部。

晚读书，至十二时，前数日且有至一时余者。读时不知倦，睡后乃觉疲顿。

九月二日

午前读书，午后赴伦敦大学，此处与帝国学院（Imperial Institute）似系联合一体。大门伟壮，上有极高方楼，中部直冲向上，上部略有雕塑。此种建筑式有高贵严肃之精神，不可谓之美丽也。门基左右二石，右石题字云：此石为女王兼印度女皇维多利亚所手垒，时一八八七年七月四日，即女皇御极之五十有一年（This stone was laid by her Majesty Queen Victoria Empress of India on the 4th day of July 1887 in the 51 year of her riegn③）。门上有横额题云：维多利

---

① 此处应为 Dr. Lionel Giles，即翟林奈。

② 此处应为 C. J. Ball，即英国教士鲍尔。

③ 此处应为 reign，即统治时期。

亚御极五十一年之纪念(Memoreal① of the Jubilee of Victoria)。大门之旁为榜示列考取之候补之人名甚多,亦不知为何项考试。对门为科学博物院,正门不开,自旁门入,旁门甚小。余初以为其中陈列之物必无多,入门以后,上下曲折,引人入胜,陈列室四五十之多,不能遍观,已觉疲倦。所陈列者,以关于自然科学者为最少,纯正科学略多,制造科学者极多。其中尤以关于交通者为最,此英国经营世界之精神所在也。以现时论,海洋航业,英固远在美、日二国之上,而陆地交通,除欧洲大陆及美、日、俄三国以外,几于全世界之交通机关悉握于英人之手。所陈列者,皆小模型,具体而微,每一具各部机关与大者无殊。有线可通电,线端有骨按,以指按之,电通而机关即时活动,与参观大者无异。据此,则可观其全部动作及其相互关系,实较观真者更可得明了之观念。其中并陈有中国船模型一具,名曰北瀛(Peying 译音)。原船长一百六十尺,宽二十五尺五寸,吃水十二尺,载重八百吨,一八八四年曾航入英国哲母司河(Taames②),自广东启碇至此,共行四百七十七日。因此船制法不良,上仅二桅,悬巨帆,帆以极粗单绳系之,每上下一次,须二小时也。船头雕工尚美,船上悬旗题四海升平、慈航普渡、天后圣母等词,此模型乃由中国政制送来者。

出院,由其他一门在一荒园中再三转折始至街上,以极大之博物院,其进出口处之路径殊不讲究,此与美国根本上不同之点也。

赴德国公园(Hyde Park)游览,观皇配阿伯脱纪念塔。塔分七级,冠以十字架,上数级周围抱以雕像,无梯可登。下一级四角为八珍柱,即合四巨四细共八柱成一柱也。上为四精雕弧门,再上分起四脊,脊檐雕刻美丽,四脊面图女皇像。塔中为一巨坛,高约八九尺,上以美石精刻阿伯脱坐像,像不连座高丈二三尺之谱。全塔多饰金,美

① 此处应为 Memorial,即纪念碑;纪念物。
② 此处疑为 Thames,即泰晤士河。

丽中有庄严气。檐四面横题有字云:女皇维多利亚及其人民因皇配阿伯脱亲王以身许众,感怀恩德,敬献,永作纪念(Queen Victoria and her people to the memory of Prince Albert Consort, as a tribute of their gratitude for a life devoted to public Jaod①)。此文虽短,而意味深长。鄙意作皇配最为苦事,有雄心者处此更苦,若女皇而为英雌之主,则苦上加苦。此文中所谓以身许众,所谓感怀恩德,皆极耐人寻味者,非女皇个人之手笔不能道出。塔四角各有座,上塑云石像四五,各座上分题农、工、商、机四字(Agriculture, Manufacture, Commerce, Engineering)。塔为一极大方台,台四角又有四座,上雕云石像数人,皆附一巨兽。各座分题欧罗巴、亚西亚、阿美利加、阿斐利加四洲名。亚洲各像中尚有一拖长辫之中国人,使余观之,骤感不快。余到英所见建筑,以此塔为最美,气象万千,有平吞八荒之慨,殆真足表现女皇维多利亚之精神。阿伯脱像着军装,亦英武,大小与华盛城之林肯石像相埒。然彼则任人逼近观看,此则塔周屏以雕铁栅栏,只许绕视。阔哉帝国之皇配,死后遗像之尊严,犹远在共和国总统之上也。塔之对面,隔路为极大浑圆建筑,高七层,约十余丈,乃望之如覆釜,可以想见其大。此室建筑费共二十万磅,用以作音乐会、科学会等公共聚会之所,可坐人一万,据称为世界最大之聚会室。此室名为阿伯脱厅,博大敦厚,与对面塔之高华严峻相辉映,闻阿伯脱半生郁郁,得此稍慰其阴灵乎?

　　在园步行,观游人,见一少年男子与一老年人跛足坐自推车者同行。少年时助老年推其车,且行且语,貌类父子,此在美国所不能见者。未至园时,见一中年人随一老年女人行,为之携一软座,备老妇倦时休息,二人是否为母子关系不可知。在英犹能见此种事,特记之。园中凿河通哲母司河水,可以荡舟。余盘桓至晚,在更新茶园用茶乃回,晚仍读书。

---

　　①　此处疑为 public job,即公共工作。

九月二日

星期,日记课多积压,今日补之,至午未竣。中餐后,拟看关于斐洲电影,星期日非晚不能有电影,备人白日赴教堂也。

晚读书。

九月三日

午前补日记,仍未竣。

下午观关于斐洲电影,乃游历家数人自游南斐时所影土人及野兽之各种影片,其生活情形皆实在状况,非作戏所装扮也。有类人猿,较人为大,人畜之代工作,锁以巨链。又本地人以大切菜刀剃头,剃甚光,可笑。又其冶铁法,但以木柴及矿石置地焚之,石融下流,即去木柴及炭灰等取铁。其制铁之法,亦烧以木柴。其风箱以布为之,如中国之裤,以裤腰接以筒通至火下,以两手持两裤腿,一张一弛,火下可得微风。以石为砧,锤之亦能成刀。此法虽拙或甚古,此足为研究人文学之一助。其他野禽兽等多奇异,不能遍记矣。

九月四日

读书,有同寓骆思礼(Rusell)君,其英名与罗素同名。彼通中文,此其中国名也。访余谈,谓在中国二十五年,在海关供职,新自广东北海关交卸,因病回英。此间仅有熟友三人,彼等各有事不能常见。父母早死,兄弟纵有存者,亦不知今在何处。在中国二十余年,总忆英国,以之为家,到此乃真无家可归。且百物昂贵,生活维艰,娶妻不易亦不敢,故甫归一月又忆中国云云。盖英国现有失业人一百五十万之谱,均暂由政府给资赡养,彼欲就事,亦殊不易也。

九月五日

读书竟日。

九月六日

访罗仪元夫妇于某旅馆。彼不日回国,故先由乡下来城中,并面约为之饯行。

九月七日

十一时至福公司访巴森及蒲来司及海伯恩（Heyburm）三君；海为其最大股东，且为伦敦经济界有势力者之一；蒲为总书记；巴即前任董事长，曾驻中国者。

与海君所谈者，为英美商战已短兵相接。余谓美在经济上为单一国家，英与各属地为联邦。美为制造国并原料国，以农济工，以工供商。英为制造国，原料大多来自属地或他国转运，须资须时，且农不足以济工商，食料尚须外国供给，遑言其他。据余所游各国言之，英国商业但能保持现状，美之进步则一日千里。南美陆地交通大都造自英人，尚且如此，他处尚未调查。彼悚然逾时，但云商战之烈，不料竟至如此！

午，巴森导余至一处中餐，所经街甚窄。午后，巴君约至其家，在距城十余英里一旅馆中，广场十里，碧树千章，风景殊佳，傍晚乃归。使馆同人为罗仪元饯行，并约余陪。余明日为罗饯行，即口头约今日同席者为陪。

九月八日

午前读书，下午访罗素于其家，彼避暑方归，前日有函约谈也。彼与布拉克女士结婚年余，已生二子女，大者为女，已能行步。彼使仆妇抱之来云：知君必欲一见此儿也。女士今为夫人，理家事，抚子女，望之如中等人家妇女，无复昔日之活泼丰彩。罗素仍以著书为业，今正草《原子论》（*The Atom*）一书，貌较前为丰。居室不大，用女仆一人，楼下为其著书之所，楼上则寝室及会客谈话之所也。座有四客，一女为著作者，前游俄被逮，几濒于险，今著书又不易出版。三男，一年长者与罗君为友；二青年，乃因年长者之介绍来见罗君者。谈一小时余，并用茶点。一青年名兰德森（William Randersan），乃此间康君（Albert Kahu）捐款所派之游历员，周行世界。彼将赴中国，故访罗素求介绍。罗君乃以转托余，余允之，因记其名，他客之名则俱忘之。

晚为罗仪元饯①行，仍在杏花楼。使馆同人全体及陈君之英国妇人，总领事伍君璜夫妇，又罗君之弟二人，又王君一人，济济一堂矣。

九月九日

晨十时，徐石定来约，同往车站送罗君。余在外未尝客中送客，因在秘鲁承罗君格外招待，故今日特往也。

访伍领事芷庵，中餐其家。下午游海德公园，乃知前日所游为坎星屯公园（Kensington Garden②），因接界，误记为海德。所见最有趣者，为各教会之宣讲员，无人听则以音乐先之，再无人听则以女子歌以协乐。余由进园至出园所见，殆四五起。今日星期，游者甚众。

九月十日

日记积四五月未寄归，自今日校，已点句，备寄归。

中餐后，偕徐石定及学生路荫桎君同游绿真公园，并参观动物园。今日半价售票，乡下人特多，余乃得一参观高等动物之良好机会也。

晚曹春生及王、颜二君来访，并约同餐。餐后同赴一跳舞场观舞。余观，三君则入舞，场中自有舞女三人，客与之舞者，每阕六本士，一晚共乐三十阕，如与舞十次，须钱五先零，合中国二元半之谱。然入门票须每人二先零，饮料至少亦每人一二先零，且须请舞者饮食，则每人须五六先零，合今日所费，将至二磅以上，然此尚非甚高等之舞场也。十二时散舞，同归。

九月十一日

晨起，校旧日记，午赴杏花楼与使馆陈、徐、曹、傅诸君同餐，彼等包饭，每一人每餐三先零，加入生客，按人照加，余亦加入。餐后至使馆阅报，至八月七日，大局更糟。四时回寓写日记。

七时，徐、曹、颜诸君来，又出同餐，餐毕仍回寓读书。

---

① 原文误作"钱"。

② 此处应为 Kensington Gardens，即肯辛顿公园。

九月十二日

晨起浴,午前校日记,计数日来,校竣智利、葡萄牙、西班牙三国,法国校约一半。午赴杏花楼中餐,下午又读《中国文及索母文》一书,七时始止,此书已大致读完。著者之意,重在证此二国文字同源,细审索母字源,觉与森得(Zand①)、梵文(Sanscrit②)、拉丁(Latin)殆皆同源,惟拉丁较间接。最奇者,北欧语言之原于索母者,颇多出于拉丁字原之外。盖南欧已有文字之时,北欧虽蛮野无文字,而实由东南直接学有文化者之言语,以为其后来文字中之语根,此说虽创,与余近来所读他书相证多合。晚仍在杏花楼餐,餐后游绿珍街(Regent Street),游女如云,私娼捉人,无异于上海四马路。闻私娼之以此为业者尚少,而未嫁之女及已嫁而丈夫出外者,乃在多数也。归略书日记寝。

九月十三日

午前,校阿根廷日记竣,午仍在杏花楼餐。餐后赴大罗素街一带购书,大概皆关于言语学者,其中有西藏语言、匈牙利语言、亚拉伯语言,皆以英文释之。余既觉索母语言为各种语言之源流,不能不多搜求此类书以证之。晚仍餐于杏花楼,餐后回寓略读书,又步行街中时许,归寝。

昨晚为兰德森③(William Randerson)作函数封,介绍中国友人。又今午与陈秩三谈此邦葬制,彼娶英妻,又旧为耶教徒,必知此事,特询之。补记之。

九月十四日

晨起校乌鲁圭、巴西两国日记,十时在旅馆用早点,以代一餐。

校前在大西洋所草关于古巴及巴拿马之调查竣。

---

① 此处疑为 Zend,即古波斯语。
② 此处应为 Sanscrit,即梵文。
③ 原文作"馨",依上文改。

　　二时赴博学(Polytechinical①)电影园,观英国旅行团登西藏、尼泊尔中间最高之山所摄电影。登至二万七千五百尺,为向来登山者所未达之高度,最后人不能行,以一人负氧②气(oxzgen③)机,机有小分管,通于各登山者之口,乃可上升,积雪如流沙,视余在安的山所见更奇矣。彼等在施家庄(Shekor Dzong)、静修寺(Monastery)中观拉马所作之天魔舞(Devil Dance)及西藏人生活状况,极有价值。其旅行团团长为陆军中将布鲁司(General Geoffrey Bruce),副团长为陆军少将某,偶忘其名,团员多营长(coptains④)及医生。本来此电影演时,由诺爱尔营长(Captain Noel)解说其情节,今日诺君有病,由茂利氏营长(Captain C. G. Morris, 3rd Gurphas⑤ Indian Army)代之,此二少年将军亦皆当日团员也。此项游历之款,由英国皇家(Royal Geographical Sociaty⑥)地理学会拨给。观毕四时半,默念西藏交涉暂停以来,吾国人久已忘西藏于九霄云外矣,观此旅行团所旅行之地点,及团员中之人物与出款者之机关,英人固未尝须臾忘西藏也。吾国人其醒诸!

　　晚所购书送到一部分,读《藏文英释》一书,至十一时寝。藏人种族完全与中国同,其语言源流亦与中国最相近,惟文字与吾异其系统耳。中国文字号称六书,其组织法较繁,而统一性最强,为世界各国文所仅见,故能造成数千年历史数万万人民博大悠久之文明。使中国当文化初兴时专取声系文,或于梵文西来时弃旧更新,中国内部今不知有若干种文字,今不知分为若干民族。吾内部早成胡越,岂仅西

---

① 　此处应为 Polytechnical,即多工艺的。

② 　原文作"养"。

③ 　此处应为 oxygen,即氧气。

④ 　此处应为 captains,即首领;军官。

⑤ 　此处疑为 Gurkhas,即廓尔喀士兵。

⑥ 　此处应为 Society,即协会。

藏有今日之现象哉？十一时半寝。

九月十五日

晨起写日记毕，赴通济隆购票，于下星期一游温塞宫。早餐毕，自赴威斯民斯德（Westminster）参观国会及亚北（Westminster Ally①），分记如下：

国会建筑，外面宏丽，为纯粹之高狄克式（Gothic）。先进便门，入更衣室（Robing Room），再入皇廊（Quyal Golary②），为一长厅，两面壁上为历史画，进门之左右悬今王乔治及后马利之像，两壁之彼端对悬前女皇维多利亚及皇配阿伯脱像。各像俱依其第一次到会上议院时貌装而制，故皆少年也。末端门左右悬林肯侯、大勋爵张伯伦及一夫人之像（Morqu is of Lencoln sord Great cham Berlain③）。过此门，一方室名亲王院（Princes Chamber④），壁悬多像，一面有维多利亚石像，甚伟大，其傍有二三妇人像陪之。再过一门，入上议院，即贵族院（House of Lords），室长方形，上面二宝座，王后临会之位，其余席对列左右二边，俱长椅，每椅可容五人之谱。每面五行，每行有椅三张。议长席在中间平地上，背王后而座，其桌之对面置三椅，意必秘书等席也。室之上壁，雕刻美丽。出门为议员置伞杖衣物之室，再过一门为一长室，名壁尔廊（Pelrs Corridor⑤），两壁皆历史画，仅记其第一幅，为一六四九年英王扎利第一之事，彼盖受国民宣布死刑者。过此廊入中厅（Central Hall），正当两院之中，一面为正门，且两院虽隔多室，若室门尽启，上院中出席之王后可与下院之议长相望。

---

① 此处应为 Westminster Abbey，即威斯敏斯特教堂。

② 此处应为 Royal Gallery，即皇家画廊。

③ 此处疑为 Marquis of Lincoln，Lord Great Chamberlain，即林肯侯爵、大勋爵张伯伦。

④ 此处应为 Prince's Chamber，即王子厅。

⑤ 此处应为 Peers' Corridor，即贵族走廊。

厅四隅,有四石像,余记其向外之二人,一为格拉司顿(Gladstone),
一为格兰威尔(Granville)。由此入众议院(House of Commons),有
同式相对之壁尔廊,两壁亦皆历史画。余记其末一幅,乃一六六〇年
英人迎扎利第二于荷兰归回就王位,人民在杜费海岸(Deves①,即余
来时登岸之所)欢迎者。前后十一年,杀一扎利王,又迎一扎利王,盖
未有共和政体以前,彼族对于暴君虐政,亦实无办法也。不幸众院中
修理,不能入观,折转由中厅向大门出中间之长廊,名曰司提芬厅
(Stephen's Hall),两面皆石像,略视之,不能知其姓名,看其工程而
已。至大门下,见左面壁上有新石碑,八方,上镌议会人员之子死于
欧战者之姓名,以作纪念。大约数之,约一百三四十人之谱,因忆余
在法参观众议院时,见新碑记议员充义勇军死者之姓名,共十五人。
社会党议员某君不主战,为人所杀,政府亦未敢究谁为主凶,而英国
反对战事之罗素,不过坐监数月。由此观之,英国人之主战热,究不
如法国之甚也。大门外立有理察第一(Richard Ⅰ)之立马铜像,倍
增庄严。

威斯民司德亚北者,伦敦惟一之大教堂也。其印象在其本国国
民及一切游客之脑海中,较之英国皇宫,当深数倍。故凡来伦敦之人
有不注意于其他建筑者,未有不至此地一观者。堂之建筑,大致为一
东西长十字形。北面及东面俱有大门,西面无门,南面只有便门。余
自北面门入,此处称为北厢(North Transekt②),穿过堂之正中,至十
字横画之彼端,名为南厢(South Transekt③)。两厢临墙已多石棺及
石像,其中皆有白骨或已焚之骨灰存焉,余未考其谁氏也。南厢之东
面,题名云"词人一角"(Poet's Corner),英国古代有名文人如沙士比

---

① 　此处应为 Dover,即多佛尔。

② 　此处疑为 North Transept,即北耳堂。

③ 　此处疑为 South Transept,即南耳堂。

亚（Slupespeare①）、司宾塞尔（Spenser）、班长孙（Ben Jonson）、狄根氏（Charles Dickens）、浪飞六（Lorgfellow②）等皆埋骨于此。或有美丽之塑像雕像，点缀于石棺或墓台之上，为此异姓昭穆不祧之祖。而葬于最高之地位者，则英国诗人鼻祖乔赛尔（Chaucer）也。彼生于十四五世纪，死后百余年，始将其骨由他教堂迁此。其他各词人，亦不尽死即葬此。此辈生前多具特立独行之气，本精思妙想，著为奇思怪文，未必皆为耶教之信徒，而死后乃不能逃出于教士所掌管之教堂以外，岂不可笑？由词人一角，转入十字竖画之东端，以六本士购票乃得入。此一端须分两段，第一段中为圣殿及祭坛（sanctuary and altar），除中间之圣龛外，尚有六龛，为尼古拉、爱德忙、班尼的克、保罗、约翰、伊思礼（Nickolas，Edmond，Benedict，Paul，John，Islip）各龛，殆英国皇陵，历代王君皆寝骨于此。第二段为亨利第七之夫人龛（Henry Ⅶ Lady Chempel③），此部工程之特别处，在房之上顶，本为高狄克式，皆用石砌成之弧形顶棚，而石皆雕为玲珑精巧极细之透花，为向来所未见。此龛亦为皇陵，凡隙地皆巨棺或墓台及雕像等。有时其过道不过宽二尺，须侧身以过。此二段更有须记者，有英王加冠礼之宝座（Consation Chair④）二件，盖当时王后必须加冠于主教之势力下，乃有正式之国君。有一椅为七百年前物，游此端时，有一教士着礼服导之，并为解说。观毕出，教士即闭门。余又在中部略观，乃入十字纵画之北端。此段为教堂之本身（nave），经座（chair）占其最大部分，在中间两面，亦叠垒皆雕像，其下亦都有石棺或墓台。此

---

① 此处应为 Shakespeare，即莎士比亚。
② 此处应为 Longfellow，即亨利·沃兹沃斯·朗费罗。
③ 此处应为 Chapel，即礼拜堂。
④ 此处应为 Coronation Chair，即加冕宝座。

外尚有受洗室（Boptistery①）、僧会堂（Charptoi House②）、耶路沙泠室（Jerrsolen Chanker③），俱不甚大。观毕，由南便门出，为一方院，中系草地，周围为宽大古色斑斓之石廊，居十字之西南隅内。再西为另一院，乃主教住所（Deanary House④）。向西有门，余由此出。就此堂大概论，亦博大亦精巧，且古香古色，而不能唤起余之美丽之观念，不知何故？

　　此堂历史，英人著书考证者甚多，不暇细究。略闻此地古名草泥岛（Thorney Island），本在哲母司河中，年久河流变迁，渐成平地。此堂之建筑，在此草泥岛时代也。相传古名阿波罗庙（Apollo Temple），或为保罗教堂（Paul Church）之异名。后来堂下尝掘得罗马时代之古砖，其为当时罗马人来此所建无疑。或谓此地即圣保罗大教堂（St Paul Caseetral⑤）旧址，耶历一五四年毁于地震，英王鲁修氏（Luciuas）就原址建此堂，其后为萨可森教堂（Saxon Church）。七五〇年，教授爱德华（Professor Edivard⑥）重修之，爱死葬于此。一〇六五年，又为那尔曼教堂。约百余年，英王亨利第三于一二四三年大修之。爱德华于前一世纪，已被崇为圣，一二六九年又改葬于新成之部分中。亨利第三既皈依爱德华，死后当然葬此，此后遂成英国皇族之万年吉地，历代有名王后殂均葬此。一二九八年，堂遭回禄，至一三七六年，亨利之部分始复旧，至一五二〇年，全体恢复旧观。此后亨利第五、亨利第七踵事增华，规模益大，而王后、贵族、伟人、词士，又皆葬身其中，遂成伦敦惟一有价值之胜地矣。

---

①　此处应为 Baptistery，即洗礼堂。
②　此处应为 Chapter House，即牧师会礼堂。
③　此处应为 Jerusalem Chamber，即耶路撒冷室。
④　此处疑为 Deanery House，即主任牧师住所。
⑤　此处应为 St. Paul's Cathedral，即圣保罗大教堂。
⑥　此处应为 Edvard，即爱德华。

据阿吠司陀（Avesta）载，阿利安人古代行抛尸葬礼，即举而委之于壑，以听野兽飞鸟之饱餐，乃所以享神，乃最高洁一葬理。塞母人之火葬，吐番（即今所称之蒙古种）人之埋葬，以手亲尸，最为不洁，皆极大罪恶云云。由此推之，北欧当耶教未行前，殆完全无所谓葬礼，学耶教后，始知葬其亲，然自此理葬为教会独有之义务，亦即其惟一之权利。上自王族，下至平民，皆失其自由殡葬之权，宜乎耶稣教国家，多以一大教堂为其国庙也。

归寓，略作日记，晚读印度人张达（R. Chanda）所著之《印度阿利安人种》（*The Indo Hiyan*① *Races*）一书，约三十余叶，近来读英文渐快，可喜。

九月十六日

星期上午，书昨日日记，并校法国日记后半竣。自今日起，日记债一律还清，惟未装订寄回耳。

下午在绿珍公园游览，见教会之讲演员演说，立一小棹上，棹为特制，前有高木栏，可以搁手。前面悬一横牌，上书云：改正教联合会（Protertant② Alliance）。隔数丈远，有一女子与之对立演说，音可互闻，如相倡和，因近前听之。大意谓旧教所谓教旨，道其所道，非耶稣所谓道。十七世纪新教会派代表与之协商，彼乃坚持拥护教皇（Pope）之议，吾辈不知耶稣教之何以必须有教皇，会议决裂，分道扬镳，对彼只有严攻击耳。听至此，念岂彼方女子为宣传旧教者？转至彼前，见所立之棹同式，上悬之牌则书"天主教显明会"（Catholic Evendence③ Guild）。此女子之演说，转有条理，态度较安娴，大致言耶教初兴之时，罗马皇帝为巴冈教（Pogonismn④），各国君王亦皆异

---

① 此处应为 Indo-Aryan，即印度雅利安人。
② 此处应为 Protestant，即新教徒的。
③ 此处疑为 Evidence，即根据；证明。
④ 此处应为 Paganism，即异教。

教徒,非有教皇,则教会不能生存,发达于异教政府之下。耶教今日之发达及于全世界,皆赖其完全组织,教皇即所以领袖此组织者。今日各国政府,轻视宗教之态度时见,故吾教不能不有强固统一之组织。又新教教会各自独立,往往一会单独为人利用,抛弃本教宗旨,故吾认为故教名为耶稣教,而于吾教前途,实大危险云云。旗鼓相当,针锋相对,颇觉有趣。听旧教之演说之人较多,余屡见极近之距离两人同时讲耶稣教,以为其合作互助也,今日乃知其为对垒作战。

晚游碧口德来(Piocodilly[1])街。红男绿女,肩接股摩。归寓仍读《印度阿利安人种》第二卷完。

九月十七日

晨作日记,九时至电报局问中国有来电否? 十时乘通济隆游览车赴温塞(Wintsor[2])途经阿可屯(Acton)、易陵(Ealing)、韩围(Hanwell)、苏图尔(Southall)、古朗佛(Grondford[3])、康卜洛克(Conbrook[4])、司徒袍之(Stoke Poges)、易屯(Eton)诸村镇。司徒袍之有古教堂,修于一一二〇年左右,今其一部,尚为当时旧物,其大部分木工程修于十四世纪,亦尚未朽,大概为此间最古教堂之硕果也。易屯有古学校一所,为皇室所创建,今为此邦乡间学校之最古者,其校具之简陋及布置之无条理,不可思议,今日已成此邦古董,当然不肯再加改动。所难者,在已往数百年间[5]丝毫未加改动耳。一大讲堂极矮,门仅过顶,以长板一条作椅,每椅可坐四五人至七八人不等,桌与椅同式,仅较高耳。室甚长,有方木柱两行居中,共十八根。近讲座一端,桌椅面向讲座,彼端则中空,堆各种教科书于地板,

---

① 此处疑为 Piccadilly,即皮卡迪利大街。

② 此处应为 Windsor,即温莎(地名)。

③ 此处应为 Cranford,即克兰福德(地名)

④ 此处应为 Colnbrook,即科恩布鲁克(地名)。

⑤ 原文为"在已往数百间"。

两面之椅桌,向中间之书堆。最奇者,此端每桌板一条,其后有前后坐板二条,不知坐后条者,无桌如何写字?乡导亦未能为余等说明。其他一讲堂为较高之班次,讲台上为八角之圆桌,桌后一大方椅。又一考试室,学生座在中间,四隅有四槛,槛内有高椅,似为监考者之座位,今此堂乃特重考试也。此校有学生题名之风,故满木壁上,遍刻学生姓名,有数百年前者,亦有去年方刻于上,刀痕犹新者。此校出名人颇多,导者为寻其名告余等,惜余未读英国历史,不能知其为谁何。校内最大之建筑为教堂,其高可五六倍于讲堂。教堂壁上纸画甚古,闻为一四九八年故物。此校建于一四四八年,所观之长板棹椅为一四五五年所制,已四百七十八年矣。易屯与温塞相连,至温塞中餐,餐后往观温塞宫(Wendsor Castle①)。欧洲古宫所用宫字(Castle),意实为垒,即今日所谓炮台也。此宫周围皆炮台,即宫之本身转角仍为炮台。正门不开,余等由后门进,环绕而上,盖此地本为土阜,筑宫时继长增高,下则遍植嘉木,直连易屯。镇外风景,亦自明丽。宫之下层,墙极厚,而窗极小,一线光明,初入不能辨人面,所陈大半为武器。第二层始见大窗,宫略为方形,左右前面均有房。前面为正门,与正门相对之一大厅为守卫室,室中列甲兵,无怪彼以炮台名宫也,即自余视之,此亦不过中国小说中一山寨耳。宫中壁毡油画等皆美丽名贵,磁器尚好,完全为中国物。宫中导者先言磁器皆为中国物,忽目视余改口云皆东方物,来自日本及中国。彼又误认余为日本人,遂不敢言此美丽之磁器专属中国,同观者人太多,余不暇与辩。余发现彼皇家之古陈设,多以刀枪剑戟等物环插一物上,作日光形。其刀剑多极古极简野,此足表现其族中之悍者,凭腕力以争得酋长之精神。宫旁一圆形炮台甚高,名曰圆塔(Round Tower),可登以望远,导者年老不愿登,转致累余未登。出宫又观其皇家教堂,古朴耳,未为美也。

---

① 此处应为 Windsor Castle,即温莎城堡。

归途过温塞皇园（Wendsor① Park），园大数十方里，游鹿成群，自生自长，饮食游处，得全其天然生活，车过不惊，见人不避。园中有老树某王所植，千百成行，今皆数围大，可爱。出园经圣母泉（Vinginia Water②）及司太因（Stainer③）、哈吴寺（Hanwerth④）、李池孟（Richmand⑤）、退耕罕（Tweckenham⑥）等村镇。两渡哲母氏河堤岸，碧树绿荫，妍花芳草。岸上轩亭售茶与酒，中流画艇任意浮沉，此景实为到英以来所仅见。

晚六时至城内，过新花园（New Garden），见一中国式塔，导者言此塔完全仿中国，余觉其别有美意也。下车自赴里昂餐馆晚餐，此为伦敦第一大茶饭馆，昼夜不停，而价则甚廉。餐后归寓，读《印度阿利安人种》第三卷尽，得家信阅之。

九月十八日

晨写日记，午赴恰台银行取款，因姓名拼音及前后次序之不同，纠葛数小时。余由旅馆至银行，来往数次，始证明白。盖国内为余汇款，半月以来，银行通知函到旅馆，以姓名不合，收置他处，直至昨日接国内来电，始向银行查问，再向旅馆查问也。

本日草草将《印度阿利安人种》一书后三卷翻阅一遍，不详尽也。

九月十九日

晨起预备离英国，规定行程，迄未能决。赴就近银行用恰台兑票取款，仍以英文名字不符生纠葛，由使馆签字证明，彼允于星期五付款。

---

① 此处应为 Windsor，同上。
② 此处应为 Virginia Water，即弗吉尼亚湖。
③ 此处应为 Staines，即斯泰恩斯（地名）。
④ 此处应为 Hanworth，即汉沃思（地名）。
⑤ 此处应为 Richmond，即里士满。
⑥ 此处应为 Twickenham，即特威克纳姆。

下午赴各书店购书二十余种，约分六类：一关于巴比伦者，二关于埃及者，三关于印度者，四关吾国西南部及交趾一带人种者，五关于耶稣教者，六关于拉丁系语言者。诸书经前数次看定者，多有价值，亦有今日仓卒购买者。

晚读马克当尔（Macdonell）所著《梵文初步》及布理氏达（Breasted）之《埃及古代史》。

九月二十日

午前又赴罗素街各旧书店购书若干种寄归。

下午赴使馆，曹君约饮茶，即英人所谓五点钟茶也。茶及余品均美，忘此茶馆之名。同往者，有余家菊君及邱新伯君。晚余约三君同餐。餐后曹君坚约余等往观跳舞。舞场似系名金都屯舞宫（Kindleton Polais① de Dance），在城外，乘汽车约须四十余分钟方能到。场阔大而陈设美丽，舞者数百或逾千，十二时方归。曹君技不劣，能作丹构舞（tango），即场得一女友，自谓大学生，舞毕与余等同汽车归，先过其门，送彼归家。

九月二十一日

晨赴银行取款，并购信用函。下午又赴各书店购书，新书约十三四种，皆历次看定无钱购买者。晚赴使馆阅中国报。

九月二十二日

晨起将前购各书分包寄归。

十时赴孟谦司德（Manchester）下车，遇余家菊君，彼曾赴余寓约同行，车上乃未遇。彼有友人朱君来招待，同至朱君寓，朱君留学此城，学工科。前岁余在美国芝家谷在公有联会（League of Public Awnership②）中，听英人某盛言英国政府代工人修房之事，似记此城甚多。询之朱君，彼导余往观。房为市有，名谓农村式，简单洁净，于

---

① 此处应为 Palais，即宫殿；舞厅。

② 此处应为 Ownership，即所有权。

居住及卫生均相宜。初观数处觉好,观五六街以上俱为同式,感觉便不甚快,觉其绝不类农村,且与农村相反。盖农村之善处在天然,在复杂,在多变化;此之长处在简单,在一律,且纯为人为也。每房一座,分居二家,每一家每星期租金约十先零之谱,按月合二磅余,在此邦可称极廉,以其为市有也。普通房税甚重,约当租金十分之四,故私家之房租亦因之加重。

晚与朱君同寓,因近边觅旅馆不得房也。

九月二十三日

星期赴城内观市政厅公园等。城之中心不甚大,周围工厂环抱之,再外乃为工人及小人家住所。市政厅前有皇配阿伯脱、名相葛兰司顿等造像。

在公园内见有携行坛立其上演说者,坛上标字云:地值联会(Land Value League)。演说者为一黑人,自报其名曰佛朗可林。大致言英国地多未辟,人多失业,地主与失业之人应合作,以尽地力,免致经济状况长此失调云云。继之演说者皆白人,所说大意相同。

九月二十四日

偕余君同赴爱丁堡(Edinburgh),下车觅旅馆五家,不能得房,末一家助余以电话寻公寓之房,亦均人满,乃同余君至彼托友人租定之房,有奉天学生王一丁君室较大,余与之同室。居中国留学此城者,有山西张省字竞丞,湖北张鸣渐字逢程,及山东张、王二君,合之余同来之余家菊君、同寓之王一丁名捷先君,共六人。

九月二十五日

午前参观大学建筑,中有庭院,后大庭,前大门,左右室作对偶式,气象昌明。礼堂(confer①)不甚大,屋顶绘名人像,即名之为名贤祠(Pemple of Fame②)。藏书楼管理法尚简便,惟书目编法较旧。

---

①　此处疑为 chapel,即礼拜堂。

②　此处应为 Temple of Fame,即名人堂。

观大学由张逯程君相导,出大学遇张君竞丞,导观皇家医院(Royal Affermuty①),院可容二千余人,不收费,而私人捐款者甚多。院壁捐款者题名几满,余留心略观数处,有一人捐款多至五万磅者。竞丞学医科,曾在此院实习,导余观剖割室,上有环楼列座,备学生学医者参观也。又观博物院,科学陈列占大部分,英国地质调查图一具,以玻璃为之,地形地质,一目了然。余就其比列尺算之,每英尺六寸合一英里,图深八寸许,合一英里又三分之一深,以每英里合中国里二里又十分之七里计算,共合中国三里六深,即六百四十八丈深。彼国地质调查之详确,可佩;而地下之蕴藏计日可尽,亦可虑。又此院有一埃及原始人,平目低鼻阔颧,耶历纪元四千年前者,惟为仿作,原物存一埃及博物院中。余以纸录其名,旋失去,可惜。博物院亦可通大学,备授课时之实地指示,甚便。

赴印度馆(Indian Caffe②),馆主及厨役皆美人,以印度为名而售中国菜,味尚好。

下午偕三张君、余君同登司葛脱塔(Scott Monument),高逾二百丈,梯环行而窄,余上下未甚倦也。塔上可俯瞰全城,风景甚好,惟入秋以后,此邦为霾雾久雨之期,风景与生活同入模糊中矣。又同登古塞宫(Edinburgh Castle),此宫雄据山巅,为苏格兰王国古时所建。其末代女王马利(Queen Mary)以美名于欧洲,与英女王易列沙伯同时,英雌不并立,马利战败,被易列沙伯囚于此宫。此后英苏共戴一君,即哲母氏第六(James),其姓氏演自苏格兰王室,且号称为马利女王之子,自此英苏遂统一矣。此宫中所藏重要物件为苏格兰王冠、权杖(mace)、上方剑三物。马利败时,此物埋于地,逾甚久乃掘得之,陈列于此。马利居室殊简陋,宫傍低地为公园,较高处临大街。司葛脱塔即建于此,公园甚洁雅美丽,虽逊于拉丁式,而清洁乃远在

---

① 此处应为 Infirmary,即医院。
② 此处应为 Indian Cafe,即印度餐馆。

美国公园之上也。

晚张竞丞约餐于寓,咖利牛肉拌面条,直中国餐也。餐后与诸君谈甚畅。

九月二十六日

为国内交涉事,托余君寄一函于《新闻报》通信某君,向国内发一电并寄去电资。

下午与余君、张逵程、王一丁同登城外一山,忘其名。

晚九时二十分赴葛拉司古(Glasgow),余家菊、王一丁、张竞丞、张逵程诸君送至车站。车开,帽脱招手至不能见而止。

十时四十分下车,天雨,觅旅馆无房,前后寻至七家乃得一室。

九月二十七日

访张竞丞所介绍之王君不遇,自乘汽车参观大学,其建筑甚美,且在万绿丛中一小山上,与山下之美术馆(Art Galary①)相对,愈觉有致。暑后已上课,余随学生穿廊过户,略见其讲室大概,未至化验室及图书馆,最后至其博物馆中,求罗马前此邦古物不可得,见一古动物之腿骨两节,高丈许,一望而知其与在阿根廷所见者相同,即伟大之立足爬虫也。下视其说明,果然。旁有古生物学家某博士所制之此虫小模型,与前所见之全骨相同。此骨亦为模型,原骨藏美国皮磁埠贾纳儿(Carnagie②)博物院。前所抄拉丁文此虫之名遗失,今补记之:Diplodocus Carnagu③。

出大学至美术馆(Art Galary④),然实博物院也。关于科学及制造模型,陈列颇富,尤以船之模型为多,此英国立国精神所在也。罗马前物仍不可得,有希拉古陶人,为耶历前四世纪物,可与前在西班牙所见者互证。

---

①④　此处应为 Gallery,即美术馆。

②　此处应为 Garnegie,即卡内基(博物馆)。

③　此处疑为 Diplodocus Carnegiei,即卡内基梁龙。

又观嘉西主（Cathedral）大教堂，石工极好，数百年前物。此种教堂第一次观最生惊赞之感，观太多则少趣。如游中国观孔庙，至十数处以上，千篇一律，则不愿再观矣。又略观市政厅各处。

下午一时半登火车，晚十时至伦敦。同车遇一苏格兰女子格拉哈母（Graham），与余久谈，询长城现状，口能出宋明各代美术上名词，此曾受高等教育，且曾读关于东方文化之书者。大概欧美人凡读中国书译本一半卷者，对于中国人皆不轻视，而常读教会所著关于中国之书或常与教士通信者，多鄙夷中国人，至有误会为如斐洲生番者。

下车仍寓博兰旅馆。此处房并不好，以已寓一月，人较熟，欧洲各国人对人之关系未全断也。

九月二十八日

晨补写前数日日记，中餐至杏花楼，与使馆人同餐。下午赴中英商业银公司，访巴森及非兹简拉君（Colonel Fiztgerald）。

晚赴使馆阅中国报。

九月二十九日

再读英国各种统计，摘一二种如下：

年份	进口货（磅）	出口货（磅）	比较数
一九一三	七六八七三四七三九	六三四八二〇三二六	一三三九一二四一三
一九一九	一六二六一五六二一二	九六三三八四六七七	六六二七一五三五
一九二〇	一九三二六四八八八一	一五五七二二二六〇〇	三七五四二六二八一
一九二一	一〇八五五〇〇〇六一	八一〇三一八八四八	二七五一九九二一三
一九二二	一〇〇三九一八一二四	八二四二七四二九七	一七七六四三九二七

就上表观之，一九一九年进口货多于出口货，即中国所谓漏卮，至六万六千二百七十余万磅之多。以商立国即商业之退衰如此，实可惊怖。数年以来，竭力恢复，至一九二二年减至一万七千七百六十余万磅，论者或谓不久即可挽此局面。然试观第一行所列战前一九一三年之数目，其漏卮亦在一万三千三百九十余万磅以上，知完全挽回，殆未易言。再观次表：

货类	进口（千磅）	出口（千磅）	比较
饮食吸料	四七二六二八	五八〇九七	负四一四五三一
制造原料	二九八二四一	一五七一三一	负一四一一一〇
制造品	二二九九二〇	五九六七五二	正三六六八三二

此表就一九二二年贸易表汇摘核算，今以英国三岛作以经济单位论，其原料项下出入相差之数为一万四千一百一十一万磅，即除出入相抵不计外，共支出之购买原料费也。制造品项下相差之数三万六千六百八十三万二千磅，即除出入相抵不计外之售货共得价也。由售货价中减去购料费，共余二万二千五百七十二万二千磅，即三岛商国全年所得之浑赢，亦云毛利。最后观饮食吸料项下，出入差数四万一千四百五十三万一千磅，即除出入相抵不计外之火食杂支也，就浑赢中减去火食杂支方为纯赢，亦名净利，然其数不敷者为一万八千八百八十万磅之谱，此即三岛商国一九二二年折本之数。此数应与[①]前表一九二二年之比较数相同，而不同，非原表数目有误，即余核算有失检处，然大致不相悬远。英政府如无术以挽回此种倾向，其国运亦将随之就衰。此外农业、牧业亦逐年退步，不及译写矣。

晚餐时，遇一广东学生邓盛仪，自美国毕业来游，谈甚久。

---

①　原文作"于"。

九月三十日

星期为西藏事拟草告国人书,成二千余字。

晚与同寓日本人高田商会代表某谈。餐后游绿珍街,在万人丛中为游女所扰者四次,四马路之野鸡亦不过如此。

十月一日

上午赴使馆,访朱鼎新代办。

下午仍草关于藏案书并赴教育部访团特门博士(A. E. Twentyman),请其介绍参观大中小三级学堂各一。英国各部多设于白厅(whitehall)之中,此地为古代王宫,建筑伟大浑朴,就便略观览之。内部不甚洁净,布置亦无甚秩序。

十月二日

竟日草关于藏案事,晚徐石定君约餐于探花楼。

十月三日

收到团特门君介绍函三封,上午偕徐石定参观伦敦学城(City of London School),为中、小两级学校。大伦敦学区约分四十区左右,小学教案全统一,中学则公立者统一,私立者放任。此学校为中央伦敦学校,自编教案。先晤其校长祁尔吞君(Achiton),导观礼堂,谓每晨全堂员生一律在此堂中祈祷,教职员均着礼服。其壁上为本校学生中名人题名,有某首相题名,校长指示余以为荣。又导余至一地理班上听讲,约十分钟班散。教员讲解尚能引起一般学生兴趣,领解之程度亦好,惟地图太旧,尚称中国为帝国。末由格次君(P. C. Gates)导余环观全堂,至体操室,一技师正教学生拳术,立观数分钟,其拳术重手轻足,应用不尚功夫,非东方拳之敌也。观毕十二时,谢之归。校长以本月五日市政厅长(Lord Mayor)来校发学生奖品约余往观,因已有他约,不能往。

下午又往观圣保罗小学,伦敦惟一之有名小学也。其校长有公事,亦未派他员招待,嘱令另行约期,未得参观,来回均冒雨。

晚与使馆诸君同餐。

前余家菊君赠余以《持戒与落魂》(*Taboo and Perils of Soul*；J. G. Fra yor①)一书，连日略读之，其中大部分关于渔猎时代之宗教。如北美北部土人(Eskimcanx②)所奉之神为海兽之母，北欧称大熊为祖父，狼为叔父等。今虽已信耶稣教，而此种名称，至今不改。此外持戒之关于兽类者甚多，余断以为皆渔猎时代所遗留。大概渔猎时代之宗教，多于鸟兽类中崇拜若干种为神，至有部落或进至游牧，则宗教拜部落神(Tribal God)。拜部落神之进一步，即为一神教，此宗教进化径途之一种。此种宗教下之人民，大都嗜斗好杀，因其去渔猎时代太近也。其他一途，进至游牧时代，则神渐多；进至农业时代，而神更多。且由兽神时代进为人神时代，且以人类之政治宗法或社会之组织形式悬拟神类之组织形式，而由系统之多神教以立，而最高之神，因以产生。无神教之下，以此种为最高。一神教之神，即此种宗教中抄袭，如犹太教中之耶和华，部落神也，读《旧约》可以知之。罗马之巴庚教(Pagonism③)，有系统之多神教也。帝(Deu④)，巴庚教最高之神也。四福音之三皆成于罗马，帝为耶稣教所采用，而巴庚教为所灭，非巴庚教之不良，而耶稣教爱灭人也。

十月四日

赴剑桥(Canbredge⑤)观大学。教部所介绍之某君下午四时半始能至公事房，余不能候，自行观览各建筑及其博物院。访吉尔氏教授，即博物院吉尔氏博士之父，为此邦中学(sinology)之泰斗。年七十余矣，精神尚好，见余谈极欢畅，其言论直爽，不似其他英人。谈未

---

①　此处应为 *Taboo and Perils of the Soul*；J. G. Frazer，即詹姆斯·乔治·弗雷泽《金枝》中部分章节。

②　此处疑为 Eskimoan，即爱斯基摩人。

③　此处应为 Paganism，即异教。

④　此处疑为 Deus(拉丁语)，即神。

⑤　此处应为 Cambridge，即剑桥。

十句,即论中国云:中国积弱,由于从前忽视科学,现在全国纷扰之现象,由于抛弃孔子之道。又云:余赞成中国共和,而不信孔子之道与共和违背。最有趣者,先询余曾习中文乎?云,曾习。又问曾读五经乎?云,曾读。又问曾应考乎?云,曾进秀才,未应大场。彼云:贵国秀才,实较欧美博士为难。又询中国留美毕业者,多不识中文,然乎?余云:华侨子弟或然,由国内考送者,其中文大都有秀才程度。彼伸颈咋舌而不已。彼示余所收藏之中国物,有一明朝壁毡,为在中国所未见。又一英人所画某英国将军觐见清圣祖之像,彼云:观此画可知百年前英人对于中国事殆毫无所知。余去,彼依中国习惯送余上车。连日风雨,已是重阳天气,今日新晴,风物明丽。出郭见霜叶隔树红黄,寒林如画,溪流绕村上下,秋色有声。且行且观,随夕阳返照已至伦敦矣。此村碧草绿树,弥望皆是。初见觉美丽,久则平淡,偶有犁痕禾影,眼帘为之一新,转生快感。此种境味,在中国内地旅行者不能领略也。

晚嘱在室内燃炉,和暖,气为之舒畅。

十月五日

晨起,九时赴车站,与巴森君相晤,同赴烈士屯(Leaston)邦来制造厂(M. Bromley Co.)参观,厂主邦来君派汽车在车站相接。此厂专制造织棉、毛、假丝各种网衣,即一切欧式内衣及女子之一种外衣之料,且作成衣之机器。此种制造厂为第一次参观,且厂主招待殷勤,指导详明,故所得观念甚明了,且富兴味。厂主留中餐,下午四时余归,至伦敦已六时半矣。

徐石定来访,并至中国楼同餐。馆中新伙陈天麟,能操普通语,且系京音,来就谈。彼在广东省中学校毕业,其普通话即校中所学,可惊可喜。若东南各省中小学生皆如陈君,则中国语言统一易耳。彼特别用功,如四与十、去与弃之音相近者,必辨别清楚乃止。

十月六日

上午赴使馆,遇湖北学生吴天麟君谈。

下午一时，朱鼎新来访，同餐于中国楼。

晚自赴来昂楼餐，细察知环座游女皆私娼，群鬼耽耽，饿目瞰人，其状可怖亦可怜。战后风气本不如前，而失业者太多，亦私娼增加之大原因也。伦敦乞丐之多，为所游各处之冠，然皆男子，盖女子别有求食之方也，然亦苦矣。本日仍草藏案意见书，约二千字。

十月七日

星期徐石定来约同游海德公园。自大理门（Marble Arch）入园，见路旁教会人员各张旗帜，设坛宣讲，约七八处之多。略听之，大半为新旧两教互攻之论调。尤趣者，一老者痛骂新教，大致谓：基督教旨寄于十字架，人人知之，十字架非石即木，何能寄托教旨？教皇乃惟一使行十字架阐扬教旨者。吾人均知人人皆有罪恶，所以耶稣降生来救，新教徒背叛教皇，对基督教乃惟一罪恶云云。其辞甚长，言时唾津横飞，如醉如狂。查耶稣教徒新旧两党，二百年前蛮战兽争，陈尸横血，自世界交通后渐受印度及中国之薰染，改革旧时状态，仅为动口不动手之战争，吾总誉之曰：有进步；彼等乃敢向中国、印度传教，吾再誉之曰：真大胆。

园内有跑马道，女子乘马竞走，有技甚精者。二时始归，中餐于一法国小餐馆。

前曾为宗教下定义，今再为修正如下：

宗教者，人类就其经过所认定或疑谓之人生与宇宙，或个体与环境之关系，于理智尽处演成信条而崇奉之，以谋身世，即人生在宇宙中，或个体在环境中，将来不可知处之宽慰也。

宗教之定义最不易下，此次所下者至归国以后又不知能自慊否。

十月七日

因国庆延缓行期，草藏案意见书亦进行较缓。今日所草不过千余字也。晚朱鼎新约餐于其家，谓得北京官电，曹锟当选大总统，外国亦报载，多攻击语。

十月八日

续草藏案意见书二三千字。

十月九日

续前草。晚游绿珍街。战前此街晚游之女子，多下等人家者及私娼。战后上等人家女子及嫁人后丈夫外出，亦多有游此以结露水姻缘者。英国从前女子重母教，守身待字之经，女子自二三岁即熟闻之，故与法国隔一衣带水，而风气迥异。近因美风回渐，及英国经济状况日坏，生计太艰，旧俗渐被破坏矣。此街良家与私娼之别：私娼在大街电光下捉人，且自夸其物美价廉，腆然不以为耻；良家女仍保持其平日行路态度，俟男子尾之至背街电光暗处，始商条件，羞恶之心，未全丧也。

十月十日

国庆。心摇摇不定，夜间曾梦归国，至一岛而醒。午前未作一事，独坐闷闷。

下午使馆庆祝国诞，如约往，未与外宾周旋。朱鼎新代使报告曹锟被选为总统，今日就职，宪法于今日公布。余对于曹之今日就职，已在意中，公布宪法，实出人意外。中国事事出人意外者太多，惟深愿宪法不致随总统发生问题耳。

会中遇王乐三即月波之世兄，已在美国芝家谷大学得博士，今又来此邦研究，相见甚喜。彼意余已早归国矣。

晚学生会约在探花楼晚餐。朱鼎新有演说，用英文，以华侨学生多有不解国语者。会中请余演说，余亦用英文，所说不佳，生平演说以此次为最无精彩。餐时遇邵元冲君，前曾遇于纽约，未得谈，餐后同来余寓，谈至十二时半去。彼曾与①此邦工党中人接谈，谓工党之眼光只及本国，绝无野心于远东也。

---

① 　原文作"于"。

十月十一日

王君乐三来访，谈至午，约王君及邵君元冲及同寓刘兆铭君共餐。餐后回寓，又谈乃散。

晚朱鼎新约餐于使馆。同餐者，为此邦外部远东司司长夫妇，前驻中国公使朱尔典爵士夫妇，及从前在中国使馆中救孙中山之英国人哲母司爵士（Sir James），及中国驻美施公使之夫人。谈及中国属地，朱尔典君谓中国地面太大，不易治理，故中国应注重内部治理，不必注重属地。余云英国属地乃更大，彼默然。十一时席散归。

十月十二日

邵君又来谈，本日大雨，作竟日之谈，夜十二时始去。彼谈及美国爱欧阿（IoMa①）州之阿马那（Amana）社会主义之实行者，极有趣。彼等初为法国清教徒，即主张信教不设教会者，因教会最爱作恶也。本有六百人之谱，前若干年不为教会所容，乃由他处迁至阿马那建立共产村落，共同自由工作，共同自由销用，以人口之多寡分配销用品。村长亦作工，现分七村，共有一千五百人口之谱。彼照美国自治法（Law of Corperation②）注册，受州政府之保护。近来讲社会主义，列此村于宗教社会主义之中。此清教徒乃有真信仰而不作恶者，然不为耶稣教会中所容，可慨也。

十月十三日

王乐三来访，同出餐，归过旧书店，购《北欧古代神话》及《希拉前之欧洲斐尼西亚史》各书，寄回中国。

本月九日，晚遇一衣饰华贵女子，偕女仆游绿珍街。赠余以名片，其上有电话号数，试由电话约其晚餐，餐后又至其宅，前后共谈三小时。彼室内陈设亦华丽，自言彼乃女优，作电影者，彼非主角，其影片多在日本演，彼前日误认余为日本人，故与谈。余无论遇何人，误

---

① 此处应为 Iowa，即美国艾奥瓦州。

② 此处疑为 Corporation，即社团；法人团体。

认余为日本人者，必正式否认之。与彼谈有三事，足为研究英国社会之助，记于下：

一　女优皆高等私娼，所交往多已结婚之人，因游高等私娼者皆多金。凡多金者，多有妻也，故高等私娼，多渴欲嫁人而不能得夫。

二　彼手包中有匕首及警笛各一，皆所以防强奸者，非防奸，乃防无钱及不肯给钱而奸者。乃知女子守身一事，在中国为名节问题，在是邦仍是金钱问题也。

三　距绿珍街不远，有秘密而公开之男子妓馆，即同性相奸者。巴黎盖不能专美于前矣。

晚遇南斐洲人司密司者，在旅馆谈。彼为帝国经济会议（Imperial Economic Conference）代表团之一人，谓英国百业疲敝，欲借属地之力以自养，此属地所皆不能认可者。内部意见纷歧，将来此会毫无结果。又谓彼父母为美国阿拉巴马（Alobama①）州人，彼为斐洲人，与英国殊无何等之关系。彼谈时略有酒意，然甚气愤。此可窥经济会议之一斑矣。余连日研究此问题，英与各属地各为一经济单位，而利害又常不相同。英国本部之利，在以属地为市场，而属地实业发达，则市场转坏，此一问题也。属地中亦销他国货，且有销他国之货例比远在英国货以上者，如坎拿大是也。英常欲属地重征他国货入口货，以保英货，属地不以为然，又一问题也。农牧出品有属地来者价贱，故本地之农牧业日衰。不加此种货以入口税，则本国农牧业不能存在；加此种税，则属地亦必加英国货之入口税，而属地之市场必坏，此又一问题也。帝国经济会议实与关税改良问题有密切之关系，识者均推定此会以无结果为结果，而其关税改良事，亦决无完善办法。

此次会议，各属地首相列会，英人均恭维之曰海外宰相（over-

---

① 此处应为 Alabama，即美国亚拉巴马州。

seas premc① ministers)。坎相金氏,即去岁拒绝向土尔基出兵,以致劳埃乔治倒阁耶。且坎之与英,已以制造品倒灌母国,为数甚大,此次不多发言。澳洲首相布鲁氏(Bruces②)谈锋犀利,英国当局之恭维之无异于北京政府之恭维巡阅使,然宗教对于巡阅使尚敢有微词,此间则并报馆亦不敢对海外宰相稍加批评态度。中国巡使之横,以有兵也;此国属地首相之横,以有钱也。属地钱多,绝不肯援助母国财政,故母国之税特重,税重则百物昂贵,制造品之成本亦加重,属地更乘机以其物品倒灌母国,于是益富,母国益贫。英欲不敝,不可得也。布鲁氏接见新闻记者,尝面骂英人,谓:你们国的人不善生产,不能自养,敝国生产品加一万二千海里之运费,犹能以低价与贵国竞争云云。新闻上录其言论,仍标大字于上额以恭维之。英国对属地受骂不敢还口,此必向中国北京当局学得,可发一笑。

十月十四日

星期。稍阅报,下午朱尔典爵士约茶会于其家,有驻中国哈尔滨领事鲍德(Porter)君夫妇及其他数人,不记其名。朱君爱举中国不统一政局下之恶现象见问,余答以出国来只研究所游历之国,不研究中国。今正研究英国与属地间之关系,君倘举类此之问题相问,余或能稍答一二语。彼不复问。彼室内悬袁项城、徐东海、梁任公、陈箓等相片,其室颇不恶,后附有花园。六时归,晚仍翻阅前数日报纸,其失业人数乃有增无减。列表如下:

	男子	男童	女子	女童	总数
九月中旬	九一八七六九	四四三〇五	二二八〇四三	二四九二〇	一二三二〇三七
十月上旬	九二四一〇〇	四四四〇〇	二三二〇〇〇	四〇七〇〇	一二四六二〇〇

---

①　此处应为 prime,prime minister 即首相;总理。

②　此处应为 Bruce,即斯坦利·布鲁斯(Stanley Bruce)。

最近人数又加，大约每一星期增加一万人以上之谱。英政府鉴
于德国失业者之暴动，与铁路公司协商筑路办法，以养失业之人，大
约可先拨定二十万磅基金，作为筑路费云。余按美国铁路情形并不
甚坏，而农业状况太恶。英国现在救济之法：一在海外扩销场，二在
国内增加关于食用及原料之生产品。第二更要，因食料原料能自行
生产，则一切制造品之生产价均可减低，然后可向外国市场上争销
场。今彼有田而不谋所以耕种，日日向外国购饭吃，出产品不增加，
而加修不关紧要之路线，使各路线自行竞争，以此救贫，南辕北辙也。
今列其共有田亩数及历年耕种数，可以见其农业之退步矣。

三岛共数	七六六三九〇〇〇
未辟数	一四四五四〇〇〇
林园数	三〇三三〇〇〇
牧场数	二五二五二〇〇〇
已辟数	二〇〇〇六〇〇〇
一九一九年种数	一四一三一〇〇〇
一九二〇年种数	一三六三七〇〇〇
一九二一年种数	一二七五五〇〇〇
一九二二年种数	一〇三四一〇〇〇

上表以英亩为单位，每英亩合中国亩六亩半。彼田地本少，只开
辟三分之一，逐年退步，现种只六分之一。其牧场亩数较多，实则草
不足以尽地力，牧又不足尽草力，直儿戏耳。有百万失业之人，二千
万磅之现款，不向农业上着眼，乏食宜矣。

十月十五日

晨阅报，帝国经济会并新闻纸上亦萧条无生意。连日摘剪关于
此会及失业救济计划，以观其最后结果，其失业投济之方法仍不外多

筹款项改进交通方便耳。

晚遇乃维尔君（Nevill），与余谈，彼略读关于中国之书，言不信人类本能根于简单之一代。中国文明甚古，当中国制作大备时，北欧尚为生番。中国人之思想深远，积代累成，欧洲文明可短时间学习，中国之深远思想则非短时间所能学云云。余不愿评其言之当否，惟所生感想，凡欧人曾读关于中国旧时之书者，多重视中国人，反之则否。

十月十六日

上午阅报剪报。本日上午下午，帝国经济会议俱开会。

下午校正游此国日记，备寄归。

政府委员会讨论失业问题。关于女子一部，谓：佣雇内居制度（System of "Living"）必为女子所不喜，以致女子失业者日多。各街中饮餐馆女伺日多，即为女子不愿内居佣雇之一证，盖英国现家中佣女仆之数减少也。就余所知，欲得内居佣妇极易，余所寓旅馆女伺数十，即内居制度。寝餐皆在馆内，自有寝室，不与住客相混，一中年上之管家妇（house keeper）管理之。余询女伺以愿内居否？大概皆答愿内居，且言未婚者以内居为优待，惟既婚者有夫，乃不愿内居。又罗仪元寓此时，有内居女伺二人，工价甚廉，立时可得，盖待佣者多，而佣人者少也。其原因亦因于税率日高，物价日贵，生活益艰，昔日用女仆三人者减为二人，用二人者减为一人乃至不用。彼归过于内居，真文不对题，病急乱求医。今英国病尚未急，而求医时手脚不免稍乱，何也？

十月十七日

午前阅报剪报。帝国会议关于军事者，一新加坡海军地之建筑费，属地无肯多认者。关于帝国交通事项者太繁复，然皆不能根本救济三岛之经济状况者。

失业救济问题，以工代赈，分为修铁路、桥梁、马路、码头四种，合计已预备五千万磅之多。第不知工程完竣后，失业者能否有他业可执耳。

午朱鼎新约至中国楼吃豆腐。下午至使馆阅中国报,遇学生会郭君谈,彼仍信英国终为世界强国,大帝国决不能衰落。又遇袁君同礼,为傅佩青之戚,略谈。

晚仍校日记。

十月十八日

阅报,此邦亦居然知开农业会议,各处农业家俱有代表,并由政府请海外宰相为顾问。到会澳相布鲁氏虽谈锋较刻薄,然确能说中英国现在病症。此会之所以开,由各处农业家不能支持,请政府维持补助,曾与首相交换意见矣。

帝国经济会议现在议航业。会中演说者谓现在航业利益极微或至无利,然余意其仍有利,惟无从调查其各公司利益确数,此与英国经济有极大之关系也。

旅馆中人,余皆与之闲谈,亦可得有价值之消息:

一　失业保险办法(insurance of unemployment①):男子有工作者,每星期纳费四本士,雇主纳费五本士,共九本士,现价合中国钱三角略强;女子有工作者,两方均少纳一本士,每星期共七本士,合中国二角五分之谱。此款永久归政府保存,纳费者每人各有一保险执照,如偶然失业,随时可持执照,向该管他方政府领生活费。男子每星期十五先零,合中国七元左右;女子十二先零,合六元左右。终身工作永不失业者,此款亦不发还,至七十岁以上,可以不必工作,每星期给费十先零,不分男女。英国现在失业者如此之多,而能维持秩序者,全恃此办法。然失业者有依赖心,转不足增长其自立向上之志气,可知法无绝对的利弊也。

二　雇佣内居制度:雇主供房饭,男子工价每星期约一磅左右,女子约十五先零左右;不内居者,工价约高十分之三四。然自营房饭

---

①　此处应为 unemployment,即失业。

所高之数,实不敷用,故未婚之男女多自愿内居,其工完尚作不正当营业之女子,则愿外居也。

晚赴使馆辞行,与馆员同在杏花楼餐。餐后偕游,又回使馆,略阅中国报,十二时乃归寝。

十月十九日

晨早起检行装毕,仍阅日报,阅于经济会议及失业救济二事,均不外自交通上谋建设改进也。又现在报上与工事同为社会所注意者,为包医制度(Panel System),即有工作之人,年纳若干医费,有病时即由医生包治也。此法英已久行之,现所议为包价问题,一方面为医生代表,一方面为工党代表,政府委员仅调停其间而已。

阅报毕,王乐三、曹春生二君来送行,曹君言朱鼎新十一时至车站相送。余定下午二时行,因不愿彼送,故未告之,乃诳其虚送一次。

下午一时至车站,已购票将上车,忽忆及护照不在身边,急仍归旅馆,护照寻得,车已误时矣。偕曹、王二君同餐。

餐后回寓,作信若干致友人,与同寓刘兆铭君谈,彼为中山部下历年作事之人,此次又出留学。彼示余以中山所绘之全国铁路计划图,可为不蹈恒蹊,又示余以中山所著之英文《中国实业之国际发达》各书,略阅其序文而已。

晚独餐,餐后又发信及明信片与亲友,告我离英再登欧陆。此间电影园登告白演《征服秘鲁》(Conquest of Peru),余意此为历史戏,盖有书与此同名,乃历史上有价值之书也。乘此晚余暇往观,仍为地理戏本,游历团自往彼处游所摄之影,观之可以补余游秘鲁时闻见之不足,略记如下:

一　印嘉人之纺织与中国完全同式,宜其四五千年前,即有精美之织品也。前在阿根廷人文博物院遇某博士示余以纺线锭,彼在秘鲁所收集,彼误以为捻线锭,余为辨之。今日见电影印嘉人之纺线,确用同式之锭,其纺机与中国完全相同,惟较小耳。

二　印嘉人男耕女织,艺树采果,确为能生产之人民。其生活状况,较中国内地稍为低下。其面貌直中国人也,惟色甚暗,然此影片中之白人色亦较暗,或光线之作用,其色不甚类真也。

三　安第山之险峻,较余在智利所经过者更奇。印嘉人由两绝峰中间,以绳系板,造软桥甚工,能行车辆。

十月二十日

晨起早餐,十时赴车站。此间皇宫不准入观,故未往。昨今两日,三次乘车经皇宫前面,又绕左面,已观其大概,颇具宫殿之气象,不类山寨也。英国暮气日深,晨十时以前,生意开门者甚少,较阔之人,十时左右决无出门者。昨日赴车站为下午一时,街上人车俱多,半小时始由旅馆至车站,今日只须十二分钟。十时出门在伦敦为早市,故街上车甚少也。

再由伦敦至杜费,余来时方收麦,以其麦田旁之绿野皆秋禾也。此次麦已收完,不复见禾影,乃知其皆草原也。在车站购杂志一二本略阅之,各文所载亦只二大问题:国内实业必须尽地力以自供,帝国会议必须注重军备,由各属地比例认摊海军费云云。此前月所出之杂志也,就本月各会议现象观之,二者俱为不可能。十二时半由杜费上船,再渡英伦海峡,余与英国告别。余每游一国,游完总思作一结论,因无时间中止,故日记中之有结论者,只古巴、巴拿马、秘鲁三国耳。游上述三国,连行程在内不足二十日,以大西洋舟中十日之力,方将结论写出。游他处之时间较长,作结束亦更难,恐至归国时,决无暇补作。今游英竣,勉作极短评论以代结论。

英国概观

一、英国之国名。曰英格兰(England),名为一岛,实与苏格兰共为一岛,而居其南大半;曰大不列颠(Great Bratain①),即此全岛总名,概括英苏二地;曰联合王国(United Kingdom),兼英苏二地及爱尔兰而言,今爱尔兰南大部分组织自由共和国,对联合王国脱离,故

————————

① 　此处应为 Britain。

联合王国之名词下,尚须加特别注解方能明其范围;曰不列颠帝国(British Empire),更兼括各属地(British Possession)而言。属地组织与性质各不相同,大概分为三种:一曰自治地(Daninions①)如坎拿大、澳洲、新西兰、纽芬兰是也,自有国会,自有内阁,其人民十九为白人,现均自名一国族(Nation);二曰殖民地(Colonies),尚未完全成立国会及内阁之白人住区,如斐洲各地,或为其他人种之独立国,或独立国领土之一部分为英所侵并者,如印度、香港等是也;三曰保护国,其原有之君主尚保留一小部分之权利,然亦各不相同,如印度中部仍完全统辖于印度总督之下,如杜兰司法尔附属于南斐殖民地,而埃及虽为英之保护国,尚可自有小规模之军备,地图上亦尚可自图一色,以别于英之属地。

二、英国主权之行使。联合王国之国会及内阁本统辖一切属地,阁员有殖民大臣,权势极重。二三十年前英国殖民大臣张伯伦之名,殆为全世界人所习闻。当时各属地多划分为小区域,直接统属于殖民部。其各区之相接连者自行联合,规模渐大,遂自设国会,自设内阁,而戴英皇为其元首。前女皇维多利亚亦乐于承认之,而自治局面以成。始则自治政府于英政府,如地方之于中央;继则如联邦国州政府之于中央政府;欧战以后则分庭抗礼,俨然敌体矣。自此以后,英国会及内阁,不复能指挥属地,而皇权又为虚名,名为一帝国而绝无统一治理之机关,此帝国会议(Imperial Conference)之所以成立也。此会议以英国及各属地首相及其他大臣之为代表者共组织之。其殖民地如南斐洲、印度等亦有代表,而性质不同,斐洲代表为地方人所选派,印度代表其选任大都出于英政府之意思也。然战后印度关系重大,长官之责任甚重,有时亦露将在外君命不受之态度。

三、英国之经济。英以商立国,以制造为商之根据,以航业扩商之范围,以全世界为商场,以庞大之海军保护其航道及市场,二百年

---

① 　此处应为 Dominions,即领土;主权。

来独霸海上,造成空前之大帝国。其经济力之蒂固根深,亦为世界各国所不能企及不能摇动,直至前今两世纪之交,为其登峰造极时代。入本世纪以来,渐受下述二种影响之摇动,使其地位生变动,此不可不留意者。

第一种,属地制造日渐发达,各自成为一独立之经济单位,与昔日之仅为原料出产地者不同。其出原料较多之处,与其他各国之商务亦繁,非英国所得而私。于是英国与属地间之经济关系,除一二特殊地方外,殆完全处于对等交易之地位。所谓原料产地、熟货市场等名词,亦须公之于他国,英国自身不过以交通利便、关税优待二条件稍维持其地位耳。

第二种,后起各国工商业之逐渐发达,到处皆有劲敌发生。欧洲之德国、美洲之美国、亚洲之日本,其工商业之突飞进步,皆前数十年内之事实。英国商务之衰,实于战前已大露端倪,彼孤注一掷,以与德国角雌雄,意为战胜德国,则垂敝之商局,即时可以复振。不意德诚败矣,仍无救于英国商业之衰。盖英国今日有四千七百万之人民,其饮食所须十之七八来自外国或来自属地,属地经济独立,亦外国也。万里求粮,购运不资,此足以增高其生活费者一也。全国制造厂除铁、煤二项外,其他原料大都外来,得自属地,亦须钱买,运以本国之船,亦须相当之物力,在经济上俱多消耗,此足以增加其生产费者又一也。生活费与生产费相互影响,比例增高,其结果可以使入口货日益多,出口货日益少,此由战前以至今日英国商务之状况也。且英国之有漏卮,与其他新兴之国或工业幼稚者不同:后者多购机器等物,钱虽外溢,而产业加增;英国之漏卮,则被饮、食、吸三者消耗去者居多,钱货两空,乃真漏卮也。直至今日,各国势力虽视战前消长变迁甚大,而英国之商敌,合总言之,其势力则有增无减,即两美之商场,美国夺之;亚洲之商场,美、日共夺之;欧洲之商场,美、德共夺之。

以上述二种原因,遂致英国商业渐形退步,而英国犹能维持其局面,恢复其金融之信用及势力者,则必另有原因,略述如下:

第一，印度人口三万二千万，抵中国人口五分之四，其销费力在全世界上居最高之地位，其内地交通机关及海港内地税及海关税之权，几于全操于英人之手。试观一九二二年之贸易册，印度入口货为二六六三四六三四二二元印币，其中来自英国者，为一五○九二○六二六七元印币（每元较中国一元价格略低）；其出口货二四五四四三五零一二元，其中输往英国者为四六三一六一四一八元。是英国对印商务，由英输印者占其入口货总量百分之六十左右，由印输英者仅居其出口货总量百分之二十左右。相较之数，为十万〇四千六百〇四万五千余元，合英金一万万磅以上，此英国经济上唯一之财源也。

第二，世界第一产棉地为埃及，此外印度与美国则在伯仲之间。英既夷印度为属地，又计诱埃及为其保护国，于是世界三大产棉地，英人乃管理其二，此英国所以能维持其世界棉业第一之地位也。试观其一九二二年贸易册，其进口棉花原料为英金八千七百二十二万磅，居进口货第一位；其出口棉业制造品为一万八千六百八十八万三千磅，为其出口货之绝对第一位，相较之数为九千九百六十六万三千磅，此确为其制造项下之余利。另外毛业进口货以原料与制造品相比，亦有英金一千万磅左右之余利，其原因亦在斐澳二洲为毛料最大出产地而为英之属地也（印度贸易余利与棉业余利一以地理为单位，一以货类为单位，不能相加，并志）。

第三，钢铁之制造及煤铁矿，犹为英国今日之重要实业。一九二二年铁及制造品出口者为六千零九十五万九千磅，煤之出口为七千二百五十三万磅，合计一万三千三百四十八万九千磅，亦一巨大之数目也。

有以上各项数目，参以日记中所列英国商业农业各表，其经济状况，可见一斑矣。此外尚有三种营业最关重要：

第一，航业。除帆船不计外，一九一四年其轮船数为一万二千六百零二支，注册载重力一千一百二十七万三千三百八十七吨。战时失修，战后数目约减百分之十五。现在略有恢复，船数为一万二千三百零七只，载重一千零七十七万七千零三十三吨，仅次于美国耳。以此一万余只轮船航行各洋，当然仍有相当之利益，用以补其国际贸易亏损之数目之一部。

第二，银行。英国银行遍于全球各国。余讫未觅得其银行统计，然就所游各国之各别调查观之，其银行营业每年仍必有巨额之利益。

第三，国外投资，以铁路为第一，电线及矿业次之。中南美各国之铁路仍大半操于英人之手，印度铁路全操于英人，中国铁路外人资本，战前亦为第一位，战后或略次于日本。此种事业，混入所在国之经济界内，除印度外，在其他各国境内者与英国国内经济无直接之关系，然各公司或经售债票之银行多英人，或在英国注册，其所得余利或利息，则均于英国公私经济有关，此又其挹注之一途也。

四、短评

英国民族重实利，两利相权取其重，两害相权取其轻，此非边沁一人之私言，乃英国民族历史上传来立国经世之大经大法。以利害轻重之权衡比较为大经大法，于是重利主义必先以重智主义为基础。利之所在，智能及之，则奋力以趋之；害之所在，智能及之，则奋力以避之。趋利而夺之于人，避害而贻之于人。彼族于此种情形下，只研究对方之抵抗如何，是否发生，反动后之新利害问题，对于本身之动机为善恶是非，绝无问题之可言。大智欺小智，智识短者，即夺其所有而奴隶之，弱肉强食，优胜劣败，亦非达尔文一人之私言，而彼族以为立国经世之大经大法也。悲天悯人之怀，民胞物与之量，皆非彼族脑海中想象所及，纵有言之者，亦摘拾抄袭，而不能体①会为如何意旨。基此为其文明出发点，以独立为精神，以竞争为生活，以得寸进尺扩张势力，以茹柔吐刚避免冲突。他族之竞争往往基于感情，英人之竞争完全基于智虑。所谓熟权利害轻重之比例以定其竞争之方针，乘隙而进，或见机而退，无论对个人、对团体、对国家，彼固未尝权

---

①　原文作"礼"，礼（禮）、体（體）当系形近致误。

量是非可否一预画一定之界限,尤不肯感情用事,为意气之争执。其个人其团体其国家之成功也以此,其衰退也亦必以此。

今先言其政治。其王室贵族都为部落时代所遗传,览其故宫,酋长遗习,随处有极重之色彩。彼视民如奴隶,生杀予夺,惟意所欲,而认以为当然。视民如伤,保民如赤,此族酋长决无此种思想。盖彼认定彼之权力,由彼之祖先腕力争来,而未尝记及人民之方面。其后数次革命,而国会以立。国会为国内中产阶级人所竞争而得,此辈乃挟国会之势力,以欺其海外移出之同胞。种种苛法,限其营业,夺其利益,美之独立,实由于此。盖彼辈认国会为其竞争所得之权力以自卫,国外人无此权力,当然为彼等所奴隶,犹是其王室贵族之心理也。美国独立以后,对属地大加改善,然决未尝认为同等国民。属地之民既已移出,亦随不认英国为其国家,而自谋属地之发达,日日以劝诱国内人民移出为事。居民渐多,势力渐大,自相联合,自组国会,自组内阁,今澳洲、坎拿大、纽芳兰、纽西兰皆有国会有内阁者。南斐洲今已连合数处为一处,名为南斐联合(South Africa Union),国会已经成立,内阁之成立只待时机耳。夫印度、马来之全为异种人,终非英之一体,人人知之,而自今日视之,则异族者待之如奴隶,犹可压迫使其不能不与主人为一体,而其同种之澳坎等地乃俨然自命为一国族以与之抗礼。夫以各有土地,各有人民,各有完备之政治组织之形成的国家,远隔重洋,言政治殊少痛痒之关系,言经济转多利害之冲突,而谓其能永为一联合体,不致分立,其可能之成分亦甚少矣。英之属地毕竟系英国之国力造成之,今其海外宰相在英国会议及宴谈时,对英国内部内调状况只有热讥冷诮之演说,绝不肯稍予实力援助。彼辈又认定吾辈抛乡离井,远渡重洋,为自争权利耳,吾国(属地自称)之发达,尔国(指英国)之穷困,各自为一事实也。最可为英国太息者,海军经营总大半为保护属地而设,属地乃对新加坡海军港之经费亦绝对不肯为比例的担任。英之财政欲不竭蹶,赋税欲不加重,生活费欲不增高,何可得耶?

再言其经济。英国自称为世界帝国,在今日言之确为事实。世界五大洋,除南北冰洋无商业可言外,大西洋、太平洋、印度洋实为海运竞争之场。英人海运之经营以大西洋为起点,以太平洋为终点,而以印度洋为其世界运道之咽喉,亦即以印度洋沿岸地及各岛为其市场之中坚部分。盖大西洋与太平洋,世界之公共运道,无所谓门户,无所谓要害。印度洋之通其他两洋,则重重管钥,如织布洛他海峡,如苏伊士河,如亚丁湾,如新加坡,皆掌于英人之手,无异于英国之私有运道。他国之得通过者,皆须承英人假道之惠也。在此独有运道内,如埃及,如斐洲东部各地,如波斯等国,如印度,如南洋群岛,以接至于中国及日本,皆为其商业有利之地点。此外则皆无利益,且有损失(就其贸易统计言),故英国之经济立足点,实在印度洋。世界现在最爱宣传太平洋问题,以太平洋沿岸之中国弱不自振,故以隔岸之日本、美国皆强盛而不能相让故。若使中国弱而不能止,且不终弱,美日感情虽恶,洋面太广,势力非十分接触,终不至于战,则太平洋直无问题耳。将来问题之最大者,乃在印度洋。此洋英国命脉也,亦中国将来发展之最好地位,而美、日二国所远瞩高瞻,以有意尝试者。英常诱日本以注意中国,以免其印度洋之顾虑。中国人乃无知日人对中野心,半为英人所骗,可慨也已!再就其经济上分评之:棉、毛二业,确为其有利益之营业,以其购原料,加制作,谋销场,其所得利益乃专以精力资力易得之,此真利益也;煤、铁二业,一时虽见为利益,为久远计,实为损失。世界制造所需,今日仍以此二者为大宗且必需;科学之发明,足以代此二物之用者多不可恃,且量额太小。所谓世界实业先进国者,其地下盖藏,大都计年可尽,故以煤、铁出口者,其利害问题,实应加以研究。况英人以煤、铁易农产品,以千万年宇宙所结成之有数宝藏,易每年可获一餐立尽之食物,其在经济上为利益,为损害,更可推矣。要之,英国今日经济,渐有衰退之倾向,足以迟其衰落之运者,全在印度洋之商业。而印度洋之问题复杂万端,断非如太平洋问题之易于解决,吾可断言,此问题提起之日,即英国经济命脉摇动之日也。

英国之外交，向以无政策为政策，见机甚快，转风尤速，挑拨国际恶感，乘机取利。彼对于弱者为无限度之欺凌，一旦弱者有转机，思与之抗，则立时转风，与之握手修好。略举数事证之：

甲、阿富汗与俾路芝地位相同，彼既并俾，进而窥阿，阿乃联德联土，且思接济印度以抗英。英遂销去野心，急于修好。彼竭全力非不能制阿，得不偿失也。

乙、英最恨土尔基，乃利用耶稣教人反对回教之心理，于巴黎和会时处分土尔基过苛，且多割其地与希拉，以为抵制意大利地中海势力之预备。土国民军反抗，战胜希拉，夺回君士坦丁，驱其受英保护之君主。英因此倒阁，对土昔日所得权力，尽行奉回。

丙、意大利军官某为希拉人所杀，意大利提出对希严苛条件，英助希否认之。意大利遂以兵占哥佛岛，英人乃悉承认意国之要求，且为此事低首于法，以求援助。

丁、欧洲和约成后，法之陆军力日强，英又渐亲德，思扶之以为将来抗法预备。德人对法赔款，彼毫不相助，法人忿而进兵鲁尔。德人消极抵制，英相曾宣布"彼不赞成德国之毫不交款，惟法兵未退出鲁尔，则不应商及赔款"云云，法人亦坚持非赔款解决绝不退兵。此事几变英法交涉，迨意占哥佛后，法意同有怨于英，势必联合以为英敌。英相包尔温氏乃假名出游，乞降于法相班嘉来，归后遂宣言不干涉法德间之交涉及鲁尔法国举动。所求于法者，勿更助意永占哥佛耳。

上述四事，不过略可以见英国外交手腕。中国虽弱，尚可以为土尔基、阿富汗而有余，但能政府坚持不断送国权国土之主义，不签断送国权国土之约，英国无如我何也。英国得吾国权利，屡屡皆由于政府之暗弱，轻签断送国权国土之条约。此后而有未签字之旧案与新发生之任何案件，吾国民不可不直接监督之。

第十九　比利时及荷兰

（自民国十二年十月二十日至二十七日共七日）

1. 法国喀来登岸，搭车抵比京布鲁塞尔
2. 参观比京美术院及古物院
3. 参观比京大理院——世界第一
4. 由比京至荷京海牙
5. 参观海牙和平宫
6. 参观荷兰下议院
7. 赴安司德荡参观女王行宫
8. 由海牙赴德

十月二十日

下午二时，自法国喀来（Colais①）登岸，乘客人多，脚夫人少，余自携行李二件下船至海关。二时半登火车，三时开车，东北向比利时行。沿途到处有秋禾，无禾之处，都有犁痕，农人男女老少在田野间者甚多。小农制度，大都家属合作，言其效率，远不如美国大农之生产力，然大农仅造成资本家，小农则确能予农人本身以利益及快乐。欧美两陆之农业，总可云各有所长。英国乃大小农俱不能发达，岂不可怪？入比利时国境，就车上验行李，余示以护照，并为启钥，彼不验看也。

---

① 此处应为 Calais（法语），即法国加来。

晚八时,抵比京布鲁塞尔(Brussel①),寓宫邸旅馆,房金每日一百佛朗,合中国钱十元有奇。晚在街上游览,觉又是一气象也。

十月二十一日

晨起补英国日记,下午赴美术院观览,内分油画、雕像二种。出美术院,欲往观古物博物院,依英文游历指南寻之不能得,转至王宫附近,宫有明堂气,正门各便门均与东方宫门相类,美丽堂皇。宫前有广院数里,古木成林,周围护以铁栏,有门可入,有径可通。此地秋早,木叶已半黄落。余正徘徊其间,忽雨,此时无处可避,无车可雇,幸此际携有雨伞,然下身已全湿矣。余去岁早秋游坎拿大,在淘浪图雨中游维多利公园,此时情景又仿佛似之。

晚餐后自在街上游行。游人之多,不减伦敦巴黎。归寓,购英文日报,阅关于英国经济会议事。浴寝。

十月二十二日

上午为游英日记作一短结。午赴街上小餐馆中餐,仍用余所习法文之简单用语。下午赴中国使馆访王公使石荪,略谈。馆员杨君导余游古物院,时间已晚,仅观埃及部,见一古尸,颧骨甚高,决为原始埃及人无异,惟未著有年代。此地名为五十年公园,有此国独立纪念碑。此邦曾属罗马,曾属法兰基(Frankish),曾属西班牙,后为荷兰之一部,一八三〇年始完全独立为一王国。

考此国语言,大部分人操佛来蛮语(Flemand②),南方小部名瓦伦(Wallon③),操法国北部土语。但此国文化来自南方,故上等人皆操法语,大学授课亦以法文为主。大战之后,欧洲部落主义更为发达,此国在野派乃主张用佛来蛮语,以迎合多数人心理。此国有大学

---

① 此处应为 Brussels,即布鲁塞尔。

② 此处应为 Flemish,即佛兰芒语。

③ 此处应为 Wallonie(法语),即瓦隆。

四:一在布鲁塞尔,一在鲁番(Lonvain①),一在冈德(Ghent②),一在李师(Liege③),后二者为国立。今冈德大学已改用佛来蛮语授科学,为他日分立张本。十年前欧罗巴半岛不过十国,今已分为二十国,再十年以后,更不知分为若干国? 此种部落化之国家主义,乃欧人之短处,中国断不可师之。纯粹之声系语文,只能行于被同化性最强之生番(如黑人)及移民(如美国之新移民),凡旧有文化乃至有遗习者,其事物俱有遗习上之名词,附以地理上之土音,断非声系文所能统一,且声系文适以助其分裂。中国文字形声并重,足以为各种方言之联锁物及标准音,中国伟大民族之统一性,亦大半由此造成,可宝贵也。与杨君偕往观跳舞,舞场本名圣救主(Saint Savoy④),俗名冰宫(Palais de Glace),其原因本为浴堂,继改为溜冰场,今改为跳舞场。英国舞场只有女子以舞为业以娱男子者,此处有男子业舞以娱女子者,皆少年美俊。

晚仍在外餐,餐后在馆茶厅饮并观舞。外餐仅用钱六佛朗,馆内一茶乃耗去十二佛朗之多。茶厅内有音乐,乐师中有舞童貌美,以此为业。普通男女跳舞,除谂友同入座者以外,由男子至女子座前商请。舞童与座中女客舞时,行至女客座前约三尺许,肃立鞠躬,女起立出座,遂抱舞。舞毕,舞童送女客入座,再致敬,背行一二步退。余观一时余,有女客二人,皆与男子偕,每奏乐必有舞童与之舞。又有男女共一座者,初未舞,最后女与舞童抱舞一阕,男即离座,若不甚喜者,女亦随之去。其⑤他舞者皆客人。

归室略读关于比利时各书。

---

①　此处应为 Louvain(法语),即鲁汶。
②　即比利时王国东弗兰德省省会根特市。
③　此处应为 Liège(法语),即比利时第三大城市列日市。
④　此处应为 Saint Sauveur(法语),即圣救世主。
⑤　原文作"甚"。

十月二十三日

上午略读书阅报,写日记。王石荪公使来访,谈。下午杨君来导余游。先至大理院,此地称法宫(Palais de Justice),为此国第一建筑,在全世界大理院之建筑中,亦推为第一,其雄伟堂皇确可惊赏。宫基宽长各近二百迈当,其高度为一百二十迈当,较中国[1]最高之塔尚高少许。宫容公众登临观览,门票一佛朗。余等购票后,候十余分钟,汇班由导者导登上层。乃购票者将二十人,上登者共六人,梯窄而多回旋,登至八十余迈当,至一平层,可由窗外望,楼台人物,俱觉矮小。至此有同登之母子二人中止,登至最高处,除余等二人外,只其他夫妇二人。此层尚宽大,其上尚有兜幕,中为天井,向下望直见宫之中心,其人员来往眼底,如玻璃匣中之小泥人也。隔窗外望,可见数十里。开窗,门外有回廊,可绕行一周,天风横搏,几不能支。全城风景,收入眼底,视线将尽处为一小山,山上有伟大铜狮,天晴可见,今日天阴,模糊不易辨认。此英法大战之滑铁卢战场,前世纪盖世英雄拿破仑兵败受擒之所也,目中之景象虽模糊,而脑中之感想殊繁复,不觉感慨系之。下楼,导者又导观一刑事庭,一重罪刑事庭,布置皆庄肃名贵,与中国所见之法庭迥异。由此乘电车赴德维伦(Tewveren[2])殖民博物院一带,天忽大雨,且已晚,至其地,已深暮,在雨色苍茫电光明灭中,略一览其夜景耳。

晚王公使约餐,餐后回寓,与杨、李二君偕至茶厅观跳舞。舞童请女客跳舞,于有男客同座者,须先请诸男客,其抱舞时,亦较庄重,与独来之女客舞时较恣纵。甚至有苍鬓夫人,一幼童抱之,跌宕婉转,曲尽其兴。故同一乐调,而舞之态度有时乃大异也。十一时杨、李二君去,余归寝。

---

[1]　原文作"园",疑误。
[2]　此处疑为 Tervuren(荷兰语)或 Tervueren(法语),即特尔菲伦。

十月二十四日

晨起检行李,十时雇车再观古物博物院,细观其高颧之古埃及人。在 E 字室内,正中存一方匣,中似由长方棺中移出,与马迷(旧译木纳伊)中之尸迥异。头枕软枕,足下亦有一枕,枕略方,不类东方式,衣为织品,甚精,并附有其他小磁器及小玻璃瓶。此物极有研究价值,惜其说明余不能解也。

再至殖民博物院,全陈列孔果(Kongo[①])物,其人物、风俗、鸟兽及一切制作品俱有。人多雕题,有仅雕眉上额心者,有雕全面者,乃至有雕全身者。雕背者似大回文,雕胸者仅抱乳或脐作微花。

孔果地正当热带,百兽俱备,人极黑,其巨猴亦黑如墨也。

下午一时五十分离比京赴荷兰,过境甚易。

荷　兰

十月二十四日

下午五时许入荷兰境,地势较低,间有城市街道内互通运河者,黄昏不能辨认十分清楚也。至京城海牙下车,寓中央旅馆(Hotel Central)。馆内各种告白,有用三种文字者,德、法、荷余皆不能读;有加英文,用四种文字者。即海牙一字,荷文为海牙(Haar[②]),法文为拉爱,英文为海格(Hagul[③]),欧洲文字之多,使旅行者太感烦苦。然闻此国人凡受教育者亦均须读数种文字,岂不更感繁苦也? 晚餐后,自在街上游览一小时,归寓寝。

十月二十五日

晨,先略写日记,赴使馆访王广圻公使,彼赴巴黎矣。与馆员龚

---

① 　此处应为 Congo,即刚果。

② 　此处应为 Haag(荷兰语),海牙。

③ 　此处应为 Hague,海牙。

礼南及雷君谈。

下午自赴和平宫(Palace of Peace)。宫在城外，周围多林木。进门票荷币(Gulden)五角，合中国钱四角。入内有人导观并解说。观毕，又在宫周花园内，绕观一周。可记者如下：

（一）宫内陈设由入会各国政府捐送，大概分为铜器、木器、纹石器、织绣品、油画品五种。聚全世界之珍奇精巧品于一室，的称大观。东方只日本与我国二国，故东方物品亦较少，然第一室即行政室(Room of the Conseil① Administrative)，四壁为日本绣花壁衣，四隅为中国景泰蓝铜瓶二、铜鼎二，美丽中含名贵渊雅气象，信足冠冕一切。导者属言此室最美，多称之为日本室，观者各称赞不已，群目视余。出室后，三美国妇人谓余云：此室美丽无伦，贵国日本之光，君与有荣焉。余急告之曰：余中国人也。

（二）宫之建筑为东方之四合式，前后左右四室相连，中为庭院。左右二高角楼外，为瓷砖及花冈石二种，内为纹石、花瓷及硬木三种。除瓷砖、花冈石取材本地外，余亦运自入会各国，并佣各国人运此雕刻建筑之。

（三）宫外花园大致为拉丁式。花木亦有运自外国者，不甚多，附以天然乔林、人工池沼，亦足以为一方名胜。

观毕，自赴海滨。此地为夏令豪贵避暑之区，各华贵之旅邸，至九月十五日已一律停闭矣。海岸街道以石及花砖砌之，修洁可爱。海风入秋较大，卷滩边白沙上岸飞舞，天风搏水，击作海气，迎面欲湿。潮势汹涌，日光暗薄。独步海滨石廊片刻，折转里面一饮馆中唤茶饮之，乘电车归寓。

雷君来访，同赴龚礼南君寓内饱餐，餐品甚适口。龚君夫人在此教本地厨役以中国烹调法一二点，加于西餐之中，味道迥异矣。餐后，谈至十一时归寝。

---

①　此处疑为 Council，即理事会。

十月二十六日

晨,略阅报,赴使馆偕雷君同游林内宫(Palace in Woods),规模极小,其中所陈中国绣品,亦非佳制,惟较古耳。

返旅馆中餐,餐后龚君礼南来访,约同参观议会下院,即在余寓背后。议员一百人,议厅极小,为一长方形,一面有窗,议长席面窗,阁员席背窗,中间为书记席,左右为议员席,皆向中。龚君为余索得外交旁听券,故皆入外交席,在议长背后楼上。左右二楼为普通旁听席。本日阁员全体出席,席为一长案,后面七人,总理居正中,左右两端各二人,共十一人。本日议案为扩张海军案。原案以六年造成较大海军于印度洋以保护属地,其预算增加之款,一出于加税,二出于减薪。其反响:人民方面反对加税,官吏方面反对减薪,现在官吏方面已联合反对。本日首先发言者,反对原案,为社会党党魁,次为耶稣教新党议员,拥护原案。不愿听者嗤之以鼻,或以足顿地,或作吼声大笑声以乱之。议长以手持其案上之小棰(圆形,柄长六七寸)击案,以要求维持秩序。议员行动立言自由,毫不顾及,秩序大乱,惟未致用武耳。继之发言者二人,仍一反对一赞成。此案昨日由总理外交总长、殖民总长、海军总长为极长之说明,今日讨论,仍不能表决。舆论咸谓此案如不通过,阁员必全体辞职。因荷政府已允英政府共同扩张海军,明以防日,实则美日并防也。听约二小时出,往观美术博物馆,即在对面,馆小,无可观。返寓,在餐厅唤茶饮,适雷君及暹罗使馆秘书夏君偕其女馆员荷兰人在,厅中有舞场,彼等更递跳舞,余观之而已。今日并非星期或星期六,厅中饮茶跳舞者在百人以上,亦大观也。观毕,又与诸君同至客厅谈。其女馆员父为美国人,能英语,跌宕谐谑,合座为之倾倒。龚君以中语语余云:欧洲女子之为人作秘书者,大都如此。七时,诸君先后去。

晚餐后在另一厅中饮茶,座客皆舞,不舞者惟余及二老人耳。

十月二十七日

晨阅报,知英国运动美国另开欧洲再造会,美允加入。盖国际联盟，虽可由英政府指挥，然毫无势力，不能值法、意一盼，故不能不求美国协助，以冀吓倒班嘉来等。其结果尚不知如何耳。

　　下午赴安司德荡（Amstertam①），为此国第一大城，且为海口，乘火车一时可到。先观其女王行宫，次番家尔街（Verpas Street），街不甚宽，而店铺富丽，男女填溢街中。余乘马车过其中，群睨之以目。盖此国汽车并不多，乘马车亦为较阔之人也。行此街中，使余回忆阿京之孔雀巷。转至大学图书馆，入内参观，遇一中国侨民学生林莲伯（Lieam② Lian Phik），南洋学生现在大多不识中国字，其名实译音也。彼导余参观大学，并至其寓介绍其房东女儿，彼称之曰我的女郎（my girl），此美国用语也。六时上车，七时到海牙，去时乘头等，回来乘三等。

　　晚偕龚君至中华会，为此间华侨学生所组织。此邦有华侨学生七十人之谱，皆来自南洋荷属，皆不能操中国语。询其原因，荷政府在属地设学，六岁学荷兰文，十二岁以后陆续学英、法、德文。彼等大都操四国语，而独不能解中国语。所幸者，东西人种，表面上即大不相同，且荷政府待以异法，此辈侨民意识上，尚留一吾为中国人之印象，不然皆同化于外人矣。今晚作长时间之英语谈话，自八时去至十一时始归。明晨即东赴德国。

---

①　此处应为 Amsterdam，即阿姆斯特丹。
②　原文不清，疑为 Lieam。

第二十　德意志

十月二十八日

晨六时收拾行李,七时登车,七时十四分开车,由荷赴德。入德,照例过税关验护照。在税关内遇邵元冲者,彼由英赴德也。过境后,余二人共一室。

自荷兰东行多农村，其生活状况如东方。秋景明丽，遽动乡心，思诗不成，为莲花落数句如下：

> 平野无边莽苍苍，这大陆东方模样：宽宽茅屋农家乐，小小村落古道长。穿短桥，几湾流水；挂疏雨，几树垂杨。白露紧，倒染得满林红叶秋色好，反惹得客心摇荡。隔窗人咕噜噜的鸟语，这声音还是异邦。缩地无术，又飞不过重洋。诌几句莲花落寄回去，权当还乡。

入德境内，无凋①敝景象。行数百里，经许多村落，亦有二三大城，绝无一蓬首垢面衣服褴褛之人。女子衣服尤整洁，童子则多美丽。女子老少皆爱红裙，雨霁后映斜阳极鲜妍。回忆英国之遍地乞丐，且多衣服褴褛者，不能不大为惊异。余对此现象，推有三种原因：第一，此邦多小农，乡村制度未完全破坏，村居之人多能独立生活；第二，女子手工之业未废，半能坐家中自制衣服；第三，钱币太不稳固，存钱不如买衣，马克不能享用，而跌落极速，衣服除能享用外，且销损甚缓。此短期间之感想，总觉德国为一可宝可爱可怜之民族。同时尚有二事与此反映者：（一）邵君有行李三件，开箱一一验看，太费时间，已验一箱后，与验查员以英币二先令，置其手中，即时停验放行；（二）余在车内偶吸烟卷，车守入室手抚余肩，作亲昵之态，操德语②絮絮，余不解，以为彼欲吸烟，以烟卷一支授之，彼脱帽纳入帽中，将车窗上所贴横纸条撤去。余此时始知此条为"不许吃烟"，彼又絮语，余仍不解。彼探囊出英币半先③令示余，疑其索钱而不敢必。彼去少顷又来，余出荷币一角，将付之，彼伸手夺去，紧握之，以手加额，称谢不置。稍顷又来，将余座拉宽，将二硬枕去其一，以一软枕加于硬

---

① 原文作"雕"。
② 原文作"请"。
③ 原文作"仙"。

枕上，以手作势示余可以卧寝，乃去。自此彼时来一窥。将至柏林，余倦依枕而卧，彼潜入室，以二手持余足欲置座上，使卧寝。彼意诚殷恳，余之睡魔转被惊去。下车时付以英币一先令，彼等获银辅币于外国客人之手，宝如拱璧，因存放不致销失也，德币则卷之。夜睡，天明时，可损去一半之价值。

在车上晚餐，二人餐价合五百万万马克之谱。邵君以英金一磅付之，令换，彼抚皮包视之云，不足，请给较小者。改给以十先令，末乃改给以五先令，已足付餐资矣。邵君语余云：吾辈今日乃至德国作洋大人，宁不可笑？

下车寓中央旅馆。余在餐厅唤茶，茶资为五十一万七千万（5 170 000 000）马克。出荷币二元半之票一纸（合中国二元）易马克，彼核算经时，算明应易五百八十万万（58 000 000 000）马克。彼收茶资五十一万五千万，让去二千万，因最小之票为五千万，不能再分，故惯例二舍三收。余给以小账十万余。后赴街上略游走，乃遇野鸡五六次，有操德语者，有操英语者，然动口不动手，终是文明国人举动。转入一背街，一野鸡自后来，坚持余腕，操滑利之英语，作种种淫屑之词，盖自大街即尾余行，余不知也，力挣得脱。不远，至一已闭之商店门，门檐宽数尺，其中突出一女子捕余，余飞奔避至路中，彼又回至门檐内。余知背街不敢行，乃急转至大街。回寓寝。

十月二十九日

午前写日记，下午赴使馆访魏公使宸组，字子东，未遇。查得刘南垓君寓址，又同时遇浙江周植礼君，字师郑，以余不解德文，诸多困难，推诚相助，导余至其寓，并为余觅公寓一处，较旅馆用费为廉也。晚，周君送余回旅馆，勤拳可感。

十月三十日

晨，刘南垓来访余，昨晚有快信寄彼也，谈极欢洽。收拾行李，至十二时结账移寓。此间旅馆价值并不甚廉，对外国人加税百分之八十，不啻御人于途而劫之矣，且洗澡另加钱，信纸信封须自购，种种不便,为他国旅馆所未有也。

一时至新寓,刘君同来,周君亦来相访,同至一中国馆中餐。餐馆门上横额题甚大之中国字云"京津饭馆",餐品殊不佳也。餐后偕至刘君寓所,其夫人亦在此,同谈。又同往访林思汉博士夫妇,林君夫人即余在美西白克里时所见之王女士,名启润。谈至暮,刘君夫妇由铁路送余归,因余尚不识路也。

晚在另一中国小馆用餐,其中十之九为中国学生,间有若干外国女子,则学生之友也。

十月三十一日

晨略阅英文关于德国之书,刘南垓来,同往访魏公使,谈一小时,出同餐于中国小馆,遇余颂华君。餐后同往购书,购得大地图一本,定购德国统计一册。

十一月一日

晨余颂华君来访,谈。同赴刘南垓之约,中餐其寓,刘君夫人自作中国饭适口。中国女子往往在国内绝不晓烹调术,至欧美后不惯西餐,试自烹调皆佳。餐后,余君有事先去。刘君夫妇导余游植物园。园大树多,木叶黄落,瑟瑟秋意。温室高下两层,有致。室内丛菊,有东方意,使人动乡思。日暮刘君夫人回寓,刘君偕余赴使馆,魏公使约餐也,餐为中国烹调法,厨役乃德人,魏夫人亦出陪餐。后刘君先去,余与魏君谈国内胜①闻,十一时乃归。

十一月二日

晨起赴城内美捷公司②(American Express Co.)持信用折取美国钱,彼不与。取金马克票,亦不与,仅允付纸马克票。纸马克一日三落价,余不愿取。彼着明日再来。余僵立呆候二小时之久,合之来回约用四小时工夫,毫无所得,殊怅懑。中餐后,在城中各街略游览,

---

① 原文作"剩"。
② 原文作"公园"。

归寓已暮。德国人现在精神大部分俱销耗于核计马克之中,城内到处有萎惰之气。

十一月三日

晨赴美捷公司取钱。外国钱不付,金马克票无有,最后余取一磅,易马克共得一万八千八百八十万万。僵立横台前自十时四十分起至一时半止,其烦躁可知。取钱易钱本皆照来者先后之次序排列前进,余前面之人皆去后,当然挨次及余,乃彼接收余信用函后,嘱稍候,即与后来人共交易,直到最后一人乃付余钱。余莫名①其妙,继查见后来先交易者,皆以马克若干密置站柜手中。余正言责问,彼道歉不置,然余之时间精神已牺牲去矣。

出公司赴一茶饭馆中餐。因得钱太难,不敢多吃,仅用清汤一杯、火腿面包二个、茶一杯、饼干二片,合钱四千二百万万,已用去僵立三小时所易钱四分之一,因益烦躁,谓此地真不可一日居。餐后赴通济隆购城内公车游览券,价三千万万马克,价甚廉。中途游客之美英人,照例五点钟用茶,车过一小茶饭馆,停车入饮,余仅饮茶一杯,其价乃三千三百万万马克,在游览券之上,宁不可怪?城中林下大街,为全城中干,转折见皇宫、大教堂、各衙署、中央银行,即唯一能发纸币之机关,中央银行印刷处即每日生产无数马克票之处所也。总统府规模甚小,下午天雨,楼台殿阁半在空蒙中,亦饶别趣。晚在西城下车寻路归。

在小中国馆餐,闻纽约今日马克市面每美金一元易二万万万(2 000 000 000 000),余所易者一磅,乃不及美金一元之数,今日下午到处有私易者,照官价马克跌落数倍,余之信用函不能取外国钱,不能易,囊中尚有英金三磅,在小馆中私易一磅,得九万万万,较之官价相差五倍。

---

① 原文作"明"。

十一月四日

星期,午前赴中城参观军事博物院。见威廉第一在法京番赛宫就联邦大皇帝时所着之军衣及俾土马克所佩铁十字勋章。其他则本国各时代之军器及历次战利品,各部中悬在中德之役、庚子之役所得旗帜甚多,使人不快。又见有童子军服及童用枪炮等件,导者称谓王子军装及军器。余询知德国王子至十岁即须常着军服,习射击。彼族犹多部落时代酋长遗习,其强也以此,其衰也亦必以此。观新旧博物院,名为二院,实相连,与前所观者无大异。惟埃及部第一四五九一及一四五九二两号所陈古尸二具,高颧类本来埃及人(Proto Ejep-tion①),所异者其全齿白齿与切齿相差较少,两旁无犬齿,殆不类肉食动物之齿。余在墨西哥曾见此类头骨一二具,岂农业发达最早之国乃菜食或草食民族耶? 此确成一可研究之问题。

又游太子宫及德皇东宫。太子宫小无可称,皇宫气象与陈设皆可称大观,非复猎宫山寨之类。

三时游毕,始中餐。餐后又在街市中游览,暮乃归。

十一月五日

晨赴书店观书,午林思谟博士夫妇来访谈,下午访魏公使,即晚餐于使馆。

十一月六日

晨赴商业私立银行(Comerc und Privod Bank②)取款,因美捷为美国公司,不付现款及金马克票。余冀本国银行当然可付金马克票,至则门前有警士,非有取钱凭据不准进门。余进入门内,寻其信用函主管部分,不易,请其仆人导余去,给以五十万万之赏钱。其主管人不但不给外国钱,不给金马克票,照市价易纸马克,尚索外国人之税百分之十五,每磅官价仍为一八八〇〇〇〇〇〇〇〇〇〇,扣税后实

---

① 此处应为 Egyptian,即埃及人。

② 此处疑为 Commerce und Privat Bank(德语),即商业私立银行。

得一五九八〇〇〇〇〇〇〇〇〇纸马克。今日伦敦市价为每磅二〇
〇〇〇〇〇〇〇〇〇〇〇〇纸马克,如照此价计算,每磅只合一先零
半之用。余赌气不取钱而归,发信英国友人请为余假钱票若干磅,由
邮局保险寄来。与俞颂华君谈克房伯厂,思往一观。彼今日赴外交
部代余介绍,以便转请介绍往观也。

晚在小馆私易一磅,得九〇〇〇〇〇〇〇〇〇〇〇〇。代余易
者已先得去二〇〇〇〇〇〇〇〇〇〇〇矣。余得此数目,自问已
足,惟囊中只余一磅,不免可虑耳。

十一月七日

再补信至英国,嘱令如寄钱来,必须信面上书明数目照数保险,
否则邮局即拆开窃去,此有经验者告余之办法。余亲至邮局发快信
寄英,赴书店言明余看定之地图,已不能购。取彼代购之德国统计,
并另购《德文英释》《英德字典》等书归。

此间有大小中国馆二家,大类于中国会馆,随时中国学生坐满其
中。用餐之耗时费①事,尝使人不能耐,然有时可就与学生谈话,亦
可得种种消息。余在此二馆与谈之学生,以数十计矣,惟其姓名则大
都不甚记忆。

十一月八日

此间有学生童君,与余年相若,为大学分科半学期之同学。连日
晤谈,今晨随彼至大学听讲一小时,略观大学模范,时为有极有名教
授讲心理学。余一字不解,不过一领讲室内之风味耳。室外有置衣
物室,因衣物尝为人窃去,无人敢置,久成虚设。学生大衣帽伞等物,
在讲室内遍处挂置,甚至置之讲台上讲座旁之桌上。教授未来前,男
女学生在室内等候,约半小时许。有学生饿者,自衣包出黑面包在室
内游走食之,或云此即其中餐也。出大学至小中国馆与余颂华君相
会,下午同赴外交部访席白德博士(Dr. Siebert)谈一小时。彼为外

---

① 原文作"废"。

交部出版部新闻部股长,颇知东方事。为彼国沙可森(Saxony)州及巴燕(Bavaria)州乱事,彼极言内阁将来如何变动,今不敢必。惟国内军警随时可以镇抚内乱,且皆忠于政府,竭力维持秩序,乱事决不能延长。又物价飞涨,百业未复,失业之人,间有法外行动,然不过向面包店中抢去几枚充饥,此外绝不致有他种轨外行动也。彼又为介绍白德凯博士(Dr. Betheche),明日方能往晤,谈一小时余去。

晚餐时遇旧同学韩志勤君,甚欢畅。彼云假余现磅少许,余乃如大旱之得雨。

十一月九日

晨,偕俞颂华①君赴外交部访白德凯博士,谈约一小时。彼由电话通知克鲁伯厂驻柏林首席董事包尔君(Baurn),余等明日仍须再访包尔,因外交部不便直接向厂中介绍也。中餐与韩志勤约晤于京津饭馆,餐后同来余寓,稍谈同至彼寓。彼房东为一画师,相处甚好。在彼处晚餐,十一时始归。知刘南垓夫妇来访,候余不归,留字以去。

十一月十日

晨,俞君来约同赴克鲁伯办公处,甫出门遇南垓夫妇,亦不能留与之谈,同与包君约有定时也。晤包尔君,彼住中国多年,略解中文,年六十余,自谓识李文忠,又曾被袁项城邀考查河南河北各省铁矿,老气横冬,神味傲悍,余亦以言稍折之。余操英语,嗣彼又操德语与俞君谈,大发中国加入参战之牢骚。然其语有足使中国反省者,如云中国人看克鲁伯厂者许多,归后所办何事? 又云张謇之子来考察实业,贵国人在此学工程者甚多,何须此阔人之子? 最后乃唤一秘书为余等作介绍信,并告余等须求法国使馆之通过券,不然不能至彼处,因此地现为法所据也。得介绍函后赴使馆,托向法使馆求通过券,以电询之,谓星期一可得。

至俞君寓谈,晚同赴林思谟博士夫妇之约晚餐。餐后彼等挞台

---

① 上文皆作"余颂华",下文皆作"俞颂华",当为同一人。

球,末又谈女子经济独立问题,至十二时余始散。至寓已一时余矣。

十一月十一日

星期。晨,郭君(《时事新报》记者)来访谈。刘南垓夫妇又来同谈。郭君先去,偕刘君夫妇至京津饭馆同餐,餐后仍回余寓,谈至晚乃去。刘君治政治经济,对此邦考察颇多,余时询之,彼亦乐听余浪漫无稽之谈。

晚韩志勤来,同出餐,餐后观小戏及杂耍。最奇者为挂壁踏车,壁以窄木板立排作环,板宽约寸余,两板中空约二寸,周以铁锢之。下面略狭,中上相同,直为一大桶矣。艺员在内由底下乘脚踏车横行绕登,环壁飞转不已。绕壁之径不过二丈,两车竞行,首尾相接,绝不撞冲,下立一少女,亦不致挂触。末又易为电气脚踏车,飞行更速,但闻电声风声,黑光闪闪,在环壁中飞转,人影车形俱不能见,真绝技也。十一时半归。

十一月十二日

晨略补日记,赴使馆取法使通过书。四川人黄秉礼君来与余谈西藏事。得朱鼎新代使来函,假余英磅票若干,余在此邦可无乏食之虞矣。

晚餐在小饭馆内与数四川学生纵谈,十一时始归。

十一月十三日

补日记竣。明日出柏林,赴使馆与魏公使辞行。彼固留中餐,谈国内胜闻。余所至各国之中国使馆,凡爱谈胜闻者均爱与余纵谈。回寓韩志勤来访,不遇,整理行装。

余室本订定每日金马克三元,前次开账加入电灯等项,至每日五金马克之多。余因不娴德语,不便于较,照数付之。今日又开来账单,加至每日七金马克,直与旅馆同价矣,若按官价换钱,合中国钱三元之谱,若在此常住,足大房一座一月之费,德人现在之爱占小便宜,欺外国人无诚信随处可见。

晚林思谟博士夫妇来访。

韩志勤、俞颂华同来寓，托俞君向房东言其涨价之无理，仍减为五马克。

十一月十四日

晨，俞颂华七时来，同乘汽车赴车站。赴杜来司屯（Dresden①），即前时谋独立，其地方政府被中央政府解散之沙可森（Soxony②）州之都城也。途中秋景明丽，快车三小时，至十一时到，寓午宁旅馆（Union Hotel）。此行为参观海德制镜公司而来，先由俞君电知该公司，中餐后，彼以汽车来接，晤可律清古博士（Dr. Critzmcal），导余观全厂各部，由主任工师说明大概。此厂专造眼镜，原料即普通之玻璃砖平圆片，由玻璃厂中定制，在本厂中第一步，用药品沁之；第二步，夹入一定模型中入炉烘热，轨变其形；第三步，用凹凸面不同度之磨机磨平；第四步，用爱茂利沙（Fmory，记音）磨光；第五步，用度数计试验凹凸度数，镜片大致即成。观毕由厂主海德（Heyde）君出会，略谈。又参观其自动绘影片（Antokartograph③），置照片于机上，工作者对镜发机，机端针笔自动，依照片上原景，绘成大图，并能显出高低度数，且于军事上有用，为胡格氏毫夫博士（Dr. Lug. R. Hugershoff）所发明，每架美金五万元，可为昂矣。归后稍息，赴一意大利馆内晚餐，餐后观欧波拉。此城号称德国文艺美术音乐之中心，所观者为最有名之国家戏园内所演之意大利名剧《李沟列大》（Rigoletta④）。此城第一名角巴地拉（Pattiera）登场，观者极众，演毕鼓掌不已，巴地拉出谢至七次之多。欧美例剧中不得鼓掌，每一幕终，观者鼓掌，艺员启幕出谢，有一次者，普通多至三次为止，至三次后掌声停止矣。此次掌声总不止，至后数次出谢时，观者多馈以鲜花，飞掷台上。中国

---

① 即德累斯顿。

② 此处应为 Saxony，同上文。

③ 此处应为 Auto-Kartograph（德语），即自动制图师。

④ 此处应为 Rigoletto（意大利语），即歌剧《弄臣》。

小说所谓掷果潘安,不知视此何如?

晚餐前,曾步游爱尔碧(Flbe①)河岸。岸上下两街上皆名丽建筑,可爱。

十一月十五日

午前参观王宫,午后观美术博物院。王宫建于十六世纪,宏丽不让柏林冬宫。其壁上一图,绘国王置罪人于宫院中,纵虎狼熊豹各恶兽食之,王及贵族并极多人在廊上纵观为乐,此种刑在欧洲博物院中屡见之。又宫内磁器甚富,中国品多且精。共和后,王族避居普鲁士,此地亦成博物院之一矣。

晚归,刘茂寅字春农来寓,为旧友刘云亚之弟,留学此邦,习工程于此城工业专门。谈至十时半去。

十一月十六日

晨赴沙可森之瑞士(Suchsiche Sehweze②)游。八时乘火车往,路线沿爱尔碧河岸,途中风景极佳,至拉吞(Rathen)站下车。先渡爱尔碧河至北岸,岸上左右两峰对峙,中有小溪。峰不高而有姿,沿溪上行数十武,溪流分为二源:一自北来,一西来。沿西溪折行,为赴八士台(Bastei)之捷径。再数十武,弃溪岸向西南斜行登山,山东西为长岭,溪口左峰即岭之尽处也。山路蹭蹬,初经小人家所居处,渐高入幽林,万木森森,有声淙淙,为松涛为瀑布不能辨。盘旋数四,渐至岭巅。再西更有峭峰林立,入八士台界线矣。东南第一峰陡起屹立,环周皆绝壁,可望不可攀。再南一峰,立圆如卵,上有横盖,余名以玉壶峰,南临绝壁,俯瞰爱尔碧河,在垂线下。峰前小道立人处,宽不过三四尺也。峰根如壶底,有石龛,斧痕磨欲灭,不知凿自何年?宽仅容二人,余及俞君并坐其中,迎南面爽气,观对岸山色林景,自拟登仙,因字此地曰和合龛。折转回两峰之间,较低,岩石分裂为西湖

---

① 　此处应为 Elbe(德语),即易北河。
② 　此处应为 Sächsische Schweiz(德语),即萨克森小瑞士。

之一线天,其中为上行之径,历七折而至上。地势漫平,东南临绝壁处有天然石台,绕登其上,八方景物,竞供眼福。东方为拉屯车站及对面之溪岸双峰,东北一高兀之峰,上有铜制老人,随风转向,可名为风人峰,即登山时之迎面第一峰也。正北余名之曰供山,绝壁桀立如案,其上小山无数,平列比陈如供品。西北一高峰裂为二,对峙比肩,高处欲连,名之曰剑门。正西方为八士台诸峰,嵯峨壁立,佳木抱之,如枯杨之丛梯也。西南近处为帕察思车站,双村夹河,再上将连绵入杜来司屯。正南为较平远之山色,秋林疏村,有画意。东南为王台(Konigsteen①)、绿莲台(Liliensteeu②)二峰,皆此间胜地,余名此台为八方台。再西三峰东西壁立,余即名之三峰山,三峰皆孤峭高耸,连之以桥,中峰之背后有儿峰,支桥通之,立其上,可俯览山后谷底,千仞之下,万木萧萧作声,若上应峰头人语者。再西即八士台,为此山绝顶,全山亦以此名之。盘旋至其巅有旅馆,亦以台为名,买饮其中,少息,又周行其上。左河如带,右谷如盂,远近山色,俱现眼底。再西为来此山大路,地势较低矣。绕上东北行,先下后上,至谷心峰,挺立于百丈谷中,四围高山环抱之,见③西湖之丁家山为南北高峰所拱抱,更奇百倍。转原路下山,至风人峰下,余等另寻别径,直下入谷中,有小溪,意溪尽处,必有外通之路。沿流东行,有人家跨溪为居,编柳为篱,在全欧战伐声中,犹有避秦桃源如此地者。再东入原路,出山。溪流之东多为别墅,入冬无人居,车路则在溪西,故家家皆流水小桥也。溪入河处,左右有二餐馆,余等渡板桥在溪东午餐。馆主以馆为家,其餐品有乡间风味。下午渡河,乘火车再东至王台峰,下车雇马车绕登,峰作正方形,耸立至逼近处,舍舆由盘道上升。道由人工凿成,先开山壁为巨门,斜上穿至山顶,非普通绕行盘道也。其

---

①　此处应为 Königstein(德语)。

②　此处应为 Lilienstein(德语)。

③　原文为"见",疑应为"较"。

上为沙克森王垒宫，局面宏大，视苏格兰爱丁堡及葡萄牙新宫，所见者为大。对面为绿莲台，拿破仑征服全欧时，曾行军经其地，由此进占杜来司屯。有同游者，为余等言之。绕壁垒行一周，觉此台面甚大，不似远望之小也，循原径返，途中购风景片若干。火车未到，以余时游览街市。小学校适散学，有童男女随余等后看洋鬼子。俞君略与之谈，随者益众①，须臾多至数十，道为之塞，乃急取路至车站中，众随入者半，站为之满。站丁以厉色令之去，乃渐出站，立门外望。余等乘车返，来时乘二等车，遇同行者为本国人，为余等言此山游法甚详。归时思乘三等车，零钱购票，不足用十万万万一张之票，彼不能代换，乃购四等票，改乘三等车。至下车时补价，遇一少年面上有刀痕四，怒目视余等，以腿斜伸，侵入余等坐地，若欲寻衅者。余等移坐避其锋，得无事。闻此辈多大学生，自组团体，专心排外，面上刀痕乃人为之一种标志，以示其无畏。下车后，即至意大利馆晚餐，归寝。

十一月十七日

午前赴银行，以官价用信用函易钱七磅。可理秦格君来访，交一制镜计划书，余等留之中餐，谈甚畅。

刘春农来访，同谈，并至其寓，晚同餐，餐后看欧拍拉。晚刘君宿余寓，并榻眠。

十一月十八日

早十时，刘君及江苏庄君送余等上车，赴韩诺番（Hannover）。下午五时到，刘君献捷来接。刘君为雪亚之世兄，春农之侄也。下车寓凯萨宫中央旅馆，刘君邀餐。餐后至其寓，其夫人亦在此，自主厨政。显宦家之子妇，能刻苦如此，可佩。晚十一时，刘君又送余等归寓。

十一月十九日

为刘君女公子购玩饰小品赠之。女甫一岁，生于此邦。中餐其

---

①　原文作"象"。

家,彼夫妇共治餐品,食甚饱。下午刘君导余等周览全城。省议会及博物院建筑特美,议会室上有金顶,极大。博物院上为古色斑斓之铜瓦,金碧辉映,名贵而高华。其后大木长林,绿水清波,景幽而丽。专门工业学校建筑伟峻,系韩诺番国君新建之宫,工未竣,为普鲁士所灭,夷之为省,此宫改为今校。门前金狮铜马一,造像雄奇可喜。又过兴登堡街,大将军兴登堡今居此,其住室为此省所赠予。月前值彼诞日,全城人来贺,献鲜花为寿者,至室不能容,堆置街上,其人格及事业,为德国人所重如此。闻此省大学生多为君主党,其目的在使旧君之嗣复辟,与普鲁士分立;其他大学生亦多君主党,惟各处人各有其意中之君耳。德国智识阶级之思想与中国适相反,宁不可怪? 下午五时重至刘君寓,饮茶,即赴车站赴埃森。三易车仍未至,中途入法国占领域内,有军队看护照,检查行李。余等有使馆通过函,不查行李。对德人极严,搜摸及于全身。晚十一时宿道堤蒙(Dortmunt①),途中乘客本少,改电车后,余等外只二男一女。天色墨黑,细雨淋漓,既虑途遇暴客,且恐同行者即为匪人,心颇惴惴。又闻前日埃森失业者暴动,与市警巷战,互有死伤,益觉临境甚危。同行二男子就与俞君谈,余告俞君言吾等俱为新闻记者,自俄国来,以免彼等因思发洋财而生恶意。途中改车二次,彼等乃助余等取行李,后又送余等至旅馆,索二比龙而去。一比龙(Billion)即一万万万,合中国钱只二角许,二比龙不过五角也。

十一月二十日

晨赴兑换所换法币一磅,合八十一佛朗。德币一磅合四十比龙,视来时在柏林私换之每磅七比龙余,又差六倍矣。此间火车由法国人管理,故购票用法币。十二时半至埃森,寓凯撒宫(Kaiserhof)旅馆,下午赴克鲁伯厂,投介绍信,先由阿拉司君(Leonhard Ahles)招待,并约定以三日之时力看全厂。旅馆中较大之室俱为法兵所占,且

---

① 此处应为 Dortmund,即多特蒙德。

无中晚餐。房中女伺名易列沙伯，美秀能谈，出餐以何处为佳，均由彼告余等也。

十一月二十一日

晨九时，阿拉司君以汽车来导余等绕观全城。城之大半为克鲁伯厂所经营，除制造厂各部分以外，有工人住所、职员住所，为街若二十许。工人住所分为有家工人及单身工人二种，有家者为各别建筑，一家一室，如普通居民，惟自为部落，自成街巷耳。有专为工人所设之小商店，厂中派人经理，制售或贩卖工人必需品，价值除收回成本外，取利极微，故较其他商店为廉。此类商店共七十二所，所有工人必需品，无物不备。凡工人所居之处，无街不有工人家属，自营生活，购物极易也。单身工人所居之地，为一大公共建筑，厨室餐室，皆为共同者，游戏所有合有分，寝室分为二种：一为独居室，所以待娴习安分工人；一为共同居室，所以待新来工人。其他浴室便所亦均清洁。此处共居工人八百之谱。另外有极大建筑一所，乃克鲁伯夫人捐建，为工人俱乐部者。此间工人在战前共四万九千，战后五万二千，欧战中曾增至十一万五千，现在工作中者，仍有三万九千。此处有煤矿二：一在城外，一在城内。其工作法系将煤取出，同时以炉渣运下，填满空处，故地面上街市，绝不受地下工作之任何影响也。又彼处有人工运河及船坞，专为接连莱因、鲁尔二河，以通于各厂，故转运甚便。下午一时半观毕，至一大俱乐部中餐。此俱乐部亦为厂中所有，餐时阿君为介绍胡门君（Tritg Homaun），亦此厂董事之一，兼负招待外国人之责者。餐后稍谈，归寓。

同约女伺易列沙伯来室谈。嘱之坐则坐，与之茶则饮，询以各问题无不答者，约记如下：

问：已结婚否？

曰：未，但已定婚。

问：如另有更合适之男，愿退婚另定乎？

曰：不愿，因彼确知其未婚夫爱彼甚笃也。

问:结婚后,愿生子女乎?

曰:愿。

问:愿多生乎?

曰:太多则力不能养。

问:此间亲老不能工作者,如有儿子能作工,肯以工资赡父母乎?

答曰:当然。

问:父母不能工作,已成过去之人,儿子何以肯与资助?

彼转问:父母既已不能工作,儿子何以不与资助?

余答曰:美国儿子,大都不肯助父母。

彼乃问:美国人独无人情乎?

问:彼入党否?

曰:入中央党。

问:何以入中央党?

曰:其父母及其未婚夫皆中央党员。

问:入党后,交党费乎?

曰:交。

问:交若干?

曰:由其父代缴,数目若干,彼不甚悉。

问:父子夫妻有不同党者乎?

曰:有,但系少数。

问:此间有共产党乎?

曰:有,为数甚少。

问:何以甚少?

曰:克鲁伯厂待工人甚厚,故多数工人不愿与之反对。

问:女伺陪客人饮茶或咖啡,馆主认可乎?

曰:彼不干涉。

问:客人约女伺饮者多乎?

曰:不甚多。彼只陪客人饮数次。

问：曾陪法国军官饮乎？

曰：不敢，恐其无理。

问：法兵强奸之事多乎？

曰：甚少，此城尚未之闻，他处不知也。

余不能德语，以上各问，多为余问，俞君译之。此外尚多，不赘记。俞君与彼直操德语谈者，亦不记。

十一月二十二日

晨八时，赴克鲁伯厂，由胡门君招待。稍谈，彼嘱招待员范述而君（Hermam Van Verschner）导余等参观。先登办公室角楼，高十数丈，可周览全厂及全城也。方位部位，一目了然。次至陈列室，全厂制造品模型大都皆备，观后对于全厂生产物可有一缩影矣。再次翻沙厂（fronndries①），再次冶铁炉（furnaces），再次融钢炉（crosible furnacls②），再次轧钢机（rolling mills），所观者二架正工作，一为六千马力者，一为一万马力者。钢块（ingots）烧至九百度左右，送入轨机，约减至六百度，则不能伸长矣。再次氢氧③火钜（nydrooxygen④ flint）发时，红光射目，注钢立融，以之裁钢板速而且整齐。再次观机关车厂，每日可造一具。再次观农具部，此部为战时所扩充，专造子弹者，今改为此部，所出小农用机甚多，与在美国所见者不同，而此则为中国农事改良所需要，因中、德皆多小农制度也。自八时半至一时半，约五时之久乃观毕。仍赴俱乐部中餐，胡门君及范君相陪。胡君博知各国情势，能英法各语，谈甚畅，即席电话达技术部董事毕娄君，介绍餐后相会。会时略谈，余对中国前途发展计划及如何能使中国能为德国有实用之友邦，毕君极赞成余言，谓克厂定可竭诚相助，次

---

① 此处疑为 foundries，即铸造厂。

② 此处疑为 crucible furnaces，即坩埚炉。

③ 原文作"轻养"，疑误。

④ 此处疑为 oxyhydrogen，即氢氧混合气的。

又与制钢部董事略谈，归寓。至晚，知今日下午共产党在此间谋独立，与警兵巷战，伤近百，党人死十七，警兵死二。在德日日闻有独立及聚众示威巷战等事，身临其地，亦淡然不自觉纪①也。

十一月二十三日

晨八时午②阿拉司君以汽车来偕余等赴莱因河（Rhinehans③）厂参观。先渡鲁尔河（Rur④）桥，次莱因河桥，穿新旧法国占领地，及比国占领地。过关数次，由法、比兵验照乃放行，只验克鲁伯厂之照，余等不受扰询也。二河之桥附近，都为工厂船坞，惟今多停工者。十时至厂，由某工程师（忘其名）招待。此处为世界最大融制钢厂，先由矿石炼为铁汁，不经冷块作用，即由此炉流入彼炉，可省时间及火力也。钢铁汁熟度在一千一二百度，即融流，出炉时最高之热约在一千七百度以上，可流至数十里远不至凝固。此间钢铁二种炉，相距约四法里，流达以后，只减去热力四十度也。钢炉共十架，大者六架，每架日产钢四百吨；小者四架，每架日产钢二百五十吨，共量每日约三千四百吨之谱。此厂自有铁矿七十处左右，其中三十九处俱在外国，在西班牙及瑞典者居大数。厂中四面通铁路，又临莱因河，故轮轨交叉，交通极方便。近来运输由占领国掌理，故原料缺乏，十炉皆停工。此次参观，仅能见其规模，不能观其作用也。一时半观毕，本日朔风雨雪，极寒，厂内停工，尤觉冰冷，唇指欲僵。赴厂内俱乐部中餐，略饮酒乃回暖。餐后归至埃森，已四时余矣。连日中餐皆在厂中，今晚约阿君同餐，谈至九时乃别。余携⑤有绣花山东绸棹布，赠拉、胡、毕三君各

---

① "纪"字疑为衍字。

② "午"字疑为衍字。

③ 此处应为 Rheinhausen（德语），即赖因豪森。

④ 此处应为 Ruhr（德语），即鲁尔河。鲁尔河（Ruhr）是德国西部北莱茵-威斯特法伦州的一条中等河流，莱茵河的支流。

⑤ 原文作"偕"。

一件,并写一节略,请代作一制钢厂计划,聊以解此次参观之嘲而已。

十一月二十四日

乘火车归,仍易车数次而至哈母镇(Hahm①)。至一旅馆,其号牌上室数尚空一半,而无室与余等。改至他一旅馆,号牌上只三人姓名,而住客实多。余等住后,馆员持另纸请余签名,不示余等以号簿,余等不问也。

十一月二十五日

晨开账,巧立名目多算钱。旅客税为账之重要部分,至此乃知旅客不登号簿,馆中可吞此项税款。余意各馆皆舞此弊,巡警必受贿无疑。曾记前自杜莱司屯来时,在火车上阅报,俞君询车守云:报载沙可森前任省长吞款,有其事乎?车守云:必有。问以何故,云:币制紊乱已极,薪俸不足糊口,凡能有机会吞款之人,未有不吞款者。此答如确,则此地巡警无足责也。晚六时许抵柏林,仍住旧寓。

十一月二十六日

晨赴使馆,询介绍参观船厂事,知外交部覆函,已约本月二十九及三十与下月一日共三日分观三处船厂。与魏公使略谈,赴林博士思谟夫妇之约,中餐其寓。彼寓在城外,余能乘电车往,操简单德语向居人问路寻得之。同餐者刘君南垓夫妇及俞君颂华。

晚赴城中,在维多利亚咖啡馆饮茶,借以领略德国风味。

十一月二十七日

上午大雪,收检行李,约刘南垓夫妇、林思谟②夫妇及俞君中餐于京津饭馆。下午偕俞君寻地换钱,先至维多利亚馆,次小饭馆,均不能得,末在一大鞋店中内柜房换得之。盖政府虽时时派人捉私换,而多数私换之经纪,皆银行直接派出,即政府间接所派出者。每隔数日,必有二三日停派经纪,使市面上缺少纸马克,以免其价值顺流而下,一日

---

①　此处疑为 Hamm(德语),即哈姆,位于鲁尔区东北部。

②　原文作"汉",依前文。

数倍,而旅客则大苦矣。本日南垓夫妇赴法,以易钱忙,未暇往送。

十一月二十八日

赴使馆请签游俄护照。因明后两日时间赶不及参观船厂,作电谢之。前日晚赴外交部访齐伯礼君,言及彼,嘱如此办也,同时并访包尔君申谢未遇,补记之。晚魏公使约餐,谈,十一时乃归。

十一月二十九日

续检行李,分为三种:一随身携带者,二装衣大箱寄瑞士者,三寄回中国者。童德同学字禧文,约中餐。晚又忙换钱,取护照归。

十一月三十日

俞君助余送行李至通济隆。下午三时登车,赴汉堡(Hanbury①),晚七时到,寓车站旁中央旅馆。本日乘三等车,座位甚坏,下车觉身不和畅。在街上散步,私娼之数多于行人。在墨西哥某车站,见业擦鞋者之数多于着鞋之人,以为怪,此亦同例也。有一能操英语者问余何以不随彼去,余答今晚事忙。彼云实不能待至明晚,问何故?以明晨无餐故。问以执何业,谓在一大铺中售货,从前每星期工作六日,工资仅足吃面包,今因生意萧条,减为每星期工作三日,故艰窘至此,言毕长叹去。当时未给以若干钱,忆及觉怜之。街头风甚紧,入大咖啡馆饮,亦上海青莲阁之类也。十时归寓。

十二月一日

今日已入本年末月,慨然。九时许,唤汽车至布劳母(Blohmund Voss②)制船厂。车夫向余索钱十五金马克,余身上只有十金马克许,出美金二元托船厂门房代换,甫将十金马克及美金交彼,另一门役谓厂主速客入,余入,余之钱大概由门役及车夫平分之。先至客室稍坐,经理福拉母博士(Hermaun Flahm)出,略周旋,导余参观模型室。凡本厂所造之船,均有模型在内,并有极大之战舰及巡洋舰模型。次派白

---

① 此处应为 Hamburg(德语),即汉堡。

② 此处应为 Blohm und Voss(德语),即布洛姆-福斯公司。

伦君(Berrent)导余观各部造船之手续：第一，先将船位(berth)上构成钢架，与大房之钢架相仿；第二，船之下部覆以钢板，其法先裁形，次冲钉眼，次以螺丝钉安于适当地位；第三，安装下部各种机器；第四，推行下位入水。同时置入浮坞(floating docks)，坞有岸二，高十丈余，下有底连之，岸底皆以钢板制成，中空，有机排泄或吸入水，排水出则上浮，吸水入则下沉，沉时使底在船下，再升之则船置底上，可任意安装，随时可入水试验也。观毕已十二时半放工，余谢而去。此城有大地道，为有名之工程，穿爱尔碧尔河之下，深丈余，两端以极大升降机载人及车马货物上下，可载重三十吨左右。其下之地道，并行四线，皆以巨石砌成，长约五百迈当。布劳母船厂在彼岸，余去时乘汽车升降过地道，余仍在车中未出。回时步行过地道，出地道后问路，乘高线火车回寓。下午略游览此城。爱尔碧尔自杜莱司屯北行至此地，河水极大，可容五六万吨之极大轮船出入海洋，故此城为德国北部重镇，且为轮船制造之中心。河流自此城西北行入北海。德国有轮船公司名汉堡美洲线(Hanbury American Line①)者，以此城为根据，世界最大航业之一也。此城建筑亦称美丽，在街中略购物。此城对待外国又与他城不同，以外国钱换纸马克照官价计②算，以纸币购物及用餐须合为金马克，照官价另加百分之五十，故以英金先易纸币，再用时每磅③只合十二金马克，若在柏林私换，则一磅④可换四十左右金马克也。本日自行问路，自行购票，且中晚俱在外购餐，不请教旅馆。晚餐后纵游咖啡馆，十二时乃寝。对德国为此游末度之考察，明晨将乘直达快车渡海入丹马矣。故此夕之游，亦足为余别德之纪念也。

　　游德既竟，略作短结如下：

---

① 此处应为 Hamburg-American Line，即汉堡-美洲航线。
② 原文误作"记"。
③④ 原文误作"唡"。

德国概论

一、德国民族之精神

德人体格、心力发达俱好。数十年之国民教育，尤以推尊本国，蔑视一切民族为精神。故德人自尊之心，随处可见。其政治上之最高理想，即以普鲁士支配德意志，以德意志支配欧洲，以欧洲支配全世界。此种思想，由俾士麦及威廉父子之脑中产出，而灌输于全德国人之心理中，尤以普鲁士为甚。当全盛时，普人之意气豪迈，可以想见。即其他联邦内之人，亦以吾虽不如普鲁士，而普国以外，吾实超迈一切也。战后德人超绝各国之思想虽仍如旧，而事实则常予反省之机会，故联邦人民，对于普人心理上，不免有厌恶者。其历次有谋独立之举动，非完全出于法国之诱迫也。

二、德人对于学术、制造之进步

德人不持讨巧主义，凡事均持以决心，赴以定力，不畏险阻，卒能成功。故凡初由美国来者，见德人作事之迂缓，未有不暗笑者。殆粗加考察，其学者每著一书，穷原究委，必成数巨帙，乃敢出以问世。其建筑朴大浑坚为体，寓以高华名贵之饰。其制造品皆精美而经久，视英美更进一步。吾尝疑其工作如此迟缓，何能有充分效率？细考之，乃知其原因有三：（一）德人每日作工时间较长，学者尤少外务。故言其时间之效率，视美国总少十分之一二，而其每日作工时间，尝比美国人多十分之二三，此一因也；（二）其国内多小农，佐之以小机器，其效率自然视美国大农大机器远逊，而农人常年工作，不计时间，不论星期，欧战期内，德人不致饿毙者赖此；（三）其极大工厂内，工作方法皆最新之发明，其效率皆能充分加速，仅就外面工人举动上观之，不足以定之也。美国人万事商业化，以商贩之心理讲制造与学问，其取径诚巧；德人事事走迂径，而其成功总高美国人一着。欧战后美国财力足以支配世界，德国一蹶不振，事后论成败，不足服英雄之心也。中国古来学说，最戒欲速与取巧，此等处，吾愿中国效法德人。

三、德国人之封建思想

凡有旧历史之国，殆必经封建一时代。此时代较游牧期文化增高，往往斐然可观，当时人对此之快慰心与过时后人民对之之回恋心，乃封建思想也。中国周秦之交，亡国义士固满腹此种思想，即汉兴以后，仍时有立六国后之议。不意德国现在人乃如吾国周秦时代，除仅受中等以下教育之农工人外，其他高等人大多数赞成君主，且各邦各欲回复其旧君，如巴燕现在号称为君主思想最重之地。彼盖欲复彼之旧王为德意志皇帝，否则自成一王国，乃至汉诺番一公国，亡已数十年，今其高等人民，仍多以其旧君之子现出奔外国者为其心中之君主，如中国史家所书之"帝在房州"者，宁非怪事？余尝被人问中国果可无君主乎？此问只可代表彼心理之中有君主耳，然其复辟之决不得成功，即彼此无数纷歧不统一之思想预决之矣。封建思想于君主外更另有邦域之义，换言之，即部落主义。君主思想不能助成其复辟，部落思想是否足以助成其分裂，此则有价值之问题也。

四、德国之经济状况

德国战前经济之发达，一日千里，其走迁路之学者及制造家之成绩实可惊赞。战后至一九二二年十二月止，其生产力无不减少，全国毫无失业之人。由此直径前行，德国在经济上终有相当地位，但番尔塞条约所规定之赔款及利息，是否为德国力所能担负，确为一问题。法国既屈服以后，法国境内战时所受极重之损失，不赖德国赔款，亦几于无从恢复。为德国计，含辛茹苦数年内，勉付赔款，使法境稍加恢复以缓和其气，此后乃徐谋减轻，且政策方面，近时尤不可露逞武主义。英、法力已疲矣，未①尝不可暂与相安，乃前苦诺内阁与英暗有所商，持减少赔款主义，进行太速。且一面令人民自组类于军事之团体，以为再战预备，迨法军进占鲁尔以后，又发明令，由法总统及总理签字，宣布全国主张消极抵制。又暗与商工人约，凡工厂为免法人

---

① 原文作"末"。

利用而自行炸毁者,由政府给予赔偿;凡工人为抵制法人而罢工者,由政府给予津贴,师坚壁清野之法,以困法人。卒之法人如故,而德国无端加出如此多数之支出,财政益不能支。滥发纸币以济之,金融益紊乱。始则鲁尔一隅,受政府之命令而罢工,继则全国工人多受金融之影响而失业,其后苦诺内阁亦倒。计自苦诺政策实行至余游德之日,马克跌价至少数十万倍,平均每日跌落十倍数十倍不止。以职业为生之人,每月薪金领出,三日后不足以一餐;每星期工资领出,三日后不足一饮。全国经济乃俱受金融之影响而紊乱,不知所极。政府财政以税收及国有营业为大宗,然由收入以至支出之期,至速总须一月,一月之后,其价值跌落不知若干倍,往往跌落一月之收支,仅足敷一二日之开支。税局一日之收入,仅足敷数日之开支。政府至此,亦只有饮鸩止渴之法,即续发纸币而已,纸币为无限制之滥发,价值随之为无限制之跌落,如环无端,以成今日不可收拾之局面。余以十月二十九日至柏林,十一月三十日出柏林,一月之间,金马克与纸马克之价值,由一百五十万万(15 000 000 000)涨至一万五千万万(1 500 000 000 000),实纸马克跌落一百倍也。此三十日之间,平均每日落三倍。有时数日不落,有时则一日落至十倍。除奸滑钱商乘机渔利外,无论何项人均因此以为苦。买卖停搁,制造减少,失业者日众,而经济全盘随金融而紊乱。

五、德国因经济影响所受之损失

因金融之紊乱,波及于经济全盘,因经济之失调,又影响于社会全体,其损失之大不可以价值计。就余所闻者,略记如下:

第一,关于道德者。德人既多数以超越民族自居,不但素重公德,即私德亦不甚苟且。其举动言谈,都有"君子正其衣冠,尊其瞻视,俨然人望而畏之"之气概。自然行为多加检点。现在困于生活,道德二字,几于无从讲起。盗窃为最恶行为,大学生为最高人格,而大学生窃衣物、窃自行车者不可胜述,此一端也。欺骗旅人,贻笑于外国,德国人现在专欲欺骗外人。余在德乃至不敢坐汽车,因每坐必为所欺，他事类此者甚多。又恋爱自由，欧人多有主张者，金钱卖欢，则鄙薄之。近来卖淫者之多不可思议，遇外国人于途，即非业此者亦起野心，以发洋财（外国钱）一次，可以得数日平安生活也。至于沿街捉人，当众喊价，直等叫卖，至此人道不绝如线矣，视法国之玻璃房更过之也。余初到德第一日之感想，觉其为可贵可爱可怜之民族，至将去之日，只觉可怜之外，加以可鄙可恶，盖受其不道德之刺激太多也。

第二，关于法律之效力者。德人诸事爱整齐划一，行政人员，人人洁身守法，故能收法行政肃之效。现在上自省长，下至巡警，舞弊受贿之事时有所闻。司纠察者怜其穷而宽之，而一切违法行为渐为习惯所认可。弊端易开难杜，他日金融有改善办法，而守法习惯则不易恢复。

第三，关于学术之研究者。战前德国关于各种学问，俱有特别组织，特别基金存储银行，以为研究及奖进之资。现在各存款价值跌落，等于无有，此数十年之所捐集储蓄者，一旦扫数以尽，于学问之研究上实妨碍不少也。

六、经济紊乱中之怪现象

德国经济学家坚信经济上由实物交易时代进化至货币交易时代，最后进至信用交易时代，即纸币是也。彼等过信其国家之力量，故谓他国纸币之背后必为货币，德国纸币之背后为法律，纯以信用为交易，而准备金并非必要。乃事实上，纸币之背后必须为货币，货币之背后又必须为实物。德国之纸币背后既不为货币，人民方面，乃直接回复太古时代之实物交易。乡下人知纸币之不可靠，非有必需，绝不令自有之货出手；即必需时，亦只以所有易所无，负蓄薯一袋，提鸡蛋半篮入城，赴各铺物交易，尽得其欲得者以去。各铺商往往售出马克，购物不得，存至明日，即损失无算，能易得必须品欢迎不暇。故除柏林附郭无乡村外，其他小城大都可见此实物交易之怪剧也。又德国战前，农人因税重有售田者，商人由外国得利有购田者，商人不能自种,往往当农人之田,仍令原主耕种。现在农人生活转较活便,略售农产品,便照原价将田赎回,物归本主,亦一快事。又德国马克之不可收拾,亦多有人预料之。多国人多有购马克俟其涨回原价发大财者,本国人及其道而行之,用外国钱存银行作抵,而借马克营业,数月之后,前所借数跌落几于无有,而所借之款已易为货物或外国钱,售其十分之一乃至百分之一,即足以还借债而有余。国家银行为维持市面,借出之数甚大,是否有舞弊情事虽不可知,而依此发财者,实繁有徒。故德国自经济紊乱后,破产之人虽多,而暴富之人亦不少也。尤有一事言之足太息者:德国战前之兴盛,虽为全国人努力所致,要以学者与军人二项人之力为多。现在最苦者即为此项人,盖高尚学者与纯洁军人,大都不甚留意个人生活,月薪所入,除生活所需外,悉以存之银行,现在原存款数跌落化为无有。而月薪所入,就发薪之日计算,尚可勉强敷一月之用,但纸币日日跌落,发薪一两星期后之生活费几于照例无着,其苦况不可言状。有学生某为余言其教授某,每一星期照例有一晚自赴楼上小屋闭门不出,其夫人平日布衣荆裙,此夕则妍装浓饰,陪一男友在其寝室中,欢笑之声达于户外,不知何故? 余闻之怦怦心动,为之不怡。曾述之于他友,据云军人家中之有类此情形者亦不少也。

七、德国将来之推测

第一,关于经济者。德国经济命运直接决于金融,间接决之于外交。金融虽与外交有密切之关系,但金融本身所关亦甚大。为今日德国金融计,只有利用外国钱作准备金,以发行新纸币办法,而当局仍坚持信用交易主义,发新纸币而不筹准备金。余至德国之前,议会方面大多数通过信用现内阁案,付以全权使之整理金融。余去德之前数日,已以大多数之不信任倒阁矣。新纸币发行之日,正内阁倒闭,不数日新币又落价,且原议只由各家银行另组一银行,发行新金马克票,旧票亦不停发,但旧票与外国币之比价,随市面听其涨落。新票则定为固定之价,照战前每四马克二角合美金一元,不准第二家发行。余去德之日,机关仿照发行者亦有七种之多,其价格亦逐日跌落矣。无准备金之纸币,断不足以维持信用也。故德国今日市面上真实可作货币用者,只有外国票。第一为美金票,第二英磅票,其他荷、意、法、瑞之票亦均能用,政府欲禁而势有不能也。为政府计,如利用外国钱作准备金,准以纸币兑外国票,而不准以外国钱买卖货;准以纸币拆外国钱存入银行,取时亦准取外国钱,则新纸币不致跌落。人人敢用新纸币,敢存新纸币,敢向银行中存款,久之则银行中外国币乃只成保持信用之物,而市面上,私人家中,所存只有本国货币,而金融之效用完全恢复,则经济全体除直接受外交影响者不计外,皆可恢复原有状况矣。惜乎!德国人谬于信用交易时代之说,坚不肯筹准备金。惧外国钱之流行,乃限定银行准收外国钱之存款,而不准支出外国钱,结果人民得有纸币,不论用如何价亦必购外国钱,商人亦多运外国纸币以供给之。政府方限制人民不准向银行取外国钱,而人民方面,又抱定得有外国钱者,蕴楼而藏,决不以之存诸银行。如长向此途以趋,德国经济直自杀也。德国境内毫未受有战时之损失,金融活动,则经济全盘皆活动,生活费低,生产更易出口。德国政府近又人为的提高生活费,恐其影响更减少出口货,此又自杀之一助也。第二,德国之外交,其最亲密者,只有奥、匈二国,此欧战之患难朋友也。环此三国者,如法,如意,如比,皆战时之敌国也。如波兰,如捷克斯拉夫,如胡古司拉维亚(Jngoslavia①),皆新造之国家,其大部分国土皆分之德、奥、匈等国,皆深虑三国之复强以危其国土者。如罗马尼亚,如勃罗底海新造之三国爱司唐尼亚(Estonia)、里通尼亚(Lithnnia②)、拉的维亚(Latvia),皆对德不表好感。丹麦素来亲法,此次又得恢其失地于德,尤望法之强盛足以制德。荷兰对德感情尚好,而不能相助。瑞士对此各国有交际而无交涉。北面隔海之

---

① 此处应为 Yugoslavia,即南斯拉夫,其拉丁字母为 Jugoslavija。

② 此处应为 Lithuania,即立陶宛。

瑞典对德感情尚好，然地位亦如荷兰耳。就大概论，欧罗巴半岛上，凡与德临境者，大多数同情于法，故今日法国军之占德境，上述各国或暗表同情，或坐观成败。德之外交，今日非乞命于临境各国以外不可。英国近来对德感情甚好，因惮于法国陆军之强，飞机之多，必扶德制法，乃省英人之气力。苦诺内阁赖账政策，英政府实暗助之，法人置英于不理。国际联盟者，英国掌上之弄儿也，曾大声代英人骂法国人，法国人仍不理。德人之困于法，英人实负有责任，乃为代游说美国出面干涉，劳易乔治主办其事。洛桑会议，彼曾饱尝斑嘉来之手段，彼之内阁为土尔基而倒，实为斑嘉来所倒。欧洲战后之大风云，皆起于此二老背上之葫芦中。今日伦敦会议之发起，纯为劳易乔治葫芦中之药品，法国乃宣言不得变更番尔塞会议之赔款数目以为抵制，将来此会是否成立及如成立，其结果如何则视英法之力量及此二老之把戏。而法国则纯处于被动之地位，岂不可怜哉！美国，今日世界最强之国也；俄罗斯，旧大陆上关系最要之国也。此二国近来对德感情均不恶，而德国外交家实不能与之谋切实之联络。美隔大海，肯否与法人伤感，为自动救德之举；俄甫裁兵，整饬生计，能否加入欧西国际，以为德助，皆不敢全恃。则德国外交之前途，亦殊暗淡也。第三，关于政治者。吾熟闻德意志联邦自共和以后变为统一国家，到欧洲后，觉欧人方醉心于部落化之分立的国家主义，德意志能于联邦解纽后不致破裂，而且变为统一国家，此真所谓超迈一切之民族，如彼国歌所自赞者。迨至其国考之，乃大谬不然。德国犹是联邦，且其联之性质颇不坚强，去美国今日之状况远甚。德国战前除属地不计外，面积二十万九千四百九十五方英里，人民六千六百二十二万九千三百三十六；战后除波兰及捷克司拉夫二国独立割去东南一部分外，因历史上之纠葛，割让①与他邻者亦有之，合计失地二万七千二百二十四方英里，内附人口六百四十七万一千零五十二，现在面积一十八万

---

①　原文作"酿"。

二千二百七十一方英里，人口五千九百八十五万八千二百八十四。若举此土地人民，依历史及地理之可能上划为相等或相近之行政区域，无论为统一如法国，为联邦如美国，均可确认德国为一单一之民族。乃因沿旧界，全国仍为十八邦。普鲁士一邦之土地为十一万三千七百四十六万方英里，占全国面积百分之六十，其人民三千六百六十九万六千一百五十一，占全国人口百分之六十二之谱。普鲁士人自成一团体，且自命为能统御他邦者，齐大非偶，其他各邦殆皆处于附庸之地位。战前各国之能相安者，一由于积威所劫，普法战胜之后，威廉第一不向德意各邦用兵而自跻于各邦共主之地位；二由于国势日臻富强，一切国民均与有荣。今二者皆不复存，徒以同为其他各国所仇视，受外界压力而团结耳，压力稍轻，则内部问题发生矣。普鲁士以次，巴燕(Bayern)地近三万方英里，人口七百一十万有奇，为第二大邦，即前度谋独立而未成者。萨克森(Sachsen)地尚不足六千方英里，人民四百六十六万有奇。余曾游之，即其政府为中央政府所不满意，派军队解散之，由中央违宪派官暂行治理者，就现在论，全国军警大多操于中央政府之手，换言之多数操于普鲁士人之手，故其最大之二邦皆欲独立而不能。普鲁士犹有维持统一之势力，然以外患纷集之国家，而内部统治犹待兵力，其统一性之薄弱亦可见矣。且其各邦各有宪法，各有政府，一沿君主时代之旧界限。普鲁士政府依旧庞然大物，为统一之最大障碍。若普人而肯牺牲其政府，使普属各省与其他各邦平等立于中央政府之下，则邦界渐化而统一之局乃成，不然，前途之问题未了也。虽然，无论如何，普鲁士以三千余万优秀耐苦之民族，在欧罗巴终有其相当势力，将来世界之商业，亦终有其相当地位，若思恢复战前之强盛，逞英雄于世界，则永无此日也。

第二十一　丹麦

（自民国十二年十二月二日至十二月七日止）

1. 由汉堡直达丹麦京城
2. 参观博物院及磁器工厂
3. 参观贾司伯啤酒厂及延荣堂
4. 参观丹麦大学
5. 赴瑞典

十二月二日

晨起开账，赴丹麦。以美金十元嘱仍找回美金，虑其不能。此旅馆甚小，餐役兼司收账，出其囊，盈盈皆美国纸币，怪事！九时登车，东北行，所购为汉堡至丹京直达快车二等票。丹京名克本汗（Kio-binhavn①），在柴兰岛（Zealand）上。岛当波罗的海门户，与德国大陆隔海。火车装大船中渡之，人在车上可不下。前后凡渡海三次，第一次由德陆渡至一德属岛上，忘其名；第二次渡至丹属娄兰（Iaoland②）岛上；第三次渡海须一时半，乘客在船中皆下车入船上餐室中餐，其他二次均不过十余分钟也。在餐室遇一丹麦人包爱山君（Bojesen），前充驻暹罗领事，现供职内务官，与余谈，彼对中国人感情甚好。晚

---

① 此处应为 København（丹麦语），即哥本哈根。

② 此处应为 Lolland，即洛兰岛。

七时半到，下车，寓台民诺旅馆（Hotel Termiuns①），餐后在街上略行走。有一饮餐馆名葛朗拿大（Granada），葛朗拿大为西班牙南部名城，其建筑皆为阿拉伯时代遗物，以贵丽为美术家所特重，故凡名词上冠以此字者，非代表西班牙，乃代表阿拉伯式也。因至其中，呼茶饮之。其室之内乃完全模仿阿拉伯式，且室之正中，具体的仿造一阿拉伯楼亭形势，雕刻尺寸，一如原物，其周围及廊上为餐饮之座，中间为舞场，高华珍丽，坐其中生无穷美感也。十时归。

十二月三日

晨先至博物院，今日不开门。院之附近为一古宫，乃入其中略一周览。宫外凿河通流环抱之，使人有御沟秋叶之感想。十二时余至中国使馆，访王代办钦尧，彼出餐未遇。中餐后回寓稍息，王钦尧君来答拜，延谈时许。晚餐后赴国民咖啡馆饮茶，馆无舞场，男女混杂在座隙中合抱欢舞，数可达百。欧洲普通人解歌词者甚少，酣歌非其所能，此恒舞一事，将为其文明之送葬品矣。

十二月四日

晨略阅书，十二时前赴博物院观其本国收集石器时代遗物，可称大观，且多未残损，盖北欧去石器时代甚近也。

一时赴使馆应王代办之约中餐，并晤馆员王则中君及洋员茂嘉氏女士（Morkhals），王代办夫人亦出陪。餐后，王则中君陪出，步行观城内数街及市政厅等建筑。晚至实业公会餐厅用餐。

十二月五日

晨，王则中君来导余往参观磁器工厂，由其总工程师某君（忘其名）相陪，彼操英语解释颇清楚。制磁手续与在法所观者同，然此厂规模不及其大，且磁亦不及其精也。工程师自言曾读中文，因难中止，且谓中文意味深远而美丽，又谓中国为磁业之祖父，俯赐参观，幸勿责子孙之不肖云云。其言似戏语，然极诚恳也。十二时观毕，出

---

①　此处疑为 Hotel Terminus，即总站酒店。

厂,与王君别,仍往博物院观其国外收集,至二时闭门乃出,自寻餐馆中餐。餐后欲赴使馆,适遇王则中于街,谓代办商请洋员授余丹麦文,在旅馆授课,乃急归候之。余在英已购丹文初步之书,本日习一小时半,觉其拼音视已学各国均难。晚餐后,读丹麦文。

十二月六日

晨十时王代办夫妇偕来同往参观贾司伯啤酒厂(Carlsbury Breweries①)。厂主雅各生(Yacobsen②)兄弟二人,其祖父手创此厂,初无制酒具,以其曾祖母之铁衣箱为储汁发酵之具,历三代,为今日世界最大之啤酒厂。夏令每日能产一百三四十万瓶,现在能产八十万瓶左右,因冬日销场小也。啤酒原料为大麦,制造之手续:第一煮浆,煮锅最新式者四,高七八丈,历上三层楼始能见锅内水沸麦动之状;第二冷浆,热浆换锅煮三四次至成熟,用排泄管排至冷室,使低至一定温度(约在零度上六七度之谱),即排至发酵池矣;第三发酵池,在地下极大,可称酒泉,亦须换三四次乃成;第四滤清;第五装瓶。装瓶部工人全为女子,装机完全自动,工人仅司副役也。其蓄酒之大木桶,每用一次皆用机洗刷,洗机极有趣。现雅氏为丹国第一家富户,凡公共建设如博物院、图书馆,半为彼一家所捐办。彼之住宅及酒厂连成一气,俨如爱森城之有克鲁伯厂。彼宅内附有博物院二,今仍正在收集及仿制中。其美术部分上题字云"艺长命短",意谓艺术流传,长于人之生命也。此部有现丹王之姑母二人对面照像,两人貌相类,皆绝美,此金枝玉叶姊妹花,后分嫁英俄二国皇帝,一生前俄皇尼古拉第二,一生今英皇乔治。丹人以此事为其国家之宠光,逢人乐道之。另有一画为姊妹花嫁夫生子后,各偕夫带子归宁时,丹王偕彼等参观此厂之画像。一纸上有三国前后六帝王数后,与一酒家同座言欢,亦可为千古佳话矣。雅氏不但交结朝贵,且喜与学人来往,特

---

①　此处应为 Carlsberg Breweries,即嘉士伯啤酒厂。

②　此处应为 Jacobsen,即雅可布森。

与宅旁辟百亩广园,建十丈大厦,名之曰延荣堂(House of Honour),以礼遇名哲,凡前世纪末之法德哲学科学名家,殆多曾下榻此堂,本京之科学研究所及化验局亦彼一力创建。导余等观者能英语,解释颇清晰,十二时半毕,又导余等至客厅,请尝各种啤酒,并赠以英文印刷品而别。

下午习丹麦文,其数目全以二十进位,为欧北古不甚识数之一证。

晚至一茶馆。馆主中国人,名符大吉,到欧数十年娶妻生子,不思蜀矣。

十二月七日

午前赴使馆辞行。偕王则中君同参观大学,仅望其建筑及礼堂内幕,大学礼堂亦专图本国与外国之战争画,此欧洲部落主义之所以发达也。次登环塔,塔浑圆而大,内有环道,侧平绕升,道宽可容车转旋而上。自有此塔以来,曾驰车至顶者,只俄皇大彼得一人,三百年来传作佳话。观大学及登此塔,一大学生导余等,酬之钱不受,与以名片,郑重谢之。与王君同中餐,餐后参观美术院,建筑甚美,收藏亦可观,而金枝玉叶姊妹花之对面造像亦特置于重要地位也。观毕别王君返寓。

茂嘉氏女士来,余之行李已检齐,在客厅习末一次之丹麦文。余购英文小说一本、糖果一盒赠之为酬。

七时登车,王代办及王则中君均来送。王代办早到,且至开车不能见时始去,情意殷恳,良可感志!车为赴瑞典京城之直达快车,开车不久即渡海峡,至司堪丁半岛。在船上晚餐,至十时入车就寝。

第二十二 瑞典

（自民国十二年十二月八日至十三日）

1. 由丹麦京城直达瑞典京城
2. 人民筹备欢迎皇太子新婚英郡主之热烈
3. 参观大北博物院及生物博物院
4. 瑞典教育概况

十二月八日

昨晚九时许已在瑞典境内，过马尔麦（Malmo①），为此邦第三大城，即司坎丁半岛极南之地角也。车上同室者为瑞典人狄烈氏（Thielers），能操英语，业工程师，近出国游历，凡阅八国而返，与谈颇久。今晨八时半余起，启窗见车外山间，地天一白，直银世界也。车至一站，余未着外衣，下车周览，亦不觉冷。九时五十五分至司陶克汗（Stockholm②），即此邦京城，地居北纬五十九度，在北京北十九度，哈尔滨北十三度，库伦北十一度。下车寓皇家大旅馆（Grand Hotel Rayal③），略补写日记，出门略周览。此城居司坎半岛之东，为内湖外海接界处，河流交叉，岛屿连属。城据岛跨④河，内通大湖，外

---

① 此处应为 Malmö（瑞典语），即马尔默。
② 即斯德哥尔摩。
③ 此处应为 Royal，即皇家的。
④ 原文作"夸"。

接海面,以巨桥无数接连之。桥下岸旁,轮帆往来不绝,如在夏日,船必更多,景必更胜。其建筑亦多伟雄明丽,可方中欧,远在英美以上,实为梦想所未及。城内天气较暖,积雪未消,地滑欲溜,余着橡皮泥鞋,持雨伞代杖,沿河岸大街而走,见街旁建筑,渐呈明贵。至一小场,左为皇家欧拍拉园,右似为一银行,中有立马铜像,极伟壮。旁有巨桥,左右两柱高数丈,气象甚大,桥之对岸建筑更伟。渡桥为一小岛,桥下水自内向外奔流,声势洪汹。岛上有二大建筑,上悬瑞典字,余不能解意。再渡一桥,一宏阔雄伟之建筑,不在法京鲁武宫之下。有巨门作东方城楼形,楼上栏内,立人无算,不知其何所观,随之亦登其上,向众人视线所集处凝视,乃毫无所见。穿高阔之楼门入内,转为平地,杰阁飞楼,四合抱之,院内人如碓,有双马车之中年妇由旁方来,车夫峨冠明装,众避道,彼飞驰去。余即向其所来处行,为更大之门,穿门出,回首望之,乃九门十柱三层之伟大过道,非帝王不能居此室也。柱上中层石凿伟像,各高丈余。此院为一圭形,左右有弧形楼拱抱之,正前为向外之门。此时乃知此处为正门,适间所进城楼式大门,尚为偏门也。院中人环集,中空作圆场,立此片刻,有军乐队先后来奏乐,意乐后必有更可观者,候之,寂然矣。腹饿出门向右行,得来时之方向。渡其他一桥,至一书店,购英瑞语书及本城指南。书店人解英语,询知适间所观,果为皇宫。皇太子前月赴英,与英[①]郡主结婚,不日将归,适间之人海人山,乃人预备欢迎也。中餐后,访戴公使。馆员黄君寿康,曾为半学期之同学,见面尚可识,惟彼久病,卧榻不能起也。与戴君谈,此间人民爱戴王室。彼谓前数日报纸对英郡主之血统发生疑问,谓非纯正王族,此邦国法皇太子非娶王室女为妃,不得承位,盖恐平民贱血流入皇统也。而人民方面尤认定王血最贵,故能首出庶物,统治万民,若皇太子娶配为不纯粹之王族,则平民贱血,由外国流入本国皇统,实为国民之羞。故报纸为此事争论多

---

① 原文作"美"。

日,其所争之点,皆英郡主血统上是否王族之问题。至王族之血何以贵,与皇太子之配何以必须为王族,则天经地义,绝无人向此点研究者。晚在旅馆餐,餐厅之伟丽为所住各旅馆所未见,其布置于美丽中有名贵及神秘二意。院备四时之花,池水鼎沸如热带景物。石阶楼栏玉柱如宫阙,黄墙细窗如埃及古建筑。北欧之美术,确在英美以上甚高也。

十二月九日

上午补日记,读关于本国之书。下午观博物院。欧洲美术,自石器时代发达,来原甚远,但全欧文字皆为移植品。其他各洲民族开化之初,多有简单表意象形字,欧人独无之。余意文字与雕刻绘画初本同原,即表意之象形字,英语所谓画字也,其发达可分为二种:偏向象形一路走者,进化为美术;偏向表意一路走者,进化为文字。美术之文明只在本身,文字则足以助各种文明之进步。欧人之盘旋于石器渔猎时代甚久,而必待吾种人(兼指索母〔Smmerino①〕,本来埃及人〔Proto Egeption②〕)之文字、像数、农织传来后始为长足一日千里之进步者,亦因只有美术而无文字也。

十二月十日

观大北博物院(Nordiska Muset③),其足记者:(一) 其建筑华贵博大而光线适宜;(二) 其舆服兵器等,自古司他夫(Geistoves④)第一建国以来,曾为王后所御用者,各代俱备,此在欧洲各博物院中当推为第一者;(三) 本国各省人之生活实况,均有陈列物及模型;(四) 拉波人(Laps⑤)与爱司克模(Eskimo)人,完全相同,居此邦及

---

① 此处疑为 Sumerian,即苏美尔人。

② 此处应为 Egyptian,即埃及人。

③ 此处应为 Nordiska Museet(瑞典语),即北欧博物馆。

④ 此处应为 Gustav Vasa,即古斯塔夫一世(古斯塔夫·瓦萨)。

⑤ 此处应为 Lapps,即拉普人,北欧民族之一。

芬兰之最北部,换言之即东方人之同种也。院之本层,中间一巨龛,正塑像,余询守者此像为此院创建人所塑乎? 彼云,否否,为古司他夫第一所塑,古司他夫为吾国第一王,彼予吾人以爱,现在人所有之爱,皆彼所予云云。余不能真解其意,颔之而去。

观生物博物院,无可记。又观司坎森博物院(Skansen①),为露天人文博物院,甚大,在山上占滴儿花园(Djorgarden②)之一大部。今日大雪,遍山皆白,风景甚美,游人甚少。踏雪独步,有时没鞋,亦饶别趣也。园藏有条顿人古代文字名鲁恩司吞纳(Runstenar③),即鲁恩字石之意。鲁恩(Rune)字创见于耶历二世纪,在黑海里海之北岸,共有字母二十四如下:(按此非象形字,且系移植品)

以上二十四字母,于南欧所已有之希拉拉丁以外,专以代表条顿

人之声音，以拼合为字。其拼法写法均自右而左，如犹太字。其后分歧发达，渐改为右行，各处写法亦不尽同。至九世纪时，在北部如司坎丁半岛及英伦群岛，所用者为十五字母，如下：

在十一世纪在丹马等处所行者，为十六字母，如下：

大概英、德、丹、瑞、荷各国语文，都曾由此种字母代表，其后乃渐多改用拉丁字母也。余购印本鲁恩石刻若干，可以译读，大快。

十二月十一日

本日皇太子自英归国，余贪写日记，比出旅馆，彼已入宫。人民欢迎盛典，余实未得见。下午自赴宫内观，但见无数男女老少，拥挤宫苑中。宫上照例悬国旗，并不甚多。街上之国旗则飘扬耀目，且多并悬瑞英两国旗者，有用两国国旗色彩作极大门彩者。总之，人民方面欢欣之表示，乃远在王室自身之上。由王宫至附近小街，即旧城内观览，最狭者不能容车，最宽者勉强可容二车。余购一皮帽，预备入芬、俄之用。旧城内店伙完全不解英语，余亦勉强问价付钱也。

晚自寻餐茶馆饮食。读有司坎丁半岛各书，迟睡。

十二月十二日

夜睡不甚安。午赴银行取钱，女行员操娴熟之英语，询余中国情形，因冬季游客少，彼主管之事亦少，故可闲谈也。下午赴使馆辞行，即晚餐馆内。

十二月十三日

使馆介绍参观一小学，自十岁起男女即同校分堂上课。男女根性习性俱异，故特分之。此邦教育普及，在数十年前，国内人民十五岁上不能作书；二十年前，即不及百分之一。英美学者盛称其小学办理之好，惟彼视为弱小之国，故为中国考察教育者所不留心。学制：每城或每区有学务局，所有中小两级学校，自校长起，各教职员均由局委任，校长司考察及执行之责，而不能用人，且不能推荐人，盖主张城区集权，而不主学校分权也。本日各种设备，大致均粗加观览，惟时已过午，上课者只有女生耳。校中贫生由校备餐，餐品亦能食也。使馆秘书夏君叔吕陪余往，观毕仍至使馆中餐。餐后急回寓整装，晚七时半登船，八时赴芬兰。船出口前，先回绕湖内，备见岸上岛上灯光，觉此城天然人工俱甚美丽。出港用餐，餐后寝。余室可容三人，而只余一人，睡时甚便也。

第二十三　索米(即芬兰)

（自民国十二年十二月十四日起至十二月二十三日）

1. 过多岛海由埃堡登岸
2. 芬兰改索米之原因
3. 乘车赴索米京城
4. 葛朗大尔君导游全城
5. 索米政府赠送该国出版物
6. 参观博物院
7. 赴乡间访邓乃博士并看其牛
8. 由索米赴俄国

十二月十四日

晨起，八时半。因在海中，觉天已微明。起视见四面皆岸，疑已入港，稍迟知四面皆岛也。此种地，英语称谓阿奇拍拉沟（Archipelago），译意为多岛海。盘旋回环，至十一时乃泊真岸。余曾海行数月，渡多岛海此为第一次。岸上翠柏成林，衰草色杂青黄，未全枯，惟偶有小叶杨，已全脱叶，告余等以现际隆冬耳。登岸之地名埃堡（Abo①），寓汉堡旅馆。自出观博物院，只雕、画二种。此小邦亦模近时画，或着色俱堆成方块，或施极怪之色，俾不肖真，惟于女子阴处多特显写，以示不同于古代画。下午在本旅馆观跳舞，舞者甚少，街中

---

① 此处应为 Åbo（瑞典语），即图尔库，又名奥布。

有方场,以碎石铺之,不甚平。小商人张布棚摆摊售物,如中国北省乡下之赶会,甚有趣也。晚自在街上游走,北风飒飒有寒意。归寓,购芬指南一本,为瑞典、芬兰二种文字。始知芬兰(Finland)为瑞典字,乃瑞典人所以名此国者,欧洲他国仍之。本国人自称其国为索米(Suomi),本名从主人之义,余日记中此后亦称之为索米。著述家多称索米人与蒙古人相近,余在他国所见之索米人乃绝不类,至此城所见,大致鼻有稍低者仍为欧种。此城埃堡之名亦瑞典字,本国字则名之曰土尔库(Turku①),城内街口所标之街名,亦皆为二种名字,然大都相类也。

十二月十五日

六时起,天黑如墨。七时赴车站,七时半开车。余乘头等车,头二等车共一辆,无大别,头等只余一人。开车时,天仍未明,坐而假寐。八时余醒,天有晓意,隔窗可约略辨林木人家,此间人少,居民散处,不成村落,大都业农业林者,各就田园起屋宇。屋多北欧式,全家聚处一室中,亦间有分为数小室者。此间雨量或甚大,铁路所经处,农田内皆顺地陇凿小渠以疏水。地尚未冰,新犁之地甚多,知此邦农人甚勤也。下午一时许,至海星基(Helsinki②),为此邦京城。瑞典文名之曰海星埠(Helsingforg③),下车寓社会宫旅馆(Hotel Societedhvset,瑞典名)。此国之币亦名马克,余室每日五十五马克,一中国钱合二十马克之谱,五十五马克尚不足中国钱三元,中餐亦不过合三十马克左右。所游各国,以法国与此国之生活费为最廉。余所住为此间最大旅馆之单房间,小旅馆更廉也。下午自赴街上游,遇同船来之葛朗大尔(Grondahl)君,彼为索米人,移美国已二十年,归国省亲。彼来时乘三等船,下船时曾与之谈,故相识,约明晨早来导余游

---

① 即图尔库。
② 即赫尔辛基。
③ 此处应为 Helsingfors(瑞典语),即赫尔辛基。

此城。余所居旅馆斜对面即为火车站,车站之正对面为美术馆,其间为极大广场,偏一面处亦皆张棚摆摊之小商人。傍晚均折棚收摊,以两轮人力车载之而去。于极美丽伟大之建筑旁,能见此种太古风味之市场,亦饶兴趣。

十二月十六日

晨葛朗大尔君来导余同游此城。彼十二年前居此,游时历指各伟大建筑,当时俱为俄政府所有,现已属之索米政府。又指相隔不远二处高房云,独立战争时,此二处为红白二政府分驻之所。红政府之背后为俄国,白政府之背后为德国。红者主张共产主义之民主,白者主张资本主义之君主,鼓角相闻,日日巷战,其结果红白俱败,而索米人乃完全独立,以建平民之共和政府。又至尼古拉大教堂前,建筑宏伟,基方数十丈,阶高数十尺,正中为罗马式兜幕(dome),四面为希拉式挂面(focade①),前面左右基角为中国式楼房。再前左右二较低之巨建筑陪之,右为国会及政府,左为大学,对面为尼古拉大街。正中方场宽袤各数十丈,以方石铺地。此一带为俄领自治时代之建筑,大有东方气象。方场中矗立前俄皇阿烈山大第二铜像,连座高可六七丈。葛君指云:此俄皇许索人自治,索米人之能自由操索米语,自治法律,自选议员,因为后来独立之基础。索米人至今感之,故此像②能巍然存也。政府背面为总统府,后面与政府相接,前面对一海岛,此俄皇旧行宫也。然建筑矮小,改总统府后涂以白色。前面海岛居海星基湾正中,分湾为二。岛上高处为俄皇教堂,教堂与当日之行宫隔桥相对。余等渡桥绕登教堂楼基,见堂后建筑甚多。葛君云,当时此一大都属俄国。距此近处为陆军监狱,今日星期行视囚礼,视囚者列队建旗张乐来,官长导之,随观者街为之塞。队至狱前奏乐,乐毕分班列队入监,视其亲友,视毕仍列队出,再奏乐后,仍扬旗整队附

---

① 此处疑为 facade,即(建筑物的)正面,立面。
② 原文作"项"。

乐去。葛君云：此正式陆军，人民爱之，故从观者众。绕北行，葛君指海港言曰：十二年前此湾长驻俄国兵船，以监视吾国。最后至小山上，可周览全城。今为公园，十二年前名曰普一司陀（Puisto）。葛君非读书人，然能阅报，寓美多年，仍阅索米文报，留意此国事，并为余言其田地改制办法极善，其母已依此法得地，由其地耕种，衣食皆有出云云。其谈话神气，颇类中国农人坐庙门外话故事，余择其可信者记之。本日三餐，皆与彼偕。余给饭资，亦不另酬彼也。尤可喜者，一日以来，所经地方，皆阴云暗淡，昼不能见日，夜不能见月与星，精神总觉不快，今日晴空如洗，九时余红日南升，正午高仅逾树杪，使人迷认方向，下午二时余，又就南方落矣。冬日游北极地带得此阳光，大觉可爱矣。

十二月十七日

午前补日记。赴银行取钱，行员十分之九皆女子，而办事迅速。下午赴外交部请①签护照，由司奈门君（Teo Suellman）招待。余欲略知此国情形，请彼设法介绍朋友，彼即介绍管理出版之瓦伦君（Poavo Waren）。瓦君谓凡政府出版为英文者，此间多有存本，请君择定，由部奉赠。余不便多择而彼愿多送，约取十种左右，并有法文数种，关于本国地理、实业、政治、改革、独立战争者，大概俱备矣，谈近一小时去。在街上书铺中又购得英译索米之《喀烈发拉》（Kale-vala），为其古代史歌，如印度之有吠陀者。晚贪读新书，一时始睡。又昨日曾观美术院，画品甚多，但所画本地人多欧洲人样。近来画于此处尽为写真，其面貌类本地人，以奥司特林（A. Osterlind）所画之村乐图，为毕肖本地人。大概鼻部上略低，下略宽，上眼②皮单而有肉，两颧微高，体高低肥瘦不等。余饮食行走时，皆爱研究所见人之骨格貌相之异同也。补志之。

---

① 原文误作"清"。
② 原文误作"服"。

十二月十八日

上午补日记，下午赴博物院参观，时短未竣。其名人画像中，只第三十二、三十三两张貌相东方人，余皆欧洲人。再赴外交部取护照。因阅书知现任首相喀寥（Kalio[①]）为北部农人，其貌相必为纯正之索米人，询能得其像片否，瓦君谓部中存像片甚多，今日天晚，明日可来寻之，如有，可代印也。

连日皆晚读书，而起则迟。

十二月十九日

午前略读书，午后赴外交部检得像片三十余张，然多风俗、建筑、实业等片，喀寥之像片则无有。晤出版部司长特司列夫君（G. H. Theslof）谈，彼允余所检之照片全代印奉赠，余谓允出资乃取，彼允。出外交部，再赴书店购书。

晚自往观索米戏，遇瓦伦君于园中。园之建筑亦名贵可爱。欧洲文明，此邦乃无一不备，可怪！戏调类欧拍拉（opera），而乐音静远玄幽，事之情节外覆以耶稣教之幕，而内容稍神秘，余未能全解也。十一时散，仍略读书乃寝。

十二月二十日

起迟。早餐后再观博物院，详观其本国人文部。东北部人大都圆面高颧，鼻上平而低宽，两目较小，上眼皮多肉，且眼有极小者，亦有高鼻削颧长头者。人之长短不等，有甚相悬者。其古物部有五弦琴，与中国制法相仿，其较狭之端，视中国者更狭，其弹法一如中国。较新者有六弦七弦十二弦至二十余弦不等，最新者乃变为以弓张弦，由琴弦上拉之作音，则渐变为胡琴之类，而琴声仍如旧式。见古锯一条，方框作臣字形，与中国式锯细毕肖。其他名为古物而不甚古者，则多欧洲式。古铜器亦类东方，有北京式之水火壶，而线毡花纹则类

①　此处应为 Kallio（芬兰语），即屈厄斯蒂·卡利奥（Kyösti Kallio），1922年 11 月 14 日—1924 年 1 月 18 日任芬兰总理。

美洲土人,地包天式之鹿皮靴殆与北美土人者无别,以此二处均多文鹿(riendeer①)也。

再赴外交部访特司列夫,彼允为余介绍大学教授之解人文学者。至,彼谓已介绍现任驻中日两国代办公使拉母司泰德博士(G. J. Romstedt),彼原任大学东方文学教授,兼治人文学云。余录其住址,并访瓦伦君叩昨②日戏之典故,知一美而信之尼姑,忽与一少年情,彼值夜伺圣母玛利亚,少年夜来,彼弃尼衣于圣龛随之奔,每至一处,群艳其色必至妒杀;尼危时,必有红衣天使救之。彼奔后,圣母一面遣天使保护之,一面神像下龛,着尼衣立尼应立处,天明他尼来进香烛礼拜,发见圣母像失踪,伺圣母之尼发痴,不能知尼之私奔也。尼奔数受惊危,赖天使保护得全贞悔过,益坚道心,夜奔回。将至矣,圣母像脱尼衣仍着圣母服入龛,彼归急着己衣,惊已,痛定思痛,天使来迎其魂返天国。当其奔也,同时圣母像失踪,两事相印,同谓圣母化身试人心,犯之者皆死矣,圣灵益显,风俗日厚,而尼之私奔事,无人知者。余所读各书多有论其数百年前,此国宗教乃以旧有者为底质,而敷耶稣教面具于上,观此剧益信。人当观剧时,不愿其情节太与实际生活相近,太近则单薄无味矣。此城不过二十余万人,一索米欧拍拉,一瑞典欧波拉,座客俱常满也。出外交部后归。拉母司泰德代使来访,未遇而去,约下午七时半在家相候,及时访之其家。谈甚久,所谈皆可记,容补入最后。

十二月二十一日

赴银行取钱,拉母司泰德君电话约同访邓乃博士(Dr. Kai Danner)于乡下,允之。下午二时拉君来,偕其夫人乘火车赴许文克(Hyuinkaa③)车站。本日大雪,沿途景极美。下车,其镇上市房亦散

---

① 此处应为 reindeer,即驯鹿。

② 原文作“作”。

③ 此处应为 Hyvinkää(芬兰语),即许温凯市(芬兰城市)。

入乡下,邓君以雪拖车来迎。余所观书籍中之雪抛车(sledge),拖以文鹿或羊或狗,以为不可乘,今日乃乘之,五尺青骢,高鞍明辔,拖平地无轮车,电驰于玉海银桥上,所经多森林,如瑶林琪花,掩映左右。此情此景,天上人间,不可自辨。游寒带国而不领略此种风味者,直浪费时日耳。邓君所居之地,译意曰海神之山,山不甚高,环之皆森林,为其私产。入门其夫妇出迎,俱能操英语,相见若素谂,即畅谈。其年甚轻,已有子女三人矣。彼父为瑞典种,富而好学,如中国所谓礼贤下士者,自为大学教授,捐资创各种学会。邓君亦博士,通蒙古等文,曾旅行西伯利亚及蒙二年余,并略解中文。餐品颇家常而味美。拉君于星期一东赴日本及中国,特为饯①行,余则不速之客也。余自在美西识嘉礼尔君(Jalm Golier)后,即觉中外之墨嘴子其臭味大略相同。餐后明月上升,下映雪光如画,共出户赏月,踏雪穿林,尖风送枝头碎雪撒面,临以豪兴,不知寒也。林尽处一巨房,邓君云:请入观群牛饱夜草。房二楼,入其下层,有牛约七八百。种牛为一区,为数甚少;子牛亦为一区,人饲以牛奶,不能自由与母牛亲也。长槽二十许,每槽约有牛三四十,槽内左右又二水道,饮时开管,清水自来。干草自楼上落槽之中间,牛以口及舌自取食。两槽相对,即牛之身后,又有二水道以承便溺,亦日以清水洗数次,水道外之便溺,先扫而后洗之,故数百牛聚一室中,无甚不洁之气味也。饲牛者首领为男子,余皆女子。每牛皆有名,分年以字母②为名。第一字母记年,第二字母记月,观名即知其岁月几何。然多检取现成名语,取其易呼如马得母(Madame)、尼古拉(Nigulas)等等,转觉滑稽可笑。观毕,至上层,为储草处,一面可通大车,运草入内,地板有洞,即卸草下入槽矣。出此室又至一制牛奶室,彼等云:"牛之不能一年下二千李得奶者,即改充疱牛,好牛每年能下五千李得也。"观毕再戴月踏雪冲寒归

---

① 原文作"钱"。

② 原文误作"自母"。

室,饮夜茶。茶毕十时余,邓君导余等至楼上,观一寝室,置二床,又一置一床,云:此屈君等下榻处也,鄙师坚谓非回城不可,殊怅然！盖拉君为邓君父之门生,邓君又为拉君之门生,两代师生,情谊极厚,大有东方意味也。少顷,云:车马在门矣。乃各郑重致谢道别。邓君赠余其小本英文著作,余忘置案既乘拖车去,邓君穿林徒奔追送来,情意殷眷,神为之移者久之。出原路赴车站,至城已十二时余矣。上车时,邓君以余之手套不足御寒,另以东加列杜八所制之毡手套相赠,亲为套手上,并志之。

十二月二十二日

夜归仍稍读书,起迟。午前教士喜渥恩君(Sivonen)来访,彼曾居中国二十二年,三月前归国,能操中国语。下午先写日记,赴外交部取各种像片,已公毕,闭门。送所购一切书及外部赠书,托书店寄归中国。晚约拉母司泰德君夫妇餐于旅馆,喜君作陪,谈及九时散。

十二月二十三日

星期。午前检行李,购睡车票,预备赴俄国。下午访喜渥恩君,其妇人及二女均能操中语。彼之教会在中国,称为信义教会。汉口不远之灄口,有信义神学院,即索米国所立。喜君作教员其中有年,以如此小国而能越重洋数万里设教会及学堂于中国,吾意教会之非为帝国主义及资本主义之侵掠家作前导者,惟此国所派出者为可信,余则不敢知也。喜君介绍余访林德白克君(Onni Lindeback),现任全国慈善会会长。彼亦略知中国事。四时半喜君送余归。余借外交部书之应还者,及取照片事,均托喜君代办。

晚十一时半始开车,以此余时补写日记。二等车票自此地至俄境,约一千华里,价一百零五马克。睡票自此地至斐卜里(Viburi①)约七百里,价三十六马克,合计一百四十马克之谱,合中国钱七元。世界火车价之廉,以此国为最矣。上车后,与二索米人同房。房及床

---

① 此处应为 Viipuri(芬兰语),即维堡,旧称维伊普里。

被甚清洁,温度亦适中,盖绲毡一条不觉冷也。天明抵斐伯里换车,十一时至拉牙约基(Rajajoki),为此国终站。在车上由此国军官收乘客护照,直接送交俄境检察员。乘客尽下车,至候车室,行李由关员检查。余之行李未察。候车室极洁净,女伺二人,兼售饮餐品,非正式餐堂也。余食牛肉面包及火腿面包各一,咖啡二杯,共合马克四元,即中国二角。在此站候二小时整①,过客护照均由俄国核准,另以短行车送客人过境,票价二马克二角五分。同车皆俄人,多为外交代表,有一为驻瑞典代表能略操英语,略谈。登车后,即过国界河,与此邦别矣。

———————

① 原文作"正"。

第二十四　俄罗斯

（自民国十二年十二月二十四日
起至民国十三年一月五日）

1. 由索米乘车渡国界河即入俄国境
2. 观察俄国与他国不同之原因
3. 俄境车站之设置
4. 游圣彼得堡——街市、教堂
5. 赴莫斯科
6. 观中国城——一极大之古建筑
7. 在金寓守岁，自包水饺
8. 俄京新年并不热闹
9. 赴国家大戏园观巴列哑戏并跳舞
10. 由莫斯科赴波兰
11. 人工扫铁轨积雪甚苦

十二月二十四日

下午一时由索米国境之拉牙约基登车，约二三分钟渡国界河。二国国界由欧叶喀湖（Oyega①）趋索米海湾为一地腰。此河或为人工所凿，逾河即为俄境。余书此日记时，已入境十小时许矣。观察俄国与其他各国俱不同，其原因有三：

---

① 此处疑为 Onega，奥涅加湖。

第一，共产主义与其连带之思想，即近于中国所谓大同。中西哲人之合发此种思想，盖将三千年而迄无大胆政府以试验之。俄之实行共产，乃为人类第一次试行东西哲人数千年之理想，试行之初，当然有极大之牺牲。此牺牲与其谓之为俄人为达到其共产主义之代价，无宁谓之为人类一部分试验其数千年东西哲人之共同的大同理想之代价。吾人不可误此试验之代价为实行之结果。

第二，凡一种主义之最终结晶，必经若干次之改善与修正，共产主义之如何，无论赞成与反对，皆近于理论的。经试验后，当局者本已尝之甘苦，察所经之状况，乃能为最后之适应，其中不免有相当之改变。在今日试验之过程中，吾人尤不能指其原始之理论为最后之指归。

第三，俄境位欧亚之交，其全境内旧日大半如中国蒙古之状况，偏北者渔牧，偏南者略解农事。生活状况与工商国家之欧洲不同，与农业国家之中国亦不同。自大彼得脱离蒙古之管辖后，数百年之欧化，形式一新，然只造成多数贵族之豪华奢丽与少数商人之拥利肥己，至大多数国民之生计与知识，实为当时政府所未梦及。现在改制既举帝俄之建设为试验之牺牲，则所余者仅为初民生活。须知此为俄国历史传来之状况。

兹上述三原因，余游俄必本所见切实记之，以待将来之印证，以考其历史之陈迹而已。

渡河约数分钟，至一车站下车，地名译意曰白岛，音余忘之。车站系一木屋，较新，或俄索划界所修者。站外有卫兵数人，着操衣，饰绿色为标，靴制不一，有皮者，有毡者，毡者类北京之毡婆，惟腰较深耳。傍立不类兵者多着无表皮衣，与在蒙古所见者完全相同。入室察验行李，余有照像机一，彼为写一凭单，出口可持此带出，否则或被没收也。此单并未索费。车站木房中约七八室，余入头等候车室，此邦车依法律分为软硬二等，即旧俄之头二等与三等，故习惯上仍言头等及三等也。候车室内有铁炉一，上置湿木柴，以便烘干入炉。炉有

管外通,究较中国内地烘木柴者为好。另外有大洋铁灯若干,有大木
凳二张,极龌龊,余择坐其一端上。有一着皮大衣者来与余共坐,其
衣面为白洋绒,即中国冬日用以作被里者,惟白色不耐污,今已变为
灰黑色矣,坐时压余衣,坐后即依墙吼声大作睡矣。屋外一女郎,年
十一二许,明晰可爱,有客唤之入室,彼着无表皮上衣及帽,下身着长
鞭毡婆,衣饰可谓笨重,无伤其天姿之美也。车站另一室即为国家
银行之兑换所。余以索米币及美金若干易俄金罗布,为一柴尔番齐
(Ichervontyi①)约合英金一磅。兑换有官价,行员不加低昂也。此
票外国不通行,然来俄游者,有此票大方便,固其不尝跌落也。候至
四时余始开车。有站役送行李上车,余以纸罗布若干给之,彼略加退
让,收谢而去。购票时不解俄语,女郎不解余语,而能猜余意相助,余
以纸罗布及索米马兑给之,彼屈双膝谢。女子行此礼者,在瑞典及索
米所见皆同,在瑞典参观小学时,女生见客亦皆执此礼,成人则乡下
人仍此,其形式即北京旗太太之双腿安也。上车后,伺役为老妇,敝
衣垢面;查票者为男子,着军衣。开车天已黑,女伺上高梯点汽灯,余
及他客起立扶之,并为代擦洋火。燃尽洋火七八根,灯卒不能明,乃
置之。五时廿分已至彼得个拉,即旧日之圣彼得堡也。下车,余自提
行李出站,唤雪拖车一辆,告以往国际旅馆(Hotel International),彼
不解外国语,任意拖转,数回告之,彼似已解矣。经巨桥二,小桥一,
多伟丽之建筑,惟路灯太暗且多无路灯者,仅恃雪光辨认,不甚清晰。
至六时至一旅馆,下,入得一室,问室时须先示以护照。车夫索余十
米里牙,即一百万万也,合中国钱四元半。在旅馆晚餐,甚便宜,只合
二米里牙三百米龙,约中国钱一元之谱,有汤,有肉,有蔬,余大饱。
餐后赴街上游观,见每街隅皆有女人排小摊卖面包,童子立售烟卷。
转一二大街,亦有如中国所谓洋货铺者,售女子装饰品等等。回至旅
馆,对面一大教堂,觉其唐皇,至近并登其阶上观之。前后二檐,各有

---

　　①　此处应为Ⅰ Chervonets,Chervonets为1922年苏联新发行货币名称。

十六柱，前一行八，后二行各四；左右两檐，各有柱一行，每行亦八。柱基方杖，柱身之径约八尺余，高近十丈，以巨石成之，宝光映夜雪可夺目。堂身上部甚高，兜幕①金包，名贵雄伟。此种建筑，直有气死巴黎吓倒柏林之概。堂左对面亦一巨室，室前堆木柴极多，其旁雪地中燃大堆木柴火，群儿环之。余趋前视之，多操俄语诘余，余不解。归寓寝。

十二月二十五日

晨起甚迟，略作日记，已至下午矣。餐室仍未开门，可在室内要餐。余要面包两个、咖啡一杯，其价乃较正餐贵一半，不知何故。出街上略观，见对面大教堂上面有人，意必可登。往，以二米里牙半购票，自角楼上升。登者甚众，至其上，四角有复式铜像（即多人合铸如画）及钟楼四。正中第二层为环形，周围廿四柱，柱大略与下层等。沿边上有环梯绕登，梯甚狭，可容一人，登至二层，可绕登环观，全城都在眼底。伟大建筑甚多，某一为王宫，迄未询明。西向可望见海湾也。再上即为覆缶式之兜幕，梯更小，且须侧行绕上，直至兜幕之巅，其高度当远过开封铁塔。计余所登高建筑，除巴黎铁塔、纽约最高房及华盛纪念塔外，以此为最高，然彼但高耳，未尝美也，且彼用电梯，此则步行也。下后，已四时余矣。回旅馆，雇车上车站。旅馆派一人送余，车钱只三米里牙，比昨日乃低三倍也，今日始知余所居之旅馆名德意志，昨日乃误为国际旅馆也。至车站，售票换钱之处均未开门，乃至餐室。室内人极众，五光十色，就人种上可见各种之骨格，政习上可见各种之衣制，然大都不整不齐。余等稍候，得座位，略购食品及咖啡，余并另购油包二枚，蓄之备车上无食品。现在公共处皆可购饭，有钱即不至受饿也。至五时半，往购票，见购票者有多人，须鱼贯先至一室。馆役导余越级而入，有一人高坐，馆役告以余有护照购头等卧车。彼未看护照即

① 原文作"兜母"。

签一单给馆役，令余坐以待彼代余购票。余所坐为呢软椅，惟折其一背未修。其余鹄候门外，每进一人，皆出一纸请验，高坐者验讫亦给以签单，亦有略问话者。余略近前，视各人之纸上，皆有像片，似护照，岂蒙古传来之图片制度今犹施行耶？六时半，余始得票，票为第七号车第十号卧床，给馆役二米里牙之酬金，彼再谢去。余登车之时，室内有一着军衣者，与过界时所见者相同。彼助馆役为余置行李，余意其为车守，给以半米里牙，彼受之，后乃知彼为此室下床之乘客。彼先询余有烟卷否？余出烟卷与共吸之，彼试带余之毛帽，极表其得意，末乃指口作大嚼状，余不解意。晚余在室中食所蓄油包，食毕，彼归，见余只剩干面包半枚，乃又作嚼状，余以面包与之，彼不受，出其皮包作存钱示余，不过二米里牙，似表其钱不足一餐者。至一车站停车，彼约下车，有饮餐室，余饮咖啡二杯，彼饮且食，略可饱。车将开，余付资同回登车，彼扶持余以表谢意。夜来纸烟尽，彼仍索不已。车上有床无被，余以二米里牙半，由车守租一单一毡，上再以大衣，可不甚冷，因车中有暖气管也。同室之兵，夜来时起时卧，且屡大气呵气，余睡不甚安。

十二月二十六日

天未明，彼屡唤余，因早起。晨起已近莫斯科，隔窗外望，万里一白皆雪也。雪中见农村，房不甚大，以南向者为多，俨然大村落，与索米情形迥异，知此地人烟渐密，农业亦较可观也。十一时至莫斯科下车，同室之兵仍分携余行李。雇一车置行李其上，余谢兵君以一米里牙，彼不受，似表示仍与余同至旅馆者，余强给之。余登车，彼亦登；彼登，车夫不赶。彼二人争执不已，兵以手作式，令余出钱，余出钱包，彼夺去自付①，予又夺回。路旁来一中年人，着便衣与彼二人语，兵下与语，似有畏意。余指路作手式，车夫加鞭飞驰去，余此时乃脱离此兵之被保护范围。余仍告车夫以寓国际旅馆，彼误拖至数处，幸

---

① 原文作"附"。

遇一通英语者,告余以中国领事馆在沙乌夷旅馆(Hotel Savoy),余随改寓沙乌夷。门房亦须示以护照,得房询中国总事兼代表沉伯英君,彼前日赴彼得堡矣。稍迟,馆员勾增澍君字作霖及侯东鼍君来,余与之略谈,知驻德魏公使有函转余。别后中餐,知此间旅馆由二时至七时为用餐时间,用整餐价廉,余时零唤,则加倍不止也。餐后由通英语之乡导,导观中国城(Kitaigrad①)。一极大之古建筑,周围城墙,作东方式,因以为名。至此乃发见余在美国道市(Taos)时,俄人某君语余者,指此部分而言,非莫斯科全城也。又观科来漠(译音),即英所谓喀素(castle),垒宫之意。此其旧宫,革命前俄皇正都在圣德堡,而加冕仍来此宫,周围宫墙高五丈左右,与所谓中国城者相似,内不开放,未能观。宫外一大教堂,为四百年前某俄皇所建,以纪念俄国战胜蒙古族完全独立者,相传原派工程师俄人,工未竣而墙基颓,乃改派意大利人。堂纵横贯入,七顶相连,皆作花苞式,而俱不同。室内亦为七堂,与顶相映。堂成,皇极喜,谓世界无二,乃问工程师云:汝能更造一处与此相同乎? 工师详言其能,皇下令瞽其双目,俾不得再建。堂不远有一台,俗名断头台。前俄皇台律帕尔,爱观杀人,以为乐,每日尝断罪人头于此台,皇御宫墙旗楼上以观。又绕至古宅,五百年前建筑,俄国第二朝代即最后朝代,始祖某皇所生之地也。此城建筑与彼得格拉不同之处,彼城完全为欧洲近代式,此城则微带东方色彩。观毕归寓。

十二月二十七日

晨起草日记至纸尽止。此后不能正式写日记,仅用另纸草记之而已。

下午访李仲武君于东方劳动大学,寄宿舍,须以护照交守者方准进门。与李君谈二三小时归。

---

① 此处应为 Kitay-Gorod,即莫斯科中国城。

十二月二十八日

由乡导导观美术院、博物院。美术院多历史画，如大比得之姊弟仇雠，台律帕尔之杀子，大比德之子谋刺比德等等。此类骨肉相残之事，大都与宗教有关系。盖俄国旧教为希拉教，原本《新约》译自希拉文，后译与前译不同，彼此意见争执，遂裂为新旧二教，争杀不已。大比德信新教，订为国教，利用此机，自为教主，其子信旧教，故欲刺其父也。博物院内以民族部居大部分，其中布置以俄人本种为主，其他又分为二部：一为属俄人管辖者，如中亚西亚及西伯利亚各种族，皆黄人也；一为与俄国人种相近，而现不属俄国统治者，如原属奥国之捷克人、司拉发人，及独立之塞尔维亚人是也。其最使吾人阅之动心者，则蒙古人、新疆人并列于俄属中亚及西伯利亚人种之内。俄人欲扩张其统治权于捷克及塞尔维亚，实为欧战重大原因之一，其欲扩张于吾新疆及蒙古者，不知将来酿成何种结果？下午，偕勾作霖君赴波兰使馆签护照。李仲武来访谈，留晚餐。餐后同访商人林扬兴君，浙江清田县人，彼甚殷勤。其同寓吴灵奎君不能操官话，略用茶点，谈至十二时归。

十二月二十九日

彭君君熙、杨君间钟前昨两日互访相左，故今日重访之。彼等为赈俄事代表来此，今在莫斯科大学也。谈数小时，同出赴街上寻书铺，购英文书。寻数家均不可得，乃至余寓谈并晚餐。夜一时，二君乃去。

十二月三十日

午前起迟。李仲武偕其同学谢君来访谈。晚林杨兴君约余及李、谢二君餐于其寓，谈至一时散。

十二月三十一日

访俄人郭君谈，遇王允恭君，为友人王述勤公使之弟。彼慕共产主义，倾家资偕夫人游学此地，现与郭君同寓。郭君学者，一见如故，留中餐，谈至晚乃去。余自在西美识葛理尔君，即觉中外之墨嘴子同一臭味也。在此遇彭君熙,同至余寓,适杨间钟君偕华侨会金君同来谈,至十时同赴金君寓包水饺食之,守岁。金君有俄妇,其弟亦有俄妇,不同寓,今晚偕来过节。金君作肉馅,彭君作面皮,余及杨君及金君之弟包为饺子,大众共饱餐之。俄妇能吃不能做,时在旁吃吃作笑声耳。餐毕已四时,又入民国十三年界线矣。俄妇各寝,余等仍作汗漫无稽之谈,至八时街上电车开行,始归寓。余自有生以来,未尝守岁至通宵者,此邦人冬日爱夜有所作,来此者亦惯于迟睡,故彻夜不寝亦不觉倦,或气候为之也。

民国十三年一月一日

出国已三度新年矣。第一次在美国极西之旧金山,第二次在美国极东之纽约,第三次在此。此间新年并不闹热,昨晚今晨行街上,一如平日,惟今日午前生意不开门耳。其为新年之惟一点缀品者,已残未撤之耶稣生日树也,惟此点与美国有相同处。十一时李仲武偕其同学及林杨兴先后来访,在此中餐。馆役谓今日过年,寓客皆无正餐,然有冷面包可食,咖啡可饮。又谓此时汝等食正好,三点钟后,并此亦无之矣。餐毕因今日下午市场仍开门,偕往观,至已闭,今日只开至下午四时为止也。在市场口遇管门人,略与之谈,林君为余译之。林君在此有房一间,已售出,不久欲归国也。

晚共至林君寓吃炒面,又至十二时半始散。昨今两日居此邦就有乡味可食,可幸之至!

一月二日

连日欲赴波兰,而旅馆承诺代为购票之事再三迟误。旅馆与铁路皆为国家所开设,而铁路改章,旅馆毫不留心,可怪。

晚自赴国家大戏园观巴列(balet①),即哑戏并跳舞。闻正中座位,须金罗布票十五元之谱。至园门外有售票者,余询其价,云一齐

---

① 此处应为 ballet,即芭蕾。

尔望子(Tchervonetz[①]),即十元也。询其号数为正中一百五十三号,余以地位好,即如数与之。及持票入,守座者询余言,余不解。后导余至办公室,有通德语者,询余票由何处得。余告之,彼不令入座,最后乃给予以旁座,并询余一人二人,余答云一人。盖年假中,党人均自行娱乐,中座只分给而不外售,余之票乃党人不自入园观而转售者,故生纠葛。同日,共产大学中国学生数人来观,彼等之票皆不出资。余数闻人誉巴列之跳舞,为世界无二之美,前曾观于巴黎,尚能终局;今日观过半欲睡矣,乃归。所可记者:戏园之阔丽,与巴黎、柏林者相仿佛也;看戏之人,大都工人式衣服,而外着极贵重之皮大衣,女子衣亦多丽贵者。

一月三日

偕勾作霖君赴外交部延长护照,并购车票。现在赴波兰国际通车,每星期只星期五开行一次,故必须候至明日,而护照期适满也。车票由外交部代售,非得使馆之介绍书或部中特允不准购票。今日将护照及票价先交,明日再来取。售票及办护照人迟缓,恐明日再误行期。勾君导访部中东方股长,以电话代嘱速办。归。晚杨间钟、彭君熙二君来谈,又至深夜乃去。

一月四日

赴外交部取护照及车票。下午四时登车,与一比国人同室,彼略解英语,可略谈。车上有餐室。夜睡,车役来铺床,铺完开账,照付以钱,不名曰赏,以示平等。

一月五日

天明,见小乡村,觉其生活如常。铁路上之雪积甚厚,不能行,沿途用人工抬扫,以女子为多。其工极苦,回思在索米时,见有铲雪机车,以车行路上一次,则积雪皆翻至路外,觉二国之情形大不同也。又在一较大之村见有学童二人,夹书往上课,衣服尚整洁。十一时余

---

① 　此处应为 I Chervonets,同上文。

至俄波国界,下车验护照,看行李,尚不甚费时。看毕准出境,一律登车,开入波兰境内。至界牌处,路旁立有红黑二色之螺旋纹木柱以代界碑。至此,车上俄兵尽下,波兰军警代之,波兰军警服装较俄甚整洁。再前为边站,在此换钱购票、验照、看行李,费时已不少。事毕仍不开车,候至五时。两方车站均简单,然较俄索境上之俄站,清洁万分,惟冰天雪地中,孤立一板屋,内无炉火及汽管,枯苦不可支。余内着薄呢,外被蔽裘,全身无热气,四肢皆欲僵,幸站角附一饮馆,余购面包二个、咖啡二杯,送入腹,肠鸣有声,内部略回暖,登车后尚不甚冷。道旁居民,情形与俄境无大别,木屋栉比,大部为农人。

　　游俄所得新闻甚多,大部为其他游历家所未发表者。未写入日记。余对此游,感想极繁复,将来有暇,思为专文论之。

第二十五　波兰

（自民国十三年元月五日至九日）

1. 到波京瓦骚
2. 游旧王宫
3. 赴外交部访交际司长
4. 波京公共浴室之特点
5. 赴田制部访问波兰田制改革之情形
6. 过捷克司拉夫国境入奥国境

一月五日

入波兰境内，先受四五小时之严寒，换钱购票皆被欺，大约吃亏二三元之谱。车开行后，见雪水尚有流泉，知此地天气较暖矣。余仍购卧车票，独占一室，夜睡尚安。

一月六日

天明，八时到波京瓦骚（Warsow①），寓卜利司脱旅馆（Hotel Bristal）。早餐后，购游历指南及地图出游。先至旧王宫，建筑亦好，内面地板特精，皆以杂色碎木，堆为花纹，人物花草，极精致。入门均须着软拖鞋，以免踏损。中多历史画，纪前度亡国时事实。游欧屡见此种画，此度特为动心。同游美国女士布里之（Bridge）导其女友来游，彼为其友解释并嘱余同行，可听悉。余甚德之。游竣，又导余至

---

① 此处应为 Warsaw，即波兰首都华沙。

宫之附院，为波兰前度王家图书馆。亡国后，书运入俄，馆作为驻兵之所。俄兵最不洁，此室乃坠入黑暗地狱数十年。现波政府动工拟复旧观。女士导余遍游各室，有数室须掩鼻过。女士云："俄人之野蛮，为在美国时想像所不能及。"出宫又同游一旧城部分，街甚狭小。有一古宫极旧，其中顶棚犹有乡村朴野气，古地毡上人物花鸟颇能察见其进为近代美丽之壁毡之痕迹也。出此宫与女士别，彼约五时赴其寓饮茶。余又独观圣保罗大教堂，归寓稍息。

下午访布里之女士，至其寓，乃在红十字会中。彼约四五人饮，余外皆女子，都爱与余谈，有一人不通英语。谈至六时半方归。

一月七日

赴人文博物院，今日不开门，改赴美术馆，中亦多新式画。下午赴外交部，访交际司长吟列君（Haller），即以余之护照为介绍。谈半时，余询报载去岁十一月间，俄政府曾宣言俄德二国有必要之结合，波兰介与其间，如愿作桥，则通过，如愿作堤以防之，则俄将自谋通过之法云云。真乎？彼云：真。俄公使曾向波外部提出，外部答以俄通欧洲各国，波兰皆为之桥，不止对德一国而已，但以和平为限。彼又要求为进步之条件，外部却之。余询报载尔时两国境上曾有军队冲突，然乎？彼云：然，且不止此一次，惟彼屡犯边皆败去，故得相安。余又询其田制改革情形，彼云：此事已设专部，余不甚悉，君可明日赴该部查询，此间可以电话相告也。余谢别。

赴一书店，购得英文小本书多种，皆关于波兰近事者。

下午赴公共浴室浴。浴之程秩甚繁：第一步热浴，入一热室，墙及地皆以磁砖为之，然无蒸气，其为干热可知。入门时，先着板鞋，地太热，不能着也。浴者各坐一椅上，赤身相对，如研究人类骨格学者，可借以相全体也。热极汗出，离此室，入擦澡室，平卧一长石床上，先仰后俯，伺役倾水于上，以手及胰子遍擦全身，无微不至。又次至冲洗处，开极大之喷水机冲之。又次再至蒸气室，再出汗，回至冲洗室，再冲之。浴事毕，坐一小室内，可呼茶点，与中国澡堂相同也。内有修足者，余茶后令之修足，其器具精巧，手艺亦好。出国以来，正式修足，只此一次。伺役称修足者为导可台尔（Docter），其衣饰亦如上等人也。浴后出归，遍身轻松，出国来第一快浴也。

一月八日

再赴外部，询捷克使馆所在，赴彼签护照，因入奥必经捷克境也。签照后，赴田制部访其秘书，彼不能操英语，乃聚四人共与余谈。有一人能写英文，而不能听，亦不能说，只可与笔谈。其后总长自出会余，谓田制改良，为此国经济制度最要之事，故立国以来，即先制田制改良法，在农务部设专处，办理此事，自一九二〇年至去岁冬十一月八日止，又改为专部。本三年来之经验，拟加编法制，再届请求国会通过云云。彼书数书名①与余，谓前三者为彼已出版关于田制之书，后一大约今年方能出版云云。出部再赴书店购书数种。又今晨曾往观人文博物院，补记之。

一月九日

晨起开账，房价甚廉。余付小账，不拘百分之十通例，约照正账四分之一。乃守门者大不满意，后付守门一人之小账约当正账三分之一以上，始博得一谢字。雇汽车绕观河之彼岸，上车，同车者一比国人能美语，可谈。晚入捷克司拉夫国境，须下车验行李，再回车，就寝。

---

① 原文误作"名书"。

第二十六　奥国

一月十日

晨至奥国京城维也纳。奥国今日之国境甚小，入境一小时余已至京城矣，寓特拉和夫（Tegethof）旅馆。馆小，室无汽炉，须出资购煤或木柴生炉火也。赴街上略观，至通济隆取钱，并购本城指南书。下午访中国公使黄子诚君，并晤馆员谭庄甫君，与其弟敬敷为友人。

一月十一日

晨写日记，午前赴司提芬教堂，观其工程特精，纯粹高狄式而雕刻分外精美。入内观之，最可记者，为窗上花纹玻璃，由外透光映之，人物与照像无别。他国大教堂亦有此种玻璃，不及此之美而多也。雇汽车赴博物院，穿极大之伟丽建筑而至。后知即为皇宫，其前左右二大博物院相对，如宫之两庑也。在此照有像片，作纪念。晚黄公使约餐，其秘书张、谭、王、黄四人作陪，餐品有中国味。餐后用中国小菜及茶点，甚快！

一月十二日

星期六，起迟。中餐后张、黄两君来访，谈，同游城外夏宫。到时已晚，不能进宫内，仅在宫苑内游观。出宫苑，一巨室为从前国王接待外宾室，今开放。其中售茶及咖啡，入内购饮，有音乐。张君云：现所奏为白陶文（Bethowen①）乐谱，欧洲最有名者。乐佳，故来饮者亦多。回城，黄君回使馆，张君约餐。

---

① 此处应为 Beethoven，即贝多芬。

一月十三日

星期。自往观冬宫，即前日曾经过者。今日不开正门，其偏院之音乐室开门售票。购票往听，余不解乐，有时亦知其美。此国音乐在德国之上，德国南部之音乐中心，犹导源于此都也。听毕，赴大西洋咖啡馆饮茶。

一月十四日

谭庄甫君来，导余观大学、市政厅议会、冬宫各处，此都建筑俱美丽伟大。下午赴使馆辞行，晚又在使馆餐。餐后王君一之来谈，甚畅！

一月十五日

黄公使电话，谓内阁已正式任命，并言各阁员姓名。上车赴匈牙利。上车时即先验行李及护照，余仓卒间①失去车票。王君一之来送，代余向车首交涉补票，后发见票落伞中，一笑。与王君别，车开，赴匈国。

---

① 原文误作"问"。

第二十七 匈牙利

（自民国十三年一月十五日至一月二十六日共十一日[①]）

一月十五日

登车，两国关员即先后验护照，匈国关员并验行李，有就车上纳税者。何时过界，乘客不及知，因照常开行也。入匈国境后，有一大站。余同室六人，有四人下车，又有三人上车。与余对坐一老者，略解英语，与余谈，知余为中国人，甚亲。新上车者有夫妇二人皆匈牙

---

① 原文误作"自民国十三年一月五日至一月二十六日共二十一日"。

利人,谓余似匈国人。以手抚余发,谓:人言中国人与匈牙利人相似,
惟发甚硬,君发乃柔甚,知人言不尽可信。彼不解英语,由老人通译。
老者兴趣甚好,不倦。将下车,约余明日下午五时至其家饮茶。余诺
之。彼名加尔马(Kalmar Gynlo),彼名姓次序,姓前名后,如中国
也。下车换马车至布律司脱旅馆,人满,改至亚司脱律亚(Ostoria)
旅馆。一餐耗去匈币三万余,合中国钱约三元,价昂而餐品不佳。餐
后,寝。室亦不甚好,而价昂。

　　一月十六日

　　起浴。步行赴奥国兑换银行(Hungarian Discaunte① Exchange
Bank)取钱。行员喜尔氏(H. O. Hirsch)能英语,知余为中国人,招
待极殷。行中将公毕,彼陪谈至半小时之久,并允为介绍朋友。

　　赴布律司脱旅馆,访煦列儿君(Siegmund Schuler)不遇。今日
大雪,步行街上,逢人相面,以观其骨格仍有与东方人相同处否。自
赴大旅馆餐室用餐,回寓稍息。

　　下午五时乘汽车赴加尔马君之约。彼居二层楼上,有房五六间,
用仆女一人。入门仆女代脱衣及雪鞋,其夫人及长女均出迎,其女操
英语颇娴。室内陈设雅洁,壁间满悬油画及水彩画。加君有二女,长
名曼西(Manci),次名玉西(Juci)。壁间画,强半为曼西画像也。入
室坐谈,款以茶点,点心内之馅,为果质所制,类如河南所制之碎芝麻
粉末。又款以蜜酒,加君业酒,此其自制品也。茶时,另有二客,皆上
学期新授之博士,谓能听英语而不能言。茶后,彼等先去。曼西年二
十二,问余爱舞否? 答以不能;问愿学乎? 答甚愿观,然不敢学。问
何故,答以余长子之年,与汝相若,岂尚可以学跳舞者。玉西甫十三,
憨态可掬,牵余手云:必须学舞,乃佳。彼不能英语,须由其姊或父通
译也。指席间物,遍问以中国之名,如何说法。彼学之,谓其音合,则
大喜。频去。曼西为余作函介绍其舅瓦尔佳博士(Dr. Varga lgay-

――――――――――――

　　①　此处疑为 Discount,即贴现。

gato)，其舅现为此国最大煤矿公司董事之一，函为匈文，余不能解。询以内作何语，则嘱其舅，偕余于明晚十时同赴某处观舞，彼先去相候也。玉西以其玩具布制匈国村妇模型一，赠余之少女，使携归，却之不得。加君兼为美术家，爱写真画，其室内彼多依式图为油画悬之本室中，甚有趣。玉西所赠之村妇，亦曾与一大理石刻狗共置一处作底稿，画有油画。八时始归。

一月十七日

晨访瓦尔加博士(Varga Lgazgato)于其煤矿公司公事房。谈片时，彼导赴议会参观。匈语名议会为奥察家(Orszaghas①)，建筑宏丽，在英国国会之上。入内同访议员巴波博士(Papp Emil)，巴君不能英语，由瓦君译谈。巴君导观会内各室，大致为近代高狄式(Gothic)，稍杂以摩洛式(Morish②)，壁柱阶窗，大半以理石堆成，雕工尤美。现正开会，观毕，巴君给余等旁听券二纸，道别。余等入旁听席，议厅庄严，远在所已观各国之上。旁听席分为三层廊，柱及雕檐俱为摩洛式，室内声浪甚好，议员发言在旁听楼上字字可闻，惟不解此国语，不知所言何事。而貊家(Maggar③)之声，不绝于耳。貊家者，此国人自名之词也。出会与瓦君步行街上，返寓。

克列门君(Keleman)来访，代表其岳父煦列尔君约余明日晚餐，因煦君不解英语也，谈约一小时去。晚赴白德扉(Perteffy)观舞，应曼西之约也。舞场甚小，只有乐师二人。室内一妇人伺衣履，大门则公共门役也。舞者二三十人，殆皆戚友。此私家舞室，非有友人相约不得来。曼西母女先在此，瓦君夫妇与余同时来。彼等一一为余介绍数女子，俱能操英语，而男子操英语者，只瓦君一人。诸女士深以余不能舞为憾。十二时乐止，舞歇。曼西母女，瓦君夫妇及其他男女

---

① 此处应为 Országház(匈牙利语)，即国会。

② 此处应为 Moorish，即摩尔式。

③ 此处应为 Magyar，即马扎尔语。

数人同至余旅馆，稍用茶点。坐一巨桌，而茶资则分出也。彼等去，余归寝。

一月十八日

晨赴国家博物院及科学院(Occademy① of Sciences)参观。科学院之上层，乃纯为历史画。历代诸王，较早者尚微带东方人色彩，近代则纯粹为欧洲人矣。其加冕礼，王双膝跪教士前，教士立而加冠于其顶。余视之觉难堪，宜乎俄皇大彼得之自辱教主之位也。此处参观时间已过，余以十千古朗（匈币）付守者，彼导余参观。彼略解英语，可稍解说也。出院又独赴国会，在周围绕观。昨日巴波博士导观议会、图书馆时，示余以日本国会所赠议事录及议员像片等，余允回中国后，设法寄彼等以中国书籍或印刷品，补记之。

由国会沿河岸行至石门桥，原名塞申兰西（Saechenyi Lanchid②），八十年前聘英国工程师修之，而形势则本国所自定。桥三孔，两端桥基，下立河中，向上修为高大石门，关塞气极重，而气魂沉雄也。余付以此名。渡桥后为兀起之山，山上为皇宫，山下对桥处凿有山洞，以通彼方。洞口亦修为伟大之石门，余穿洞过，略观彼方街市，折回，寻路登山。观皇宫，宫中建筑甚多，而方位上有相互之关系。高大柱壁，门窗上附以美丽之雕刻，此为各处宫院相仿之点。而楼阁殿陛，五门重阙，实有东方帝王家气象。绕观一周，不及详记。至山前，有电力梯车（与在美西上卢山所乘者相同），乘之下山，仍寻河回行，至铁门桥。桥仅一洞，两岸桥基以铁为之，桥柱高六十余迈当，约中十八丈，以方铁制成。两柱之上，联为巨门，数里外即可望见。对岸两门相对，由两门之高处，以方铁巨链平斜相连，向下作弧形。两门低处，以上向弧形相连。上下弧背之间为桥板，以无数小铁

---

① 　此处应为 Academy，即研究院。
② 　此处应为 Széchenyi Lánchíd(匈牙利语)，即链子桥。

柱上下连属之。欧洲一洞桥，以此为最大，原名以列沙伯桥（Erzebethio①），气象之大，远在巴黎塞因河诸桥之上。渡此桥后，即为余旅馆所在之街矣。回寓晚餐，餐后，赴咖啡馆饮茶。归寓，寝。

一月十九日

访大学教授马列君（Maller），彼为巴比伦埃及学专家。余询以对于索母（Suoner②）及本埃及人（Proto Egeptian③）属何种。彼云绝不属塞母种（Semitic④），有谓属中国同种者，彼未研究中国文字及人种，不敢下断定。又询以匈牙利人种，答以非所研⑤究。彼不能英语，余访彼时，先得一大学生略通英语者偕往，由彼译谈，故不能畅。余于此问题，只参考英文书，托彼选德文书数种备购，辞别。与大学生二人，一名（Kiss）基氏，一名得尔（Teer），同来寓谈。然只基尔通英语也。

下午购书数种归读，购风景画若干册寄归国。晚加尔马及其长女曼西来，偕余往音乐院听乐。至乐开时，加君送余等入而彼去，据言家中有客候商要事。余度为只购得票二张，不能容三人入。今日为胡抱易（Hnboi⑥）及某乐师合演白陶文（Beethowen⑦），三家合乐，门票早售罄也。胡君及他乐师皆六十许老人，一抚琴，一拉琴，乐音悠扬和平，时作断续声，余不解领。共奏六阕，乐止。鼓掌历十余分钟不歇。胡君等出谢至数次之多，而掌声仍如故。院之建筑，博大精美，分为教授、练习、研究各部分，乐前加君曾导余观之。演乐场如一

---

① 此处应为 Erzsébet híd（匈牙利语），即伊丽莎白桥。
② 此处应为 Sumer，即苏美尔人。
③ 此处应为 Egyptian，即埃及人。
④ 即闪米特人。
⑤ 原文作"妍"。
⑥ 此处疑为 Hubay（匈牙利语），即耶诺·胡拜（Jeno Hubay），匈牙利小提琴家。
⑦ 此处应为 Beethoven，即贝多芬。

巨戏园。此都建筑之美，为梦想所不能及，怪哉！观毕，余送曼西登电车，余步行归寓。

一月二十日

星期，晨九时，加尔马君来，导余游。先观豪博东方博物院。院为豪博君（Hopp Ferenc①）所私有，中陈中国、印度、日本美术品。院不甚大，而精品不少。次观农业博物院，此院通称为马题亚宫。马题亚（Mathija）者，此邦有名雄主也。原宫在国之东境，今受英法处分，割归罗马尼亚，此处为仿建之宫，其中则为农业博物院。加君为介绍院长海德兰地君（Hertelendi Adolf），彼赠以英文印刷品。此国民族西迁以来，大都重农。前数十年，政府又锐改良农业，故此院之建筑，除仿建旧宫以外，另有二大建筑，内部皆相连。其建筑之美，与陈列之当，在此同类博物院为各国所未有。惟观其地图，农业重要区域，亦多割归他国。全国原有农业学校四十，割归他国者乃在二十以上，旁观代为不平。院长招待余甚殷眷，院章各部分轮日开放，特派人导余尽观各部。出院观瓦尔帕德（Varpad②）铜像，彼来自东土，奠国此地。铜像立马服简单戎服，持权杖，似有所指挥，背后立一伟圆柱，高二十丈许，上铸天神像。此后为安得拉大街尽处，街长五法里，尽处立此伟像，殊美观。像后为一人二湖，有桥通两岸，马题亚宫即在彼岸也。像之左右为名贵之建筑二，其一尤为雄丽，为美术博物院。加君导余参观，并为解释。名画师辛念伊（Sinjei）善画绿暗红稀之景，往往满纸涂芳草碧树，而其中以鲜妍稀少之绛花，或美人之朱衫点缀之，正中国所谓万绿丛中一点红之画意也。孟嘉西（Mangaci）善写真，大兵村饮图，齐冈折琴图，皆穷神尽相之作。观毕，已下午一时，与嘉君郑重言别。加君所住之房，环楼五层，可分租数十家，为彼自有之产。彼有如此之房三处，并有其他营业也。

---

① 此处应为 Hopp Ferenc（匈牙利语），即霍普·费伦茨。
② 此处应为 Arpád（匈牙利语），即阿尔帕德大公。

中餐后略读书。傍晚克列门克来导余至一大咖啡馆,煦烈尔君夫妇及其女先在相候。老少两夫妇四人,除煦君外俱能操英语。少迟,煦君之二子俱来,略谈去。余等至七时始散。煦君有大田园,其宅在乡间。冬日来城中即居布律司脱旅馆。

一月二十一日

赴外交部,总长以病不在部。由总务厅长魏次谭君(J. Wettst-cin de Westerehimb Chef du Cabinet)接见,谈二小时余。余谓来匈目的,一为欲略考匈人西来之历史,二为欲知匈国现在外交之方略。今日来外部,则专为第二者而来也。魏君乃就第一者答余,遂致互谈两小时。彼为历史专家,故对此有兴趣也。彼祖先为瑞士人,但匈牙利奠国以后,招纳各国豪族来隶宇下,荣以官爵,久则化为匈人,此类固甚多也。至其外交方略,则谓匈之敌国乃在小协约国,三国抱合匈国三面,竞扩军备,故吾为自保计,仍不能不联合德奥,至对奥之恶感,总为一时的。此外是否另有所联络,则未言。余询以匈国现在无君,何以必恢复君主国之名称?彼云:吾国设总督代行君主大权,此为第三次,并非创举。吾国君主,历史上与他国不同,他国以君主为统治权所寄托,吾国以开国圣冠(Holy Krown①)为统治权所寄托。故匈国一切所有,皆属于圣冠,而圣冠则属之于国民。即国家属于国民自身,以圣冠为之表示耳。圣冠神圣,中于人心极深,故共产党当权时,国家所有几全为破坏,惟对于圣冠,迄未敢侵犯。余询尔时圣冠归何人保存?答云:古代由君主自身保存,自匈奥联合时,前王将冠携至奥京,为全国人民所反对,几欲改选新王,乃完璧归赵。此后由国会特制圣冠保存法,设监冠大员四人,由国会中自贵族中选出,共同负责。冠藏极坚特制之钢柜中,特制四钥,同时并用,方能启柜。钥由监冠大员分存,非四人齐到,不能启柜。自此以后,所谓国王者,初加冠时一亲圣冠,余时不常能见面也。共产党当权时,冠仍在铁柜

---

① 此处应为 Crown,即王冠。

中云云。彼亦劝余访大学教授蒲瑞列君（Prohle Vilmos），辞去，访
蒲君。彼家住近外交部，魏君已散值，导余至蒲君之门分别，此国人
无官气可见。晤蒲君后，多谈关于匈牙利历史。彼谓匈牙利与土尔
基为最近同种，凡言二种不相近者，大都为宗教所囿也。彼亦爱谈将
来外交方案，而主张亲东主义，亲东先自土尔基始。晚辞别，约明日
再晤。

　　晚在安得拉大街咖啡馆中，遇一通日本语之匈人，名雷塞尔
（Reitzer Gosef）。其名片上印有中国字，为雷都英儿，盖日本之译名
也。彼现供职于日本领事馆，询领事为何人，乃知即蒲瑞列教授。蒲
君为名誉领事，实不暇兼顾。雷君名为通译官，转须负全责也。余前
日曾至匈牙利大旅馆问房，彼闻诸旅馆中人，谓有一新来之日本人，
故留意及余。彼曾旅日本，过东三省，返欧洲，亦略通中国语。与谈
甚久，至十二时乃散。

一月二十二日

　　赴圣格来尔浴堂浴。其建筑之伟大，使人可惊。浴后，在冬日花
园即温室稍观。又转过对面大厅中，益觉其气象堂皇。壁皆纹石，地
为高级摹西花纹（Mosque）。过大厅，为一环楼，红色纹石为柱，大可
二抱。楼栏置桌售咖啡，通环楼别一大厅，则餐室也。至是乃知此方
为圣格来尔旅馆，与浴室同为市政府所设，乃模范旅馆及浴室也，即
在此中餐。下午再访蒲瑞列君，谈极畅。余谓不幸中国长城成后，遂
使贵族绝望于南，逐渐西移，不然，则胡汉完全为一家矣；又不幸匈奴
及突厥至西方后，乃分信二种宗教，不然，则土尔基与匈牙利，犹可为
一家也。蒲君言，彼此共勉，大蒙古主义（Pan Mangolism[①]）有日实
现，仍可合东西为一空前之大家也。蒲君有土尔基学生数人，今有当
权者，彼允为作函介绍。将晚别，绕渡马基堤桥（Margit[②]），为此都

---

①　此处应为 Pan-Mongolism 即泛蒙古主义。

②　此处 Margit（匈牙利语），即莫尔吉特岛。

最大之桥，有支桥通马基堤岛，岛在多瑙河正中近岛河宽，故桥最大。此处风景绝佳，惜天晚不能详看矣。绕至石门桥对面，入一咖啡馆，又遇雷基尔君，略谈。彼有事去，约晚九时余见访。归寓餐，餐后雷君来，一时乃去。

一月二十三日

晨略补日记，结账，移行李至格来尔旅馆。买票赴克什克默城。四时二十分登车，六时余到，寓王家旅馆。街上大建筑皆新者，然雄奇可喜。晚赴他一旅馆之咖啡馆饮并听乐，此邦人爱音乐也。此城荒凉，旅馆较差，夜眠不甚好。

一月二十四日

晨八时起，开账，雇车赴乡下。马路为雪泥所掩，不甚易行。沿途多有农人住室，不成村落，此古习也。房有用草盖顶者，缮草法与中国北省无甚别，墙多用白石灰刷色，间有漏原底者，以土为之，板痕层层可辨。《诗》云："挶之仍仍，筑之登登，削屡平平。"[1]板筑为吾国古法，今北省乡下间犹偶然可见。室旁均有院，以木篱为多。院内均有井，井方形，四围以板箱之，上有挑杆汲水。中国北省乡间现尚偶有方井，不用砖圈，以方井字木，逐层下至地内，以障四围之土。井本象形字，不意在此国亦可见之。行约七里，至一村，街道亦整齐，房无大者，间有新式者，上覆欧式方瓦，余与中国乡下房屋无大别。新式房，往往室内自檐齐棚板，以备存物。由房坡上起一立门，自房檐外置活梯取物，亦甚方便也。每家皆畜狗，见车来，群吠。在街中遇小学生五六人，余招抚之，皆为余鞠躬，余一一与之握手，惜不能言也。彼出其书包中之书示余，亦不能识。出村，转车回城，径赴车站。十一时半，购票赴小昆夷（Kis Kun Felecharza[2]）教堂，十二时半下车。此城附近号称为昆夷（Kun）人所居，故特来一游。随众人向大街行，

---

① 此处《诗经·绵》原文为"捄之陾陾，度之薨薨。筑之登登，削屡冯冯"。

② 此处疑为 Kiskunfélegyháza（匈牙利语），即基什孔费莱吉哈佐。

此城新建,街宽而房屋不甚多。至一旅馆中餐,遇二本地人与余谈。彼欲助余而英文不足以济之,乃转求一通英文者与余语。通英文者本为此邦人,移美已十年,今因事来此邦。余告以来此城目的,彼不向他二人转译,而询余何故欲看昆夷人。余谓昆夷匈奴同种异名,古时来自中国。彼张目视余云:汝国人皆有长辫,汝之辫子何在?余云:君对中国之观念太旧,今发辫皆剃去矣。彼又问:汝国女子每一角五分钱可买一个,汝何以有许多钱出外游历?余云:汝住美国太久,美国习气太重。彼得现得色云:我美国公民也,汝尚以我为匈牙利人乎?其他二人见余面现不快之色,急询彼。彼又与彼二人乱谈。不得已,彼二人乃直接向余谈,为余雇一车下乡。余谢之而别。同一匈牙利人,住美国十年,其气习之恶薄,至于如此。下乡后所见皆新村,附村田亦似新垦者。新建农舍,仍旧多版筑墙。见赶车者若干人,及下学之小学生数人,面虽有平者,而发多黄,眼多碧。四时归车站,四时半开车。九时半至城,改寓格来尔旅馆,餐后寝。

下火车乘电车,于下车时,遇一人上车,与余握手不释,并令其所偕幼儿与余握手,盖余来时与加尔马君同车之某君,以手抚余发谓余似匈牙利人者,电车将开,彼始释余手,补记之。

一月二十五日

上午写日记。住室甚美,颇有留恋之意。馆中图书室、音乐室、写字室、吸烟室,无一不大,无一不美。通浴室处,极大之冬日花园,皆摹西式(Mosque),壁与柱大都为纹石也。

下午再访蒲瑞列君,彼为余作函介绍土尔基某中将,赠余小书一册,以其上有古画可作余纪念也。与蒲君同赴城内,彼有事,余至一咖啡馆,有数人就余谈,一人能解英语。一妇人貌完全如中国人,谓余貌如其弟,因嘱其夫归家取其弟及侄女之像片示余。能英语者为魏氏伯拉君(Weis Bela),为匈牙利兑换银行(Hungarian Discountand Exchange Bank①)行员,颇知世界大局。询以此国人对土尔基旧嫌已消去乎?答:对土感情甚好,彼为吾同种且同为东方人也。余询此为君个人感情乎?答:普通人感想大都如是。七时半各散,余归寓。

晚雷塞尔君来谈,至夜二时乃去。欧战以后,此国人大都有欧人不可靠之觉悟,而同宗教不如同种亲切,几为一般人所共认。此余之所以为彼等所优待也。

一月二十六日

晨写日记,下午蒲君来送行。彼前日访余于亚司脱律亚旅馆,余正在乡间也。二时余,上车赴瑞士。晚八时至维也纳,车停甚久。此路过客甚多,余购二等票,然卧车票久已售罄。十一时车离维也纳,余彻夜坐亦不碍眠。车一室六座皆满,气味不甚好。明日即入瑞士矣。

---

① 此处疑为 Hungarian Discount and Exchange Bank,即匈牙利贴现兑换银行。

第二十八 瑞士

（自民国十三年一月二十七日至三十一日共五日）

一月二十七日

七时天明，不复再睡。不洗面，不漱口，此出国第一次也。此处为奥国西境，山势渐雄奇。前数星期，此地大雪，火车为之迟驶多日。现甫清除，道上积雪，车照旧开行。山势多东趋，高耸而严峭，横看成岭侧成峰也。树多松柏，积雪没其干者甚多。道旁立雪，深一尺至三四尺不等，屋上者大都尺许。现在天气已不甚寒，正在融解中，山涧中流泉大都为雪水。雪积涧中，时融时结，成巨层，上流水奔下，则负之而趋，如雪筏，奇景也！车回环总行两山间，山景皆美，左瞻右盼，有顾此失彼之虞。十时余，车过山洞数次，渐升至高处，下视低峰平野，俱在眼底矣。中国人咏雪有压折老梅之句，此处有全林小树俱拜倒至今不起者。始为积雪所压，继为融雪之水所冰，附地如黏矣。在车中餐两次，换钱则为所欺。下午四时半，至奥瑞国界，看护照二次，并不下车，查行李甚宽松。四时五十分已入瑞士境内，六时始暮。中欧共用一标准时,偏西则明迟而暮亦迟也。瑞士境内山势与奥西不相上下,平野转较宽,而雪势则甚小。出国曾游南北两寒带,雪景之美,未有如今日所见者。晚八时抵取利时(Zurich[①]),为瑞北第一大城。余之行李由柏林寄存此城通济隆公司内,故必先到此也。下车寓三高大旅馆(St Gothard[②]),晚餐后,赴一咖啡馆饮。此城饮者多男子,同座者约三十余人,只有女子三人,皆中年偕夫同饮者。

一月二十八日

晨赴湖边游览。湖三面皆山,山上积雪与桀起之峰及丛生松柏相间。若非昨日饱览奇景,对此必惊讶不止。湖水未冰,清可鉴物。一面有运河通城内,一方则湖尾直插入城中也。沿湖皆阔人宅第,私家园林颇多美丽者。近来爱驰想远大之图,故对园林之趣不如昔日。距湖不远,一伟大之建筑尚美,入其中知为音乐院,此城名建筑之一也。由音乐院绕渡运河桥,仍回火车站大街,至三十五号通济隆,取余之大箱,即由柏林寄至此地者。箱内衣物完好,可喜。回寓中餐,下午略作日记。往观国家博物院,已逾时,旁一小博物院名昆氏格外伯(Kunst gewerbe[③]),入内观之,正室亦闭门,仅对其过厅之陈列物而已。两院相连,为极古之建筑,绕至其他一面,为一公园,园临李马河(Limuat[④]),河上接湖尾之在城内者。中流多有室宇,所谓宛[⑤]在水中央者,与水中室宇相连处,必有堤闸。水由堤之高面向他面冲流处,多露齿轮,必借水力以生电者。沿街有小图书馆,立其门外,视之,来往者多未成年之小学生。此城建筑修洁,不得谓之美丽。奥西瑞东人民有居室,有极小者,如北极木屋;稍大者如江南水亭,全木矮

---

① 此处应为 Zürich(德语),即苏黎世。
② 此处应为 St. Gotthard,即圣哥特哈尔德酒店。
③ 此处应为 Kunstgewerbe(德语),即工艺品。
④ 此处应为 Limmat,即利马特河。
⑤ 原文误作"完"。

楼二层,上轩下宇;再大者则近于此城内之建筑,与奥东法南之村中住室根本上迥异,可由此分察其文明所由来也。此城亦有旧建筑若干,大概为古代酋长富室与他处互仿发达之遗物。古大桥一名瓦尔时(Walche Brucke①),亦雄拙可喜。归寓,整装,下午六时,购票赴瑞京白恩(Bern,旧译白尔尼),晚九时半到,在车上用晚餐。下车寓美景宫旅馆(Belleune Palace Hotel②),昨日天气极好,今日此地又大雪,旅馆宏洁。

一月二十九日

晨渡星桥,观历史博物院。进门向左一室隅,有中国雕像美人一,雕工之美及身体之姿势,为向来所未见。所陈新旧铁器时物,以兵器为最多。回忆所观各博物院古代铁器,除西班牙所陈非尼西亚人贩去之农器外,余大都为兵器。盖铁器为吾国所发明,大都以农器为多,而欧人则多以之为兵器也。渡桥回此峰,观数旧街,过旧市场,小商人沿街摆摊。末至中国使馆,遇邹君衡若,略谈,得俞大伟君自德国来函。归寓,过政府建筑,国会与内阁在一处,背后为阿来河,对岸为戈登山,风景甚好。在寓中餐,下午二时半,邹君来访,同出,游美术馆。所陈不甚多,亦有富刺激性之新画,且有印本,余购数张。又至自然历史博物院,又观大教堂及古塔。此城可观者,几尽于此矣。邹君约饮茶于一百货店之楼上。晚归寓餐,至咖啡馆饮,归寝。

一月三十日

晨十时,赴日内佛,即国际联盟开会之所。邹君来站送。十二时车过洛桑,余下车中餐,此城亦曾开欧洲赔款大会一次,余今日亦与之结一饭之缘。下午一时二十分到日内佛,寓瑞士旅馆。访吾国政府驻此委员周星槎博士纬,晤谈,知为译学馆同学,甚欢。彼有欧妇,

---

① 此处应为 Walchebrücke(德语),桥名。

② 此处应为 Bellevue Palace Hotel,即贝尔维尤宫殿酒店,亦名美景宫酒店。

亦出相晤。饮中国茶，同出游，先观国际联盟长驻所。一面临河，有小花园，旧为一旅馆，国际联盟以五百余万瑞士佛朗购有之，足敷办公之用而已，不能比海牙之和平宫也，常会室、办公室、图书馆俱不大。有某室正开会，一日本人立而演说，周君询之，知为各处耶教青年会代表来参观，秘书厅开会招待之，正演说之日人，乃副秘书长之一也。秘书长英人，副者二人，他一为法国人，会中职员数百，中国只一人，且居最低地位。从前严鹤龄在会中尚为一科长，严君为华盛顿会议请假去，续假未归，英人竟开除其缺，以英人补之，中国代表未尝敢一争焉。出会又观一博物院，一图书馆，及大学堂图书馆，管理及秩序均好，读者甚多。此城位瑞士之西南，套入法国境内，一面临博浪山，即白山（Monte Blanc①），一面临玉娃山（Wante Jura②）。城中有河，即得来佛湖之下流，西经法界入地中海。山峻而湖河水清，风景故佳。周君约至陈大年茶店饮。陈大年，安徽寿州贡生，洪杨乱后继以捻匪，陈君家正在捻匪巢穴，乃逃出外洋至此城，白手经商致富。后每三年必归国一次，以所赢给妻子。此间娶有西妇，无子，抱养一子继之。陈君八十岁后归寿州未再来，将至九十岁终于祖国，其西妇亦八十余终于此城，今其继子世其业。门上横额曰：陈大年茶店。玻璃门上有朱红字云开门大吉，室内犹遍贴中国乡下画，大致为摹本。惟店内所售之货，皆来自日本，茶则西兰产也。晚周君约餐于一意大利馆中。

一月三十一日

晨先赴车站，将大行李寄至罗马。周君来送，赠其所著法文书，同出购二表。十一时上车，与周君别。再过洛桑。下午四时余出瑞士，入意大利境。

---

① 此处应为 Mont Blanc(法语)，即勃朗峰。
② 此处应为 Monts Jura(法语)，即侏罗山脉，亦译汝拉山脉。

第二十九　意大利

（自民国十三年二月一日起至三月十一日共四十日）

1. 由瑞士入意大利抵密兰游览
2. 参观杜谟大教堂——系世界第八奇物
3. 由密兰乘普通车赴罗马
4. 参观国家博物院
5. 参观教皇宫——教徒之朝山进香而来者连绎不绝
6. 游瓦堤坎宫及安裴戏场——古时斗兽场
7. 游加比豆博物院及奥古司图宫
8. 埃门奴第二纪念坊——称世界第一
9. 参观喀喇瓦拉古浴宫
10. 参观保季氏美术馆——有拿翁之姊温奴维多利雕像
11. 中国音乐发达之历史
12. 游吉利宫
13. 询伯爵包留意大利之经济问题
14. 由罗马赴纳波里观古邦壁妓院模型
15. 游火山及古城
16. 参观纳波里博物院
17. 对于滂陂古文明之推寻
18. 由纳波里赴布林的西游览

二月一日

昨日下午四时入意大利境,照例验护照过税关。晚八时半至密兰(Milan),意名米拉诺(Milano),意国北部大城也。同车瑞士人西林君(David Schiling)爱与余谈,直谈至下车始别。余寓宫邸旅馆,晚餐四十利拉(Lira),合中国钱四元,可云贵矣!餐后出旅馆散步,街上遇数女子,皆私娼,宁不可怪?今晨早起,往观杜谟大教堂(Duomo),其外檐内壁雕刻之工,又在向来所见之上,各游历品此为世界第八奇物,不知前七者均在何处。又游跨街廊、古王宫、大戏园等,皆在一处。末至司佛塞古垒宫(Castello Sforgesco①),宫于耶历一千四百五十一年因一更古之宫遗址建之,今为博物院。此宫不精美,而奇伟神秘。其墙上多图无爪龙,龙头与中国所画者相同。此间并数见极多耶教前之圆头方身碑,与中国者相似,惟其上为横行之拉丁字。余不全识②其题签之字,惟识各碑及各神像,俱属古巴庚教(Pagone③)遗物也。此宫纯因极古旧垒,故与所见各垒宫皆绝对无相仿处,大致与东方式相近也。宫后尚有遗墟四五,远不知年。再后为大花园,丘壑林泉,布置甚好。再后为一凯旋门,绕观之。步行至二时半,归跨街廊内一馆中餐。至邮车公司购睡车票,本日票已售完。归寓开账,决计乘普通坐车,于今夜赴罗马。开账后在室内草草书日记。

晚七时登车,七时四十五分开,购睡票不得,仍只可坐以待旦耳。同室之意大利人,一稍解英语,为新得商科博士门乃希利君(Gwseppe Meneghili)。彼三人爱谈,又爱问无回答价值之问题。彼等互谈时,声音忽甚高,不谈则爱唱。意大利人之声带,或与他国人不同,故其声聒耳特甚。夜坐而睡,二时许,彼等醒,又狂谈大叫,余

---

① 此处应为 Castello Sforzesco(意大利语),即斯福尔扎城堡。

② 原文作"论"。

③ 此处应为 Pagan,即异教的;异教徒的。

不理之。彼及询何以为是之倦？余答现为应睡之时。彼等似知不愿闻彼谈者，声略收小。少顷又大声如故，且有时故作狂叫，似不此则声带欲破裂者。天将明，彼等下车，因邀余同至彼城中少住，余谢之。

二月二日

天明，一查票者入余室，指余为美国人。余告以为中国人，彼询余有中国烟卷否？余以美国烟卷给之，彼且谈且向地吐，此国人之不洁殊甚。又来三人与余同室，谈时声亦如洪钟，宜乎意大利歌者之特有名于欧美也！道旁旧村落多小房，且有茅棚，较中国草房更小者。小农甚多，园艺尤发达。九时余，至罗马下车，寓沙佛夷旅馆。此城亦有崇文门税关，收市政地方税，故来客之箱均须开看，余得免。夜来未①得熟睡，作一热浴，稍快，至使馆访唐公使未遇。秘书朱爽斋招待余，略谈。下午唐君来访，余不在寓，发电至中国，请兑款来。晚赴咖啡馆饮茶。

二月三日

星期，朱爽斋来访，约同游一公园，及新美术馆。此间天气较暖，园草有经冬不枯者，久游北欧，多见云雾，少见天日，到此自觉畅快。朱君约中餐于一小馆，其夫人亦来陪。其夫人与驻奥王一之君②之夫人为同学，均能文，为报馆作通信。餐后，朱君夫妇送余归。

二月四日

上午，误乘电车过河寻教皇宫不得，即街寻小馆餐。下午观国家博物院，院设于一古浴堂中，堂名帝克列丁（Terme di Diocletio-no③）。建筑伟大可惊，高十余丈，广袤连绵，与其他建筑不易分界。因堂身已墟，他部基址为人所占，作别用也。院之陈列所另为一部

---

① 原文作"末"。

② 原文误作"王之君"，按上文应为"王一之君"。

③ 此处应为 Terme di Diocleziano（意大利语），即戴克里先浴场。

分,作正方形,中为花园,抱园为廊,皆极古之建筑。地下所堆之断柱残瓦,大都为纹石所雕成,其数不可计。整大者由院略加布置,碎小者各墙边抛置遍地。室内所陈,大致以罗马及希拉古雕刻为多。再访唐公使略谈,彼约明午中餐,谢之。

晚在旅馆,遇一英人,来朝教皇者。其迷信与中国之朝南顶北顶者,殆相类。

二月五日

再渡河观教皇宫,宫在比德大教堂之旁,乃先观教堂。堂址前距提伯尔河(Tiber)不远,后有小山,即以教皇宫瓦堤坎(Vaticano)为名。相传比德诋毁罗马之巴庚教,动人民公愤,处死于此,即葬于此,耶教徒以其为殉教(Wartyrdom①),故建堂于此。堂前为左右②二半圆走廊,合抱使堂前一巨圆场,廊承以巨石,柱周约丈五六,高七丈许,为数二百八十四,为耶历一六三五至三七,共三年所造。廊上有造像,高逾真人二三倍,为数一百六十六,皆耶稣教所封之神(Saints of the Church)。堂之正面宽一百五十八码(yards),高一百三十二尺,上塑耶稣门徒像,惟彼得不在其内,像高十六尺。堂内方柱集纹石为之,宽长有至二三丈者,高十余堂丈。纹石色各不等,有纯色如青黄绝白者,有二色相间③,或色之深浅相间(即互相配合者)。身高一百四十五尺,长六百零八尺,宽八十九尺。内分数龛,各龛虽供耶稣,而名以其他门徒,或后封之名,并雕塑其人之像。正中一铜制精龛,即教皇之祝台也(Papal altar)。堂右一巨方柱,内有电梯及环梯,可登至堂顶,环观可见全城。再由小梯可升至兜幕之上,幕内幕外皆可环观。幕与堂身高相等,合计合三百尺左右。自上梯后每处皆有伺者守之,除门票及乘电梯钱外,随处须小账。观后,下兜幕,觉

---

① 此处应为 Martyrdom,即殉教。
② 原文作"古"。
③ 原文作"问"。

倦。视时表已一时余,至圆场外,临街小馆设街座以待游客,因中餐,遇同寓之英人,朝教皇后亦餐于此。询以朝见礼节,谓朝者甚多,须前日挂号,大概教皇每日皆下午一时朝见教民。朝者先时持号单入宫至小朝房,小朝房甚多,朝者分班立候至时,有承宣官出呼谓:跪下!迎圣父降临!(Kueel down! To reciwe The Holy Father's puesent!①)朝者屏息跪,教皇出,伸其右手,跪者皆速抱其手,亲其戒指。亲毕,教皇转至他室,朝者起,立俟教皇临各室毕,返中宫,朝者以次出。余谓朝者能与教皇接谈乎?彼云不能,单请亲见获准者,可与接谈。余云君何不单请觐见,彼云不能,除有教庭要职,及他处大主教能请觐外,其余之人,必有重大疑问,为各主教所不能解答时,乃能请觐。余云君有幸,得见教皇,彼云:余本有微痛,此后当可痊。餐毕,余步行渡堤伯尔河,沿岸至天使宫(Castel Angelo②)。宫中圆而外方,初本王宫,继为耶稣教占有,改今名,建筑甚好。出宫至大理院,新建筑最大者之一也。回此岸后,渐入繁盛各街,至美术铺看小雕像,欲购作纪念,晚失路,雇车归。

二月六日

再赴瓦堤坎宫,自大教堂右角下入门,此堂角下之门,即视中国大河以南之城门为大。入后,行约一英里,乃至博物院大门,教庭中最可观者为博物院、图书馆、油画馆等等。其建筑伟大,而板拙特甚。其图书皆经典,室大而书多。油画亦皆宗教画,内有埃及部,收藏不甚富,而雕像部则世界第一大观也,其最美丽宏贵之品,得一可以为传国宝,此间收存勿虑千百也。二古室画壁极可贵可爱。各院相通,前后二排,上下三层,纵横连贯,长约二里。上下来回,纵不细观,已觉困惫。出宫,仍至小馆中餐,已下午二时矣。

乘电车至安装戏场(Anfiteatro),为古时之斗兽场,场椭圆形,周

---

① 此处应为 Kneel down! To receive the Holy Father's presence!

② 此处应为 Castel Sant'Angelo(意大利语),即圣天使城堡。

围共四层。外壁直立，内则下层向内伸，以便分作极多小层，如台阶然，共高四十八迈当，余合中国十四五丈，长一百八十八迈当，周五百二十七迈当，创建于罗马皇帝奈罗（Nero），尔时仅凿地为一大坑也。裴司巴森始筑为大场，其子弟杜完成其工程，开百日斗兽大会。所搜野兽斗死者在五千以上，其斗法与今日西班牙等国之斗牛略似，以人与兽斗，乃游猎时代之遗习也。兽死五千以上，人当然亦有死伤者。耶教徒尝言此园为纵野兽杀教民之所，本城乡导最爱举此等故事以告人，或耶教诬蔑古罗马之词，不可尽信也。

园之对面为第杜门（Arc di Tito①），形式类法国大凯旋门，此其蓝本也。由门前售票入阿古斯杜宫（Palacio di angustus②）及福禄宫（Foro Romano），二宫相连，一在巴拉丁山上，一在山下。天晚仅观福禄宫，居二小山之间，古时两小民族各据一山互斗，后开议以山下为互市之地，久变而为市场，大概在二千七百年前。其后逐渐修为宫殿，而市场乃改至他处，福禄（Foro）一词几变宫殿之意矣。宫已颓废尽，所余者断柱残石耳，柱俱以大理石为之，亦有完好者。其殿基犹约略可辨方位，宫址周围，大半为教堂及民房所占。伟大之石柱，隐于教堂墙后，显然可见。罗马帝政倾覆后，耶稣教主之自号爸爸者（即教皇）据此地称尊。此后一千余年，旧宫殿半为所毁折，半归自然倾圮，而瓦堤干雄美无伦之宫殿，亦即于此时代修成。四百年文艺复兴（Renaisance③，原意简为复生，并无文艺之意）运动，教政受一大挞击。意大利统一，意王爱门奴尔第二（Emennel④）以兵据罗马，作为国都，教政几于颓倾，其领土完全加入意大利国内，教皇毫无政治权。

---

① 此处应为 Arco di Tito（意大利语），即提图斯凯旋门。

② 此处疑为 Palazzo di Augusto（意大利语），即奥古斯都宫。

③ 此处应为 Renaissance，即文艺复兴。

④ 此处应为 Emanuele（意大利语），即维托里奥·埃马努埃莱二世（Vittorio Emanuele Ⅱ）。

此后国人渐知其自身即古罗马人之后裔,而思保存其祖宗之遗物,我辈今日乃得游览此故宫,不然,恐遗墟久已不存矣!宫中最大一殿,为撒土恩神之殿,撒土恩(Saturn)者,为天父地母所生之大神,土星及星期六二者皆袭之为名。此殿建于耶历纪元四百年前,毁于火,复修于纪元二百年前,勒石犹可考证,为此城最古信而有征之物也。天晚不能全看,归。

二月七日

午前休息读书,下午赴使馆,未遇一人,因昨前二日朱爽斋、王念劬二君来访,故往一视。下午识本国人阿多富君(Adof),彼为邮局职员,能英语,导余看此间公娼,室小而妓丑。

二月八日

王念劬约中餐,同座者有黄、周、李、沈诸君。下午沈君偕余同游数教堂,堂内塑像画像皆美。大理石之壁柱,此间普通式也。

箱中翻出藏案存稿,再阅之。

二月九日

晨,沈宝树来,同出游,参观加比豆(Capidol[①])博物院。加比豆为古罗马之会议室,与福禄宫相连,惟地位较高,隔福禄宫与巴拉丁山相望。中世纪后颓废,兴复后完全非旧观,作为博物院。其雕刻及油画,纪二千数百年前事者,亦多赤身。战时往往全身衣服尽脱,由此知其他大幅画之多人赤体者,非借为寓意,大都为写真。欧人有衣服之期甚近,初有衣后,觉热时,或以为不便时,则群脱而赤身也。

唐君约中餐,巴拉丁山对面一古楼上,城郭山林俱现眼底,其他殆如北京之陶然亭。同餐有其秘书王、朱二君。

餐后,余又往观奥古司图宫,与前日观福禄宫同一进门处。宫跨巴拉丁山,由平地至山上,层楼叠阁,纯以石及砖砌成。壁柱为大理

---

①　此处应为 Capitolini, Musei Capitolini(意大利语)即卡比托利欧博物馆。

石,往往在室内升数层,自楼廊出,则为平地。今已大半颓圮,而规模仍可略见,上下阶梯,大都完好。壁上所镶之大理石几全破碎,余检取三小片置衣囊中,携出为纪念,谓之为窃取亦可也。出宫自墙外再绕观福禄宫,益觉当时建筑之美。宫旁有古董铺数家,其中多宫中残物,亦不免有盗卖古物之嫌,以兑款未来,不敢购物。又前日曾观埃门奴第二纪念坊,近代纪功坊之美丽伟大者,就余所见,当以此为第一。意王室亦日尔曼种,其始祖伯得虎(Berthold)伯爵,于十一世纪时在法意之交创一小部落,自为酋长,版图渐大,至十五世纪晋为公,一七一三年进据西细利岛,称亲王,一七二〇年以西岛易沙丁尼亚岛得王统,称真王,一八四九年埃门奴第二受其父翁白头之禅为王,统一意大利,褫教皇在中意大利之国王兼职,以兵据罗马,制教皇,改作国都,一八六一年开国会,意大利新国之建立,规模粗备矣。彼当国数十年,地土日有扩张,殂后国人念之,为建此坊。全坊以白理石为之,高七十九迈当,长一百三十迈当左右,宽一百三十五迈当,向前环抱作弧形。弧中为二层高台,埃门奴铜像矗立正中,高与坊称。四隅天使像副之,像皆金色,承像之座或柱,则以艳色理石为之。自一八八八年动工,至本年已三十五年矣,尚未竣工。余等参观犹有若干人在高架上作细工也,补记之。

二月十日

星期,午前写日记,下午看电影。晚无聊,出游,待款不至,甚焦灼也。

二月十一日

赴使馆访黄丽生君,彼湖南人,作外交官二十年矣,前日彼来访,故往,借中国报数张,偕归阅之。晚看戏,非欧拍拉,亦杂有声词,且作谐剧,盖此国戏较似东方戏也。

二月十二日

午前读书,黄君约中餐于午尔别(Ulpia)餐馆。馆在一大地窖中,且在城之中心,乃古罗马藏酒之所,今仍完好。罗马式建筑除丽巧外,皆浑大坚固,故能经久,远非中国所及也。

下午赴埃及使馆请签护照,由公使之子出而招待,谈甚畅,且为余作函介绍埃京友人,彼名齐佛亦有爵。埃及亡国后为土尔基属地在数百以上,前世纪之末,英人及各国思分裂土尔基,乃共辅之为自治国,一九一四年,英人利用[①]欧战机会,宣布为其保护国,并得法美俄各国承认。埃人既脱离土尔基,思得真独立,继续运动,一九二二年宣告独立,一九二三年始逐渐向各国派使,驻此国使馆成立亦不甚久也。归读书。

晚看欧拍拉,觉并不甚精彩,同座两女士皆本国人,略能英语,尚不寂寞。

二月十三日

与同寓本国人某营长谈及欧拍拉,彼谓此城者并不好,意国戏以米兰为第一,那波里为第二云云。余过米兰而不看戏,可惜!彼极称其国女之美,劝余冶游。余谓:"贵国女子,诚多美者,然前友人导余观妓馆,妓女皆奇丑。"彼谓:"私娼甚多,故公娼乃无美者。"彼导余先至一处,据称为此处最高者,似不欢迎军人,以严装肃容之老妇人出,询至彼家何事?余等乃去。又至一处,似欢迎余等,而妓女则皆甚丑,扫兴归。前日沈君评论意德二国女子,为法国平均的好,少出色者,此国美者极美,丑者极丑,余以谓知言。余又谓此国男女社会有公道,女子凡美者,皆有男子爱之,饰以美装,偕之出游,而流落为娼者,大都无盐嫫母,为男子所弃者也。

二月十四日

赴土尔基使馆,请签护照,并访询土国与波斯交通,由秘书鲁佛拉君(Loutfoulloh)招待,知由土赴波须由君士坦丁乘里海船至俄属侨治亚换火车,至里海再乘船至波斯岸,由岸乘汽车至波京台海兰

(Teheran①)须三十六小时,合计路程约须十三四日云云。鲁君本为军官,曾在达靼海峡与英军周旋,言及军事及其收回治外法权事,兴高彩烈。彼国已改共和,国民军少年大将军克马尔被选为总统,全国执政者皆少年,国民志气为之大振也。

二月十五日

再赴土尔基使馆,取护照。赴中国使馆,由外交部转电中原公司速兑款,因前索款电由上海转,不知收到否也?

晚看电影。

在休息室读报,《勃罗的海商报》(*Baltic Scandinovian② trade Review*)去岁八月号(1923 August),巴佛得教授(Prof. C. Balford)《拉地维亚经济观》(*Latvia's Economic Prospect*)文中,与研究新经济趋向有关,略记于下:

欧战时,俄政府将拉地维亚工场机器卸去载至俄国者二万火车,议和后,交还者只百分之一。拉国战前种地八八○○○○海克大尔(Hectare,合中国十五亩),产粮八三○○○○吨,现只种六九○○○海克大尔,产粮六○○○○吨,故须进口一四○○○吨之麦,一○○○○吨之面,乃能糊口。

李番尼亚(Livonia)及古兰(Courland)二地,有贵族之田二○○○○○○海克大尔,已收归国有。其中为农田者七八七○○○海克大尔,已分给小农户,每户得十七海克大尔,因造成新农户四万家。其原贵族约八百家,每家准保留五十海克大尔,约合中国七百五十亩之谱。又拉地加里(Lalgolia)有古封地(feudal land)六○○○○○海克大尔,收归国有后,以其中农田一四○○○○海克大尔分给小农,每户十海克大尔,共造成一四○○○家农户,各户合计有六○○○○人口。惟此地无住室,耕耘不便,乃由国有林中,每户给以六十

---

① 此处应为 Tehran,即伊朗首都德黑兰。

② 此处应为 Scandinavian,即斯堪的纳维亚人。

立方尺之木料,责其在农田中修屋居住。

二月十六日

午前,在室补日记,下午出游购《大化》(*The Great Juitiates*①),为世界各有名宗教略史,共二册。归以六小时之力,略翻阅。所列为拉麻(Lama②,欧洲古教)、基那(Krishna,印度教一支,其名为基督〔Prista③〕所自出)、海墨(Herme④,为埃宗教之一种)、摩西(Moses,即犹太教)、奥佛(Orphens⑤,希拉古教)、比大高拉(Pgthagoras⑥,希拉神秘哲学)、伯拉图(Plato,希拉大哲学家)、耶稣(Jesus)。原书法文为许来氏(Edonard Schwie⑦)所著,共二册,法文已出二十四版。英、俄、意、西俱有译本,其书之势力之大可知。然第一卷先以颜色为人种之根本差别,大谬一;第二卷以拜祖教为白人所首先发明,大谬二。以各宗教俱由拜祖先教生出亦不合,以荒古无稽之白人古教拉麻(Rama)始,以现在白人之耶稣教终,无非推尊白人而已。夜一时始睡,觉倦。

二月十七日

晨起迟,补日记。下午始知为星期,出街游,看电影,影内写为古埃及时代事实,场内座满,多立者。余看完出门,知已购票在门外守候者数百。人之喜看去现时生活实际较远之戏,各国皆然,中国言新戏者今尚但知向下乘写真戏中求生活,可怜可叹。晚归再读《大化》一书,摩西卷前二章,皆泛就一神教立论,推尊摩西,而不根据《旧约》切实考证,余觉不满意。近来爱读内容切实之书,不爱读空论。

---

① 此处应为 *The Great Initiates*,即《伟大的启蒙者》。
② 此处应为 Rama,与下文同。
③ 此处疑为 Christ,即基督。
④ 此处应为 Hermes,即赫尔墨斯。
⑤ 此处应为 Orpheus,即俄耳甫斯。
⑥ 此处应为 Pythagoras,即毕达哥拉斯。
⑦ 此处应为 Edouard Schure,即此书作者姓名。

二月十八日

午前读《红龙与黑衫》(*The Red Dregon*① *and Black Shirt*),专纪意大利法西党革政事。下午赴街上不敢购物,早归,仍读《大化》一书。希拉古代亦信轮回及再生之说,阿鼻地狱还魂汤等名词,皆其古宗教所有,大概二千年前,印度与欧洲交通,或多于中国也。

二月十九日

闷甚,步游翁白头公园(Vlla di Umberto②),此园之美处,在下山处所砌之高墙,与两山相通之桥。使平地造园,不能如此之美也。晚读书。

二月二十日

晨赴信用银行取钱,并挂号如有中国来款请通知。中餐在过街廊中立餐,一餐四五意币。餐后,步行赴狄白岛。岛在狄白河中流,亦为此城最古之一部分,如巴黎赛因中之有城岛也。岛不大,以二桥通于两岸,至彼岸近桥处,亦为乡下村民所居,甚不洁。绕他一桥过此岸,此桥较新,而桥旁有已颓之古桥,尚存一洞,其建筑之伟丽,乃远在新桥之上。凡伟大之建设,必成功于伟大国家全盛之秋。罗马古帝国之盛不可复,此城之建筑乃永留一今人不及古人之感念。通此岸后,见一路向山上,左右皆高壁,乃沿此路上行。至山上见一古宫,其门额云某某故宫餐馆(Ristorante de Castello de),即唐公使约余中餐之处,当时忘其名,入因唤茶饮之,特记其名,归书日记时,又忘之。出餐馆,向彼岸下山,至大公园,入内行里许,并面见大墟,想必为故宫之一。先自外略绕观,至正门,有售票者,盖有名之喀喇瓦拉古浴宫也。喀喇瓦拉(Curuvalla③)为耶历三世界时罗马皇帝,弑

---

① 此处应为 Dragon,即龙。

② 此处应为 Parco di Villa Umberto(意大利语),即翁贝托别墅公园,今之博尔盖塞公园。

③ 此处应为 Caracalla,即罗马皇帝卡拉卡拉。

父未成，父死，遂弑其兄，其行为颇类隋之杨广。此浴室为彼所修，宏大比于阿古斯杜宫，内分冷浴、温浴、热浴三大部。其中部可容一千六百人同时并浴，周围有廊阁庭台，皆饰以大理石。浴池之下，仍为磨西式石花。室修于二三年，后渐颓废。其中贵重雕像及磨西花人物，无虑千百，大都为教皇取去，陈之瓦堤坎宫。其紫色大理石之书恭宝座，现亦在瓦堤坎，余曾观之，盖希世珍也。出浴室再向城外行，觉倦，乃转入城中，适为觉凡尼保罗教堂（St Giovani and Panlo①）。堂极伟丽，内为复式，若连接量计，其长或在彼得堂（即教皇宫之教堂）之上也。此堂修筑占借柯劳帝祠堂（Temp de Cavdins②），祠为阿圭匹那（Agripsena③）所修，以祀其夫，因其夫已依罗马法得有专祠也。堂内有墓，觉凡尼及保罗葬于此。古罗马法城内不准葬人，此二棺葬此堂内，乃第一次破坏罗马葬法，而耶教人尝举以自豪者也。观毕出堂，寻得八号电车，径乘至旅馆门口，下车回寓。

　　开第二星期之房账，自明日起馆主又改章，房饭每日共六十意币，不用饭亦不减钱。余以为不便，无可如何也。晚赴外餐，用钱十三四意币，餐甚适口。晚读关于俄国书，一时方睡。

　　二月二十一日

　　夜多梦，睡不安。十一时始起。同寓有细细利岛人，与余谈。余闻细细利岛人与欧洲稍不同，询之乃知仅皮色较暗，则气候为之也。

　　上午略在街上游览，晚一澳洲人就余谈，询彼洲情形，彼直言：不准异种人登岸，盖彼等认为纯种最好，故决不愿异种人与之杂居，此彼一般人之主见云云。

　　二月二十二日

　　夜睡仍不安，起迟，下午出城赴保季氏美术馆观。馆分二层，下

---

①　此处应为 Santi Giovanni e Paolo（意大利语），即圣若望及保禄堂。

②　此处疑为 Tempio di Claudio（意大利语），即克劳狄神庙。

③　此处应为 Agrippina，即罗马皇后阿格里皮娜。

层为雕刻，上层为油画。第一室有拿破仑之姊温奴维多利（Uenus Uiclorious[①]）雕像，大如生人，半卧一软榻上，裸全体，下身覆薄纱，上身以玉腕置二高枕上，支颈斜倚。薄纱及榻褥如真物，逼近视犹不能辨真伪也。温奴以美名于世，此像或可肖真。初嫁列葛列将军（General Leclerc），早寡，再嫁保季氏亲王为妃。温奴之美名，欧洲人无不知者。温奴石像之美，罗马及游罗马者，亦无不知之。盖世英雄，绝代美人，并产一门，真千古佳话也。第三室之阿婆罗与大帕尼（Apollo Daphne）特美，弈弈如生。第四室为罗马古代皇帝像，虽系后代雕刻，然摹拟皆有所本，前后十四代帝像，杂以其他像。此室柱壁，全以金色理石装安，顶有美画，地为磨西式，其名贵为世人所称。余则重其多帝王像也。楼上画品多可贵者，以帝那大狩（The Chusc of Diana[②]）、温奴古壁（Uenus and Cupid[③]）等最有名。此馆为保季氏所创，保氏本为新纳（Siena[④]）族贵胄，至十四世纪热心教权，来罗马三世而后取得教皇之位，即保罗第五，1615—1621，彼族既掌教权，乃创此馆，名出一家，其经费实出自公家也。馆外附有极大之花园，美丽为罗马各园之冠，陵谷变迁，其园展转收归国有，后拨归罗马市有。今园改名翁白头园（Uilla Umberto[⑤]），而馆仍名保季氏。出馆向外行，直至动物园，所经过地皆在翁白头范围内，茂林古木，大都为冬青树也。动物内列兽并不甚多，然亦应有尽有。其好处在园之构造，凡蓄猛兽之槛，背后皆巨石堆成之假山。山构造法极精，有洞通槛，自山之正面观之，见洞不见槛也。山势崎岖高下，前有深涧，兽在

---

① 此处应为 Venus Victorious，即胜利的维纳斯。雕像名实为 Venus Victrix，收藏于波格赛美术馆。

② 此处应为 The Chase of Diana，即狩猎女神戴安娜。

③ 此处应为 Venus and Cupid，即维纳斯和丘比特。

④ Siena（意大利语）即锡耶纳，位于意大利南托斯卡纳地区。

⑤ 此处应为 Villa Umberto（意大利语），即翁贝托公园。

假山内，只可盘旋上下，而不能奔腾，故奔虽狭而不能跳越。洞外为青草地，禁止入内，观者隔青草地见山，见兽而不见洞。骤观者往往失惊①，谓猛虎出槛，危在目前也。置水鸟处，凿河通桥，以饶天趣。余在他处所见孔雀大都在巨笼内，此巨孔雀自由飞行。余见其落地，立观之，彼从容经余前过，相距不过二三尺远也。园中一切布置俱有山水林泉之天然趣致，可贵。出园，穿林由小道再至大道回城。步行约十余里，总未出翁白头园也。此城石围墙有城门，惟不及北京之高大整齐耳。城外半面，几全属翁白头园也。

每晚总至隔壁茶馆小饮，饮前照例与澳洲人瑟梧君（Shirewood）闲谈，彼初丧妻，亦欲借谈排闷也。

二月二十三日

读书。将午赴使馆，询国内仍无回电，借中国报纸若干，及英文《国际工人杂志》一册回。中餐后阅中国报，晚餐后阅《工人杂志》。康那侪君（H. M. Conacher）所著《欧洲农工制度》文内，分欧洲农业为三带②，一曰北带，多大农，用新法；二曰南及东带，多大田主，而用旧法；三曰中带，为南法北意及西班牙之若干部分，田主多属平民，田块多小，耕法较旧云云。其论制度有云：平民田主之地带，保工制度，转不进步，如西班牙田地，大都属资本家，而农工每日八小时之法律早经通过；如法国田地多属平民，而此项法律迄未成立云云。又谓法国季工中，如大林园内，农工与田主尚有争执。平民农工则爱与平民田主在一混合社会（Combned③ Association）中，而不愿入纯粹之工人结合。且彼在混合社会中，凡有问题皆可以友道解决之云云（The

---

① 原文作"警"。
② 原文误作"二带"。
③ 此处应为 Combined，即联合的。

French peasant worker is much more isposed[①] to enter a combind[②] association with his peasant employer and a purely workens[③], and within that combined association he settles question in a friently[④] way)。彼但述此二事实，未大加评论。余以谓理想上之经济制度，不在有保工良法，而在工人雇主之间，不为阶级的，则混合社会方能成立，而一切问题皆可以友道解决，或至无甚问题发生。此决非不可能之事，惟视学者肯向此途用心研究否耳。

二月二十四日

午前读《工人杂志》，中餐后，往游湖上花园（Geordino del Lago[⑤]），亦为翁白头园之一部。湖在高处，滨湖皆乔木，繁荫蔽日。湖心有古庙，环湖多古雕像。湖之一面外向处，地势骤低，因势砌为绝壁及层台。每层再分格种花成纹理，天然人工，两极其美。由此园跨过一桥，已进城。此处城因山为壁，自外视之，峭壁十余丈，内面则地与城平，方以为台也。此处为品秀公园（Pincio），布置精丽，花木之茂如湖上。余绕园环城半周，至彼面则为城内繁华之区。由园下城，层阶回绕如殿陛，名贵雄大而美丽。至下面为一大园场，名平民场（Piosa de Papolo[⑥]），环场为高低不等之围墙，左右两半园相抱，墙上塑像及雕刻像甚多，或一面左右相配，或两面相配，颇具方位的美。两半圆之各端相抱处，一面为极大牌坊，三门通车，左右二巨楼拱之。他一面二教堂抱之，两堂之间为极长之王道正直街，即翁白头街（Corgo[⑦] Umberto）。街尽处，即埃门奴第二之伟大统一纪功坊及其

---

① 此处应为 disposed，即有……倾向的。

② 此处应为 combined，与上同。

③ 此处应为 worker，即工人。

④ 此处应为 friendly，即友善的。

⑤ 此处应为 Giardino del Lago（意大利语），即湖滨花园。

⑥ 此处应为 Piazza del Popolo（意大利语），即罗马人民广场。

⑦ 此处应为 Corso（意大利语），即罗马科尔索大道。

伟像也。两堂左右为相对二街，一通参议院，一通王宫。各建筑前后异时，而两配台之巧如此，可异也。由品秀下山之回阶，亦左右相对，中为巨庙。庙内为立石铜像，庙顶则为品秀之一部，故品秀园倚栏下望之人，其身正在庙上。庙之对面，为另一大街，街接平民场处，正为半圆墙上之伟大石像，故除由两教间之三街及对面牌坊所通之街赴平民坊，可径穿场而过，其余均须绕行。场正中为极伟大之埃及方塔（即方碑），罗马此物极多，皆全盛时运自埃及，而以此一为最大。碑之四围为广石台，台之四隅为四巨石狮，口中喷水，其下汇为池。巴黎建筑多仿此城，其伟大或有过此者，而美丽终不能及也。由此街直行至高龙纳场（Peaza Colond①），高龙（Colone②）即圆形螺纹之纪功碑，为罗马古代所创。此场正中为一高龙碑，在耶历一百七十年，由参议院建筑，以纪其皇帝征克日尔曼及他处之功。碑上有古奥列路（Marcus Aurelius）石像，罗马亡于耶稣教后，其人民尊教皇为神父，而忘其祖宗为谁何，自一千五百八十五年至一千五百九十年，去前像而易以所谓圣保罗之石像。吾不知保罗之有功于意大利何若，但既遍地为之修教堂，立石像，似足以报之矣，而必将数千年前之庙宇，或碑坊上自身祖宗之遗像毁弃之，而易以东来番僧，真不知其心理何以呈如是之变态耶。

　　此场四周皆为大建筑，去众议院亦甚近。现众院为莫索李尼解散，再二阅月方能招集，凤去台空，封门闭户，故不能入内观也。场之一面为一银行，其下层则为咖啡馆及过街廊，廊内亦设棹椅售饮，余每星期必数次来此。今日略考其历史，特记之。

二月二十五日

　　晨，读《古埃及人种考》，下午黄丽生君来访，偕出饮茶，并在街内散步。归后顾树森君，字荫亭来访。顾君研究职业教育，数年前在国

---

① 此处应为 Piazza Colonna（意大利语），即科隆纳广场，又称圆柱广场。

② 此处应为 Colonna，与上同。

内曾充上海中华职业学校校长,谓彼意中国所急须者,为科学教育,科学能助实业之发达,实业发达后,乃有职业之可言,若不急进科学教育,而先办职业教育,职业学校毕业之人,即为失业之人！其言切中时弊也。

晚,略整理前游数国日记。

二月二十六日

晨,李时霖君,字海霖来访,转交由英国察得银行寄来之函。函由使馆转,余寄款已到,狂喜。今日距第一次发电,已二十三日,中意直接不通汇兑,故由英转,未接函前,余数日已焦灼矣。

下午赴通济隆支行请代换兑票,彼不换,改赴银行已闭门,此间银行每日下午三时停止交易也。购关于土尔基书读之,以备往游。

澳洲人色五君①(Shirewood)曾游埃及数月,每晚尝与谈。询以埃及情形,谓人极良善。询其貌,谓南方来者,鼻上稍平,下略宽,两颧微高云云。余所见之北方埃及人,则大都长高鼻,貌似欧洲人。有罗马尼亚夫人亚大佛兰那(Adoverona),爱与余谈,与余以住址,嘱回中国后,寄以邮片(Bor Las Car Catagi 55 or 56 Bucarest)。

二月二十七日

晨,赴信用银行换兑票未成,使馆朱爽斋君导赴商业,彼无现磅,且言彼之信用函不能各处通行。下午又偕朱君赴通济隆本行兑钱,由朱君签字作保。本日先换若干为意大利钱,下余须明日再取。偕朱君至一茶馆饮,彼指二女子云:"皆娼也。"余询其为公为私？彼谓:"私而公者也。另外有真正私娼,类中国之台吉,每日下午三时起,至七时止,索价较高,非同熟人不能往。"余询何以必于此数小时内？谓:"此数小时为普通人家妇女最闲暇自由之时,盖中晚二餐之间,男子多往执正业,女子多于此时游街,游公园,看电影,因便私营此业,不易发觉云云。"此种台基,大概在罗马为数甚多。

---

① 即上文之"瑟梧君"。

别朱君后，往看电影，除正式电影外，有本城风景古迹，及意大利全风景。演时男女二人轮歌，歌音甚美。意大利人有特别之声带，非他国所能学也。理发洗头，归寓。

晚读《土尔基短史》。

二月二十八日

晨浴，浴毕披衣当窗读书。今日天晴，大有春意，读《土尔基国民军崛起记》。

下午购古迹及风景册寄归。赴通济隆取钱，彼之磅票仍未预备齐。赴茶馆，遇一中国人孙君，与谈，始知亦使馆人员也。

晚餐后，出散步，至翁白头戏园看戏，乃杂耍之类，歌者甚多，末为西班牙舞，舞时以手自打竹板，颇类中国北方歌者所挝之瓜答板。舞式周旋多，折旋少，有类中国舞。西班牙境内多齐刚人，擅乐舞，此种舞式，如非杂有齐刚舞在内，则必有阿拉式在内，因太东方式也。十二时始归。

二月二十九日

起迟，连日皆酣睡，寓此将近一月，略事将息，体肥稍恢复，车舟困人，最足减轻体肥也。收检行李，预备再起行。

下午再赴通济隆取钱，遇王念劬君。同赴其友人丹马人某君家茶会，余不速之客也。座中有美国彭省人煤矿之夫人，开口便云彼决不欢喜赴中国，中国尝有拳匪云云。一瑞士夫人询余中国宗教，余告以第一尊天，第二敬祖，第三崇德报功，及容纳智识低者之另有所崇拜。凡宗教皆言善恶报应，中国言报应在生前，在子孙，印度宗教流入，仅以其轮回之说，加一灵魂转生受报耳，其他一如旧日。彼乃大赞成中国之宗教主义。散后，归寓。餐晚又赴王君寓内谈，用中国茶，大饮。去时乘电车未到，再雇车往，已距其寓甚近，而车夫乃不知其街名，再四问路，愚耶诈耶？意大利人能美术，而作事极笨极慢。晚时十二时归，就寝。

三月一日

前月日多匆匆过去，尚不及知。午前赴使馆先还代发电之电费后，访唐君略谈。下午出门，拟购美术品数种作纪念，入二铺，彼皆不能英语，能与之商价，而不能商如何寄至中国，扫兴未买。王念劬又约至某茶楼饮茶，五时往。昨日之丹马夫妇在焉，其他尚有四五客人，通例请教贵姓，照例忘之。有一人住北京七年，能操中国语。丹马夫人以乐名，昨日曾一聆之，今日询余中国音乐发达历史，此大题目颇难解答。彼先询之王君，王君乃请余与谈。余谓在四千三百年前，据可信之历史，尔时乐按八音分类，乃就造乐器之原料分之，每类乐器多少不等。金丝竹为进步之乐器，皮石次之，木瓠土最为幼稚。何以八种合凑？盖中国当时合千百国而建一最高之中央政府，一切制作，多先集各邦所有于中央，而后融会之，乐其一种也。由此逐渐发达，历千余年而制作大备，乐器种类多以百计，乐章乐谱亦极繁备，此时为周代，亦即古文明最盛之期。周衰而后，中国文明分为上下二级，下级务人生实用知识，如农工商贾，其人未必读书，而实用知识颇完备，且多精深者；上级务政治、哲理、文艺、掌故等学问。但此二级与欧洲阶级不同，上级子孙不读书，即变为下级；下级子孙读书，即变为上级。此后音乐亦为二级，上级之音乐名雅乐，下级者曰俗乐。雅乐实即古乐，泥而不变，渐以衰歇，今日能者甚少，于是上级人之能音乐者，亦随之日少。至俗乐随时代而变迁发达，其乐器自然不及欧洲音乐之为朝野上下共同提倡研究者为精，而其乐章乐谱亦灿然可观，如今日各大戏园中，及全国各镇村所有皆俗乐也。彼惊问：乡中亦有能音乐者乎？余谓：各村中且各有特别乐谱，乃至一村中各会，各有特乐谱。惟因学士大夫轻视此种俗乐，故言之者少。彼问：学士大夫中，亦有能俗乐者乎？余云：有，但不甚多。近来且有多人提倡，盖雅乐势不可复，俗乐亦中国乐也，若再不提倡，恐久则中国音乐完全外国化矣！将近七时散。

顾荫亭君来寓，约至其寓晚餐，其夫人亦在此。餐后谈至十一时归。

三月二日

星期，往观各古迹。先赴塔严（Trojan[①]）高龙碑（Conoun Taa-jano[②]），此较前所观者似更伟大。碑位于塔严福禄宫（Foro Trojano[③]，福禄本意为市，后已变宫之意矣）及塔严庙之间。宫建于耶历纪元一百一十三年之前，面积甚大，中世纪全为教会及居民所侵占，仅余空场一小片。前世纪向下发掘，深丈余，现出宫基一部分，为十柱九间明檐大殿，前后二座。柱周可丈许，径三四尺，残折无一完好者，全柱高度无从知，今周围界以短墙，墙基下多砌有弧洞，内有残破雕像等等。碑所以纪塔严征服大西亚人（英文 Dacian）之功，其下方基即为塔严之墓。碑颠为其铜像，亦于一五八五年为教皇撤去，易以彼得铜像。塔严庙即所以祀塔严者，耶稣毁之以祀马利亚，今有左右相对之二教堂，皆前后建于十六七两世纪，庙之原状丝毫不存矣。距此不远，又有武神庙（Temple of Mars），尚存数楹，以白石为之。又有奈法福禄宫（Foro di Nerva），宫墙以巨石成立，有高十五丈者，今尚存其原形。此一段一面临门双坊，一面临吉利宫（Palozzo di Guirinale[④]），即现在皇宫，一面亦去罗马福禄宫不远，盖古代自罗马福禄宫及吉利宫一带，多为历代宫殿也。倦，自寻小馆略用食，归途再观吉利宫。宫大概分三时代修成，自外观之，其接合之处显然可见。此处亦一小山，电车道山洞正穿其下。宫旁小园名吉利花园。宫之正门略偏，其旁有一炮台，对面立一埃及方尖碑。碑左右二巨大石像，高数丈，碑上及门上俱刻有教章及某教皇时建云云。盖此宫非罗马古宫，而教皇宫之一，埃门奴兵据此城后，占有之也。由宫门右

---

①　此处应为 Trajan，即图拉真。
②　此处应为 Colonna Traiana（意大利语），即图拉真纪功柱。
③　此处应为 Foro Traiano（意大利语），即图拉真广场。
④　此处应为 Palazzo del Quirinale（意大利语），即奎里纳莱宫。

方下山坡，石阶百余级。距此不远，至木拉德街（Via Delle Mu-
ratte），为杜维照壁（Founlain① of Trevi），如碑坊，极伟丽。前面有
喷水洞甚多，洞口俱在雕像猛兽口中，景甚佳。相传古罗马时代由阿
桂巴（Agrippa）修造，罗马之有自来水（即喷水洞）自尔时始。今日罗
马之自来水，仍系由山上泉口接修铁洞通城中，借上流压力，分部全
城，与他处之用水塔用电压者，均不同，即导源于当时。此照墙大约
二百年前补修，原地非原物也。观毕将归，遇李君海霞，同往观跳舞。
舞者良贱相混，以高等妓女为多。七时半散，约李君至寓，同餐，餐后
李君去。

　　今日星期，旅馆内亦有跳舞，但舞者甚少，余往观。有同寓女子
本国米兰人及一瑞士女子，现住家于此城者，皆强余舞，力谢之，不
得，必至拖余臂于肩试之，余真不能，乃肯释。此人试之，余不能，他
人又复来试之。余臂足灵便，学舞当非所难，以余不赞成良家女子可
以与他人裸袭合抱，肌肤相接，故决不肯学也。每次舞毕，两女皆爱
来坐②余旁，瑞士女能英语，并屑屑言与其夫不合分居事，余始知彼
已结婚；米兰女以两手挫余手，并牵示其母，似言东方人丰美。余昨
夜睡不甚好，已倦，牵于欧俗不便径去。至十一时半他客有去者，乘
间与彼等言别，归睡。

三月三日

　　午前补日记，下午王念劬君、李海霞君来访。言及有伯爵夫人某
开台基于某街，贵家女子至其处操神女生活者甚多，每日自下午三四
时起，至七时全散。余等往访之，以视其无聊贵族之下贱生活。至其
地凤去台空，乃改赴美术铺，购摩撒花石（Mosuic③）若干。摩撒分二
种，一为罗马派，用极碎小石堆成，以建筑风景为多；一为佛罗兰派

---

　①　此处应为 Fountain，即喷泉。

　②　原文为"作"。

　③　此处疑为 Mosaic，即马赛克。

(Florence)，以有色美石片凑为花鸟。余爱后者，以其姿势生动，颜色鲜妍也。

晚留王君在寓餐，餐后偕访伯爵贾伯楼夫妇（Le Comte maggiorino Copello Piazya Galeno. 6.）及伯爵包留（Le Comte Broglio Dajano）。贾伯爵为此城富爵，现充中美尼加拉瓜国（Nicarugua[①]）名誉全权公使，其邸宅甚宏阔。包伯爵贫，充大学经济教授，兼充尼国公使参事，故即寓贾伯邸中。尼为贫国，请此国人作公使，可节省经费。贾为富爵，充外国名誉公使，可得虚荣也。

贾君示余以尼国总统前年来游罗马之合影，当时外交总长名柴伯达（Zepeda）偕来，为一纯血印度人，然极精干。彼以外交总长负责整理金融，使尼币回复原价，国人称之，将来有总统希望云云。其像一红脸大汉也，余询包君以三问题，皆观意国经济者，分志于下：

问：法西党秉政后，设立国民经济部，主管何事？

答：农林部、工商部、劳工部所管一切并入，水利矿政亦归管理。番赛和约意国东北疆土稍有扩充，从前亦设专部，现已裁去，以其事务分别归并，故国民经济部之成立，虽为创设，实系归并从前共产党当国时，分部至十九之多，徒以位置党人，诸事多不举。今部少而事都有专责也。

问：德兰索米（即芬兰）、捷克各国农田都着手改制，如限制大地主及分田于小农等事，意国现在亦注意此事否？

答：意国山多田狭，大地主甚少，罗马附近更少。共产党当国时，曾有均田之举，有田者被扰，所均去之田甚少，以分之工人，工人不能自耕，转以荒弃。法西党当国后完全停止。现在情形，质言之，恢复原状，政府勿无事自扰，而人民亦均相安。

问：现政府对于过剩人口主张设法与美洲各国协商移往，余意地

---

①　此处应为 Nicaragua，即尼加拉瓜。

中海对岸之意国属地,利必亚(Lebia Ilaliuna①)距离甚近,无有可耕之地。如有其地,气候并不甚热,何不就近移往? 移至美洲各国,久则美化,是否能永为意大利人民?

答:对岸之地虽近,可耕者并不甚多。移至美洲各国者,彼等仍操意大利语,仍爱意大利国,可永久保持其为意大利人民。

今日来访二位伯爵,本因余所购关于意大利现状之书,只对法西歌功颂德,而未尝言及其经济上之主张,及新设之国民经济部所掌何事,故欲求一经济学者询之。包君能英语,贾君夫妇只能法语,故五人谈,乃分为二班。贾君收藏有中国瓷器,启橱示余。末款以香槟酒,十一时半散。彼嘱至印度等处寄以明信片,记之。

三月四日

午前,再赴美术铺,略购物,一古代摩撒鸡,廉价购之,径送美国捷运公司托寄中国。归,收检行李,下午二时赴车站,二时四十分开车,赴纳波里(Napoli)。途经乡村,旧而且穷。惟火车双轨,开行尚速。七时已到,下车拟寓大陆旅馆,彼无人接,乃改寓不列颠旅馆(Hotel Bretanigue②),距车站极远,坐汽车行四十分钟,已至城外山上矣。晚餐多英人,旁桌夫妇二人,妇频隔桌与余谈,语来询余富士山情形,余告以余为中国人,言遂渐少。此种情形,已屡遇之。罗素③云:独一能受白人恭维之人,惟能杀白人之人云云,信然!

餐后,出门步行,循电车路下山,风景甚好。车傍马车,兜余坐车,赴过街廊,价五李耳(合中国五角)。余以道远,允之。至其地路价表上尚不足三元,余询其价究若干,又称十二元。此邦人愚而诈,付以五元去。在过街廊遇一童子,略能操英语,导余观古邦壁妓院模

---

① 此处应为 Libia Italiana(意大利语),即意属利比亚。
② 此处应为 Hotel Britannique,即不列颠酒店。
③ 原文作"索"。

型。在小街一三层楼上,室圆形,周围布绣墩二十许。正中为一大圆绣墩,径五六尺之谱,全红色。周围小墩上下三层,大都分为三色。女经理(实即老鸨)出,略询童子语,招装古妓(实即妓女)之女子七八人出,谓请选数人演技。余询何技,答谓:与邦壁古城者相同。彼令余选五人,余仅选三人,妓皆奇丑。选定后,诸女子去,旋被选者复来,皆赤身持一木制阳具,长约七八寸,据正中大绣墩上,坐卧起立,作种种交合状。将毕,其中一年最老最丑者,忽弃其木具,奔余求欢,余呵止之。而同来童子乃自告奋勇,与之周旋,请余作壁上观。余笑止之曰:彼老足以当汝母,何爱之? 彼答云:盼君多赏钱耳。观毕付资出,又略付童子钱。童子甚聪,失教为下流,可怜! 再回过街廊,又遇一能英语者,愿导余观邦壁妓院,知业此者甚多也。归乘电车至寓,已十二时矣。

三月五日

晨起,已九时。开窗一面对山,一面临海。海滨低地为下城街市,旅馆在半山间,俯瞰人烟万家,生绝尘之想。南窗日光满射案头,到此始真见青天白日矣(在北欧过冬,几于昏黄迷离,莫辨旦暮)。略写日记。正午有兰幡地君来访,彼习中文而无师,用法文书间接读,其苦可知! 然能略说数字,与余谈彼名(Leone Lamprondi)译为兰幡的狮子,不知为何人所译。下午往观水族馆(Aquario①),在海滨上,其地名国园(Villa Nazionale)。馆在园之正中,建筑尚好,中多半动植物(Animal Plant),即科学上之考验,彼为动物而其形状则完全类植物也。鱼类中大都为已经见过者,星鱼(Starfish)较多,此以下等动物,其形多角(☆),西人谓之曰星。每角上面如树皮,下面遍生角刺,蠕动如蛆,各蛆自为一生命,其大壳不为共同生命,可怪也! 水草鱼状如藻荇,不动时完全类植物,各叶之中间,如花心,有时各叶忽自动,细观甚久,花心似为营养重要机关。又缨络花

---

① 此处应为 Aquario(意大利语),即水族馆。

鱼,与前当为同类,惟叶长而柔,上有薄绒,色作鲜妍之杏黄色,有时自动的飘扬舒卷,状态美极。此处之半动植物,为其他所见之水族馆所未见,大观也,闻皆出地中海。其他海底植物,为小树,如枯枝,如巨人掌,如蔬菜者甚多,但不动。同行者告余云:此皆动植物也。若然,则更奇矣。出馆有售贝壳刻品者,稍为所欺。略在海滨及园中周览,购茶饮,赴通济隆购票,明日游滂陂(Pompeu①)及微苏飞(Vesuvins②)火山,并订购车船票,赴希拉。归寓晚餐,餐后略坐,阅书,作一大快浴,寝。

三月六日

晨赴通济隆,彼嘱八时必到,而八时半尚未启行,人寓此邦,时间不值钱也。启行先乘汽车赴车站,乘火车至微苏飞山下,下车,改乘上山电车,先绕行为齿轮梯轨法。至半山,下车,改斜升,则为梯车,用铁绳系之,悬引而上,将至山巅,下车。山之上半,大都新砬砝(Lavu③),色暗灰,有微黄者,草木未生。换车至车站,上有平台,可凭览沿海各城镇。至终站,则毫无所有。由站再绕行及至大山口,此山现已半死,不能见火。口如湖,以地质中多硫黄,故湖内砬砝有作金黄色者,霞光曜目。湖正中,又如螺形小峰,峰顶又为小火山口,口中尚烟突不绝。余数闻曾观此火山者,誉为世界第一,以谓当与檀香山之奇拉威亚火山相伯仲,实则与彼相差较远。此山之胜处,只在山势高耸耳。

十一时半,回至换车站之旅馆中餐。十二时再乘车至赴滂陂之大路。所有上山之路及旅馆,皆为通济隆所私有。路成于十年前,一九〇六年,此火山又爆发,路之最高一小段冬终站被毁,当时爆发颇剧,山下各城约死二百余人,砬砝流出者极多。地质毁碎,飞于空中,

---

① 此处应为 Pompei,即庞贝古城。
② 此处应为 Vesuvius,即维苏威火山。
③ 此处应为 lava,即熔岩,岩浆。

随后下落如雨者七日。所落之屑，每日不同。余购一小瓶作为纪念。地质家言：此次以前曾爆发十五次矣。山口内近火砬砝现在仍为软质，守山者以小石像印入立块砬砝中，作纪念品售人。余购一有英飒李尼像者，又地质中有他种矿质亦有被火融解飞出者，余得一块，颇类金属，不知是否？携归，质之识者。

十二时余，至滂陂，游者甚多，乡导有操德法英各种语者。今日游人以德国人为最多，德国工商业家现在并不穷，故过冬时多来此间。车站周围，亦成小局面之村镇。古城紧临车站，旧城门外加以新建棚门，为游人出入之所。由左方购票入，历四小时将全城略观一周。本日忘携指南书来，乡导所解，亦不甚详晰，不过所得有直接之印象耳，略记于下：

一、街道宽者不过丈余，窄者数尺，全用石（或系砬砝）铺。下有车辙甚深者，知当时城内行车已多历年所矣。有数街车辙已为边道（即人行道）之石所压，两边道之间，其宽不足容车，似后来人口渐多，有数街只准行人，不准行车，已开近日过街廊之先河矣。

二、街中酒店甚多，酒坛甚大，以石砌横台，大门下有横槽，可安板搭门（河南土话）。酒坛尚有完好者，以红土为质之大陶器也，可知当时此城，酒风甚胜。

三、此地有希拉庙、埃及庙，足知此城在意大利之南，其开化之初，一面南受埃及影响，一面东受希拉影响。

四、其房门上必以横木文之，有圈门者亦然，此与东方建筑极相似。其磨房内之大磨，与中国者极不同，状类碓臼，中有下通之孔二三，如何磨法，迄未问明。在本城博物院中，见一小磨，上下二层，旁安横柄，可以手转之，与中国所用者完全相同。足证人类开化，有互相模仿者，有独自创造者，未可一律而论。

五、石柱及其他种刻石，精巧与现代无别。画壁上之色，历两千年如新，且其壁之底质极好，有崩裂而无剥蚀，不知如何造成。此邦建筑之美，由来旧矣。

六、街上壁端多写有告白，为拉丁文。当时政府对人民之文告亦发达矣。

七、地有水管，可通各街及各大室中，街上有纹石水池，池旁石像内凿水管，向池喷水。各大室中，浴池、花池、厨房亦皆有水管。大室有重壁，壁中可通热气，不谓此种近代文明，乃为此城二千年前所通用，可奇！

八、有男女公共浴室二所，极伟大美丽。男子浴堂，旁有花园，有运动场，设置之备，出人意外。

九、各大室中画像多春宫。有二处画阳伟之男子，以秤称其重量。又街上亦有二处以阳具饰于墙上者，一处在大街上，云系恭喜标志(Lucky Sign)，一处在小街上，临街室内画春宫。小室内有专炕，如北京所用者，似系妓馆。其门外阳具，殆招牌也。是处古代风气，可见一斑。

十、博物院内所存人尸数具，犬尸一具，体肉完好，与生人相类，不知者必以为白泥塑造之品。盖地初震时，其人方睡，为火山上滚下[①]之硬灰所压，不复能稍动而长眠矣。与身体接触之灰结为硬块，以后其尸融解逐渐消失，雨水浸灌带入若干泥质，补其空处，久而渐满，且凝结甚坚，乃与原来真人毫无差异，怪事怪事！

十一、小戏园一，可容人一千；大戏园一，可容人五千。此城当时共有人口不过三万余，而有如此之大戏园，足知尔时此都即以共同娱乐为生活。其建筑之法，下面半面为戏场，相对之半面坐贵族，周围之座逐增加高，与现在大戏园无别，以坐普通人。下等人坐位愈高，其品级愈低。

余等先观各大街，大室，次略观小街，最后至博物馆，在城之彼面，临他一城门，名为临海门，此街即名临海街。院内存品甚少，云重要者均早经移入纳波里城中博物院矣。折至原进城门出，门内外见

---

① 原文作"火山滚上下"，疑误。

古墓若干，未详观也。至一饮餐馆购茶饮，其中兼售关于古城影片，余购若干，有一册彼名为秘本，索值意币百元，合中国钱十元，购之，尽为此城春宫画及雕像，余所曾见者，不过十之一也。五时半乘火车归，来回所经以园田为多，尤多葡萄。葡萄树以各树各枝，互牵于他干上，不须搭棚，其法甚好。树下均兼种冬蔬早禾，树叶成荫，则禾蔬已成熟也。此国山多田少，而人稠，故为设法以尽地力也。回城又购贝壳刻品，及砑砋刻品小件若干，作纪念。

回旅馆，兰棚第君在此相候，约定明晨同观博物院。晚读关于滂陂书，语焉不详，亦谓观古城者，非先观此城博物院不可，略考微苏飞火山及此地各城之小史。

三月七日

晨起略作日记，十时赴博物院。兰棚①第君先在门口相候，余购二票同入观。此院初建于十六世纪，为大学校，后至一七四八年布尔奔族（Bourbon）札利第三初王此邦，开始探掘各古城遗物，收集日富，至一八一六正名为布尔奔皇室博物院（Museo Reale Bourbonico②），埃慕奴统一意大利，改为国家博物院。此地面海背山，气候温和，沿岸城市，发达称繁。自此城至滂陂一带，如海古澜（Herculauenm③），如阿朋得（Aplante），如列辛（Lesina）等六七城，相距均甚近。而海、滂二城美艺最精，其受火山之害亦最甚。此一带为古时意大利西南部文化中心，而此博物院之宏富陈列，乃其文化遗壳也。其中亦有中世纪美术品及罗马等城古物，而其精华全在本地古物。吾辈游此城所注意者，亦在此也。历三小时余，仓猝分观各室。将有关本地文化者，略记于下：

第一，希拉及罗马神话，大概同一系统，以齐无为最尊。即拉丁

---

① 原文作"朋"，依上文。

② 此处应为 Museo Reale Borbonico（意大利语），即皇家波旁博物馆。

③ 此处应为 Herculaneum，即赫库兰尼姆。

之酋未(Jove)，英语之求必得(Jupiter)，如中国所谓玉皇大帝者。其后耶稣教在拉丁语中之帝无(Devo①)及现在意大利、西班牙语中所称之帝由(Dio)皆由此语衍出。此神最高无上，历娶多妻，一名媒嫡(Metis)，为大海之女；一名特奴(Thenus②)；一名列图(Leto)，生阿波罗(Apollo)；一名马雅(Maia)，生海美；一名丢娜(Dione)，生阿甫第，此外尚有他妻子，不能记其名矣。妻子皆为神，皆有特长专掌，遂演成一种家族一系多神教。而其美术之发达，即由于雕绘神像。近读神话③史，始知各处博物院之美女，大半为齐无之妻女，而以温奴之像为多。温奴(Venus)即阿甫第(Aphrodile④)，为女子美之代表，亦为代表爱情之神。此神展转由印度流入中国，称为金花圣母。各处雕像大半赤身。此地所雕者，示现三身，穷极妍媚，盖美必含有刺激⑤性，此种美术殆以对于性感之刺激性强而称。他女子像亦皆美，大都齐无妻女也。

　　第二，他处亦雕赤身男子，而以此处为最多，男子雕像最通者，一为爱娄(Eros)，亦名爱神(Amour⑥)，为温奴之子；二为阿波⑦罗，阿波罗文武兼资，且为音乐等神，为美男子之代表。此地所雕者，除上述二人外，尚有海美(Herme⑧)、丢尼索(Dioniso⑨)、安汤牛(Antonio)、阿斗尼(Adone⑩)等，皆俊美，皆赤身，皆明雕男具，此种多在

---

①　此处疑为 Deus(拉丁语)，即神。

②　此处疑为 Themis，即忒弥斯。

③　原文误作"语"。

④　此处应为 Aphrodite，即阿弗洛狄忒。

⑤　原文作"刺击"，以下统改。

⑥　此处应为 Amor(拉丁语)，即埃莫。

⑦　原文作"婆"，依上文改为"波"。

⑧　此处应为 Hermes，即赫尔墨斯。

⑨　此处疑为 Dionysus，即狄俄尼索斯。

⑩　此处疑为 Adonis，即阿多尼斯。

阿波罗室。似此地特爱男性美。

第三，其特别室，亦名保留室（Reserved Iabinet①），皆淫亵绘图及雕刻。关于男子者：一、特生伟具之男子；二、鸡奸者；三、日用品作阳物形者，如水管，如桌腿，如灯，如衣挂等，不胜枚举；四、奇想之阳物，如前后生二阳、头生数阳、阳物昆五官、阳物生腿、阳大于腿、阳大于身、阳上生阳，种种怪诞猥亵，非可思议。此室闭门，须声请乃开门令人。

第四，普通画壁，大都有春宫。广庭白昼，奴婢侍立，赤身在几案上作种种变式交合，其方式大都为余在古妓馆模型室所见者，或云此滂陂城当时生活实况也。

第五，有古城中发见之玻璃用具，及印模等。模多小品，今日美术铺所售之小品雕刻，其精尚不及此，盖以刻品印作模，再转印新物也。

第六，有伟大之雕刻品，其美丽不让后代，而雄伟尚为后人所不及。

此外尚有油画专部，与他处者无大别，多中世及近代作品。有画师数人作画其中，有二人为兰君之友。有摩撒专室，其最精之品，亦滂陂古物，为他处所未见。观毕略购印片若干，别兰君自赴过对面街廊②略用食品。饮茶后，往观王宫。宫伟大整饰，其中多大院，有屋顶花园，长数十丈，宽数丈，园上古棕奇花，俱作大树，藤萝类架作棚廊，近代之屋顶花园，视此真小巫矣。室内陈列大都如他处，有大中国磁瓶二，导者称为日本物。有大雕像，亦皆滂陂物。滂陂古桌一件，砌石为面，镂铜为腿，精美异常，完好如新。观毕，赴通济隆购车船票，船于十二日自意国东南境布林的西（Brindisi）开赴希拉，尚须多留此二日也。倦，归寓少息。晚自赴大过廊（与王宫附近与博物院

---

① 此处应为 Cabinet，即密室。

② 原文作"面对街廊"，疑误。

相近者)略观,十时归,快浴而寝。

三月八日

翻书写日记,对于滂陂古文明之推寻,作一小结论。此城之入历史范围,始于耶历前三百一十年,其与他处有较重之关系,始于耶历九十年,社会战争(Social War)加入马西亚联合(Marsian Confederacy),但此城及其附近城邑,如海古澜等之创始,实远在此时期以前。历史家推谓纪元前六百年,或将更远,但不可考也。依司塔保(Strabo)所考,最初有此城者为欧司坎人(Oscan),次为地伦尼亚人(Tirrhenian①),又次为希拉族殖民地,前后掌于苦米亚(Cumec②)、帕吞奴波(Parthenope)及坎帕那(Campagna)人之手。坎帕那人掌此城,约自纪元前四百四十年始,历八十年各城脱离希拉人范围,归罗马保护,此后直至耶历七十九年沦入浩劫。前后约四百三四十年,殆全为罗马皇帝贵族游幸娱乐之所。故纪元六十三年火山爆发,此城半归毁废,不数年间,恢复如故,或更增美丽。罗马尔时为城市政治,罗马一城之贵族,以此地为欢乐宫,他城贵族,亦必不裹足,此其恢复之易也。至七十九年火山又爆发,视前倍剧,于八月二十三、二十四两日将全城及附近他城全行掩没。山石灰土覆城上者,由深丈余至二三丈不等,地形全变,遗址无从寻觅。而百余年后罗马雄主弟杜(Titus)犹梦想恢复,未成,此后渐声消影灭矣。一千四百八十八年后,意大利作者因文艺复兴之影响,考究古事,多言及此城,于是其名称复活,而寻求遗址仍不可得。一五〇二年③,工程家方丹纳(Domenico Fontana)由撒尔奴(Surno④)至安晨斜他(Annunziata)凿运河,发

---

① 此处应为 Tyrrhenian,即埃特鲁斯坎人,希腊人称之为第勒尼安人。

② 此处应为 Cumae,即库迈。

③ 此处年份有误,庞贝古城的废墟于 1594 年由建筑师多梅尼科·丰塔纳(Domenico Fontana)首次发现。

④ 此处应为 Sarno(意大利语),即萨尔诺。

见此城古物甚多,此城之地位始定。然城旧本临海,现将乃去海四启罗迈(合中里八里)之远,宜前此之不能寻得其地也,但继此仍无有力者设法发掘。至一七四八年,布尔奔氏王此地,以那波里为都,札利第三派西班牙人为工程师,专理此事,至今一百七八十年,未尝间断,始将全城现出。城内原状,均不使伤损,而壁上有画者,更以科学方法,将壁皮取下,以木框承之,移悬博物院内。最近数年内仍有新现出者,知发掘之工程,仍不得谓之告竣。而其已发出者,流声寰宇,于是此地,又成为全世界游历家、考古家丛集之地。

考当时社会生活之状况,当先考其百业发达之程度。城内可考见者,以酒店为最多,其用具中以酒坛为最大。考国家博物院中有酒神专部,陈醉翁醉婆醉儿之雕绘品,由此可直接考知其制酒业之发达,间接推知其种葡萄业之发达。城内狭小只足容饮酒之人,充量言之,或兼有制酒之人,而种葡萄之人,必居乡间。此地有磨坊,有面包房,其时必有谷品食物。而城内房屋布置绝不宜于农人,则乡间之耕夫必多。其乡民之村居散居,虽不可考,而此城有三万人,附近他城亦必有若干居民,则乡居之民,必有相当数目,因城内所居仅为贵族及少数之工商人耳。

再考其政治情形,历史家称之为共和政体。城中各街壁上之告白,皆布告公民,使往选议员者。但尔时既有城乡界限,又有奴隶制度,则所谓共和者,贵族之共和,奴隶不得与焉。市民之共和,乡民不得与焉。史家称罗马为共和政体之祖国,然为阶级的共和政治,而非大同平等之政治,可由此城以推知之也。城中居民,半为厮养之奴隶、乡间居民,无异服务之牛马,而贵族乃得安闲以发达其文艺事业。

此城文艺无文学哲学可言,惟雕绘之美术特为发达。欧洲此种美术,导源于游猎石器时代,专表现肉体美,自衣冠文物(此名词久不用,今渐觉其有价值)之人之眼光观之,不免觉其对于性感之刺激性太强。然见惯则美术方面,刺激性渐减,而赏鉴方面之美感上需要性感刺激之度转渐增。肉体美之最富性感之刺激者,在女体为胸前酥乳,在男体为胯下玉茎,在美术方面二者既分别为属性之特别表现,赏鉴方面亦因本身之性别,其刺激性因之悬殊。换言之,不论男女,皆对其异性的肉体美之特别表现所受性感之刺激特强,而对于同性者则弱也。但男女之间,亦有差别。即女子对于双乳仅因其物为男子所爱所发生些微之性感刺激,至男子对于玉茎,不但因其物为女子所爱已也,其本身性感之发生、发达及发泄,皆以此为惟一机关,故其刺性之强,远非女子对于双乳可比。此此物之所以在此城美术上特别当令也。此间壁画多二体人(hermuphrodite[①]),胸垂酥乳,胯挺玉茎,一体而具两性之特别表现,此城人之理想上的美,无以逾此矣。更有进者,女子对于同性美,纵或爱之,生理上实不予以享受之可能;男子对于同性的美,酷爱之者,即可以反抗天然,另辟法门。罗马瓦提坎中,已有山神向爱神比昵之状,此处有山神向爱神求欢之及成奸各像。更有山神自相鸡奸之像,及求奸不遂,向雕像献臀,借石具以杀欲之像。其涉想之秽污,不可思议。然充崇尚肉体美之心理之表现,不加限制,其流弊所极,非至此不止也。男性肉体美之对于男子,如上所述,其对于女子任何种变式交合,及怪诞阳物之画,皆成普[②]通陈设,日常用具,不复能为强烈之刺激,于是乃有阳首鸟之画像,无论女子行立坐卧,鸟飞而与交,鼓翼奋进,当之销魂。求鸟者搴裳露私,奋奔如狂;遇鸟者行者失路,工者弃具;得鸟者狼籍横卧,骨醉神迷,充街遍野,弥目皆是。初观之,疑为此种情理外之绝伦秽亵想象,美术家何由得之?继知崇尚身体美之心理之表现,不加限制,非如此不足以满足其性感刺激之需要也。

　　此都宗教,虽有埃及之伊思庙(Jsis[③]),然庙亦全为希拉式矣。埃及势之衰久矣,或在有史以前也。有齐无庙,齐无在希拉及罗马均

---

① 此处应为 hermaphrodite,即雌雄同体;两性体。
② 原文作"并",疑误。
③ 此处疑为 Isis,即伊西斯,古埃及神话中的生命女神。

为最古之神,而此城则阿波罗庙为最大最精之建筑,以阿波罗为其护法(Potron[①]),尊神。阿波罗即齐无诸子之一,代表男性美者也。希拉神话中,女王爱美,弃国而奔其仇;继母爱美,背夫而通其子;兄妹爱美,可成夫妇,诞褒不经,据普通记载,多有祀之者。此城加甚,故有男神向女神求欢之像,男神向男神求欢之像。宗教与美术狼狈为奸,此城乃成为罗马当时"纵欲败度"淫亵秽垢之中心点。

余初不赞成耶稣教上帝造人,处女生子之诞说,然以视上述之宗教,吾宁赞耶稣教。余素不喜耶稣中世纪黄面僵尸、血痕模糊之经典画,然以视前述之美术,吾宁赞成耶教画。罗马之亡,耶稣教有力焉,由此城推之,罗马文明本身,实有致命伤,耶教纵不亡之,本身亦必自就衰亡。今日其剩余文明中,仍以表尚肉体美之特性为其要素之一,通行于欧美各国之美术中及社交中,此亡国弱种之毒物也,特其剩余成分不足发生灭亡之效率,而决非近代各国强胜之原因。吾国人之游欧美者,往往误携此毒物归,以饷我同胞,吾素疑之,而未敢决。游此城后,乃敢放胆言之:滂陂沉埋将二千年,而其附近城市未全毁,当时居民未全灭,流风遗韵,犹有存者。试徘徊过街廊中,向茶役、向导辈细语,知青年男子操淫业者正自有人,且其人代女性作用,以满男性之要求者尚少,而表泄男性本能,以供酷爱同性美之男子之享受者转多。此一带人之具有特殊嗜好,盖其祖宗所崇尚之宗教及美术所贻赐也!

凡一国族宗教文艺上之所崇尚,其势力超越于政治以上,而浸灌一般人心理上者极深,足以化民成俗,传之累代。吾国政治,太尚苟简,学问太涉玄虚,国势不振,政象不佳,皆此之由。而吾民族之伟大,国俗之敦厚,工作之能勤奋,求学能锐入,则超于他国人之上,何由以得? 此则吾积代来之宗教文艺所含蕴滋育以成。他国之文艺入中国,胎息增醇;他教之神传入中国,秽迹日消,含宏广大以成国俗,

---

① 此处应为 Patron,即庇护人。

有待修正之处虽多,必须保存之处更不少。吾国人之游他国归者,往往欲举吾宗教文艺为根本之铲除或改造,则对他国宗教文艺之利弊及吾国宗教文艺之价值未尝深考;或考焉,有所所蔽也。

晚看欧波拉于圣喀罗园(Teatro San Carlo)。南欧各国,凡国王之对耶稣有功者,教会封之为神,名称上即冠以圣字。圣喀罗即那波里王扎利第三也。本日戏甚好,而布景尤奇,戏名《桑苏尼与大里拉》,桑为奇士,大为美人。第一幕:国王、桑苏尼争婚大里拉,角斗,王败伤,桑遁;第二幕:王纳大里拉为后,后独游遇桑,绸缪不及乱,后还宫,桑尾之,至宫门为卫士所捕;第三幕:桑囚地窖中铁链①推磨,隔壁乐舞声可闻,一宫女来牵之去;第四幕:王在丽宫大张乐舞以娱后,同时宫女牵桑苏尼至,后方饮,碎金杯于地,桑苏尼大痛击柱,柱拆殿倾,恩爱雠仇,同归于尽。此剧为某大剧本家所排,今日第一次开演,去奇士者为奥土地,去美人者为鲁瑟沙佳(Engenla Lucesas-ka),皆此邦名角。观毕,归寓,已一时矣。在欧所观之戏,似以此次第一。

三月九日

仍考书,写日记。下午倦,出门,无可往,再赴国园游并饮茶。留心园为新建,其石像十之八九皆赤身美男子。此都之重男性肉体美,盖至今未衰也。

晚写日记,游此城小结论告竣,已一时余矣。又略检行装,备明晨起程。

三月十日

晨五时余起,续检行李,先将大箱交馆役运车站。七时前动身赴车站,大行李之运票费五十余李耳(意币),而由旅馆至车站一段,馆役竟费三十五李耳,直欺诈也。

七时十四分开车,二等座人太多,且每站多上下者。约十时至沙

---

① 原文作"练"。

兰奴(Saleno①),西向面地中海,为南部大城之一。由此东行路变为车轨,渐升山上,穿洞极多。山内人以牧为业者多,户口不密。正午至山顶,又遍地有积雪矣,然不寒,雪正在融解中。下午二时,至巴吞沙城(Patenza②),为山上重镇。车上无饭,下车在此城购面包一块,米团一个(以大米为团加他料炖之),炒鸡蛋一片,红酒一小瓶,橘子二枚,返车上食之。山上雨量足,土壤肥,惟土不甚厚,内有碎石耳。开辟者不过一半,农人以镢代犁,其法极笨。种麦者很多,房屋甚小。三时余下山,耕田仍用镢,多女人耕作。平野渐宽,田仍有未辟者。同行者有自美归来者,告余:此地即三母尼(Samnite)人与罗马人大战之所。此地古即名三母尼(Samnio)也。五时余,至大浪坨(Taranto③)城,城对大少坨湾,即意大利半岛南端之马蹄湾。此城为沿湾第一大城,湾内水清如镜。略停车又开行。晚七时余至布林的西(Brindisi)下车,雇车寓国际大旅馆。馆甚美洁,而旅客寥落。晚餐后,略看书,寝。

三月十一日

晨起早点后,雇车往观博物院。院之建筑不大而极古,为巴庚教,旧庙后没归耶教。入内一教士着礼服招待,盖院属于教堂也。彼不解英语。院存皆本城古物,多有刻字,字分三种:一希伯来,二希拉,三拉丁。教士为余言希拉、罗马造像之分别:希拉衣纹多周折,姿势美;罗马衣纹交直,姿势雄。余得其意,仍不甚能辨别也。有地图一纸,附西班牙文,为一百八十年前故物,尔时此一带犹属西班牙管辖。余言在此小城,见四种文字可幸!彼乃继书古钱部,有中国字之钱。又出其经典部,有中国字之译经短片,最奇者乃有王照之官话字母,译经一段,下注拼音王照(Wang Tchao)字样。教士知余为中国

---

① 此处应为 Salerno(意大利语),即萨勒诺。

② 此处应为 Potenza(意大利语),即波坦察。

③ 即意大利塔兰托市。

人,极喜。又以余能知名刻像之名,谓余通拉丁,乃操拉丁古语与余谈,余更不能解。观毕,彼出册请余题名,又赠余以古物照像二纸,并题名其上。余不能全识,请彼读其音,迨写日记时出纸观之,仍不能读。余酬以十利耳去。在街上购微物,有童子能辨余为中国人。又有一通英语者与余谈,皆能知余为中国人,惟旅馆及教士,初皆误余为日本人。大致此间普通人皆认东方人为中国人,旅馆及教士,曾招待日本人,因致误认也。

归途观罗马高龙碑(Colonne di epoca Romana①)。碑式与在罗马所见者相类而较小,为罗全盛阿庇亚御路(Appia)之终点及海路交通之大门。御路上修复道,承以石柱,长六百里许,由罗马城直达此地。今复道及石柱,在罗马犹有数段未坏,长以里许。余曾见之,忘写入日记。古建筑之长,长城以下,此其第一矣,余有眼福,乃得兼观其起点及终点,可幸之至! 归寓中餐,遇三日本人,一人通英语,彼等自雅典来,赴罗马经此。余初以彼辈人为慢余,继知彼不通西语,与余言者,乃其译人同来者也。余在俄京,亦曾遇日本此类游历家。中国有资而不通西语者,大可师此法也。略写日记,以通济隆之定船单,交馆员换船票,并以行李票交彼取出,径送船上。以所余意币,改换希拉币,预备今晚上船。下午在街上游,市人有玩艺会。前一车载乐队,乐器有大皮鼓、铜锣、大铙、大镲②及长笛锣鼓等物,完全与中国北部乡下所用者相同。笛较长,其乐调有与现代军乐相类者,亦有通通鉇、滴滴打等调,与在中国乡下所闻者无别。后一车,上置高坐,有人扮作莫苏李尼立而指挥一切,观者倾巷,余亦随之观。晚五时上船,七时开。船小仅九百吨,回忆檀香山乘八百吨之船事,心颇惴惴。同船有能英语者二三人,多与余谈,一为英国某船之海员,为余谈晕船原理,谓海面上大气,有地厚薄不均,故其压力亦不等,厚处空气争

---

① 此处应为 Romane(意大利语),即罗马。

② 原文作“大鉇”。

向薄处来补其空隙，则成为旋风，多数旋风互相冲击，成为旋潮（Revolving Storm），旋潮中所含旋风数多少不等，愈多者船行经过，乘客愈易晕，其数在一方海里能自二至一百，此潮希拉、拉丁语①俱有专名（余忘之），中国名为太风（Tiaphone），英语通行即为旋潮云云。按太风奥音久已入英语通用，即中国各记载中所称之飓风，意为备具各方之风也，近来多衍写为"颶"，误。余曾遇此风数次，皆大晕，曾推其理，虽近似，究不当也。然余说兼言及地底形势，及各方水之潮流，或亦有参考之价值。晚早寝而不成眠。余游意大利，于是日告终。

---

① 原文作"希拉打立语"，疑误。

第三十　阿尔般尼(Albania)

三月十二日

晨,船泊圣四十,意大利音曰三提瓜连大(Santi Quarantu[1]),希拉音曰阿由撒连大(Ayios Sarunto),圣四十[2],其共同之意也。此城欧战为希拉所据,耶历一九二二年,划归阿尔般尼。阿国有海口五,此为其最要者。岸上破屋数十间,有极旧者,似庙非庙,或数百年前物。船停此不过一小时,不便下船,且岸上一览无余,亦不必下船也。由此上船之人,十九衣服褴褛,有不能蔽体者,更有着长尖鞋,尖长出脚可数寸者。女子皆以帕包头,男子有戴覆臼式小帽者,不问而知为回教徒。余多经此一国,既不下岸,翻有关此国之书,略阅之,摘记于下。

阿尔般尼,位于阿推亚堤(Atratic[3])海东岸,当中欧入地中海之门户,西与意大利之布林的西正对,相隔不过五十海里。北部三面临豫沟司拉维(Yugosla[4]),南部东临希拉。此邦古代处于文明国之正中,且密接,宜文化发达,早有可观。乃事实上,此邦无历史可考,识字者亦殊寥寥,语言纷歧,山居者尚不知山外之有世界。吾人所能考者,此邦由土尔基司库他里(Scutari)、亚尼纳(Yanina)二省及其他小部分合成,其人之居北部者,大都呼为格个(Gheg),居南部者,为陶

---

[1]　此处应为 Santa Quaranta(意大利语),即圣四十。

[2]　此地即阿尔巴尼亚萨兰达市。

[3]　此处应为 Adriatic,即亚得里亚海。

[4]　此处应为 Yugoslavia,即南斯拉夫。

司克(Tosk)。耶历一四三一年,土尔基平定此土,分省设治,为此邦人被治于政府下之初元,继此亦间有日尔曼之小野心家奔据其小部落,自称山大王者,时为一四四三至一四六八,旋为土政府驱逐,而欧人爱称其时为司坎德伯亲王(Prince George Castriot Scanderbig[1])时代。土政府治理此地,因其部落,以其酋长为伯(Bey),殊无改进之功,亦无骚扰之罪,人民转爱戴之。十八世纪,欧人又有小野心家,往此地南北二段代本地人民谋独立,而彼为之王,骚乱二年,卒被[2]驱去。直至一九一二年,受巴尔干战争影响,始由伦敦大使会议于十一月二十日决定此邦为自治国,其疆宇大致划定,派一欧洲亲王威廉(似系英人)治理之,然人民仍不甘心,各国又设国际委员会以监督之。此议于一九一三年决定,一九一四年,威廉亲王始敢承受王冠,来此地称尊,未数月,欧战开始,各国军力不顾及此,威廉及各国委员仓皇出奔,此邦可自由矣。欧战将终,意大利、希拉等分攻其地,意军最占优势,海军占瓦番纳(Valona)海口,国内又有独立政府之组织,现象紊乱数年,各强亦不愿一国独据其地。至一九二一,其国国会成立,宪法制定,一切选举以宗教为单位,比例当选。其国回教居十分之六以上,耶稣教分希拉、罗马二派,故选举仍以回教居多,欧人所无可如何者也。国中政权操于监国会议(Council of Regeuts[3]),监国四员,回教占二人,希拉、罗马教各占一人。其全国山地居多,无铁路,除沿海各地外,交通极不方便。农业极幼稚,他业更无可言。近来有中学二处,完全小学二十八处,单级小学四百七十四处,无大学,以选送留学生代之。今留意者有四十四人,留奥者五十五人,留法者三人。其疆界于一九二二年始经正式划定,此国独立,意大利之力居

---

① 即 Gjergj Kastrioti Skënderbeu(阿尔巴尼亚语),乔治·卡斯特里奥蒂·斯坎德培。此处英文应为 Prince George Kastrioti Skanderbeg。

② 原文作"彼"。

③ 此处疑为 Regents,即摄政者;统治者。

多，盖意人思伸张势力于阿推亚提海东岸，纵不占有，亦必植势力于其中。划界之时，极力主张损希拉以益阿尔般尼，而阿界乃南伸数十英里，直至哥佛岛对岸，现有面积约计一万四五千方英里之谱，人口约计八十余万，自此以后乃与土尔基完全断绝关系矣。古时其国通用土国货币，今土币既无，其国尚无银行，无货币，邻国之币，大都可以通行。此国无可独立建国之价值，而在欧洲现状下，非自建国不可。欧洲文明分裂性最强，故欧洲分裂之趋势仍未告终。今英、俄、法等国，乃急急欲介绍此种文明于中国之远疆，吾国不可不省。

第三十一 希拉

（自民国十三年三月十二日至三月十六日共五日）

1. 由哥佛上岸游览
2. 由帕塔下船登车赴雅典
3. 希拉乡间耕作情形——以镢代犁，以女子代牛
4. 在雅典参观国家博物院
5. 参观阿过苞里——为最古之城墟
6. 参观希拉古迹——玉皇庙、哈得林坊、露天戏园、丢尼素戏园、音乐厅、哈得林图书馆、罗马市、漏塔等
7. 古希拉与今希拉

三月十二日

船离圣四十约一小时半，至哥佛（Caufu①）岛岸，岛逼近陆，因岛之口岸在西南，故绕行须时也。岸上有城，亦名哥佛。船停时正午，先用餐，乃由小舶下船，岛风景甚好。城有人口二万七千余，在全希拉居第七。距城十余英里处，有德前皇威廉行宫，今为希拉政府没收。其地名阿喜隆（Achilion②），以远，来往观。赴城附近一小山观，山一面临海，一面临湖，故或称之谓岛。山坡有一种树，干内木质逐

---

① 此处应为 Corfu，即科孚岛，又名克基拉岛。

② 此处应为 Achillion，该行宫以希腊神话中的英雄阿喀琉斯（Achilles）的名字命名。

年脱落，而皮层完好，互相括连，故树干玲珑剔透如太湖石。叶小经冬不落，遍山皆是，岂中国小说所称之零落树也。询之车夫，彼云名谓海觉波罗（Haijoplo）树。山上有小铺，售饮料及风景册，购二册归。略游城内，有番尼氏（Venich①）占此岛时所筑山寨及市场，今尚完好，市场仍为交易之所，此五百年前物也。番尼氏今属意大利，在其东北境，以水乡风景有名，此城历史上实与意大利有些微关系也。下午三时，回船，三时半，船开行。夜来大风浪，晕甚，吐，不能成眠。

三月十三日

后半夜，浪少息，天明已近岸，八时船入湾内，至帕塔（Patrus②）下岸。关员验护照，免看行李。略用早餐，上火车。车轨窄，头等座远不如意大利之二等。余室有五座，而客人有六，极不便。此国人出门爱携物，室中有活鸡二，花盆一，菜篮饭筐数件，更有他箱包类，路为之塞，然彼此甚亲，吸纸烟必以让人。有军官夫妇，中餐，以其所携餐品赠余等，每人面包一片，肉丸一枚，余食之，完全为中国味。询其名曰格夫台氏（Gaiftesh），为土尔基名词，因此物由土尔基传来也。同行中有一人通英法等语，军官亦解英语数字。同船之人，有坐隔壁车者，有时亦可谈。车上无饭，至一站下车购食物，余购面包二片、炒鸡蛋、橘子数枚、啤酒一大瓶，酒与果亦与座客共之。下午五时许至一城，名渴林头（Korfiuto③）。希拉地形如掌，五指南伸，掌心有湖，西向通海，车亦近海岸，故多名之为湾。其形如一断掌纹，名渴林头湾。此湾南北两岸皆高山，而北峰尤峻，现犹积雪未消。山坡下之平地甚狭，农耕之法不进步，以镢代犁，以女子代牛。荒坡泥土中，荷镢者十之七八，皆女子也。铁路沿南岸东北行，至渴林头城，山与湖相

① 此处应为 Venice，即威尼斯。

② 此处应为 Patras，即帕特雷（希腊重要港口城市）。

③ 此处应为 Corinth，即科林斯，该地古代名称为 Korinthos。下文中的大运河即科林斯运河。

逼益进,无田可耕矣。而此城乃甚大,意此地必有通山至他面之路。车过城后,同行者云:"前面为大运河。"立视之,北面通湖,南面通海,宽不过三四十丈,而甚深。虽此城山势较平,距水面犹数十丈也。河共长四英里,由法人代凿,于一八九三年十一月九日落成。法人爱寻地腰开运河,苏彝士河成,为英人所夺;巴拿马未成,为美人所夺。法为感情民族,好大喜功,而无澈底计划,往往类此。渡运河桥后,地势较平衍,东南面海,地不甚瘠,而因多石子(他处亦如此),农民苟且性成,不知检石出以便耕作。由此至雅典百余里,皆可耕之田。九时半至雅典,下车有译人,在车站,以便过客,亦以欺过客。车夫非先讲价不赶,路上多泥,先至马哲司提旅馆。午前曾有电定房,彼无房,亦不言电接否与否,若不愿理生客者,改至大英旅馆,有一甚坏之房。雅典有大庙,尝多香客,故旅馆人满为患。

三月十四日

倦思休息,午前未出门。下午赴旅行公司询车船赴君士坦丁之路径,往观国家博物院。院多古雕像,无英文说明书,模糊观之。其最古之部,刻像不甚美,而可寻古文明之相互关系。有长身亭立,直衣无纹者,埃及派也;有长须,头作小细螺旋者,亚叙利亚派也;其他有身如游龙衣若飘鸿者,纯正之希拉派也。须知各像皆耶稣教前之本地神,耶教来后,夺彼之香火,不能不毁彼之神像,故殊少完好者。又有古代镂金器甚多,以金纹镂入铜器,工甚精巧,不知为何时物,怅然。归途至一咖啡馆,人甚多而衣履不整洁,然女子殊少。至通济隆交钱定船票,决定由海路赴土尔基。旅馆为易一好房,有快感,用餐俱在旅馆中。昨日受寒,呼烈性酒饮之。餐后多饮红茶,早睡,夜发汗,轻快。

三月十五日

晨,略写日记。雇车往观阿过苞里(Agrapolis①),意言高城,在

---

① 此处应为 Acropolis,即雅典卫城。

小山上,为最古之城墟,历史上所称为雅典者也。上有高城博物院。至其地,雇乡导一,门票一咄喝埋(Drachtuai①),合中国钱四分。城建筑之始,远不知纪,所可考者,最早为白拉司基人(Pelasgiais②),又其后哲苏人(Theseus)联合各独立城(City States)为国,以此为都。其建筑之发达,考在耶历前六百年。又二百年,波斯攻领此城,未久而复,耶历纪元之前数十年曳入罗马,故城中特有罗马建筑。盖此城为希拉文化及美术之中心,亦为战事必争之地,改国易主几于不计其次。中世纪之末,曳入土尔基。一八三三年,希拉以他强保护独立,此城又为京城。高城可分为五六部分,第一为照壁大门(Propyloea③ or Mounaestel Gate Wuy④),修于前元四三七年;第二正院,为硕大之方庭;第三为巴得农(Partheuon⑤),供希拉之女神,盖以处女代表贞洁也,一长方殿,另多一角承以六柱及六美人,或云六美人各表一德一艺,然言人人异,莫知所衷;第四城神殿(Ererchtheuw⑥ Temple of Athena Polias Or of Proptectress⑦ of the City),供女神为城之保障,为极古建筑,毁于波斯之役,纪元前四二○年重建;第五凯旋殿(Temple of Athena Nictory⑧),并不甚大,另外一部分为博物院,亦古有之建筑也。希拉古建之特点:一、以极大之房其上全无弧⑨门(Arch),专用长石横支或斜支。二、其柱皆上下作条纹,分为二种:

---

①　此处应为 Drachma,即德拉克马(希腊货币单位)。

②　此处应为 Pelasgians,即皮拉斯基人。

③　此处应为 Propylaea,即卫城前门的入口大门。

④　此处疑为 Monumental gateway,即纪念性大门。

⑤　此处应为 Parthenon,即帕特农神庙。

⑥　此处应为 Erechtheum,即伊瑞克提翁神庙。

⑦　此处应为 Protectress,即女性保护人。

⑧　此处应为 Temple of Athena Nike,即雅典娜胜利女神庙,或为 Temple of Athena Victory。

⑨　原文作"孤"。

一曰道理式（Woric①），柱下无圆方石基；二曰永尼式（Ionic），下有圆方柱基。三、一房自成一局面，不互相穿连。四、多为正方形。大致言之，乃最与东方式相近者也。在博物院观遗存雕像，一曰远古部（Archaic），体态不十分生动，全身着衣，面部分两颧微高，乡导指其一云小亚西亚②衣饰。第二时期者，余忘其名，半类埃及，半类阿叙利亚，乡导云：最近所考，此城为埃及人所创建，白拉司基次之。不知其言可信否。第三部则为欧林比（Olynpian or Olympo③）式，乃希拉嫡派，其像皆为阿林比派之神，即齐无（Jeus④）及其妻子等也。此派乃真美，女者娇袅，男者雄秀，后代莫之能及，惜像破毁无一完者。耶教人最爱言为波斯人及土尔基人所毁，波斯来此在二千三百年前，虽毁，后必更添。土尔基来此在四百年前，其时各处已知保存美术，并不致为无意识之毁伤。大概希、罗两都，关于古文明遗物，大都毁于中世纪一千年中，此考据家之言也。院中存房，上多大理石瓦。乡导云：此当时原物。余视之，其形类东方之瓦，盖希拉建筑，虽全用石，而其发达似尚在东方砖瓦建筑之后。又院存有缠线坠，乡导云今日乡下人所用⑤，仍与此同式云云。此大可研究。观毕，余以乡导尚好，多给以资，彼赠余以小古磁瓶，云为二千五百年前物。归寓，餐后再往观国家博物院，与前所观者印证。地中海沿岸古衣制，可分三派：南岸者紧束无袖，以亭直为美；北岸者斜披横拖，摇曳有姿，但谓之为被纱系罗则可，实非衣裳也；东岸衿袖较完，以齐整为美。埃及之风渺矣，而东西二派至今尚显为两派，以争胜于将来也。观毕，赴人文博物院，已闭门。归，过通济隆改换船票，决计明晚起程。晚得

---

① 此处应为 Doric，即多立克柱式。
② 原文作"小亚亚西"。
③ 此处应为 Olympian or Olympos。
④ 此处应为 Zeus，即宙斯。
⑤ 原文作"乡下用人所"，疑误。

小指南书,略读之。

三月十六日

晨起,检行装,再雇车观古迹。第一为玉皇庙,玉皇欧语或称为久必特(Jupiter),或称为要维(Jove),或称为齐无,如中国神话中所称之玉皇上帝,为欧林比系最高之神。庙为长方大殿,周围一百零四柱,今只存十五柱,为理石造成,纯洁如玉。殿长三百五十四尺,宽一百三十五尺,高九十尺,只一层。此真东方式之大殿,惟无两庑及过厅等等耳,动工于纪元前六百年,历四百年始完工,有谓历七百余年至耶历第二世纪始完工者。第二哈得林坊(Aach① of Hadrian),哈为罗马皇帝征服希拉者,相传玉皇庙至哈得林征服此邦以后始竣工,此坊建于玉皇庙之旁,附有长墙,即当时之围墙及大门也。第三露天戏园(Sludium②),耶历前三百三十年,就欧林比(Olymbia③)山坡为三,当时仅作三面环抱中低外高之池状讲坐,后全用白理石补修座位,在第二世纪时。园长七百七十尺,宽六百尺,共有座位五万,今日均完好。一九〇六年,此都复演(Olymliou Game④)欧林比大剧,仍在此园中。美国学校有数处仿造此园者,余曾见之,宏丽终不能及此也。第四丢尼素戏园(Theutre of Dionysus⑤),形式同前而小,成于纪元前三世纪。第五音乐厅与戏园相类,周有环廊,成于第二世纪,皆用白理石为原料。第六哈得林图书馆(Stoa of Hodrian⑥),现尚存伟大白理石柱十四,据古书所载,馆共百柱。第七罗马市(Rromon⑦

---

① 此处应为 Arch,即拱门。
② 此处应为 Stadium,即露天体育场,此处指泛雅典娜体育场。
③ 此处应为 Olympia,即奥林匹亚。
④ 此处应为 Olympian Games,即奥林匹克运动会。
⑤ 此处应为 Theater of Dionysus,即狄俄倪索斯剧场。
⑥ 此处应为 Hadrian,即哈德良。
⑦ 此处应为 Roman,即罗马的。

Market)，类于罗马城之福禄宫（Foro Romon①），今为一片断柱残檐，然其美术及建筑与希拉异趋，犹可考见，故于此城古迹中，特现异彩。第八漏塔（Tower of Watenlock②），今多称之为风塔（Wind Tower），八角四门，两层。一面安巨漏，今漏已不存，而安漏之地位犹可辨认。全塔尚完好，惟其顶上为木架，此部恐非原物矣。漏之报时，用表不用声，诗人所习用之漏声，乃表行水滴声也。古时此巨漏之表安于楼上，四围可见，漏坏后，其上易以风扇，则报风不报时矣。此木部之所以为新修者，而风塔之名，所由来也。此塔建于耶元前一世纪，当西汉末叶，当时中国是否有漏，此极当考之事实也。此外尚有宁浦山（Nymph Hill）、皮尼山（Pnyc③ Hill）等，亦皆古墟，未详观也。大概希拉雕刻在罗马之上，建筑之宏富不及罗马。本日大风雨，寻古访胜，别有趣味，惟下午开船，风浪可畏耳。归寓，中餐。下午雇汽车自雅典至壁流（Pirecus④）海口上船。

古希拉与今希拉

1. 古希拉

希拉本来民种，体格较北欧人为短。分野散处，久解耕织，为衣布食粟之动物。就其建筑考之，其文明当自东南来。尔⑤时其城市政治与高深哲理尚未发达也，自北民南徙，此国文字上始有奴隶名词。北民体格较高，金发玉颜，不解耕织，结伙南来，多据山巅为巢穴。始则为盗贼生活，劫山下人民食物以自养，久则积势渐大，曳山下居民为奴隶，而以山上为其天骄主人所居，嵯峨宫殿，因之以起。所谓高城（Acropolis）者，即山寨也。凡古希拉城皆据山，皆有一高

---

① 此处应为 Romano，Foro Romano 即古罗马市集。
② 此处应为 Tower of Water Clock，即漏塔。
③ 此处疑为 Pnyx，即普尼克斯，位于雅典市中心的一座小山。
④ 此处应为 Piraeus，即比雷埃夫斯。
⑤ 原文作"迩"。

城,皆为最古之部分。故山寨者,希拉盗贼生活之根据地,城市政治之出发点,亦即奴隶制度之创造所也。

当雅典盛时,附城奴隶依史家所考有四十万。耕织之事责之奴隶,渔牧之事责之奴隶,城中之公共建筑,各处道路之修治,无一不责之奴隶。而所谓城民(citizen),即自由人私人之服役,奴隶亦不能逃其责。此后城民日多,城中事务亦日繁,不能不有其处理事务之惯例。其原来为无首之盗者,其惯例演为其共和政治,原来为有首有从之群盗者,演为其王政。

此种北民,其原来尚在石器时代为渔猎生活,南来后,骤与粟米布帛为缘,其享用之方法不免简单。其衣制大致可考者,男子衣类褐衫兜棚,前面开门,冷时可披覆全身,热时或以为不快时,可脱而搭之肩上或腕上,或竟委之于地,一丝不挂。彼本来无衣,绝不生赤身可羞之感想也,直至亚烈山大征波斯时,其山上贵族衣制仍如此。女子衣较复杂,大致上下均可分开,而腰间则为环筒,故衿袖虽不齐全,极具嫋娜之姿,热时可将上面分开,系于腰间,或上下俱分开,系于腰间,亦可竟委之于地。故尔时地中海东部三岸,衣制显为三派:南岸者短袖紧身,东岸者襟袖较整齐,北岸则男披女系,几不能认其有袖也。但当时奴隶之衣服则大都为东岸式,亦间有南岸式者。

其美术中之最进步者,当为雕像。此种美术,盖彼族自石器时代即发达,南移以后,居有宫室,衣有布帛,食有粟米,一切力役之事有奴隶,身心无所用,自然其原有之美术为其发展天才之一重要径途。而希拉雕像之美术,乃复绝古今,但越时未久,其进步已达极点。后有作者,莫之能及,亦实其本身限于绝境,不复能随时代而进步。凡技术之不能随时代而进步者,造境虽高,非上品也。

希拉之哲学,一半由宗教所脱化,一半亦由于安饱晏乐之外,必无所用,乃发其玄远高眇之幽想。然当时人之思想,谓理想之生活,要点凡三:第一多识,第二暇逸,第三拥有多数奴隶。虽大哲伯拉图之理想天国,亦尚保存奴隶制度。盖彼辈由渔猎生活,南来后以盗贼行径,强多数本地人为奴隶,于是衣食居处皆为奴隶是赖。无奴隶为如何生活,则非彼等所想象,作奴隶为如何生活,即彼大哲亦未尝设身处地以研究之。吾辈读之数本关于古希拉哲学之书,震惊于其精深玄妙,实则衡之东方哲理之以民胞物与为基础者,其根本上实异趋也。

北民南来之初,不过结小部落据山称雄,以腕力强制山下少数农民耳,其后局势渐大,国际关系发生,不能不借奴隶之力以事战争。奴隶当兵后,习于杀人,遂不复如从前之良懦,而脱籍自由之问题发生。其初城民尚思制之,如司巴达城民组有暗杀机关,由巡警执行,曾于数日内,暗杀黑牢(heiloto①)千人以上。黑牢者,司巴达奴隶专名也,其被暗杀之原因皆由谋脱籍也。然其数终不可制止,渐至奴隶制度破坏,城市政治之基础动摇,而希拉古文明亦渐消歇。凡一代文明之兴衰,皆必具有复杂原因。希拉文明兴衰及与奴制存废有密切之关系,宁不可怪。

凡旧式农业人民之生活,大都男事耕种,女务庖织。此国当奴隶时代,城中土木金石之工役太多,大致男子服奴务于城市,女子负全责于家族。耕织之事,皆女子任之,久则渐成习惯。男子脱籍之后,仍不肯多分女子之势。试游此国内地观之,男子大都游手,女子多半力耕。女子非不务家中生活,其在家中时,非游客所能见也。欧人有谓为问答者,问曰:希拉之女子与驴子不同之点何在?答曰:驴子夜间不当差。未免太谑而虐,然可以想见此国家庭生活状况之一斑矣。

2. 今希拉

古希拉已再三灭亡矣。至十五世纪之末,夷为土尔之一省。一八三〇年,伦敦会议,由英法俄三国,保障使其独立,以日尔曼支五子

①　此处疑为 heilotes(古希腊语),即农奴(大写时尤指古斯巴达的农奴)。

为之君,传四代九十年,一君为人民所逐,一君为人民所杀,最后王第五代乔治第二于一九二二年嗣位,当余游此国时,已为人民驱逐出境数星期矣。当余第二次由土尔基赴埃及过此时,其国会已宣布共和,废除君主矣。弱小之国戴一外国王子,最易为其他强国所利用,此不可避之事实也。

希拉独立九十年,宗宗无声。欧战之后,忽尔有希土之大战争,忽尔有希意间哥佛岛之大交涉,皆动全世界人之观听者。其内幕皆英人代为之主,其结果皆希拉失败,英人随之失败,谚云:"架鹌鹑不架鸭子。"希拉者,地中海之鸭子也,上陆不能走,入林不能飞,泅泳青草之滨,其笨重足以混水而轻快不足以捉鱼。英国乃架之使其西向以牵制意大利,东伸以制服土尔基,宜乎其连次失败也。分述其事实如下:

意大利为三角连盟国之一,德奥之旧与国也。其加入协约国方面之前,有密约二次。一在彼得堡,一在伦敦,皆由英俄等国许以将来之权利,而以瓜分土尔基时使彼得与英国相等之利益,为密约中之重要条件。盖意大利在加入战事前其地位之重要,加入战事后其效力之分量,均远在希拉以上。乃巴黎和会,英国扶希拉等小国而抑意大利,以致非麦片掌地之关系,几使意大利退出和会。其原因盖甚复杂,兹将希意二国战后所得利益列表如下,以资比较。

希拉战前及战后土地人民之比较

	土地(方英里)	人民
战前	四一九三三	二九〇八二七二
新得	一六九一九	二六二八一〇三
已得又失	三六二八二	三三九一〇〇〇
新得及又失共合	五三二〇一	六〇一九一〇三

意大利战前及战后人民土地之比较

	土地（方英里）	人民
战前	一一〇六三二	三七二七九七三八
新得	七三五〇	一五五九二〇三

　　由上表观之，意大利新得土地比原有者仅为百分之七分，新得人民比原有者为百分之四分，且得之意奥划界，而非根据战前密约得之于土尔基也。反观希拉，依塞佛会议所规定，即表中新得及又失共数，新加土地比原有者为一百分之一百二十分，新加人民比原有者为一百分之二百零七分。希拉何功，而受如此之重赏。意大利人非尽不识数，岂其熟视无睹耶。哥佛岛之占领，岂仅由一军官之被刺哉。赔款谢罪惩凶便尔了事，希拉犹是便宜也。

　　希拉战前领土，仅一五指形半岛，真所谓片掌地也。战后则西起埃皮鲁（Epirns①），东连马基顿（Macedoniu②）全部，全括土尔基欧洲领土及爱珍海诸岛（Island of Aegean Sea）及坎地亚（Candia）岛，又小亚西亚之土尔基司密纳省（Smirna③），囊括马母拉（Mormora④）、爱珍坎地亚而建富有三海之大帝国。不但意大利心不能平，法国亦未尝不暗中反对，卒至土尔基国民军振臂一呼，法意二国，乃同时单独撤兵，非畏土尔基也，乃恨希拉也，乃恨英人借希拉为傀儡以垄断土尔基利权也。于是而希拉全军覆没，于是而英土宣战，于是英国属地反对出兵，而劳易乔治倒阁，于是而土尔基又得回司密纳省及欧洲三省领土，而希拉亦安其本分矣。

----

①　此处应为 Epirus，即伊庇鲁斯。
②　此处应为 Macedonia，即马其顿。
③　此处应为 Smyrna，即士麦那。士麦那是伊兹密尔（Izmir）的旧称。
④　此处应为 Marmara，即马尔马拉。

第三十二　土尔基

（自民国十三年三月十六日起至四月三日共十八日）

1. 乘楼浦船赴君士坦丁

2. 遇风浪为近时所少见

3. 由君士坦丁登陆

4. 土人脚夫等欺生为世界冠

5. 君士坦丁一斑之情形

6. 由乡导参观——回教礼拜堂、罗马赛马场、国家博物院、穆哈默德第二墓

7. 欧战时德土之关系

8. 土政府对各国传教士办学校须遵守本国规程，否则令其停办

9. 赴昂哥拉先至海大耳霸下候车

10. 与白叶佛同车，彼土国情形熟习，获益良多

11. 抵昂哥拉参观国会

12. 访纳丁伯询问土国情形

13. 会土国商务总长询问彼国土地问题国家预算

14. 克马尔将军与拉梯妃之艳史

15. 昂哥拉之今昔观

16. 仍回君士坦丁

17. 乘英船法马喀离土

18. 游司米纳——土尔基第二大城

三月十六日

下午三时上船。船名列欧袍里或楼浦（Seopolis），为意大利劳易推司德公司（Lloyd Treiste co①）之船，即战前奥国船公司之改名。推司德（Treiste②）省战前属奥，为南疆海镇，战后割于意大利，此公司乃随母改嫁。船上头等客不多，余独占一室尚宽大。晚八时，始开行，殊闷闷。早睡，夜来船摇荡战动，杂以扑闪，极惫，尚未呕。

三月十七日

竟日北风，海作旋潮。每小时只能行六英里，航员谓风浪为近来所少见。同行有阿根廷大学建筑科教授，拉叶君可谈。彼醉心中国建筑，思为北京之游。又德国人来波奴（Repnow）君，曾居中国七年，亦爱与余谈，故不寂寞。大吐三次，讫未断在舱面行动及在大厅谈话也。晚风息，早寝，安。

三月十八日

晨，船泊鞑靼海峡（Dardanel③），本应昨晚到此，因风迟误。峡狭而长，左右皆高山，而少树木，天然险要。岸上城以峡为名，不甚大，建筑亦不恶。船停数小时，未下船。下午读书写日记，闲谈，无所苦。鞑靼峡距君士坦丁尚有一百六十七英里，两岸相距较宽，名之谓马木拉海（Marmora④ Sea），风平浪静，环顾山色，如航行内湖，为生快感。

三月十九日

晨起，船已泊君士坦丁海峡中。两岸城市如画，此船本应昨晨到，余购之票，为罗马尼亚船，应今早到，余欲节省时间改此船，其结果多用十元中国钱，少游一日雅典，多在船中住一日，多得一次晕船病。而罗马尼亚船晚一日起碇，全程无风浪，乃与此船同时到此。世

---

①　此处应为 Lloyd Triestino（意大利语），即意大利海运公司。
②　此处应为 Trieste，即的里雅斯特。
③　此处应为 Dardanelles，即达达尼尔海峡。
④　此处应为 Marmara，即马尔马拉。

事之不容自己预定，即小者亦如此。下船时，脚夫全不通外国语，有以通译为业者，诈骗油滑，满口言上帝，赌咒乃至连儿孙赌在内，而其实所言皆诈。余由船上至旅馆，用去土尔基钱近九磅，合中国钱十元余。海口距旅馆并不远，且所乘为单马车，用钱之多，为所经各城之冠。土尔基人不能得各国人之同情，此亦原因之一也。寓白拉宫旅馆(Pera Palace)一房，不连浴室，合中国八元，亦奇贵，但此非土尔基人所开者。略写日记。中餐，遇二日本人，一名木下东作，曾充大阪医科教授十五年，今为大阪每日新闻英文记者；一名小仓铎二，为南满铁路本社职员，住大连。谈甚欢。日使馆有汽车供彼等用，彼固邀余同游，余谢之。

　　下午读本城指南，五时，倦，赴街上游。此城地理上分为三大区。盖城跨包氏浮罗峡(Bosphoros①)，峡由马母拉海北偏东通黑海。西岸有小斜湾深入，状如牛角，名金角湾(Gollen Hoeme②)，湾南湾北，又分西岸为二。南者名司垣堡(Stomboul③)，为此城最古最要部分。北岸名加拉他白拉(Galata-Pera)，今多为欧洲人所居，亦为商业要区。峡东对金角湾，作一锐角西伸，名士库塔里(Scutari)，为此城之第三部。西岸两区，隔湾有二桥互通，可成一气。东岸无桥可通也。余所寓旅馆，在第二区白拉(Pera)，故名白拉宫。出旅馆先向小街最荒凉处行，巷窄，路多顽石，极不平，居民贫敝，渐入樵牧之区，乃折转。此城山势崎岖，小巷入大街处多为高下台级。入大街，循电车道南行，至金角湾。岸有二桥，相距不甚远，西者名旧桥，东者名新桥。余渡新桥，左右边道上每边立五人，着白衣，腰系铜铁盒收钱，过者每人一偏士特(Piastre)，余无现钱，以小票由旁面空窗内易之，此款盖充桥之维持费也。临渡征税本为不进步之办法，然收者数人并立，过

———————

① 此处应为 Bosporus，即博斯普鲁斯海峡。

② 此处应为 Golden Horn，即金角湾。

③ 此处应为 Stamboul，即斯坦堡区。

者人纳一钱,不给票亦无偷漏,尚简便,以视意大利之各公共地方纳费者皆给票,票须临时填写盖印,裁割须时甚久,或胜一筹也。桥势雄伟,两旁多梯道,行人多由此上下船也。桥正中各段为浮桥,其上依然饰铁铺石,铁轨上电车来往如梭,不留心者不知其能转动也。通桥后不远为圣苏斐亚教堂(Seuta Sophia①),耶历三百二十五年君士坦丁大帝创建,或称此堂为东罗马或卑参廷(Byzantine)式建筑之鼻祖,比之罗马、希拉式另具异彩。四百零四年半毁于火,四百一十五年复修,五百三十二年又全毁于火,五百四十八年又全修复。其庄严与美丽,并为建筑美术家所称。一千四百五十三年,土尔基雄主穆哈默德第二(Mohamed Ⅱ②)攻克此城后,对于此堂尊崇保护,惟将耶稣教雕像等移去,代之以可兰经及土尔基国旗,而此东罗马惟一之雄丽耶教堂,遂变为土尔基新都之第一回教堂。余绕观之,因不谙回教情形,不解语言,未敢入内。堂后皆小巷,不远有一巴察阿(bazaur③),即市场也。回民爱叫卖,万声响应,使人一字不能聆清。市内极龌龊,间有着宽裆裤下以带扎腿者,置之中国回教贫民中,不甚可分辨。其茶馆亦大类中国回教者,惟面貌形状最杂,五光十色,不可胜诘。转至极小极旧巷中,其贫敝与他岸相同或过之。再回大街,由原路渡桥,归寓。

晚餐后,又与二日本人谈,同来余室,十一时彼等去。旅行中所遇日本人,以此二君为对中国人最好。

三月二十日

上午,读书写日记。此地历史最繁富有趣,平日对此城之历史毫无研究,不能不临时读书也。下午觅一乡导,为回教人,佩退伍军人章,与之谈,自谓有军职,既伤且老,仅有退伍恩俸,不足自养,住室欧

---

① 此处应为 Sancta Sophia(拉丁语),即圣索菲亚大教堂。

② 此处应为 Muhammad Ⅱ,即穆罕默德二世。

③ 此处应为 bazaar,即市场。

战时毁于火,今乃业此。询知余为中国人,彼三十年前曾随匈牙利旅
行团至中国天山南路喀什噶尔等处(今名喀什道),又其外祖母为中
国云南人,其祖父曾为将军云云。其言不尽可信,得此乡导大快。乘
马车先过桥,至昨日所观之教堂,彼云:此非圣苏斐亚也,此名叶尼扎
迷冒司克(Mosqu of Yeni Dzami①)。冒司克,土耳基语所谓礼拜堂
也。进内观之,进门时,守者给以拖鞋着之入。建筑格局,正中一兜
幕,左右二半圆者附之。周围以巨柱承大廊,上为弧形砌顶,如西欧
通行之高狄氏(Gothic),惟柱式不同也。出此堂,左面一巨门,彼云:
此名苏丹门(Gode②of Sultan),苏丹来诵经乘辇过此门。苏丹者,回
教所谓尊无二上之皇帝也,故回教人操他国语者,有时亦以皇帝字代
苏丹。由此至圣苏斐亚,其局面视叶尼扎迷较大,而形式相仿。入内
亦先着拖鞋,地下地毯为四百年前物。男女来诵经者,须先洗手足口
面等,故虔诚者多跣足,亦有脱靴仅着袜者。诵经声宛转朗润可听,
中国和尚及天主教神父其诵经声,相类回教诵经声,绝类科举先生诵
八股,不知何故。此堂为卑参廷式建筑之鼻祖,今日所谓之罗马式
(Romonesque③),并非罗马古式,其成立乃出于卑参廷式,仅将兜幕
加高耳,至罗马古建筑,大都为希拉式。出此堂,赴罗马赛马场
(Hymdrome④),今则为此城最庄严之地也。四周皆伟丽建筑,正中
为方圆,内有希拉蛇碑(Colone de Serpants⑤),三蛇互缠由下向上高
数丈。相传此碑为古希拉人所制,在三千年前,罗马皇帝移之此。今
三蛇之头不存,只能观其身,一头存此地博物院,一头存英国博物院,
他一久失去。相传穆哈默德第二戡定此城,后疑此碑为卑参建国魂

---

① 此处应为 Yeni Cami(土耳其语),即耶尼清真寺。

② 此处应为 Gate,即门。

③ 此处应为 Romanesque,即罗马式的。

④ 此处应为 Hippodrome,即竞技场;跑马场。

⑤ 此处应为 Colonne de Serpents(法语),即蛇柱。

所寄,以佩剑斩其一头,不知确否。又一为埃及碑,雄伟不在罗马者
之下。又一为维廉第二亭,或径名凯萨亭,二十年前德皇游此,特赠
此以证德土之永好。德与土尔基之关系,固不自欧战始也。园之对
面,为苏丹阿哈默德(Ochmed①)冒司克,伟大在苏斐亚之上,内面四
角方柱极小,而另有四圆柱极大,为所观一切建筑中所未有。上下作
条纹,其与希拉式柱之条纹不同者:一、彼纹外尖内圆,此内尖外圆;
二、彼直通至顶底,此则顶底尽处内尖之纹两两相交,使外圆之纹成
圆头。余数之,每柱三十纹,每两纹之间约一尺五寸,全柱周五十余
尺,径约十八尺,可谓大矣。出堂往观国家博物院,院中所存以雕刻
为最有名。余亦仅观其雕刻,以希拉者为最多,盖希拉文化所及之
地,于耶历二世纪逐渐归罗马,至十二世纪逐渐归土尔基,至十五六
世纪,几于全归土尔基。各国博物院之收集远此时期以后,故土尔基
领土内,得藏有如许珍品,以待其后来之搜求,其最有名者,则为亚烈
山大之石棺及其他石棺,殆为他处所未见。亚烈山大之石棺以坚白
理石凿之,长丈余,下方,上有脊如屋顶,高亦丈许,雕工极精美,而发
掘时又未大伤损,故难得。棺内尸身是否为亚烈山大,当为考古家所
争论,而伟丽自为绝品。他棺多属亚之诸将,亚远征暴卒,其诸将分
霸小亚西亚一带,故其棺多在此地。棺多雕希拉波斯战事情形,并有
亚烈山大自临前战之像。然希拉兵大多赤身,一手持兵,一手持铜
牌,波斯兵皆衣履整齐,在他处亦屡见此等雕像,盖征欧人以衣服为
缘之日甚浅也。出院,院在一古禁城中,城墙之垛口及炮楼如中国
式。院之对面,为一古宫,穆哈默得第二进此城后,最早之住所也。
由此地至武器博物院,中所陈多前数世纪之巨炮以千计,种类各别,
且大都有历史关系。此可知土尔基以东方小部落,数百年内,雄据西
亚,吞并东欧,盖有由来。其四百年前之巨炮,制法颇精,略含机械
性。欧洲如非有近代科学之发明,恐不易遽扑毁土尔基也。院中有

---

①　此处应为 Sultanahmet(土耳其语),此即苏丹艾哈迈德清真寺。

历代名将绘像，乡导寻指其一，谓系其外祖父各毛唱齐（Mouchtsy），其外祖母名梁明（Lian Ming 译音），中国云南人。出室，院中有置无数新式废军械，彼谓此皆一九一五年夺之英人，院中非添修大室不足以容之。又有极大铁链，彼云此为海锁，古时由布氏浮罗峡两岸筑坚塔，系拖海面以防敌来。他书有言，以巨锁系两塔顶，由链上为空中交通者，不可信。由此过旧陆军部，此岸之塔，即名司坦堡塔，在部之院中，今作为火警塔。塔之建筑特别，下为二十丈许高之浑圆柱，其上为环阁，八面开门，过此至一回教啤酒店饮。啤酒为浓汁，饮时上撒桂粉。饮毕，往观穆哈默德第二之墓。墓在其冒斯克之旁，彼修冒斯克时，兼修此墓。英雄之事必我作如此。墓外为极大环亭，内为极大白理石棺，长可二三丈，宽丈余。周围女子跪而向棺诵经，其状甚虔。此公卒已四百年，左右诵经者，决非祝彼灵魂早升天国，盖必以棺为彼之灵魂所凭依而向之祈祷也。乡导最爱言其所导观之物为世界最大者，但以余所见，亦确以此棺为最大。穆哈默得第二冒司克亦特大，其前面为数十间之楼廊，外为实墙，内为巨柱，前为伟大正门，左右又为对门。院正中为水亭，水亭八角，宽檐，中为八角池，蓄水，周围安水管，下有环池，以便入内者先洗手足口面。此堂气象，东方气特重。由此又至一极古教堂，相传为耶稣教在此地第一教堂。其内摩撒式（Mosaic），屋顶及壁上，全为耶稣教宗教画。乡导云：耶稣教人最爱言回教人破坏性大，此堂为回教所有，四五百年矣。吾族但来此中诵可兰经，未尝毁壁上之耶稣像也。由此往观旧城墙，较罗马者为伟大，惟城门甚小，罗马者亦然，中国村中寨门或有较此为大者。此城易主不知若干次矣，乡导特指此门云：此武皇（Emperor the Conquerer①）占②领此城所进之门也。按卑参廷末皇巴留娄古（Pale-

---

① 此处应为 Conqueror，即征服者。
② 原文作"战"。

ologus①)中箭死此楼上，城因以陷。由此回寓。晚与乡导同赴一土尔基餐馆，膻气极重，无东方味道。餐后，步观各街，曰赴一小犹太茶馆，饮茶倦归。乡导又送余至寓，略谈乃去。余略读书，寝。日间所游穆哈默得第二墓一带数街，皆为瓦砾。乡导指云：此皆一九一五年英人所掷炸弹轰焚者，数千家房屋皆归于尽云云。而穆哈默墓及其冒司克如鲁灵光殿，岿然独存，且毫无损伤。回教人崇信古苏丹如神，必谓有神画阿护②也。补记之。

三月二十一日

晨起，思略考欧战时此间情形，无书，得英人所著《噶里浦里(Gallipoli)战地记》读之。查欧战时，德土曾有联络阿富汗假道接济印度以抗英之计划，虽不易实现，英人实畏之，故攻土之役，英人特出力。除海军不计外，由英国本部军队、澳洲新西兰二处联军共任其事。一九一五年四月廿五日，袭登噶里浦里半岛，其地西临爱琴海(Aegean Sea)，东临鞑靼海峡，峡长不过五十英里，东北最狭处，不过四五英里也。英澳新联军自西面苏夫拉(Suvla)登岸后，进占安察哈(Anzac)山及希来角(Cap of Helles③)，角为半岛南尽处，三处相距约二十五英里之谱。土耳基调军御之，英军始终未得进步，且有时大败，一次死伤七千之多。澳新联军尚敢战，而英军第二十九师守苏夫拉始终延缓不敢进，以致联军失援。直至八月九日，英爵将哈米屯(Sir Jon Hamilton④)来视师，适令出发，甫接战线土军猛击，英军大败奔，并苏夫拉大本营亦为土军所得，此后英军更难进步。至十一月二十七日英国名将吉亲纳(Lord Ritchenea⑤)亲来视察，知终不易进

---

①　此处应为 Palaiologos，即帕里奥洛格斯，末代皇帝君士坦丁十一世。

②　原文作"阿护"。

③　此处应为 Cape of Helles，即海丽丝岬。

④　此处应为 Sir Ian Hamilton，即英国陆军上将伊恩·汉密尔顿。

⑤　此处应为 Lord Kitchener，即英国陆军元帅基钦纳。

步,至十二月二十三日全军撤退。自此以后英军但攻弱处,如帕利司坦(Palestine),如墨索波他维亚(Mesapatamia①),俱为英军占领,而不敢问君士坦丁之鼎。尔时土为垂敝之国,四面受敌,英以巨大海军,加以若干陆军登岸,八阅月,师劳无功,迄未得进鞑靼海峡一步。由此可以知英人之敌斗力,并可以知土耳基之抵抗力矣。此城被炸弹所毁之部分,当亦尔时所为,而武器博物院中之无数英械,亦必当时所赠之陈列品也。

下午写日记,本日星期五,为回教休息日,他教商户亦须遵此国法律,闭门休息,小商店听便。土政府谓回教人如赴耶稣教国经商,亦当然遵彼国法律以星期日为休息日,各国公使联争无效。此乃欧洲各强所议决为国际自由城,欲置于国际联盟管理之下者,今则全欧无缺之主权,完全操自土政府。本日旅馆有跳舞,须先期请市政府总督(Governor General of Constantionple②)颁给允准,告示贴之门外,告示为土法二国文字。余室内有英文告白,云依政府法律某条,外国旅客到此居住十五日以上及赴他城旅行者,必须先期赴警察局呈验护照,请于允准。外交官及领事不在其内,其雇员仆人照旅客办理,无论何人由此城下船者,均持护照向警察局注册云云,但下船处警察局与税关同在一大室中,对面注册并不费力也。游他国时受其苛法拘束,往往生彼强我弱无可如何之感念,今觉强弱之间其转枢只争分毫,然吾国对土尔基汗颜矣。愿后来者勉之!

晚食后又赴小犹太茶馆,饮茶一杯。旅馆隔壁有俄国小戏园,园座上兼售茶饭等,入其中购票观之,歌舞皆粗鄙可厌,操法语。此间除去土语外以法语为最通行,观十余分钟归寓寝。

三月二十二日

上午略读书,又购新书若干种,相片若干种,步游数街,在外用

---

① 此处应为 Mesopotamia,即美索不达米亚。

② 此处应为 Constantinople,即君士坦丁堡。

食,归已傍晚。英文报载此国麦西纳(Mersina①)地方,英国教会所立学校不遵本国章程,将本国文语及历史请本国人教授,经地方学务局告戒不听,已于前日勒令停闭矣,中国人视此愧否(英人报名《东方新闻》〔Orent② News〕在此城出版)。

晚赴俄国小戏园餐,奇贵。餐后回寓。今日旅馆有特别跳舞,名优男女若干,演美国摘姿(jozy③)舞,售票价二元,观者亦同舞。自十时起至十二时,人将到齐,三厅相连约有观者一千余人,穿厅跑舞,百态并陈。摘姿舞俟一时方开始,余不能候,归寝。

三月二十三日

晨五时半醒。乐声、掌声愈觉聒耳,不克再眠。六时半起,略检行李。今日赴昂哥拉,七时离旅馆,乘马车至司坦堡桥头(即新桥)上船。脚夫极多,争代扛行李,先由船渡东岸,东岸码头亦整齐,惟④人醒龃耳。下船至火车站,又验护照,非有巡警局签字不能购票,脚夫引余至数室内,费时半小时,迄未得票。乃至车站餐馆内休息,给脚夫钱一土尔基耳,合至中国钱一元二角之谱,彼仍争执不已。来时乘船与一阿尔船尼(Albunia⑤)女子共一室,彼略通英语,欧洲上等女子之语言学多数在男子以上。在纳波里观微苏非火山时,一德人同行,其妻兼为之通译。余遇此类情形甚多也。在餐室只雇人扛行李觅一旅馆,名东方旅馆,为此岸大旅馆之一,而狭小异常。馆主夫妇及用人皆阿门尼人(Amenian⑥)。雇车游此岸,此岸旧分三小城:一、海大耳霸下(Haidar Pacha⑦),即赴昂哥拉车站所在;二、喀的克

---

① 此处疑为 Mersin,即梅尔辛,土耳其港口城市。
② 此处应为 Orient,即东方的。
③ 此处疑为 jazz,即爵士舞。
④ 原文作"帷"。
⑤ 此处应为 Albania,即阿尔巴尼亚。
⑥ 此处疑为 Armenian,即亚美尼亚人。
⑦ 此处应为 Haydarpaşa(土耳其语),即海达尔帕夏。

威（Kadi Keui[①]）；三、冒大（Moda），今仍其名，共合成君士坦丁之亚洲部分。乘车约二小时，遍看三部分，并至极南一小半岛上看古城，登塔。回至车站中餐。餐后，乘船回司坦堡向警察队请签护照，彼谓外交护照由市政总督府外交司办理。又改赴市政府，面外交司长阿德南伯（Aduan Bey），允为签字。余在客厅候约二十分钟，护照签讫，给招待余之仆人土币一里耳。客厅堂皇，盖外交司似系前土政府之外交部地址，甚宏大。在客厅中可望皇宫，出外交司往看皇宫，入城墙内展转数次，仅见前所已见之二博物院及其他建筑，寻得皇宫正门，并不开放。其城墙临海一段，为欧洲东段尽处，俯瞰布司浮罗峡，面对司库得里，北望黑海，南望马母拉海，形势风景，可称两绝。君士坦丁之必欲移都此地，盖有由矣。折原处，出城门，在街上略购食品，购明日之粮，再渡峡至东岸，仍在车站晚餐，归寓寝。旅馆为耶教所开，而回教人亦寓其中，且有回教女子。

三月二十四日

晨赴车站，用早点。餐馆为余购之肉丸、汽水、水果等已齐，购票携行李及食品登车，与二回人，一布尔加利（Bulgaria）人同一室。布人名白叶佛（Peyeff），前任驻君士坦丁总领事，略通英语。车上有军官查验护照注册，全用土尔基语文，彼代余译传，可感。二回人貌皆类德人，曾为显宦，然亦有警察局之护照也。十一时左右，各自囊中出宿粮作早餐。所经过皆膏壤，色微红，英语称之为胶土软田（Clay Loam），河南名之掺和土、联和土，在田中为上等，禹贡名之为赤殖坟。今陕西渭水两岸之田皆此种，所谓八百里秦川，天富之国也。惟此地耕法太幼稚，荒田亦多。下午一时，至伊思米城（Ismid[②]），临伊思米湾，因以为名。希土大战时，此地为土国民军重镇。再东南行，路南面现高山北面为湖，风景甚佳。地皆黑，壤更肥。有新掘土之处，露出地层，其

---

① 此处应为 Kadıköy（土耳其语），即（土耳其伊斯坦布尔市）卡迪廓伊区。
② 此处应为 Izmit（土耳其语），即伊兹米特。

上层大都为林木,积叶杂山上,随雪水冲下之微土,久则叶亦变为土。凡雨量足、山多林木而地尚未垦者,其田皆如此,北满此田甚多。三时许,路入万山中,有洞。四时余,渡三家流(Sauyarius①)河桥,桥于希土战时,曾为希军所毁。过此,时见高山,时为平原,而人民渐稀。晚十时至埃土基色(Eski Shehr②),此地为本国铁路南北两干线会合之点,为重镇。罗马势力未至此以前,多律留(Dorylaum③)曾为此城主人,有古物可考。车停此一时半,以正在夜中,不敢离站,在车站饭店内补用汤水,大饮茶,身较舒。此城人亦不类东方人,惟一小店役则为绝对之蒙古人样。十一时半,车再开行,坐而睡,幸不冷。

三月二十五日

天明七时醒不再睡,入便房洗脸,而三等车妇女均来此房洗面。不俟此人出,彼人即入,余立候亦不得入。余今晨不用食。由此而东,人民更贫,村中房高不过丈,平顶,小窗不过二尺见方,耕种更不讲究,而荒田亦更多。十一时至昂哥拉下火车,余与白叶佛君共乘一车,同至哈三伯旅馆(Hasan Bey Hotel),彼操娴熟之土尔其语,故无所苦。余二人共寓一室,此房为新修,顶棚地板尚未油漆也。稍休息,用早食,食品亦欧洲式,腥味不及前在君士坦丁回馆之重。馆内人役等有略解法语者,英语绝无人解。下午与白君同赴国会,即国民大会(Lyronde Assembte Nationale④)。彼访友人,余亦持在匈牙利时蒲瑞列(Prohle)教授之介绍函,访马拉地州代表纳丁伯(Le Colunel Mohmovd Nedin Bey depute de Malatia⑤),故今日尚⑥未来会

---

①　此处应为 Sangarius(土耳其语),即桑加里乌斯河,现名为萨卡里亚河。

②　此处应为 Eskişehir(土耳其语),即埃斯基谢希尔。

③　此处应为 Dorylaeum(拉丁语),即多利留姆。

④　此处应为 Grande Assemblée Nationale(法语),即大国民议会。

⑤　此处疑为 Le Colonel Mohmoud Nedin Bey député de Malatya(法语),即马拉蒂亚议员穆罕默德·纳丁·伯上校。马拉蒂亚是土耳其马拉蒂亚省省会。

⑥　原文作"向",疑误。

中,余将介绍函及名片留置门役。彼嘱余稍俟,而迄无消息。国会为新建筑之房,规模甚小。周围墙院均未竣工,院内置长木凳若干,以代招待室,候见者皆坐此。余乘暇往观汝连高龙碑(Colone de juliru①),汝连为罗马雄主之一,武功文艺,俱为史家所称。其当国约在耶历二三世纪时,彼为罗马皇帝最后之不信耶教者。其前为二庸主,皆信耶教,故其亲属左右亦多教徒。东征波斯时,途中暴崩,与马其顿亚力山大王东征死法如出一辙。此地曾属波斯,或因其东征而有碑于此耶? 距碑不远有罗马阿古司杜庙,阿亦雄主,罗马人祀之如神,故此地有庙,高龙碑尚为纯正之罗马式,惟不及在罗马者之大,庙则曾经补修改造,殆不能辨其为罗马遗物矣。罗马之古物留存东方者,殆以此地为最远。高龙碑顶上半残,有鹤巢其巅,碑旁为帐棚,驻陆军,其斯谓风声鹤唳②乎? 由此转至大街,绕观古城,并各旧式小铺。街口皆有以擦鞋为业者若干,而着整齐之靴之人很少,贫苦阶级中多有高颧低鼻者。兵中以高加索山(Can Casus③)人为多,高鼻削面,面黑紫糖色。乞丐甚多。观毕返国会,伺役仍云纳君未来。归寓,傍晚再赴国会,以六十皮阿司特与门者,请其将信交到。食后早寝。

三月二十六日

晨赴外交部,询护照须再签否,又赴国会询谓下午一时往晤纳君。因绕观此城形式,最内部分在山上,次旧者绕山为街,最新部分在山下,政府及各公署在焉。由此赴车站可数里,车站又为一局面,城站中门一小平原已划定路线,并已修成④十字大路二条,将来必定以此为新城之主要部分无疑。赴大街茶烟馆用茶,并一吸土尔基水

---

① 此处应为 Colonne de Julien(法语),即尤利安石柱。
② 原文作"泪"。
③ 此处应为 Caucasus,即高加索山。
④ 原文作"城"。

烟,烟具分三部分,下部为一大玻璃壶中著水,上部为烟锅,大如小茶杯,磁底,上用铜镶,加箅,锅有长管下通,另有橡皮吸管长三尺许,一端有螺丝可接于壶上,一端为吸嘴,三部皆活,以便拆下刷洗。吸时锅中置烟叶,上覆以木炭火,须用气长吸,方能得烟。余气力不胜,试之而已,未尝得烟也。街中及茶馆中之高颧者,呼余曰达达子,余以达达子呼彼,则相视而笑。归寓,中餐,托旅馆换英磅为本地钱。下午一时许,再赴国会访纳丁伯,彼不能英语,乃电约一人来,为法司白里博士(Fase Bery),译助余等谈。至开会,彼给旁听券往听,议军事预算约半小时,宣告开秘密会,余等退席。纳君候于门,只约期再会,法君亦告别去。议厅设备极简单,共二门,旁听者与议员同出入,惟旁听席在两旁栏上耳。议员出席者十之八九,年长者亦不少,有头缠白布者十人左右,此皆老派服装,闻新疆缠民亦多类此。出国会,再赴小茶馆饮,数人中有一略通法语者,共聚与余谈,殊难达意也。归寓。

晚七时,纳丁伯①偕法博士来寓,约同至一餐馆晚餐,谈至十时始散。余询彼数问题,请答如下:

一、喀里夫废除后有无善后办法,及是否须有新组织,以联合各回教国家。

答:喀里夫废后只有进行政治方面应行改进之事,无所谓善后。外人往往误会喀里夫之废除有其他政治关系,实则为改进之必要上非废除不可,例如司法改良,为今日必需进行者。而宗教法庭依喀里夫为护符,不肯让权,政府即为之掣肘。司法如此,其他可以类推。国内现尚不无守旧之徒及观望之辈,故非废去喀里夫无以一国民之观听。废除则诸事随手进行矣。至各回教国家,有共同之教旨,即为天然联合之线索,而有共同之仇敌,英人是也。总之喀里夫之基础已死,决无复活之机会,而回教国家之相互关系,决不因此有任何妨碍。

---

①　原文作"阿丁伯",依前文改为"纳丁伯"。

二、问回教不食猪肉，此与耶稣教及犹太教出于同一教理，今仍恪遵此规如昔否？

答：大致可分三派，一完全守教规不食者，二以谓此规无关教旨而食猪肉者，三虽以此无关教旨而习惯上无食猪肉之要求者。但回教人以牧为业者多，养猪宰猪售猪肉之业皆为之，因境内有耶教人甚多，彼等均食猪肉也。

三、英人欲立伊拉克（Iropue①）国王为回教喀里夫，是否须为相当之防备。

答：此事必不成功。埃及、波斯、印度各处，不乏有识之人，决不承认伊拉克王为其教主，以陷入英人网罗中，土尔基更不待言。

彼又询余中国政局情形，外交情形及回民情形，余一一就所知告之。末乃询余中俄决裂情形，是否可以酿成战事。余答俄人借故占据外蒙，前曾许交还，英意二国承认彼国后，喀拉汉态度骤变强硬，余意此为会议决裂之主因。然中俄二国今俱在休养发达时代，余意决不致宣战。末彼言及新疆情形，似其言皆出于俄人所宣传者。隔座一人来与彼语，似不愿彼谈此事者，遂止。馆内座位不分房间，隔围屏处有大宴会，彼告余设俄国之经济委员来商购土货，此间人与彼为宴会者。究竟彼面俄人为何种性质之委员，殊不可知。俄人之欲有事于新疆久矣，今彼欧疆内，对德已暂停进行，对英、意已实行修好，或者将有所举动于东方亦不可知。散席，纳君又用车送余归寓。

三月二十七日

晨起，写日记。十时赴国会晤纳丁伯，彼又为余介绍加拉奴利（Djalal Noury）君，为加利波利州议员（Deputy of Gallipoli），通英语。谈半时，彼允为介绍商务总长，并嘱将余关于经济之问题写出，下午再会，因十一时有重要会也。出国会赴山上古城，旧建筑之残废者甚多，亦有确可认为罗马时代古物者，或有更古者。人民生活状况

---

① 此处应为 Iraq，即伊拉克。伊拉克葡萄牙语为 Iraque，与原文近似。

太幼稚，不堪着眼。归寓，中餐，并用英文写三问题，预备下午之用，译记如下：

一、本届及前届国家预算中各部分之主要数目可否以大纲见示。

二、贵国田地分配情形为大规模之田园属于大地主耶？抑分为小片段分属平民耶？

三、据吾人对于欧洲大战之经验，知食物自给关于一国族战时之真实独立如此重要，及对于英国出口贸易衰落之关系，知农业产物关于一国族之经济地位如此重要，贵国政府是否有奖励农业进步之计划？

下午一时半，再赴国会，略候，加拉奴利君导余在阁员室会商务总长。略谈，彼言此国田地大都为小片段，为地主自耕，惟最东部分略有较大地主，全国人民生活必需上毫不仰赖进口货，惟君士坦丁为特别情形，农业改进必需进口机器，因历次损失人口过多云云。其余由加君异日函复。二时彼开会，总长亦须出席，余辞去。此国人多简质，余与彼等谈时亦直捷，然访晤总长绝未先施以交接上应有敷衍语，径出繁重之问题请教。过后自觉礼习上太嫌缺欠，连日用心实质上问题过度，致有此失。游程中向抱到处留心主义，然精神有限，殆无可如何者也。

昨日询外交部，谓护照不须再签字，今日旅馆主人言为须签字，乃派人领余至巡警局，局面颇大。彼言外交护照赴外交部。再赴外交部，仍谓不须签字，惟上车时，示站上巡警官而已。往观总统府，为二层楼房，工字式，中有五窗，左右各三窗，檐上略施彩色，并立同式两座。左者较高，为总统府，即克马尔霸下两次撤消苏丹王位，一次根本上废除教主（即喀里夫）否认番赛和约，战胜希拉，夺回欧洲三州，撤消鞑靼海峡国际共管，迫退君士坦丁英国等驻兵，吓倒英国战时颠扑不破之铁桶内阁，运谋决策点将调兵之处。右者较低，而檐上稍为华美,为总统住室,乃政余与其夫人拉梯菲(Latiph①)燕婉好合之所。本城人极简质,称左者曰克马尔房,右者曰拉梯尔房,其地位在新城旧城接连处之半山坡中,远望之城上古建筑为背景,亦颇具尊严辉皇之气象。此城之新建筑,当以此为第一。出余旅馆门仰视可见,惟此时始知为总统府也。

克马尔年四十二三,十余年奔走国事,戎马仓皇军书旁午,抱匈奴未灭何以家为之想,故年愈不惑犹为孤身。拉梯妃拥有厚资,有环肥之美名,娴英、法、德各国语,历游欧洲,曾寄寓伦敦、巴黎各名城,求凤有心,好事多磨,十年未字,年事已六十六七矣。去岁希拉军溃,洛桑议成,克马尔功成名就,拉梯妃亦倦游还乡,二人之美满姻缘亦于是时妥谐。择吉大婚,所谓拉梯妃房者,或为其私资营造,亦不可知,而其名亦传遍此国矣。

此城最古时为昂次拉(Ancyra)人所居,今名昂哥拉者,古今转音也。埃及、希拉、罗马之古物均有遗存,以备后人之考求者。东方民族之征服此地最初者,有突厥本支,蒙古健将塔木伦(TamerIane②,即铁木尔)西征大败苏丹巴亚西(Bayazid③)于此地。未久蒙古人退去,此城仍为回纥所有,以至于今。在回纥来此时之前,南来之波斯,东征之十字军,均曾歇马于此,盖亦此邦名城之一。奥次门(Osmon④,旧称奥头门〔Otomon⑤〕)之武化,实以此城为发育长之乡。自武皇穆哈默德第二(Mochmed⑥ Ⅱ The Conqueror)移都君士坦丁,此城之荣名渐归消歇。四年前大将军穆司他法克马尔霸下建

---

① 此处应为 Latife(土耳其语),即拉蒂非·乌沙克利吉尔。另,拉蒂非比克马尔年轻二十岁而非年长,下文中关于拉蒂非年龄的记载有误。

② 此处应为 Tamerlane,即帖木儿。

③ 此处应为 Bayezid(土耳其语),即巴耶塞特一世。

④ 此处应为 Osman,即奥斯曼。

⑤ 此处应为 Ottoman,即土耳其帝国的(尤指奥斯曼帝国时期)。

⑥ 此处应为 Mehmet(土耳其语),即穆罕默德。

国民政府（The Great National Assembly of Tubg①）于此，人杰地灵，此城又驰声于寰宇矣。

赴议会辞行，卫兵守门不得入，正开秘密会也。

晚餐后，稍坐即寝，一因此地无地可往，二因街上多泥水，晚上无路灯，即欲在街上散步亦不可能。

三月二十八日

晨起与白叶佛同用早餐，餐后，雇车上车站。旅馆用役偕余赴车站警察办公室，示余护照，彼登册给予以券，无此券不能购车票也。遇德国人侯佩君（Otta Hoppe）遇事相助，彼为德国机关车制造厂厂长。九时到车站，又三刻购票，十时半开车。此城地理上为此邦中心，而附近人口甚少，荒凉殊甚。农牧为业者较多，农为女子专业，牧为童孺专业，男子有正业者殊少。夜十一时又至埃士基色（Eski Shem②），下车用茶。同室有议员二人，一略通英文，一通法文者，为在议会中主张土尔基文改用拉丁字母最力者。谈及此团政党，谓一党政治，只适值于创造时代，和平后，必须有两党云云。夜极热，仍坐而睡。

三月二十九日

天明，抵三家流河。连日天暖，诸山雪融，水涨数尺，几与桥平矣。车误点，下午二时余始到，自伊思米西北至司库塔里，全临海湾，富庶不减于他国，风景亦美。盖此国富庶之城皆在海岸上也。下车有人为提行李，余允之。一手包提出车站，余给一土币二十皮阿司特，彼嫌少，弃之于地，其后卒得五十皮阿特而去。此辈不务正业，候客代为拿行李之人常多客人数倍，故以一分钟之时间，代拿三斤重之手包，亦必须争得二三日生活之资。到处如此，不仅此车站也。渡海

---

① 此处应为 The Grand National Assembly of Turkey，即土耳其大国民议会。

② 此处应为 Eskişehir（土耳其语），埃斯基谢希尔。

峡过金角湾桥，雇车仍至白拉宫旅馆。大浴，身上凤垢一清，为之一轻快。下午订船票，自寻小馆晚餐，美而廉。在大街散步，野鸡多捉人者。归旅馆，读关于土尔基统计书，早寝。

三月三十日

读书检衣物，十一时赴外交司签字出境护照，此举在他国非必要，在此国则必须。此间人爱以人名代机关名，余签护照之处，不为总督府之外交司，必为外交部之特派君士坦丁城交涉员，而旅馆人及乡导、车夫、巡警则均称之曰阿德南伯（Adnanbly）。在客厅中候十数分钟，即得护照。客厅中只三土尔基女子，以法语与余谈，此近来风气也。出外交司再往观博物院，仍回此岸，寻小馆中餐。餐后，在街购衬衣二三件及小棹毡若干，皆本国物，又购土尔基克马尔①《霸下七年之记忆》(*Memory of a Turkish Statesnan 1913—1919*，by Djemal Pasha②)一书，略翻阅，补写日记。

三月三十一日

夜来作游土短结论未竣，倦极睡，晨起继之，愈引愈长。至十二时出门，取船票。在外餐，并购得埃烈君所著《土尔基与列强及八达铁路之关系》(*Purkey the Great Powers and the Bagdod Railway*③)一书，埃君为美国哥伦布大学教授，对欧各国无所偏袒，收集战前后密约甚多，对此国之论著，余所见者以此为第一。归读之，至晚倦。约由昂哥拉同来之德人侯佩君同餐。余觉此间人多有类德人面相者，余询彼留心否？彼云屡屡误认，不问不能知也。余询何故，彼不能答。此事与研究异种杂婚再代后之变种极有关系。晚浴早寝。

---

① 原文作"姬马尔"，依上文。

② 此处应为 *Memories of a Turkish Statesman 1913—1919*，by Djemal Pasha。

③ 此处应为 *Turkey, the Great Powers, and the Bagdad Railway*。

四月一日

晨起检行李,并翻地图,出餐。购本日英文报(*Orieul News*①)阅之,载内地耶稣青年会(Y－W－C－A)被封禁,因青年会为宗教机关,未经法律认可,不能存在云云。

下午开账,雇车上船,行李由车上搬至站内,出站搬上小船,由小船搬上大船,每次换人,每次索巨金,不如数与之,则怒目袖手,置行李于不理。由车至大船共用土尔基李耳十余元之多,彼等有能英语者,自言数日得一生意,非多金不能生活,盖每日由此上下船,有行李者不过数百人,以此为业者以千数计,而开工厂于此,彼等决不往作工,此其惯性也。

船名法马喀(Famaca),属于英国克的维公司(Khedivial),载重六千吨,小船也,然甚清洁。晚餐时,一匈牙利老人名罗特(Louis Roth)与余谈。餐后读书,十一时寝。

四月二日

天明船已出鞑靼②海峡。微风不致晕,惟天气不甚清朗。下午六时许,船至司米纳(Smyrna③)停泊,此为土耳基第二大城,在小亚西亚西端一海湾内,湾与城同名。土耳基人在三等舱中者约二百,大都由此下船,其行囊之复杂累赘与中国乡下人搬家相同。鲁特君下船时,特寻余作别,余送之至船梯。晚餐后,略读书,早寝。

四月三日

晨起,早点后与一美国汽车商人、二英国游历女子同乘小船上岸。昨晚有土耳基警察官上船,先以护照请其签字,今日携之交海关存验,乃得登陆,小船船员询知余为中国人,极亲。上下船来回二次,共土币一李耳半,价亦公道。上岸后美国商人往办事,余及二英国女

---

① 据前文可知,此处应为 *Orient News*,即《东方新闻》。
② 原文作"达旦",从上文。
③ 即伊兹密尔,旧称士麦那,为土耳其西部一港口城市。

子共雇一车,周历全城,并绕巴固山(Bagus①),仍回码头。此城环港依山,山上古城壁垒,当有完好部分,大致为东罗马式修筑,约在二千年前。依山有地名狄阿纳浴池(Diana Bath),众泉合流于一古罗马围墙内,汇为小池,围墙上弧门数级尚多完好,泉清冷见底,漱石有声,动人幽兴。一处名喀拉番桥(Caravau Bridge②),附敦不远,桥不大,相传桥基筑于二千年前,古喀地(Kati)帝国御路西至此,遂成亚洲极西商业中心,至今未衰,此桥之历史旧矣。城内有巴萨市场(Bazaar),相传古为小海湾,耶历一四〇二年蒙古征西将军塔木伦(Tamerlane)克服此城后,由巴固山顶运石填平之。此地附连处为彼得垒宫,在东罗马之季为贵族所据有,塔木伦克服之,又后二十年转入突厥之手。又此地有古耶教堂名色里喀波(St-Polycarp③),为当时亚洲七教堂之一,后改上主教(Archbishp④)驻所,遂成小亚西亚耶教中心,历数百年,至归土尔基后始渐衰。一九二〇年塞佛会议,英人主张以司米纳省赏给希拉,此省⑤为土耳基第一大省,此城为土尔基第二大城,全小亚西亚之商业中心,南北中铁路各线俱以此地为终点。战前英人在此城特占优势,彼不愿自居领袖之名,故借希拉之名以夺之。希拉倾全国之兵来接收此地,英人接济饷械。时旧帝国军队溃散无遗,新国民军尚未组织就绪,英军官指挥希拉军,长驱东入,直至三家流河,未久国民军西攻,时为一九二二年八月,希军败退,不能成军,英指挥官潜逃。土军于九月九日进此城,十三日下午四时,火自阿门尼街(Ameniau Quarter⑥)起,此处为城东北部,火

---

①　此处应为 Pagos,即帕哥斯山(在今伊兹密尔市卡迪菲卡莱区〔Kadifekale〕)。

②　此处应为 Caravan Bridge,即土耳其卡雷凡大桥。

③　此处即 Saint Polycarp,(伊兹密尔)圣坡利卡教堂。

④　此处应为 Archbishop,即大主教。

⑤　原文误作“城”。

⑥　此处应为 Armenian Quarter,街名。

起后东南风大作,火焰冲天,向西延烧,沿岸繁富之处,大都为欧人所居,全付一烬。土尔基所居全在南部,得完全保存,财产损失估计约四千万英磅,人口死伤者不可胜计,真空前浩劫也。观毕十一时半,至码头,向海关索还护照,乘原来小船回船上。

下午略写日记,又在岸上见一黑斐洲女人(Negress),极老,车夫告余等云,彼已一百三十余岁。其体格较普通人大甚多,宽口平鼻,直界于猿人之间。斐洲南部之猿人(anthroid appe①)体格较此更大也。补记之。

晚五时,至米地里尼(Mitylini②)岛,为小亚西亚沿岸最大之岛,半插入司米纳湾中,战后属希拉,岛上风景甚好。余因写日记误,未下船上岸。波平如镜,夜早寝。

---

① 此处应为 anthropoid ape,即类人猿。
② 此处应为 Mytilini,即米蒂利尼。

第三十三 由地中海赴埃及

（自民国十三年四月四日
至四月十八日共十四日）

1. 船泊璧流再观雅典
2. 平安渡过地中海
3. 由阿烈山大登岸
4. 乘车赴埃及京城开罗
5. 沿途所见农作村舍与中国大致相同
6. 开罗市政腐败及鱼市之不堪入目
7. 参观埃及博物院并马立德君之成绩
8. 参观穆哈默德阿利冒司克
9. 游基察看金字塔及人头狮并推测当时如何建筑情形
10. 参观阿拉伯美术博物院及阿拉伯图书馆
11. 白奴之秘密
12. 离开罗赴泡塞——北临地中海南临苏宜士运河通红海
13. 乘满土阿船离埃及赴印度
14. 苏宜士运河之历史

四月四日

晨起，又望见希拉海岸，十一时船泊璧流（Pyrius①），即余由希拉

---

① 此处应为 Piraeus，即比雷埃夫斯。

赴土尔基上船之所也。下船再观雅典,有乡导言有中国人韩君寓此,因约与会。彼名韩文升,广东人,两月前来此,不久仍归。彼曾在上海办中华公学互助团,又曾供职胡丽生师部,驻河南约半年云云。下午四时,送余上船告别,五时船开。

晚七时余大风浪,晕不能支,早寝,幸未吐。因午间天气极热如夏,北来寒气相冲,空气抟荡,以致重轻异量,疏密异度,故在舱上行,亦感奇不快也。

四月五日

晨天晴,风较小,船仍摇动,微晕不得读书。九时许,西面见陆,为坎地亚岛(Candia①,亦名馈地〔Crete〕),现亦属希拉。此一带总名地中海,然各小部分更有专名,知希土之间名爱珍海(Aegean),爱珍以南名坎地亚海,过此岛以南乃真名地中海也。下午天清气爽,无风,而海浪不息,船仍摇荡,此潮力也。晚与同室之水利工程师德国人艾根宝墀博士(Dr. H. Eigenbrodt)谈,十时半寝。

四月六日

晨九时,船泊阿烈山大(Alenandra②)埠外,埃及船送护照,验查员及医生来船上,并征登岸税十五皮阿司特,合中国钱一元五角。余免征。此新独立国亦处处表现其主权之尊严。登岸后验行李尤严,然其海关组织尚有条理。余与英人董思谈君(E. C. Dumstan)、美人瓦德尔君(A. F. Waddle)同雇车寓客来旅吉旅馆(Hotel Clridge)。脚夫之悍横贪诈与君士坦丁相同,幸董君能应付之,未大受亏。在寓中餐,下午赴街上步游。雇一乡导,彼着黄色长袍,下拂足面,上罩浅灰包外套,比袍短八九寸之谱,与前清制服相类,颇饶别趣。游观数街,本地女人装饰最特别,头披黑帕,面蒙纱布,或黑或白,帕纱之间,相隔寸许,仅露二目,鼻梁上饰金柱,上下缀于帕及纱边上。衣服富

---

① 此处即希腊克里特岛,其威尼斯语作 Candia,古希腊语作 Crete。

② 此处应为 Alexandria,即亚历山大港。

者半欧式,贫者本地式,长窄袍一件而已;足下富者着欧式靴,贫者赤足带足镯,亦有赤足着拖鞋者,拖鞋亦间有贵重美丽者。男子服式大都长袍,富者上加外套,俱为毛丝制品,贫者白棉布,腰系红黄色宽带,其与土尔基相同处,惟紫包覆白式之小帽耳。过英国卫兵总营(Main Guavb①),其中尚有兵二百余人,闻埃及政府正要撤退。赴小馆饮啤酒一杯,返寓饮茶。观舞,舞者甚众。一杯茶连小账耗去二十五皮阿司特,合中国钱二元五角,纽约无此昂价也。晚餐后,早寝。

四月七日

午前赴通济隆,在马车上失去照相机,可惜。购赴开罗(Cairo)车票,并探询赴印船路情形。下午观克的夫(Kedive②)宫,克的夫即王意,较苏丹为低。又观穆哈默德阿利(Mohamed Aly③)铜像。阿利本为阿尔般尼回教人,一百二十年前土尔基失败,辟帅争立,彼乘机得霸下(Pasha④)之名位,在土政府宗主权下掌理此邦,亦称克的夫,其子孙世袭,独立后晋称苏丹(Sultan),但无克里夫(Kaleph⑤)之尊号耳。又至海边街上饮茶一杯,返寓。寓中上级人俱欧种,下级用役皆土埃及奴比(Nubia)人,色深棕,貌相秀整如古埃及雕像,举动稳缓,与码头上脚夫性质迥殊。

四月八日

收拾行李,写明信片若干,分给中外友人,以行李交馆役,自乘马车往观博物院。所收大都为本城附近古物,属于希拉、罗马统治时代者,笨重古物有木制油闸及石碾盘,与东方物相近。十一时半赴车站,十二时车开行。在车上中餐,车之管理及安配均尚好。车沿尼罗

---

① 此处应为 Guard,即卫兵;警卫。
② 此处应为 Khedive,即埃及总督。
③ 此处应为 Muhammad Ali,即穆罕默德·阿里。
④ Pasha 即帕夏,帕夏是敬语,是对高级官衔的尊称。
⑤ 此处应为 Kaliph,即哈里发。

河向东南行，天气大热，如初仲夏气候。早麦已黄，空气极干燥，种植全赖运河水灌溉。沟洫之整齐，乃数十年前遗规，耕种法亦沿太古时未改，地肥水足，人工亦尚勤，故农产甚富。灌溉法用长卧式及圆齿轮式两种水车，造法与中国者大致相同，齿轮全用木造，较中国者更笨重。四季焦热，人勤于野，此其色所以为深棕也。住室极矮，窗尤小，墙全用坯，上顶或木上加土，或用草，远不如中国草房之整洁也。下午三时许，到开罗，即京城，车站上尚不紊杂。寓大陆旅馆，寝室一间，日价七十皮阿司特，合中七元，中餐合四元，晚餐合五元，其昂贵在纽约以上。下午读书休息，晚餐后步游至小街内，造饭作工者多在街上，且有横卧街旁者，此与汉口小街上情形相类。又回大街，至一公园内之戏园内，观阿拉伯戏，全为欧洲服装，仅操阿拉伯语，不耐久观，去。在土尔基时白叶佛君盛称阿拉伯文之美，其语音亦殊不恶也。

四月九日

上午读书，下午购照相机。余在阿烈山大城失去原机，今再购，合钱近百元，并非上品也。赴书铺略购书，步游大街，此城街道修理尚好，而管理不能清洁，不改进生活形式，清洁殊不可能。人密房狭，多数人生活幼稚，向道上抛弃废物，事实上不能禁止也。有乡导坚请导余观鱼市及裸体埃及跳舞，允之。所谓鱼市者，下等娼寮也，依门坐地，当街皆是，其人种北起俄国，南至斐洲中部，黑白棕赭，诸色俱备，牛鬼蛇神，触目惊魂，欲急去，而各街纵横相连，走出范围颇须时间。欧洲各国多以鸡代媢字，此处乃以鱼字代之，岂以其腥臭之气如鲍鱼之肆也。神经不快，不愿再观跳舞，给资乡导，令去。独赴公园门外空气新鲜处饮茶闻乐，乐音幽静婉转，可清俗尘，十一时许，归寝。

四月十日

晨起略写日记，午前往观埃及博物院，院在街西而正门南向，门前置硕大古物甚多。门之东方临街，西方立有石像，题云：马立德霸下（Augnste Ferdmand Maritte Pasho①）。马君法国人，生于一八二一年，于一八四八年充法国鲁敷宫（Louose②）博物干事。一八五○年奉派赴埃及采购古物，于一八五二年发见赛拉盘（Serapeum）古墓，法国议会通过以五万法朗为经费给之。彼又于次年采掘基察（Gizad③）各墓。又次年埃及王萨一（Phedive Said Pash④）采彼之条呈，创建埃及古物博物院于布拉（Buluk⑤），派彼为院长，并封伯爵。彼为埃及效力古物采集事务近三十年，于一八八一年卒于开罗，年仅六十。一八九一年博物院由布拉移至基察王宫内，又于一九○○年建新院移此。一九○四为彼建铜像，追赠霸下，彼之尸身葬院中，故亦随其他古物三次迁移，铜像下即其墓，彼盖与埃及古物自不朽矣。余观马君铜像，自念人一生至少必须作成一件事，否则真虚生也。马君之为功于埃及甚大，埃及所以待之者亦不薄，死后三十三年，追以至尊之爵，较之生前虚荣，弥觉可重，慨念古今，欲为泣下。

　　入院中，遍观各室，至下午一时封门时，乃去，略记之：

　　一、其贵珍饰品（在楼上北面正中），在第一朝时已有串珠凝金之品，至第十二朝时发达至最高程度，于镂金纹中以宝石镕汁灌注其中，即中国之景泰蓝，置之今日北京最精品中不能分辨。其铜制圆镜，景泰蓝柄，与中国式相同。

　　二、埃及北方尖碑（Oblosk⑥）著名，因巴黎、罗马、孔士但丁均有之也。其实圆头方身之中国式碑乃最多，自第十六朝至二十二朝记事碑大都如此。

---

　　①　此处应为 Auguste Ferdinand Mariette Pasha，即奥古斯特·费迪南·马里埃特帕夏。

　　②　此处应为 Louvre（法语），即卢浮宫。

　　③　此处应为 Giza，即吉萨（金字塔群）。

　　④　此处应为 Khedive Said Pasha，即埃及总督塞伊德帕夏。

　　⑤　此处应为 Boulak，即布拉克，位于开罗北部。

　　⑥　此处应为 Obelisk，即方尖碑。

三、土丹库门（Tutankumon①）墓中，古宝座置之近代精制椅中，不能分辨，周围用木间或以金镶之，坐心用软细线品，欧洲椅式或由此来，因其神色似也。有软床，制法之精与宝座中。

四、其墓中殉以各种家畜及野兽，形状尚未大变，又各种谷类如麦子、大麦、黄豆等，与现在谷无别，又有鸡蛋及鳄②鱼蛋等，又有大鳄鱼两条，知当时以鳄鱼蛋供食也。

五、棺之外层为石，内层为木，再内为麻线布紧缠尸身，每层或雕或塑，皆有本人之像，面上多镀金，其余处施以彩色，金与彩皆如新，且异常新鲜，由此可知当时染色术之进步。

六、其古雕像多施色，面体颜色由赭（赤红脸）、棕（黑紫糖色）以至黄白不等，女子之色较男子为白，此当时之真色也。

出院回旅馆中餐，下午由乡导导观穆哈默德阿利（Mohamedali③）冒司克，其规模之大，乃在土尔基一切冒司克之上。阿利为埃及现朝代之太祖，阿尔般尼（Allbania④）人，生于耶历一七六九年，于一八一一年以武力智术取得埃及王位（Phiprive⑤），名在土尔基统治权下，实际上则独裁之君主也，当国三十八年，于一八四九年崩。其墓在冒司克内，银质，以金镶之，价值当时二十七万磅，合中国现币二百六十万元之谱，其裹尸之丝帛及银丝尚不在内也。冒司克建筑式以四面四半圆兜幕，上承一高大兜幕。正殿外亦为极大方院，前有正门，左右有对门，中庭有水亭，则与土耳基武皇即穆哈默德第二之冒司克局势相似也。建筑在垒城（Citadel）内，马车须绕行而上，城在半山，愈增庄严，殿角柱楼高三百五十英尺，可为雄矣。据云此为世界

----

① 此处应为 Tutankhamun，即图坦卡蒙。
② 原文作"鼍"，下文统改。
③ 此处应为 Muhammad Ali，即穆罕默德·阿里。
④ 此处应为 Albania，即阿尔巴尼亚。
⑤ 此处应为 Khedive，即埃及总督。

回教第一大礼堂,其内面全为黄色大理石,坚而莹。距殿不远,为拿破仑行宫,拿皇征埃及时驻驿之所。登楼西望亚拉伯沙漠边之砂石山,西望基察(Gizad①)城之金字塔,斜阳半下,射尼罗水反映出万道彩霞,风景极美。砂石山断崖笔立,乃筑金字塔时所凿,金字塔位于撒哈拉(Sahara)沙漠之边上,而取石于阿拉伯沙漠边上之砂石山上,可以知尼罗河流域之窄,而两岸实为一沙漠也。由此又往观哈三冒司克,其势严峻。又往观巴察市,完全为本地人回教市场,不整不洁,然其古建筑多甚美者。七时归寓,晚餐后,略在街上散步,又有自称乡导,固请余往观裸体跳舞者数人,此辈皆骗子,咤去之。归,早寝。

四月十一日

晨起,偕董司谈君、瓦德尔君及英人申尼德(Senitt)并一乡导,同乘火车赴基察观金字塔等古物。先自一车站下车,改乘牲口,余等四人,连乡导共五,雇骆驼二、驴三,轮流分骑。先至一古墟,古物已尽行取出,所剩只为巨大深坑,各部分有深有浅耳。次观二巨石像,为拉母氏第二(Ramesos Ⅱ②),高四丈二尺,在一八八二年有人发见此物,以之赠于英国博物院,因其物太笨重,无法搬运,置之。其后又有人建议移至开罗,经科学家量计,当时尼罗河桥皆不能容此重量在其上经过,故今仍在此,一在小围墙内,有人守之;一在荒原地下横卧,其旁有一狮偾(Sphiux③)。狮偾,狮身人面之神,在埃及宗教上居甚要之地位者也,长二十五尺,高十二尺。下车之村名巴咄申(Ba-drashen④),相距不远为米拉兴那村(Mit-Ralinah⑤),前记各物在二

---

① 此处应为 Giza,即吉萨。
② 此处应为 Ramses Ⅱ,即拉美西斯二世。
③ 此处应为 Sphinx,即狮身人面像。
④ 此处应为 Badrashin,即吉萨省拜德尔舍因。
⑤ 此处应为 Mit Rahina,即拉希纳村。

村之间,过此入沙漠,即沙喀拉(Sobkarah①)。有小坟山数个,过而视之,未记其名。将午,观葬牛廊(Serakeum②),回绕地中,每一牛棺于廊旁,凿石龛置其中。牛棺(sacrophagi③)以花冈石凿成,高十一尺,宽八尺,长十三尺。受葬之牛,皆黑色顶有白毛,谓其为上帝所特牛也。又观其他二墓,当时忘其名,归寓翻书得墓名甚多,不能知所观者为某墓。午赴马立德霸下遗房,出所携餐品食之。此房为马立德发掘此一带各墓时住所,今有人守之,游者时于此小憩焉。餐后观第墓,第(Thi④)为第五朝代时人,出身寒微,由能劳任祝官,婚公主。彼曾躬亲渔稼,通各艺,其墓中各室,壁上雕像,有农,有织,有渔猎,有雕石工,有融金工,融金为吹管法,农牲皆黄牛。此墓虽小,与考其古文化颇有关也。

由此再穿沙漠北行,至基察(Gizad⑤),即所谓金字塔所在之地。金字塔在现在此国所行之阿拉伯文中,名为阿拉母(Alahram),意言古墟。南埃及之苏荡(Sudan),语名为塔拉毕(Tarabil),其意不详。埃及古语为拍尔埃母五司(Per-em-us⑥),为英语中所称之拍拉米(pyraamid⑦)所自出,原意大致为斜上而高之建筑,简而言之,即墓也。其形既不类塔,其上亦无金字,古国旧译名词,多可贵重者,惟金字塔太名不符实也。此地之塔共三,其最大者为第四代第一王杭佛(Pbufu⑧)所建,塔基每边现宽七百五十尺,相传原来七百九十五尺,现高四百五十一尺,相传原来四百八十一尺。修此塔之时,用工人十

① 此处应为 Sakkara,即萨卡拉,位于吉萨省的大型金字塔群。
② 此处应为 Serapeum,即阿比斯牛神庙。
③ 此处应为 sarcophagi,即石棺。
④ 此处应为 Teti,即特提,此处即特提金字塔。
⑤ 此处应为 Giza,即吉萨。
⑥ 此处应为 Pir-em-us,古埃及称法老的陵墓为庇里穆斯(Piremus)。
⑦ 此处应为 pyramid,即金字塔。
⑧ 此处应为 Khufu,即胡夫。

万名,每三月一班,给食不给资,征民力为之。自东岸偏北之砂石山凿石,运此磨光,再行砌累为山。计采料运料各十年,修筑又二十年,此庞大之坟山乃告成功,罗马古史家希娄豆图(Herodotue①)所考如此。希氏又谓此塔修时,用小土机轧石上升,各层之石上升一层,自最下补填一层,故塔之最后完成时,其最上一层最先完工,而最下一层乃最后完工云云。此说最为游人所爱称,史家因此说为罗马之司马迁(即希娄豆图)所言,亦多宗之。余细察之,此说就事实上殊不可信。余意此笨大之物,仍系以笨法修之,即先就地铺第一层,运石其上,逐层加高,若如希氏所言,则必先自中心修起,向上轧一层,同时亦向外扩一层,其疑问甚多。查塔为方石分级砌成,石缝上下两层相错,隔层相对。又每下层之石,半压于上层之下,半错出上层之外,以成台阶。希氏谓其法或各层一机,递轧而上,或共有一机,轧升一层,转机一次。由后一说,则一石轧至十数层以上,一面悬石以待,一面将机运至最下层,轧他一石逐层转机上轧,以承前石,则百年亦不能完工,且十万人亦无所用。由前之说若逐层轧上之石,就原位不动耶,则当各层皆为对缝,不能为错缝。若轧上之后,再横砌以成错缝,则先修上层事倍而功不能半,古人未必愚至于此。推求彼之所以为此说者,盖以塔高四百余尺,无法可运石一直至顶,而从旁搭架,事实上多困难也,不知每隔十层八层,空石两块为洞,插木其中为横架,以为运石上升之阶,塔成之后,去木架以石补其空,此法甚易。纵不如此,上用绳牵,下用棍抬,逐层两旁用人扶,决非不可能之事也。次大者为同代第三王喀夫拉(Khaf-Ra②)所修,最小者为同代第四王门考拉(Men-Kau-Ra③)所修。各塔修筑之目的,各为作其本人死后葬身之地,其中有墓道有棺圹,如此而已。若问彼等何故为此笨大无谓之

---

① 此处应为 Herodotus,即希罗多德。

② 此处应为 Khafre,即哈夫拉金字塔。

③ 此处应为 Menkaure,即孟卡拉金字塔。

坟山，后人各以己意解释之可也。大坟之旁，有最庞大之狮债（Sphinx），就天然崖石凿成狮身人头。身长一百五十尺，腿长五十尺，头上三十尺，面宽十四尺，头至地高七十尺，修筑之年代，考者异词，大概去修金字塔之年代或不甚远。其面上鼻梁损落，观之不美，身部损伤亦多，此邦狮债之像，到处皆是，此其最大者。

余求学北京时，故友时志奋受世界史，课于日本坂本健一教授，尝以金字塔先成上层之说于余，余今方壮游，彼已长逝四年矣！归后不复能与之快辩，念之恻然。

又将至金字塔，在附近沙漠边之草地上，有帐棚若干，以谓游人也，继见其甚多，且其中有妇孺，帐外群犬守之，见人来则犬吠。询之乡导，云此名巴达温人（Badowin①），乃嫡派阿拉伯人，犹以游牧为生。去帐不远，则彼等之牛羊群也。不图去开罗十数英里之内，乃能见此种太古生活。又前后所经村落，其生活亦与城市间迥殊。去金字塔数十步，为一极大新式旅馆，余等赴其中购饮，董君并在其后院大泳水池中泳浴。一瞬息间，见三种绝对不同之生活，真如看电影也。旅馆中之花园，半山半野，大木丛花，碧草绿水，坐其间少憩。园外即为电车站，出园乘车向城内，穿一大公园渡桥。又弃电车乘汽车，绕观各豪族富商所住之街，与欧洲大城之富人区域无别。傍晚归寓，觉微倦。

四月十二日

赴财政部访拉塞母君（Ohmed Rassem Bey），彼新转任参议院秘书长，晤其继任某秘书，略与余谈，谓彼昨始交卸也。又赴参议院，车夫误拉至众议院，幸其内可通，由用役导余，因语言不通，至数处皆非拉君。有一人能英语与余谈，示以介绍信，彼允留信由彼转交，嘱余明日再来，乃归寓。下午略读书，写日记，晚董思谈介绍余与英国

---

① 此处应为 Bedouin，即贝都因人。

哲克森爵士(Jakson)谈。彼久供职英埃苏荡（Anglo Egyption Sudan[①]），曾膺高位，甫休致未久，谈询余云：埃及人多具蒙古种相貌，何故？余云：当分别言之，此地古来族种，约分三支，一自北来者，类欧洲人；二自南来者，类黑人；三自东者，类蒙古人，或更类马来人。直至今日，其人种仍可如此分支。彼大赞成余言，谓东南之人鼻上狭而低，两目外尖，微向上斜，确为马来人相貌也。在外寻小馆晚餐，餐后在街上小游。

四月十三日

雇乡导同往观阿拉伯美术博物院，及阿拉伯图书馆。馆中藏有土耳其苏丹策封穆哈默德阿里之诏书二通及埃及现朝代各王画像，其他则为阿拉伯文经典。阿拉伯古文大草经曲，字画盘旋周折，颇具龙跳虎卧之姿，其他印度、土耳其、波斯、阿富汗各文俱备，中国文亦有一幅，乃北京宣武门外侯姓回教徒所刻印，劝人信《可兰经》者。院中所存，大部为木石雕刻品，门窗栏槛之类甚多。汉文卍字、工字等花样，及门窗形式、合角作法与中国者殆不能分别也。

午十二时，再访拉塞母君与参议院，略谈，彼初接任甚忙，不便多坐，归寓。下午再往观古开罗及考波博物院（Poptic Museum[②]）。考波(Copts[③])，史家考称为最纯之古埃及人，因彼久奉耶稣教，不与阿拉伯人及他回教人通婚，故较纯云云。其博物院规模甚小，所藏古雕刻品亦完全为阿拉伯式。守者能英语，谓考波较古，阿拉伯式仿考波而成[④]者。余考埃及未为阿拉伯征服之前，久已受波斯文化武力之渐染，其渐化于东方，盖不自阿拉伯始也。此院即在古城内，其附近多古墟，已发掘过，今为深坑。院之旁为一古城门，犹完好，城门下旧

---

① 此处应为 Anglo-Egyptian Sudan，即英埃共管苏丹。
② 此处应为 Coptic Museum，即科普特博物馆。
③ 此即科普特人。
④ 原文作"城"。

日平地较今日地面低九迈当之多，此尼罗冲积日高之一证也。此一带皆为考波人所居，其人不为古埃及之较纯种族。查此邦现在耶教徒与希拉正教为一派，耶历初元，希拉人立教堂于阿烈山大城，今考波人仍以阿烈山为教京，故此国北部之考波人，大致杂有早移来欧人之血较多也。

由此往观娄大岛（Radha Island①），即《旧约》中摩西生后，其母不忍遵埃及王命杀其子，乃置之筐中，系牢，乘夜泛之尼罗河。时京城在门扉城（Minphie②），去此十五英里，天明泛至此地，挂于岛旁丛树矮枝上，公主有宫于此，见而收养之。原地今为富人宅地，然仍许游人观览也。又观有古尼罗水表（Nilometre③），乃古时度水之大建筑，今犹未敝，惟下陷耳。又观古罗马水塔（Aquata④），乃取尼罗水以管通城中备用者。罗马水制（water system）在市政上实为重大发明，余所游凡较大之城，皆二千年前为罗马人所建，或曾受政治于罗马人者，皆有自来水之建筑物，且皆伟大坚固，有今日尚能应用者。

上埃及之行决计作罢，傍晚至美国捷运公司，订购赴印度之船票。

四月十四日

埃及古代建都于门扉时者甚久，距此不远，乡导劝约同游，今日雇汽车往，至则所谓门扉城（Menphis⑤）者，即前日所观古墟，其古物已经完全取出，所剩深坑也，自觉失望。更可笑，已经发掘之古城，往往眼见不如耳闻或读书之较有兴趣，不得已绕观左右一二村，归城。观动物园，园址甚大，风景尤好，极类北京之三贝子花园，游园实较观其动物为有趣。园为王宫之一，改为公园兼动物园，前王孙呼喀米耳

---

① 此处应为 Rhoda Island，即罗达岛。

②⑤ 此处应为 Memphis，即古埃及城市孟斐斯。

③ 此处应为 Nilometer，即水位计。

④ 此处疑为 Aqueduct，即水道；渡槽。

(Huseen Kaniel[①]),即今王佛阿德(Fuod Ⅰ[②])之父曾居此,宫侯三百,皆白人,以俄国人为多。此国购一白女为奴,不过五十镑左右,其原因则女子虚荣心重。此国为多妻制,无妻妾之分,生子后,母以子贵,贵妃福晋之号随之而至,故售于王家者,皆希望将来为皇后皇太后也,售于其他贵族者,皆希望为王妃福晋者也。然不得幸与不得宠而夷为终身奴隶者,实居大多数,且有售于不肖之穷贵族,展转为娼妓者。此种人在阿拉伯语称之谓格律白大(Gaire Beda),意言白色奴隶,土尔基亦有之,其父母族戚往往为主动售女之人,因女子富贵以后,必迎养父母,而全家皆贵矣。此风暗中流传,亦及于他国,旅美时曾闻白奴之名(White Slave),有人调查谓美国女子售至此等处者,每年亦有若干,今始知其详矣。去岁在英时,一埃及贵族在英娶一英女,不久为英女所暗杀,法庭始终不判英女以罪,代为不平,今知其亦有原因也。观毕返寓,船票未定,因余无游印度护照,由此间英领事签照索费也,余允给,交照由公司代往签字。

四月十五日

收检行李,赴捷运取船票及护照,上并签明准赴帕利斯太(Palestive[③])及米索波太美亚(Mespotawia[④])。余询赴米索波太美亚须若干日,谓由此乘汽车三日可达巴达(Pagdad[⑤]),深悔船票已购定,不得[⑥]至彼一游,怅怅不乐。

归寓,开账,此间单房每日价合中国钱七元,一中食四元,一晚食五元,一汽水八毛,一壶茶一元五,价值之昂殆为各国之冠。中食后,

---

①　此处应为 Hussein Kamel,即埃及国家元首侯赛因·卡米勒。另,侯赛因·卡米勒与福阿德一世是兄弟非父子,原文记载有误。

②　此处应为 Fuad Ⅰ,即福阿德一世。

③　此处应为 Palestine,即巴勒斯坦。

④　此处应为 Mesopotamia,即美索不达米亚。

⑤　此处疑为 Baghdad,即伊拉克首都巴格达。

⑥　原文作"不得已"。

又赴书铺购书四五种寄归。五时半赴车站,六时半开车,赴泡塞(Prto Said①),即塞易海口(Portsa-id②)。此路亦沿尼罗下行,盖开罗以北,尼罗分支,一向东北,一向西北,其中为一三角洲(delta),河水冲积所成也,田野极沃。晚十时半至泡塞,北临地中海,南经苏宜士运河通红海,亚非二洲接壤之处,东西两世界交通之门户也。晚寓海宫旅馆(Marina Palace)。

四月十六日

晨起赴警察报告离港,由彼在护照盖印,乃能登船。又有官医索验病费,因来此邦为外交护照,得免。行李仍须绕海关内经过始能放行。九时半登船,十时半开行,昨晚今晨皆由捷运公司代理人招待,较为省力,亦并不多花钱。

所乘船名满土阿(Mantua),属于英国之半岛东方汽航公司(Permisula and Orient Steam Uavigation③)。船上上等用役,十九皆白人,余室用役为英印合种,其他下等用役皆印度人。在船上购明信片若干,皆运河口岸风景,其服装有绝类中国者,寄归诳告友人为系中国人,视其信否。傍晚船泊苦水湖,在运河半途中,船上餐品尚好,晚早寝,余一人一房甚便,因现乘客甚少也。

四月十七日

晨七时起,船已出运河,行苏宜士海湾中。运河自泡塞至苏宜士湾,大致起北纬三十一度二十分,东经三十二度十五分,终北纬二十九度五十分,东经三十二度三十分,长约一百英里,较巴拿马运河约长一倍。巴拿马五十英里左右,惟地势平衍,多沙少石,故施工较易耳。彼为高身运河,其功程凿石以外为修坝安闸;此为海平运河,而

---

① 此处应为 Port Said,即塞得港。

② 原文不清,此处应为 Port-Said。

③ 此处应为 Peninsular and Oriental Steam Navigation,即半岛和东方蒸汽航行公司。

岸多流沙,其工程大处,在筑堤防沙。两处工程性质迥然不同,此雷赛波子爵(Conte Lessep①)之所以成功于此,而失败于彼也。近代凿地腰通海洋为运河者凡三,此二处以外,为希拉渴霖头运河(Corinth),皆为法人所凿。此处完全成功后为英国所夺,巴拿马未成前为美国所夺,何法国人之能创而不能守耶?吾人分亚非二洲,往往以运河为界,而以埃及属之非洲,实则下埃及之地,半在运河及苏宜士湾之东。所谓沙心纳半岛者,由来即属于埃及也。

前数日,日记未写,以一日之力全补之,晚觉微倦,读关于印度人种书,十一时寝。

四月十八日

晨七时起,略在舱上与英人习艺运动,翻书考运河历史,略记如下:

一、古运河

当拉母氏(Rameses②)第二时代,曾由苏宜士湾,上凿运河至布巴氏堤(Bubastis③)城中,经苦湖共九十二英里半长,亦可云大工程矣。又数百年后,奈古(Nekou or Necho④)又拟筑运河直接由红海通开罗,前后工人死者十二万,讫未完工。其后波斯人达留(Darius⑤)因此道再筑运河可通航行,至罗马墙彦(Trazan⑥)时代仍维持利用之。依希娄豆图氏所考,谓当时宽自十丈至二十丈,容二船由地中海通红海共须四日云云。耶历初元,此河渐废,至阿拉伯人征服此地,重修通航,以济阿埃间之粮食转运,时为耶历六四九年也。至七六七年,

---

① 此处应为 Vicomte Lesseps,即雷赛布子爵(Ferdinand Marie Vicomte de lesseps)。

② 此处应为 Ramses,Ramses Ⅱ 即拉美西斯二世。

③ 此处即布巴斯提斯。

④ 此处应为 Necho Ⅱ,即尼科二世。

⑤ 即波斯帝国皇帝大流士一世 Darius Ⅰ。

⑥ 此处应为 Trajan,即图拉真。

回教内争，住埃及方面之阿拉伯人将运河塞填，以断阿拉伯之粮道，古运河于是时告终。

二、新运河兴修之计划

旧运河断后，一千年内，稍有眼光之埃及当道，多曾有复兴之计划，皆以工程浩大而止。一七九八年拿破仑征服此邦，又计兴此运河，直接通红海地中海之转运，委员研究，以列伯尔(Le Pire[①])为之长。列君测量之结果，谓红海海面高于地中海三十八尺，如北凿通水，下埃及必成泽国，故必须多有闸门以防水患，工程实验云云。前世纪之初，又有主张由苏宜士直通开罗再经尼罗河由阿烈山大城入地中海者。至一八四六年布达鲁君(M. Bourdoue)由堤纳(Tinah)至苏宜士来回，细测二次，始谓二海水面高低并不甚相差，除红海口岸外无修闸之必要。一八四九年雷赛波(M. Ferdmand de Lessens[②])为直凿断苏宜士地腰直通两海之计划公布，一八五四年上之埃及王萨易(Sa-id[③])，萨极端赞成，予以全权组织公司兴办。雷氏主张不分国界，共同投资，持其计划赴伦敦招股，英政府冷遇之。当时英人心理颇可研究，轻其不能成功耶？妒其必可成耶？抑欲阻之使不得成功耶？而雷氏之进行，不因此稍懈。

三、运河之成功

法国之进行，日见成功，英人乃由其驻土尔基公使为索线，谋参加之。曾开国际委员会，会员皆赞成[④]雷氏原案，故土皇虽有另外派人办理之意，结果仍由雷赛波得委托权。此种外交作用颇多，余专考英人著述，未能全得真相也。雷氏第二次胜利之后，公司实行组织，

---

① 此处应为 Le Pere，即让-巴蒂斯特·勒佩尔(Jean-Baptiste Le Pere)。

② 此处应为 Ferdinand Marie Vicomte de Lesseps(法语)，即斐迪南·玛利·维孔特·德·雷赛布。

③ 此处应为 Said，即埃及总督塞伊德帕夏(Said Pasha)。

④ 原文作"参成"，疑误。

其委托权为九十九年,自河成开运为始。土政府仍暗中阻挠,二年余不能进行,一八六四年六月法皇拿破仑第三直接与埃及政府解决,此后乃顺利进行,其用款大致如下:

(一) 由公司给埃政府股　　三三六〇〇〇〇磅

(二) 原集资本　　　　　　八〇〇〇〇〇〇磅

(三) 原集债款

　　　甲　售票得款　　　一一四三六八七磅

　　　乙　附彩售票得款　二八三六三一三磅

　　　二项共数　　　　　四〇〇〇〇〇〇磅

(四) 一八七一年借款　　　八〇〇〇〇〇磅

以上总计共　　　　　　一六一六〇〇〇磅

约合中国钱　　　　　　一六一六〇〇〇〇元

此后又有二次小借款,为数无多也,其用款所以如此之多,一因工程浩大,二因法人豪纵,遇事铺张也。此一带湖沼皆为咸水间,有小河流为淡水,动工后与他处相通,皆不能饮,故正河以外,凿淡水运河,与正河为平行线,专引淡水备用。此河未成以前,由尼罗河经沙漠用牲口三千头驼水费用,所需不赀。此外凿地所用机器,共二百四十万磅,每月用煤须钱四万磅,以三十阅月计之共一百二十万磅,向埃及政府购淡水运河建筑费四十万磅。河于一八六九年成功,共长一百英里,深自三十六尺至四十尺,底宽至一百八十尺至二百二十五尺,上宽自四百八十尺至一千九百二十尺。河身通过巴拉湖(Baloh①)、钱沙湖(Timsah)、大小苦水湖(Bitter Lake)共六十英里,实凿之河约四十英里左右,共凿出泥沙九六九三八〇六六立方迈当。南端凿通后,红海入运河口有信潮,潮头非有特大风浪高至五尺至六尺不等,至小苦水湖则高不足二尺,至小苦水潮湖之北不过数寸,大苦水湖几不生影响。北端凿通后,两面流通,大苦水湖水面上升四寸,

———————

①　此处应为 Ballah,即巴拉湖。

由铁沙湖向地中海水常北流,每小时速度至一英里至二英里不等。昔人所谓两海水面不平,所生影响不过为此而已。

四、庆贺成功之豪举

耶历一八六九年十一月十六日行开运礼,先期在开罗建大戏院,用款六万磅,为各国帝王修行宫,用款四万磅。行礼之前,回教色克(Shekh①)在开罗为雷赛波开会祝福,耶教大主教(Chrch Bishop②)在阿烈山大城开会为雷赛波祝福。行礼时,法国皇后、奥国皇帝、埃及王亲临,各国贵族代表参加者以百计,正式为雷赛波庆贺成功,参举庆贺者六千人,其中二千人为临时增加者。雷君故以豪饮酣舞名于欧美,此际意气之雄,可以想见,亦丈夫功成名就之快举也。然此会用费有谓至四百万磅之多者,有谓只用去二百万磅者,纵为二百万磅,亦占原集资本四分之一矣。

五、运河与英国

运河成功之后,每年过船支英国皆居第一位,兹将一九二一年,各国通过此河之船支及吨数列下以比较:

国名	船支数	净吨数
英国	二三三四	一一三〇〇六三三
美国	一四三	七〇八五五八
丹马	五三	二三三二五六
荷兰	四五八	二〇三三〇〇〇
法国	二〇七	九五九三六七
德国	三五	一七一四四七
希拉	一八	五六〇三六
意大利	二三九	九〇九九七六

---

① 此处应为 Sheikh,即长老。
② 此处应为 Archbishop,即大主教。

日本	二二三	一〇二〇九八一
瑙威	六三	二五八九〇五
俄国	四	一一五五四
西班牙	一一	三〇六三九
瑞典	四九	二〇四二〇〇
其他各国	二七	七二九三九
总计	三九一四	一七九七一四九四

　　由上表观之，船支数及所载货净吨数，皆以英国为第一，且以船支计，英国独占总数百分之六十之谱；以吨数计，独占百分之七十之谱。成功之后，以英国所享利益为最多。修筑之时，英国不但丝毫未尝有所尽力，恐君士坦丁所发生种种阻力，蛛丝马迹，均不免与英国有秘密之关系。今则运河如故，公司如故，而公司之所有权及运河之管理权，已不属法国而属之英国。行囊中书籍有限，讫未考得英人以何法取得之，仅知一八七五年英人智驭术取得埃及政府所有之股分一十七万六千六百零二股，每股二十磅，共合三百五十三万二千零四十磅英金，以英金三百九十七万六千五百八十二磅英金购得之，照票面仅加四十四万四千五百四十二磅耳。今其价值，据英人所著书称，市价合四千万磅英金之谱，已涨高十一倍有余，英人真狡矣。究竟彼仅用收买股票之法移步换影遂使法国公司潜变为英国公司耶？抑当拿破仑第三死后，法国内乱时乘机以武力取之耶？无书可考，实为此次渡河一大憾事。

　　以上五段，午前写一段，午后写三段，晚写一段，船行红海渐出埃及境矣。

　　晚着晚礼服，餐时呼红葡萄酒饮之，以酬今日之劳。餐后英人男女多与余絮谈者，岂以余礼服耶？总之乘英人之船，晚餐不着礼服，即为所轻，此非余一人之私言也。

第三十四 自红海赴印度

（自民国十三年四月十九日
至五月十五日共二十六日）

1. 船过红海在亚丁上岸游览
2. 船入印度洋海水美甚
3. 印度洋中奇热过于赤道下
4. 由孟买登陆
5. 土人衣式之分类——另有甘地帽及甘地衣
6. 参观王子博物院、帕西静塔及皇后博物院
7. 由孟买赴哲浦
8. 参观王宫并见妇女朝庙之情形
9. 游览虎垒及博物院
10. 由哲浦赴木塔寓蒲列母马哈专门学校
11. 参观基那庙
12. 印度国会议员那林达氏谈英人压榨印度人之情形
13. 印度人之国歌——即祝词
14. 遍游木塔全城——总督府、紫禁城、胡马荣墓、史前古宫、其他古墓
15. 由木塔赴本纳列司——全印宗教之中心
16. 游恒河见印人之婚礼及火葬场
17. 游金庙、智井及猴庙
18. 访鹿苑遗址——为释迦初成佛后说法之所,参观哲因教之庙及古物博物院
19. 访古普达君并参观印度大学

四月十九日

以一日之力，将游希拉日记作一短结，约二三千字。天气太热，已如炎夏矣。

晚过十二孤山，即十二岛也，过至第四孤山天已暮，其余不复能见。岛皆孤悬，有奇趣，故付以上名。夜十一时睡。

四月二十日

七时起，船已出红海，入亚丁湾。红海狭长，由西北向东南，至亚丁湾折转而东，且微偏北。海与湾通处为海峡，中国旧译称为流泪门，阿拉伯语曰巴博埃尔门得博（Babel Mandeb），余询同行者，但知"巴博"之意为门，其余之意未详，余意或为"流泪"，因中国旧译名多有所本也。

午十二时，船抵亚丁（Aden），午餐后上岸，购明①信片若干。至欧洲旅馆（Hotel Deurope②），饮汽水一杯。馆藏有人鱼，欧语名之为海娘（Mermaid），而此鱼为雄者，头面浑圆，牙骨及下颌已短缩略似人猿，而面目殊不清楚，几不能分辨部位。前肢退化极小，后肢已无，而尾甚大，如巨鱼。腹下阳物与人类者最相似，其相似之程度，远在猿类之上。馆中仅一通英语者，谓雌类之两乳更类女人。此湾内时可捕得，惟不易养，出水不久多死者。所观者亦为死鱼，三月前捕得者。又与数英人同乘汽车，观古阿拉伯人积水潭。此间得水不易，故修此潭，依山傍谷，深十余丈，周围以光石砌成，其上周围为不整齐之

---

① 原文作"名"，从上文。

② 此处疑为 Hôtel d'Europe（法语），即欧洲旅馆。

平台,亦巨大工程也。

此间驻有印度兵,所用乡导为印度老人,余与英人同付钱,彼仅为英人致敬礼。又一印度学生归国及三法国人乘二等舱,识余,借余机照像,余亦加入,另请一英人代照,印度学生遂不敢坐以待照。上述二事,使余慨然。三时半回船,五时船开。岸上人甚黑,亦大都为杂种,恐此地为黄白黑三种共居之地,为时已甚久矣。

晚同船者聚谈,又有数人以四声之分别,全用声浪高下分辨,谓中国人不能作口中细语者(whisper)。在美已遇数次,此皆不通中文之欧人,对中国文语擅下评语,且著书以告人之故。余恨此辈人甚,并详告以中国文字之形式及语言之声音最美,惜欧人解者太少。

四月二十一日

晨七时即起,以为例。船上客人出有旅行小杂志,专载本船上新闻,在船上印行。今晨请余略作短文,余适以中国形容字构造之美者若干,用拉丁字母拼音加入英文中作数语,以备示昨日与谈之人,因便给之登报。如红丢丢哩、绿英英哩、黄烂烂哩、娇滴滴哩、如欢天喜地哩、愁眉泪眼哩、心开意展哩、心投意合哩、兵荒马乱哩、荒郊旷野哩、千恩万爱哩等等,意音双美,且不须读字源学,而雅俗皆能知每词所含有之字根为如何意义,视欧语之美,殆不能以道里计也。

下午写日记并读书,欲写游俄国结论,未着手。傍晚,同船某少将与乘三等船之二印度人立谈,余以为异,立其旁听之,不能解,盖用印度语谈也。少将告余云:此二人皆印度军官学校毕业,在此地见习者。余询彼通英语否,云不通。

下午船出湾入印度洋中,海水之美为向所未见,光滑如油,浪纹之细如湖绉。前在美国西钥岛(Key West)及意国大浪垞所见,其美在色;此处之美,乃在波光浪纹,为向来所未见也。

四月二十二日

渐觉湿气太重，不快，昨晚寝时视脚心及脚皆浮肿。晨起改用热水浴，浴后觉轻松。

自昨日起，船上有游艺，余未加入，然亦不愿写日记。晚有风而无浪，与渡地中海相反，但水纹不及昨日之规则，微觉不快。

自二十日起，每晚必有人力劝余饮酒，谓余酒后快谈，可使合座倾倒也。然余殊不能记当日所谈何事①。

四月二十三日

写游俄日记结论，午前三小段，午后三小段。天气太热，神气昏闷，余穿巴拿马运河，及在大西洋两次渡赤道下，并不觉甚热，此地乃特甚。因念大西洋、太平洋贯通南北冰洋，海水流通。印度洋北抵亚洲，而东西为澳洲、南洋群岛及斐洲所夹，热流不能向北方流动，此亚洲所以南部夏日奇热，北部冬日奇寒，较他处特甚也。

晚有跳舞，男多于女，不易配，而女子且有询余能舞否者，照例答亦不能。

晚餐后，一老船员与余谈，多轻侮中国语，余一一针锋相对报之。彼云日本欲统治中国，余云法国欲解散英帝国；彼云日本可由满洲以窥北京，余云法国可以飞艇抛炸弹于二十四小时内使伦敦化为无有；彼云中国南北永久不能统一，不如分为二国，余谓英国属地蔑视英国，不如分为七八国；彼谓中国人多而无用，余谓英国人少而失业者较多。其后，彼转变用善言以调停前说，余亦以善言报之。末乃共至其室饮汽水，彼乃总工程师也。

四月二十四日

晨起，至头二等两舱面之中间，各印度军官均铺地毯于舱面，坐卧寝食，皆于其地。彼等每见余皆致敬。今晨立而观之，一稍能通英语者，来与余语，询余到印度见甘地否？余答无人介绍。彼英语不能

---

①　此处原文缺字，疑为"事"字。

达意,但力称甘地之好而已。末言君知缅甸、印度人皆爱秦人(即中国人)云云。他立一回教人军官,英语更浅,仅能言甘地好,秦人好,然其情形向余皆甚恳挚,惜不能畅谈也。

二等舱有法人二,与一留英国印度学生,亦俱爱与余谈。过二等舱访之。

登船已八日,正午观逐日行程表,距孟买仅二百三十英里矣。各日行程经纬度数,里数列下:

日别	北纬	东经	行里数	未行里数
十七日	二七度四八分	三三度四四分	一四四	一一六四
十八日	二二度二二分	三七度一九分	三八二	七八二
十九日	一六度三四分	四〇度四五分	三九二	三九〇
二十日	到亚丁湾行三百九十里			
二十一日	一三度四七分	四九度二八分	二五四	一三八二
二十二日	一五度二四分	五五度五九分	三九一	九九一
二十三日	一六度五九分	六二度三四分	三九一	六〇〇
二十四日	一八度一七分	六八度五三分	三七〇	二三〇
二十五日	到孟买行二百三十里			

下午,船上少年军官拟强余加入运动,余在音乐室读书,未往观也。

晚餐后,船长约饮茶,所约者一人为中将(General),二人为少将(Major),二人为女子,二人不知为何职,除余外,皆英人也。船长特导余至其室,观其古董,多东方雕刻小品。彼所最爱者为一象牙精雕观音像,据云一九一四年春,中国一亡命人乘彼船出境,赠以此品。后再带至中国,思照样再购或再制一个,重价不能得。英人某收藏家愿以三百磅购之,彼不肯售。惟原赠彼之人,则不记其姓名矣。

十一时散，遇二少年军官，一少年女子，约余谈。女子尤爱与余谈，余倦甚，不得脱身，归时已十二时余矣。

四月二十五日

五时许醒，船将泊岸，启窗可见岸上灯光楼台，再睡已不能成眠。六时起，检行李，七时验护照，七时半早餐，八时下船，寓孟买大旅馆。其名为大（Grand），其旅馆并不大，而房饭费每日十七鲁币（Rupee，印度币），合中国十二三元之谱，价值则甚高也。

到此地最初之印象①，为土人太穷太龌龊。其建筑则西方式中杂以东方意味，高贵中有森罗气象。

在旅馆稍息，赴通济隆购指南书，及询车船情形。此地游人大都雇短期印度仆人，印度称为白拉（Bela），其人必须有介绍，方敢用之。余甫至通济隆大门，即有土人殷勤招待余。余出门往书店，不知路，彼又自愿导余往，末乃出其通济隆证书及其他游人所与之证书示余，不得已用之，每日鲁币二元。购书数种，并将沿途所照像片交洗。

下午仆人导余游各街。土人衣式，五花八门，不可究诘，略志如下：

第一法西。女衣最美丽，其人面色黄白，目略深而颧骨微高，上衣半类中国女衣，而褒较飘洒，下身长裙饰以绣花宽边。头上披巾极长，兼覆背后或系腰作佩带状，边上亦加金或丝绣之花，颜色大致为粉红及淡青，原料则类中国之湖绉。法西为土人之音，用英文拼则为帕西（Parci② or Parsee），即波斯之转音也。

第二婆罗门衣式。披巾与法西多相似者，惟其上下衣有连为一者，或衣袖极短极窄者，其面上眉心略有记号，以别于他宗教及阶级。

第三耶稣教民衣式。其衣式介乎前二种，不甚相远，惟头发装梳极类中国式，面上无记号。

---

① 原文作"相"。

② 此处应为 Parsi，即帕西人。

第四苏塔（Sutra①），此地最低最贫之阶级，而占最大多数者也。其女子上衣极窄极短，两袖紧束两臂，身长刚覆两乳。下身着斜裙，袴上胸下，完全露肉，间或再以长披巾系之，然总不能覆肉也。此种左鼻上皆穿孔带环，环大小贵贱不等，多金色。亦有上饰以珠，大可覆门者。足腕上有镯，足指上有戒指。此级男子衣更不齐全，有只用长布一条，缠覆私处，此外不复有衣者。

他级男子衣服，上等人有着欧服者，如非耶稣教民，总必保存些许本地旧习，以表明其为印度人。近来有一种圆缘小帽，各级各教皆着之，称为甘地帽。一种衣制，用白布为原料，下衣为裤，上衣长及膝，对衿软领，形式极类袁项城时代原拟之礼服式，惟易黑以白耳，名曰甘地衣，亦各教均着之，惟耶稣教人不着。余之仆人名阿布尔汗（Adbul Khan），回教人，余询以爱甘地乎？答云：爱甚！除耶稣教外，凡印度人皆爱甘地。遇小水塔，立于街中，彼言此为甘地水，以来此饮者，不出钱也。余视碑上题字，乃他人之名，立此为其女儿祈福者。彼云此人为甘地之友，故人皆称之为甘地水，其言似不尽可信。然印度人之爱戴甘地，则为实情也。

所观银器市，铜器市，及市场等，皆纯粹印人部分。又至一地毡店，波司地毡有三五见方，索价至英一百余磅者，然制法之精，实远在中国品之上。

此地男子更有一种怪习：唇上施朱，黑面红口，倍增其丑。

今日遇一日本人，操日语与余谈，知余为中国人，乃去。晚餐时，乃与余同棹。旅馆对不同来之客人，置之于一棹之上，大都须先行商知，不见商，而竟行配定，总含有轻视之意。询之伺役头，彼出言极不逊。日本人云，彼本意多住若干日，因馆中告彼云，照章一旅馆至多只能留东方人三人。此是否正式章程虽不可知，其轻视东方人实甚，故不愿多住。

---

① 　此处应为 Sudra，即首陀罗。

晚一童子，求为余仆，并言彼为耶稣教人，由旅馆作保云云。余询旅馆何以愿作保，彼云，因彼等皆耶稣教也。

四月二十六日

上午，偕仆赴通济隆，尚未开门，乃先往视王子博物院（Museum of Prinee of Wales①），其可记之点如下——

一　古雕像：哲因（Jain）、婆罗门（Brahman）及佛教三宗，衣饰上大致无甚悬殊。相传哲因最古，哲因之上古部，长鼻，上狭低而下宽，上唇微短，此与埃及、阿拉伯及马来人相类，至中期则鼻高而较短。

二　历史以前古物西南部者为石器，而东南部如马苗（Madras②）者，则有铁器。

三　其碑多圆头者，较之埃及者，更与东方式为近。

四　中国玉器部，收藏尚富，欧洲油画、雕刻品不甚多，然与考此邦文化无关也。

出门时，购本馆指南书一本，归视之，只有西方画，而不及此地古物。

下午，往观马拉巴（Malabar）小山，可俯览全城，风景甚好，大半为富人所居。

又观帕西（Parsee）静塔（Tower of Silence），在山正顶，为一大园。至园，彼另有人指导。盖帕西为波斯（Sersia③）之转音，其宗教即中国所称之祆教，英语所谓苏劳司德（Soloastel④）。波斯人移此邦者，古时不可胜计，惟祆教人不与他教同化，今则"法西"或"帕西"一字，含有半宗教半民族之意，而与波斯则关系极少，因波斯今已为回

---

① 此处应为 Museum of Prince of Wales，即威尔士王子博物馆。

② 此处即马德拉斯，今名金奈（Chennai）。

③ 此处应为 Persia，即波斯。

④ 此处应为 Zoroaster，即琐罗亚斯德。

教国家也。

又观皇后博物院，规模小，仅人种模型部，于余尚有益。其西南人种之杂，服式之奇，雕胸面者亦有之，又较在街上所见者为多。其人大都能作工。惟作工时，亦多趺坐①，即盘腿坐，殊多不便耳。

晚给资与仆人，令去，改雇一耶稣教童。明晨拟早往观象岛(Elephant Island)之古洞，早睡。

四月二十七日

六时起，六时一刻赴码头觅船。遍询始知冬日每日上下午有船两次赴象岛，夏日只下午一次，怅然返寓。

象岛中有极大释法洞。内分各室，俨然伟大庙观，神像皆就原石凿成。释法(Siva or Shiva②)，印度教最尊之神也，是否即佛经中之帝释及希拉古教中之齐无(Zeus)，容当考之。此洞为印度最名胜之一，不得往为憾。

下午开账，四时登火车。旅馆中人，至临去时索小账者甚多，然平时大半轻视东方人。余询童仆，爱甘地乎？答云：否。询以何故？言：甘地为印度教，彼为耶稣教。又谓：汝皆印度人也。答云：信印度教者，为印度人；耶稣教，皆英国人。

至车站，余之回教仆人已先至，将余之座位拭净，并代余写行李票。登车后，各付以资，令去，回仆去而复反，言：在印度须防下等耶教人，彼等皆仇东方人。前日余等乘车过小市，向车中抛掷小石者，即耶教儿童也。余额之，令去。耶仆亦去而复返，求余加给赏钱，略加之，令去。回仆名阿布尔汗(Adbul Khan)，耶仆名约翰奴鲁纳(John Norohna)。

车间甚大，惟各间不能互通。余室有下床二，上床二，大椅一，只余一人。

------

① 此处疑当为"趺坐"。
② Siva 即湿婆，印度三大神中司破坏之神，或作 Shiva。

夜,隔壁头等车人多,一男来余室睡。彼有家眷,携仆人二三,睡时脱裤脱靴袜等事,皆仆人服役,为生平所未见。此人为帕西人,其面亦方形高颧,惟身上多毛,不类东方人也。

四月二十八日

晨起,饭车伺役为余送早餐,昨日亦如此。餐后读书,知哲浦(Jaipur or Jeypore①)去此路不远,乃由沙威马豆浦(Sawai Madhopur)换车。哲浦者,印度各保护国中最有名之一国,其都城与国同名。十二时半用中餐,一时半下车,购票改乘窄轨车赴哲浦。晚九时到,途中人民贫敝,只有乘三等车者。一察票员与余谈甚久,谓每月五十元鲁币,不足生活之需,思赴外国谋生,彼自称谓坎拿大人,继询,乃坎拿大教会教徒也。

晚,寓克沙兴旅馆(Kaiser-I-Hint),在城外,此地只旅馆二家,皆在城外,无电灯、自来水,今日只余一客人,其地之荒凉可知。

四月二十九日

上午,偕乡导乘马车,由月门进城。城周围有墙,以石筑之,色半黄。月门者,城门之一也。进门为月门大街,甚宽敞,街房大都两层:下层为市房,上层似为居室,皆有雕花栏槛,墙皆赭色。街旁生意以粮布等店为多,俨然另一世界。继至三叉街,实即丁字街,街之一面为王宫,宫门对面为直街,成一丁字。宫门及宫墙均堂皇,由宫前街直至尽处,又成一丁字,对面为虎槛。虎较他处者为大,色亦较黑,人过槛前,虎咆哮,立扑槛,作捕人状,其声叱咤,甚于狮吼。有穷老人见生客过,故意逼近槛,以触虎怒,使过客观之而赏以钱。由此回丁字街,绕宫墙东面行,转向为风宫,亦王宫之一部分。风宫高五六层,其上多窗,王当夏日常携嫔妃数人御楼上,满开各窗,赤身当风。宫对面不远,有二学校:一梵文学院(College of Sanskrit),一为王家学校(Maharajah College)。再绕宫继行,为参事院(Council

---

① 　此即斋浦尔,印度拉贾斯坦邦首府。

Hall），参事助王理国政，大都由总督派充，以英人为院长。过此绕入后宫门，观銮舆卫，有马车数十，饰金銮舆六，汽车甚少，式如普通者。又绕至天文院。八十年前，此邦王子斋辛氏（Jey Singh[①]）为有名之天文家，发明此露天天文台，以石修为各种高台或深地，台上池中多作弧圆形，标度数，亦有高台上之弧圆向左右倾斜者，据称其法颇精云。余绕观许久，不能明其法，然惊服其技。出院往观法院。将午，归寓，中餐。

下午，偕乡导赴王宫内参观，午前由旅馆代索参观券，由英人发给，无此券，不能入宫也。进宫之第一段，多为用人所住，车可入，过数层院下车。再进一门，院内周围多高屋，类庙宇，壁上雕画亦多为宗教画。正中一大厅，为政事堂，前王沙威马豆辛第二（Maharaja Sawai Madho Singh Ⅱ）听政之所。王以雄才见称，恭事英人，谋扩充兵权。欧战之役，英人悉调其兵至墨索帕他米亚。王一生建博物院、修道路、创医院，公共事业大进步，而其自奉亦丰。王于一九二二年崩，嗣王为其继子，年方十一岁，不能听政，由参事院长英国人某摄政，每日来政事堂，据宝座，处理此邦政务。再进一层，为公朝殿（Di-wan-i-Am），旁一院为私朝殿（Diwan-i-Khas）。公殿较大，私殿较精。各院门皆伟大阔丽，王出入多御象，故门特高大。又绕御苑，花木茂美。花与各殿之间为寝宫，七级楼房多所，排比如聚星式，高低参差，以正中者为最高，望之伟丽。院内多有极宽石砌水道，谓注水其中，可清暑气。旁一大院，周为环楼，中为美石所砌之大塘，为前王浴池。王有嫔侍七百人，常选美者数十或百余，赤身共浴于此。再后为宫庙，所祠之神亦怪诞。再后出苑为秋塘，现在水少，雨季水满，如方湖也。

---

　　① 此处应为 Jai Singh，即萨瓦伊·杰伊·辛格二世（Sawai Jai Singh Ⅱ）。另，杰伊·辛格二世卒于 1744 年，因此原文记载"八十年前"误，应为"一百八十年前"。

观毕，出宫。总观此宫多大门，多正殿，多方院，东方气象较多，非欧洲之山寨也。在街上见妇女结队出庙，且行且唱，所唱为圣歌，盖未祭先祝也。过数街，所见甚多。乡导语余云每日皆如此，盖女子上庙，每日至少有一次云。又见有女子拾粪者，戴筐于头，以手检粪置其中。吾国谚语，尝言"佛头着粪"，此特喻言，而佛国之人头着粪，则普通之事实也。今晨以所照像交小铺令洗，谓下午即竣。往取，全被洗坏，尚索高价。傍晚归寓，晚一操娴熟英语印人来与余谈，状殊文雅。询余中国有耶教徒若干？余答以约二百万。彼缓言云东方人开化较慢，印度耶教徒亦不过千万云。余询云：君意谓入耶教为开化乎？彼云：自然。余曰：若然，则余为尚未开化者。彼惊询不入耶教之人，皆迷信甚深，锢守旧习，何能远游世界？余云：中国建立无迷信之宗教，盖在耶稣生前二千四百年（尧时），以尊天、敬祖、崇圣为信条，而于知识较低之人之下等迷信，包容之以免教争，然其势力常远在学人之下。余游北欧时，见公园中新旧两教设案对骂；游南欧时，见男妇老幼匍匐十字架及各偶像前，默祷求福，如疯如狂。此种怪相，为在中国时梦想所不能及，余觉欧洲人之迷信，远在中国人之上也。彼惊讶而去。

四月三十日

上午，偕乡导乘汽车出城，先过虎垒（Tiger Fort[①]），缘山为寨，以虎为名，喻其雄也。至安伯宫（Amber Palace），在山上，较虎垒更高。其建筑甚精，各殿陛亦方正光大，凡游此城者，必一观此宫，观时亦须先有英人之入门券。观毕，观宫旁二庙，印度旧式庙，大都精而不大，其精处，全在雕砌屋顶如方塔式耳。将午归，来回均过前王马豆辛墓。下车观之，墓雄壮，旁一巨亭，中为一雕像，乃王所御之象，死后葬此，若明思宗陵旁之有王承恩墓也。街上及郊外道上猴甚多，不畏人，有时跳跃车旁。孔雀亦缓步街中，与妇孺同行。此邦禁捕伤

---

① 　此处应为 Jaigarh Fort，即斋格尔堡，又称老虎堡。

不害人之禽兽,故无人敢扰孔雀及猴,而孔雀及猴亦不畏人也。

下午,游博物院。院为前王创立,建筑颇美,收藏仿欧美,购各国方物,在此地亦觉可贵,惟本邦古物太少。院在公园中,公园局面甚大,花木茂美。观毕,赴一钱店易钱,此店兼为古董铺,铜器甚多。余求佛像,仅有一,雕铸精工,面相如中国所见。因意此邦造像,必有所本,释迦生相,或竟类此。询以价,云五百磅,惊其贵,彼郑重告曰:此中国造也。余失望,且失笑。归寓。

晚餐后,乘夜车赴木塔(Muttra),余方思购票,乡导云:汝有自孟买赴德利之票乎? 余云:有。彼持票导余寻站长,为余签字转车,不须一钱,另酬酒资五元,因太多,致彼等分赃发生问题,可笑。

五月一日

天明,至木塔下车。雇小马车穿城一过,大街房屋尚可观,小街及附郭住房极矮小。由此城至彬大班(Brindaban①)蒲列母马哈专门学校。代理校长古普达(Gupta)君出招待,语余云:此城甚小,请下榻校内,饮食及参观访友事,均由此间代为布置。少坐,为余购西瓜食,食毕,参观本校成绩室及机械科。此校极重实习,欲人民经济方面能独立也。课程切实,管理宽疏,谓学生年至成人,宜使其能自振奋,不专尚管理之严密也。校址为蒲拉塔波王宫(Raja Mahandra Pratap②),王有封邑五村,捐作此校常年经费,由校直接管理,以其宫为校舍,彼自并于平民中为独立运动,今亡命国外,其子当时亦被逮,今甫释出。校长办公室颇大,然有高案大椅而不用,古君置一薄毡于地板上,跣足趺坐③以治事。午餐,余一人独食,盖余食由校中购,而古君仍返家中餐也。下午,校长毕克修君(Bikhshu)来校谈,其面相

①　此处即沃林达文,马图拉市的城镇,印度宗教圣地,或作 Vrindavan。

②　此处应为 Raja Mahendra Pratap。

③　此处疑当为"趺坐"。

神情绝类同乡陈尧初君。三时余,古鲁古尔(Gurugnl①)宗教学院总董那林书克拉(Shiva Narain Shukla)及其宗教科教授某君(忘其名)来访。那君身中材,须不甚多;某教授长躯干,美髯,持未经刀斧之长木杖。二人皆跣足,布衫短裙,冉冉而来,此时余若置身神秘之小说中者。那君言谈,庄肃如其貌,某教授爱掀长髯作谐语,彼此俱若夙谂者。傍晚,同出散步,那君先去,某教授导余观基那(Krisna②)庙。基那为印度古神,相传为处女所生,代表最尊之神。近来考宗教系统者,多谓此字为基督字(Cristo③)所自出。此庙在此城为最圣。入观者必须跣足,回、耶两教徒不准入门。余脱鞋袜随某教授入,环绕甚远。众人以木辇荷神像出,像前多人燃油火作光,列队行,一祝者中行,涂面作金红各色,如中国三十年前乡下祈雨之马童(男巫)。彼与某教授语,似责其带异教人入庙者。随从之人皆涂面,某教授亦取黄色水涂余额。绕行他途至大门,约里许。石地上间有碎石子,两足受创,痛甚。闻每日各庙均行此类礼式。观毕,出门,着鞋袜,与某教授别。另一人随余,谓系古普达君嘱令导余游者。更观其他各庙,非正行礼时,未脱鞋。庙之建筑,气魄甚大,大致此邦新庙,气象皆较大也。

　　晚,仍一人在校中,餐后在楼上寝。夜极热,开窗又为蚊所欺。睡不安,此房虽大,此室久未住人也。

五月二日

　　上午,本省之国会议员那林达氏(Narain Dass)君来访,谓:吾国之立法院(Legislative Assembly)言之堪羞,人民自行集合之国民会议(National Congress)在孟买开会,君何不在彼一观? 余乃自悔失机。彼言英人近持重税困民主义,盐税加倍,本届增至七千万鲁币,

---

①　此处疑为 Gurukul,即古鲁库尔,印度的一种宗教学校。
②　此处应为 Krishna,即印度古神黑天。
③　此处应为 Christos(拉丁语),即基督。

田税增至四万五千万,灌溉税增至八千万,合中央税省税约共为二十三万万鲁币之收入。印度人口得中国四分之三,而担负则多四倍,人民终年劳动,往往每日一餐,而大宗之食料源源运至英国。立法院印人居多数,能否决预算而不能禁总督之自由公布施行,有何立法权之可言? 中央大权,完全操自总督,各省大权,操自总督及本省巡抚,所谓议会者,皆装饰品耳。各机关中,印人与英人同职,而薪水相差常至六倍之多。彼言阅报载中国事,最羡慕不置:中国有许多之跋扈军人,印度求有一人而不可得;中国数数有内乱,印度求有一次而不可能。十时,与彼别,赴古鲁古尔学院参观,彼派人来导余往也。院重神学、哲学及用印文教授,余实无从参观。总董赠余以书二种,仍由某教授导余参加晨祝。学童约七八十人,列队高声回环读祝词,其状甚虔。祝毕,彼等告余以祝词大意,译记如下,不知有误否?

一、婆罗门,卡得伦,唯萨,素塔各色人! 地位不等,苦乐不匀,大家一母所生,彼此都是弟兄!

二、婆罗门,卡得伦,唯萨,素塔各色人! 地位不等,苦乐不匀,阶级不容或紊,此是上神所命!

三、婆罗门,卡得伦,唯萨,素塔各色人! 地位不等,苦乐不匀,上神无偏无私,任尔自由选定!

四、婆罗门,卡得伦,唯萨,素塔各色人! 地位不等,苦乐不匀,来生阶级何属,看尔此生修行!

某教授云此祝词可作印度国歌,因婆罗门为四民领袖,英人不愿印度独立,常由耶稣教诱各级人脱离婆罗门,阶级制度如破坏,则印度社会之根本组织摇动,不复能谋独立矣云云。余颔之而已。又学童中有一童,完全如中国小儿,因忆昨日在帕母马哈儿见一学童,类中国人者,古君告余云彼来自印北,北部人大都相貌如此。余以谓此童亦来自印北,某教授及纳总董告余云,此童来自南斐洲。余久闻南斐有一部分土人类东方人,不意其与中国完全相同也。观毕,少坐,回帕校中餐。连日皆用印度饭，其餐品甚简单，且为素食，惟薄烙馍与中国者相类，尚可口。餐后，那议员来，携食品及印度茶，借地作东，余又勉食少许，用茶二杯。谈时许，与诸君握别，毕克修君两腕紧抱余不释，余亦还抱之。由校雇车赴木塔车站登车，晚至印京德利(Delhi)，寓麦敦旅馆，甚大而欠雅洁。

五月三日

雇乡导及汽车，午前以六小时遍观全城，略志如下：

一、总督府：总督住宅，院大，花木多而房屋不甚大。总督公署，白楼二层，惟面积大，中房屋多耳，间有相对方角楼兀起，为此建筑之惟一点缀品，此为现在公署。新公署正在建筑中，自一九一四年动工，原计至一九三〇年方能竣工，今第一层正房尚未竣，不知能否如期完工。此房之气魄自大，美丽与否，不敢断言也。

二、紫禁城：普通称为德利炮台，蒙古(莫卧儿)帝国之故宫也。宫为夏卡汗皇帝所建，城墙完全仿北京，城门仿天安门，而门楼上角楼仿罗马兜母式，且多用雕石，气象万千。进重门后，为公朝殿，亦东方式，而角楼仿罗马。宫柱为纹石嵌花，宝座之嵌花，纯为意大利之敷罗兰式(Florence Mosaic)，但依史乘所载，为法国人所制。守者语余云，此问题经多数建筑家考证，尚未决定。其损伤之处，由敷罗兰匠人补之，精美终不及原有者。过此殿为私朝殿，较小，宝石之嵌花更美。私殿左通彩宫(Palace of Colous[①])，右通浴宫，皆伟丽无伦，盖皆师中国气魄，罗马装潢，而又加精也。私殿中之孔雀宝座，驰名世界，制价合七十万磅。波司王曾攻克此城，载之而归，今存台海伦(Teheren[②])王宫。浴宫内各浴池嵌镶之美，不可方拟，盖远在罗马各古浴宫之上。彩宫之后，便殿向后，为帝观斗象大戏之所，英女皇维多利曾御此殿观戏。原来殿宇尚多，英军占领此城后，折之以修兵

---

①　此处应为 Palace of Colours，即彩宫。

②　此处应为 Tehran，即伊朗首都德黑兰。

房，今禁城房屋，半为英兵驻扎之所，观之扫兴。欧人著游记者，最爱言欧人建筑之精，与回教人毁坏建筑之多，言过其实，若此宫则回教所建筑，世界空前之伟观，而为欧洲最文明人所破坏，信而有证者。回教势力，漫延东西，其建筑兼采东西之长①，故能后来居上。

三、胡马荣墓(Tomb of Humayun)：胡马荣帝崩后，其后为之营此墓，伟大之幽宫也。英人攻克此城，印度末代帝、后及二幼子匿此墓下一石室中，英将某破石门出之，枪决二幼子，以帝、后解上官驻所。今石门痕迹，显然可考，任游人观览。乡导述遗事无讳，若借此以畏印人，以畏世界者。

四、史前古宫：年限不可考，因印人古代无史册也，然城墙尚有完好者。又古印度庙之雕刻亦好，且颇伟大。又印度铁柱，其上有古印文(Sanskrit)，载印王克服孟加拉事，约在前一千七百年前。乡导及指南书均言二千三四百年前，不可信。孟加拉之并入印度，或自此次始，亦不可知。

五、其他古墓，冒司克，不备记。城之新部分，尚未成局面，而旧部分亦自可观。此地为历史上之印度京城，不只为现在总督驻在地也。

下午，休息。购像片若干，有与历史有关，甚有价值者。午前，已换钱购车票，晚八时半，登车东行。将先至本纳列司(Benores②)，再至喀尔喀他(Calcata③)，卧车尚好，惟较热耳。

五月四日

天明至戳埠(Cawnpur④)，为中印大镇，未下车。午至米沙埠(Mirsapur⑤)用餐。下午二时半至莫古沙来(Mogul Sarai)换车，由

---

① 原文作"其建东采筑兼西之长"。

② 此处应为 Benares，即贝拿勒斯(旧称)，今称为瓦拉纳西(Varanasi)。

③ 此处应为 Calcutta(旧名)，即加尔各答，今其英文名为 Kolkata。

④ 此处应为 Cawnpore(旧名)，即坎普尔，今其英文名为 Kanpur。

⑤ 此处应为 Mirzapur，即米尔扎布尔。

东印铁路线转至巫底(Oudh①)线，在车上停二小时余，至五时方开车。车站上炎日如火，车内热气如蒸，避火就蒸，因在车内读书。开车后经二站，至本纳列司(Benares)，其圣名为喀里(Kali②)，全印宗教之中心，印度教人称为最圣之地者也。下车照例有旅馆人招待，寓巴黎旅馆。馆主为回教徒人，经理为一英国老人，寓印已三十年，副经理为印度教人。室内布置亦在半文半野之间，院有大莎果树及杂花，房饭共日印币十元。夜睡不安，一因天气太热，一因蚊子太多，在半睡中毙蚊十余，而被③蚊咬之次数，则以百计矣。

五月五日

早餐后，偕乡导出游。先至一照像馆购照片若干，往观甘吉圣河，即恒河。路遇男女一队，着彩衣，张乐缓行，间有观者，此新婚行朝河礼也。新郎约七八岁，新娘不过五岁，昨夜十二时结婚。结婚时，男家父母偕子赴女家行礼，行礼时，教师主礼。礼成设宴，教师居首。夫妇并不同宿，以年过小也。今晨来甘吉河，夫妇各以河水灌顶，并饮少许，仍各归父母之家。俟年稍长，女赴男家同居，无复此次之隆重礼节矣。此印度结婚仪也。此地回教亦早婚，所不同者，结婚之夕，夫妇必同床数分钟，然后男子随父母还家，次晨不朝河而已。余由大沙瓦美第河口(Dasawamedh Ghat④)雇乘小舟，岸上一古建筑，为满满第天文院，与在斋埠所见者同式。全印度共有四座，他二一在德利，一在马塔，余皆曾至其地也。登舟即泛甘吉土河中，此河为印度教之圣水，教徒称之为母亲，谓此河曾由此国王子行十马圣祭⑤(Ten horses Sacrifice)，可享国八万年之久云云。远近来朝河

---

① 此即奥德，属印度北方邦。
② 此处疑为 Kashi，即神光照耀的地方。
③ 原文作"彼"。
④ 此处应为 Dasawamadh Ghat，即恒河浴场。
⑤ 原文误作"际"。

者,不论男女老少,皆下河大浴。余由此渡口,泛舟北行,所见浴者以
百计。乡导言:婆罗门富贵家妇,皆每晨五时来浴,因余时,人太杂
也。浴者皆以手捧水饮之,实则盛暑无雨,河水之浊,不可近口。此
邦人谓能有缘饮甘吉水者,减去无量罪恶,故不嫌其不洁也。由此而
北,约有九渡口,每渡口皆有神话历史,大概皆类猪八戒假变牛魔王、
王老道提妖之类,而此邦人笃信之。有一渡口,岸上为台,台分上下
级,以木柴分为七堆燃烧,乃焚尸葬身之所。有一堆中,下腿尚露于
火外,然不闻有特别腥臭之气。焚毕,以尸灰抛散河中,此印度教葬
礼也。有一渡口名尼泊尔渡口(Nepalese Ghat),其上一方亭式二层
庙,为尼泊尔王所修,周围刻木为春宫十六,其怪谲荒谬,有出于漭陂
古城所见以外者,惟美富远逊之耳。岸上除庙宇外,即为各印度王所
营之菟裘,彼教谓凡有缘死于此城,不堕入三恶道,故富贵者争建屋
于此,以为待死之所。而河岸上之风景,得此点缀,实大增其价值。
泛河约一小时,仍回原地,下船上岸,至金庙一带。金庙(Golden
Temple)原名比色士瓦庙(Besheshwar①),上为金顶。其地纵横,左
右皆庙,街宽不过数尺,乞丐满填其中,须夺路,乃能过,汗腥泥臭,为
生平所未经。神像除人形者以外,尚多兽形及人身兽面者。有圣牛
一,红色牛像也。有释瓦真像,其怪不可名。附近有智井,井上一大
方亭,香客环之,争饮此水,谓可益智,实则水甚臭也。又一院,院中
一大亭,一面为数怪相,妇女蹲俯满地,乡导云:此亭中皆婆罗门贵妇
也。此一带各庙,皆有专名,各神皆有神迹,余不能记,亦不愿考书,
总名之为金庙一带而已。另有猴庙一带,其圣与金庙相埒。猴庙原
名杜葛空庙(Durgakund②),创建在前一百年,谓某神与某神大战,得
某神相助,降服某神云云,其价值大概如水淹金山寺剧本所述。此都
人最信此庙之神,谓其每夜乘神狗巡行此城云云。余观此庙,神经已

---

　　① 印度金庙又称 Vishwanath Temple。
　　② 此处即杜尔迦庙(Durga Temple),Durgakund 为杜尔迦庙所在地。

受有极大痛感，不复能再观猴庙，返寓。见街中许多香客公寓，皆富贵人家捐修，各处来朝河谒庙者，寓此不出房资。此城号称二十一万人，或言香客与乞丐实占其一半，或不至如此之甚，而其多可想。

少息，中餐。餐时副经理寻余谈。盖昨日与经理等谈宗教，正经理英国人，谓天堂地狱说可信。副经理谓轮回说可信，且言天堂地狱说太简单，若赏罚只此二种，而善恶二途中，其程度各有不同，差别极多。轮回说之可信，即在其轮生地，苦乐不同，其不同之程度能恰与善恶不同之程度相应。若如天堂地狱说，则善恶之大小轻重，其赏罚毫无分别，则耶教之上帝，实大愚不灵。英人转无词以对。今日彼寻余谈，首问君已观吾教圣地，于意云何？余直答云：程度太幼稚。彼极不悦，谓岂有已渡甘吉圣河，履金庙圣地，尚不知印度教为世界最圣之教，喀里为吾教最圣之地耶？余颔之而已。

奇热不能出门，略睡。下午四时，偕乡导乘马车往访鹿苑遗址。其地为释迦初成佛后，偕五弟子说法之所。佛灭度后六年，阿守迦（Asoka）皇帝即阿育王崇信佛法，于此地建佛殿及转善法轮道院，其地仍名鹿苑。道院时事扩地，成为此邦佛教中心地，玄奘①、法显皆曾来此地。考此地历史者，大都由中文译二人日记以为佐证。鹿苑此地同为萨拉纳地（Sarnath），意言有鹿之地，亦有谓此为距此里许之一印度教庙名者。由城内至此地约四英里，沿途修有大道，两岸多伟大榕树。将至先过一地，名乔可汗地（Chaukhandi②），旧为佛塔，相传为释迦第一次胜五回转之地。依玄奘所记，塔高三十丈。三百年前（1588 A. D.），回教皇帝阿克霸（Akbar）就原址为其父胡马容（Humayun）建纪念塔。今所可见之遗墟，顶回教而基佛教者。又午前在金庙附近所观之冒司克，名奥软次白（Aurangzeb③），亦为旧佛

①　原文作"玄装"，下文统改。
②　此处即乔堪祇塔，或称五比丘迎佛塔。
③　即奥朗则布，莫卧儿帝国君主，此处即奥朗则布清真寺。

寺址,印度教因之修庙,回教毁之,以修冒司克。政权有代谢,而宗教因以代谢,慨然。至鹿苑有建筑物二:一为哲因教之庙,一为新修之古物博物院。先至博物院,恐迟到闭门也。正中所陈者,第一为阿守迦皇帝三狮柱顶,花冈石凿成,历时二千年,光可鉴人,若新制者。第二为佛第一次说法之像,相传此像为印度新发见佛像之最好者(缅甸不在内。回忆余在斋埠古物店中寻佛像,仅得一,店主告余曰由中国购来,索价英金五百磅,知此邦佛教之衰久矣),但此像鼻尖亦微有伤损。第三为释迦本行雕像,已多残破。余像甚多,至最近期则渐多印度教之神像矣。大致佛灭度最前数百年内,雕像不多。第二期之雕像为高鼻伟躯之瞪眼佛。第三期眉细,目半闭,鼻直长,上端略低狭,下端微宽,二唇上微短,下略长,中国佛像亦大都类此。第四期往往雕他种像,以小佛像现于他像之首或身上。再后则潜移默化为印度教之神像矣。出博物院,往观遗址。十余年前,印政府始派员专理发现之事,遗址十九现出。原来建筑方位配合,大都可考。所占面积,南北宽八十余丈,东西长一百丈余。正佛殿位微偏南,正东向。偏北处,东西有一巨墙,墙北为第一第二第三三道院。大门在正处,正殿之南,有道院四,不相连属。殿正南为一巨塔,绕殿近处,建筑极密,故面积虽不甚大,而房址甚多,其发现工程极精慎。就所发现部照制比例图,再对图看遗址,故可得明了之观念也。距殿不远,为阿守迦帝石柱,柱之下端,犹立原处,高十六尺八寸,径二尺六寸,花冈凿成,光泽亦如新,映月光观之,全柱现银色。另外尚有三段置旁处,接量高可五十尺左右,依玄奘所记,柱高七十尺。柱顶存博物院正中,雕三狮,精美生动,为此邦古物所少见。此柱极坚,建立极固,毁折之时,亦甚费工程,非大力者不能为也。此邦除神话外,殊少正史,故考证甚难也。依英人所考各建筑,由耶历二世纪至十一世纪陆续修成,十二世纪尚完好,同世纪为回教所毁云云。残阳西下,犹流连不忍去。乡导数催,再过南道院,观古井。井为当时道院用水之井,发现后,仍完好,可得甘泉供用,惟井口较地面略低也。驰车自原路返,暮色苍皇,抵寓,已七时余矣。

　　晚餐,遇一美国人,谓与余同船至印度,所游各城,大都寓一旅馆,皆余去而彼始至。昨日此馆只余一客,今日乃得此伴。晚,馆主为另备床,置院中,安蚊帐,得竟夜安眠。

五月六日

　　晨起,赴城内询明往址,往访古普达君(Babof Shiva Prasad Gupta)于其宅,距城约五英里,地名纳洼(Seva Upuvaw Nagwa Benares)。其宅与农园毗连,古木大苑,高楼长廊,盖此地大地主而兼为政治运动者,城内报馆,为彼所独有之机关。余连介绍信及名片交用役,古君跣足出迎,由客厅导余入内室。客厅欧洲式,内室印度式。至门脱鞋,入则席地而坐。座有四五客,皆附近政治家,甫自孟买开国民大会(National Congress)散会归来者,共谈片时,彼等有去者。古君以汽车导余参观印度大学(Hindu University),校址在附近,先过寄宿舍四,规模宏大,在所观各国大学寄宿舍之上。因他处大学近城,学生可租民房,此间校在旷野,二千学生全在寄宿舍中也。继观机械科,现在暑假,他科皆完全停课,惟此科尚有若干学生实习,校内自制之机器多大规模者。此科详细不及备记,略述二事如下:一其发电机,为一千克鲁瓦特,其梁上起重机(crane)载重二十吨,可以知其局面之大小;其现用较小机器,皆本校自造,可以知其成绩之好坏矣。次观其他各科,仅观其建筑耳,其中无人也。末同至其副总董宅,其名余忘之,谈近一小时,极畅。此校甫成立五年,疑项十分之九皆由私人捐集,政府仅拨给鲁币十万(合中国钱六七万之谱)。明年之预算,现已制定通过,支出部九十七万九千五百五十六元,收入部为八十五万二千四百二十七元,不敷之数为十二万七千一百二十七元,由董事部负责募集或筹借。副总董谓余云机械科之成绩,办理甫五年,其毕业生经英国各大学承认与之有相等之程度云。彼等数人俱主张此后中印大学应互相学习彼此二国文字,以谋文化上之交通。末赠余以本校报告二册,别时送余等上车,意殊殷拳也! 古君语余谓:本校进行,副总董之力为多,本国人多推之为其在印度之功,不在甘地之下云云。返古君宅中餐,纯粹之印度饭。餐后又略谈此国政治近况,告别归寓。仓卒收拾行李,开账上车。其正副经理言宗教时,皆若甚忠诚者,开账时,殊不可靠也。

下午三时,赶至火车站。三时一刻,车开行。晚在餐车食,夜在车中寝。

五月七日

晨五时余起,开窗遍地皆绿,间有高棕,为多雨之热带,非复金石流土山焦之景象矣。六时余,抵喀尔喀他(Calcata①),下车,寓大旅馆(Grand Hotel)。同车一美国人白司林君(Breslin. J. G.),为美国印商公司(India Trading Co.)职员,为余言苎麻(jute)制纸之好,麦秸、稻秸杂苎麻皆可作较好之纸,谈甚相得,彼嘱余寓此也。房间宽大,连饭每日十五鲁币。午前补日记,午赴通济隆询船位情形,下午仍写日记。

晚在街上散步,遇二童子,举动类中国人,询之果然。彼等姓钱,福建人,与之讲普通话,略可达意。彼等导余至一中国铺,天晚已闭门,乃归。

五月八日

昨日往观博物院,已闭门,今晨早往,尚未开门。改往一中国铺,铺主刘姓,导余至一处,为明新书报社。遇王姓,略通普通话,坐谈。彼为华侨学校教员,至十时往上课。余阅中国报,无甚好消息,偕刘君归寓略坐。再往博物院,始探悉现因整理一切,停止参观半月,失望而归。又今晨遇一山东人买花边者,负包游街,年可得千金。此城山东人一百余,亦有以买绸为业者,闻皆自俄乱后,乃弃寒带而来热带。

下午,偕新雇之仆乘车游河干,岸上风略可却暑,此城跨甘吉河

---

①　此处应为 Calcutta(旧名),即加尔各答,今其英文名为 Kolkata。

支流也。又绕至亚丁公园（Eden Garden①），园内一缅甸庙，上为正方层亭，下部内外圆木柱三层承之，大有中国意味矣。庙本在缅甸某城，英人移至此地。又至威廉炮台（William Fort），一极大之军营，周围筑墙不甚高，内广袤可数里，现全驻英军，气象森严！彼容游人参观，故得驱车在内一周。内街道屋宇甚多，除用役以外，无印人。又过维多利亚厅，新白石之大建筑物，门外矗立克松（Cursoun②）石像，盖前任总督也。又过高等法院及总督府，印京虽已移至德利冬口，总督仍常来居此地。又过跑马厅（Race Court③），建筑极伟大，周围层楼为观者座位，惟楼分立拱抱而不接连，此其所以与古罗马斗兽场不同也。上游各地环一极大广场，周可二十里余，场内茂林及草地为多，惟不值雨季，草不甚绿也。归寓已傍晚，旅馆下层房周围临街者，分租设商店，有中国人卢君设店于此，访之，彼导余至唐人街用中国餐。此地无富商，故唐人街远不迨金山、纽约之局面。餐后，又乘汽车偕游河干，绕广场一周，归寓。据卢君言，此国有中国人四五千，山东人殆居十分之一，广东人最多，福建人次之。广东多作木工者，福建人多鞋铺。此地华侨学校，亦授官话课，故学童多稍解普通话。

五月九日

晨起略读关于印度宗教之书，即古鲁古尔学校所送者，大致言世界六大宗教回、耶稣、犹太、祆（Szoroaster④）、佛、印度（婆罗门）相互之关系。谓：佛教本于印度教，回及耶稣教本于犹太教，此世人所知，而犹太教本于祆教，祆教本于印度教，及耶稣教受佛教之影响，则知之者较少，盖推尊印度教之意。余阅其祆教本于印度教一章，适与余意相反。且彼于他处多罗证据，于此处殊少证明，仅罗各家分论两教

---

① 此处应为 Eden Gardens，即伊甸园。
② 此处疑为 Curzon，即印度总督乔治·寇松（George Nathaniel Curzon）。
③ 此处应为 Race Course，即赛马场。
④ 此处应为 Zoroaster，即琐罗亚斯德。

之年代者数则,而下决论谓两教古典相同之点甚多,印度教先于祆教,故祆教本于印度教云云。实则祆教古典《阿吷司陀》(Avesta)中,明载爱①拉(Aira②)人自北方向日南行,则先至波斯,后至印度无疑。且言洪水为洪冰(ice delnge③),乃结冰时期,中亚北部之冰山融化,山下居民几无孑遗,此与地质学结冰之时期及冰山之地点,均可互证,故各古典中之言洪水者以《阿吷司陀》为较近事实。然爱拉人南来之时,波斯一带,吐拉人(Tura)即吐鲁番(Turanian)文化已大启。吐拉与苏麦(Sumer)人同为黄种,文化同源,其宗教上对死者行埋葬礼。时爱拉人以抛弃死尸使鸟兽食之为葬礼,塞母人(Semite)则行火葬礼,《阿吷司陀》言之极详。此次在孟买参观静塔(Silent Tower),即祆教葬场。其塔周围为高环墙,中空,正中为小圆井。井周至墙根,分三环,各环皆分砌为小长池,深约八九寸,下端一小沟通至圆井,中环之池最小,以之抛弃童男女之尸;次环者较大,抛女尸;外环者最大,抛男尸。称静塔者,以设立静地,使鸟能下食,鸟食余之血液,由小沟流入圆井,再由井流至滤净洞,渗入地中,葬礼完结。是祆教今日仍得保存其委壑蛮习,而印度教之火葬转受有塞母人之影响。塞母文化源于苏麦,与波斯同源而异流。犹太教出于塞母,其文明导源于巴比伦,其与印度教特有间接之关系耳。

　　赴通济隆购车票,决计下午赴大吉岭(Darjeeling)一游。中餐后,检点行李存旅馆,携小行箱,于下午三时半上车,四时开车。时甚热,行时许,有风,暑气渐退。沿途多竹,与高棕大木相杂,风景甚好,傍晚更凉。此车与中国式相同,七时赴餐车晚餐,九时至三塔哈(Santahar④),易睡车。余与英人辛博森营长(Captain Grey Simp-

---

　　①　原文误作"受"。

　　②　此处疑为 Aria,即阿里亚,是阿里亚人(Arian)的居住地。

　　③　此处应为 deluge,即洪水。

　　④　Santahar 今属孟加拉国拉杰沙希专区。

son)同一室,彼言欧战时,中国工人曾偕同英人在前线力战,勇而且健云云。夜甚凉,余带棉被,得不冷。

五月十日

天明,抵西里古律(Siliguri),已至印度北边山坡下,改窄轨车,车室甚小,每室六人,几不能容。上山后,每站停车,站旁居民已完全为中国种矣。童子着短衫长裤,戴小帽,类中国式,缘较浅,皆有花,盖确曾受有中国文化之影响者,视山下居民迥异。辛博森君昨夜曾为余言之,今日乃证明。十时半至枯松镇(Kursong①),下车用早餐。此地已有藏民矣,以藏民比本地居民,则藏民类中国人之程度转低。十二时半至古母站(Ghum),高于山下约七千尺矣。过此站已望见大吉岭城,城地位转较此地为低。一时下车,寓绝峰旅馆(Mont Everest Hotel②),携行李者为脚妇而非脚夫,貌饰皆和厚修洁,俨然中国人,惟较低耳。少休,在街上游,观各种人衣饰面貌。至一中国鞋店,与店主丘姓谈,知藏变之后,中国人由藏逃难来此城者甚多,今仍有若干留此。此处楼上小饭馆,即彼等所开,乃至饭馆中,馆主刘姓,湖南沅州人,随赵大臣入藏者,在川边娶康妇,土语称为康巴娃,妇死,遗一女九岁。余用面二碗,彼坚不收钱,末以一鲁币与其幼女,女聪明可爱。又遇有湖北人李姓,通文意,与谈甚久。彼等仍着中国衣服,在噶伦埠所作。噶伦埠距此地二十八英里,中国人较此地尚多,亦多由藏逃来者。晚归餐,寝。

五月十一日

晨起,写日记。九时早餐毕,出游,至盐山(Salt Hill)及观象山(Observatory),可俯瞰全城,至山顶可见北面各峰之雪。将午,忽热,不能再上,乃下山,余登山不至高处,此殆为第一次。购土人照片若干,有着明朝衣冠者,此纯粹之农民也,亦有两代衣式杂着者。此

---

① 此处应为 Kurseong,即格尔西扬,或译为可颂。

② 此处应为 Mount Everest Hotel,即珠穆朗玛峰酒店。

地人分为四种，一曰西基（Sikim①），亦名劣察（Lepcha）；一曰布丹（Bhudia②）；一曰廓尔喀；一曰尼泊尔，大致无甚分别。惟西基人身格甚短，貌相极温雅，不类未开化之山民，作事诚实，与人谈时，笑容可掬，英人常称之谓世界最爱和平之民，只见其笑，未见其怒云云。西藏人衣冠大致如北京所见者，紫呢夹袍，青背心，金边小帽，或金边大毡帽，背拖长辫。以貌相论，以藏人为较笨较狞，不甚类中国人。售相片者印度人，颇有知识。余言循须弥而西直至克什米尔（Kashmir），人民骨相方变。彼云，知克什米尔。彼部人分二种，西方者较变，东方者仍与此地相仿云。再至中国饭铺，访李承业，即湖北李姓，寓劳易街五号楼上（Iloid's Road5），略谈。彼现状甚窘，尚请余吃茶，心觉不安！昨日所食之面，即北京四川馆之脆炒面，多加辣椒，余觉其味甚美，因彼不受钱，今日不敢再食矣。今日为赶场之日，四乡人民俱来城中，中国饭馆中生意最好。余在街上饱观山民，不啻人种博物院之活动陈列品。十二时半回寓，中餐后开账，仍由脚妇荷行李登车。下午二时，车开行，下山。

游此山，时间虽短，而感想实多，略志于次。

一　西基，中国称为哲孟雄或哲部。旧为西藏所征服，纵不为西藏所征，亦中国属土。北部名西基（Sikhim③），南部名孟荣（Morong），中国文卷中，所称之或两名哲孟雄（Sikhim Morony④）连读也。英人于百年前已并其南部入孟加拉（Mongal⑤），七十年前，又将其北部之南段强占四十方英里之谱。今大吉岭即座落此段内，每年为哲部土王纳租金一万二千鲁币，然未得中国正式认可，在国际法上之地位究不巩固。光绪十四年，藏哲生衅，英人借端武力干涉。光绪

---

① ③　此处应为 Sikkim，即锡金。

②　此处应为 Bhutia，即不丹人。

④　此处疑为 Sikkim Morong。

⑤　此处应为 Bengal，即孟加拉。

十六年，清政府派驻藏副大臣升泰至大吉岭与英人订约，承认哲部归英人保护。此后此地乃完全与吾国主权脱离关系，英国始正式割原租之四十方里归为孟加拉属土，而孟加拉巡抚之行署，即设于此，为夏日办公之所。吾辈游此，见居民之貌相，皆为吾种，衣冠犹守吾制，今皆杂黑面印人中，居民面黄白色，为英人作奴隶，不觉欲潸潸泣下。而吾前政府既弃之如遗，今日之当道及在野之大人先生，孰复知万里荒服外，尚有吾遗民呻吟于异族政府之下如吾此时所见者？吾闻布丹人见中国商人已翦发易服，惊询何尔等之为英国化耶？尼泊尔之为英人当兵者甚多，与中国人谈时，谓中国力能至此，吾辈愿弃英而当中国兵。惟西藏前政府，抚驭失策，达赖拉麻引虎入室，前年已由英人修电话接至拉萨。今春达赖又派噶伦（官名）金丹（人名）由英运来山炮、步枪及子弹若干，经此地入藏。而吾国方事内争，川地连年兵事不休，数为西藏所侵，损兵失地，此后更不知贻祸胡底耶！

二　英人在此地试种中国茶，气候合宜，今遍山皆茶园。土人服其劳，英人专其利。今此区茶业之盛，除西兰及阿山省（Assam①）之外，在全印中首屈一指矣。又此地为须弥山东南特出之一支，中国名为独脊岭，吾人仍应用吾本名，势极险峻，数十里之远，升至七千尺之高。大须路线（Darjeeling Hemalaga②）资本合中国钱不过三百万元，其建筑费每英里只用三千五百磅，合中国账大约每里建筑费一万元。车轨宽仅二尺，以五十英里内转折回环，上升七千尺之高，为全世界所未有。尤奇者，即取回绕工程，全线中未凿一山洞，未架一大桥。车宽约当轨之三倍余，一列共带重三十五吨，用款及需时均甚少，而绝岭与平原间之交通以开。吾人对于英人狡悍贪忍，绝对不表赞同，而其作事计划之精，步骤之稳，有卓识，有毅力，实为吾人所应师。彼族于前二世纪内，在世界上经营之成功，实可惊怖。反之，吾

① 即阿萨姆邦。
② 此处应为 Darjeeling Himalaya，指大吉岭喜马拉雅铁路。

国则疆宇之内,听其荒废,以待他人之攫取。今后机局更形紧张,吾国人不可不速醒而图之!

此山风景之美,于上下时在车中可完全领略。其高度不同之处,往往花木之种类亦异,数时之间,几可见各带各季之景物奇观也。各站照例换车,用餐。夜与一日本人同室。

五月十二日

约十二时,至喀尔喀他。孟加拉为一大平原,其人种古时与吾种不甚相差,惟布衣火食之化,沾染较晚,且地位偏南,天气较热,故皮肤焦黑。约一千七百年前,印度人始征服此地,人种遂混杂,今不甚类吾种,而与西部印度人仍有区别也。

仍寓大旅馆,下午购赴缅甸之船票,并购书数种。晚略读书,极热。

五月十三日

六时起,收拾行李,六时半离旅馆。早晨不甚热,乘车再绕观拉尔的吉(Lall Dighi①)及黑洞(Black Hole)、红潭(Red Tank)。红潭为最先到此之英人察拿可(Job Charnack②)之故宅。黑洞则一千七百五十六年印度英雄西拉吴道拉(Siraj ud Daulah)战胜英军,夺回此城,安置俘虏之所,相传谓一小室不过二丈见方,囚欧洲人二百于内。西君占领此城自六月十六日起,至次年二月复被英军夺去,故此地为英人之大纪念物,亦印人之大纪念物也。余过此地数次,因热未下车观,故今再一观之。红潭在一公园之正中,黑洞在街旁一大建筑之侧,仅可知其地位,无复洞之痕迹矣。由此径上船,船泊河干。此河亦为甘吉分流,因此地现为大陆,初乃甘吉入海之一三角洲也。船名安哥拉(Angora),为英印汽航公司所有。七时半开行。午前,船行河内,浪小,补写日记。

---

①　此处应为 Lal Dighi,即加尔各答达尔豪西广场的 Lal Dighi 池塘。

②　此处应为 Job Charnock,即约伯·查诺克,加尔各答城的开埠者。

下午出河口，风浪渐大，觉不快。船长寻余谈，余尚可支持。晚餐时，大晕吐，餐不终席，归舱卧，蒸湿酷热，加之以晕，甚不快！

五月十四日

晕愈。晨早起，读太戈尔之《国族主义》一书，至晚读毕。彼反对国族主义，反对物质文明，尊重人道，崇尚自然生活，谓印度第一要务在社会问题，应急谋阶级之破除。彼视异族政府，如浮云之蔽空，且谓欧洲之国家主义，已将至穷途，必可不击而自毙。印人自有重人道，尚和平之精神生活，此为生活，此为真实，能与自然调协为一，乃有价值之文明。若为谋政治上之印度独立，而牺牲固有之文明，以效颦欧人，所得不抵所失云云。其大旨约如此，余以谓未免太消极矣。

本日风浪不甚大，而海风非冷非热，若燥若湿，当之总觉不快。船上人多与余闲谈，又遇一印人自称英人，而鄙其他印人于"彼哉彼哉"之列。

五月十五日

晨六时起，风较好，略写日记。

下午已近缅甸界，海平无波。游印度太促迫，有数日未有日记，补之。晚，余在写字室写日记，他客在此挞牌，十时半彼等散局，携船长来扰余课，谈至十一时余，乃归寝。游印告终。

第三十五　缅甸

（自民国十三年五月十六日至五月二十三日共八日）

五月十六日

夜二时,船已进河口,天明五时已望见仰光城矣。仰光,缅甸第一大商埠也。英人治缅,并入印度之内。自英人观之,缅为英之一部分,自吾人观之,缅为古越裳氏之一部,隶属中国二千余年,与印度殊少政治历史之关系。故余之日记,只为一段落。

六时船泊岸,下船,先有英员问带有兵器否,有阿片烟否。答以无,彼出纸令为之签字,无繁扰也。下船时,海关上有一印员,一华员。华员询余所带何物? 答:随身衣服,书籍。又询有犯禁书籍否,余询何为犯禁书籍,彼又询有中国书籍否,余答:有,不多。彼仍有纠缠语。印员云:余适在船上,知彼为正人君子。华员无语,乃令余行李上岸。寓王家旅馆,岸上苦力及普通行人殆全为印度人,余询馆役谓何不见缅甸人?彼云:此地极富,现在印人来谋生者日多,缅甸人多在内地。彼向稠人中指其一,曰:彼一为缅甸人。余因念游喀尔喀他,尚可云游印度之一部分,游仰光直不可谓为游缅甸也。

到旅馆少息,雇车赴通济隆,其汇兑部尚未开门,购指南书二小本,赴领事馆。余不识馆员,但云拜访领事耳。副领事李君国源,合肥人,领事陆君听秋,江苏人,先后出会。陆君知国内政情甚悉,谈至十一时半,出,再赴通济隆。国内为余汇款已到,在欧洲游历,平均每月只用中国钱六七百元。游土耳基、埃及等处,用费乃加一倍,每月至少须一千三四百元,生活不规则。本地人生活程度低,外人不能加入,而欧洲式之生活,专一待阔人,故用费常加倍也。汇款取出,回寓,中餐。餐后,读《甘地传》二十余叶,其行为可歌可泣,可为中国新人物痛下一针砭,亦可为真正新人物确立一规范。

五时,陆听秋(震)领事来访,并约同往参观华侨所立中学。新建筑,甚伟大,校址面积亦广,茂花草场,可喜!现值暑假,访校长林君未遇。讲堂设备亦整齐。至寝室参观,甚洁,尚有若干学生住其中。又至草场,观踢足球,其中一部分为学生。陆君云此国有中国人私立学校约一百所左右。观毕同回领事署,饮酸梅汤,北京风味也。晚,陆君约至中国餐馆莲台晚餐,福建茶尚美。馆以女子伺客,且碧环明佩,可怪,伺女皆广东人。同席者,馆员李君国源及上海水火保险公司代理人林鉴字世明。餐后,乘车赴湖干,途中车坏,改雇一车,略游,归寓。

略读《印度文学史》若干。天热,房不好,难睡。

五月十七日

夜睡不安。晨起,略写日记。雇马车出观孙大公塔(Sundagoon

Pagoda①），中国人称之为大金塔。先过湖园，湖多湾叉，树木茂美，风景尚好。至大金塔前，非脱鞋袜，不得进门，亦不得登台阶。乃绕宇门槛，塔上部高举如宝瓶，以金饰之，望之甚尊严。周围殿宇及门廊，脊檐略有中国意味，而雕刻特精。此邦建筑，似中国者十之四五，似印度者不及十之一，其半为自有，乃其文明之特色也。今日为此邦佛教节日，故上庙者特多，有少年女子，着彩衣列队，戴水盂赴庙中者。今日所见，大都为本地人，就其衣饰、举动、庙宇之建筑言，其文明之程度远在印度之上。所缺者，如四吠陀之古典及若干之文人耳。在庙前饮水，遇广东王君泰义，为华侨银行（Overea② Chinese Bank 17 Latter St.）经理。与谈，同至其寓。又介绍余访张君及《仰光晨报》主笔刘宗烈君及李女士谈。余觉余出国前之非国主义，近来受太戈尔之影响，颇为青年脑海新潮之一，然余今日则变为热烈之国家主义者。约王君至旅③馆中餐。

下午，林世明君约餐，五时赴领馆偕陆领事及馆员李、何二君同往。同席有久寓此间之林君父子。某君到此已五十三年，尔时多与缅王宫中共生意，此国之沧桑变化，彼犹及亲见之。又有其他三君自美国新来者。餐品极盛，大小合计约数十种，味为广州正味，亦甚美。余食太多，恐致伤胃也。餐后，在街上步行，由少林君送余归寓，过小金塔一带各街。

五月十八日

夜有梦。晨起，王泰义君来，交余介绍信一封，预备赴门达里（Wandalai④）之用。余赴街上见各店尚未开门，至小书店购风景册，始知今日星期，不能换钱，则今日赴门达里不能成行矣。至一照相

---

① 此处应为 Shwedagon Pagoda，即仰光大金塔。
② 此处应为 Oversea，即海外的。
③ 原文作"族"。
④ 此处应为 Mandalay，即曼德勒。

馆,购相片,并着缅甸装照一相。风景册内列有片马风景二三叶,阅之心动。归寓少休,中餐。餐后,在球室中观台球,打者为土生福建人及缅甸人。

傍晚,雇人力车往访林君世明。车夫印人,不解英语,不认街名,亦不知街名,彼非遇印人,不能问路,而印人之程度,半与彼相同,费时甚久,由余问路,始到。在林君处,有郑君为此地高等厅翻译,对中国万事悲观,以为并印度不如,不久必为欧人所管,且若彼有先见他人不之及者。余与辩良久。约林、郑二君同吃小馆,广东馆,女伺如前日所见。林君谓此地旧有公娼,此辈皆娼也。禁公娼后,日本妓女由领事设法全数遣归,新嘉坡未禁公娼,日妓亦同时遣回,为争国家体面也,中国妓女,则改执此业云。九时余散,林君又送余归寓。

五月十九日

晨起略写日记。出门雇洋车再往观大金塔。洋车夫仍皆印度人,不知路,三次易人。第一者不知路,问他人,问他人即代之,而代者仍不知路,被①代者不知彼之诳己也。最后,余向中国人问路,乃得达。车夫大都来自南印度,只学印度普通语前后左右四字,便可拉车。因此地乘车者亦均学此四字,以便指挥车夫。车夫受指挥而转折,既不知途径,不知方向,亦不知街名。其愚至此,尚自相欺诈,可怜可恨! 至大金塔,脱鞋袜,门前有一看守鞋袜为业者,交之看守,并雇乡导,入观。进门为长廊,数百尺,分段渐高。廊两旁摆摊者,大都售香烛、金箔、鲜花等等献佛。廊尽入院,院方可里许,周围皆殿宇,正中为塔之本身。抱塔亦皆为殿宇,惟每殿独立,非如中国之数殿合为一局也。全院共有殿五百五十六座,每殿佛多至十余,少亦三四,迄未有人数明共有佛像若干者。中国佛殿中神像甚杂,甚或婆罗门教中之神,亦与佛同殿。此间则高低、纵横、坐卧俱为佛像,此所以称为佛教国也。各佛皆以最洁白之玉雕之。北京团城上之玉佛实与此

---

① 原文误作"彼"。

相等,吾国人以为奇宝,置之此塔,特次等像耳。像之小者尺许,大者有至丈余者。塔后一卧像,就天然石雕成,极大殆类埃及之狮偾,余未往观。殿上木刻甚精,此可为缅人最精美术之一。殿旧者,经费若干①不可知。一较新者,有碑记事,兼有中国字云:大清光绪庚子年仲春之月落成,计支工料银一十二万盾正。按一盾即一鲁币,十二万盾,在当时合中国九万余元也。又一殿,为中国人陈文郑所修,为纯正中国式,并有中国匾额,对联甚多。殿之正中一殿内,一小洞,深入塔身。乡导嘱至最近观此中佛像,至洞前,二人似僧非僧,为余燃白烛三聚,每聚九支,献鲜花三束,使余跪地,彼用缅文颂祝,不知所祝何词。祀毕,余起,索资四元,余照付之。洞内佛像,为层层鲜花所蔽,余实未得看见也。出院,在长廊中,购汽水饮,两足觉微痛,出着鞋袜。中国及日本人在院内准许照像,欧美人不准。由此雇车赴通济隆购车票,决计下午赴门达里。归寓,少息,中餐。

餐后,少息,检随身行李,携之,余存旅馆中。开账,雇车先赴领馆,辞行,即迳往上车出城。车正六时开行,已将暮,暑威渐敛,不甚苦。两岸皆热带花木,风景尚好,惟雨少,草不甚清耳。晚至一车站,下车用餐,餐后车再开行,余寝。

五月二十日

天明至一站,有人送茶至车上,用茶两杯,面包两片,香蕉一枚,以代早餐。九时又至一站,各客下车早餐,余在站上观看。站上苦力印度人仍多,饭店用役殆皆印人,惟苦力中间有缅女耳。缅女拿行李皆顶于头上,行时腿动,腰微摇,而头不动。妇女之卖水或取水者,以高颈瓶置方盘中,再戴盘于顶以行,颇摇曳有姿。妇女遇节礼佛,十百结合,着彩裙,戴水盂,鱼贯过街上,殊美观也。又途遇一镇,一高房,标极大方额云:强华学校。惜不记其镇名。此邦较大之城,皆有华人,皆有中国学校。下午一时,到门达里,寓大旅馆,又名大实小

---

　　①　原文误作"千"。

者,中餐尚可口。餐后,雇车出游,可记者,略举如次:

一、旧城:以红砖修之,正方形,每边各三里半之谱,周围绕以城濠,每面皆三门,正中之门较大,外有吊桥。余寓在西门外,先绕观西南城外,由正南门进城,内有街道,多树木,房屋甚少。乡导云:英人占此城后,城内不准缅人居住也。

二、缅王故宫:在城之正中,皆用木修成,局面尚好,而雕刻不及佛殿之工,殿内陈设已无存者,木质房不甚耐雨,久无人住,已将敝矣。旁殿一小博物院,陈王后及大臣官服,且有着衣之泥像。其王服类中国戏台武生之披甲,后及大臣衣,亦类戏衣。宝座共九,大都以鸟兽为名,如狮座,孔雀座等。

三、英巡抚署:在城内西北隅,房亦不大。其他公共建筑,不甚多,亦均不甚大,大都为缅甸式。即先立木柱若干成架,于距地高数尺处,棚地板,其下空之,其上安木板作壁,并安门窗。墙板之安装,大致有花纹。

四、门达里山:在城北,高约千尺。其上为佛殿,绵连不断,南面有路可登,路亦全以长廊覆之。余以天热未登,绕山一周,山之[1]西面,风景最佳。

五、塔林:在城外,山下,每一处皆有塔数百乃至千余,为一局面。塔均不大,如南美各新国之坟墓塔。上塔尖,雕刻均精工。

六、新城:并无城墙,居民约十五万左右,皆在新城内,即旧城之西关也。此一带为缅王闵当明(Min Don Min[2])所修,约在咸丰末年,为耶历一八五七年,在尔时能布置街道有此局面,殊难能。

七、市墉(Zey Yun):今英人称之曰西荀巴萨(Zeggo Bazoar[3]),以缅语阿拉伯语两市场字变音拼合,不通之至。缅人读市字音,舌尖

---

① 此处原文缺字,疑为"之"字。

② 此处应为 Mindon Min,即敏东王。

③ 此处疑为 Zegyo Bazaar,即曼德勒的良依市场。

音较重,云南人乃摹其音书为姐埔,亦不合。市埔建筑纵横为巨厂,跨数街,占地八十亩,十二英亩余。凡此国所产,或此城人生活必需者,市内皆备,其中布置尚有条理,售物者,女子甚多,亦多修洁,较土尔基、埃及之巴萨,有条理多矣。

观毕,访杜成诰君(Tow Sein Ko[①]),杜君毕业于英国圜桥大学,在三十二年前,现仕英国缅政府,为历史古物编集员,室内正中悬英王后像。余因欲略知此国古物搜集情形,故特来访。谈约二小时,彼赠余以其所著《缅甸概要》(*Sketches of Burma*)二册。适有祆教徒某博士来访彼,同谈。将暮,辞别回寓,晚餐后,早寝。

五月二十一日

晨起,雇车,赴汉人街。未至,见有中国铺,下车觅中国人谈。末至源生永,在二十七街五百四十七号,与一少年店伙左相武谈。后其店主许士奇,字卓如,自外归,与谈,询以此间华商情形,及华缅人感情。彼谓三十年前,此城商务全在云南人之手,腾越厅商业大半在缅甸境内。自英人并有上缅甸后,大商业为英人所夺,小商业为印度人所分,远非昔比。又加以近年国道路时常不通,如最近又有巴夷之乱,凡此皆足以致华商日益衰退之原因也。对于中缅人感情,彼若不甚能言者。别后至汉人街。中国人在南洋者,大都自称为唐人,此城则自称为汉人。从前所谓汉人者,皆云南人,近来滇、粤、闽鼎峙而三矣。至云南会馆,其建筑为纯正之中国式,有正殿,有中门,有两庑,有左右垂花门,前后四进,左右更有偏院。正院大殿,敬孔子,故“道冠古今,古今师表”等题额甚多。各殿庑局面阔大,廊、檐、脊、柱等雕刻亦甚工。其中设有学校,校中布置不甚整齐。访其教师段君,名大勋,字铭彝,谈。彼生于此邦,十八岁返国,今春又来,就馆于此。彼言此城之建筑,本以王宫为第一,此会馆为第二,然王宫建筑不及此坚固。此街昔日为此城惟一商务繁盛之街,今市面渐移,故华商亦多

---

① 此处应为 Taw Sein Ko,缅甸华裔学者杜成诰。

设店他街。彼谓此国人感情，对中国人本好，近来有排外思想，而中国亦在被排之列。又言及片马交涉，彼谓英人前清蓄志图滇，不止片马一处。片马一带地多无主，强者可任意占有。时有李含馨、李宣和、尚自忠占地颇多，恐将来不为政府所承认，乃勾引英人，冀此地归外国后，己之所有权可以确定云云。不知其言可信否？姑备一说可也。学校又一教员，赵姓，名权，字达中，来，余恐误彼等授课，辞去。至观音殿，建筑之精，为本地人所称，外国人游此者，往往来观，然局面实较会馆为小。入其中，有男女二校，均止授课，学童整齐，教员讲解，亦有精神。立窗外听之，不甚可解，非粤语，必闽语也。未便惊动，归寓。略用餐品，少休。下午一时，赴车站，上车返仰光。

余本意由此入滇，泛伊洛瓦地江而上，只四日可至中国界。其地名八莫(Bhamo)，中国人称之为新街。询之知由新街至腾越四日，由腾越至省城，尚须二十四日，须时太久，且太劳，故来此城时，决定仍回仰光。至此又闻腾越、新街之间有乱事，盖地方官与土司冲突也。中国人名门达里城(Mandalay)曰瓦城。

在车站上，遇一云南人尹君子珍，字坤书，为许卓如君之表兄。彼闻余与其同乡李君曰垓，字子畅，为同学，彼亦与为同学，故特来车站视余。又杜成诰君今日上山避暑，亦在站略谈。尹君至余车谈，车开始去。在车上遇一印度群岛人，黑白杂种，自谓系一船长，询之乃伊洛瓦底江中英国炮船船长，闻腾越乱事，船至巴茂，昨日始航下。彼但言大概，不及详情，末又谓，每月至少必航至彼处二次云云。过一站，彼下车去。车上并不甚热，道旁多木棉树，树高不过四五尺，叶花皆如棉，惟经冬不枯耳。村落镇店，大小不等，街道亦有整齐者。房屋全为竹木所建，不甚高，地板距地由三四尺至六七尺不等。大房砌木为壁，木之颜色不同，必纵横正斜为花纹；小房皆编竹为壁，其花纹如中国所编之各种席纹。房俱在丛木或丛竹中，或大棕树下，以作画本，殆有仙境意味。男女下衣，皆为帷裙，上衣男子对门如中国之小衫或马褂，惟第五扣之下，地位太短，与中国者略异。女子多为琵琶襟式,亦间有对门者。男女裙均有彩色,女子者更鲜妍。其上衣较短,而裙甚长。下着拖鞋,或类中国式,或类日本式,以类日本式者为多。

晚下车餐,餐后开车即睡。

五月二十二日

本来八时可到仰光,因有雨迟误至十时余到。然夜来不热,可喜!下车无脚夫,自携行李,觉苦。雇车先至通济隆,谓今日开行之船,较明日为大,乃定票。返旅馆取出行李,浴,餐。

下午,取船票并至书铺,购书一二种。上船时,船公司先以小船巡行各码头,载乘客,一总送大船。大船上有中国字,曰"大马鸭家"。二时上小船,三时上大船,四时开行。二等舱几于全为中国人,头等舱,中国只余一人。船役多印度人,对于中国人特别不逊,忍之而已。英人待印人之耶稣教徒稍优。现在谋独立者为印、回两教之联合运动,耶教徒加入者甚少。耶教徒大都自称为英国人,彼等心目中觉彼的主人英国人是世界上头等人,主人的本家法国人、美国人也是头等人,除去头等人只有他们是二等人。除去头等人,只有二等人是最高等的,其他印度人、中人,一切东方人都是三四五六等之人。故彼等之本国同胞——印度人,最为彼辈所轻蔑,即东方惟一一等国之大日本人民,亦辄为彼辈所藐视。吾中国人,亲不如彼之同胞,强不如日本人之为一等国民,受此辈轻视时,只有一对待之法,忍气吞声而已。

晚出,江口略有风浪,未致晕。

五月二十三日

天不甚热。正午,船抵北纬十三度十分,东经九十六度五十一分,共行二百二十七英里。读杜君书,证明缅甸佛教字音由中国传入者,略摘数字如下:

中国字	缅音	巴利字
一、佛爷	Phnya	Buddha

二、经	Kyam	Sutta
三、宫(或寺)	Kyaung	Vihara
四、上人(或和尚)	Shau	Samanira①
五、菩提子	Pntizi	(未详)
六、椇	Pe	Patta

　　上举各字,在佛教上为最要之字,缅音与中国音极近,而与巴利音甚不相同。杜君原举十六字,余摘此六字,以为可以证明缅甸佛教,由中国传入。盖此六字如由印度传入,先入为主,断不能复改为中国音,因主要之字,日日称说也。下午天气略热,晚又凉。日行北陆,故据赤道近处,暑威转减。

---

　　① 　此处疑为 Samana(巴利语),即沙门。

第三十六 游英海峡殖民地
槟榔屿及星嘉坡

（自民国十三年五月二十四日至六月一日共九日）

1. 环游槟榔屿并登山
2. 华侨妇人信佛亦如国内
3. 在槟榔屿游览半日仍登船行
4. 星嘉坡游览数日
5. 参观博物院

五月二十四日

正午，船抵北纬八度三十二分，东经九十七度四十九分，行二百八十六英里。距海峡殖民地（Street Settlement①）界，较近矣。将午，东面时见岛屿。下午亦不觉热，可读书写日记也。

五月二十五日

晨起，槟榔屿已现眼底，八时余船停，屿对岸为马来半岛，中为海峡。船正停峡中，两岸碧绿，林木如画。屿岸建筑多，风景尤美，本日无风，水清波平。岸上工厂，突烟壁直上升，下段如柱，上段如彗，高与山平，烟渐宽渐淡，至不可见，奇景也！

九时半，岸上医生等来。对头等客，名为验病，只看护照，在上面钤一印，即可登岸。二、三等客人须验病，故须时甚久，至十一时余始

---

① 此处应为 Straits Settlements，即海峡殖民地。

完竣。医生船去,船公司之上岸小船来,友人胡茂臻君之弟茂英及其友人余彦臣君来招待余。因余昨日有电致彼,彼不在此城,故其弟来也。一同下船,乘汽车至老根路(Logan Road)杨宅。街上市房及住宅大半皆中国人所有。杨君为胡君姊丈,已出办公,杨君夫人出招待,惜彼只能操福建土语及马来语,乃一句话不能谈。在此中餐,餐品大半为中国味。餐后,胡、余二君偕乘汽车,绕城略游。次至山根,乘上山电车上山。山高仅二千尺许,然俯瞰此城,已如一小村落矣。海峡如一衣带水,白云时起时落。山上正中为英总督府行署,不准入,此外无可观。下山乘车赴中国庙,庙亦在半山间,停车步升而上,石阶宽整,修洁可爱,惟多中国乞丐耳。阶尽,先有一殿当路,绕殿旁再升,石阶上覆一斜上之长廊,廊旁为放生池及花园。池中以龟为多,有印度人四五立池旁,以青草饲之。花园尽处为极大顽石,当道之左右。长廊穿中间过,即折转而接于庙之本身矣。顽石上多有名过客及侨绅题字磨岩。胡子春先生即友人茂臻之父,题字曰"风尘外"。有题"勿忘故国"四字者,余君告余云为康南海所题,但其字体与现在不甚似。折转至庙之前方,右门即为入庙正门,因左门外无路也,门上题额曰"极乐寺",或者"勿忘故国"一语,即由"极乐"二字联想而生也。入庙闻经声及乐声,绕观各殿,前后共五进,为正殿三,愈后愈高。此中国朝庙旧制,今通行于全国者。第二殿内正有佛事,僧人八九居前二行,着彩衣奏乐诵经;后二行皆中国妇女,随僧人起立跪拜。余君与余云富家请僧人作一次佛事,耗资约一二百元云。各殿神像与中国无别。最后殿内,一巨玻璃橱,内为各施主造像,俱着前清官衣冠,有红顶花翎者。前清侨商致富后,必求政府加以荣衔,出巨资谋之不惜也。造像中只一人着欧洲装。各造像均不甚美,此中国美术之缺点。观毕出,至前层,左厢中,僧人某款以茶并赠余以全寺摄影一张,去时以二元作香资。出庙,再回杨君宅,杨君在宅,又款以茶点。余为胡茂臻作函谢之,托茂英君转交,仍乘汽车由胡、余二君送余上船,已四时五十分钟,五时船开行。槟榔屿出产,只橡胶、椰子油二类,而气候风景在马来一带称美,故富人多居此。岛有槟榔树,然并不及椰树之多,但二种树形式上无大分别。故中国人呼以槟榔屿,英人称此岛曰槟南(Penang),乃音之转变,称此埃曰乔治屯(George Town),在本地殊不通行。

开船后,见英人有自岸携来本地报纸者,借阅之,使余留心者有三事如下:

一、俄国总理向国民大会报告预算收入短少约四万万金罗布,军费不能减少,只可减少他费云云。

二、德君本届选举,有中党瓦解,而左右两党,即两极端党——国民党(旧派)、社会党(新派)之势均加增云云。

三、星嘉坡华人亦发生失业问题,正由华人自筹办法云云。

五月二十六日

晨起,见海面水纹极美,大鱼鳞纹内套小鱼鳞纹,色如青玻璃,极可爱。

早餐时,各英人与船员谈及日商,切齿痛恨。有谓前次地震,已与以小惩创者;有谓前年星埠华人抵制日货,以甚美之日本造花瓶,倾碎于地,最为痛快者;有谓日美之战,竟未实现者;有谓再一次大战,必当使日本势力扫地无存者;有谓日本反对列强干涉中国政治,意在自行垄断者。彼等知余为中国人,又知中国人皆恨日本人,故畅言无忌,余静听而已。末一英人彼曾至北京,彼最爱北京,以之为世界最美之城云云。

将午,三等舱中人皆出舱房,在舱面上,人在一千以上,除极少之印度人外,皆中国人也。各英人立上舱头下观者甚多,一英人与余谈及三等舱客人,余忽忆及由土尔基赴埃及时,一匈牙利老人指三等舱客人云,彼等出资多于吾等,船公司欺弱者,待之如牛羊云云。乃以此答彼,彼力为船公司辩,谓由印度至上海价只二十鲁币云。少顷,余下询三等客人,谓由仰光至香港五十鲁币,与一等舱价约为一与六之比例,然彼等所占之地位,与一等客恐为一与二十之比例也。余上船时，一、二、三各等客人共循一道走，三等客人大多不免争先恐后，有一等客人过，则三等客人让道不让者，印度巡捕辄击之。余行至拥挤处，一印度巡捕批一中国人之胸，使其避道，余心殊不安。英人在印度及南洋群岛于此等处皆不规定章程，不整理秩序，盖白人极少，不患无秩序；东方人太多，听其无秩序，且乐得其无秩序。于白人经过无秩序之处时，则以所雇用之东方巡捕弹压强制之，既以表示白人神圣之威严，又一暴示东方人程度之低下。余误被印捕待为欧洲人或日本人，觉不安，此大问题也，岂仅一不安所能解决者！吾国人遇此种情形者，往往但承认吾国普通人程度之低下，而未尝研究英人之心理。吾犹忆二十年前，天津新车站上下车及售票处之秩序，其整齐与今日之美国相差无多，吾国不信吾侨民现在之程度，视天津一带之居民二十年前低下若干也。特当时之天津政府与现在南洋之英国政府，其用心不同，其管理之法不同，故其现相亦异也。

下午四时半，照例饮茶。一英人与余谈，询中国茶田情形，愧无以对。精深技术自有专门，若普通情形，真一物不知，儒者之耻也。彼居印度多年，以茶田管理为职业，曾在阿散省（Osam①）四年。余询以阿散人面貌、骨格，彼谓与尼泊尔人无甚分别，且言其性质甚详。

本日正午，船抵北纬二度四十五分，东经一百零一度七分，由昨晚共行一百九十八里，距星嘉坡余一百九十三里，明晨可到。船傍马来半岛西岸行，岸上邱壑林木如画，微风东南来，略含花木香气，此境界尚为第一次领略也。

读关于阿散书，古时情状未明，百余年前，曾为缅甸所征服，英人助之独立。一七六二年，英人与之立约，结为同盟，屡扰缅甸。至一八二六，英人正式使其独立。至一八九一，英人只立他印度人苦拉甘达辛（Knl acandra Sngh）为主，收其大部分土地改行者。余一小部

---

①　此处应为 Assam，即阿萨姆邦。

分今为满尼堡(Manikar①)保护国,前王亦为印度人,百年前,英人助之,并强迫其人民入印度教,建立阶级制度,而黄面蒙人,乃直接认黑面印度人为主人,间接为人人之奴隶矣。晚略读关于缅甸统计。

五月二十七日

晨起,方五时余,船已入马来海峡,由西向东渡。两岸山石峻②奇,林木尤茂美。六时许至星嘉坡,船泊岸,昨日医生、关员已验过病及护照,今日自由上岸。驱车过海关,二中国人守之,索贿一元,免验行李。余不惜一元之费,而心甚厌之,乃听其验。已验二小箱,大箱横车上,非取下不能开。余言:出钥开箱,过客之义务;取箱下车,海关之义务,尔应将箱取下。彼云:不验。余曰:此尔义务,何以不验?过海关至南洋旅馆,其中国字为"南洋",而英文为"东方"(Oriental),可怪! 车夫、馆主皆中国人。

馆主黄姓,前清曾为度支部员六年。铺内颇整齐清洁,故欧人居此者颇多。英京之杏花楼中国馆,其厨房公开任中外人参观,清洁在英国餐馆之上。中国人能受北极之寒与赤道下之热,此欧人所称道者。余在美洲时,发现中国人工作能与美国人争速,能与墨西哥人共缓,今又发见中国人能与俄、印二国共醜龃,能与瑞典、瑞士人争洁净。

十一时赴通济隆询船,赴领事馆。总领事缺,现由副领事秦汝钦君代理,京师大学同学也,遽见几不相识。谈片时,赴商务印书馆借报阅之,对中国事不得要领。见架上新出书名目甚多,略观其名,大都思想界、文学界译品,知国内之思潮,与国外游人,迥乎异趋。

归寓中餐,餐后倦,息,竟睡至三小时之久。傍晚略游观街上,一完全之中国城也。略有印人作车夫等役者,欧洲人殊少见,闻马来人多在乡间。

---

① 此处疑为 Manipur,即曼尼普尔,现为印度曼尼普尔邦。
② 原文作"竣"。

晚,英人四五闯入旅馆,乱打门役及一私用印捕,愈避则愈向内挞,其后华人怒,还击之,印人亦随华人还击。此辈体硬长,并不健斗,大为华人所挞,夺门鼠窜而去。余在窗内观之,称快。后下楼询问,知彼等来此索饮不遂,因而逞凶,但去后不知尚生何种风波否。

五月二十八日

晨雇汽车出游,遇大雨,不能行,改至商务印书馆购书十余种,归已正午矣。

下午读中国新出译著,乃奉欧人遗唾为神明,对于欧洲自身之千孔百创,毫未察知,何也?

晚,秦亮工同学约餐于上海楼。同席者:一为张君湘石,云南人,《南洋商报》记者;施君伯谟,中华书局经理。餐品极佳,谈又畅。餐后归,仍读中国新出之书,睡迟。

五月二十九日

夜睡不安。晨起,午前未出门,整理前所草《藏案意见书》,备登上海报。因报载北京有藏事促进会之组织,尤政府向人言英使不允开议云云,装腔作势,局面不佳,故此文发表,不可再缓。

下午,读中国少年新著,对于家庭制度之研究,亦只学来"劫夺""赃品",寥三数刻薄名词,弥漫宇宙的爱与恩,此辈乃毫未尝体会得,可怜可怜!

下午五时,张湘石君来,谈英、荷二属商业经济状况。絜纲摘目,余觉甚有条理,甚中要肯。晚,余约彼晚餐于上海楼,并约秦亮工同学,有事未能到。餐后谈至十二时归。

五月三十日

晨,秦亮工来访,谈。彼云:余读国内新出之语音系著作(phonetics)。馆役忽送火腿面一锅,询以何故?始知秦君谈在此时,余呼茶,秦君以英语言牛奶(milk),馆役乃误以为面。至此,余方忆与秦君谈,始终未见茶来之原因也。馆中多福建人,其话远较广东话为难解,幸彼等多识字,可以笔代口耳。

下午,赴商务印书馆购《欧洲通语》(*Raesperanto*①),即国内所称之世界语二册,甚喜。因在其他各国普通书铺中,皆购不得,且不多知其名者。有知其名者亦往往失笑,答以无有。闻在欧洲大城中间,有专组之机关以授通语,并售书者,但非游历家所可仓卒访得。

赴中华书局,访施②伯谟君略谈,归。晚张湘石君来谈,十一时始去。

下午曾一至通济隆询过安南手续,彼谓必须新签护照方可。

五月三十一日

寓此已四日,自觉一事未作,何不早返国耶?

赴法国领事馆签护照,未受费,以示优待。赴通济隆始知今日下午三时有法国船由此赴西贡。余记前次询问为六月一日,非彼误言,则余误听也。购票后,已无多时,急返寓,收拾行李。中餐餐后,一面着馆役送行李上船,一面乘汽车往观博物院。院中陈列品无多,其可记者:一、土人房屋,亦架高棚板,有与缅甸略同者;二、土人模型有以一硬长小板横置婴儿额上,两端用长带攀系脑后,以使额平者。其余如动物标本,及木刻③偶像,皆在他处所已见者。

出院往访张湘石君于《南洋商报》,辞行。因彼约余今晚同餐,已允之,故特往一面,急急赴码头,船已解缆去梯。惟梯甫离岸,高约七八尺,尚未吊起,以二人抱余腿上举,升梯。幸行李早已上船,余至船面寻得行李,回视船已离岸数丈矣。

在船上遇意大利使馆馆员孙君问西,谈甚喜,知同船有中国人六七也。船由星嘉坡东行,为多岛海,风景甚好,白昼天气,亦不甚热。余室极小,夜寝时热甚。在星埠每至后半夜,必须盖绒毡;船上不盖,犹有汗也。

---

① 此处应为 *Esperanto*,即《世界语》。

② 原文误作"虞"。

③ 原文作"本刻"。

六月一日

船折向东北行，法国船上多法国人。男女儿童，与英国船上迥然不同。法国人较活泼，英国较矜贵也。与一法国少年用英语谈，彼谓到中国后，定学中国语，久居人国，自应用人国之语，深以英人在他人国家，仍用英语为不合。

下午，观法国人下棋。棋局纵横各十子，分黑白，每人二十子，分布于己边四行，每行五子，正中二行空。走时斜行一步，当路如有敌子，则超之而行二步。被超之子，即为被吃，取之盘外，先尽者为输。

傍晚大雨，雨后，天气及海水俱冷热冲击，故浪不大而乘客多晕。余亦晕，尚可勉强上餐厅。厅内无一女子，盖皆晕矣。夜不甚热。

第三十七　安南

六月二日

　　晨风和，浪有条理，觉爽快。此地地理上名之为中国海，而海面及海岸现均不属中国。下午已近安南南岸。三时许，船入江口，两岸多低地。港汊交错，水平岸阔。乔木百尺，浓荫蔽空。草深没人，绿不见地。一望而知为宜稻之乡，惟多尚未开辟耳。五时船泊岸，验病，看护照。余之护照验过当时还余，其他各人均收去。下船时，一巡警导余行，彼坚言护照须送巡警局一阅。余付之，而彼迄未持返。寓一法籍俄人所开之旅馆中，馆主母女二人，房不甚大。

　　晚，孙问西君来访，同赴各街游观。此间印度人亦不少，且有婆罗门庙，夜间大燃香烛，浓烟达于户外。绕六七街，略倦，归寓寝。

六月三日

　　赴巡警局询余之护照，谓已转送移民局。一中国人操粤音官话，为余言移民局地址，并代余雇车。至移民局门内，见一巡警，余向之言,欲访局内之任何中国人。彼指令余至局之旁院中,满院皆穷人,衣服多不整齐,中国人居十之九,其余有印度人,似系移民出入境注册领照处。门警盖误余为来注册之中国人也。余久候,觉不快,乃径回正院,入正室门内,一准白人(或系白人)当门设案坐,询以解英语否? 云不能。彼召一中国人操粤语者来,不能达意,又易一人,蔡姓,解普通语。余告以余之护照在此,外交护照,似不应由移民局签字。彼云:必须此局签字,请君至楼上少候,余为代催之。余至楼上檐下,坐候片刻,见有人持余护照下楼,又片刻另有人持之上楼入正厅。忽闻其中有人大发雷霆,若责骂下人者。少顷,又一法人入内,发雷霆者,又作责骂声,但不及前此之厉。又少顷,一中国人来向余云,华人民政长请君入。华人民政长者,华人对于移民局长之官称也。余入门,一法人年五十许,降座相迎。握手后,自为余取一椅,置案前对坐。一中国人立而通译,余不能解,又易一人。询余游欧职务及情形,余以官样话答之,彼再三敷衍道歉,盖知移民局不应验外交护照也。末双手将护照还余,余道别,彼再四握手,送至门外。译者随余出,询其姓名,为郑贯一。彼喜不可抑,送余至大门外,盖中国在安南尚未设领事,在移民局内见局长向中国人施礼貌者,此为第一次也。余归寓,启视护照,移民局之印章官衔及查验放行等字样,均已齐备,末又完全涂抹,然不能使之消灭无迹,此局长所以发怒也。法国人易动感情,不甚狡诈,此事若由英国人处之,必将错就错,竟由移民局加以查验放行字样,签字交还,亦决不致因此发生交涉也。此间上岸时验护照例,外交护照,验后自由上下船。欧美人普通护照,验后收交巡警,本人下岸后自行往取;中国、印度、南洋人则须在移民局注册。警局及移民局员均不明此例,累余半日,宜其为局长所责也。

　　下午赴汇丰银行换钱。因近日无船赴海防,如由陆路前往,两端通火车,中间须乘汽车,换车数次,语言不通,觉不方便,赴滇之念又摇动。孙君问西亦来换钱,相遇,又同步游本城各街。晚归寓,餐。

此处房餐俱不甚好,中国伺役尚殷勤耳。晚餐后,同船张君来此,方谈,孙君亦过此,因同往观电影。演《波浪伴侣》(Partners of Tide),法国所造电影,其解说并用英文,情节尚好,然其结果不过在保险公司得保险金,与男女结婚耳。欧美文明至今日除男女爱情以外,无人对人之关系,除金钱以外,无人与人中间之关系物。编戏者之路径已日窄,人类生活之路径其日趋窄隘,可推而知,宜乎自杀与发疯者之日益多也。

六月四日

晨起,自赴各大街寻书铺,仅购得法文书数种,余不能读,携归而已。

赴船票公司购票,仍乘原船径至上海,滇行决作罢。因连日询路径情形,即多困难,且已倦游,不如径归国也。船票公司以护照经法国公使按外交护照签字,减价百分之十,共一百七十余元,否则须二百元也。

下午由旅馆移归船上,若照新搭船办法,须俟开碇,方能登船,此通融办法也。

傍晚,邀孙问西、岑静泉二君乘汽车再遍观此城。其兵营之大,特致余注意,由此城赴堤岸(Cholan①),岑君有弟在此城营业。先至其店中,又乘原车绕观。此城面积在西贡之上,惟清洁不及彼城,中英人占全居民十分之六,直一中国城也。以广东人为多,福建人次之,各府县多各有会馆,馆内大都兼办学堂。此城纵横有运河数条,大运河上游,有米厂数家,以大机器舂米,为此城最大营业,多为中国人所有。城内安南人亦大都通粤语,法国人不过百十,生意亦不多。

晚赴永春酒楼餐。今日原议余作主人,而入座时,有陈、关二君在,结果陈君乃主人,余大觉不安。餐品尚好,惟海味太多,非所素喜。并每人叫妓女一人,妓皆粤人,此间凡叫局即名为花酒,餐后不

---

①　此处应为 Cholon,即华埠堤岸。

能径去。普通者皆挞牌，今日因余不挞牌，但坐谈。至十时许，再吃消夜，即小菜干稀饭。小菜较正餐之菜，觉美口。妓女时来时去，能唱者来时，陈敲琴于案，自敲自唱。敲琴本为美丽之乐器，而妓女所用者，面上垢污涂抹，太不雅观。消夜毕，此时妓女六人全到，各为其客人挞手巾。此时余始知余所叫者为何人，然仍不知其名也。余先将账开付，陈君强馆主将钱退回，只可道谢道歉而已。关君有车，自驾之送余等回船。

六月五日

船上未为余备饭，余亦不问之。晨必须下船购餐，今日大雨，颇觉不便。

正午十二时半，岑、关、陈三君来，约同出游。先乘车出城，至一临河小镇，风景甚好。购饮，少息，再向外行，穿无数棕林，登一山。山不甚高，有巨河下奔，岩石当之，洪涛滚落，声如千军万马，其地中国人呼之为姐岸，法人译音为退岸(Tri An)。临河建中国式亭，由亭有路可下至河边，惟不易行，同行者皆退阻，余独下。踏河边浅流中乱石，绕至他道，浪花触石，飞溅面上如雨。在河中拾一树子，大如鸡卵，略扁。友人云可医肚痛，余留之作纪念，不作药品也。亭后有平房一座，上帖法文告白：为游人须缴费四角。河两岸俱为葱蔚林木，有圆叶白干之树，干高耸皆五六丈，株株入画。流连约一小时，仍乘汽车出原路返。薄暮至堤岸，来回经村镇十许，每村都有中国人，门上俱帖红色春联，安南人亦帖春联，故"国恩家庆""人寿年丰"及"皇王有道家家乐，天地无私处处春"之句，随处可见。法国人现禁止安南人习中国文字，则将来之门联，必归淘汰，不然则须请中国人代书也。晚在永乐楼餐，余及孙君声明作主，餐后，岑君又已将餐账付过矣，无可如何，谢之而已。雇汽车，归船。

六月六日

晨赴街，再寻本地风景片购之。赴博物院，院甚小，中外人皆不知其地。余询至十数次，乃得之。其中陈列之品，第一为雕木门栏等,与中国者无别。第二古钱,有与中国钱相同者如"宽永""光中""太平""景兴"等是也。有银元大小与中国者相同,一面铸盘龙,一面有"明命""绍治"等年号。又有一较大铜钱,一面铸年号,一面铸四字对语,如"五辰顾抚,庶绩其几""河流顺轨,五谷丰登""一人有庆,万寿无疆"等。又有类徽章而非钱者,上铸有水雷局字样,则当交趾未亡前,必已有维新动机也。第三瓷器等,完全为中国物。第四一神像,手作持书式,其中置书一册。余取阅之,书名为《大南实录正编》,为此邦国史,编年体,录一段如下,以见南暨历史文艺之一斑:

> 辛酉二十二年,大清嘉庆六年,春正月,帝驻跸于虬蒙海口行在,免元旦朝贺。

> 以黄白缳为神策军后营都制。颁诸军戎服。

> 水师讨贼于施耐海口,大破之。

以上为原文,再阅其下,乃详述阮文张、黎文悦、武彝巍、宋福良四将破贼情形,原文太长未录。此国直一中国分店耳,沦于异族,睹院中诸物及遗书,欲泣下。

下午赴本地人市场寻旧书铺,不得。仅有小书摊七八家,求旧书一本亦无之。法国用罗马字母拼安南音,命以名曰安南文字。自此以后,中国文字之书,禁止印行及发卖。各小摊之书,大致相同,共合不过数十种,书之名称仍兼印中国字,兹录若干于下:

聊斋志异	今古奇观	对古奇光	梦中缘
五虎平西	五虎平南	薛仁贵征东	薛丁山征西
薛仁贵归天	西汉演义	东汉演义	说唐全传
幼学启端	四代奇书	训子格言	抔淫奔书
十二才子	五更词	单日娥	潘陈传
陈蒲传	拓玉明书	范公菊花书	皇储书

恩情诗　　　　　围折□①治恨(□②治音义未详)

上录各书名,前列者皆中国小说,后列者当为安南人自著,俱由中国文字改为罗马拼音。其最下等小说,杂用安南土字,即不改为罗马字,中国人亦不能读,但其字为中国字形式,故亦禁止刻行。余购七种:(一)《三字经》,中国字及拼音及法文并刻;(二)《三千字演音》,共三千字,中国字与拼音并刻;(三)《佛教大观》,全为拼音,仅主要名词下注中文;(四)《南圻风俗人物演歌》,拼音间有诗词挽联、墓碑,兼录中文于下者;(五)《大南成泰皇帝御游嘉定演歌》,新作,用拼音字;(六)《西汉演义》,由中文译音;(七)《南京北京传》,用中文杂以土字,原本由嘉定印行,今亦禁止,此本乃由中国广东佛山镇印行者,以其书无价值,故未禁售。此城街市上所有之书,上列各名目已居其大半矣。此国文化之被暴力扑灭,不减于西班牙之于墨西哥。然街市上人,仍多有通中国语者;市内童子,亦间有仍识中国字者。余以《三千字演音》掩其拼音,彼仍读之无讹,中国人速自强,犹未必无挽回之望也!

又曾在船上购安南木制小盒若干,上用刻铜及贝壳镶山水人物及中国字,甚精美。售者亦略解普通语,云来自东京。

晚读所购书中之中国字,录其诗二首如下:

过归仁故城

黎魁奉作

帝王事业几沉沦,一垒风霜历晓昏。
歌管楼台禾秬陇,缙绅亭院柘桑村。
古墟零落英雄魄,薄冢凄凉战士魂。
多少繁华云共去,惟余仙塔老乾坤。

---

①　原文不清。

②　与上注为同一字。

左军黎公文悦墓

番邑梦杨道人题

九重承使出南邦，旌节辉煌渡楚江。

细读残碑功在目，独留古墓恨填腔。

鸿恩万户沾应遍，香火千秋祀不降。

到此漫言宫里事，恐撩遗恨泪成双。

上二诗，皆在亡国之后，读之恻然！

又《三千字演音》极有用，可以考此邦读音与中国古今音之异同。略阅一遍。

六月七日

午前上岸，略观街市。下午四时，船开行，两岸风景甚好。此邦房屋、宫殿、庙宇完全仿中国，人民住室，多类缅甸。沿河浅流中，满种凤尾蕉，以之缮房。蕉室竹楼，天然对语也。

晚八时出河口入海，船不甚动。

六月八日

星期，船上天主教人以谈话室作礼拜堂，举行祝礼。有跪者，有立者，有坐者，一神父主祝，被花衫。

昨日至今午船行二百余海里，下午补写日记。

六月九日

与一比国人（为陇海路新订之职员），及一英人（现充印度马塔氏〔Madras①〕大学教授）谈甚久。天气较由星家坡赴西贡时为热，晚上只可在舱面上乘凉也。

---

① 此即马德拉斯，今名金奈（Chennai）。

第三十八　游香港

六月十日

晨起已见中国海岸，立而观之。英人之为教授者与余谈甚久，末询余曾到西藏否，又问西藏是否尚为中国领土，余云当然为中国领土，惟现有内乱耳。彼询何内乱？余径告之云：贵国政府思并藏于印度，故接济藏人军火，扰乱中国。彼云：此必政府所为，人民实不知，亦必不愿为之。余虽仍与续谈，然感情为之不快。

午十二时已近香港岛，船渐入湾中。二时船始泊碇，不验护照，不验病，惟有严厉之告示禁止私带火器。告示用中、英文，英文只言犯者处罚，中文则言犯者监禁并挞藤云云。挞意未详，或者英人对中国人特施之一种肉刑也。二时半，乘船公司之小轮上岸，在通济隆询香港游历指南，无有。偕孙君及二张君雇车，绕游全岛，岛甚高峻，城市在岛之西北面，与九龙隔一湾水。岛东北南三面，小岛如比栉，或连或断，都高险。如在其上支巨炮，可远射海面近射岛岸，形势之胜，出于想像之外，为粤省天然之藩屏。仅据此岛，即可扼珠江向大海出入之门户，兼据九龙，实已握全粤海陆之要害。太阿授人，思之气愤。汽车环岛行，时高时下。过香港旅馆之岛后部分，其下为浅水薄沙，专以备欧美人海浴之所，今中国亦自辟有海浴所。各岛为碧树芳草所覆，到处绿天。各岛间，港湾交叉，渔舟纵横，风景亦佳。沿道居民，其生活程度较低下，然壮年人躯干多伟健，童子多聪秀，皆可士，可商，可工，可兵之好国民原料也，较南洋一带之中国侨民现象为好。至植物园下车，街两面为新旧两园，园内皆中国人，风景尚好。惟见欧人铜像矗立，辄惊心动魄。出园步行，观各街。至别发书局，思购英文书,已闭门。再绕观维多利亚坊,坊正方形,以四柱高擎圆顶,其中为维多利亚石像。周围圆场为草地,以铁栏护之。隔路四隅,仍为空场,多大树,有其他扁鼻削颧人石像,侧立如狰鬼。四面建筑多为公廨,尚华贵。绕观,百感俱集。张君请余等立为摄一像,余将以此像为余此时感想之纪念。六时许赴一中国餐馆,餐品甚美。八时半回码头,多中国人纳凉其间,人不尽为上等,而布制衣服皆整洁,遍人群中,求衣服不甚洁者,百不得一。中国向以不洁为外人所笑,就此一隅论,其清洁必大有进步。余屡言中国文化与中国民族未老,以其能适应善变,此其一端也。此间人大都略解普通语,惟孙君至汇丰银行换钱操普通语,行员中国人置不答,操英语询之,则答,可异。岂此辈之程度远在普通商人及车夫之下耶? 九时,乘公司小轮返船上,饮汽水一杯,略坐,归室寝。

六月十一日

六时醒,俯窗见船开动去港,绕折而北。粤东海中,仍多岛屿。

下午天雨,西北风自岸上来,有凉意,知中国内地犹为首夏清和气候。傍晚在舱面散步,风生襟袖,两月来所受烦暑,一时顿消。见乘客有在舱面跑者,余每一二星期内,必在空阔处疾跑一次,以活动筋骨。旅行热带,此课久辍。今见人跑,遂无意亦跑。起足过速,又踏湿板,北风自后吹之,失脚滑倒。倒势极猛,幸全臀部先着地,肉厚骨大,无甚伤。头后骨着地较后,无伤。左肘着地处微伤,犹能勉强立起,幸现在乘客甚少,头等只七人,二等十余人,滑倒时,适无人看见。归室卧息,晚餐犹勉强上餐厅,深悔之。舱面为散步之地,非可以赛跑者。若重伤致不能起床,一二日下岸时,将与亲友以极不快之观念。餐后,早寝。

六月十二日

前半夜身痛,睡不安。后半夜较好,天明,早起。览镜后部无伤痕,痛似少减。

早餐至三等舱,访中国乘客张君等谈。有云南人徐君,居北京,此次由广东来，自香港上船。询以广东政象，亦不能得要领。

比国人德荣赴上海业商，劳外氏（P. Lawers）新就陇海铁路路务秘书之职，爱与中国人谈。余询以佛来迷语（Flemish①）情形，彼等谓十四世纪前，此语为荷、比二国共同之语，十六世纪以后，荷兰语始独立发达，然今日仍大致大同。船上有俄妇母女二人，女最爱跳舞，尝在谈话室与三四男子轮跳，酷暑不知倦，余偶往观之。

六月十三日

天气清明，仍温和不热。船始终沿海岸北行，岸外多岛，有时穿二岛间驶行。渔船甚多，有时远至航线之东。连日西向观岸上山色，弥觉可爱。大好河山，吾人应竭全力守护之，以为吾族长养发育之根据地。计自出国以来，大同思想日淡，觉其在现世尚为完全幻想，国家思想日重，觉一国族不能自整理其国家政务，自发达其经济事业，世界上将无此种国族立足之地，安有大同可讲？今望见母国土地，爱国之念愈挚，西向引领，如婴儿之瞻慈母颜色。望归国后，勿忘此时感想。特书以志之，并以策将来。

中餐后，船忽停三小时，其停之原因，言人人殊。如不停，则今晚五时可到岸，尚可下船，停则恐须明日下船矣。

张君、孙君等过此边来谈。船方停时，有数客人催询何以不行？船主答以水小。然见北来之船②，较此船尚大，由此船旁飞驶向南而去，知船主之言，殆不可信。且船未停前，有一海关小船，来与本船人员接洽，小船去，而此船即停，其中必有其他原因也。此船自法国马赛（Maselle③）开来，诸乘客因乘船过久，思早登岸。船员谓现已开行，今晚九时仍可上岸云云。至六时船已至吴淞口外，又停。诸客问询何故？船主谓：码头有电报来，谓现在码头上停船多，此船无可停

---

①　即比利时的佛兰芒语。

②　原文误作"略"。

③　此处应为 Marseille（法语），即法国马赛市。

之处,非至明晨,不能入港停泊。诸客亦无奈之何。至此回忆在西贡时,此船本谓只停二日,后改为三日,再三延缓,乃停至一星期之久。当时即有人谓有秘密生意未办妥,故一再延缓行期,至此更觉此船必在口外停一夜者,或亦有秘密事务也,而海关小船于船到岸五六时前,即先往有所接洽,更惹人疑。印度之海关舞弊甚大,以由英人管理也。吾诚不敢言本国人管理海关之必不舞弊,而深信外国人之代人管理海关者不能不舞弊。英国人在其本国,大都不舞弊,因其程度相近,法律较密,舞弊较难,非不肯为,不敢为也。一日掌外国人征收机关,与本地社会声气隔阂,社会之监察难周,法律之势力不及,未有不暗中舞弊者。印度及星嘉坡政府为彼族人所掌管,海关弊端尚不能免,况中国政府之权力向不能加诸洋员乎?而中国人往往认为洋人不舞弊,知其舞弊矣,而必诬为中国人,云洋人亦向中国人学坏矣云云。此真大惑不解者也。欧人船支出入中国海口不带私货者固不少,而私藏鸦片及军火者,实居多数。年来租界之烟毒流行,内地之兵匪充斥,皆受此秘密舶来品之赐。乃中国人但知船户之私运,而不知海关如不与之有暗昧之关系,决不能进口无阻。真可谓知"五八"而不知"四十"矣。晚在船头观岸上各处灯火,久客,性能忍耐,不登岸亦不发急。早寝。

第三十九 由上海回北平

六月十四日

晨，船由吴淞向内开行，岸上风物扑面相迎，有如故人。八时许，船停黄埔滩，福中公司副经理，洋员布鲁克（Brook）君，华员冯镜明君及山东张廷玉君来船相接。张君在美国芝家谷相识。下船，海关验余行李，布鲁克君以英语有外交护照告之，遂不验。布君自驾车送余至大东旅馆住。

本日中国公学商科举行毕业式，往参与，至已闭幕。访此间旧友，拟稍住休息。北京、焦作、开封旧友多来电欢迎。张继理君自焦来，畅谈。

六月二十日

已寓此六日，思回北京，先买车票赴南京，傍晚到。入城访秉农山同学，及科学社友人。诸君约晚餐，餐毕仍回下关旅馆寝。

六月二十一日

早，乘津浦车北上。过徐州，福中经理刘瀛仙在站相候，并随余上车，谈甚欢，至衮州彼始下车。夜在卧车寝。

六月二十二日

过天津，未下车。下午至北京，诸友多至站相接，余事前未以行期相告，不愿多惊动友人也。余子乾善亦来接，三年不见，视出国时肥大甚多。余以民国九年十月二十二日出国，至今日二年又八阅月。

校后记

　　中国人之于欧西各国也，始则自尊自大而眇视之，继则望之生畏而神圣之，前者系五十年前之事实，后者乃近三十年之情形也。时至今日，中国人之对欧西观念，仍本一种迷信，有迷信其政治制度者，有迷信其经济制度者，有迷信其教育、宗教、语言者，甚而至于风俗习惯亦必再再而迷信之，以为服尧之服，诵尧之言，即可似尧矣，此乃中国领导社会之分子，亦即先知先觉者之心理。张冠李戴，依样葫芦，硬施于中国者，垂三十年，果有何效果乎？不揣其本，而齐其末，可叹亦复可怜。吾国人之游欧美者，三十年来不外两途：一则出洋留学，再则赴彼处考查。留学多系青年，于中国固有文化根基不深，迨学成归国，留学某国者，则完全为某国所同化矣。考查者年龄虽较长，但亦多系在国内有职务之士，至某国也，为时甚暂，走马观花，只有惊叹其高大、渊博，能推源其故，考核其所以得失者，实未多睹。余尝读清季出洋者考查记以及最近游欧美者之记载，无论其为留学生及专门考查之人，无不犯上述之毛病，亦有少数之人如康梁之辈，虽亦对欧美加以批评，但亦只能道己之长，不能见彼之短，因其政治上之主张不同，此等言论影响于中国之一般思想者甚小。

　　石青先生以不惑之龄，作环球之游，历三十八国之多，为时三十二个月，记载近百万言，结识中外人士千余人。其观察之精，上至王公贵人、台阁将士，下至贩夫走卒、村妇野叟，无不乐与先生周旋；其游览之广，山林城市、幽谷古墟，俱有先生足迹，无不穷其源，推其本；注意之周，凡风俗习惯、声音、笑貌、骨骼、血色、大建筑、小茅舍、雕刻、门窗、壁画、布置及院落、天井、用具、砖瓦、石材，无不处处留心。

其于农也，考其田制，究其用具，明其作法，再统计其收歇；于工也，察其劳资关系、工人待遇、工人生活、工人教育、工人思想；于商也，于托拉斯，于百货店，于小摊，无不注意及之。此不过就其小者而言，至于各国之政治方针、经济状况、教育情形、现在环境以及历史背景，无不考察綦详，而尤注意于各国之土地制度以及历年之统计焉。至其推断各国之前途，不论政治、经济等，应向某方进行者，近数年俱宗宗实现，此非余一人之私言，凡读斯书者当有此同感也。

先生系清季秀才，京师大学堂毕业，在国内曾任教职，曾从事政治生活，曾办著名之实业，又曾在狱中一年又半载，可称学贯中西，饱经忧患。故其观察各国也，时间从容，周详精密，迥非他人所可比。且先生和易近人，至一地无论侨民以及本地人，一经接谈，无不乐与先生周旋，所谓言忠信，行笃敬，虽蛮貊之邦行矣，而于先生有焉。

先生于欧美最古之文明国如希腊、罗马，于新兴之文明国如美如俄，皆有极澈底之研求与考证，而于其文化方面，虽亦有相当之可取，但当各依其环境与历史之背景，相生相灭，各有定数。殆不能抹煞吾固有之一切，而迷信之也。在此一点上，吾愿读斯书者当特别留意。吾国历史之长、立国之久、国民性之融融大度，当此内忧外患迫切之际，若不自相奋发，发展吾固有之长，或取他人长，或采他人之精神，以恢复吾民族之地位，创造新中国，而仍蹈三十年来之故智，从事模仿，依样葫芦，国家将不可以收什也，愿国人注意焉。

先生之积极政治主张，为产业普化，而产业普化之主张，实根据自然之趋势（宇宙观）、人类之天性（人生观）、社会之需要而产生，循是而行，不惟中国可以救，而世界将来之救星，亦有赖于此也。盖现世之资本主义与共产主义，皆违犯自然、不合人性，凡违犯自然、不合人性之事，决不能长久存在。地球有史以来（无文字之记载亦在其内）事实昭然，无庸言讳也。

或问产业普化之义，可得闻乎？关于产业普化系统主张，先生不久将公布(已公布者为《普产学会宣言》),兹略言其一二,以见其一斑。于家庭也,为夫妻共命、父子相养、兄弟互助;于产业也,为产业公开,达到群体联立之关系,以改进其共同生活,而实现产业有差度无有无之社会,此不过其中之万一耳。

先生之游历三十八国,时间三十有二月,近百万言,在国中可称为空前之巨著。虽因时关系,出版较迟,而近十年来世界实无大变化,于文化更无变化,故虽较迟,亦不足为病也。

余读竟,而有感于此,特拉杂书来,实不足为先生之游记增色,亦只表现景仰之私而已,故记之。

民国二十二年十一月二十日后学赵质宸谨记于梁园旅次

附录:胡石青事迹闻见录[①]

郭豫才

胡石青,河南省通许县人,民国年间曾任东北大学、天津法商学院等校教授,教育部次长,焦作中原煤矿公司总理,河南通志馆总纂,国民参政会参政员等职,著作有《三十八国游记》《人类主义初草》《普产主义大纲初草》等,是有影响的教育家、实业家和社会活动家。本文作者曾随同胡氏工作,对胡氏知之较稔。本文是1941年胡氏逝世不久,郭豫才受胡氏友人杜扶东、张君劢等的嘱托,在重庆撰写出来的,原题为《胡石青先生年谱初稿》。经过"文化大革命",胡氏的日记、书信及著作手稿已全部丧失。本文成为研究胡氏生平的珍贵资料。现经作者对原稿稍加订补,改用现题在本刊发表。为便于了解作者与胡氏的关系以及资料来源,把原稿的"后记"变作"前言"。注释是编者加的。

前 言

民国23年秋,胡石青先生自北平返豫,任河南通志馆总纂,豫才忝任协修,编纂方言,得从先生学。此后以商订工作方针,接洽馆务进行,过往渐密。27年春,敌迫开封,河南通志馆、河南博物馆奉命迁川,先生亦携眷南下,豫才时任博物馆研究员,遂与先生偕行,由郧而汉而川,寓居重庆北碚。入川后,先生任国民参政会参政员,暇则

与豫才共治民族史。以迫于时势,怀抱不克尽展,加以流离情苦,生活倍艰,时发暮境之思,健康亦受影响。今岁春,先生竟以流行性感冒,初不经心,致转为肺坏疽,病才阅月,遽而作古,凡知先生者,无不同深悲悼。封丘杜扶东、宝山张君劢等,道友也,欲为先生出纪念专刊,令豫才为作谱。先生兴趣最广,平生事迹亦最为繁赜,且著述多不留稿,纵有留者,亦散存平、汴各地,此时亦不许广事搜集,故为作谱实非易事。兹谨据稿存此处者,如《自撰年谱稿》(仅有条目)、《人类主义初草》、《普产主义大纲》、《三十八国游记》、《河南通志稿》、《中福公司档案》、《王胡两宅产业清理纪略》以及《乐想楼函稿》及《日记》等,复旁采先生故旧所称述,以及先生平日谈话而豫才尚能记忆者,勉成是编。自知缺漏舛误之处定多,若海内贤达,先生故知,肯加补缀校订,得成完帙,则幸甚矣。谱竟,聊赘数语,亦所以志景怀也。

民国 30 年 5 月 4 日豫才识于四川北碚

　　先生名汝麟,字石青,别号乐想楼主。本姓仲,居通许仲庄,外家姓胡,以独户乏嗣,先生远祖来承继焉,故袭姓胡氏。世居通许县之城耳冈村,累传业耕读,于乡党中称小康。曾祖考讳廷俊,字殿英,二公,妣厉氏。本生曾祖考讳廷杰,大公,妣侯氏。祖考原讳清河,改冰心,字鉴堂,本房大公,本生房二公,妣马氏。考讳云锦,字子裳,大公,妣罗氏。叔父讳云汉,二公,叔母孙氏。叔父讳云章,字祥五,三公。

　　先生父昆仲三人。先生上有二兄,一量,二元量,一姊最先生,未名;下有二弟,一双秀,二石麟,一妹静,皆殇。堂弟一,平秀;堂妹二,一利,二未名,亦皆早殇。成立者,仅先生一人。

　　先生父享年 36 岁,母享年 47 岁,二叔 24 岁,二叔母 46 岁,三叔 35 岁,惟三叔母康宁在堂,今年 70 岁,是为三房仅存之长亲,先生侍之如母。每昭示其儿曹曰:"汝等如不愿为不肖子女,必须先从孝敬汝三祖母起。"

先生夫人袁氏,与先生同庚,光绪二十四年戊戌 19 岁来归。性敦厚,事先生母罗太夫人最孝,先生德之。来 10 年生子女四,皆殇。为子嗣计,纳次室王氏,少先生 10 岁,尉氏人。袁夫人中年后多病,家事皆王夫人艰苦撑持,颇能以勤俭治家。民国 29 年 7 月 3 日,袁夫人害心脏病卒,享年 61 岁。

先生子三:长乾善,袁夫人所出,英伦敦大学哲学博士。次震善,次随善,王夫人所出,皆读中学。

先生女四:长琬善,袁夫人所出,国立清华大学毕业。次珣善,王夫人所出,适河南禹县罗道坦。次瑸善、瑾善,皆读小学。

清光绪六年庚辰(公元 1880 年),先生诞生。

九月二十八日戌时,生于河南通许城耳冈村,时先生父云锦公、母罗太夫人均 27 岁。

是年,即太平天国亡后 16 年,中国国民党总理孙文生后 14 年,英灭缅甸前 5 年,法以安南为保护国之前 3 年也。

是年巩县王抟沙名敬芳 4 岁。

光绪七年辛巳(1881),2 岁。

先生二叔父云汉公,娶婶母孙太夫人,时云汉公 18 岁,孙太夫人 22 岁。

光绪八年壬午(1882),3 岁。

先生祖父鉴堂公安葬。

冬,妹静生。此后,先生多住外家(梁墓冈),由外祖母渠太夫人养育。

光绪九年癸未(1883),4 岁。

云锦公、云汉公与先生三叔父云章公析居。

先生初知何为入睡,时在外家。初知何为梦,时在本宅。

光绪十年甲申(1884),5 岁。

光绪十一年乙酉(1885),6 岁。

弟双秀生。

光绪十二年丙戌(1886),7 岁。

九月云汉公去世,未久,复合居。

弟双秀殇,妹静殇。

豫才按:先生尝言,妹静长眉靓目,聪慧和厚,病喉疫传染,移住小客房中,与先生隔离。时唤先生至,先生母罗太夫人告以故,不复唤。及病重,请于母曰:"令兄立门外,俾一望见,如何?"母允之,先生呆立门外,不知即与妹永诀时也。先生兄弟姐妹凡六,一姐二兄皆早先生殇,两弟殇时,先生皆幼,惟妹静生存 5 岁,曾共言笑戏嬉,先生晚年言之,犹伤感不已。

光绪十三年丁亥(1887),8 岁。

在外家延万世英读,万为先生祖父鉴堂公门生,数月旋罢。

秋八月十三日,黄河决郑州。十四日得耗,十五日外祖母携先生徒步回城耳冈,共 18 里,惫甚。

冬,云锦公教先生及云章公读,云章公长先生 6 岁,日能读十余章,先生性钝,云锦公以为不足教,脱衣弃之门外,祖母自县归,始为着之,自是废学。

光绪十四年戊子(1888),9 岁。

正月,延马玉书来家设教,先生始正式读。先《论语》,但习读音,至能背诵,不为讲解。时云章公亦同校,师为讲《论语》,先生聆有解悟者,师称之,年终读至下《孟子》。

年终,云锦公兄弟复析居。

是年,张君劢生。

是年,安阳王幼侨生。

光绪十五年乙丑(1889),10 岁。

云锦公教先生读,两月,读《孟子》六、七两篇,读《诗经·国风》至

《豳风》。

四月二十八日,云锦公去世。

五月,就马云溪宅读。

秋,弟石麟殇。

> 豫才按:先生胞兄弟四人,姐妹二人。惟先生独存,零丁孤苦,至此已极,罗太夫人仍坦然曰:"吾宅心正大,天不绝我后也。"督责先生益严。

冬,云章公娶孙太夫人,云章公年16,孙太夫人年18。

光绪十六年庚寅(1890),11岁。

就大姑丈赵栖桐阳生读。先生爱玩及独自运思而不爱读,赵以先生不足教,既不为讲字义,亦不为说读音,乃至不为号课。先生自由读,自由向同学问字音,故一年仅读《诗经·小雅》而已。

光绪十七年辛卯(1891),12岁。

同村延陈留彭承先设校于马云溪宅,先生亦往就读。时读《诗经·大雅》而不授其义,彭为他生讲授《郑风·清人在彭》篇,先生聆而能解。彭问之而喜,自是始开讲,大赞赏。是岁共读《大雅》《书经》全部至《易经·井卦》止。

光绪十八年壬辰(1892),13岁。

仍从彭承先读。彭奖先生为翰苑才。本年读《易经》完,又读《礼记》,后半年读《古唐诗合解》之七言绝句。

与袁夫人订婚。通许乡俗多童年议婚,家中人少者皆妻大数岁,冀早娶。罗太夫人非之,谓结婚不宜过早,以无教养子女之知识,男应二十始娶,至早不得少于十九。夫妻以男稍大为原则,女最大须与男同岁;订婚不可太早,恐两方家世及男女像貌生大变化;又订婚须得子女同意,以其为终身大事。连年为先生作媒者甚多,罗太夫人均谢以早。今年作媒者更多,罗太夫人为择定同学袁成勋之妹及同学傅本荣之妹,使先生择一,先生不能决,罗太夫人询"于两同学中谁喜",先生云成勋,乃定其妹。

光绪十九年癸巳(1893),14 岁。

仍从彭承先读,兼授八股,读《小题正鹄初集》,授试帖诗,读《青云集》,先生窃自为文。读《礼记》完,读《左传》。适彭以兄病,归里。先生大伯父召先生至其宅,为命题,作八股文,题为《论语·颛顼章》"夫子欲之"一语,先生破题云"归咎于权臣,欲逃圣人之责也",甚为赞赏。欲令先生补县、府考,应院试,商之罗太夫人,太夫人以先生学浅,不能售,徒劳往返,一不可;应试后,自以为大学生,懈读,二不可。俟彭归,先生大伯父再向之商曰:"此儿应院试必售,其母尼之,愿先生言之。"彭曰:"吾固知之,奚必令其早博一巾,吾知其尝自作文,然决不足以应大场,厚其植,蓄其势,入试即连捷矣。"乃止。

阅小说,如《说唐》《万花楼》等书。

光绪二十年甲午(1894),15 岁。

彭承先以兄没,归家,自是先生不获受其教。

> 豫才按:先生识字通文理,皆赖彭先生启迪,以后先生多在外,恩迄未报,每追忆为憾。

延大姑丈赵阳生来家教。赵令先生为大学生,自由读书,每日为解"四书"若干,亦令先生学作八股,仍以为不可教,所作文尽为涂抹改作。如是一年,书既未读,文亦未进。

祖母尝病目疾,煎药皆先生为之。先生姐妹兄弟已殇者六,堂弟妹三,大姑生表兄二、姐妹二,二姑生表姐妹二、表弟四,三姑生表妹一、表弟三,于直系亲属子女 24 人中,最爱先生。

阅《三国演义》《列国演义》《聊斋志异》等书,自是遂能成叙事文。

光绪二十一年乙未(1895),16 岁。

仍从赵阳生读。《左传》既完,在乡苦无书。于云锦公遗箧中,获《周官精义》《经余必读》《性理精义》等书,任便翻阅,不能解也。如是又一年,先生觉光阴虚掷,心滋痛。赵以先生文无通顺望,而罗太夫人复责先生顽皮,先生亦无以自解。

光绪二十二年丙申(1896),17 岁。

仍从赵阳生读,校移至本村寨北门外之祖师庙中。庙有两院,先生校居西院正殿。东院为三皇殿、文王百子堂,亦设学,密县王先生教之。赵仍以先生文无通顺望,东院王先生见之,大欣赏,谓两院中无此作也。

阅《西厢》,几于全文成诵。

冬,有大学生应县课,先生随往领卷一本,后随之缴。取一中取,得奖金 400 文,题为"何以无取取"。持钱归,献罗太夫人,并以告其由,罗太夫人有喜意,赵先生不之信也。乘间言赵先生不善教,罗太夫人不许先生言,但责令用功,先生默念不脱此厄,学无由进,时啜泣,罗太夫人虽不言,似察及矣。

光绪二十三年丁酉(1897),18 岁。

仍从赵阳生读。

二月初,正式入县应课,扃门发题,交卷乃出,题为《论语》上"与其进也",先生缴卷最早。五日,榜发录上取第四,得膏火钱 800 文,奖赏钱 800 文。适赵先生赴县看榜,亦喜。初八日课,始令先生作成篇文。自是县课多列上中取。

秋,赵阳生长子没,罗太夫人示意其家无人主持,赵先生辞馆归。罗太夫人虽未明言,实不甚信赵先生之能教也。

光绪二十四年戊戌(1898),19 岁。

从张缙卿学应制文,校设本村铁爷庙。

是岁清廷变法,康梁主新政,废八股,改试经义、史论、时务策。以家中书不足,奉罗太夫人命,售麦购书。先生自乘麦车至省城出售,购新书归,自是稍读时务书,并略习算学。

自五月县课改试策论,先生屡取第一。

八月,县考,先生终试第一。

县试后,罢新政,复八股。

十月二十日，与袁夫人结婚。

罗太夫人病筋骨痛，不能起床。

是年康梁新政失败，杨锐、林旭、谭嗣同、刘光第等被害。

是年，京师大学堂开办。

是年，商人吴式钊、程恩培，以豫丰公司名义禀奉巡抚与英商福公司议定黄河以北怀庆左近开矿制铁以及转运各色矿产章程，权限广漠，以 60 年为限。福公司始在修武县焦作开采煤矿。

光绪二十五年己亥(1899),20 岁。

罗太夫人病渐愈。

仍从张缙卿读，校设本县贺庄。

三月，府考，先生初试第二，复试第一，终试第二。

六月，院试三试皆第一。

读《唐宋诗醇》，喜陆放翁，始学律绝。年终学散，先生与同学朱子栋仍留校中读书。是岁多雪，先生吟咏颇多，以初学不能工也。

光绪二十六年庚子(1900),21 岁。

赴开封，住大梁书院。甄别试，先生文颇为阅者所赏，复试对策，有诋僧尼制语，被抑，后各课皆不取。时鸦片盛行，穷乡中亦有之，同斋多嗜鸦片者，先生恐染嗜好，谓人曰："余胃不受鸦片。"自是永不吸。

六月，八国联军入京。

七月，回里。

九月，罗太夫人病泻，逝世，五日而葬，乡俗也。

　　豫才按：先生尝言，族居城耳冈者，约 50 余户，全村居民约 200 余家中，仅先生家称小康，他则地少口多，衣食常不足。先生年 7 岁，而二叔云汉公去世，10 岁，父云锦公复见背，而三叔云章公尚幼。先生兄弟姐妹共六人，仅先生独存，门祚衰薄，至此已极，以一弱妇人，拥一稚子，而欲亲睦百千贫苦之众，虽一干练有为之男子，已感不易，罗太夫人不以先生为孤子而溺爱，反督责益严,已自别于凡俗。每于秋麦登场,估计收获量之多少,以佃农之生活限度为准,余始收为课租,斗量而匀分之。租谷入家,向未市粜,每当岁阑春荒,开仓振饥,计口发付。村人感其德,反不多取。罗太夫人曰:"汝家口多,胡取少?应有若干,适可度活。"谷散后不计利息,不订还约。新谷一下,邻人争相还,惴惴惟恐后人。罗太夫人仍暂为保藏,如期再发放,十余年如一日。云章公年少性刚,行有未检,他人无敢劝者,每与人争,罗太夫人至,辄敛迹谢过。夜归后,必于窗下呼太夫人曰:"云章归晚矣。"太夫人令归寝,始敢去。村人每以细故发生争端,辄以罗太夫人言以评是非。斯时,豫东饥馑连年,匪盗如毛,罗太夫人未尝稍规避。平日喜端坐,不尝言笑,虽不识字,而口述多具文理。死之日,村人无长幼男女,皆下泪,争赴庭堂以供伺役。安葬有期,通许邻近如尉氏、陈留、杞县各地耆老妇孺不期而至者二三千人,其懿行感人有类是者。先生一生行事受母教为最深,常欲有以旌扬之,曰:"非以太夫人为余母而宜有所光其德,设为他人母而为我所知者,余亦必有此举,使社会人士知在此浇薄之世,尚有此殊俗妇人也。"事未果行而先生遽归道山,悲夫!

光绪二十七年辛丑(1901),22岁。

赴开封,住明德书院①,由张安圃介绍,既入院,彼谓必须以弟子礼谒山长,勉允之。时先生未除服,行礼时,安圃强先生戴红缨帽,谓以凶服谒,恐山长不喜。先生心非之,未毅然拒绝,一生疚心。在此学无所得,未久,归里,时两宫已回北京,再下诏,兴学校。

家居,就宅中作书屋,屋两间,前有大槐一株,因名以槐荫书屋。移云锦公遗书及先生自购书其中,新旧只数百册,皮箱作架,并为编目。思学天算,读《测图海镜》,数日迄不得解。再阅《天元一之术》,

---

① 未闻当时开封有明德书院,疑为明道书院之误。

亦不解。末乃阅《学算笔谈》，自加减乘除入手，得解，顿悟行远自迩，登高自卑之道，必不容躐等进也。

十月，为外家分当地。

十一月，葬先曾祖母。

光绪二十八年壬寅(1902)，23岁。

家居读书。时明诏兴学，河南设大学堂于省城开封。

三月，赴县城，住文昌宫，与时芳六同读。

四月，赴省城应大学堂考试，寓时志畲内兄王晏侯家，先生与时芳六均取。五月一日入学时，课程为三门：一曰中学，括经史地理等门；二曰算术，以中文讲授，亦括入中学内，惟另一教习授之；三曰西文，分授英法二国语文。时先生中文教习为萨肖说，算学教习为宗子开，英文教习为温佩珊。先生于课程中，独以习算术为最苦。秋，考送京师大学堂。初试先生取第一，吴寿岑第二，复取吴寿岑一人为正取，先生降备取第一，学院林开谟意也，且言河南人程度太低，只能勉取一人。

冬初，再试，初试先生仍第一。举人王人杰愤前次抑置备取，最后拒不再试。抚台以部文有举贡生监之语，必欲送王往，林托人与王疏通，能参加复试，必置第一，故复试先生又为第二。

子考成生，旋夭，以先生方考大学堂也。

光绪二十九年癸卯(1903)，24岁。

三月，赴京入京师大学堂。初渡河至道口，始见道清铁路。自道口乘卫河船赴天津。同行有时志畲、王人杰(字北方)、吴寿岑等。舟行约一月到天津，寓老龙头(今之老车站)，赴紫竹林(即法租界)略游，即赴京。先生始乘火车，至，寓中州乡祠，四月末入校。

暑假仍住校内，得任便至藏书楼阅览，始知四库之富，然先生独爱阅日报，读书并未勤也。

本年癸卯科开，暑假后，同学多返里应秋闱，上堂者寥寥，先生因向主停科第，遂不往应试。

九月末旬,得外家函,言外祖母病中相思,先生即请假回里。以旅费缺乏,时携行李步行。十月三日午,自卫辉起程,晚达延津,两足皆创。次日晨起,乘人力车至河岸,适因数日前大风浪,河南岸塌陷,不能泊,又值逆风,船中冷甚,黄昏后始泊一处,踏荒上岸,借宿穷户家,展被卧茅草上。饥寒相迫,幸房主馈食以面条,厚宽皆一二分,坚如短箸,且觉味美。凌晨起,视被上积沙盈寸。及至外家,外祖母已病笃,见先生归,喜极而泣,十月十日即病终,距先生至仅四五日也。

为本村设学事堂蒙养,谒县知事张新泰。

光绪三十年甲辰(1904),25 岁。

本村小学堂成立,推马从龙、赵蓬瀛为校董,延张镜若为教习。

县立小学堂成立,荐萨起渭为教习,先生为订章程拟办法。

暑假后,回京,入大学堂续业,选入第一类,以国文英文为主,时研究论理学,颇有心得。

秋,女京生,时先生在京读也。

光绪三十一年乙巳(1905),26 岁。

暑假回里。

女京殇。

是年中国同盟会成立于日本。

光绪三十二年丙午(1906),27 岁。

京师大学堂毕业。

女道融生。

靳法蕙、靳绍周等在河南焦作所办凭心(煤矿)有限公司成立。

光绪三十三年丁未(1907),28 岁。

正月,始行毕业考试。先生本应列最优等,以国文不及格,列优等。照章授师范科举人,中书科中书。行毕业礼后,给咨文回省。谒学使孔少沽名祥霖,见学务公所议长李敏修名时灿、高等学堂监督王静波名安澜等。奉学使以照会派充高等学堂教务长,颇为当道及学生所推重。有忌先生才名出己上而造谣诋毁之者,先生从不与校。

行毕业礼后,偕时志畲、胡奎文及他友,游居庸关,谒明帝十三陵,跨驴直登陵寝,谓可睥睨帝王,忽转念不应欺亡国之君,乃急下,登八达岭,寻长城最高处,胸襟为阔,有"柳色入关青"句。

光绪三十四年戊申(1908),29 岁。

林赞虞抚豫。

仍任高等学堂教务长。高校风潮,王静波辞职,山西刘芙若来代。

秋,先生三叔云章公逝世。

子道初生。

宣统元年己酉(1909),30 岁。

英商福公司所经营之焦作煤矿,此时业已出煤。豫人痛失权利,奔走朝野,冀以挽救。经河南交涉,洋务局与福公司议订见煤后办事专条。先生被推为福公司矿案交涉代表入京。

辞高等学堂教务长职,举尉氏陶育岑来代。调任学务公所专门科副长,暑后兼任教育官,练习所教员,办选拔及考职事。

春,女道融殇。

秋,子道初殇。

冬,以姜礼纳尉氏县王氏为次室,以与袁夫人结婚后,生二子二女皆殇,为子嗣计,故再娶。先生一身祧三房,以袁夫人有殊德,不愿与敌体也。

宣统二年庚戌(1910),31 岁。

调任图书科长,兼总务科副科长。

辞职,赴京师入大学分料。初入政治科,旋改入文科,读小学书,始治音韵训诂之学。

豫教育界官绅推张中孚(名嘉谋)为代表,入京挽先生回省,暑假归,过汴,未多留即回里。咨议局议长杜友梅(名严)等因福案交涉事函约先生回汴,因寓局中。晨起见门上悬书记长牌,心不安,方欲问而议长副议长等踵门入揖而请曰:"屈君就书记长职!"弗能辞,并兼任学务公所实业科长职。以先生入京后,悬缺相待者数月,亦不能辞也。

时王抟沙为咨议局议员,与先生初识。

宣统三年辛亥(1911),32岁。

革命军起义于武昌。先生闻清廷授袁世凯总理,使督师。以中央教育会开会赴京,归过彰德,见袁,说以推倒清廷赞成共和之策。

袁世凯入北京,先生亦至。首访山西刘芙若,此时刘芙若亦有书致袁氏,遂朝夕过从,共商推倒赞助机宜。先生又建议刘芙若入甘,号召志士,抵制升允。不意,冯国璋取汉阳,张锡銮入太原,袁氏变计,迫先生归豫,刘芙若中途亦濒于危。

子乾善生,袁夫人所出。

民国元年壬子(1912),33岁。

豫绅靳绍周、李敏修、杜友梅、孙仲和等在李河、北桶、张河左右,创办中州公司,借与英商福公司相抵拒。福公司设法制止道清路局(与福公司有债权关系)运中州公司之煤,于是矿案交涉正式掀起。

女琬善生,袁夫人所出。

是年1月1日,孙文就大总统职,宣布共和政体。3月孙文辞职。袁世凯继任临时大总统,黎元洪为副总统。3月公布《临时约法》。

民国2年癸丑(1913),34岁。

先生深虞中州力薄,不足与英商相抵拒,乃与杜友梅、王抟沙等扩组中州、豫泰、明德三公司为中原公司。矿区股额作100万元;复整理洛潼铁路旧款及盐斤加价作100万元为河南公股;加新招商股100万元为新股,资本共300万元,而中原公司之规模至此略具。(见《福公司矿案交涉纪略》)

4月8日国会召开。进步党成立。

12月,河南都督派先生与王抟沙为矿案代表。先生与王抟沙20年来之"共产"生活,亦于此时开始。

袁氏悟民军不可侮，复使唐绍仪往南议和。先生乃复入北京，委曲以达其赞助共和之目的，尝曰："予无他冀，冀共和告成，得为平等自由国民足矣。"是年袁氏任大总统，黎元洪副之，先生仅任国会议员。

于梁任公处，初识江苏张君劢。

民国 3 年甲寅（1914），35 岁。

1 月 10 日，袁世凯宣布停止国会。

5 月 1 日，公布新约法。

9 月，中原公司董事会议决，委任先生与王抟沙为该公司全权代表，所有关于该公司与福公司应行商定营业事宜，即由代表全权商定，并签订合同。时先生任中原公司总理，王抟沙为协理。（见中原公司委任证第 1 号）

11 月，先生与王抟沙同任河南巡按使特派代表兼中原公司代表，会同河南巡按使特派代表、外交部特派河南交涉员许沅为一方，与英商福公司总经理兼代表堪锐克，订立草合同于北京，成立福中总公司，永远解除争执，并巩固营业基础。（见福中两公司所订草合同）

民国 4 年乙卯（1915），36 岁。

5 月，先生与王抟沙同任中原有限公司代表，与福公司签订正式合同于北京。议定：中原公司与福公司分别采煤，采出之后，不得自行售卖，均交由福中总公司运销。福中总公司组织，系华英平等，由华英董事各三人组织之，中福两方各推总理一人。议事部为最高机关，议事部议长一人，由双方轮流推举，任期 10 年。是所谓分采合销制。多年纠纷，至此遂告解决。（见福中两公司所订正式合同）

5 月 30 日，中原公司开幕。6 月 1 日，福中总公司开幕。先生仍任中原公司总理。是时中原公司组织为总协理制，董事共 11 人（总协理在内），内部设总务、会计二科及东西两厂，均系包采制。西厂专收明德公司所采煤（即后日之中明公司及常口矿）。东厂专收中州、豫泰两公司煤炭（即后日之寺河矿）。年销 50 余万吨，嗣渐增至 80

余万吨。每年盈余,股东红利均在一分至二分之间。中原至此不但为河南唯一国人经营之大煤矿,实亦国内重要实业。

是年 12 月,袁世凯下令明年改为洪宪。蔡锷、唐继尧等在云南起兵讨袁。

女珣善生,王夫人所出。

民国 5 年丙辰(1916),37 岁。

仍任中原公司总理。

是年,袁世凯称帝,未果。3 月 22 日,撤销洪宪年号。

先生赴京,闻袁世凯方嘱何某约先生来京,即转赴天津,为公司购地磅一架,径回焦作。虽知被聘为总统府咨议,未敢面辞也。

6 月,为事来汴,闻袁氏死,即访田文烈、赵倜,言新约法既无效,应援旧约法,由副总统继任,代为稿通电主张,全国响应。黎元洪乃以副总统依法继任大总统。

8 月 1 日,国会复开,先生复到院为议员。加入进步党议员所创宪法研究会。

民国 6 年丁巳(1917),38 岁。

1 月,创办《新中州报》。报社设于开封行宫前街 14 号。日出报对开两大张,社长为孙锬铣,主笔为马和庚。办报宗旨是"拥护国宪,启钥民智,不涉党派,促进文明",实际上,终极目的是维护中原公司之利益。报纸发行以后,表现出不少特色,主要为:经费来源充裕,能保持一定之独立性;设备完善,有自办印刷厂,信息发布比较及时;版面较多,内容丰富,除工商情况报道外,又经常发表评论,鼓吹兴办教育、振兴实业、改良政治之主张。

仍任中原公司总理。

任全国烟酒公卖局总办。就职之前,夜独赴局中检阅旧卷,对僚属以往在职情形,了如指掌,应留与否皆临时记袖珍日记中。就职后,当即发表职员名单,优异者仍之,阘茸者免职,无不得其平,人心为之大快,谓设局以来,无此公允也。然此个中情形,鲜有知者。

6 月,解散国会。此后国会再开,先生从未参加。

民国 7 年戊午(1918),39 岁。

8 月,解烟酒公卖局总办职。旋游奉天,经南满至热河之开鲁河,渡北辽河,巡视荒地,方有志东蒙之牧蓄也。

段祺瑞亦甚重先生,称为河南人才第一,屡拟畀以省长,先生独退让,尝曰:"予非矫情不愿做官,但愿再读十年书,五十以后,再服政不迟。"时段任总理。

9 月,徐世昌被选为大总统。

民国 8 年己未(1919),40 岁。

仍任中原公司总理。

河南督军赵倜,为中原公司事,且惧先生为河南省长,将兴大狱,先生风闻之,坚嘱王抟沙先入都,照料一切,自静待于汴,旋果入狱。幸得专力读书,就每日所得,撰为《汴中日记》。

民国 9 年庚申(1920),41 岁。

徐大总统世昌,派代表来豫调停,与赵倜成约四章:一、公股增加股权;二、先生不再任中原公司总理;三、先生不作政治活动;四、与公司内部和解。先生始出狱。先生在狱中共十有六月,撰《汴中日记》17 册。

      豫才按:此书尚未刊印,且第一册已遗失。

秋,法庭又传讯,先生回豫再受审,原具无到者,如是三次,宣告无罪。

民国 10 年辛酉(1921),42 岁。

中原公司改选,胡鼎元当选为总理,王抟沙连任为协理,先生当选董事长,实则先生已不与问公司事。

游晋,考察模范督军政绩。

游湘,考察制省宪经过。

暑中居汉口,并至武昌南仙女山看矿。

游庐山,偕杨杏佛至南京访秉农山,旋与王拊沙同游浙江,晤康南海。

回北平。10月间,拟出国游,大总统徐世昌派朱锲林询行况,拟赐赆,全谢之。

10月22日,首途赴朝鲜,游汉城。转日本,游京都、大坂。自京都至东京,游江之岛,赴横滨。渡太平洋至檀香山群岛。再入太平洋至美国西部,游旧金山,留加州。

民国11年壬戌(1922),43岁。

仍留加州。

6月15日,赴墨西哥,游大谷至阿克州。自三塔扉州,过美、墨交界之叶婆娑,至墨西哥,遍游各大都会。

9月13日,离墨西哥赴美国,游芝加哥。

10月25日,赴坎拿大①。游览哥仑布城,游坎京欧脱华,及桂白克省莽堆澳城等地。

11月20日,再返美,游波斯顿、纽约两大名城。

是年1月,湖南公布省宪法。

民国12年癸亥(1923),44岁。

留居华盛顿。

《人类主义初草》写竣。

　　豫才按:本书已成者二编,第一,《世界改造之原理》;第二,《世界将来应采之制度》。未成者一编,则根据世界状况以实现理想之方法。此思想系统之构成,历时甚久,于民国八、九年系狱开封时,渐具规模。其思想形成之背景,约有数点:一、中国儒家治平思想之传统。二、欧洲乌托邦社会主义之影响。三、对于现世社会之不满,如:1. 国家无善良政治,人权毫无保

----

①　这份资料中所写胡氏出游地名,皆依胡氏所著《三十八国游记》的记载。

障,有功于社会者,反遭摧残;2. 近代政治率以经济发达所形成之势力为背景,今徒张皇政治而不求经济之彻底改革,终难奏效;3. 现世各国经济政治,相互关联,不划除国界,改革永无成功。基此认识,故本书第一编原理,即上穷人类生命之源泉,旁推各族之实际状况,寻求共同目的,务求其在一定之原则下,使万有不齐之侪类,有以各尽其情之所安,各得其心之所乐。以为必如此,世界改造乃有成功可能,否则欲以一人一派之思想,范围世界个个之人心,立法定制,以强力限其必从,决难收真正之成效。然此思想,究由何途径促其实现耶?一、就现有国家,谋成立一国际组织,先借资本主义之经济力量,打破国家之经济堡垒,实现完全之世界经济。二、就原有国际组织,创造超国组织,以谋世界政治之完全统一。此上所言,乃本书已成前二编内容之概略。第三编则为根据世界实况以求实现此理想之方法,故先生纵游五洲,原因大半为此。初游日本及夏威夷岛,此旨未尝或变。游美之期较长,事实所昭示,得两大认识:一、世界人类之实权,十之九操于少数欧种人之手。若欲就现有国家成立一国际组织,短期即变为欧种人之家族机关。深悟人类尚在划野分治时期,欲实现人类一体世界统一之伟大企图,必先致力于中国之改造。二、深悟今日之政治经济思想,不病于信奉物质主义,而病其但知注重营养生理之物质作用,而忽视脑筋生理之物质作用。以为资本主义及社会主义皆以优胜者少数人,掌握经济大权,支配大多数人而蔑视人类表现其生命作用之基本精神。得此两大认识后,先生远游之企图,乃完全失望,半生之思想,根本发生动摇。故于旅居华盛顿时,将其旧日思想结束,而成是书,并信于资本及社会两主义之间,必有第三主义,适于现代人类之需要,此即后日先生所倡之普产主义所由产生也。若以思想为准,划分先生之一生,自有知以来至40岁止,可名之曰人类主义时代。先生原作过长,今据其内容撮要述之于上。(参

见《人类主义初草》)

4月16日,转赴南美,游古巴,然后至巴拿马。游巴拿马京城,参观巴拿马运河。自开罗(Callao①)登岸,到秘鲁京城利马,转游毛银杜。自阿利加入智利,游大纳城伊淇克等地。自安第士城,离智利越安第士山脉,入阿根廷。至漫坨沙城,换轨至佳气城,经乌拉圭至巴西,游三宝罗,转游巴西京城。

6月13日,离南美,渡大西洋。6月25日,抵马拉德岛,入葡萄牙,游葡京里斯本。至西班牙,游马德里及多来都首城。至法兰西,游巴黎。至英吉利,游伦敦、孟谦司德、爱丁堡、葛拉司古等地。至比利时,游比京布鲁塞尔。至荷兰,游荷京海牙。至德意志,游柏林、杜来司、韩诺番、爱森,由汉堡转赴丹麦。游丹麦京城,至索米(芬兰),游芬京,转往俄罗斯。

是年10月,曹锟被选为大总统。

民国13年甲子(1924),45岁。

至俄,游圣彼得堡、莫斯科。赴波兰,游瓦骚,经捷克至奥游维也纳。至匈游匈京。至瑞士,游取利时、白恩。至意大利,游密兰、罗马。过阿尔般尼,游哥佛岛。至希腊,游雅典。至土耳其,游君士坦丁城、昂哥拉、司米尔拿。至埃及,游各大城。过阿丁,至印度,游孟买、德里,登大吉岭。至缅甸,游仰光、瓦城。至新加坡。至安南,游西贡。经香港返至北平。时6月22日也。(远游事,均见《三十八国游记》)

豫才按:先生于民国10年10月出国游,至13年6月,再回至北平,共历三十有二月。足迹所至者,大小共38国。世界人类遗迹,现代各国之政治经济状况,以及社会风俗人情,皆在考察之列。以日记体例,写《三十八国游记》一书,稿成,共32册,

---

① 本书整理者按:Callao 为秘鲁城市卡亚俄。

近百万言。各种照片千余帧。惜先生从事社会事业者多,不暇经营,付印时图片已有散佚。至民国22年,赵质宸君始为校勘印出。以开封印刷业不甚精良,图片未克收入,而错排之处亦多,非善本也。近日书肆中欧美游记虽有多种,而体大思精,无如先生此书者。且书中所记事例,居今日仍有参阅价值,故翻校重印,实有必要也。

谒大总统曹锟。

至洛访吴佩孚。

至西安访刘雪亚,彼率文武郊迎10里。

在河南各校讲演,与王幼侨初识,时王任河南教育厅厅长。

是年,中原公司又值改选,尹少锷当选为总理,王抟沙连任为协理,先生连任为董事长。

民国14年乙丑(1925),46岁。

1月吴佩孚入鄂,先生偕王幼侨访晤于汉口,助其实行天坛宪法,各省省长民选,时吴迫于军人,不能用。

春,中原公司为避免胡憨战祸起见,将总办公处迁往天津。10月,改总协理制为董事制,王印川当选为董事长。15年,王印川辞职,王抟沙继任董事长。自是年起,迄19年止,焦作矿厂辗转于军人之手,成混乱状态。

在国立政治大学讲演,时张君劢主办是校。

民国15年丙寅(1926),47岁。

任教育部次长,时总长为任可澄。

邀张君劢任俄庚子赔款委员。

子震善生,王夫人所出。

是年7月,国民革命军誓师北伐。

民国16年丁卯(1927),48岁。

张君劢在沪主办《新路杂志》,先生与商无党政治主张。

5月,《普产主义大纲初草》印行。

豫才按:先生自游美途中,觉 40 岁以前之思想,不能适应于中国国情,反求改造中国之根本方策,此根本方策,即其所倡之普产主义。既云普产,当以经济为中心,而政治部分,亦以经济为基础,而名之曰普政。撮要言之,即主单体多级国体,分寄政务于中央、省、县及市镇村之四级,各为组织,各有机关。上级机关,本国家所赋予之权,得向下级定制施治者,下级不得抗;下级本国家所赋予之权,自行定制施治者,上级不得夺。(详见《新国家》第三号《政治根本改造之创议》)至于经济制度,乃普产主义中最根本方案。本书共分两编:第一,普产原理;第二,普产制度。关于普产原理之根据,有三大原则:一、须适合人类天性。先生以为所谓人类天性,即人类对经济于维持生命存在外,尚有表现生命作用之要求。换言之,即人类有自由施行自己经济计划之要求,直接欣赏自己劳动成绩之要求,及独立处分自己劳动生产之要求等。二、须适应时代需要。先生以为所谓时代需要,即近世经济混乱中,其谋所以救济而施之药石者,约有三派,即资本主义、共产主义及社会政策。资本主义下,使经济上个人有发展天才之余地;共产主义下,能排除特殊利益,矫正畸形发达,皆其优点。而两者之短,仍符节相合,其短维何,即少数人掌理所有产业,独享运用脑力之特权。大多数人民,受支配于机械下,作其伺役而努力,无由变其环境。社会政策,调节两大之间,不能于实际上考见人类对经济之真要求何在,仅就生活表象上求之,故张皇无功。此三派皆有缺陷,而此三大不同潮流外,必有另一种主义,以适应此种需要。三、须适合中国国情。先生以为中国国情,可就两方面言之:1. 就中国国际经济地位上言之。资本主义等国家,夙在吾国有特殊利益,对于吾国向上合理之改进,往往不轻为认可。而苏俄,亦于此时将彼等之经济革命思想,向吾国介绍,积极者欲我国为苏联之一邦,以为世界革命之初步;消极者,亦必欲吾国改变对其他资本主义各国之历史关系。两者相形之际,彼等必不容吾人合理之改造。2.就中国人民经济状况上言之。中国大城较少,而城市经济权,大半为外国人所操持,而中国乡村,仍沿袭往昔,任其自然发展,农业不知改进,收获无从加多,且担负日重,人民几至不能生存。边荒区域,如蒙古、新疆、北满、西藏等地,经济皆属特别情形,不加垦殖,狉榛不易骤启,急求开辟发展,易为畸形。先生所倡之普产主义,主张产业有公有私,所有之各级政府及团体个人,皆能有产,既能表现人类之生命作用,收资本主义自由经济及共产主义用理经济之效,而免除大多数人民心理物质作用之缺陷。使中国为外人所操持之城市经济,移转于内地城镇,不供他人之榨取。乡村以农工互助,亦可改善其生活。边荒以移民事业与农田分配,悉有预定之通盘计划,不致有前项流弊。此其原理概略也。第二编,普产制度,皆用精审统计方法,有详明规定,此处既未能具引,亦不便摘录而损其原旨。欲见其详,请阅原书。此种思想,自40岁以后,逐渐建立,而亦时时加以充实。"九一八"事变发生后,先生感于国事日急,国人非精诚团结不足以挽救危亡,故保留其原有主张,而翊赞中枢,此时先生52岁也。自40岁起,至52岁止,此12年中,可名之曰普产主义时代。(参见《普产主义大纲初草》)

创办《晓光周刊》,先生负全责。

冯玉祥就任国民革命军第二集团军总司令,率部由陕入豫,就任河南省政府主席,派人接管《新中州报》,以此为基础,改出《河南民报》。是年6月间,《新中州报》正式停刊。《新中州报》自1917年1月创刊起,至此,前后出版达10年之久。

民国17年戊辰(1928),49岁。

任华北大学校长。

秋,任东北大学教授,与张学良、臧启芳相识。时该大学为张氏主办,臧氏任文学院院长。

女瑸善、子随善生,王夫人所出。

民国 18 年己巳(1929),50 岁。

在北平与房达三、刘雪亚、马凌甫、王幼侨等办平民大学,先生任校董。

草《普产主义协会宣言》,组织普产协会。

秋冬寓天津。时王抟沙亦客津,亲为散发《普产主义协会宣言》于车站要冲,为警察所捕,旋释放。

访陈真如于广东,与谈经济建设。

民国 19 年庚午(1930),51 岁。

春,开学术讲习会于北平学院胡同私邸,每周一、三、五开讲,凡四阅月,《产业论》讲毕。听讲者:苑毓魁(字钟秀)、周久安、刘清芬(字镜涵)、侯小鲁、孙筹影、李乐园、马宝珍(字士奇)及郑统九等。

任天津法商学院教授,主讲产业论及宪法等课,撰《产业论》及《欧战后各国新宪法之特质》两书(尚未刊印)。

国家主义派(即青年党)领袖曾琦、李璜等与先生谈组党问题,以先生所倡普产主义自具一种经济制度,未能全同。旋晤张君劢,所见亦有出入。王幼侨劝先生专致力于学术及社会事业。彼常谓:"倡导主义,组织党派,必一手金钱,一手枪炮也。"先生亦颇思以伟大诚恳态度一泯尔我畛域之见,遂有回豫志。

秋,出塞游,归过大同,考察云冈石佛,并作诗以记此行,其诗曰:"手旋天地梦如何,绝塞归来感慨多。勿谓衰年徒健饭,放眼中原仍高歌。"

在北平《民言日报》主办《社会周刊》,所载重要论文,皆先生口授而他人笔录者。

民国 20 年辛未(1931),52 岁。

仍任天津法商学院教授。

是年曾返豫。

《人类主义初草》印行。

代刘雪亚名镇华拟《开发西北计划书》。

女瑝善生，王夫人所出。

9月18日，日本以中村事件突据沈阳，以次尽占辽、吉、黑三省。

是年12月，国民政府改组。林森任主席，孙科任行政院长，监察院成立，于右任为院长。

民国21年壬申(1932)，53岁。

仍任天津法商学院教授。

接办黎明补公中学，先生自任董事长。在教学及训育方面，皆曾施用新办法，颇著成效。

自政局改变，国都南迁，中原公司已由军队占领，在省政府指导下，召集局部股东，组织董事会，执行业务。同时，国民党中央亦承认旧董事会。新当局欲与福公司联合，必须先行调整内部，因渐有和解望。王抟沙因积年艰辛奋斗，险阻备尝，病躯已不能支，嘱先生出面和解。先生一面奔走汴、焦、京、赣各处，积极完成对公司新当局之和议，此事得徐文耀助力最多；一面召集旧职员整理账目；一面召集旧董事会开会，完成法律手续，此事得张继理助力最多。幸在中原公司与福公司联合之前，将公司交代完全办理清结。积年纠葛，至此一了百了。（见先生自书《王胡两宅产业清理纪略》）

是年3月，蒋中正就军事委员会委员长职。

民国22年癸酉(1933)，54岁。

王抟沙病故，先生痛甚，精神失常者累月，挽词中有"敬我如师爱我如子"句，颇足说明二人友情。

　　豫才按：民国三、四年间。先生与王抟沙同任交涉福公司矿案代表。同组中原公司，其后又同在中原公司、福中总公司任职。其他如兴办教育，从事政治，无不商而后行。民八、九年后，以环境所迫，两宅实行"共产"。先生系狱开封，殚心哲理，远游重洋，又独创政治经济理论。王抟沙期先生大成，故对两宅生活困难，一身肩负，不使先生分劳。两宅用度或有奢俭不同，亦从无间言。虽骨肉相处,敦睦亦无过斯者。近日世风浇薄,似此莫逆,实不多觏也。

是时两宅生活费用,全由先生担负。为整理两宅产业,回豫,并担任河南大学讲座,时许介忱名心武为大学校长。

应蒋介石约,赴庐山谈话,旋任中央国防设计委员会研究。

任河南禁烟委员会委员。

《三十八国游记》在开封印行。

民国 23 年甲戌(1934),55 岁。

暑后回北平。

10 月 31 日,蒋介石至北平,约先生谈,时与翁咏霓名文灏同车往。旋回寓,下午偕张东荪、王镇五等再赴大方家胡同谒蒋介石,谈时许。

11 月 17 日,以应河南省政府主席吉安刘峙邀,回豫任河南通志馆总纂,仍兼任河南大学讲座。时志馆已并入河南大学,刘季洪以大学校长兼任志馆馆长,周世岑、张中孚、蒋恢吾、井伟生等任纂修。豫才方毕业于河南大学,任协修,编纂方言,与先生初识。

12 月 1 日,应安徽省政府主席刘雪亚电邀,赴皖商政情,得便观戴东原墓。

民国 24 年乙亥(1935),56 岁。

仍任河南通志馆总纂,兼河南大学讲座。通志总目商定,计分舆地、大事、民俗、博物、经政、都会区县、人物、文物、艺文等志。末附前志源流,及省府州县各志提要等目。分由周世岑、张中孚、张照宇、刘盼遂、吴向之、李泰棻、张振东、张天放、王幼侨、马筠岑、蒋恢吾、谢刚主、关伯益、刘子植、孙海波、许子猷、井伟生等分任纂修,先生自任大事志一门(见《河南通志稿》)。撰《河南大事志序》未竟,以古代中华民族之融合成长史迹,均与河南有不可分离关系,故先生编纂中华民族史之动机,亦自此始。

3 月 9 日,赴济汴中学讲演,题目为《中原人民之同化力》。

7 月 12 日,赴郑州陇海路局讲演,题目为《中华民族演进之历程》。

9 月 30 日,在河南大学讲演,题目为《中华民族之特质及其将来之命运》。

先生考证中华民族为合各部族融合而成,炎、黄、蚩尤皆各部族之酋长,亦皆中华民族之宗祖,未可持偏隅之见,有所尊宠或有所诋毁。其咏史诗曰:

一、蚩尤

无端金风起勾娄,南服兵光动九幽;绝嗣炎黄皆我祖,香花十万祀蚩尤。

二、轩辕

长驱塞马定中原,万国九州置牧官;早识匈熊元一系,遥从猃狁拜轩辕。(见《河南博物馆馆刊》)

> 豫才按:先生素深于史学研究,远游后,对于世界各民族之历史与现实所得更多。就通志馆总纂以后,自任大事记一目,对于民族史之研究,更为专力,观以上所记讲题,甚至吟咏,无不与民族史有关,可为佐证。

民国 25 年丙子(1936),57 岁。

仍任河南通志馆总纂兼河南大学讲座。

1 月,赴南京参加中福办事处成立会,并参加中国哲学年会。

旋赴芜湖,调查宣纸,为河南通志中文物志印刷之用。

转上海,晤张君劢。

中福公司自民国 23 年 8 月,军事委员会派翁文灏为整理专员,至是年 9 月原定整理两年期满。中原公司善后委员会遵照军事委员会令颁整理大纲及呈准通讯选举办法,先生被选为商股董事。12 月 10 日,在焦作开会互选,先生当选为兼中福董事。刘燧昌当选为中原公司董事长。翁文灏由军事委员会委任为中福董事长,孙越崎由中福董事部选派为中福总经理。

民国 26 年丁丑(1937),58 岁。

仍任河南通志馆总纂兼河南大学讲座。

仍任中福公司董事。

1 月赴北平,规划印刷文物志。

2 月,赴焦作开中原公司董事会,先生被推为中原公司清理旧债委员及中福清算委员。

3 月 22 日,在河南大学讲演,题目为《蒙藏同胞是否炎黄子孙》,考证黄帝为匈系,炎帝为藏系,言前人所未言。

　　豫才按:此文发表于萧一山所办《经世》杂志 1 卷 8 期。

3 月 25 日,赴京访翁咏霓,商中福公司事,并为翁氏送行。时中国为贺英王加冕,派孔祥熙为特使将赴英,翁氏亦为使团一员。

5 月,任河南公费留学生考试委员。

6 月,任河南高等普通考试委员。

6 月 20 日赴平,七七事变起,携眷来汴。

8 月,为博爱靳绍周撰墓志成,中对太行山麓之煤业经济状况,作扼要叙述,尤其对于土窑与机器采冶之新旧矛盾,分析详尽,言人所未言。其文曰:

　　君讳思濂,字绍周,博爱县东王封人。村当太行之麓,土薄石厚,中富煤炭,质精良,沿山居民,以采掘为业,千百年穿井数十,工人累百千,辘轳上下,人畜转输,手工时代,斯为巨业。其需要类夥,米油皮米之料,铁石木泥之工,银钱之兑换储贷,贸易经纪,胥备焉。故一矿之兴,必蔚成一短期市场,以为沿山一带之经济中心。时国家无矿权矿区规定,大矿取煤必先涸水,附近小矿例于水涸时竟穴井擢煤,其值倍廉,大矿转不与争,必筹资多储煤,而后停止,待水涨,陆续售所储,利市乃倍蓰。故作辍不恒,迁移无定,而经济中心,亦随之兴伏转徙焉。君曾祖大道公、祖德兰公、父观志公，累世皆业矿，而叔祖德蕙公，尤推巨擘。初观志公与德蕙公皆因矿受讼累，君方髫龄，伏辕求自代，贤孝之名，驰于遐迩，为河朔士大夫所重。庚子变后，政府务和辑远人，允英商福公司专采怀庆一带矿，约文权限广漠，豫人痛失权利，交章于朝，奔走涣汗于野，终少挽救。保矿论者，渐知必与业矿者联合，方足实力抵拒。丁未，君丁外艰，后侍德蕙公办凭心矿，应付裕如，得长者欢，因获交李敏修、杜友梅、孙仲和诸乡贤。时均知非组公司扩规模，不足以竞生存，因创中州公司，通内外之声气，化主客之意见，艰苦缔造，君之力盖最多。而福公司挟其兼有之路权，胁停中州运输，呼吁求援，心力交瘁。时民国初建，政府冀得英国助，迫华商与福公司联合。主交涉者，深虞中州力薄，齐大非偶，乃扩组中原公司。中州以凭心为基干，事秉旧习，与土窑之冲突少。中原资力较厚，步武欧美，以与洋商对立，与土窑之冲突多。社会演进蜕化之际，新旧矛盾，有其历史之必然性。君以一身系两方之重心，处境最难，而用心亦最苦，斡旋调剂，中原终告成立。而地煤老窑等旧习，保存殆什九，于全国各大矿中为特例，沿山居民千百家之食其利者，垂二十年，仁人之利如是之溥且长也。君天性醇笃，好义急公。有弟二，思涝思洵，失怙时均幼，教养爱护，学皆上进，得业成均①，蔚起读书家声。民初地方不靖，倡办保卫团。民七岁歉，贷资办平粜。创立本村养成小学、十方园高级小学，率躬先捐贽。岁阑春荒，必分所有济里党。轻财尚义有如此者。然不善自营，缓急时有，晚岁尤窘迫，穷居斗室，晏如也。余从事矿案交涉，服务中原，前后二十年，交君最久，君对地方或为余分谤，而余深知君爱乡里爱族党之切，而乡里族党之衣被其利者之多且久也。君于民国二十六年二月十二日无疾终，享年六十。前一日为旧历元旦，君犹欢

---

①　成均，指大学。相传周代设五所大学，南面的一所称为成均。

洽嬉乐,自旦达暮也。君配魏,继配孔,均先没。子一,尚谌,女三,得五、一五、烈五,次室王出,均幼。卜于本年八月十日即夏历七月初五日葬于村南祖茔,思洵为乞铭,铭曰:

奥陶之纪,蕴厥精醇。启奥发密,利赖群伦。贞元会转,笃生斯人。应运乘机,存旧启新。洪钧不住,世事转轮。功成身退,倦栖千春。拥金不富,乞食不贫。我铭君墓,涕泗沾巾。(见先生所著《文稿汇录》)

豫才按:靳君于经营土窑,允称巨擘。先生以新法开采并任中原总理,事权所限,立场各别,私人意见或有参差。以先生与靳君共事既久,知之亦最悉。靳君逝世后,知墓志非先生不能作,而又恐先生有诋毁辞,此文一成,盖皆从新旧社会蜕演立论。对靳君处境分析详尽,而又极表同情,时人莫不以为得体。

9月,胡王两宅20年来之共有财产经先生分劈竟。

豫才按:先生与王抟沙,当民国三、四年间,虽同在中原公司及福中总公司任职,各人产业尚各有管理。自民8年先生系狱开封,所有公司职务及私人产业,均由王抟沙代管。民10年,先生又出洋,故两宅财产,不免有无形混合之处。此后所置共有之产,一切收支,均归王抟沙自管,两宅产业界限,渐不易分。自民16至21年间,时局日变,公司基础动摇,两宅经济状况,日益窘困,债台高筑,产权大半抵押,两宅生活,皆赖王抟沙坚苦撑持。此时既不便提议析产,实亦无法分劈。故此五六年间,凡为先生及王抟沙所经营者,除两宅原籍产业及两宅衣物书籍等各别保管外,殆无不混合矣。王抟沙逝世后,欠外债超过15万元以上,两宅产业极有整理必要。以两宅人口日多,人事日繁,婚丧居处皆须有备,分劈以后,庶可称其有无,各尽其情。先生对两宅共产事,尝有言曰:"其事非常轨,可被称道,而不足资仿效,亦断非吾两宅子侄所宜继续也。"故先生迫不得已,将清理事作一结束,两宅产业,匀称分劈,所余现款 2335 元,两宅各分 1167 元半。两宅 20 年之"共产"生活,至此粗告结束。(详见先生自书《王胡两宅财产清理纪略》)

又按:先生与王抟沙半生经理实业,而晚年生活异常艰窘者,皆以平时精力用之于自顾者过少。先生曾对其两人精力消耗,按百分比,作一比配:

消耗门类＼人名	办学	办公益	活动政治	改良生产	置私产
王抟沙	二〇	二五	一五	三五	五
胡石青	五五	一〇	五	二五	五

并曰:"精神用于自顾之成分如此之少,宜乎今日之生活无办法也。"(见先生所著《乐想楼日记》23 年 11 月 17 日)

10 月,子乾善游学英伦归。

11 月,再赴京,访翁咏霓及英人贝安澜,商中福机器运湘事。时拟在湘筹办湘潭煤矿,并与翁谈冀鲁边回教联合抗敌问题。

11 月 16 日,谒蒋介石,对外交之主张,对于伤兵救护欠周所生之恶影响,以及开放党禁目下实有需要等问题,皆有所论列。翌日,萧化之来谈时许。时萧任军事委员会委员长侍从官员,彼极愿先生与蒋常晤谈,意殊殷殷也。

撰《对于苏联政治结构之意见》《人种分类及其分布情形》及《日本崩溃之必然性》三文。

民国 27 年戊寅(1938),59 岁。

1 月,赴汉,参加中福董事会,与王幼侨筹划河南博物馆古物运汉保存办法,时王任该馆馆长,先生亦为该馆理事。

2 月,先生眷属离汴赴陈留,再迁鄢城,时叶县黄自芳亦在鄢。

为觅屋居住,他事亦多承照料。

3月,由汉口经郾城回汴,任河南抗敌后援会常务委员。

旋由汴来郾,豫才偕行,撰如何统一民族阵线,党派问题及政治结构等文。原拟计划除上三文外,尚有经济制度,及中国建国之成功与世界二文,拟集五篇为一书,然以时局变幻,未遑宁居,政治结构一文亦未克脱稿。

4月,再至汉,豫才偕往,撰《抗战应分三阶段及其胜负之预测》一文。

5月,草拟《新一元论哲学(唯动论)纲目》成,时欲将其哲学思想暂作一结束。晤张君劢、罗努生等谈党派问题。时国家社会党正与国民党交换互认文件。

子乾善与叶县黄自正之女嵋,次女珣善与禹县罗星伯之子道坦,同日婚嫁于郾城。

6月5日,我放弃开封。8日,中牟、尉氏亦告失守。敌即进扰新郑。9日,国军掘毁黄河花园口大堤,水遵贾鲁河旧道,经中牟、尉氏、扶沟、西华、淮阳等县,至安徽境入淮。计河南省境内黄流中冲或被泛滥县份共有:郑县、中牟、尉氏、开封、通许、扶沟、鄢陵、西华、鹿邑、太康、淮阳、陈留、沈丘、杞县、广武等15县,被淹面积27151方里,财产损失约6357.1万元,被灾人数122.73万口(见本年河南振济会黄灾报告)。而敌我遂沿黄泛成对峙形势。时河南人士特电驻汉同乡,吁恳中央特施救济,共推先生、王幼侨、陈泮岭等负责进行,呈稿多系先生手起,中多论及黄河泛滥之特殊性,其文曰:

> 窃黄河决口,迄今数月,灾情之重,空前未有。在豫省郑县、中牟、尉氏、扶沟等十五县中,泛滥面积占二万七千余方里之广,被灾人民至一百二十万之众,财产损失为数更巨,另列详表附呈。查成灾以来,政府叠派大员前往勘察,并施放急振,借谂国家眷念下民之意,至深且巨。除其他专救去岁水旱偏灾及战区难民另案不计外,其专为黄灾施放之振款,仅行政院曹专员仲植

施放之急振三十二万元。现在河南救济分会,与河南省振务会,同设有收容所八处,招待所三处,此为仅有直接负责救济黄灾难民机关,然并未领丝毫专款,仅由普通振款下拨借二十万垫支,现在已将用尽。秋节已至,天气将逐渐转寒,缺衣乏食之人民,流离道左,迫切待救,如非中央迅予拨发巨款,前途惨象及危险,实不可思议。且黄水泛滥,有特殊性,与普通水灾迥异。黄河内混含沙质最多,中流所经,尽成沙砾,五十年内不生青草(如陇海铁路所经之白沙镇,乃光绪三年决口被淹之地,至今一望白沙,寸草不生),百年之内,不生稼禾(如豫东兰封北部,乃咸丰五年决口被淹之地,迄今尚不能耕耘)。统计此次黄河泛滥区域,有二万余方里,中流所过,以面积三分之一计,亦有七八千方里。凡在此区域之人民,百年无生产之根据,更非短期急振所可救济。是以移民垦殖,乃当前唯一急务。中原为武汉之屏障,与抗战大局关系亟切,想早经计及,石青等受推代表豫民呼吁,特节陈事实,吁恳饬令中央振务会,照迫切待救人数,按月迅拨巨款救济。一面仍饬中央振务会会同河南省政府,对于移民垦荒,详拟计划,指定荒区,筹拨巨款,从速进行,庶可寓生产于救济之中,以符抗战建国之主旨。(见27年9月《乐想楼函稿》)

豫才按:先生等当时所拟施救办法,分治标、治本两项。关于治标者,有急振、收容、疏散邻近灾区各县份等。治本者,即移垦荒区。拟垦地点有二:一为陕西黄龙山附近,以该地有荒原6万余方里,宜于耕种,气候温和,雨量充足。又有长宁河、大峪河两大河流,可资灌溉,故虽处高原,亦无旱涝之灾。前清光绪年间,曾经耕种,多系熟地,窑洞甚多,移民前往,稍加修补,即可居住。二为本省邓县,亦有荒田30余万亩,至少可移民60万人。关于邓县移民计划,诸先生曾手订以供政府采择施行。节略如下:

一、此次黄灾灾民约计一百二十万人,计在大溜中者约占百分之二十至百分之三十,即二十四万至三十六万人之谱,失去耕作根据,必须移出他乡,另谋生活。大约以自己力量移至附近地带佣耕者,至多不能过半数,故必须由政府及中外慈善家设法移至较远地方谋生者,至少当有十二万人至十八万人之多。

二、近来讨论此案移民者,河南方面多主张两个地点,一为河南邓县,一为陕西黄龙山,最近又有主张移至云南一部分者。但移至外省,尚须调查荒地情形,及与当地官民接洽,故现尚未能提出具体方案。今先就移垦邓县草拟办法,俾得早日进行。

三、移垦事务及经费,分为两项办法:甲、移民及移民费,拟商由中央振务会所设输送配置总站及河南省振务会合作办理,办法由两机关会商。乙、垦荒及垦费,由中央及河南振务会拟款外,应向世界慈善团体劝募,共策进行,务以最经济办法求最大之效率,凡指定之垦荒费应完全用于垦民之身,普通开支另筹。

四、移垦拟以一千人即二百户(平均以五口一户计)为一单位,择定适宜地点预备庄基,以便垦户分垦附近之地。

五、垦区虽全为民荒,惟荒废日久,地界全泯,地权亦不易清理。拟请政府明令县长,凡指定垦区,即有地主亦不得出而干涉,将来垦熟之土地,或由地主与垦户均分,或由地主赔出相当垦费赎回,其办法另定。

六、每一单位为建立一新村之基础,学校及公共机关之建设,应于分划街道庄基时分别划留。

七、每一单位需用垦费,约计如次:

1. 居住费,窝铺二百个,每个以六元计算,共一千二百元(至来年收麦后,垦户即可以自力修造草房)。

2. 饮食费,以每人一月二元五角计,食盐以每一人每月一角计,九个月(自本年十月至明年六月)每人需二十三元四角,一千人共需二万三千四百元。

3. 籽种费,以每户耕田十亩计,每亩麦子七斤,约值五角,即每户五元,每千人二百户,共需一千元。

4. 耕具费,简单锨锸等件,以每户十五元计算,共需三千元。

5. 厨具补助,共需六百元。

6. 医药费,共需五百元。

7. 准备费,二千四百元。

八、世界各慈善家捐助款项,足副一单位或数单位之用者,即于各该村建立碑坊,或雕铸肖像,以资纪念。

任国民参政会第一届参政员,时河南有四人,先生外,有王幼侨、马乘风、杜秀生等三人,皆由省选。

7月6日,参政会开第一次大会于汉口,先生提《请政府准将宪法草案提交本会研究具复,早日完成建国大法案》,以格于时议,被保留。然至第四届大会正式通过修正宪法(《五五宪法》)草案,组织宪政期成会,收罗各方意见,加以研究修正,而政府并拟召集国民大会以求实施宪政等事项,与先生所提本案,皆有呼息关系。其文曰:

建国大业,经纬万端,宪法为国家组织之根本大法,实即建国之最要基础。我国此次宪法草案,公布已经年余,因抗敌战兴,国民代表大会不能如期召集,因之建国之根本大法,亦不能早日观成。同人等,旁考各国建国经过,切察最近国情之演变,佥认为政府有将宪法草案提交本会重加审查之必要。兹举其重要理由如次:

抗战以前,政府懔以党治国之成训,为党外无党之企图,十年来之坚苦试行,示吾人以宝贵经验,故临时全代会以来,政府既举抗战建国之要,昭示全民,复揭嘤嘤求友之谊,号召有志。而三民主义之为建国之最高根据,及各党派均得公开存在,因成为政府与国民互信之原则。以今衡昔,政情实有显著之政变,此宪法草案之应为重行研究者一也。就国民对政府之希望言,抗战以前,偏重于和平之措施,抗战以后,偏重于切要之建设。就国民对政府之关系言,抗战以前,以循资之委任,构成下级机关,以照例之命令,发动下层行动,彼此相安于松弛之联系,亦能在和平时维持相当之行政效率。抗战爆发以后,敌兵一至,下层机构无不土崩瓦解,而人民几与政府失其联系。忧国者,赶办自治之呼声,因以遍于朝野,故因抗战之影响,国民对于地方政治中央政治,实有新认识新要求之产生,此宪法草案之应为重行研究者二也。国民政府成立以来,政治结构应时势之要求,常为相当之更张,其增加之机关,率在《建国大纲》所规定以外。抗战以后,行政机构一再裁并,颇近于合理之调整。现代政治,久趋于理论实践之一致,新兴国家尤多举政策实施之效果,加入于修正宪法之中(如苏联之于经济政策,罗马尼亚之于田制改革)。吾国抗战以来,政治有相当之改革,新旧相较,在组织上孰为合理,在运用上孰为灵便,执政者既具有共喻之甘苦,立法时应取为取舍之标准,此宪法草案之应重为研究者三也。

本上所述,宪草之应重加研究,实具充足理由。本会同人,承政府延选,授以国民参政之重任,对于宪法草案之应供献意见,实负有不可诿谢之责任,兹并举其重要理由:

(一)宪法草案公布前,曾经征求人民意见,足证政府对此事实具下询之虚怀,然当时言路未开,情格势禁,慷慨陈词者终少。今政府既授本会同人以参政之权,顾名思义,自应予本会以代国民对宪草供献意见之机会。

(二)个人对宪草之批评,率为一党派、一行业、一学派利益上或理论上之代表,本会同人,自多方面罗致而来,集体之意见表示,最足以代表全民族之公益。

(三)本会同人,来自各区域、各行业、各党派,既对多方民情确有认识,开会以来,饱聆政府之重要报告,参阅政府之重要提案,对于现实政情亦粗得认识,则对于宪法草案所参加之意见,必能兼体朝野之情,方谋推行之便。

据上述各理由,拟订办法如下:

一、请政府尽本届会期内,将宪法草案提交本会。

二、由本会组织分组审查会,就草案各章,加以研究。

三、由本会组织总审查会,就草案全文及各组审查意见,综合审查,尽下届开会前,报告于大会。

四、本会于下届开会时,正式议决,送还政府。(见国民参政会第一次大会记录)

上军事委员会委员长蒋介石书,论政治结构中组织与编制之不同,并附送《对于苏联政治结构之意见》一文。其函曰:

委员长赐鉴:此次临全大会,制定抗战建国纲领,期于民族革命过程中,同时完成民权民生之建设大业,宏规远模,薄海同欣。前日晋谒,曾供鄙见,未尽之意,谨再申陈如左:

自古得国非难,建国为难,建国与抗战同时并进为尤难。建国之业,以经济制度及政治结构为两大支干,而经济又赖政治为推进枢纽,必须先谋政治机构之强固经久,经济制度方可随时改进。政治结构如何可以强固经久,一言以蔽之,曰合上中下三层势力融成一体而已。上层势力即国家之中心势力,下层势力即民族之整个势力,中间势力即上下两层势力之连锁,亦有时为上①下两层团结之障碍。所谓建国者,必须以中心势力,结合中下两层势力,方能完成一种政治结构。然其所采之途径不同,故其享国之久暂亦异。

(一)上层势力运用中层势力,统治下层势力,以完成政治结构者,平时足以维持治安,变乱足以增高军事效率,然或创业英雄,年高气衰,或国家发生其他意外,则破败立见。中国六朝

---

① 本书整理者按:原文此处作"两",疑误。

五代及欧洲之阿提拉(Atila①)、夏尔曼(Charmagore②)、亚力山大(Alexander)等皆循此例建国者也。

(二)上层势力把握下层势力,转移中间势力,以完成政治结构者,国基强固,方能传世久远。唐宋明清之于中国,莫卧儿之于印度,奥陶门之于土耳其,皆循此例建国者也。

上述二例,其政治结构,大体皆为编制式,动力发自元首,政令达于编氓,以军队编制之方式,构成行政整一之系统。论其优点,则推行最速,效率最高,且最适宜于英雄政治,故中国每一朝代,开国定鼎,皆采此制。北徼部族,运用此制尤为精干。英雄一出,往往于短期中,蔚成庞大帝国,驱游牧之众以控取文明之族。然其弱点,则上下缺精神之联系,民族乏统一之意识。所谓上层势力能运用中层势力,而不能把握下层势力者也,自非有英雄在上,国家无从言治,其败象常伏于鼎盛之日,此中国之所以多短期朝代,北徼部族之所以能建国而多不能传世久远也。至中国之唐宋明清、土耳其之奥陶门帝国、印度之莫卧儿帝国,因能把握下层,独能享世数百年,前已略为论及,兹再述其原因:

一、唐宋明清之把握下层也,其枢纽在于科第制度。中国之士为流动身份,凡农工商人子弟之聪秀者,皆得读书为士,故士为天然之四民代表,考试制度演成之后,地方皆有定额,尤足以代表全体国民。儒家之民本主义,法家之法治精神,其推进之所以有效,端赖得人,而其人皆由考试登进,且足以代表全国民族,故国家制度之力量,可以由上层直接把握下层,所谓天下英雄尽入彀中矣,其传世所以经久也。

二、奥陶门、莫卧儿之把握下层也,其枢纽在于宗教信仰与社会组织。奥陶门为西突厥西去之一支,莫卧儿为蒙古南入印

---

① 本书整理者按:此处应为 Attila,即阿提拉(匈奴王)。
② 本书整理者按:此处应为 Charlemagne,即查理曼大帝。

度之一支,其主干破败之后,此二支尚能立足异域者,盖以奥陶门深入回教腹心,与之俱化,尤以皇帝(Smltan①)护教之功,兼领教皇(Caliph),借宗教之力,把握下层,故虽至武力衰后,政权得以不替。莫卧儿建国印度之后,深入其宗教演袭之阶级制度中,故能融政权于社会结构,因以把握下层,故元亡之后,犹能垂统三百年,此皆借宗教力量、社会结构以把握下层者也。

西洋政制,远秉希腊、罗马之共和制度,浸深于近两三世纪民权发达潮流之中,于编制式外,特创组织式之政治,动力发自全民,以选举之方式构成政治之中枢,近代民主国家,皆采此式,故国基巩固,民意宣腾,国力因以发扬。其国家结构中,非无编制部分,然编制常纳于组织之中,故足以补组织式之缺陷,而增其效力。其国非无民族英雄,其英雄往往于建国复国大业成就后,自侪于平民以参加选举,其被选也,足以宣万民之隐,达万民之意,其执政也,足以作万民之气,成万民之志,先例极多,不再繁引。

在西洋组织政治酝酿发展中,中国、土耳其、莫卧儿三东方大国,犹能以编制式传统称治者,全由于考试制度、宗教势力,以把握下层之人心耳。现代经济发展,社会结构异于昔日,士既不足以代表四民,考试当然不能号召全国,宗教在科学发达之今日,更不能增加民族之信仰,且在非宗教立国之中国,其效力尤为薄弱,则今日政治结构,自非急采组织式,实不足以奠定国基,而利民生也。

中国现行之省区县区保甲制度,似属进化之编制式,当前清及北洋派失政后,全国混乱,几于不成国家,中央为治标之计,采速成之方,推行此制,恢复秩序,安定民生,其功自不可没。然其弊也,能干涉人民之行,不能维系人民之团结,以故政令愈密,民

---

① 本书整理者按:此处应为 Sultan,即苏丹。

心愈散,训练虽多,成效较少,此非尽由奉行者之不力,盖编制式之政治,其效不过如此耳。况中国幅员辽阔,地异俗殊,若全恃编制,则层级益多,考察愈难。苏联政治为其独创,其经济制度采局部之编制式,而地方政治确系运用选举制度,故能发生组织力量,把握下层民众,虽与中国主义不同,文化不同,然在抗战期中,完成政治组织,因有所凭,以推进其经济建设,实与今日中国情势相似,故其政制,亦极有参考之价值。(见先生所著《乐想楼函稿》)

9月16日,携眷入川,卜居重庆附近之北碚区。

10月21日,广州失陷。25日,我放弃武汉。

民国 28 年己卯(1939),60 岁。

仍任国民参政会参政员。

2月5日,赴重庆学术机关联合会讲演,题目为《中华民族的发展与抗战》。

与张伯英、孟剑涛等组织河南旅渝同乡会,先生被推为常务理事。

任教育部边疆教育委员。时陈立夫任部长。

3月3日,电军事委员会委员长蒋介石,分电行政院孔祥熙、经济部翁文灏,对黄灾妥筹救济办法,其文曰:"查此事关系数省民命生计,应予妥筹保全救济之道,以免敌伪煽诱,而资维系人心。其必需经费,中央财政无论如何困难,均应通盘妥筹,切实补助,决不仅令自筹或以少数点缀。"并拟具办法四项(第四项从略):

一、在去年泛滥范围所及之大堤,应设法加修,增高培厚,使河道循旧漕通过,不致加大泛滥。

二、如前项办理有所困难,则各村庄附近应加筑围垛,以能容纳全村人民临时避水及存堆余粮之范围为度,其高度由各该省依照地形及水势妥为规划,务使大汛高水位时,不致淹没。

三、下游现存积水,应设法排泄。(见军委会渝字第 2029 号

代电）

　　豫才按：此次黄河泛滥，虽苏皖同时受灾，而豫省尤重。中枢曾饬令各有关部院及地方政府，会同办理。除拨款急振外，豫东曾修筑防止黄泛大堤，并移殖灾民于邓县从事垦荒等。除建议选择河南之伊、洛、汝、白流域兴修堤坝实行工振与军事有关，暂停办理外，均已逐渐进行。此固由政府之关怀，而与先生等呼吁之力，亦有重大关系。

　　3月29日，赴北碚国立二中师范部讲演，题目为《中华民族之特性》。

　　4月14日，参政会议长蒋介石约餐，征求关于汪精卫叛国案意见。先生对曰："法律裁制证据既充分，自然极易办理。惟普通事件，应完全依法律，有关国家生存之大问题，同时应顾及国家利害。处理之后，是否可以增加国家之分化力，以致更为敌人所利用？又国际情形，亦应顾及。苏联之理论与实践的统一，认为帝国主义火并之前夕，彼之国策为促成帝国主义者之相互战争，社会主义国家之军队，其使命在待帝国主义者火并之后，完成世界革命，绝不供与帝国主义者作战之牺牲，除非他人进攻，决无与人宣战之可能。英国似亦了解此点，故极不愿与任何资本主义国作战，以实现马克思之预言，完成苏联之使命。故德意乃得自由兼并他国。英美今日对我之略加维持，全为日人蔑视其在华利益，若长江开放，西洋商业能相当恢复，英美之态度如何变化，尚不可知。故我之处理此案，且须兼顾国际环境也。"时被询而答者七人，先生其一也。（见《乐想楼日记》）

　　夏，淫雨为灾，沁河决口，加以黄河泛滥，造成空前浩劫。计受黄泛灾者，河南一省有郑县、扶沟、西华、尉氏、中牟、太康、通许、陈留、开封、柘城、鄢陵、沈丘、杞县、鹿邑、睢县、淮阳、广武等17县；受沁汛灾者，有武陟、博爱、修武、内黄、新乡、获嘉、温县、沁阳、汲县、辉县、浚县等12县；受战区水灾者，有安阳、滑县、淇县、武安、汤阴、涉县、延津、原武、阳武、临漳、封丘、商丘、民权、宁陵、考城、兰封、济源、林县、孟县等 19 县;普通水灾者,有临颍等 42 县;旱灾者,罗山、信阳、光山、固始、商城、经扶、潢川等 7 县。总计各项重灾县份不下 50 余县。待振灾民,除黄沁两泛区约 210 余万外,其他灾区亦在 260 余万人。(见河南振济会 29 年春振方案)

先生既任国民参政员,传达民意有责,水灾既如是惨重,当与王幼侨、马乘风等,会同计划进行。除分别与有关方面接洽外,复于参政会第四届大会时(28 年 9 月 10 日),提《为黄灾惨重振济未周拟请指拨巨款澈底救济》一案,其中有云"当去年黄河南决时,敌兵正集中河南淮北,断平汉,窥南阳,以为据襄樊,动摇武汉之图。豫省人民被灾之前,既为尽其抗敌天责,甘愿牺牲其田产庐墓而不顾;被灾之后,其爱国壮丁又入伍抗战,甘愿抛弃无衣无食之父母妻子于不顾。河南为抗战所出之兵,在全国为最多,为抗战所罹之灾,在全国为最惨"等语,拟具切实办法,请予救济。至沁灾及普通水灾,亦请或并入华北水灾,或并入黄灾,一体振济。(见国民参政会第四届大会纪录)

先生任华北水灾急振委员会副委员长,代表河南主办其事,委员长为中央振务会主席许世英。

10 月 25 日,致中央振务委员会一函,论河南灾情及其所以成灾之故,而与晋冀各省相互之影响甚详。其函曰:

敬启者:河南今年水灾惨重,叠经分呈吁恳早颁巨款迅施急振各在案。仰蒙钧会提请行政院拨发振款三百万元,专放华北急振,感激莫名。惟是灾区太广,灾民太众,虽钧会恫瘝在抱,时沛推食解衣之恩,而灾民饥溺无归,仍有杯水车薪之感。华北广大灾区,均同此状况。以河南一省言之,豫北二十五县经夏秋间大雨,无县无灾,而沁河堤三次被决,沁水堤高于地面数丈,高建瓴屋,造成空前浩劫,经第三、四两行政区特派员调查,列册绘图,分别呈报,想钧会已经收到。计豫北被灾者,以武陟、博爱、修武、新乡、获嘉、温县、安阳、汲县、内黄、临漳十一县,最为惨重;

辉县、淇县、济源、孟县、汤阴次之；其他各县又次之。豫东南，本为去岁黄河决口之重大惨重灾区，经去冬今春涸水期，水势稍杀，两岸漫溢之界，有由百余里之宽退至数十里者，有由数十里之宽退至十余里者。除近中溜（俗名大洪）之新冲粗沙界限以外，现出可耕之地，轻灾灾民，犹勉凑种籽，漫撒抢种，冀可稍得秋禾，暂救活命。而夏秋之交，淫雨连绵，水势日涨，又加七八两月，上游各高地县份之狂雨山洪陡下，水势暴增，新河道本只修有郑县偏南之西岸大堤一段，其余毫无堤防，四面漫溢，不但河淤新田，撒籽抢种者淹没无存，即去岁黄河决口时未被灾者，亦多被淹没，秋收绝望，灾上加灾，人民痛罹浩劫。计此区先后报明有案十余县，以郑县、太康、杞县、扶沟、通许、尉氏、西华、商水、项城九县为最重。豫西一带，山势雄峻，耕田多在山间河岸或山坡之下，夏秋以来，先之以经旬之暴雨，继之以奔流之山洪，山内及沿山各县份，不但田地被淹，秋禾无望者甚多，而河岸山坡之村落，房屋什物亦多被冲没。计受灾者，以洛阳、伊阳、卢氏、巩县、偃师五县为最重。豫东南一带，向为低地，全恃淮河为尾闾，消纳各流，得以稍减水势，而低地积水往往有经年不退者。现在黄河夺淮，下流雍滞，加以今年本地之大雨，与上流高地之倒坡水，遂致东南一隅，亦罹空前之水劫，计受灾者十余县，以郾城、汝阳①、新蔡、正阳四县为最重。总计全豫受灾县份，由省政府列具详明灾情报告钧会，计五十余县。由豫北三、四两区特派员列具详明灾情报告十六县，其中灾情奇重共二十九县。灾民数以百万口计，冲毁田禾以千万亩计，灾民嗷嗷待哺。本会以密迩行都，叠接公私机关函电，责以代向钧会呼吁，请据实胪陈，伏

---

①　今之河南商水县境，汉代有汝阳县治所。又民国年间之河南汝南县（今分为汝南、平舆二县），隋代亦曾置汝阳县。观上下文，此处之汝阳当是指民国年间之汝南县。

乞早拨巨款,散放急振,不胜感激待命之至。(见《乐想楼函稿》)

任全国精神总动员会委员。

冬,中央振务会拨华北水灾急振款 300 万元,河南分有 89 万余元。共推王幼侨为放振专员回豫。

应中央广播电台之请,讲中华民族发展的略史,要点有五[①]:(一)中国古代人种乃生于中国疆土,力证民族西来说之误。(二)中华民族乃合蛮、夷、匈、氐羌、狄塞五大血统、四大文化而成(匈、狄塞两族文化相同)。(三)汉族乃文化代表,非种族代表。(四)中国境内无异族,国外有同胞。

时先生除从政振灾外,大半时间用之于中华民族史之研究,而对于已往意见,充实修正者亦特多。惟近日生活费高涨,先生每月俸金不足赡薪米,故编纂民族史所急需之绘图人员及抄写人员,皆无力聘雇,致碍工作进行,于其寄友人函件中可知其概略:

8 月 19 日寄陕西江天蔚函:

> 惠书拜悉。记自别,一奉来书于钱塘,再奉来书于法国,今第三次读手教矣。所以期区区者至大且殷,故以恐足下之失望,不知所以奉答,寝稽不报,深自歉仄。弟本昔之研求及所欲自效于国家于社会者,故都抵掌,贤者已饫闻之矣。别后不敢自逸,亦终未克奋发有为。曾回河南,本所研治,教授大学生徒者,断续且三年,世或诟之,亦颇相亮,未致龃龉,然不敢一职自缚,致不能自拔,私衷固仍冀为国家保留一献身机会耳。倭寇日深,中枢欲成立一类民意机关,下采及于驽骀,乃以抗战建国之标的,不容自外,因受令职,亦诚如惠书所询,冀有以供献夙所有关于现代政治经济之纲制,纳于宪政之中。顾事与愿违,始终不得一当,而报国之志,迄未稍衰,乃思殚精于著述。旷览现代作者,于中

---

① 下文只有四点,原文如此。

国民族构成演进轨道，似多昧于实际，稗贩东西，致使我东北、西北、西南各部族，原始本为构成诸夏大支宗子，今转自疑其为别族异派，丧其本有，为神秘之西来汉族所劫制宰割，而所谓明达君子，亦盲从谬说，自竞族阀，以为之张目，分裂吾大中华民族，而使之支离破碎，永不能谋精神之统一者，莫此为甚。往日军阀割据，今日暴敌侵占，所谓疾风暴雨，不能崇朝终日也。惟此国族精神之根本离异，实种祸胎于无穷，故发愿著《华裔通考》，亦即世俗所谓中国民族史者。考之史编，征之现实，知吾族皇古以来生育斯土，其世代未可推纪。其后，东南西北四大文化区，夷、蛮、羌(氏)、狄(塞)、匈五大血统，接触中原，产生高级进步文化，诸夏之称，实始于此，其时犹各为血统也。周同姓不婚，血缘日趋混合。秦并各国，夷贵族为平民。故诸夏渐为华夏，渐为汉族。今日汉族为东亚文化之结晶，血统之连锁，用能联各族为一家，史册具在，地下之发掘日多，众证确凿，乌有所谓汉族西来者？久别不克一见，不觉语之赘也。弟欲以此报国，高明笑其狂瞽否？

8月27日寄河南党范九函：

范九贤弟：一别廿载，不记人间几度沧桑矣。兄数年前沉浮故都，留心当时之务，颇思为国家为民族建一百年不敝之基。抗战军兴，举家南迁，俯仰因人，毫无建白。来书以宏景相期喻，弥增汗悚耳！近来乡居，命小儿辈于课毕学耕耘，世变所极，一以平淡应之。汉族西来之说，本幕天大谣，迩来编历史教本者，展转因袭，积非成是，致吾边疆同胞，多自认为受压迫而逃窜迁避，几疑汉族为侵凌弱小之异族，使大中华民族无形发生裂痕，为害实巨。故发愤治民族史，俾知吾族皇古本为各支，如蛮(濮越各族)、夷、羌(氏)、狄(塞)、匈分占东南西北，经千百年来之竞进互长，以产生中心之共同文化，而后有中原并立之诸夏，又经千百

年之交融互入,以产生中原混合血统,而后有中华,有汉族。故
汉族者,文化之代表,而全东亚血统之连锁也。知此义,则知中
国境内无异族,国外有同胞,一切不合理之揣测宣传,均可一扫
空之……岁月奄忽,学行迍邅,正不卜此业能容我从容完成
否?……

10月2日寄云南张君劢函(时张氏主办民族文化书院,院址在
云南大理):

> ……民族之研究,则必得一结果,年余来之努力,大致体系已成,
> 材料所差无多,旧日见解未达正确程度者近来证据渐多,或证
> 实,或修改,际此一篑功亏之时,缮写无人,绘图无人,且生活费
> 日高,家庭生活问题亦日益迫切,恐由弟个人力量完成之企图,
> 已感十分困难,此亦近来之苦衷,愿与兄一商讨者也。(以上三
> 函均见《乐想楼函稿》)

民国 29 年庚辰(1940),61 岁。
仍任国民参政会参政员。
仍任华北急振委员会副委员长,主办豫省振灾事宜。
2月3日,中福董事部接奉军事委员会令发修改中福合资合同。
由资源委员会入股,中福办事处增加流动资金300万元,中原增拨
153万元,福公司增拨147万元(新旧资金合计400万元)。中福董
事会三届期满,自身亦须改组。以抗战期间不能召集股东会,遵令依
法延长任期,另组第四届董事会,故中原董事会于3月28日在重庆
成立,董事互选,先生被选为中原公司董事长,4月1日就职。中福
董事长仍举翁咏霓,总经理仍举孙越崎。中原董事会照章不管营业,
而中原本身既无存储,又乏收入,先生擘划经营,甚费苦心。中原香
港办事处议定内迁,对办公房屋之筹备修理,皆先生躬亲监管,劳瘁
更甚。
7月3日,袁夫人以害心脏病,卒于北碚旅寓。长子乾善、长女

琬善等皆授教于外,远道未及返,衣衾棺椁皆先生为之备,感悼殊深,曾挽以联曰:

> 代我奉亲代我育子代我辑睦族邻痛回头往事风憬雨憧四十二年如幻梦
>
> 相偕逃郾相偕奔鄂相偕蹀躞蜀道顿撒手长辞天荆地棘三千余里怅归魂

并自撰《先室袁夫人事略》一文,中有句曰:"余于家庭夙严等威之别,故遇次室独严,人疑或出夫人意,欲报之德,反资之嫌,此余生平最引为憾者。"又曰:"余子女七人,以三长四幼分称,未尝有异母嫌也。"先生常以自慰。

10月11日,应蒋介石召赴渝,谒于曾家岩官邸,对于美国及苏联国策之观察,苏联对大战之态度,以及战后局势演变之推测各点,均有所问答。蒋介石甚赞许,且言决急起直追。末更询及日本,先生坚举陈博生等有深切研究,不愿妄陈也。

仍继续研究中华民族史。

12月29日,觉喉有热气,自觉不同于喉炎,夜睡不安,然读书理事犹如常。

民国30年辛巳(1941),62岁。

任第二届国民参政会参政员,以在病中,仅以书面报到。时河南参政员共八人,先生与徐旭生、杜秀生、马乘风等四人为中央直接遴选。王海涵、郭燕生、王隐三、燕化棠等四人,为河南参议会所选出。

1月1日,应中福办事处之邀请,前往讲演,题目为《从庆祝元旦想到中国战胜以后》,内容则讲儒略历,即葛界利历不科学之点。略谓:

> ……该历,以三百六十五日五小时有零(零数似系五十分之谱),合计分配似合乎科学,其余如元旦之不合天然节令,春夏秋冬之无节令上界限,二月之只有二十八日,种种不合科学之点,皆系

罗马皇帝专制之遗迹留存于西历中者。中国之阴阳合历,除阴历以闰月制与阳历调协外,其阳历部分,以十二月节气为十二月阳历月之月始,以十二中气为月中,故立春立夏立秋立冬等节,一面为正月四月七月十月之月始,同时即为四季之严明界限,而一年之中,亦系以立春为岁首,殆无一不合于科学。前此世界修历大会,日本人曾提出以立春为岁首,现搁置未议。吾国战胜后,对世界各种会议取得有力发言地位,吾国最科学之阳历,被采为世界公历,尔时再过元旦,吾人之庆祝,亦更多一种意义矣。(见《乐想楼日记》)

午后3时回寓。晚头渐晕眩,且觉冷。

1月5日,先生病中,闻经济部地质调查所开纪念丁文江大会,并展览在云南新采获之许氏禄丰龙,激于学术研究兴趣,徒步前往参加,家人劝阻不果。至,以该所所长请丁先生在坐朋友讲演,先生亦临时被约。是日后寒热大作,咳亦加重。

拟从北欧语根与中文之联系,考证周民族之兴于西北,或与白色人种有血缘关系,未写成论文。

10日,温度高时达 C 表 39°4′,日记课始断。

16日,入北碚江苏医学院附属医院治疗。2月2日,嘱长子乾善遵其口述代书一函于蒋介石,其文曰:"关于本案,历经奉悉,中央最高国防委员会对本案决定办法,石青完全同意。……"书后,于病榻上亲为签字,嘱即寄发。问其所云本案为何,仅云"为政治的",再问,摇首而已。

> 豫才按:先生口述此函时,神志尚甚清晰,日后整理其私人文件,并无与此机密事有关系者,承于右任在渝查询,尚未得其真实。后晤张君劢谈及此事,承告:"石青先生本有数事欲责陈于当局者,此函乃其意念所现,非曾见之于事实也。"余觉此言甚是。

2月3日,以肺坏疽病逝于北碚石柱湾旅寓。对家事未遗一言。

　　豫才按:先生自52岁以后(即九一八后),感于外患日急,凡有志之士,必须划除私见,全民团结一致,始足以言有为。故自平返豫以后,对中年以来所倡之普产主义及所组之普产协会,均停止其宣传及活动,于国家则贡献意见,于社会则指导青年从事社会事业,遇事则每以道义感人,于学术则专力于民族史之研究,倡"国内无异族,境外有同胞"等学说。驳斥敌人在国际间不正确之宣传,加紧国内各部族间之团结,十年来如一日。入川后进行尤笃,较之前言人类主义及普产主义两时期,更切实际,亦即晚年一言一动,无不以抗战建国为标的。故可名此期为先生之抗建时期。现抗建大业,正待完成,而《河南通志》及《中华民族史》两大著述,一未付梓,一未脱稿,竟以康强之体,医药失调,阅月溘逝,凡知先生者,无不痛惋不已也。

2月16日,暂厝于北碚石柱湾对面盘山之麓。

3月2日,在渝开会追悼。

3月30日,在洛阳开会追悼。

3月×日,行政院第505次会议,由孔副院长提议褒扬先生案,决议通过。其文曰:"胡参政员石青,毕生从事教育实业,对抗战大计,致力亦宏,令德硕学,士林所称。兹因积劳逝世,拟予转呈国府明令褒扬,用彰忠荩案,决议通过。"(见《中央日报》)

　　(本文作者郭豫才,河南滑县人,1909年10月生。现为河南大学历史系教授)

《中国近现代稀见史料丛刊》已出书目